国家出版基金项目
NATIONAL PUBLICATION FOUNDATION

中国抗战大后方分省研究 丛书

总主编：潘洵 周勇

抗战大后方的云南

肖雄 著

云南

西南大学出版社
SWUP
国家一级出版社 全国百佳图书出版单位

图书在版编目(CIP)数据

抗战大后方的云南 / 肖雄著. -- 重庆 : 西南大学出版社, 2021.11
(中国抗战大后方分省研究丛书)
ISBN 978-7-5697-1003-8

Ⅰ. ①抗… Ⅱ. ①肖… Ⅲ. ①抗日战争—史料—云南
Ⅳ. ①K265.06

中国版本图书馆CIP数据核字(2021)第132878号

中国抗战大后方分省研究丛书

总主编　潘洵　周勇

抗战大后方的云南
KANGZHAN DAHOUFANG DE YUNNAN

肖　雄　著

责任编辑: 畅　洁
责任校对: 张　丽
排　　版: 王　兴
书籍设计: 观止堂__未氓
出版发行: 西南大学出版社(原西南师范大学出版社)
地址:重庆市北碚区天生路2号
邮编:400715
http://www.xdcbs.com
经　　销: 全国新华书店
印　　刷: 重庆美惠彩色印刷有限公司
幅面尺寸: 170mm × 240mm
印　　张: 29.75
字　　数: 504千字
版　　次: 2021年11月 第1版
印　　次: 2021年11月 第1次
书　　号: ISBN 978-7-5697-1003-8

定　　价: 198.00元

《中国抗战大后方分省研究丛书》

编纂委员会

作者简介

肖雄，1971年6月生，湖南省隆回县人。先后毕业于云南民族大学、四川大学，分别获历史学硕士、博士学位。现为云南师范大学硕士生导师，中国现代史学会常务理事，四川大学中国西南文献研究中心兼职研究员。目前主要从事中国近现代史研究，并侧重于抗战史的研究。主持省部级科研项目3项，在《抗日战争研究》《中国边疆史地研究》等刊物上发表学术论文20余篇，出版学术专著2部，参著2部，主编1部，获云南省哲学社会科学优秀成果奖2项。

总 序[①]

潘 洵

战略后方是"赖以执行自己的战略任务,达到保存和发展自己、消灭和驱逐敌人之目的的战略基地。没有这种战略基地,一切战略任务的执行和战略目的的实现就失掉了依托"[②]。"抗战大后方"是抗日战争时期与根据地、沦陷区相对应的战时中国的三大政治版图之一,是支持和支援前方对日作战的战略保障基地,为抗日战争的最终胜利做出了巨大的历史贡献。当前,随着抗日战争研究备受国家重视,特别是西南大学中国抗战大后方研究中心成立以来,在学界同仁持之以恒的关心、支持和参与下,有关抗战大后方的研究越来越受到学界关注,已成为抗日战争史研究的一个新热点,无论是史料整理还是专题研究,均已取得相当可观的研究成果,在海内外产生了良好反响。

① 总序参考《论抗战大后方战略地位的形成与演变——兼论"抗战大后方"的内涵和外延》(《西南大学学报》2012年第2期)、《抗战大后方研究的新进展及新趋向》(《光明日报》2020年8月13日)。
② 毛泽东:《抗日游击战争的战略问题》,《毛泽东选集》第2卷,人民出版社1991年,第418页。

一、关于"抗战大后方"的内涵与外延

任何研究首先必须要有明确的研究对象。如果一项研究工作没有对其研究对象的明确界定,往往会导致"越界"研究或出现研究"盲区",不仅不能达到深化研究的初衷,而且也容易造成不良的学术和社会影响。长期以来,虽然涉及抗战大后方史研究的论著甚多,但对其内涵、外延并没有形成共识,主要是从"国统区"的政治性视角或"西南""西北"等区域性视角进行研究,而很少将抗战大后方作为一个特定的研究对象来开展研究。

所谓"大后方"或"后方",是与"前线"或"前方"相对应的一个概念,专指远离战区的地区,包括后方地域及其区域内的军事、政治、经济、文化、科技等的建设与发展和对战争的支持、支援力量。因此,"抗战大后方"或"抗战后方"便主要是指抗日战争时期支持和支援对日作战的战略基地。

"抗战大后方"是抗战时期中国各派政治势力和社会各界普遍使用的概念,在抗战时期的文献及后来的学术研究中,"抗战大后方"与"抗战后方"的表述基本同义,"大后方"只是强调其后方地域的广大而已。关于"抗战大后方"或"大后方"这个概念,是何时由何人最先提出的,已难以考证。就笔者目力所及,蒋介石最早提及"大后方"是在1936年5月4日,在前往芜湖的军舰上修正《峨眉训练集》时谈及四川"能否作为大后方之根据,尚当煞费心力也"。[①]而作为抵抗日本侵略之根据地的"后方"一词,蒋介石则是在《国府迁渝与抗战前途》一文中正式提出的:"到了二十四年进入四川,这才找到了真正可以持久抗战的后方。"[②]

---

① 蒋介石:《蒋中正总统档案:事略稿本》,卷36,"国史馆"印行,2008年10月,第514页。

② 蒋介石:《总统蒋公思想言论总集》卷14演讲,中国国民党中央委员会党史委员会1984年印,第653页。

"大后方"比较多地出现在报刊文献中,是在1940年以后,如《建国月刊》1940年第2期发表署名"子明"的文章《今日中国的西南大后方》,《经济周报》1941年第11期发表署名"孟宪章"的文章《迅速跃进中之大后方采金业》,《大众生活》1941年第22期发表的《大后方民主运动的信号》,等等。在正式的官方讲话和文件中,较多使用的是"后方",而较少使用"大后方"的表述。

与"抗战大后方"或"抗战后方"表述相关的概念还有"西部""华西""内地""国统区""民族复兴根据地""民族复兴的基础"等。在抗战以前蒋介石或国民政府对后方的经营,均没有使用"大后方"或"后方"的概念,更多的是使用"根据地"的概念。而在抗战时期,虽然"后方"的表述使用频繁,但"西部""华西""内地"等概念也同样流行,如翁文灏《开发内地》、简贯三《开发华西产业与产业革命》、胡焕庸《我国西部地理大势与公路交通建设》,均谈及大后方的建设问题,但"西部""华西"和"内地"完全属于地理概念。"民族复兴根据地""民族复兴的基础"的表述则主要强调了国防上的意义。另外,"国统区"的表述是在抗战胜利以后才逐步使用的,主要是一个政治概念。"抗战大后方"或"抗战后方"与抗战时期地域性的"西部""华西""内地"和政治性的"国统区"等概念虽有联系,但内涵具有本质区别。

"抗战大后方"也是中国共产党话语体系中的重要概念。1938年5月,中共驻共产国际负责人任弼时向共产国际提交的报告中正式出现了"大后方"的提法。[①]1938年10月,毛泽东在中共六届六中全会的政治报告,首次明确提出了中共的抗战"大后方"概念,强调大后方是"敌无

① 任弼时:《中国抗日战争的形势与中国共产党的工作和任务》(1938年5月17日),中共中央文献研究室,中央档案馆:《建党以来重要文献选编(1921-1949)》第15册,中央文献出版社2011年,第333页。

法占领”的云、贵、川等地，指出“在云、贵、川等省大后方中，尚有许多城市与许多工业，尚可与外国联络，尚可建设”。[①]1939年3月，周恩来在分析全国形势时，表示“西北、西南可以成为我们的大后方”。[②]周恩来1941年在《“七七”四年》一文中讲道：“抗战的后方——中国的整个西部和各战区的后方，成为全中国人民所重视的国防生产和战争动员的根据地。”[③]这里的“后方”包括了整个西部地区和未被敌人占领的战区。特别是在抗战后期，中共大量文献涉及抗战大后方，如1943年八路军留守兵团政治部摘录编印的《大后方生活相》，1944年抗战日报社编印的《大后方舆论》，1944年12月8日董必武应约在陕甘宁边区参议会上做的报告《大后方的一般概况》。中共中央大量的文件也使用“大后方”概念，如《关于大后方文化人整风问题的意见》(1945年1月18日)，《中共中央关于开展大后方农村工作给周恩来的指示》(1945年1月28日)，《王若飞关于目前大后方民主运动概况及今后方针给毛泽东等的电报》(1945年5月30日)。1945年4月，在延安召开的中共七大上还设置了专门的“大后方代表团”，叶剑英、陈铁铮(即孔原)任代表团正副主任。包括周恩来、叶剑英、邓颖超、吴玉章等南方局领导人和大后方各省负责人，正式代表58人，候补代表26人。[④]

综合各方面的论述，关于“抗战大后方”的内涵与外延，大致可以从三个方面进行界定。

---

① 毛泽东：《论新阶段——抗日民族战争与抗日民族统一战线发展的新阶段》(1938年10月12日-14日)，中共中央文献研究室，中央档案馆：《建党以来重要文献选编(1921-1949)》第15册，中央文献出版社2011年，第599-600页。

② 周恩来：《目前形势和新四军的任务》(1939年3月)，中共中央文献编辑委员会，《周恩来选集》(上卷)，人民出版社1980年，第102页。

③ 周恩来：《“七七”四年》(1941年7月7日)，中共中央文献研究室、中国人民解放军军事科学院：《周恩来军事文选》第2卷，人民出版社1997年，第351页。

④ 中共中央党史研究室第一研究部：《中国共产党第七次全国代表大会代表名录》(下)，中共党史出版社、上海人民出版社2005年，第727页。

首先是价值边界。“抗战大后方”或“抗战后方”的核心价值属于国防战略的范畴，是抗日战争时期支持和支援前线战争的战略基地。从严格意义上讲，没有战争，就没有战略后方。从这个意义上讲，抗战大后方是与沦陷区、战区相对应的一个概念，是战区、沦陷区以外的地区，是战争时期的“民族复兴的根据地”或“民族复兴的基础”。

其次是空间边界。关于“抗战大后方”的空间地域众说纷纭，有讲四川为“大后方”的，有讲西南为“大后方”的，有讲西南西北为“大后方”的，还有讲国民政府控制区域为“大后方”的。作为战略后方基地，根据国民政府战略考虑的差异，“抗战大后方”空间地域大致可以分为三个层次，即核心地区，重庆、四川[①]；拓展地区，包括西南的云南、贵州、广西和西康，西北地区的陕西、甘肃、宁夏、青海；[②]外围地区，包括上述地区以外的国民政府控制的地区。在抗战时期国民政府的相关文献中，有后方15省（川滇黔湘粤桂闽浙赣鄂豫陕甘宁青）[③]、20省（川康滇黔桂粤闽湘赣浙苏皖陕甘青宁绥鄂豫晋）[④]等多种说法。

最后是时间边界。“抗战大后方”还是一个动态的时间范畴，其战略地位随抗战的兴起而确立，随抗战的发展而演变，也随抗战的结束而结束。在不同的历史时期，其地域空间重心也在随着局势的变化而发生变动。

二、关于抗战大后方战略地位的形成与演变

毋庸讳言，抗战大后方战略地位的形成、演变与日本侵华造成的民

① 1939年重庆从四川行政区划中独立出来，成为行政院直辖市。

② 关于抗战大后方的空间地域，当时即没有统一的认识，有学者认为后方大致即指西南的川、黔、滇、康、藏和西北的陕、甘、宁、青、疆共10省区（陈长蘅：《论战时人口变动与后方建设》，《财政评论》1940年第3卷第1期）。

③《中国战后之粮食问题》，《中华民国史档案资料汇编》第五辑第二编，财政经济（八），江苏古籍出版社1997年，第284页。

④《经济部统计处关于战时后方工业统计报告》（1943年5月），《中华民国史档案资料汇编》第五辑第二编，财政经济（六），江苏古籍出版社1994年，第340页。

族危机密不可分，也与国民政府对日本侵略、中国抗战实力与形势的认识和判断有密切关系，其形成和演变大致可以划分为四个阶段。

第一阶段，西北后方根据地的筹划。1931年“九一八”事变后，鉴于日本的局部侵华和中国首都南京的危险境地，国民政府开始筹划在中国内陆地区寻求一个安全的战略基地，并初步打算以西北为长期抵抗之后方根据地。1932年“一·二八”事变爆发后，面对日本的步步紧逼，蒋介石和国民政府开始酝酿迁都，并加强了对西北根据地的经营。在1932年“一·二八”事变的次日，蒋介石在日记中表示，“余决心迁移政府于洛阳与之决战……否则随时受其威胁，必作城下之盟也”。[①]1932年1月29日，国民党政府主席林森和行政院长汪精卫联合发表《国民政府移驻洛阳办公宣言》，谓：“兹者政府为完全自由行使职权，不受暴力胁迫起见，已决定移驻洛阳办公。”[②]国民党中央在洛阳召开四届二中全会，决议：一、以长安为陪都，定名西京。二、以洛阳为行都。三、关于陪都之筹备事宜，应组织筹备委员会，交政治会议决定。[③]为此，很快成立了西京筹备委员会，加紧对陪都长安（即西安）的筹划与建设，并先后讨论通过了蒋介石提议的《切实进行长安陪都及洛阳行都之建设事宜案》和行政院秘书长褚民谊等人提出的《开发西北案》，决定设立行政院直辖的西北拓殖委员会，负责陕、甘、绥、宁、青、新各行省全境及外蒙西部等处的开发建设。国民政府对西北根据地的重视直接引发了“开发西北”的热潮，并取得了一定成绩，为后来抗战时期成为支持支援前线的战略基地奠定了重要的基础。

由此可见，在“一·二八”事变后，当时的南京国民政府是以西安为

① 蒋介石：《蒋介石日记》（手稿本），1932年1月29日。
② 军事科学院军事历史研究部：《中国抗日战争史》（上卷），解放军出版社1991年，第215页。
③ 荣孟源：《中国国民党历次代表大会及中央全会资料》（下册），光明日报出版社1985年，第156页。

陪都、以西北为战略后方准备对日作战的。然而，国民政府选择西北地区，只是根据当时具体的历史情况和政治经济环境进行的战略考虑。西北地区经济落后，自然条件较差，文教相对落后，人力资源不足；在地理上，西安靠近华北，一旦华北沦陷，西安和西北地区容易受到威胁；加之西北地区接近社会主义国家苏联，对于坚持反苏、反共的国民政府来说，其感受到的威胁并不小于日本；再者，西北地方军阀一直未被国民政府完全控制，也是一块不小的心病。因此，将西安作为未来的战时首都，将西北作为未来抗战的核心后方基地并不是一个理想的选择。

第二阶段，西南政局变动与抗日后方根据地的调整。由于西北地区条件所限，国民政府一直谋求新的战略大后方。不少有识之士鉴于日本扩大对华侵略的不可避免和中国当时的政治、经济、军事状况，逐渐认识到四川及西南地区在未来战争中的重要地位及其与国家治乱、民族复兴的关系。于是以四川为中心的西南地区成为国民政府的又一重要选择。

实际上，自1935年起，以蒋介石为首的国民党中央势力即利用追剿长征中的红军的机会进入并逐步掌控西南地区，使西南政局发生了重大变化：四川的防区制趋于解体，川政归于统一，川军整编也渐次推进；与此同时，国民党又加强了对贵州、云南的直接控制，这种政局的变化成为抗日大后方发生转移的重要前提条件。

1935年，蒋介石先后两度入川，遍历西南诸省，其理想中的抗日后方根据地随之由西北地区转向西南地区。自3月2日蒋介石由武汉飞抵重庆，到10月7日离开成都前往西安，在长达7个多月的时间里，蒋介石围绕抗战根据地问题形成了较为明确的思路，提出了“对倭应以长江以南与平汉线以西地区为主要阵线，而以川黔陕三省为核心，甘滇为后方”。[①]10月6日，蒋介石在成都行辕对四川各高级将领讲演《四川治乱为国家兴亡之关键》时提出：“今后的外患，一定日益严重，在大战爆发以前，华北一定多事，甚至要树立伪政府都不一定。但是我们可以自信，只要四川能够安定，长江果能统一，腹地能够建设起来，国家一定不会灭亡，而且定可以复兴！日本人无论在东四省或者将来再在华北弄什么伪组织，都不相干，都不足以致我们的死命。我们今后不必因为在华北或长江下游出什么乱子了，就以为不得了，其实没有什么！只要我们四川能够稳定，国家必可复兴！”[②]很明显，此时蒋介石已经明确将日本侵略与四川及西南之地位联系起来，完全形成了以四川及西南作为抗战重要根据地的思想，这充分表明了国民政府的抗战后方基地的重心逐渐由过去的西北地区转向西南地区。此后，蒋加紧了对抗战后方基地的筹建，开始把将西南地区建成抗战大后方的思想付诸行动，重点经营西南抗战根据地。

第三阶段，西南地区大后方战略地位的确立。1937年全面抗战爆发后，随着平津等重要城市的陷落与华东局势的日益紧张，首都南京的安全引起国民党高层的关注，迁都是亟须直面的问题。此时，位于西南后方的重庆成为国民政府迁都的不二之选。

重庆是一座具有悠久历史的文化名城，是西南地区最大的工商业城市和经济中心，与西南各省联系密切，具有丰富的人力、物力资源；两江环抱，三面临山，具有绝佳的天然屏障；且有西南、西北两大国际交通线为依托，加之此时四川省主席刘湘大力支持国府迁渝抗战，可以说国

① 薛光前：《八年对日战争之国民政府》，台湾商务印书馆1978年，第59页。
② 蒋介石：《总统蒋公思想言论总集》卷13演讲，中国国民党中央委员会党史委员会1984年印，第480页。

府迁渝的基本条件业已具备。

1937年8月13日，日军大举进攻上海，淞沪会战爆发。10月下旬，淞沪战事急转直下，首都南京危在旦夕，政府已不能正常办公，转移国都已迫在眉睫。1937年10月29日，蒋介石在南京召开国防最高会议，正式决议国民政府迁往重庆办公。11月20日，国民政府公开发布《国民政府移驻重庆宣言》，宣布移驻重庆。12月8日，蒋介石率军事委员会办公厅、委员长侍从室及其他有关军事人员迁驻重庆办公，其他各军事机关也相继迁抵重庆。直至此时，国民政府迁都重庆的过程才得以最终完成，重庆也成为名副其实的中国战时首都。

国民政府迁都重庆，意义重大而深远，表明了以四川为中心的大后方的战略地位得以正式确立。“长江南北各省既多数沦为战区，则今后长期抗战之坚持不懈，必有赖于西南、西北各省之迅速开发，以为支持抗战之后方。”[1]此后，以四川为中心，以西南其他省区为重点，包括西南与西北的抗战大后方，成为支持抗日战争的战略基地。国民政府的西迁，带动了中国沿海和中部地区工厂、企业、高校、文化机构等大规模内迁，给抗战大后方经济、科技、文化的发展创造了一个特殊的、前所未有的机遇。通过对西南、西北的建设，建立了一个长期抗战的战略后方基地，为支撑长期抗战，争取抗战最后胜利奠定了坚实的基础。

第四阶段，太平洋战争爆发后抗战大后方战略地位的变化。西迁后，国民政府抗战大后方的重心一直放在以战时首都重庆为中心的西南地区，当地军民亦为支援抗战做出了重大的历史贡献。然而，随着国内外形势的发展，特别是太平洋战争的爆发，抗战大后方的战略地位又

---

① 荣孟源：《中国国民党历次代表大会及中央全会资料》（下册），光明日报出版社1985年，第556页。

发生了重要变化：一方面，国民政府由此前注重后方建设、自力更生为主，逐步转变为重点依靠外援争取抗战胜利；另一方面，由相持阶段前期重点加强西南大后方建设逐步转向关注西北地区的建设。

在太平洋战争爆发以前，国民政府的主要注意力集中在后方根据地的建设上，尽可能动员后方人力、物力、财力，以苦撑待变。但由于国民政府对后方准备本不充分，战时建设又受种种限制，战争消耗巨大，加之国民政府的政策失误，到太平洋战争爆发前，西南大后方的种种危机开始暴露：通货膨胀、物价高涨已严重影响经济的发展和民众的生活，田赋征实、征借已使后方民众不堪重负，各项生产能力也难以满足战时的需要。若单纯只是依靠西南大后方则难以继续维持国民政府的抗战。因此，在太平洋战争爆发后，中国终由单独抗战进入与同盟国联合作战阶段，国际形势对中国越来越有利。在蒋介石看来，"中国抗战与世界反侵略战争业已联成一片，此诚我中国转危为安，转败为胜重要之时机"。[①]"今后我国之处世之道，反形简单，即对内建设根据地，对倭更作持久抗战到底，以待世界战争之结果而已。"[②]在此形势下，蒋介石和国民政府的内外政策均有调整，其大后方战略也在此背景下发生了变化。

太平洋战争爆发前后，日本迫使法国、英国先后封锁了滇越铁路、越桂公路和滇缅公路，而香港沦陷，缅甸被占，致使西南国际援华陆路交通线完全断绝。西北的资源开发、拓殖增产、文化再发扬，都足以补助抗战根据地西南的不足。[③]尤其是在抗战胜利已成定局的情况下，西北的"共产党问题"已成为蒋介石和国民政府的"一大隐忧"。[④]于是西

① 蒋介石：《总统蒋公思想言论总集》卷18演讲，中国国民党中央委员会党史委员会1984年印，第438页。

② 张其昀：《党史概要》第5册，中央文物供应社1979年，第1759页。

③ 徐旭：《西北建设论》，中华书局1944年，第21页。

④ 赵宏宇：《如何巩固西北》，《西北论衡》1941年第9卷第6期。

北的战略地位变得更加重要。

1942年冬，蒋介石巡视西北，8月17日，蒋介石出席甘肃各界扩大纪念周时，发表了《开发西北的方针》的演讲。回到重庆后曾大力宣扬“西南是抗战的根据地”“西北是建国的根据地”，引起了强烈反响。在蒋介石的倡导下，“开发西北”的声势再次高涨了起来，时人称“自总裁于去冬巡视西北归来后，‘开发西北’‘建设西北’等口号风起云涌，颇有雨后春笋之势”[①]。从表面上看，蒋介石似乎是对大后方的西南和西北进行了重新的定位，而实际上此时蒋介石关心的重点已经由如何争取抗战的胜利，转向了如何在抗战中完成“建国”的任务，无疑表明西南抗战大后方的战略地位开始弱化，这种趋势一直持续到抗战的最终胜利。1945年8月15日，日本宣布无条件投降后，虽然在抗战中确立的重庆战时首都之地位仍在，虽然蒋介石对四川、贵州等地建设依旧寄予很大希望，但无可否认的是，抗战大后方的战略地位从日本投降的那一刻起就已正式宣告结束了。

三、关于抗战大后方研究的新进展与新趋向

抗战大后方研究是中国抗日战争史研究的重要组成部分。十余年来，抗战大后方的研究取得了一系列重要学术进展，主要体现在如下方面：

深化了对抗战大后方的新认识。首先，厘定了“抗战大后方”概念的内涵及外延。长期以来，对抗战大后方概念的内涵、外延并未形成共识，学界很少将抗战大后方作为一个特定的研究对象进行探讨。抗战

① 蔡鼎：《从国防观点泛论西北工业建设》，《军事与政治》1943年第4卷第5期。

大后方是抗日战争时期国民政府和后方民众支持和支援前线对日作战的后方战略基地，有着特定的战略价值。其次，形塑了中共的大后方话语体系，充分彰显了共产党在大后方的作用。中国共产党是中国人民抗日战争的中流砥柱，在大后方也发挥了重要作用：努力维系国共合作，争取中间势力，为抗战胜利奠定政治基础；贯彻统一战线经济政策，团结工商界，为抗战胜利壮大进步力量；实践持久战军事战略，联络协调两个战场，为赢得对日作战胜利尽心竭力；推动和领导大后方文化繁荣发展，保存民族文化精英，为抗战胜利凝聚万众一心的精神力量；开展民间外交，推动建立国际反法西斯统一战线，营造有利于中国抗战胜利的国际环境。最后，深化了对抗战大后方战略地位及作用的认识，突破了“抗战大后方是国民党或国民政府的大后方”的认识误区，客观地分析和评价其地位及作用。大后方不仅是中国正面战场的指挥枢纽和战略保障基地，而且是中国共产党领导的抗日民族统一战线的前沿阵地，战时中国与世界的联结点，中国参与世界反法西斯战争指令的发出地，战后代表同盟国接受日本投降命令的下达地，台湾光复的决策地和收复台湾的中国使团组建地与出发地，中国参加联合国制宪会议的代表团的组建地和出发地，以及战时废除中国与英国等西方国家不平等条约及签订新约的地方。

形成了抗战大后方研究的新格局。第一，近十年来，得力于重庆中国抗战大后方历史文化研究与建设工程的推动，抗战大后方研究走向活跃，由传统的侧重于地方史或区域史的研究发展成为国际国内学术界关注的热点话题，成为抗战史研究的重要板块。第二，构建了西南西北大后方研究的学术联盟。2016年以来，西南大学中国抗战大后方研究中心发起成立“中国抗战大后方研究高端论坛”，每年举办一次学术论坛，在推动西南、西北乃至全国的抗战大后方研究、打造西部高校抗战研究学术联盟等方面发挥了积极作用。第三，研究并非局限于西南、西北地区，而是逐渐与根据地研究、沦陷区研究形成有效互动。第四，形成中日战争国际共同研究机制。在重庆先后举办了两届中日战争国际共同研究会议。

取得了抗战大后方研究的新成果。出版100余卷的《中国抗战大后方历史文化丛书》，入选《国家哲学社会科学成果文库》并在日本翻译出版产生积极影响的《抗日战争时期重庆大轰炸研究》；出版涉及众多领域的《中国共产党抗战大后方历史》《抗战大后方金融研究》《抗战大后方工业研究》《抗战时期西南大后方城市发展变迁研究》等学术著作，以及《中共中央南方局历史文献选编》《中国共产党关于抗战大后方工作文献选编》《抗战大后方工业史资料丛刊》等档案文献资料。

抗战大后方研究在不断取得新进展的同时，也呈现出一些新的发展趋向，这主要体现在：

在研究视角上，更加注重宏观视野与本体突破。其一，多向多维视角。在横向上，把抗战大后方置于世界反法西斯战争的总体背景和中国抗日战争的发展进程中进行考察；在纵向上，从近代以来中华民族复兴的曲折变迁中来探讨和分析抗战大后方的历史。其二，超时空视域。在空间上，突破大后方的地域范围，更加注重大后方与根据地、沦陷区的互动；在时间上，突破大后方的时间范围，注重战前、战后同一区域发展变迁的联结，深入探讨大后方的变迁及其影响。其三，跨学科聚焦。在学科上，除历史学外，马克思主义理论、经济学、社会学、教育学、艺术学等学科纷纷聚焦抗战大后方研究，多学科、跨学科的研究必将推动抗战大后方研究不断走向深化。

在研究资料上，更加注重新史料的发掘和深度解读。其一，发掘、征集、整理新资料。学界已在抗战大后方党的文献、抗战损失、抗战大后方经济、抗战大后方文学等方面的资料整理上取得了较大成就，但仍有相当数量的地方档案馆、图书馆，海外学术机构典藏的档案文献资料，以及个人传记（口述）资料并未被学界所关注，亟待整理。其二，系统发掘整理专题史料。根据战时后方的实际情况，设定专题史料整理方案，比如侵华日军轰炸、后方国际交通线、大后方科技、大后方艺术等史料，通过专题史料的归类发掘和整理，推进相关专题的深化研究。其三，海量数字资源的处理及利用。建设大后方文献资料数据库，利用大数据技术手段，处理海量数字资源，提高研究整体分析的可能性。

在研究取向上，更加注重在地化的现实关怀。服务国家和地方发展战略，是抗战大后方研究的重要趋向。其一，旨在增进国际社会和海峡两岸的历史认同、构筑政治互信、探索构建人类命运共同体及推动国家统一大业，有关战时反法西斯战争的国际合作以及国共合作等方面的研究必将持续推进。其二，紧扣"一带一路"、西部大开发、成渝双城经济圈及中国（西部）科学城的建设等，抗战大后方的资源调查、经济开发、科技创新等方面的研究仍是热点话题。其三，形塑共同历史记忆、引导公众社会认知的抗战大后方历史文化遗产的研究将持续受到关注，并与区域文化与文明建设形成同频共振。其四，弘扬以爱国主义为核心的伟大民族精神的抗战大后方红色文化、大后方民众抗战及抗战精神等研究将成为新的学术增长点。

显而易见，抗战大后方研究越来越受到社会重视，并且已经取得了丰硕的研究成果。而《中国抗战大后方分省研究丛书》正是在相关研究工作欣欣向荣、蓬勃开展的背景下酝酿、策划、研究、编写而成的。丛书在编写过程中始终坚持以唯物史观为指导，以习近平总书记关于历史研究和抗日战争研究的重要论述为指引，以还原历史真实，彰显抗战地位，弘扬抗战精神为宗旨，坚持国际视野、中国立场和学术标准。

本丛书的重要研究特色为，丛书对抗战时期大后方各省政治、经济、文化、社会等领域的重大问题进行深入系统的研究，特别是把抗战大后方各省历史文化研究放在中国共产党领导的新民主主义革命历史的大背景中去探讨，放在中华民族由衰败走向振兴的重大转折历史进程中去研究，放在世界反法西斯战争的大背景中去审视，从而全面反映抗战时期大后方各省的历史文化面貌，探讨抗日战争给大后方各省带来的重大影响和变化，彰显大后方各省对抗日战争最终胜利的重大贡献。

《中国抗战大后方分省研究丛书》是重庆市社科规划抗战文化重大专项“西部省区市抗战大后方历史系列研究”的最终成果，同时也得到国家社科基金抗日战争研究专项重大项目“中国抗战大后方文献资料整理与研究”和国家出版基金项目的资助，丛书包括《抗战大后方的四川》《抗战大后方的贵州》《抗战大后方的云南》《抗战大后方的广西》《抗战大后方的甘肃》《抗战大后方的宁夏》《抗战大后方的陕西》等，编著者们皆系长期从事中国近代史、抗战大后方历史研究的专家学者。丛书自2012年立项以来，历经近10年的研究、撰写、评审和修改完善，力图全面系统呈现抗战大后方各省区波澜壮阔的历史画卷，对四川、贵州、云南、广西、甘肃、宁夏、陕西等西部7省区进行深入精细的个案研究，对拓展抗战大后方研究领域、改变大后方研究区域失衡、加深中国抗战大后方历史文化研究有重要意义，也是抗战大后方研究突破学术弱项瓶颈、实现“可持续发展”的一次学术创新。

丛书最终得以顺利出版，除了要感谢各卷编著者辛苦耕耘、精诚协作之外，还要感谢西南大学出版社的鼎力支持。同时，也要由衷感谢各位评阅专家提出的真知灼见，编著者们在学习吸收专家们宝贵意见的基础上，不断修改打磨，使丛书以当前更为完善的面貌呈现，顺利付梓。

是为序。

目 录

绪论

一、选题及其意义

五百里滇池，奔来眼底，披襟岸帻，喜茫茫空阔无边。看东骧神骏，西翥灵仪，北走蜿蜒，南翔缟素。高人韵士何妨选胜登临。趁蟹屿螺洲，梳裹就风鬟雾鬓；更蘋天苇地，点缀些翠羽丹霞。莫孤负四围香稻，万顷晴沙，九夏芙蓉，三春杨柳。

数千年往事，注到心头，把酒凌虚，叹滚滚英雄谁在？想汉习楼船，唐标铁柱，宋挥玉斧，元跨革囊。伟烈丰功费尽移山心力。尽珠帘画栋，卷不及暮雨朝云；便断碣残碑，都付与苍烟落照。只赢得几杵疎钟，半江渔火，两行秋雁，一枕清霜。

此副五百里滇池湖畔的大观楼长联，清代昆明文人孙髯所撰写，联中古今相映，时空并现，以富有诗情画意的笔调描绘了昆明周围的地理环境与自然风光，简明扼要地追溯了数千年来云南的历史变迁。云南，或言彩云之南，或因云岭以南而得名，又因省会昆明紧邻滇池湖而简称“滇”。就其历史而言，可远溯距今约170万年前的元谋人时代，有历史记载的是在公元前286年左右，楚国将军庄蹻奉命率军溯沅江而上进入云南，建滇国，做滇王；其后秦修“五尺道”通云南，在云南派官“置吏”，标志着中原王朝对云南正式统治的开始；汉承秦制，在云南先后设立益州郡、永昌郡；[①]其后虽建有地方政权南诏国和大理国，但自元代开始，历明清两代及民国时期，云南一直是中国的重要组成部分。就其地理位置而言，云南虽地处中国西南边陲，云贵高原西部，但“当中原尚在闭塞时代，已与天竺诸国交通”，自古以来就是中国通向中南半岛和南亚各国的陆上交通要道，为南方丝绸之路的必经之地，地理位置实为重要。[②]

对此，张肖梅先生的分析则更为深刻而具体，他说：从地理位置上言，“滇省位处边疆，紧邻缅、越”，对内“居西南诸省之上游，南蔽川、康，西藩黔、桂，若辅车之相依”，对外“据印度支那之顶端，南凌越南，西控缅甸”，“若高屋之建瓴，形势雄

---

①《西南夷列传》，《史记》卷一一六，中华书局1966年，第2993页；《南蛮西南夷列传》，《后汉书》卷八十六，中华书局1965年，第2846、2849页。

② 南方丝绸之路分西、东两线。西线，即“蜀身毒道”，以成都平原为起点，向南又分为西、东两路，西路沿牦牛道南下至大理，东路从成都平原南行经五尺道至大理，两道在大理汇为一道继续西行，经保山、腾冲，抵达缅甸密支那，或从保山出瑞丽进抵缅甸八莫，跨入外域，西行至印度、巴基斯坦、阿富汗至中亚、西亚。这条纵贯亚洲的交通线，是古代欧亚大陆上最长、历史最悠久的对外交通大动脉之一。南方丝绸之路东线则包括从四川经云南元江下红河至越南的红河道和从蜀经夜郎至番禺（今广州）的牂柯道，经由此道发展了西南与东南沿海地区的关系。参阅段渝《中国西南最早对外交通——先秦两汉的南方丝绸之路》，《历史研究》2009年第1期，第23页。

胜，地位冲要，为边圉之重镇，乃国防之要塞，西南边疆，无事则已，有事则云南首当其冲”；就历史经验而言，“云南一隅之得失，小则关联西南诸省之安危，大则影响整个国家之兴废，史册所载，班班可考。蜀汉南征，得益州之富，而成三国鼎峙之局。南诏据滇，屡寇西川，南陷安南，为唐边患。大理继统，安抚四夷，广兴文教，化蛮貊为礼义之乡，辟草莱为郡县之治。迨乎宋代，太祖以玉斧划大渡河为界曰：‘此外非吾有也’；于是宋室三百余年，虽无西南边疆之忧，然卒以未得云南而成积弱之势。元灭大理，得西南之众而南宋以亡；元末梁王、段思分据滇、洱，明兵平云南而全国始定。清初吴三桂据此以抗清；民四云南起义而共和再造。凡此均足以示历代统一中国者，必得云南而国家始平；而苟能保有云南省，虽有一时中原沦丧，犹必能挽救危局，光复故土也”。[①]确实，云南对内“居西南诸省之上游”，对外“据印度支那之顶端”，为形胜冲要之地；从历史经验看，自古以来，得云南而可得先机。

1937年7月7日，卢沟桥的烽火燃起，日本一改其侵华蚕食政策，全面侵华意欲鲸吞中国，由此揭开了中华民族举国抗战的序幕。全面抗战初期，云南处于大后方，虽未受战火的直接肆虐，但云南地方政府和民众积极捐款捐物支援抗战前线，派出云南地方军队开赴抗日前线。然而，云南虽处于西南大后方，但其有利的地理位置却成为最为重要的国际交通线的必经之地，所以深处中国西南边陲的云南，很快就成为日本侵略者密切关注并努力争取的战略要地。从1938年9月28日日机第一次轰炸昆明，骤然把战火烧至云南开始，云南就不再是往日的大后方了；1940年10月，日军侵占越南后，云南离前线更近，日军以越南机场为轰炸基地，云南各地更频繁地遭受了日机无差别式的狂轰滥炸，其造成的人员伤亡惨重，财产损失巨大，云南民众已深深感受到了战争的痛苦。更为严重的是，1941年12月，日军入侵缅甸，中英联军节节败退，日军进攻势如破竹，至1942年4月日军已侵入缅北；1942年5月，日军跨过中缅国界，乘机入侵云南畹町、龙陵、腾冲等地，中国军队于此万分危急之情势下断然炸断怒江之上的惠通桥，虽能阻敌于怒江以西地区，但滇西地区已成为中国抗日的“第二战场”。总之，抗战时期的云南既是大后方的重要组成部分，其滇西抗战又是中国抗日战争的一部分，与他省比较，云南在抗战中的地位较为特殊。因此，抗战中的云南也就值得抗战史研究者们做具体而

① 张肖梅：《云南经济》，中国国民经济研究所1942年，自序第2页。

深入的探讨。

也许是抗日战场血与火的惨烈更易受人关注，也许是前线战火的猛烈更能表现抗战勇士们的英雄气概和战斗精神，目前有关抗日战争史的研究更多倾向前线战场，而对后方支持前线抗战的政府与民众，却相对关注不够，研究成果也相对较少。就云南的抗战而言，目前学术界过多关注滇西抗战，而关于抗战后方云南的政治、经济、文化方面的论述并不多，实有必要深入阐述，全面反映抗战中云南的历史面貌，进一步认识抗战大后方云南的地位与作用，以弥补抗战大后方研究之不足，推动与深化中国抗战史多角度的研究。

相对来说，全面研究中国抗战历史的工作开展得比较早，目前学术成果已不少，而以中国某一省份的抗战为论述范围的区域抗战史的研究工作则起步相对较晚，研究成果也相对不多。选取在抗战中具有特殊地位的云南为研究对象，更易于切入历史场景。确实，具体而深入地描绘出战时云南真实的历史图景，于历史细微处展示抗战中云南地方政府和民众真实的精神面貌和所遭受的战争苦难，有益于丰富中国区域抗战史的研究。

二、学术史回顾

目前，在中国抗战史各领域产生众多研究成果的背景下，以抗战大后方的云南为研究对象的研究成果也陆续出现，共同推动抗战大后方云南的研究。

针对抗战大后方云南的研究，首先为综合性的研究，全面描述抗战大后方云南所呈现的历史面貌。谢本书、温贤美主编的《抗战时期的西南大后方》，立于西南大后方的视角，对抗战后方云南的政治、经济、交通、文化教育等方面给予初步阐述，这应是立于抗战后方的视角研究云南的最早著作。[1]孙代兴、吴宝璋主编的《云南抗日战争史》，除了全面阐述了云南地方军队出征抗战、在抗日正面战场浴血奋斗、英勇抗击日本侵略者的历史，以及滇缅战场的抗战之外，更对抗战后方云

① 谢本书、温贤美：《抗战时期的西南大后方》，北京出版社1997年。

南的交通、经济、文化、教育等方面的建设与发展展开论述，是目前论述抗战大后方云南的较好著作。[①]周勇主编的《西南抗战史》，立于整个中国西南地区的抗战背景下，也在部分章节中对抗战大后方云南的政治、经济、社会、教育文化等做过阐述，虽然较为粗略，但也成为深入研究抗战后方云南的论述基础。[②]

除了综合性的研究外，诸多学者分别从政治、经济、交通、文化教育等角度对抗战大后方的云南展开专题研究，取得了众多学术成果。

战时政治方面，目前学术界关注最多的是以龙云为首的云南地方实力派的政治表现。针对汪精卫经昆明出逃叛国一事，谢本书先生一直认为：就龙云个人来说，他是积极支持以蒋介石为首的国民政府抗战的，他先后派出滇军数十万人出滇开赴前线抗战，全力组织云南民众修筑具有重要战略意义的滇缅公路，所以在汪精卫经昆明出逃叛国事件中，“龙云是清白的”。其后谢本书在与杨天石先生的争论中，一直持这种观点，认为龙云“在抗日战争时期是始终坚持抗战”的，不会为汪精卫叛国提供帮助。[③]其他学者如左永平、李兴祥、孟端星、唐靖等虽对龙云是否事先知道汪精卫出逃叛国一事持不同意见，但也基本赞成这种观点：认为龙云是坚持抗战的，“始终站在抗日阵营里”。[④]另一种观点则认为龙云支持汪精卫的“和平运动”，帮助汪氏叛国投敌。杨天石先生就认为汪精卫等人的出逃“得到云南省主席龙云的充分支持和帮助”，龙云是“抗战期间隐藏在抗战阵营内部的一颗待爆弹”。[⑤]既然肯定龙云支持汪精卫叛国投敌做汉奸，那么说龙云始终坚持抗战就令人怀疑了，这实质上是谢、杨二位先生争论的最终议题。谢、杨二位先生的争论实际上也引申出了另一个问题，就是抗战时期龙云与蒋介石的关系问题，还可扩大为云南地方政府与国民党中央政府的关系问题。段金生和郭飞平认为抗战前龙云与蒋介石的关系，既有合作、支持，也有“猜忌与防备”，抗战爆发后，随着国民党中央政府势力借抗战之名进入云南，蒋介石也有意控制云南，改变云南半独立的政

① 孙代兴、吴宝璋：《云南抗日战争史》，云南大学出版社2005年。

② 周勇：《西南抗战史》，重庆出版社2006年。

③ 参阅谢本书《龙云传》，云南人民出版社2011年；《龙云与云南抗战》，《抗日战争研究》2001年第3期；《抗日战争初期的龙云与汪精卫》，《史学月刊》2001年第5期；《汪精卫出逃与龙云、蒋介石之关系——与杨天石先生商榷》，《云南档案》2015年第10期；《龙云是“抗战阵营内部的一颗未爆炸弹”吗？——与杨天石先生再商榷》，《学术探索》2016年第4期。

④ 参阅左永平《再谈汪精卫叛逃和龙云》，《思茅师范高等专科学校学报》2001年第1期；李兴祥、孟端星《新探汪精卫叛逃与龙云》，《求索》2009年12期；唐靖《再论抗战初期龙云与汪精卫的历史公案》，《西南交通大学学报（社会科学版）》2014年第5期。

⑤ 参阅杨天石《再论龙云与汪精卫出逃事件——兼与谢本书教授商榷》，《探索与争鸣》2015年第12期；《龙云与汪精卫出逃事件诸问题》，《江淮文史》2017年第2期。

治地位，所以蒋介石与龙云的矛盾逐步尖锐，“双方均防备甚严”。其他如汪朝光、卜桂林、白路等学者也论述了抗战时期的蒋、龙关系，他们所持观点基本一致。①

抗战时期，云南其实有四种政治力量，除了以龙云为代表的地方政府势力和国民党中央政府势力外，就是共产党的力量和以民盟为代表的民主党派的力量。就民主党派在云南的活动，闻黎明先生在《第三种力量与抗战时期的中国政治》一书中有详细的论述，书中阐述了在云南的民主党派人士积极参与宪政运动，提出修宪草案，揭示了云南的民主党派人士在选择国家未来中显示的巨大力量；张巨成通过阐述民盟昆明支部在昆的建立过程，发展盟员，开展民主活动，指出民盟在云南民主运动中“发挥了重要的作用”。②周建华、王勇等学者的研究则论述了抗战时期共产党在云南的活动，指出共产党对云南地方实力派做了许多统战工作。③

战时经济方面，早在1995年，李珪先生在其《云南近代经济史》一书中专门就全面抗战时期云南的经济状况做过具体探讨，对云南战时的农业、手工业、工矿业、商业和对外贸易、财经金融等方面做了较为全面的论述，可以说是其后研究战时云南经济的基础。④专题性的论述，如内迁至滇企业方面，研究者认为内迁至滇的近代企业促进了云南的经济发展。赵善庆认为战时企业内迁云南，充实了云南的产业资本，改变了云南的产业结构，支持了抗战物资需要，奠定了云南工业的基础，加速了“云南工业近代化的步伐”。⑤马玉华则对抗战时期云南工业的发展做了初步研究，认为战时云南工业得到了“高速度的发展”，创造了许多“中国第一”，“对云南工业的长足发展产生了深远影响”。⑥在云南矿业方面，凌永忠对战时云南的铜业有过很有深度的论述，指出战时云南“不仅是粗铜的惟一供给地，而且是军需精铜的主要供应地”，有力支持了战时军工国防事业，云南铜业“成为关乎民

① 段金生、郭飞平：《民族国家构筑的同质异向：南京国民政府与云南地方实力派关系的考察》，《云南行政学院学报》2012年第1期；汪朝光：《蒋介石与1945年昆明事变》，《近代史研究》2009年第3期；卜桂林：《论龙云与蒋介石关系的演变》，《上海师范大学学报（哲学社会科学版）》1990年第4期；白路：《1928—1945年蒋介石与龙云关系探微》，《长春师范大学学报》2017年第1期。

② 闻黎明：《第三种力量与抗战时期的中国政治》，上海书店出版社2004年；张巨成：《中国民主同盟在云南（1941—1945年）》，《思想战线》1994年第6期。

③ 周建华：《抗战时期中共中央南方局对地方实力派的统战工作》，《广东教育学院学报》1998年第3期；王勇：《新民主主义革命时期云南统一战线发展研究（1924—1949）》，《滇西科技师范学院学报》2016年第4期。

④ 李珪：《云南近代经济史》，云南民族出版社1995年。

⑤ 赵善庆：《抗战时期企业内迁与云南近代工业的跨越》，《求索》2015年第7期。

⑥ 马玉华：《抗战时期云南工业发展对现实的启示》，《学术探索》2001年第2期。

族存亡的战略性产业”。[1]目前关于云南战时农业的论述不够深入，杜鹃、陈珏二位学者就战时云南的粮食管理做了初步探讨。[2]在商业与对外贸易方面，周智生有过较为深入的研究，他指出战时云南各民族商人从事滇缅、滇藏印等国际贸易，“对于充实后方经济，缓解物资紧缺，稳定人民生活，支持持久抗战，都发挥了积极的作用”。[3]

战时交通运输方面，陆韧先生早在1995年就对云南的马帮运输做了具体研究，肯定云南传统马帮运输在抗战中的作用，认为云南近代交通虽已兴起，但由于日军的封锁和破坏，汽车、火车等近代交通运输困难重重，导致传统的马帮运输再次兴起；蒲元华、高振云则初步阐述了抗战时期云南的交通情况，分析了战时云南近代交通兴起的原因。[4]具体到几条经过云南的国际交通运输线，如滇缅公路、“驼峰”航线、中印公路等，目前有深度的研究成果并不多。朱海嘉深入阐述了日军对滇缅公路的封锁与破坏；谭刚则探讨了“驼峰”航线在美国对华援助中发挥的重要作用，指出在驼峰空运中“美国动用了大量的人力、物力和财力，也付出了巨大的牺牲”，支援了中国抗战；至于中印公路问题，徐康明先生早在1995年即有过一定深度的论述，他就中印公路的筹建过程、修筑的艰难历程等方面做了具体阐述，指出中印公路的修通，打通了被日军封锁达两年八个月之久的中外陆上国际交通线，通过这条公路，向中国运送了8万多吨各种物资，有力地支援了反攻阶段的对日作战。[5]

战时教育方面，较早研究云南教育的是蔡寿福先生及他的团队，其对抗战时期云南教育的研究，虽然目前看来深度不够，但毕竟是论述战时云南初、中等教育和高等教育的基础。[6]目前，对战时云南教育的研究，大多数学者把研究精力倾注在高等教育方面，尤其是在昆明办学的国立西南联合大学上。任祥以抗战时期云

① 凌永忠：《论抗日战争时期的云南铜业》，《中国边疆史地研究》2012年第1期。

② 杜鹃、陈珏：《抗战时期云南粮食管理探析》，《社科纵横》2012年第4期。

③ 周智生：《抗日战争时期的云南商人与对外民间商贸》，《抗日战争研究》2009年第2期。

④ 陆韧：《抗日战争中的云南马帮运输》，《抗日战争研究》1995年第1期；蒲元华：《抗战时期的云南交通》，《今日民族》2005年第9期；高振云：《抗日战争与云南交通的变革》，《思茅师范高等专科学校学报》2010年第4期。

⑤ 朱海嘉：《封锁与毁灭：抗战时期侵华日军轰炸滇缅公路述论》，《云南民族大学学报（哲学社会科学版）》2017年第3期；谭刚：《“驼峰”航线与美国对华援助》，《长白学刊》2007年第2期；徐康明：《滇缅战场上中印公路的修筑》，《抗日战争研究》1995年第1期。

⑥ 蔡寿福：《云南教育史》，云南教育出版社2001年。

南的高等教育为研究对象，具体阐述战时云南高等教育的发展状况，重点考察了国立西南联合大学、国立中山大学、国立同济大学、国立云南大学等高校在云南的办学活动，分析了梅贻琦、蒋梦麟、张伯苓、黄钰生、熊庆来等教育家的教育思想，以及战时云南高等教育对区域社会的影响。[①]针对国立西南联合大学的研究，目前已成为学术界的研究热点，产生了一批较有影响力的成果；学者们从多个视角展开研究，共同深化了对西南联大的认识。[②]

战时文化建设方面，封海清的《西南联大的文化选择与文化精神》通过挖掘西南联大在坚持民族文化主体地位的前提下注重中西文化会通的理论与实践，从文化视角解读西南联大的文化精神。[③]孟丽立足于报刊资料，对战时云南儿童戏剧活动的相关史实做了细致考证，"力图还原抗战时期云南儿童戏剧活动的细节和真相"；肖雄则针对抗战时期云南的戏剧运动做了具体论述，就战时云南戏剧运动的兴起过程、戏剧报刊的创办、戏剧创作与表演等方面给予较为深入的分析，揭示战时戏剧运动的价值与意义。[④]李慧慧、吴国健、包广宽等学者则分析了战时云南出版事业的特点，指出战时云南的出版事业是"官办与民办共举繁荣""出版数量巨大"，认为战时云南出版业对学术事业发展具有"助推"作用。[⑤]此外，王作舟早在1996年就对战时云南的新闻事业做过较为具体的论述，认为应抗战宣传之需要，"云南新闻事业出现了空前的繁荣"；而戴美政则利用档案史料，较为深入地阐述了抗战时期创办昆明广播电台的历史，指出当年西南联大的教授们积极参加昆明广播电台的广播演讲，对外宣传抗战。[⑥]

总体而言，诸多学者对抗战时期云南的政治、经济、交通、文化、教育等领域做了较为深入的阐述，虽有进一步申论的空间，但此毕竟是本书阐论的研究基础。

---

① 任祥：《抗战时期云南高等教育的流变与绵延》，商务印书馆2012年。

② 封海清：《西南联大的文化选择与文化精神》，云南人民出版社2006年；王喜旺：《学术与教育互动：西南联大历史时空中的观照》，山西教育出版社2008年；闻黎明：《抗日战争与中国知识分子——西南联合大学的抗战轨迹》，社会科学文献出版社2009年；谢慧：《西南联大与抗战时期的宪政运动》，社会科学文献出版社2010年。

③ 封海清：《西南联大的文化选择与文化精神》，云南人民出版社2006年。

④ 孟丽：《抗战时期云南儿童戏剧活动考》，《中华文化论坛》2013年第10期；肖雄：《抗战时期云南戏剧运动述论》，《中国国家博物馆馆刊》2016年第1期。

⑤ 李慧慧、吴国健：《抗战时期云南出版业与学术事业的兴盛》，《中国编辑》2012年第3期；包广宽：《抗日战争时期云南出版事业的特点及其影响》，《兰台世界》2017年第3期。

⑥ 王作舟：《抗战时期的云南新闻事业》，《思想战线》1996年第2期；戴美政：《抗战中的昆明广播电台与西南联大（一）》，《云南档案》2008年第8期。

三、研究方法与研究内容

基于这些认识，笔者以抗战大后方的云南为研究对象，就全面抗战时期云南的经济、政治、文化等方面集中展开论述，力图反映大后方云南的真实历史面貌。现就如下几个问题给予具体说明：其一，本书的论述，时间上以1937年7月7日抗战全面爆发至1945年8月日军投降为论述范围。因此，本书中的“战前”指“全面抗战前”，“战时”指“全面抗战时期”，“抗战”指“全面抗战”。但由于历史时间的连续性，有些论述自然而然会溢出这个时间论域。其二，本书的论述，是以大后方的云南为论述对象，空间上，一方面力图集中于云南，但由于云南的抗战事实上与邻近的四川、贵州、广西等省份相互联系，更与缅甸、印度等国家发生关系，所以本书的论述也就难免不涉及这些省份与国家；另一方面，由于设定论述的是“大后方”的云南，所以在空间上并不论述滇军出滇开赴华东、华中战场的抗日，以及滇西的抗战，也就是前线抗战的内容并不在本书的论述范围内，以吻合“大后方”这个设定的空间论域，以避免偏离主题。

当然，本书坚持历史的实证原则，尽量以档案、民国报纸、民国期刊等第一手资料为论述基础，试图重建抗战大后方云南的这段“史实”。同时，在构建这段史实时，试图对这段历史进行适当的分析与评价。当然这些分析与评价将尽可能地体现在史实的陈述中，忠实于史料为第一原则。

基于此，本书试从多个方面描绘抗战大后方云南那丰富多彩而又充满战时紧张气氛的历史图景，分为如下几部分展开论述：其一，全面抗战前云南的社会发展状况。主要就云南的经济、政治、文化、教育等方面，进行总体性的描述与适当分析。其二，战时云南的政治态势。其中首先就滇军出滇抗日一事做全面陈述，再论述国民党中央政府势力、战时的民主力量及中国共产党的力量，在抗战中或逐步进入由龙云控制的半独立的云南，或再度兴起于云南，从而改变了云南的政治力量的格局，极大地影响了云南未来的政治走向。其三，战时云南的经济建设。就战时云南的工业建设、农业生产、财政金融事业的发展以及商业和对外贸易情形给予较为翔实的陈述与分析，具体就工矿企业内迁云南、近代农业在云南的初步兴起、近代金融机构在云南的建立等问题展开论述，虽然不能夸大战争对处于大后方云南的影响，但其对云南经济发展的影响毕竟是存在的。其四，战时云南的交通建设与物资运输。首先针对抗战时期与云南密切相关的几条国际交通运输线路的开辟与运输情况展开论述，再就战时云南利用传统运输力量，发动战时驿运做简要陈述。其五，战时云南文化教育事业的发展。首先较为深入地分析了抗战时期云南高等教育与基础教育的发展状态，再就抗战时期云南的戏剧运动、近代新闻出版事业等进行较为详细的阐述，分析了其在抗战宣传中的作用。其六，云南后方民众的抗战支援。重点就云南知识青年从军、抗战捐献以及征兵征粮征工等问题展开论述，揭示云南民众在抗战中所做出的贡献。其七，战时云南的人员伤亡与财产损失。如侵华日机对云南各地的轰炸、战时瘟疫的流行等，都造成了云南民众的人员伤亡与财产损失，侵略者对云南的伤害不容忘记。

第一章

战前云南的社会发展状况

要深入探讨全面抗日战争时期大后方的云南，首先必须了解战前云南的社会发展状况，这是讨论抗战大后方云南的立论基础与逻辑起点。

近代以来，云南在晚清重臣、民初蔡锷，其后唐继尧、龙云的治理下，经济有所发展，政治有所革新，文化有所进步。如需从多个视角探讨抗战时期的云南，则应了解战前云南的政治、经济、交通和文化教育等方面的社会发展状况。在此基础上，才能更深刻地认识抗战时期大后方云南的政治、经济、交通和文化教育等方面的实际情形，以及云南在抗战中的价值与地位。

此处所论的“战前”，即1937年7月7日卢沟桥事变爆发之前，主要侧重于龙云主政云南时期。

第一节　战前云南的经济状况

本节首先就战前云南的经济状况和与经济密切相关的交通建设做一陈述与分析。

一、战前云南的经济

对于近代云南的经济状况，早在民国初年就有如此记载：“滇系山国，夙称贫瘠。当前清时，本省岁入不过三百余万两，而岁出约需六百余万。故每年除由部库拨款及各省协济一百六十余万两，尚不敷一百余万。”[①]晚清时期，云南省地方政府的税收不多，且一直入不敷出，需要中央拨款和邻省协济。由此而论，云南是一个靠外省协济、中央拨款维持财政运转的省份，财政税收不敷财政支出，从此视角来看，云南经济不发达。时至抗战全面爆发以前，这种状况并没有多少改变。云南

① 周钟岳:《云南光复史稿·建设篇》，曾业英编《蔡松坡集》，上海人民出版社1984年，第1424页。

虽被誉为“有色金属之乡”“动植物王国”“水塔”，自然资源与矿产资源比较丰富，但由于云南开发较晚，除铜矿和锡矿得到较为充分的开采外，其他资源在战前仍然没有得到合理开采；由于云南除了一些平坝之外，多山地，耕地面积有限，粮食不足时多从越南购入米粮，据龙云回忆，“云南原是一个粮食不能自给的省份，向来依靠越南米进口”[①]；工业方面主要还是以手工业为主，近代工业仍处于萌芽状态；商业方面基本上在延续中国传统的商业经营方式，具有近代意义的商业企业难以见到。现就抗战之前云南经济各个方面给予适当阐述。

在以农立国的中国，战前云南继承传统农业的耕作方式，绝大多数从业人员从事的仍然是传统的农业。据记载，战前云南“居民除城镇多营工商业外，其余大都从事农业”。云南省民政厅《1932年户口总调查报告》所记，“全省共有自耕农民一〇二二二九四人，半自耕农民五九八七八八人，佃农八一六六〇二人，共计二四三七六八四人，约占全省成年有职业人数百分之四三·七四”。[②]现就民政厅的成人职业调查列表如下，由此反映战前云南的农业从业情况。（见表1–1）

表1–1　1932年云南全省成人职业调查表

业别	人数/人	百分比/%	备注
农人	2437684	43.74	
工人	709397	12.73	包括专业从事手工业者
商人	169602	3.04	
学界人	43503	0.78	
军政界人	56482	1.01	
家事人	1628281	29.04	指各界家中妇人，即家庭妇女
自由业人	26093	0.19	
不正当业者	40047	0.72	
无职业者	352537	6.32	
残疾人	134989	2.42	
共计	5598615	100	

资料来源：《云南概览》，编著者与出版者不详，1936年，云南省图书馆藏，建设第1页。

① 龙云：《抗战前后我的几点回忆》，《文史资料选辑》第17辑，中华书局1961年，第56页。

②《云南概览》，编著者与出版者不详，1936年，云南省图书馆藏，建设第1页。根据表1–1所示，应指全省成年人数的43.74%，而不是“全省成年有职业人数百分之四三·七四”。

从表1–1可知成人中有43.74%的人从事农业生产，即农民。如果除开“废人”“无职业者”以及不能认为真正从事职业的“家事人”，那么在所谓的“有职业人”中，农民所占比例则为70%。从表1–1可看出该统计表并不包括成人中丧失劳动能力的老年人，因此此处所指的成人应指青壮年。所以说，70%的青壮年从事农业生产，这应是近代中国的常态，在云南也就并不为奇。

虽然在全面抗战之前的1932年左右，云南有240多万青壮年农民，在“有职业人”中占70%，也就是大多数青壮年从事农业生产，但是，根据云南地理的特点，云南的可耕种土地面积所占比例并不高。据统计，战前云南“全部面积，计一百十一万方里，每方里以五百四十亩计算，则有五九九四〇〇〇〇〇亩”，这是云南的总面积；据其时国民政府统计局发表的统计数据所示，云南可耕种土地面积则为“二七一二五〇〇〇亩”，占“全省面积百分之四·五二”；又据云南省清丈局所得面积，为“二千八百三十七万三千九百二十九亩”（缺五县十四设治局），那么可得云南可耕种土地面积占全省面积的4.73%而已。[①]虽然可耕种土地面积缺少五县十四设治局的耕种土地面积，土地清丈时也可能存在测量不准确的情形，所以此处所引云南全省可耕种土地面积也非最后定数，但绝大部分可耕种土地面积应已统计到位，上述数据至少可以反映云南的可耕种土地面积所占比例应是比较低的。如以28373929亩可耕种土地面积为基数，其时有2437684人的青壮年农民人数，那么人均拥有耕种土地面积为11.64亩，此数据是每一个青壮年农民所需承担的耕种任务；其时全省总人口有11795486人，[②]那么人均拥有的耕种土地面积则为2.40亩，此数据意味着每个人仅依靠2.40亩可耕种土地所生产的农产品来生活，如果考虑到当时的土地亩产之低，如水稻亩产3担左右，那么区区人均2.40亩可耕种土地养活云南的1179万多人口是有难度的。这就解释了为什么抗战前云南必须从越南进口粮米。

另据调查，云南28373929亩可耕种土地中，“水田占百分之四五·一四，旱地占百分之五四·八六”，即“水田一千二百八十一万八千八百二十五亩，旱地一千五

---

①参阅《云南概览》，编著者与出版者不详，1936年，云南省图书馆藏，建设第6–10页；另《续云南通志长编》中记载的数据亦相同，《续云南通志长编》（下册），周钟岳、赵式铭等修撰，云南省志编纂委员会办公室整理，1986年内部发行，第249页。

②《云南概览》，编著者与出版者不详，1936年，云南省图书馆藏，民政第1页。

百五十五万五千二百〇四亩”。[①]也就是说不到一半的可耕种土地为水田，可种植水稻，其他为旱地，只能种植杂粮作物或其他经济作物，如茶、棉、药材等，兹就1935年主要粮食作物产量列表如下。（见表1–2）

表1–2　云南全省1935年主要粮食作物调查统计表

种类	出产县(局)数/个	出产数/担	产地面积数/亩	每亩产量数/担
稻	108	34312376	11782797	2.91
小麦	91	2305672	769416	3.00
大麦	91	1860129	821018	2.27
荞	92	3712419	986062	3.76
高粱	70	869291	304488	2.85
玉蜀黍(玉米)	110	14770863	5639763	2.62
大豆	101	2835333	1302001	2.18
蚕豆	99	3969804	3115402	1.27
豌豆	102	1349484	1290518	1.05
马铃薯	101	10661913	1749520	6.09

资料来源：《云南概览》，编著者与出版者不详，1936年，云南省图书馆藏，建设第10—11页。

由表1–2可知，由于云南地处南方，以稻（米饭）为主食，稻的种植面积最大，总产量也最高。此外，这些粮食作物亩产量最高的是马铃薯，其次为荞、小麦、稻、高粱、玉蜀黍、大麦、大豆，亩产量最少的是蚕豆和豌豆。虽然表1–2中的统计数据并不一定十分准确，但此处不必过多计较数据的准确性，因为上述统计至少反映了战前粮食作物生产的基本情况。

战前云南的农业生产，除了粮食作物之外，还种植其他经济作物，如棉花，“迤西之宾川，迤南之开远，蒙自，迤东之巧家，永善，元谋，则均宜棉”。如宾川一地，“为云南棉业中心之区”，其土质与气候，适于种棉。据研究者调查，宾川棉花种植，棉种为婆兮土棉和美棉两种，民国二十二年（1933）产籽花约十万斤，二十三年（1934）因雨水过多，产量所增无几，而民国二十四年（1935）美棉“栽培面积，约二

①《云南概览》，编著者与出版者不详，1936年，云南省图书馆藏，建设第10页。

千亩”，婆兮土棉“栽培面积，约四千亩上下”，据称可产籽花“三十万斤以上”。[1]据云南省实业厅1934年的调查，云南共有“棉田三万五千五百六十一亩，产量为五十七万九千七百七十斤”。至于桑蚕业，亦据实业厅调查，云南省“尚有三十二县种桑养蚕，养蚕户数为九七三七，每年产丝一四四四二斤，有桑树六一〇六九二八株”。药材种植与采集，以蚱蜢连、三七、贝母等药材为最多，每年出口，不下国币[2]五六十万元，另有产于德钦县年获三四百斤的冬虫夏草，产于顺宁年千余斤的鸡血藤，产于普洱年五六百斤的鹿衔草，如此等等，药材实为云南省农民一大收入。[3]对于茶叶生产，则见表1-3，可知战前云南产茶情形。

表1-3　全面抗战之前云南茶叶生产情形概况表

县名	产量/斤	销售地
景东	1150000	先至昆明、大理等，再分配各地
佛海	520000	中国西藏，缅甸、印度、安南
思茅	400000	中国西康，印度
顺宁	320000	大理、四川
镇越	20000	中国香港，缅甸、暹罗、安南
景谷	200000	昆明
元江	200000	云南本省及香港
双江	100000	中国四川、云南省维西县，缅甸
澜沧	85000	中国西藏、昆明，缅甸
广南	47000	中国广西，安南边地
云县	62000	四川
江城	60000	中国云南本省，安南
宜良	5000	云南本省
大关	3000	云南本省

资料来源：《云南概览》，编著者与出版者不详，1936年，云南省图书馆藏，建设第19页。

① 李少竹：《从宾川棉业说到云南棉业发展应注意之事项》，《云南日报》1935年11月6日，第5版。
② 抗战时期，国民党推行法币政策，本书除特别说明用新滇币来计算外，一般都用国币来计算。
③《云南概览》，编著者与出版者不详，1936年，云南省图书馆藏，建设第13-20页。

从表1-3可知云南产茶最多的是景东县，其次为佛海、思茅、顺宁等地。所产茶叶除一部分留在云南本省销售外，另一部分销往省外的四川、广西、西藏、西康、香港，还有一部分销往印度、缅甸、暹罗和安南，说明抗战之前云南所产的茶叶已进入国际市场。

在畜牧业方面，“如丽江、鹤庆、永胜等县所产之马骡，邓川之乳牛，路南、宜良之山羊，武定之鸡，皆具有优良之形质，堪称良种”。据实业厅1934年调查，“全省（缺十六县十五设治局）共有马四十万六千五百匹，牛八十一万二千一百头，羊一百五十六万七千九百头，骡十一万零四百头，猪二百零六万四千七百头”。[①]

上述所言即为全面抗战之前云南农业生产的基本情况，这是讨论全面抗战时期云南农业生产的立论基础。当然，战前的云南地方政府为了发展农业，增加农业产量，维持云南的粮食稳定，也相应采取了一些与农业相关的积极措施，其中较为重要的有：其一，兴修水利。抗战之前云南地方政府“鉴于振兴水利，既可补救水旱之不虞，亦为复兴农村之急务”，“故就能力所及，明定目标，按期分区兴办”水利。首先是对云南各地水利条件进行调查，再为兴修水利工程预先进行测量，最后对计划兴办的部分水利工程进行施工，其中有修治省会各河道工程，嵩明嘉丽泽工程，昭鲁大河疏浚工程，开凿仙、云两湖工程以及各县水利工程等，一些工程在抗战前并没有完工，一直延续至抗战期间。[②]其二，设立仓储制度，办理积谷。据龙云回忆：因为云南是一个粮食不能自给的省份，“个旧厂矿区数十万员工和居民，经常就靠越米供应”。从“九一八”事变后，龙云称已“预料到中日将来会有大战，粮食问题非常重要，云南必须做到粮食自给才行，于是着手办理全省积谷”。[③]办理积谷为抗战预做准备虽是龙云的事后之言，是否真正符合事实，从目前的史料来看难以断定，但办理积谷却是历史事实，客观上确实为其后的全面抗战提前准备了粮食。1933年2月，云南地方政府制定以户口总数为积谷数量标准切实办理积谷，要求各县市按照境内户数，“由殷实富户按其租谷之收益分等抽填”，于该年12月底“填足每户一京石之数”。至1934年3月底止，统计各属所报谷数，共“一百一十四万四千一百三十五京石”，“较二十一年份超过十倍有奇”。但“以全

---

① 《云南概览》，编著者与出版者不详，1936年，云南省图书馆藏，建设第20页。

② 《云南概览》，编著者与出版者不详，1936年，云南省图书馆藏，建设第32–46页。

③ 龙云：《抗战前后我的几点回忆》，《文史资料选辑》第17辑，中华书局1961年，第56页。

省户口二百三十三万八千二百七十二户”计算，尚不及额定五成之数。此后“积极督饬赶办”，至1935年，“全省共积足一百九十六万零六百三十四京石”。1936年进一步提高积谷要求，“以存足每户一京石又六成为止”。[①]这一制度一直延续至抗战期间，凭此积谷缓解了因战时人员内迁而粮食需求大增的问题。其三，田地清丈。近代以来，云南田地未及时清理，且因世乱，部分民间契约已渐遗失，地籍紊乱，常有“有田无粮、有粮无田”，负担不均的事情发生，给政府征收田赋增加了困难。又因民国以来云南政局一直不稳，连年用兵，政府财政赤字颇大。龙云主政云南后，面对云南财政如此困局，力图有所作为，进行一系列整顿与革新，在农业方面有意整理田赋增加财政收入，而整理田赋就得从清丈田地开始。1929年1月云南地方政府筹设全省清丈总局，举办全省田地清丈事宜。几经变更，又于1931年8月组织财政厅清丈处，筹备全省清丈，先后任命刘润之、张培光为处长；清丈推行各县，设立清丈分处。清丈实施过程，分为测丈点验、评定等则、颁发执照数端。测丈点验就是实测田地面积，即谓清丈；评定等则就是将已测定面积之田地分为上中下三等九则，以作为征收耕地税的标准；颁发执照就是评定等则后发给田地经营执照，其中注明耕地等则、业权和面积等，并绘地形，由此确认产权。清丈过程共分七期进行，至1941年才最终结束。此次清丈，虽带有增加政府财政收入之目的，但由政府确定田地产权，可免地方豪强巧取强夺；按实际面积平均负担耕地税（即田赋），可免负担不均，就此而言是有利于云南农业生产的。[②]

云南素有手工业传统，时至近代，虽受近代工业的影响，但传统手工业仍然普遍存在于城镇乡村之中，如手工织布业、打铁业、铜器业、珠宝玉石加工业、陶瓷业、制糖业、酿酒业、榨油业、制茶业、制革业等，一直为云南手工业中的传统产业，历史悠久。时至全面抗战前夕，云南各地手工业照样盛行不衰。现就战前昆明手工业的相关情况列表如下，应可反映云南战前手工业实际状况。（见表1–4）

①《云南概览》，编著者与出版者不详，1936年，云南省图书馆藏，民政第64页。

②《续云南通志长编》中记载的数据亦相同，《续云南通志长编》（中册），周钟岳、赵式铭等修撰，云南省志编纂委员会办公室整理，1986年内部发行，第153–154页。另请参阅张庚年《云南清丈概述》，《云南文史资料选辑》第29辑，云南人民出版社1986年，第42–49页。

表1-4 1936年昆明市民营小手工业户数、人数及资本额统计表

业别	户数/户	人数/人	资本/国币元	业别	户数/户	人数/人	资本/国币元
印刷业	29	250	15000	刊刻业	30	45	300
裱画业	45	70	1100	皮箱业	22	48	1875
刺绣业	20	40	1500	铜器业	55	120	7500
打织业	52	55	500	钉铁业	16	30	2500
染纺[坊]业	60	300	2000	丝稻业	10	10	400
棉绵业	23	31	2000	织布业	73	1000	2500
铅铁业	50	130	2500	象牙业	16	32	1500
油榨业	12	40	5000	糕饼业	43	160	39250
火柴业	8	190	47000	照相业	17	72	12200
金箔业	19	57	2750	木器业	32	50	6575
酒类制造业	26	78	6980	金首饰业	13	155	1650
银首饰业	103	78	500	棉絮业	45	36	1800
染纸业	20	20	500	藤器业	28	70	750
理发业	68	208	250	成衣业	206	400	150
帽业	83	400	3250	鞋业	102	40	1000
皮业	121	200	7500	爆竹业	31	80	1000
洋烛业	2	8	300	烟丝业	34	77	2480
玻璃业	3	62	3000	造花业	4	16	1500
相框业	17	35	2000	制茶业	25	135	26000
皮鞍业	13	93	6060	酱油业	5	35	3900
咸菜业	15	108	3600	麻线业	6	17	550
炭精油像业	7	20	2100	卷烟业	4	162	2500
化妆品业	8	34	14450	硝制兽革业	31	78	9200
碾米业	18	48	21050	切面业	21	50	3200

续表

业别	户数/户	人数/人	资本/国币元	业别	户数/户	人数/人	资本/国币元
玉石极[业]	41	85	15600	笔墨业	20	168	11700
纸张簿记业	85	108	12050	针织业	58	1200	20500
油漆业	10	28	2100	丝绒业	32	123	20225
裱糊业	21	67	6200	竹器业	21	72	1247.5
备注	昆明手工业总计共1979户，从业人数7324人，资本共有370792.5元。						

资料来源：张肖梅《云南经济》，中国国民经济研究所1942年，第O2—4页。

表1-4为昆明市1936年的手工业调查表。如此多的手工业种类、户数和从业人员，真实反映了其时昆明手工业状况，其中有些是历史悠久的中国传统手工业，如打铁业、手工织布业、手工制茶业、竹器业、木器业、藤器业，如此等等，其中手工织布业是在继续中国男耕女织的传统，说明传统手工业不因中国已进入近代而消失；同时，也有些是近代新兴的手工业，如洋烛业、照相业、火柴业，虽然仍是手工业作坊方式，但已具备近代元素，洋烛、照相、火柴是中国近代才有的新事物。

此处虽仅为昆明市手工业的具体情形，但作为云南经济中心的昆明，该城市的手工业应具有典型性，战前云南其他各地的手工业情况应与昆明大致相同，所以说表1-4内容与分析应可基本了解云南各地的手工业情况。

然而，云南毕竟进入了近代，在抗战以前其实也有了近代工业的萌芽。据记载，在1910年，即建立了昆明市耀龙电灯股份有限公司这样的利用水力发电的近代公司。该公司在昆阳县石龙坝安装水力发电机组，利用滇池湖流入普渡河的湖水发电，此应为中国最早的水力发电站，其采取官商合办形式，采用发行股份筹款的近代资本集中方式组织股份有限公司，这是一个实实在在的近代企业，看不出与后来的近代企业有什么区别。1935年前该公司第一厂装置德国制水力机三台，计马力八百五十匹。第二厂共装置德国制水力机二台，计马力八百五十匹。两厂共装置德国交流发电机五台，发电容量共为一千二百基罗瓦特。由石龙坝至昆明，设有电杆九百零三本，电线长八万余千米，全昆明市馈电高压杆三百三十一杆，总电线长一万一千米，分杆一千四百九十三本，分线长十万米，无不为近代的事物。[①]再如1934年在模范工艺厂基础上扩充而成的五金器具制造厂，已利用德国或美国制造的电动机生产，生产设备上已购置新式车床，产品则为碾米机、织布机、印刷机等机械，以及车床、钻床、刨床等近代生产机器。对于战前云南兴办的近代厂矿企业，现列表如下，由此可对战前云南所办近代厂矿企业有更全面的认识。（见表1–5）

表1–5　抗战以前云南兴办的主要近代厂矿企业统计表

厂矿企业名称	成立时间	主要设备	资本	业务情况
耀龙电灯股份有限公司	1910年	德国造交流水力发电机5台	国币100万元	水力发电
昭通民众实业公司电力厂	1931年	英造发电机	国币10万元	火力发电
昆明纺织动力厂	1934年	英造透平发电机1台	国币40万元	火力发电
云南五金器具制造厂	1934年	马达两台，鼓风机1台，车床6台，刨床1台	国币8万余元以上	生产碾米机等机械和车床等机器
云南纺织股份有限公司	1937年5月	纺纱机1万锭，织布机60台	国币2000万元	开办纺纱厂、织布厂纺纱织布
云南印刷局	1931年由云南官印局改组而成	由沪、港增购新机如电机、手机、足机、检排设备等		承印官商各界各种印刷品
崇文印书局	1912年	动力机有马达3台，德国造铅印机1台	国币6.3万元	承印各类书籍
开智印刷公司	1913年	英国造电力马达1台，日本造机械大石印机1台，平版铅印机3台等		代印报纸等
昆明市自来水有限公司	1915年6月	电力发动机2台	20.3430万元，货币单位不详	提供自来水
华安工厂	1920年	煤烟引擎1台，车床5台		制造抽水机、切面机、印刷机、压榨机、织布机等机械

① 《续云南通志长编》（下册），周钟岳、赵式铭等修撰，云南省志编纂委员会办公室整理，1986年内部发行，第340页。

续表

厂矿企业名称	成立时间	主要设备	资本	业务情况
华兴工厂	1920年	美国造马达1台，车床2台		修配五金零件
民生工厂	1933年	德制电动机1台，英造车床3台		制造柴油机、碾米机、榨油机等机械
振亚机械厂	1930年	英制电动机1台，法制车床4台		制造工程用具、石印机、碾米机
永协隆机器厂	1933年	德制电动机1台，英制车床2台		制造水龙机、煤油机、榨油机等
三益炼油厂	1931年	节子机1台，打风机1台，磨沥油机1台，均购自法国	国币1万元	炼食用植物油
均益洋碱股份有限公司	1926年	汽油发动抽水机1台，枧化釜4台	国币450万元	金钟牌白色方形洗衣肥皂
滇黔绥靖公署云南制革厂	1930年8月	锅炉蒸汽发动机1台，碾皮机1台，压皮机1台，均日本制	国币5.5万元	生产皮靴鞋、鞍带
南华烟草公司	1930年5月	有煤气机1台、蒸汽机1台，锅炉1台	国币7.5万元	生产明星、合群、百寿、仙鹤等牌纸烟
个旧锡务公司	1905年	新法采炼，卷扬机2台，压缩空气机1台	官商集股，国币200万	开采个旧锡矿
云南炼锡公司	1932年2月	炼锡炉4座，净矿炉3座	旧滇币300万元	精炼99.75%的大锡
东川矿业公司	1913年3月	12台鼓风机，多座炼铜炉等	官商合股75万元，货币单位不详	开采铜矿，炼制精铜
云南明兴矿业公司	1918年		中美合资，共100万元，货币单位不详	采矿
个旧钨锑分公司	1936年8月		新滇币4.04万	纯净钨砂
明良煤矿公司	1927年	一切机电设备，应有尽有	10万元，货币单位不详	

续表

厂矿企业名称	成立时间	主要设备	资本	业务情况
电气制铜厂	1936年	电解机24台，蒸汽发动机2部，电动机3台，鼓风炉5座等	国币108万元	用电解方法提炼纯度为99.9%的精铜

资料来源：由《续云南通志长编》（下册）卷七十三中工业部分的相关记载综合而成。参阅《续云南通志长编》（下册），周钟岳、赵式铭等修撰，云南省志编纂委员会办公室整理，1986年内部发行，第339—510页；另请参阅《云南概览》，编著者与出版者不详，1936年，云南省图书馆藏，建设第65—78页。

表1-5即为抗战前云南开办的具有近代气息的厂矿企业，从中发现两个具有近代因素的基础特征：一是有部分厂矿企业采用发行股票的方式集中资本，采取股份制企业形式；二是这些厂矿企业基本上都从国外进口近代机器设备进行生产，已具备近代机器生产因素。

总之，抗战之前云南在传统手工业普遍盛行的前提下，已有了近代意义的厂矿企业，云南工矿业已迈开了近代的脚步。

在商业方面，云南虽然与全国一样存在重农抑商的传统思维，但随着近代西方重商观念的传入，云南也一改传统习惯，开始重视商业。全面抗战以前，云南已形成了昆明、蒙自、腾冲、思茅、下关、昭通及个旧等多个商业中心。昆明地处滇越铁路之终端，云南各新修汽车路之起点，交通便利，“省货外货，大抵在此分配批发，内对各县，外对安南、香港及上海等地，贸易均极繁盛”，逐渐成为云南最大的商业中心。表1-6即为抗战以前昆明商业铺店的调查统计情况。

表1-6　昆明市商业铺店统计表

营业类别	铺店数/家	营业类别	铺店数/家
米粮业	210	盐业	244
棉纱业	64	中西百货业	59
绸缎业	47	丝棉线业	62
丝棉匹头业	65	当业	20
酱菜海味京果业	97	糖业	18

续表

营业类别	铺店数/家	营业类别	铺店数/家
屏联业	17	纸张业	42
颜料业	19	京苏杂货业	24
书籍业	13	川杂货业	123
土布业	142	斗笠业	17
川烟业	29	兑换银钱业	20
糕饼业	45	食铺业	115
药材业	79	纸卷烟业	51
牙行业	50	旅店堆栈业	119
干果业	36	火腿白油业	59
皮业	37	西药化装[妆]品业	18
肉案业	100	酒业	23
酒席业	29	广洋杂货业	194
燃料业	99	古董业	44
茶叶业	20	山货业	323
钟表业	19	茶馆业	127
瓷器业	25	估衣皮革业	20
总计	2964		

资料来源:《云南概览》,编著者与出版者不详,1936年,云南省图书馆藏,建设第83—84页。

在这些商业铺店中,数量最多的是杂货业、山货业、米粮业和盐业,其次是土布业,因为这关系到普通民众的生活。这些大大小小的商业铺店,总共3040家,在仅十万余人的昆明城中做生意,显示昆明城中商业应比较繁盛。

其余商业中心如蒙自为云南省南部重镇,有滇越铁路下通越南,上通中国昆明,并经个旧铁路可达个旧、建水、石屏等地,交通也称便利,开设蒙自海关于此,商业素称发达。腾冲居于云南省西陲,素为迤西各属与缅甸贸易之较大商埠,每年出入口贸易,亦属不少,亦设有腾越海关于此。思茅毗连缅甸和越南,为云南省“迤南边界商埠,与安南及缅甸边境之贸易,咸以此为出入之口”,故也设海关于此。下关地处云南西部，为迤西各县贸易之适中点，各种土产如茶叶、药材贸易较为兴盛。昭通地处云南省东北部，为往来四川之要道，邻属商品大抵以此为集散市场，外对四川贸易，亦颇繁盛。个旧在云南省南部，产锡极丰，锡块贸易最盛。其他如各县商业，多集于县城交易；也有集中于乡镇市场，则定期赶集。总体而言，战前滇省商业大致如此而已。①

至于抗战以前的云南省内贸易，即省内各地如各县与各县之间的贸易，“甚为简单，输出货物多属农产品或动、植、矿产原料品，输入则以棉纱、匹头等为主”，所以省内贸易如此而已，不必详述。此处谈论的抗战前的贸易，主要是对外贸易。

战前云南对外贸易中，国际贸易最引人注目。战前云南省国际贸易，入(进)口货中，英国货、法国货、日本货、美国货及德国货等均有。据海关统计册所载，战前几年云南省国际贸易的趋势是“洋货入口渐减，土货出口日增”。现就战前数年，云南国际贸易入出货值列表如下，以便更具体认识云南战前的国际贸易发展状况。(见表1-7)

表1-7 民国二十一年(1932)至二十四年(1935)云南省直接对外洋贸易出入口货值比较

单位：国币元

年份	入口洋货价值数	出洋土货价值数	入超数	出超数
民国二十一年(1932)	14096300	6970884	7098316	
民国二十二年(1933)	15613315	23663839		8050524
民国二十三年(1934)	10983782	15425579		4441797
民国二十四年(1935)	9015319	20219610		11204291

资料来源：本表录自1932年至1935年各年《海关中外贸易统计年刊》卷一内中国直接对外贸易关别表。表内各数值为云南省蒙自、思茅、腾越三海关之合计。参阅《云南概览》，编著者与出版者不详，1936年，云南省图书馆藏，建设第100页。

①《云南概览》，编著者与出版者不详，1936年，云南省图书馆藏，建设第82页。

由表1-7可知，战前云南省对外国际贸易，由1932年的入超国币7098316元，至1933年一转而为出超8050524元，以后战前数年，云南省在国际贸易中一直处于出超状态。再看出入货值的变化，总体趋势上入口洋货货值在逐步减少，出洋土货货值却在逐步增加。究其原因，在出口方面，战前云南省"主要出洋货物为个旧大锡"，估计占云南省"出口货值百分之八十四以上"。往昔个旧锡"以土法熔炼"，达不到国际标准，不能直接外销，一般由广帮商人加工后经由洋行运销国外，但有一部分成色过低的锡条，只能在国内市场销售，"此部分锡值，海关统计中，归入转口贸易"，"故直接对外洋贸易货值较小"。然至"民国廿年炼锡公司以新法炼锡，炼出之锡纯度在百分之九十九以上，制为锡锭，直接销伦敦一带，此项货值，年有增加，此项货值，关册中列入直接对外贸易，故二十年以后，出洋货值，年有增加"。至于入口贸易方面，云南省对外国际贸易"主要入口货为棉纱，布匹与棉花，占全入口货值百分之四十左右"（据省政府秘书处统计室民国二十一年统计，棉纱、布匹与棉花占全入口货值40.23%）。在中国尚未开办纺纱厂以前，"此项主要入口货，系仰给于英国与日本，故当时直接入口货值甚巨，后上海纺纱厂相继成立，出口不亚洋货，且国内各种匹头织品亦渐改良进步"，各货陆续输入云南省，"销路甚旺，渐取洋货之地位而代之"。又因"一·二八"事变后，抗日呼声渐浓，所以"抵制日货空气"，在云南省"极为浓厚"，"数年来日货几至绝迹"，所以"入口洋货日渐减少"。[①]总之，随着中国近代工业的发展，战前云南由依赖于国外进口逐步改为向省外国内进口，出口方面如大锡的出口，说明战前的云南省已在努力改变出口初级产品的现状，提高出口产品的品质，参与国际出口产品竞争。

再如战前云南省对外贸易中的省外国内贸易，即"海关册中所载之国内转口贸易"，主要是与上海贸易，其次为"迤东一带与四川、贵州""东南各县与两广""迤西一带与康藏"的贸易。因为云南省"输出贸易，多属于原料品，销往外洋者多，外省者少，而外省数年来输入之纺织品，大量激增"，所以"与外省贸易，入超甚巨"。[②]兹就战前数年云南省的省外贸易货值列表如下，可以更具体认识云南省对外省贸易的实际情形。（见表1-8）

①《云南概览》，编著者与出版者不详，1936年，云南省图书馆藏，建设第99-100页。

②《云南概览》，编著者与出版者不详，1936年，云南省图书馆藏，建设第100-101页。

表1-8 民国二十一年(1932)至二十四年(1935)云南省对外省贸易出入口货值比较表

单位:国币元

年份	入口国货价值数	出往国内货值数	入超数
民国二十一年(1932)	16890806	12655092	4235714
民国二十二年(1933)	15741556	4210078	11531478
民国二十三年(1934)	15441811	3360338	12081473
民国二十四年(1935)	20061474	3547986	16513488

资料来源:本表录自民国二十一年至二十四年各年《海关中外贸易统计年刊》卷一内转口土货总值表中。参阅《云南概览》,编著者与出版者不详,1936年,云南省图书馆藏,建设第101页。

从表1-8可知,云南省对外贸易中的省外国内贸易,战前数年全为入超,大致可知云南省省外国内贸易输出的主要是工业生产的原材料,输入的则为工业产品,输入货值远超过输出货值,说明战前的云南省是一个以传统农业为主,工业生产不足的省份。

总之,抗战以前云南的经济状况,其在农业、工业、商业、对外贸易等方面表现为传统生产与近代经营并存的特征,具备近代经济发展的潜力。但是不管怎样,这毕竟是抗战时期云南经济发展的客观基础,具备如此基础,抗战时期的云南经济才显示出其发展能力。

二、战前云南的交通建设

论及近代云南的经济状况,就不得不提及与经济发展密切相关的近代交通建设。近代交通建设在云南兴起之前,由于云南地势的特殊性,高低海拔悬殊,最高峰是西北部德钦县的梅里雪山,其主峰卡瓦格博峰海拔6740米;最低点是河口县的元江河谷，海拔仅有76.4米，“故全省水道，俱为各大河源。水急滩险，无舟楫之利”，水路运输条件有限。云南传统的交通一般依靠驿路，但由于云南境内大山耸立，“山路崎岖，行程迟滞”，驿路交通亦极为艰难；运输上依靠肩背马驮，这也是云南马帮兴盛的原因，但运输量相对有限。①当近代交通方式进入云南时，这一并不便利的交通条件正在逐步改变。

那么，谈到战前云南的近代交通，公路建设则最为突出；但从近代交通兴起的时间来看，最先进入云南的近代交通则为铁路。现即从抗战前云南的近代铁路建设论起。

云南的近代铁路建设，最早为法国殖民者在云南修筑的通越南河内、海防的滇越铁路。1884年，法国趁中法战争以后侵占越南之时机，逼使清朝政府允许法国公司在云南修建铁路。1903年，清政府与法国正式订立中法《滇越铁路章程》三十四款，规定滇越铁路所需用地，一律由云南地方政府拨交法国铁路公司。1904年，滇越铁路正式开工，1910年竣工，同年4月1日全线正式通车，此即著名的“不通国内通国外”的滇越铁路。从西方列强殖民史的角度看，这是近代法国殖民势力深入云南的历史证物，滇越铁路就像一根吸血管伸入中国西南边疆云南。当然，即便如此，滇越铁路的修通，毕竟开启了云南近代交通建设的历史，一直依靠传统交通运输方式的云南交通由此发生了实质性的变化。

然而，滇越铁路的路权毕竟掌握在法国殖民者手中，滇越铁路更成为法国殖民势力伸入云南，企图进一步控制云南的政治、经济与文化，掠夺云南资源的便利工具。20世纪初，云南的有识之士痛感于此，曾成立滇蜀铁路公司、腾越铁路公司，试图在云南自办铁路。因各种原因，酝酿中的滇蜀、腾越铁路在清末未能动工修建。辛亥革命以后，得到主政云南的蔡锷将军的支持，滇蜀个碧铁路公司于1913年在蒙自成立，并在1921年建成以碧色寨为起点，经蒙自、鸡街至个旧的个碧铁路。个碧铁路虽仅长73千米，最初修筑目的是便于运输个旧大锡出口，但这是云南自建的第一条铁路。1928年，又修建一条支线，由鸡街至临安，长62千米，名曰“鸡临线”；1931年又从临安延修至石屏，长41千米，名曰“临屏线”，三线合称为“个碧石铁路”。②

① 《续云南通志长编》(中册)，周钟岳、赵式铭等修撰，云南省志编纂委员会办公室整理，1986年内部发行，第967页。

② 张星桥：《修筑个碧铁路简史》，《云南文史资料选辑》第16辑，中国人民政治协商会议云南省委员会文史资料研究委员会编，1982年内部发行，第18-19页。

近代云南的公路建设，最早为1921年顾品珍主政时的“兵工筑路”，本计划修筑昆明至大理的滇西公路，但由于云南政局的变化，仅在昆明修筑由省城至三分寺的两千米的土路便停止了。1922年唐继尧再次主政云南后，于1925年9月建成昆明城至碧鸡关全长15千米的公路并通车，这是云南第一条真正意义上的近代公路，此即滇西公路之一段。1927年龙云主政云南，云南政局渐趋稳定，龙云把修筑公路列为云南省“四大要政”之一，成立公路总局，制定《三迤公路建设大纲》，1929年12月1日，据省政府令，“分全省公路为四干道、八分区”，限期完成，其中“第一期赶修四省道”，即滇西干道、滇东北干道、滇东干道、滇南干道；“第二期分修八分区”，即把云南分为八个区域进行各地公路建设。[①]至抗战全面爆发前，龙云主政的云南地方政府已建成或正在修建的公路有多条，如滇南干线昆明至玉溪段于抗战爆发之前已完成，滇东北干线昆明至会泽段则至抗战全面爆发仍在修筑中。当然，抗战全面爆发之前，云南兴建的公路，其中比较著名的一是京滇公路，一是滇西公路。

滇西公路即滇西干道，又称迤西干道，原计划由昆明经安宁、禄丰、楚雄、镇南、清华洞、凤仪到达大理下关，再向西南修至缅甸。其中昆明至下关段，全长411.6千米，于1924年6月在昆明大西门外举行开工典礼。1925年9月修通昆明至高峣碧鸡关一段，长15千米，此为云南省最早通行汽车的道路。滇西公路最初按铁路标准修建，1926年6月才按汽车路标准进行修筑，1928年12月通车至安宁，1935年11月通车至楚雄[②]，同年12月通车至下关，抗战全面爆发后改称为滇缅公路上段。滇西公路昆明至下关段前后历时11年零5个月，平均每年才修36千米，修筑可谓十分缓慢。[③]

滇西公路修至下关后，至于该路至缅甸的部分，修筑方案一直存在争议，路线选择上有腾永线与顺镇线之争，前后长达两年之久。腾冲殖边督办兼第一公路分局长李曰垓等人极力主张腾永线，其路线由下关经漾濞、永平、功果、保山、腾冲、古永，延伸出国至缅甸的密支那或八莫。而全省公路总局技监段纬等人则主张顺镇线，该路线由祥云向南经弥渡、蒙化、顺宁、镇康，再延伸出国至缅甸的滚弄，再

① 《续云南通志长编》（中册），周钟岳、赵式铭等修撰，云南省志编纂委员会办公室整理，1986年内部发行，第947-949页。

② 《杨会办谈本省公路修理近况》，《云南日报》1935年11月14日，第6版。

③ 浦光宗：《滇缅公路》，《抗战时期西南的交通》，云南人民出版社1992年，第109页。

接通腊戍。两条路线各有其理由，上报省府近两年也未做定论。据亲历者的回忆，另一原因是筑路经费也有困难。所以下关至缅甸部分，后来称为滇缅公路下段的修筑也就停顿下来，迟迟没有动工。[①]

所谓京滇公路，即为南京经苏皖赣湘黔数省，而至云南昆明的国内大通道。由云南负责修筑的部分，也称滇黔公路。民国二十六年(1937)春，横贯西南之京滇公路完成，“由首都出发，经皖、赣、湘、黔诸省达昆明，全线长三千公里，以一百又八小时可达，此滇省交通之大革命也”。[②]在抗战全面爆发前建成的京滇公路，由此改变了滇越铁路确立的云南近代交通“不通国内通国外”的交通历史，真正具备通向国内各地的近代交通线了。

当然，抗战全面爆发前，除了处于近代交通线路的云南各重要城市与经济中心外，云南的偏僻乡村市镇，仍然依靠传统的交通方式进行运输与人员流动，近代交通仅为云南部分地区的新兴事业。

第二节　战前云南的政治、文化、教育状况

经济是政治的基础，政治是经济的集中表现，讨论了抗战以前云南的经济状况及与之密切相关的交通建设，现再来分析战前云南的政治、文化和教育状况。抗战以前，云南处于以龙云为首的地方政府的治理下，政局渐趋稳定，各方面的建设顺利进行，在政治上服从南京国民政府的统治，但又保持其半独立的政治地位；文化教育上，云南地方政府陆续出台各种文化教育方针政策，以推动云南文化教育的发展。

基于对“战前”二字的理解，本节所论全面抗战以前的时间范围，与上节一致，亦主要以1937年以前龙云主政云南时期为时间论域。

① 谢自佳：《滇缅、中印国际公路交通线》，《抗战时期西南的交通》，云南人民出版社1992年，第89页。
② 《续云南通志长编》(中册)，周钟岳、赵式铭等修撰，云南省志编纂委员会办公室整理，1986年内部发行，第968页。

一、抗战以前云南的政治态势

辛亥革命的枪声最终推翻了统治中国260多年的清政府，但其革命的最初形式是由各省革命党人相对独立地发动革命起义或由清朝各省政府的任职官僚宣布省区独立而成革命之势；再由革命各省选派代表在南京选举孙中山为临时大总统，建立中华民国南京临时中央政府，进而在清朝重臣袁世凯逼清帝退位下而成革命胜利之局，中央政府则由南京移往北京。这是先分省革命再到共建中央政府的革命，建立起来的中央政府相对权力弱小，难以动摇分省革命成功后的地方实力派的权力，实现中央集权难度极大。

1911年10月30日，云南新军发动起义，推选革命起义领导者之一蔡锷为都督，建立云南军都督府，宣布云南独立，因该日为农历九月初九，所以又称重九起义。建立起来的云南辛亥革命政权，虽先后服从于南京临时政府和北京政府，但云南辛亥革命后革命者的地方实权并未削弱，尤其拥有相对独立的军事权、财政权和人事权。虽然袁世凯有意调蔡锷去北京以削弱云南的地方权力，但蔡锷离滇后以唐继尧为核心的云南革命者继续拥有这种地方实权的现状并未改变。云南革命者所拥有的地方实权并未改变，其实这已很好地解释了蔡锷能够逃离北京至云南成功发动反袁的护国运动的原因。确实，护国运动显示云南革命者拥有的地方实权可以防止王朝复辟式的中央集权，但另一方面也成为地方割据的深层基础。护国运动后蔡锷去世，由护国运动发起者之一唐继尧主政云南，其时的北洋势力分裂，北京中央政府权力更加弱化，云南逐渐形成以唐继尧为首的地方实力派，也就开始了长达14年的唐继尧对云南的统治。在这14年中，中原各路新旧军阀屡次混战，唐继尧也时有逐鹿中原之心，但最终也只能在云南继续其统治，中央政府也无力改变唐继尧在云南的政治地位。事实上能改变唐氏政治地位的却是云南地方政权的内部，即他的部下。

1927年2月6日，昆明镇守使龙云、蒙自镇守使胡若愚、昭通镇守使张汝骥、大理镇守使李选廷实行所谓的“兵谏”，逼唐继尧下台，万般无奈下唐继尧被迫交出政权。其后四镇守使改组云南省政府，组织云南省务委员会，推选资历最老的胡若愚为省务委员会主席，并“拥戴”唐继尧为有名无实的省务委员会“总裁”。在以所掌握的军事力量看实力的民国，或以更形象性的比方“枪杆子里面出政权”的民国，镇守使龙云、胡若愚所掌握的军事力量旗鼓相当，各具争夺云南控制权的实力，矛盾日益突出。张汝骥军力稍弱，无独自争夺云南控制权的实力，李选廷仅有一个团的兵力，实力最弱。因胡若愚在资历、人望上略胜于龙云，张汝骥则选择与胡联合，李选廷亦倾向于胡若愚，龙云因而略处劣势。但是，后来事态的发展非常人所能预料，几经混战，龙氏在与胡若愚、张汝骥等人的争斗中最终胜出。1927年8月13日，龙云真正开始其主政云南长达18年的政治生涯。

龙云上台后，云南的政治军事形势依然十分严峻。省外贵州毕节、四川叙永仍有张汝骥、胡若愚的军队存在，时有再次进入云南的隐患，再有贵州周西成、四川刘文辉乘云南内乱有派兵企图控制云南的欲望；省内仍有唐继尧的旧部，时有东山再起之心。龙云面对如此严峻的政治军事形势，为了巩固其在云南的政治地位，一方面采取了一些稳定云南内政的措施，努力发展经济，安抚人心，针对潜在的敌对势力，在使用政治手段从内部给予分化瓦解的同时，在军事上招兵买马，扩充军事实力，准备随时应对各种军事上的挑战；另一方面，努力在政治上寻找靠山，主动投靠国民党中央政府实力派蒋介石，表示拥护南京国民政府，以寻求国民党中央政府对其治理云南的支持。对于龙云抗战爆发前的政治策略，现分述如下。

（一）政治上投靠蒋介石，拥护以蒋介石为核心的南京国民政府，以其作为自己治理云南的政治靠山

就在云南政坛发生重大变化的1927年，蒋介石在北伐胜利已成定局的背景下，发动“四一二”政变，实行“清党”，开始镇压共产党人的活动，并于4月18日另立南京国民政府，以与武汉国民政府对峙。几经政局的变化，国民党内部各派势力相互竞争又相互妥协，最终建立起在国民党内部形式上得以统一的南京国民政府，史称“宁汉合流”。其后，政局的发展给了蒋介石太多的机会，使其逐步建立起以自身为中心的南京国民政府。1928年12月29日，张学良通电全国宣布东北“易帜”。至此，全国最终结束了北洋军阀的统治，实现了形式上的“统一”。龙云

在对国民党内部多股势力的比较中，最终认定蒋介石的势力是可以依靠的政治力量。

早在1927年5月唐继尧死后，为进一步在政治竞争中确立自己的地位，龙云即向蒋介石"输诚"，于5月7日以快邮代电方式致电南京国民政府，表示拥护蒋介石。[①]1928年9月，龙云又派周钟岳去南京观察国民政府的政治态势，周钟岳几经了解，认为蒋介石"利用北伐勋望，总揽中枢，颇得一般人心，又为各国重视"，向龙云建议："吾滇处此，以国家大计论，则当拥蒋。"[②]于是，龙云于1929年2月，派卢汉到南京见蒋介石，"表示一切服从"，拥护以蒋介石为首的南京国民政府，对蒋介石表示忠诚。

对蒋介石来说，南京国民政府才刚刚建立，需要拉拢更多的地方实力派支持他。所以蒋介石也就投龙云之所好，即在1927年8月，派特使云南鹤庆人李宗黄来到昆明，携带任命书，任命龙云为第38军军长，以示笼络。1928年1月17日，又以南京国民政府的名义正式任命龙云为云南省政府主席，四天以后，又任命龙云为第13路军总指挥。龙云在云南的统治得到了国民党中央政府的认可，其在云南的地位获得合法性，通过如此方式也逐渐稳固了其在云南的政治地位。其后，龙云被蒋介石任命各种官职，而龙云也在许多重大政治事件方面站在蒋介石一边，支持蒋介石，如成立"清共"委员会镇压云南共产党人的活动，在1935年红军过滇时围堵追击红军，在两广事变、西安事变中一概支持蒋介石。[③]

（二）在云南内政上，从政治、军事、经济、文化教育等方面进行一系列整顿与革新，建设其所言的"新云南"，亦称"二六"省政改革

在政治上，龙云一方面建立由其控制的国民党组织系统，另一方面建立云南省各级政府机构，逐步形成以自身为核心的云南地方政府官僚系统。鉴于国民党在云南省活动的混乱，1927年冬，国民党中央派遣裴存藩为云南省党务登记员，分区举行党员登记，并由国民党中央派龙云、张邦翰、卢汉、陈廷璧、裴存藩、陈玉

① 《龙云等一九二七年五月七日给蒋介石的快邮代电》，《云南地下党早期革命活动》，中共云南省委党史资料征集委员会编，云南民族出版社1989年，第625-627页。

② 赵振銮：《龙云与蒋介石的合与分之我见》，《研究集刊》（云南省历史研究所编）1983年第2期，第37页。

③ 参阅谢本书《龙云传》，云南人民出版社2011年。

科、杨大铸、曾三省等为云南省党务指导委员，1930年3月11日云南省党务指导委员会正式成立，龙云、张邦翰、卢汉、陈廷璧、曾三省被推为常务委员，裴存藩、陈玉科、杨大铸为指导委员。①在这个云南省党务指导委员会核心成员中，由国民党中央下派的仅有曾三省和裴存藩二人，其余为云南地方人士，其中论资历当然龙云最高，所以龙云进入云南国民党组织系统内部即逐步控制了云南的国民党组织。

至于建立云南省各级政府机构，在《续云南通志长编》中则有具体记载：民国十六年（1927）二月六日改革省政。废省长，采用合议制。三月，由各法团联合会制定《云南省政府组织大纲》，选举省务委员，另组省政府，凡军民各政悉取决于委员会议。原日各司，悉改为厅。初，公推省长唐继尧为总裁。未几，唐总裁病故，遂废总裁。其时委员无定额，推一人为主席。旋以国民革命军定都江宁，全国统一，本省拥戴中央，始于十七年一月，由国民政府简任委员九人，并指定一人为主席。选举省务委员，设主席一人，那么自然就是龙云任主席了。1928年1月，龙云被南京国民政府正式任命为云南省政府主席，龙云在云南的核心政治地位再次得到确认。至于云南各地政府机构，"裁废各道道尹，另设殖边督办二人"，第一殖边督办驻腾冲，第二殖边督办驻宁洱；各县则直隶于省政府，改县知事为县长；改行政委员为设治局；各县县佐则大加裁撤，以其地方或改设县治，或改设设治局。②其后建有1个市，112个县，14个设治局。③

在军事上，1927年8月，南京国民政府任命龙云为国民革命军第38军军长。经多次军事行动，龙云最终彻底打败张汝骥、胡若愚和贵州周西成的军队，四川的刘文辉由此也不敢再有进窥云南之心。对于唐继尧的旧部，采取政治手段予以分化瓦解，基本上笼络至其麾下。如此龙云也就成为滇军的最高指挥官。另一方面，龙云招兵买马，从法国购进新式武器装备，扩充其军事力量。至1936年，龙云"共编成了六个步兵旅（每旅各辖两个步兵团），并编成两个近卫步兵团，一个炮兵团，一个机关枪团，四个补充大队、一个工兵大队，十一个独立营，此外，还有宪兵大队和交通兵队，综计平时正规兵额约共三万余人"，是为滇军。滇军军官的任

①《云南概览》，编著者与出版者不详，1936年，云南省图书馆藏，党务第1页。

②《续云南通志长编》（上册），周钟岳、赵式铭等修撰，云南省志编纂委员会办公室整理，1986年内部发行，第1081–1082页。

③ 此数据根据《云南全省各市县各设治局沿革一览表》统计得来。参阅《续云南通志长编》（上册），周钟岳、赵式铭等修撰，云南省志编纂委员会办公室整理，1986年内部发行，第1086–1089页。

免，其中“旅、团、营长全由龙云直接任命”，龙云掌握了军队军官的任免权。[①]此外，各县常备队统编为21个保安营，近万人，以维护地方社会治安。

金融方面，对旧富滇银行进行改组，建立富滇新银行，发行新滇币，确定纸币与银币之比例，充实银行准备金，建立金融信用；同时通过富滇新银行控制外汇交易权。财政方面，龙云委派表弟卢汉以98师师长的身份兼任财政厅厅长，对云南财政进行整顿，革新财政厅内部机构，把财政厅原有的秘书、科长、主任大部更换，成立设计委员会以供决策咨询；把军人把持的烟、酒等税的征收权一律改为招商投标承办。如此整顿，云南的财政趋于稳定，收入逐步增加，财政状况大为改观。

龙云主政云南，对外声言拥护国民党中央政府，对内采取多种措施发展军事力量、经济力量、政治力量，全面掌控党、政、财、军权，逐步形成以自己为核心的官僚体系，以巩固其在云南的政治地位。经过多年的治理，云南政治稳定，社会安定，经济多有发展，诚如《云南概览》中所言：改组省政府以后，“地方安定，凡百建设，日有增进，而历次戡乱讨逆，拥护中央，促成统一，关系于国家大局尤巨焉”。[②]

然而，龙云虽然对外声言拥护国民党中央政府，但是对内则全面掌控党、政、财、军权，形成以龙云为核心的云南地方政府官僚体系，实质上其时龙云主政的云南地方政府仍旧具有半独立于国民党中央政府的政治地位，拥有相对独立的军事权、财政权和人事权，非国民党中央政府所能控制。当然这种状况亦为以蒋介石为首的追求实质性统一的国民党中央政府所不容，龙云主政的云南地方政府与以蒋介石为首的南京国民党中央政府之间存在难以化解的深层矛盾。

二、抗战以前云南的文化建设

由于云南特殊的地理位置，追溯云南的传统文化，除了其本土文化外，其大致还受三大传统文化的影响。一是以儒家文化为主的中原文化。早从楚将军庄

① 龚自知：《抗日战争前龙云在云南的统治概述》，《云南文史资料选辑》第3辑，中国人民政治协商会议云南省委员会文史资料研究委员会编，1963年内部发行，第48页。

②《云南概览》，编著者与出版者不详，1936年，云南省图书馆藏，沿革第1页。

蹻入滇开始，也许就把中原文化带入了云南，其后的千余年间云南陆陆续续接受来自中原的文化，在元朝以后云南再次纳入中国版图，中原王朝在云南设立传播中原儒家文化的官学和具有私学色彩的书院，建立科举考试制度，经元明清三代的教育发展，以儒家文化为主的中原文化逐步成为云南的主流文化。二是佛教文化。“当中原尚在闭塞时代”，云南“已与天竺诸国交通，输入佛教文明，此古妙香国之所以特著也，今宾川鸡足山尚有迦叶尊者之遗迹”。[①]其实，云南的佛教文化表现为三大分支：来自中原的大乘佛教、来自西藏的藏传佛教、来自东南亚的小乘佛教。三大佛教分支在云南交汇，实乃宗教之奇迹。三是伊斯兰教文化。伊斯兰教自元朝开始进入云南，据考证，云南平章政事赛典赤为回族人，他主政云南时，大量的回民进入了云南，自然也就把伊斯兰教及其文化带入了云南。

时至近代，云南毗邻法属殖民地越南和英属殖民地缅甸，自然也就受西方文化的影响，尤其是滇越铁路修通以后，接受西方文化则更为直接而容易，云南成为较早派遣留学生留学日本、美国和欧洲国家的边远省份。云南留学生学成归国，大部分回到了云南，相应地也就把自由、民主、平等观念带入了云南。这就可以很好地解释为什么西南边陲的云南会很快响应武昌起义举起推翻清王朝统治的义旗，为什么云南会成为护国运动“再造共和”的首义之地。云南看起来为内陆边远省份，实为面对西方文化的前哨。可以说，近代以来，西学东渐对云南的影响持久而又深入，抗战之前云南文化建设已有其近代特色。具体而言，战前云南已开始运用近代文化传播方式，创办报纸期刊；在继承云南传统戏曲表演的基础上，又引入近代话剧表演，电影放映也相应进入云南，战前云南文化无不显示近代气息。下面就以抗战以前云南的期刊、报纸为例，以此来认识近代思想文化在云南的传播。

大体而言，虽然中国在传统时代有所谓的邸报，但从社会化程度来看其非近代意义上的报纸。时至近代，受西方创办报纸的影响，1903年，云贵总督府创办《滇南钞报》，由督署官报局编辑，为中国早期报纸的典型书册式版面，此可能是云南省内所创办的最早的近代报纸。1906年10月15日，云南留日学生李根源、赵伸等人为了宣传革命思想，宣扬西方民主精神，在日本东京创办《云南杂志》，这可能是云南人创办的最早的期刊。现就全面抗战以前云南创办的近代报纸、期刊列

①《云南概览》，编著者与出版者不详，1936年，云南省图书馆藏，沿革第1页。

表如下，可以更具体地认识战前云南报纸、期刊创办状况，对这种传播近代文化的方式有更为具体的理解。(见表1–9)

表1-9 清末至全面抗战前云南报纸统计表

报纸名称	发行者	创刊时间	停刊时间	社址	负责人
滇南钞报	云贵总督署官报局	1903年阴历十月	1908年阴历三月	督署官报局	
清报	云南军政府	1911年10月4日			
华南新报		1912年2月			
新云南报	新云南报社	1912年6月			
天南新报		1912年8月		先后在昆明布珠巷口、小富春街	
共和滇报	共和党滇省党支部	1912年7月		昆明粮道街(景星街)	陈善夫、王铁珊、易文煊
振华	振华报社	1913年1月		昆明王龙堆	
崇实报	崇实报社	1914年2月		劝业场	周雨轩
滇声报	滇声报社	1914年6月	1916年	昆明武成路	马幼伯、陈雨生
党报		1915年			
国民日报	国民日报社	1914年11月	1922年	昆明粮道街	何小泉、彭励夫
中华民报	中华民报社	1916年		昆明龙井街	李伯君
义声报	军都署府	1916年3月	1939年	昆明文庙东巷	陈禹平、罗养儒、邓质彬、李举才
金鸣	金鸣报社	1916年7月			金承华
滇声新报	滇声新报社	1916年8月		昆明黄公西街	杨幼川
中华新报	中华新报社	1917年2月		昆明北门街	邓质彬、罗养儒、李伯君、段新生
平报	平报社	1917年2月		昆明翠湖南路	
民权报		1918年	1918年		龚自知
社会新报		1918年			龙子敏
民意报		1918年	1918年		熊鄂生

续表

报纸名称	发行者	创刊时间	停刊时间	社址	负责人
均报	均报社	1919年		昆明护国路	
金碧日刊	金碧日刊社	1919年12月	1928年	昆明护国路	龙子敏、希何颜
痛报		1919年	1919年	昆明龙井街	陈痛生
逸兴日刊		1920年			
微言报		1920年			黄禅侠、罗养儒
复旦报		1921年12月	1940年	昆明民生街升平坡	李培天
民觉报		1921年			
新云南日报		1921年			
新民报		1922年	1922年		徐啸秋
民治日报	民治日报社	1922年6月	1927年	昆明文庙东巷	
民生日报	民生日报社	1922年		昆明大富春街	翁习公
民光日报		1922年			
军事日报		1922年			
西南日报		1922年			沈慎安
云南商报	云南总商会	1923年5月			
午报	午报社	1923年9月		昆明青莲街	张振伟
社会新报	社会新报社	1923年9月		昆明文明新街	
振亚日报	振亚日报社	1923年11月		昆明翠湖南路	
商报		1923年			
云南新闻	云南新闻社	1923年12月		昆明卫家巷	
新滇日报		1924年			
甲子新闻日报		1924年			
大无畏报	大无畏报社	1927年7月		昆明大土主庙巷	
青白日报		1927年			
云南民众日报		1928年			
民国日报	国民党机关报	1930年1月		昆明华山南路	
新商报		1930年		昆明福照街	
西南日报		1931年1月		昆明武成路	

续表

报纸名称	发行者	创刊时间	停刊时间	社址	负责人
三民日报		1931年			
昆明市政日刊	市政公所	1931年3月		昆明光华街	
云南新报		1932年1月		昆明东寺街	
云南日报		1935年7月		昆明文庙横街	
新滇报		1935年10月			
备注	1.《清报》发行不久即停刊。 2. 在一民辑的《清末至抗战前夕云南出版的报纸》中录入的《云南公报》，每月才出一册，应为期刊，故本表不录入。 3. 在一民辑的《清末至抗战前夕云南出版的报纸》中录入的《朝报》1934年3月创刊于南京，因抗战全面爆发于1938年才迁入云南，故本表也不录入。 4.《国民日报》，曾中途停刊，1918年复刊。 5.《均报》一说创刊于1922年。				

资料来源：一民辑《清末至抗战前夕云南出版的报纸》，《云南出版史志资料》第4辑，云南省新闻出版局《出版志》编委会主编，1989年内部发行，第1—4页。

由表1-9可知，抗战以前在云南创办的报纸50多种。这些报纸全在昆明创办，因所掌握的资料的原因，云南其他地方战前创办的报纸并没有录入。虽然这些报纸不是同时创办，且时办时停，但表1-9所列报纸，至少反映出抗战以前云南创办各种报纸应是比较活跃的。这些报纸报道国际国内省内新闻，宣传革命思想意识，传播近代文化知识，推动云南人思想文化上的近代转变。再来看抗战以前云南创办的期刊情况，现也列表如下。（见表1-10）

表1-10　清末至全面抗战前云南人在省外创办或在云南创办的期刊统计表

期刊名称	创办地点	创刊时间	发行者或创办者	停刊时间
云南杂志	日本东京云南同乡会馆	1906年10月15日	滇籍革命党人李根源、赵伸等	武昌起义后停刊
滇话报	日本东京	1908年1月1日	李长春、刘钟华	
筹滇	日本东京	1908年5月15日	唐璆、孙光祖	
云南旬报		1909年7月	徐廉	
云南官报旬刊	清云南督署	1911年2月10日		

续表

期刊名称	创办地点	创刊时间	发行者或创办者	停刊时间
云南政治公报	昆明	1911年2月11日		
云南政报	昆明	1911年3月	云南巡按使署政务厅总务科	1915年11月
云南教育杂志	昆明	1911年5月	云南教育总会	1928年
云南南针杂志	昆明	1913年6月15日	云南政见商榷会	
云南实业杂志	昆明	1913年7月	云南行政公署实业司	1915年
云南农业丛报	昆明	1914年4月20日	云南省农会	
清真月刊	昆明	1915年2月	云南回教俱进会	
云南学术批评处周刊	昆明	1916年12月	该周刊社编行，经理钱用中	1917年1月
救国日刊	昆明	1918年	张天放等	巴黎和会后停刊
尚志	昆明	1917年11月	尚志学社	1922年3月
滇潮	昆明	1919年末	云南省一中师生	1926年末
云南盐政公报	昆明	1919年1月	云南盐运使署	1935年6月
云南实业改进会季刊	昆明	1919年3月30日	云南实业改进会	1926年
教育声	北京	1920年2月1日	云南教育研究会	
云南财政月刊	昆明	1920年7月	云南省财政厅	1941年3月
云南教育公报	昆明	1921年	云南省教育厅	1938年
昆明市工商业号	昆明	1921年	云南实业改进会	
云南自治旬刊	昆明	1921年4月	云南省省长公署	
革新	北京	1922年至1925年期间	求学北京的滇籍学生	
铁花	北京	1922年至1925年期间	求学北京的滇籍学生	
云南青年	北京	1922年至1925年期间	求学北京的滇籍学生	
旬学旬刊		1922年	悟善社	
云南公报	昆明	1922年12月	云南省公署枢要处公报所、云南省政府	1935年
昆明市政月刊	昆明	1923年1月	昆明市政公所总务课	1925年12月

续表

期刊名称	创办地点	创刊时间	发行者或创办者	停刊时间
曙滇	东京	1923年	张天放、寸树声、张耀参、张德辉	1925年
孟晋杂志	昆明	1924年10月1日	孟晋杂志社	1925年12月
云南省教育会年鉴	昆明	1924年12月	云南省教育会	
和顺崇新会会刊	缅甸曼德勒	1925年	和顺崇新会	
云南财政公报	昆明	1925年12月	云南财政司	1930年
新腾冲	北京工业大学内	1926年	李辅仁、杨青田等	
自治周刊	昆明	1926年1月17日	云南省内务司	
昆明市声	昆明	1926年3月1日	昆明市声社	
云南学生	昆明	1926年4月30日	张永和	
云南风俗改良会刊	昆明	1926年8月	童振藻	1927年
滇事旬刊	昆明	1926年8月	滇事旬刊社	1927年
云南留日学会旬刊	日本、上海	1926年	云南留日学会	
昆明县政月刊	昆明	1927年	昆明县行政公署	
女声	昆明	1927年4月	云南妇女解放协会	
斗争	昆明	1927年5月	中共云南工委	1930年
冲锋月刊	昆明	1927年7月	云南省景东县旅省学生会	
云南总商会周刊	昆明	1927年9月19日	云南总商会	
云南省教育会周刊	昆明	1927年11月20日	云南省教育会	
云南司法公报	昆明	1928年8月1日	云南省高等法院	1939年3月
河口季刊	云南省河口县	1928年11月	云南河口对讯督办公署	
云南建设周刊	昆明	1929年2月	云南省建设厅	
云南教育	昆明	1929年11月	云南省教育厅	
云南省教育经费委员会月报	昆明	1930年7月25日	云南省教育经费委员会	1934年
云南民政月刊	昆明	1930年8月	云南省民政厅	
云南建设厅公路周刊	昆明	1930年8月	云南省建设厅宣传所	

续表

期刊名称	创办地点	创刊时间	发行者或创办者	停刊时间
云南省立昆明测量所气象年报	昆明	1930年	云南省立昆明测量所	1935年
云南半月刊	昆明	1931年3月1日	国民党云南省党务指导委员会宣传部	
云南教育周刊	昆明	1931年4月	云南教育周刊社	
昆明市党务月刊	昆明	1931年5月	国民党云南省昆明市执委会	
市教育	昆明	1931年9月	昆明市政府教育科	
昆明市半月刊	昆明	1931年10月	国民党云南省昆明市执委会	
云南财政特刊	昆明	1931年10月10日	云南省财政厅	
小宇宙	昆明	可能创刊于1931年	昆明市政月刊社	
抗日救国	昆明	1932年1月	昆明市抗日救国会宣传科	
民众评论	昆明	1932年4月1日	民众评论社	
民众生活周刊	昆明	1932年5月10日	云南省立昆华教育馆	1935年
云南会计学会学术研究专刊	昆明	1932年7月1日	云南会计学会	
南风	昆明	1933年	云南日报社	
民众公论	昆明	1933年1月	民众公论社	
云南妇女	昆明	1933年3月8日	云南妇女会	
云南民众教育	昆明	1933年7月	云南省立昆华民众教育馆	
天南	上海	1933年秋	上海大夏大学滇籍学生组织天南学社	
云南省农业推广委员会月刊	昆明	1933年10月	云南省农业推广委员会	
泸江	昆明	1933年11月	泸江社	
南荒	昆明	1933年11月	南荒社	
昆潮	昆明	1933年11月	昆潮社	1934年11月
昆华读书杂志	昆明	1933年12月	云南省立昆华民众教育馆	1935年1月

续表

期刊名称	创办地点	创刊时间	发行者或创办者	停刊时间
清丈通讯	昆明	1933年12月	云南省财政厅清丈处	1938年12月
春雨月刊	昆明	可能创刊于1934年	春雨文艺社	1935年11月
云南民众教育月刊	昆明	1934年1月1日	云南民众教育委员会	
云南民众外交委员会周刊	昆明	1934年5月1日	云南民众外交委员会	
云南省政府审计公报	昆明	1934年7月	云南省审计处	1936年8月
滇声	上海	1934年9月	云南旅沪学会	
南声	昆明	1934年10月	南声月刊社	
市民生活	昆明	1935年1月15日	昆明市政府教育科	
税务月刊	昆明	1935年1月	昆明特种消费税局文书股	1937年1月
政训周刊	昆明	1935年3月	中央剿匪军第二路军总司令部政治训练班	
云南省立昆明测量所气象月报	昆明	1936年1月	云南省立昆明测量所	
南曦	成都	1936年春	云南旅蓉学会	
和顺乡	云南省腾冲县和顺乡	1936年4月	和顺崇新会编委会	
滇黔	武昌	1936年6月	云贵旅鄂同乡学术研究会	1937年
火山	昆明	1936年7月	中共云南临时省工委	1937年6月
军事月刊	昆明	1936年8月	滇黔绥靖公署	1940年7月
云南县政	昆明	1936年10月30日	云南省行政人员训练所	1940年
南强	南京	1936年12月	云南旅南京同乡会	1937年6月
救亡	昆明	1937年2月	云南学生抗日救亡会	1937年10月
怒涛	昆明	1937年2月1日	云南陆军宪兵司令部政训办公厅	
教育与科学	昆明	1937年3月	云南省教育学会、云南科学研究社、云南省教育会	1941年

续表

期刊名称	创办地点	创刊时间	发行者或创办者	停刊时间
云南留日学会会刊	东京、上海	1937年6月	留日学会	
新民众	昆明	1937年7月	云南省立昆华民众教育馆	1939年8月
教育生活	昆明	1937年全面抗战前	昆明市政府教育科	

资料来源：李生葂《云南期刊录（1906—1937）》（上），《云南出版史志资料》第2辑，云南省新闻出版局《出版志》编纂委员会编，1989年内部发行，第1—30页。

从表1-10可知，全面抗战前云南人所创办或在云南创办的期刊，总计至少有101种，有些期刊办刊时间很短，数月即已停刊；有些期刊办刊时间较长，数年或十多年或几十年。这些期刊刊载各类文章，传播思想，宣传主义，把近代科学技术知识介绍给读者尤其是云南的民众，提高民众的思想认识，普及科学文化知识。总之，各类期刊在思想文化知识传播方面的作用应得到充分认识与肯定。

三、全面抗战以前云南的教育状况

探讨云南的近代高等教育，可追溯至清末十年新政时期的书院改制。光绪二十七年八月初二（1901年9月14日），清朝政府以光绪帝名义颁发上谕，其中针对书院改制问题，明确做出如下规定："着各省所有书院，于省城均改设大学堂，各府及直隶州均改设中学堂，各州县均改设小学堂。"[①]

中国传统书院教育经受不住近代西式教育的冲击，书院改制最初由个人主张，最终转变为政府行为。旧瓶装新酒，书院改制为近代学堂作为近代教育兴办的一种办法最终获得政府认可，由此全国各地书院纷纷改制为学堂。云南省会昆明城中最负盛名的五华书院，于光绪二十九年（1903）改制为"云南高等学堂"。[②]

①《光绪朝东华录》（四），中华书局1958年，总第4720页。

② 要求省城书院改为"大学堂"，但实行起来也面临一些实际问题，如经费，如师资。所以，根据各省具体情况，在传统教育发展本来就相对滞后，近代师资力量不足，兴办经费比较困难的省份，退而求其次，首先兴办地位略低于大学堂的高等学堂。云南即为如此。

这是云南省建立的第一所近代意义的高等学校。据当时云南省学务处总理陈灿所言，“就五华书院改设高等学堂，设总理一员，副办一员、监督一员、总教习一员、分教习六员、收支一员”，建立学校行政机构。其中，由“陈灿任总办”“滇绅陈荣昌任总教习”。[①]

由于云南近代教育的兴建，须有受过近代教育的教师，然而“滇省边远，教员难得”，急需各级教师；再加之云南高等学堂普通部学生“普通科学”程度不高，其本为仅具传统教育背景的举贡生童。所以，光绪三十三年(1907)，叶尔恺为云南提学使，“改高等学堂为两级师范学堂，就原有学生及东文学堂学生考取二百五十名，称优级师范选科，以养成中小学教员为主旨”。根据学习的课程，共分为四类：“一、历史、地理；二、理化；三、博物；四、文学、教育。”[②]除理化一类特开双班共一百人外，其余各类均系五十人。又另招一年及二年毕业之初级简易科，五年毕业之初级完全科，各四班。宣统元年(1909)，优级选科毕业。续办第二届，至民国元年(1912)毕业。[③]其后，优级师范选科停办，专办初级师范，更名为师范学校，几经变动最后更名为云南省立第一师范学校。最初的云南高等学堂，经过几番周折，最终降为中等教育性质的省会师范学校。此外，五华书院改制而来的云南高等学堂改为两级师范学堂以后，于宣统元年又以原有的云南方言学堂改为云南高等学堂，然而不久因师资力量的不足而停办。

清末民初，除了可称得上高等教育机构的云南高等学堂外，云南先后还办过法政专门学堂(民国初年改名为公立法政专门学校)、云南高等方言学堂、云南高等工矿学堂、云南陆军讲武堂(民国元年改名为云南陆军讲武学校)、迤西高等学堂等略具高等教育性质的教育机构。[④]然而，这些学校与近代意义的高等教育机构相比较，即便是云南高等学堂，在教师素质、学校规模、课程设置、教学方式以及学生来源等方面，确实存在一定的差距。就课程设置而言，如云南高等学堂普通部，教学生以普通学问，所学科目凡分12种：一修身，二经学，三中国文学，四外国语(英语、法语、东语)，五历史，六地理，七算学，八博物，九理化，十法制理财，十一

---

① 陈灿：《沥陈云南学务及改良高等学堂情形详文》，《教育行政杂志》，杨觐东编纂，云南官书局光绪三十二年十二月十五日初版。

② 《学制考七》，《新纂云南通志》(六)卷一百三十七，云南人民出版社2007年，第607页。

③ 《清季各省兴学史》，《近代中国史料丛刊续编》第66辑，文海出版社1977年，第163-164页。

④ 参阅蔡寿福《云南教育史》，云南教育出版社2001年，第322-326页。

图画，十二体操。在此基础上，再“添唱歌一门”。[①]如此课程设置，虽设置外国语、历史、地理、理化、体操、图画等具有近代色彩的课程，经学只为课程学习的一门课程，但存在两个问题：一是经学作为一门课程开设，说明仍没有脱离中国传统教育，与后来中国的近代大学根本没有经学这门课的设置相异；二是课程设置缺乏专业特色，与近代分专业设置课程完全不同，更像后来的中学课程设置。

云南其他略具高等教育性质的学校，如由大理西云书院改制而成的迤西高等学堂，在宣统年间即改为中学堂，云南高等方言学堂、云南高等工矿学堂则于民国元年停办，云南高等学堂在改为两级师范学堂以后，于民国元年改为中等教育性质的省会师范学校，所余下的公立法政专门学校于民国二十一年最终停办，仅有略具高等军事学校性质的云南陆军讲武学校一直办到1935年。由此而言，清末民初云南高等教育的发展并不令人满意，诚如后来的研究者所言，直到20年代初，云南“全省尚没有一所完善的高等学校”。云南三迤学子不得不远走北京、南京等地高校求学，或远越重洋留学海外。

时至民国九年(1920)，云南省长唐继尧有鉴于此，倡议捐资创办私立大学，以其字“东陆”命名，并自捐10万银元，成立董事会，设筹备处于翠湖边“水月轩”。几经周折，1923年4月20日开学并举行成立典礼。这是云南省第一所完全意义上的高等学府。[②]东陆大学以清代贡院旧址为校址，以留学美国归国的董泽为第一任校长。学校先招预科，一年后始办本科，东陆大学最初设置文、工两科，文科分政治、经济、教育三系，工科分土木工程、采矿冶金两系。从两科五系来看，私立东陆大学已为与传统书院式高等教育不同的近代意义上的大学了。1930年东陆大学改私立为省立，经费由省政府拨支。1931年省立东陆大学改文工两科为文工两学院。1932年文学院扩充为文法学院，再增设“教育学院及医药专修科”，以符其时教育部所定具备三个学院才可称大学之规定。1933年，“添设数理学系”。1934年，经教育部批准，省立东陆大学改名为省立云南大学，“分为文法、理工及医学专修科”，后在医学专修科之上设医学院。[③]现就抗战前省立云南大学的相关

---

①《云南高等学堂改良章程》，云南学务处订，光绪三十二年三月，云南省图书馆藏。

② 孙代兴、吴宝璋：《云南抗日战争史》，云南大学出版社2005年，第250页。

③《成立二十二年的云南大学概况，熊庆来校长对本报记者谈》，《扫荡报》1944年4月20日，第3版。1924年云南省教育司筹办云南高等师范学校，但仅招收并毕业了一届学生即停办。龙云主政云南后，又予以恢复，改名为云南师范学院。1932年又将云南师范学院并入省立东陆大学，设为教育学院。1934年省立云南大学又将教育学院并于文法学院，设立教育学系。参阅孙代兴、吴宝璋《云南抗日战争史》，云南大学出版社2005年，第250页。

情况列表如下，能更具体地认识这所云南真正可称得上“大学”的高等学府。（见表1-11）

表1-11　省立云南大学概况调查表

类别	调查项目		数目	总计
院系及学生	文法学院	政治经济系	学生24人	本专科学生共计302人。另附属中学共有两个班，共109人，因其逸出本节论述的范围，故不予列入
		法律学系	学生66人	
		教育学系	学生70人	
		中国文学系	学生13人	
	理工学院	土木工程系	学生67人	
		采矿冶金系	学生22人	
		数理系	学生13人	
	医学院	医学专修科	学生27人	
教职员	教员		49人	因教员和职员互兼者有8人，所以实际教职员为71人
	职员		30人	
	互兼者		8人	
经费	岁入	财政厅发给款	国币35400元	岁入经费国币83632元
		教育厅发给款	国币48232元	
	岁出	俸给	国币56988元	岁出经费国币83632元
		办公费	国币11052元	
		设备费	国币6876元	
		奖学金	国币7832元	
		杂费	国币884元	
资产	仪器药品		国币140360元	资产总价值国币1653785元
	标本模型		国币3773元	
	机械		国币81850元	
	房屋地产		国币1359770元	
	校具		国币68032元	

资料来源：《云南概览》，编著者与出版者不详，1936年，云南省图书馆藏，教育第2—4页。

此即为抗战前省立云南大学的规模，至1936年，省立云南大学成为设有文法、理工、医学三个学院，共七个系，一个医学专修科，共有本专科19个班，302名学生的初具规模的近代大学了。

由于近代中国高等教育才刚刚兴起，规模有限，诸多学子则选择留学欧美和日本以获得接受高等教育的机会。云南在清朝末年则选派学生留学日本、法国等国家，其中留学日本最多，至抗战前这种状态并未改变。据1935年统计，该年“计有国外留学生三十九名，男三十二名，女七名”，其中“留日二十一人，留英美各六人，留法五人，留德一人。各留学生中，有公费生、补助费生、奖学金生、自费生之别”。[①]由此而论，留学日本人数仍然最多，远超留学欧美总人数。也因为云南近代高等教育规模不大，另有许多云南学子去省外各高等学校求学。至全面抗战前夕，云南籍学生在国内大学求学者，共有“二百九十八名，其中男生二百三十三名，女生六十五名”，其中得奖学金者181，自费生104名，学校公费生13名。[②]

云南近代中等教育起步于清末十年新政时期，据记载：云南所属中学，以普洱府中学堂创办为最早，实始于光绪二十八年（1902）。洎二十九年（1903），省会设高等学堂，始通饬各府及直隶厅、州一律筹设中学堂。三十一年（1905），各府及直隶厅、州均成立中学堂一所。[③]云南共有府、直隶州、直隶厅合计22个，应建有中学堂22所。

具体而言，如经正书院，在云南省城内贡院内右侧报恩寺故址，光绪十七年（1891），总督王文韶、巡抚谭钧培所建。光绪三十一年（1905），以云南府的名义改制为中学堂。楚雄府原建有龙泉书院，光绪三十年（1904），奉谕以书院改学堂，次年知府孙朝华、知县陈源濬以龙泉书院改中学堂，兼师范学堂。[④]后因“办法不善，于三十二年除省会外，一律改办师范传习所”，培养小学教师，“预储小学师资”。至宣统三年（1911），云南府由经正书院改制而成的中学堂，改为模范第一中学堂，“于大理、蒙自设第二、第三模范中学堂”。如云贵总督李经羲的奏折所言：“拟定将全省划为五区，每区各设模范中学及初级师范各一堂。第一区设在省

①《云南概览》，编著者与出版者不详，1936年，云南省图书馆藏，教育第4页。
②《云南概览》，编著者与出版者不详，1936年，云南省图书馆藏，教育第5页。
③《新纂云南通志》（六），云南人民出版社2007年，第610页。
④《楚雄县志·建置志》卷之三，崇谦等修，宣统二年（1910）抄本。宣统元年知府崇谦以中学堂为七属荟萃之所，改在学使考棚，将龙泉书院拨归楚雄县为高等小学堂。

城，校舍用云南府中学堂及三迤会馆改办，而以澂江、楚雄、武定、广西等属附之；第二区设在大理府城，校舍用西云书院改办，而以丽江、永昌、顺宁、永北等属附之；第三区设在临安府之蒙自县城，校舍用道成书院改办，而以开化、广南等属附之。并东川、曲靖、昭通、镇雄等属为第四区，并普洱、元江、镇沅、景东、镇边等属为第五区。”①第四区和第五区因经费困难与师资不足，中学堂并没有按计划建设，所以云南在宣统年间只建有三所中学堂，全由书院改制而成。

如大理模范第二中学堂，即由西云书院改制而成。西云书院，同治十二年(1873)提督杨玉科所建，为大理府各属举贡生员研习之所，最初改为“迤西高等学堂”。该“学堂办法”，因未尽善；“管理员、教员，亦未得人”，拟改为“迤西中学堂”，并办“两级师范学堂”，但终因办法未尽善，后改为中学堂，并附初级师范学堂。宣统三年，称云南省模范第二中学堂。民国元年，令师范全体毕业，专设中学，始易名为“省立第二中学校”。西云书院改为中学堂时，原杨玉科为西云书院所置在大理“城内之各街店铺公馆，下中两乡之田亩，乔后井之盐灶，鹤庆牛街之田亩”租息，归中学堂常年经费。②

当然，此处所言“中学堂”，实指中等学堂。除由书院改制而成的三所中学堂外，还设立了其他中等学堂。光绪三十二年(1906)，出洋速成师范生回滇，于是在云南各府州厅设师范传习所，培养小学教师，以广师资。师范传习所，培养小学师资，应该是中等学堂，在癸卯学制中亦为如此规定。大理师范传习所“则设于西云书院，始则半年毕业，后续办，则改为一年毕业，至庚戌年停办”，改办初级师范学堂。还有高等学堂改办两级师范学堂，其中的初级师范学堂则是中等学堂，三所中学堂附设的初级师范学堂，也应是中等学堂。③再如大理敷文书院，在宣统三年改设农业学校，此亦中等学校。④

进入民国以后，由于云南政局不稳，“在民国十八年以前，全省仅有中学四十一所，计省立四所，县市立三十五所”，“以后连年推广，至廿五年度，已增至六十四所，计省立二十二校，县立三十八校，市立一校，私立三校”；师范学校，“十七年度以前，全省有省立师范四校，县立六校”，“至二十五年度，增至六十三校，

①《新纂云南通志》(六)，云南人民出版社2007年，第610页。
②《大理县志稿·学校部》卷七，张培爵、周宗麟纂，民国五年铅字重印本。
③《学制考七》，《新纂云南通志》(六)卷一百三十七，云南人民出版社2007年，第611页。
④《大理县志稿·学校部》卷七，张培爵、周宗麟纂，民国五年铅字重印本。

计省立二十四校，县立三十九校”；职业学校，民国初年，云南省设有“工业及农业两校”，后来“因故停顿，十九始恢复设置”，其后“以注重生产职业[教]育之故，锐意扩充”，至“二十五年度已有职业十二校，计省立十校，县市立各一”。所以“统计中、师、职三项，全省共有一百三十七校，较之民国十七年以前，已增加两倍有余”。①

至于云南的近代初等教育，也兴起于清末变革时期。具体而言，云南初等教育开始于小学堂的创办，在昆明省会，小学堂创办于光绪二十九年，即1903年，称为省会小学堂，在昆明城中设有11所，“每所招生三班，以一班为一馆，故有三十三馆之名”。光绪三十一年，学部颁布学堂章程，省会小学始按学生程度分为高、初两等，改称两等小学堂。光绪三十三年(1907)，省会两等小学堂归并为四堂附属于两级师范学堂，称第一、第二、第三、第四附属小学堂，后改称省会模范第一、二、三、四两等小学堂。省会以外的小学则创办于光绪三十年，在各县州厅等地设小学，初名为蒙养学堂。学堂章程颁布后，“始正名为初等小学堂，其程度高者则改为高等小学堂”。至宣统元年，要求各县州厅至少成立一所高等小学堂。此为云南近代初等教育兴起之初的实际情形。②

革故鼎新，进入民国后，清末所设小学堂，一律改称为学校，“在民国三四年间，推行最为顺利，全省初等小学视前清末年校数增多一倍有奇”。此时全省初等小学除省会外，“每县至少设有一校，高等小学亦逐渐推广”。至民国四年(1915)，高等小学“不惟县立较前增多，乡立高等小学亦陆续具报成立。商务繁盛之区，且多设女子高等小学者”。民国初年，云南初等教育应有较好的发展。

民国十年(1921)以后，因受云南省内时局影响，云南教育逐渐进入衰退时期。据民国十年度的统计，云南全省小学校高、初合计五千余校，学生十七万五千余人。然而，民国十一年(1922)，云南全省小学校因受政治及军事影响，停废过半。至民国十七年(1928)后，云南初等教育的发展又有转机。民国十九年(1930)，云南省各县市公立、私立小学校“高级共为五百三十八校，计七百四十八班；初级共为六千八百五十八校，计七千四百三十四班”，此后云南全省小学校数量逐渐增多。

云南省政府在云南各地普遍建设更多两级小学校的同时，也在全省积极推广

①《云南概览》，编著者与出版者不详，1936年，云南省图书馆藏，教育第6页。
②《新纂云南通志》(六)卷一百三十七，云南人民出版社2007年，第612页。

普及小学教育。民国十一年,也就是1922年,决定在云南各地有计划推行小学义务教育。该年,云南省政府教育司制定《云南省施行义务教育大纲》,决定分年逐步实行义务教育,普及小学教育,但因“各县匪乱纷乘,民力凋敝”而难以实行。民国十九年,推行义务教育真正得到实施,“计自十九年春季起至二十三年止,全省小学数量激增,统计由四千九百三十一校增至一万零四百三十八校,由五千三百三十班增至一万二千六百八十九班,学生由十九万五千余人增至四十四万八千余人”,推行小学义务教育取得明显成效。迟至民国二十四年(1935),南京国民政府才明令全国一致实施义务教育,颁布《实施义务教育办法大纲》。由此而言,云南实行义务教育已走在国民党中央政府实行之前。①再据《云南概览》中1935年度《云南省初等教育统计表》中的记载,全省初等教育总校数为11957校,学生人数为627727人。②

总体而言,至全面抗战爆发前,云南的近代教育有了初步而坚实的发展,省立云南大学已初具规模,中等教育和初等教育学校数在逐年增加,入学学生人数也增加较快,战前的云南已初步形成了近代教育体系。当然,战前云南近代教育能够得到发展,可以说又是以云南教育经费的独立为前提的。

教育经费的充足是战前云南近代教育发展的前提与保障。当在清朝末年滇省创办近代教育时,教育经费“原由教育行政机关统收统支”,“至宣统三年已达四十余万两”。然而,辛亥革命云南光复后,“原有类似独立之教育专款,概行由财政机关统收统支,教育经费按月向财政机关请领,经费多寡遂随政局为转移”,如此“统一财政”,教育经费遂失其独立性,而教育事业亦视财政状况而转移。民国五年(1916)护国军兴,“饷糈浩繁,库款支绌,以致中等学校假期延至数月之久”,该年经费“顿减至一十四万三千五百三十二元”。其后数年经费虽有增加,但也未能恢复至宣统三年标准。尤其是民国十二年(1923)以后,“币值低落”,教育经费支出数额更大,并且“各中等学校经费亦有积欠累月未能支领者,乃至经常费有旧案新案之名词,又有预支补领等手续,学务人员大半疲于经费之奔走呼号矣”,哪有精力于教育事业本身?如此折腾,影响教育事业发展尤深。③

龙云主政云南以后,“深以欲求教育之进展,当先谋教费之独立”,于是在1928

①《续云南通志长编》(中册),周钟岳、赵式铭等修撰,云南省志编纂委员会办公室1986年编印,内部发行,第878-881页。

②《云南概览》,编著者与出版者不详,1936年,云南省图书馆藏,教育第17-18页。

③《云南行政纪实》卷十二:教育·教育经费,龙云辑录,1943年刻本,第1页。

年12月18日第六十次省政府会议上，“为维持及发展地方各项教育事业起见”，毅然提出所有省县教育经费“拟自十八年一月份起，一律实行独立”之议案。此议案经决议通过，然后指拨“卷烟特捐作为省教育专款”，“在该项特捐未实行整理增加收入以前，若有不敷，由财政厅照数拨足”，经费来源有保障，云南省教育经费独立政策得以确立。[①]

据记载，云南省教育经费既得独立，“适值卷烟来源畅旺，且以经管得宜，金额逐年递增”，“自民十八以迄于二十八年之间，年收总额由旧滇币三十余万之最低额，增至新滇币三百余万之最高峰。历年收入，以纸卷烟捐额占其百分之八十以上，余为叶卷烟捐、田产租息、锡税附加捐、存款孳息以及中央暨省府拨发之义务教育补助费等”。确实，云南省教育经费独立收支，且“经费充裕”，此时的云南省近代教育具备进一步发展的坚实基础，“举凡学校区之开辟，校舍之建筑，图书、仪器、校具之添置，班级之扩增，学生待遇之改善，国教、边教、社教之推广，靡不精心筹划，逐步进行。斯数年间，可称为光复以来省教育之极盛时代”。[②]如此时代，自然为抗战时期云南近代教育的发展奠定了基础。

①《云南行政纪实》卷十二：教育·教育经费，龙云辑录，1943年刻本，第2页。

②《续云南通志长编》（中册），周钟岳、赵式铭等修撰，云南省志编纂委员会办公室整理，1986年内部发行，第794页。

第二章

战时云南政治力量的深刻变动

如前所述，抗战全面爆发以前，云南相继处于以唐继尧、龙云等为核心的云南地方势力控制之下，他们虽名义上服从国民党中央政府的领导，但实质上云南自唐继尧以来，一直保持半独立的政治地位。然而，抗日战争全面爆发以后，情况发生了变化，随着国民党中央政府势力逐步进入云南，活跃在云南政治舞台的力量，除了以龙云为首的云南地方势力外，还有以蒋介石为首的国民党中央政府势力、中国共产党的力量，以民主同盟为代表的中间力量。这就是抗战时期云南政治格局的基本态势。当然，抗战时期云南政治格局的变动，寻根究底起因于抗日，所以首先就从滇军出滇抗日论起。

第一节　兄弟阋于墙，外御其侮：滇军出滇抗日动员与准备

可以说，辛亥革命的胜利，是由各省相对独立地发动革命或由各省宣告形式上的独立，而最终在袁世凯劝说与威逼下清帝退位而成。中华民国建立后，诸多省份的革命政权具有一定的独立性，中央权威并未真正确立，尤其是袁世凯死后，北京政府的中央权威进一步削弱，各省地方势力逐步形成，与中华民国中央政府保持相对独立的政治态势，云南以唐继尧为首的地方政府即为如此。始于1926年的国民革命军北伐，至1928年12月29日张学良东北易帜，中国虽获得形式上的统一，但西南、西北地方势力却继续保持其半独立的地位，云南以龙云为首的地方政府亦如此，南京国民政府的势力难以进入云南，争吵与矛盾时有发生。在“九一八”事变后，日本侵占了东北，尤其是卢沟桥事变后，日本全面侵华，中央势力与地方势力的争吵与矛盾因日本蚕食鲸吞的侵略而消退，团结御侮则成为中国各种势力的头等大事，远处西南的以龙云为首的云南地方政府响应国民党中央政府抗敌御侮的号召，积极组建军队出滇抗日。这确实应了“兄弟阋于墙，外御其侮”之古语。

一、滇军出滇抗日决策的确定

1937年7月7日，卢沟桥事变爆发，日本全面侵华，此一事件标志着中国全面抗日战争的开始。7月17日，蒋介石在庐山发表谈话，宣布准备对日“应战”，决定召开国民党中央政治会议，要求各省军政长官参加，商议出兵抗日的相关事宜。[①]远在西南的云南省政府主席龙云，闻知日军发动卢沟桥事变，深知此为民族存亡之关键时刻，于7月28日发表谈话，认为“日本军人，横蛮无理，日来愈演愈烈”，号召“凡我国民，在此安危绝续之交，务须无远无近，无老无幼，应以最大之决心，准备为祖国牺牲”。[②]8月2日，龙云致电蒋介石，表示“时局至此，非集我全民力量，作长期抗战之计，无以救危亡”，要求国民党中央政府同意云南组建抗日军队，龙云表示愿意亲自率领其部队开赴抗日前线抗击日本侵略者，以示“为国牺牲”之誓愿。此为龙云首次表明滇军出滇抗日之决心，蒋介石深表赞许，称赞龙云“忠贞谋国”。[③]

8月8日，龙云乘坐欧亚航空公司19号客机离开昆明，前往南京出席国民党中央政治会议，商讨抗日事宜。临行前，龙云发表谈话，表明进京出席中央政治会议的目的，“愿将全滇一千三百万民众的爱国之赤忱，及全部精神物质力量，贡献中央，准备为祖国而牺牲”。[④]8月9日下午，龙云到达南京，对新闻记者发表谈话，进一步公开表明自己的抗日态度，认为其时“国难异常严重，已届最后关头”，作为云南地方行政长官的龙云本人除“竭诚拥护既定国策，接受命令”外，“别无何意见贡献”。然后龙云再次强调自己的抗日态度：“事已至此，理应少说废话，多负责任，身为地方行政负责者，当尽以地方所有之人力财力，贡献国家，牺牲一切，奋斗到底，俾期挽救危亡。”[⑤]这表明龙云愿动员云南全省的人力、物力参加抗日战争，其抗日态度十分坚决。8月12日下午，川滇旅京同乡会宴请龙云时，龙云认为“不

---

① 据陈布雷回忆，1937年8月15日南京遭受日机空袭后，“（国民党）中央政治会议暂停，改为国防最高会议”。见《陈布雷回忆录》，团结出版社2016年，第93页。

②《主座对时局谈话：咬定牙根忍受两年，必可得到整个解决》，《云南日报》1937年7月28日，第6版。“主座”即指龙云。

③《龙云恳组建部队亲率开赴前线电》（1937年8月2日）及《蒋介石复电》（1937年8月4日），见《滇军抗战密电集》，云南档案史料丛编，云南省档案馆编，1995年内部发行，第1–2页。

④《举国一致团结御侮，主座明日启节晋京》，《云南日报》1937年8月7日，第6版。

⑤《龙主座昨抵南京》，《云南日报》1937年8月10日，第6版；《随节入京记（贰）》，《云南日报》1937年8月25日，第6版。

流血,不牺牲,绝不能求得民族的自由与平等”,因此“准备抗战到底”,表示“滇省军队早经整理就绪,随时皆可为国家而效命”,再次提出滇军出滇抗战之意愿。[①]8月15日,龙云接见南京中央陆军炮兵学校滇籍学生代表,在谈话中他再次强调其抗日决心,阐明了其对日本侵略中国的认识:“自发生卢沟桥事变以来,我观察日本帝国主义的野心,决非一般性侵略,不会以夺取几个省的土地为满足,而是企图亡我中国。我此次进京的目的,不仅符合您们请缨抗日之志,亦代表云南一千三百万民众表达爱国护国之赤诚及愿将全部人力物力贡献中央,决心为国家民族神圣抗战奋斗牺牲到底。我到达南京后对新闻记者的谈话和在国防会议上的讲话,都坚决主张国难当头,大敌当前,必须举国上下一心,团结御侮,并且要少说废话,多负责任,方能取得抗日战争的胜利!”[②]

8月21日,蒋介石看望住在南京北极阁宋子文私邸的龙云,就抗战问题与龙云进行会谈,明确希望云南“出两个军的兵力抗日”。值此强敌当前、国难当头、民族生死存亡之际,龙云当即答应:“可以办到,但只能先出一个军,另一个军要看战争的情况再定。”蒋介石看龙云如此迅速地答应了滇军出师抗日的要求,非常高兴地说:“一切供应和补充,我告诉敬之(何应钦)同你商量办理就可以了。”军队未动,粮草先行,经蒋介石批准,第60军出师抗战的经费,即从1937年8月开始由国民政府陆军部发给;而兵员的补充则由云南省独自负责。如此,滇军出滇抗日的决策最终确定下来。[③]

二、滇军出师抗日的动员和准备

龙云于1937年8月22日由南京回到昆明,8月24日下午2时,召集全省“各机关长官”在省府大礼堂集会,参加者有“各省委、厅长,省指委、绥署各处长,各机关科长以上,军界少校以上,警界分局长以上,省立中学以上校长”,传达龙云本人到

---

① 《随节入京记(伍)》,《云南日报》1937年8月28日,第6版。

② 吴宗舜:《龙云在抗日战争中的言行点滴》,未刊稿,转引自谢本书《龙云传》,云南人民出版社2011年,第122-123页。

③ 龙云:《抗战前后我的几点回忆》,《文史资料选辑》第17辑,中华书局1961年,第55页。

南京的所见所闻，其真正目的就是对全省进行抗日动员。龙云在会上提出，在此全面抗战之际，对于“主战主和”问题，已“无讨论余地”，唯有全民奋起抗战；认为“吾人物质虽差而有此抗敌御侮之精神，为国格，为正义，为世界皆非抗战不可”。龙云认为，近代以来，“国势孱弱，受人欺侮，民族复兴，屡受打击，在此种环境之下，非与日本抗战不可”，如能取得胜利，“国家始能强盛，民族始能复兴，如我国对日本，不能对付，则地球之大，将无中华民族容身之地矣”。所以他说，现在国民党中央政府“作战计划已定”，下令国家总动员，云南省“自然亦在动员之列”，为国家前途计，云南“非出兵不可”。龙云的讲话，从中国非抗战不可，逻辑上自然转入云南非出兵不可。然后龙云在会上动员云南出兵抗日：“至出兵一事，云南的军人与一般青年，爱国之心，向不后人，当此国家存亡关键，正吾辈军人青年报国之时，故非出兵不可。”同时，龙云要求云南人树立为国抗战牺牲个人利益的观念：“吾人所有者，即国家所有，吾人为国家而准备，自当为国家而使用。”①此次抗战动员，在二十年后龙云的回忆中也有类似表述：“日本是真的干起来了，中央却毫无准备，看局势是很危急的。我们自己要迅速充分准备。大家不要怕，在北方有八路军，南方各省很多朋友也都有决心抗日。”②这段言论，虽然是在二十多年后的回忆中被表述出来，也许与最初的发言有些出入，但在龙云的回忆中记载的这段发言之主旨与当初召集全省“各机关长官”开会的目的应是一致的，就是对全省“各机关长官”进行抗日动员，组织滇军出师抗日。

9月6日，云南省党部召开党政联合扩大纪念周会议，到会共三千余人。会上龙云详述其进京参加会议的相关情况，表明滇军出师抗日的理由。会上龙云如是说：“本省出兵，中央计划为后备军，本省僻处西南，欲自私自利，避免出兵，尽可做到。惟为国家前途计，为民族生存计，吾人应认识：第一，出兵系争取国家民族之生存，无远无近，均须临危赴难，不可犹豫。第二，以往护国护法，均为云南光荣之历史，在此情势严重之时，自应赓继以往之历史，发扬光大。第三，为云南青年之出路计，尤须急速出兵，本省爱国，素不后人，此次抗战，光荣壮烈，为磨炼青年，培植人才，报效国家之最好机会，不能以自私自利而贻误青年，故乃毅然出兵。”龙云为云南出兵抗日一事，极力申论出兵理由，进行出兵抗日之动员，提出：“今日战事

---

①《主座昨对全省僚属之剀切训示：为国格正义而抗战，坚持到底必得胜利》，《云南日报》1937年8月25日，第6版。

② 龙云：《抗战前后我的几点回忆》，《文史资料选辑》第17辑，中华书局1961年，第56页。

暴[爆]发，自应将所有人力物力之准备，贡献国家，以符素愿。我滇一千七百万同胞，及党政军各界，应认清目标，一致团结，努力为国家奋斗，发动持久性的全民抗战。”①会后，龙云决定组织云南抗日军队，着手滇军出师抗日的准备工作。

抗战初期，云南军队有正规陆军第一、二、三、五、七、九旅，即共6个旅18个团，加上云南绥靖公署直属的近卫部队6个团，2个直属大队等部，共约30个团，总兵力36000余人。根据与蒋介石“先出一个军”的约定，云南首先将陆军第一、二、三、五、七、九共6个旅组成一个军，准备出滇抗日，由国民政府军事委员会给予番号为陆军第60军。由这6个旅组成的第60军，训练有素，装备精良，这应是龙云的主要家底，在民族危亡之时出滇抗日，难能可贵。对于这支部队的装备，据龙云的回忆，自“九一八”事变后，他就与“驻滇的法国领事商洽，通知法国军火商派负责代表来滇，面商购买军火，预为准备”，后来“法、比军火商的代表携带了武器的图片及式样来到昆明，经数日商洽，签订了订购大量轻重武器的合同”，之后所订购的武器很快就运至昆明，“不久即如数收讫”。②龙云购买法式武器的目的不管是为抗日做准备，还是充实滇军的实力，都客观上改善了滇军的装备。由此而论，由装备法式武器正规陆军6个旅组成的云南军队出滇抗日，总体上看龙云应是尽力而为的。第60军以卢汉为军长，赵锦雯为参谋长，下辖三个师，一个直属炮团和一个由文艺团体及青年学生组成的战地服务团。其中原滇军第一、二旅编为第182师，师长安恩溥，下辖第539旅(旅长高振鸿)、第540旅(旅长郭建臣)，每旅辖两个团，其中第539旅辖第1077团(团长余建勋)、第1078团(团长董文英)，第540旅辖第1079团(团长杨炳麟)、第1080团(团长龙云阶)；原滇军第三、五旅编为第183师，师长高荫槐，下辖第541旅(旅长杨宏光)、第542旅(旅长陈钟书)，每旅辖两个团，其中第541旅辖第1081团(团长潘朔端)、第1082团(团长严家训)，第542旅辖第1083团(团长莫肇衡)、第1084团(团长常子华)；原滇军第七、九旅编为第184师，师长张冲，下辖第543旅(旅长万保邦)、第544旅(旅长王秉璋)，每旅也辖两个团，其中第543旅辖第1085团(团长曾泽生)、第1086团(团

①《延续五千年之历史，舍抗战外别无生路》，《云南日报》1937年9月7日，第6版。滇省人口此处引文中提到是1700万，与文中几处引文所称1300万相异。据云南省民政厅的户口调查报告记载，1932年实有人口为“一千一百七十九万五千四百八十六人”，1937年抗战初期所称云南总人口为1300万应更符合实际人口数。参阅《云南概览》，编著者与出版者不详，1936年，云南省图书馆藏，民政第1页。

② 龙云：《抗战前后我的几点回忆》，《文史资料选辑》第17辑，中华书局1961年，第57页。

长杨洪元)，第544旅辖第1087团(团长王开宇)、第1088团(团长邱秉常)。全军官兵共3万余人。①

1937年10月5日，在昆明东南郊巫家坝机场举行誓师出征大会，以壮士气。除全省军政各界人士到会外，参加誓师大会的各阶层民众将近10万之众。当日国旗飘扬，气氛庄严，“市内居民铺店，除悬国旗致敬外，并鹄立户前，目炯炯以送行军”；社会“各界赠送旗剑、针钱包，及一切应用药品，堆列成一大行，刀光旗影，光彩夺目”，那么“全滇一千二百余万民众之敬心，悉于此巨量赠品中展露无遗矣”，并共愿“三迤健儿振作精神，歼灭倭寇重光山河”。②

誓师大会开始，卢汉军长代表3万余将士高举右手，郑重宣誓：余谨以至诚，遵奉总理遗教，恪守国策，服从蒋委员长、龙总司令官命令，督率所部，抗日救国，奋斗到底。若有违背誓言，愿受军律严厉之制裁。第60军军长卢汉谨誓。面对誓师出征大会的10万民众，卢汉表示要“以牺牲的决心，作破釜沉舟的抗战”，表达出师抗敌的坚强决心。③接着云南省政府主席龙云发表“训词”，指出出滇抗战的正义性与必要性，对3万余第60军将士进行抗日动员，以激励士气，他说：“这次战争，是关系国家民族的存亡，比以往战争显然不同。所以我们出兵参加抗日战争，不但毫不痛惜，倒反觉得不参加是将来最大的遗憾。”他肯定地说：“我们是发动自卫战，是神圣的战争。”龙云强调：“我们为争取自由生存，我们就不得不实行抗战。目前我们所要求的是唯一的争取最后的胜利，能够胜利国家民族才能生存。”由此鼓励3万余将士“挽救国家的危亡，以求民族的自由平等”。④最后，龙云代表云南人民向军长卢汉赠送宝刀，授以军旗。

召开誓师出征大会，对第60军而言可壮士气，更重要的是昆明近10万人参加大会，是一次最为隆重的抗日动员大会。其既是对全体60军将士做抗日动员，以激起3万余将士的抗日杀敌之豪情，定下杀敌立功之决心，也是对1200万或者说1300万云南民众的抗日动员，号召全体云南民众从人力、物力及精神上积极支持三迤儿女走上战场杀敌立功。诚如《云南日报》所言，3万余三迤子弟兵出滇抗

---

① 参阅谢本书《云南近代史》，云南人民出版社1993年，第473页；另据白肇学回忆：第60军官兵约3万人。白肇学为第60军183师的旅参谋主任，较为可信。参阅白肇学《六十军的编成和参加鲁南抗日战役述略》，《云南文史资料选辑》第2辑，中国人民政治协商会议云南省委员会文史资料研究委员会编，1963年内部发行，第162页。

②《60军昨日大检阅》，《云南日报》1937年10月6日，第6版。

③《60军昨日大检阅》，《云南日报》1937年10月6日，第6版。

④《自卫战是神圣战争》，《云南日报》1937年10月6日，第7版。

日，甘冒枪林弹雨、视死如归之精神必感动与会之民众，那么“吾滇各界民众，亦一秉其赤诚敬献旗剑及一切应用物品以欢送”，也必定“捐物助军，义无反顾”。[1]其后，云南人民确实给予国家全面抗战以大量人力、物力乃至精神上的强力支持。[2]

誓师出征大会召开以后，第60军全体将士随即踏上征程，经云南曲靖进入贵州，经贵州至湖南。据抗日将领杜聿明回忆，当第60军经过湖南湘潭时，杜氏即见到这支正开赴抗日前线的军队，他说：“我曾在湘潭附近遇到龙云的部队，觉得‘中央军’同这支‘云南军’比起来，军容上似有逊色。”[3]当第60军经过湖南长沙时，已南渡至长沙的北京大学校长蒋梦麟目睹了第60军军容军纪，据其所言：“本人在长沙时，目击开赴前线之滇军，器械精良，精神饱满，而军风两纪，尤其严明，宿息之处，必洒扫而后行；购买物件，则照市价交易，允称模范军队。”蒋氏不无感慨地说：“国家有此武力，何惧倭寇乎！”[4]装备精良、纪律严明的第60军在湖南略作休整，即开赴各抗日战场，参加包括著名的台儿庄战役在内的诸多战斗，英勇抗战杀敌，屡立战功。

第60军出滇开赴抗日战场以后，为组建第二支抗日部队，给抗日战场的滇军补充士兵，再以更多的人力、物力支持中华民族的抗日建国大业，云南省政府决定在全省实行抗日总动员。1938年2月2日，云南省政府成立云南省动员委员会，由龙云任主任委员，通令全省各县、市一律成立动员委员会。动员委员会组织细则中规定：在办理兵役之补充和军事生产两大方面，一是计划征集、训练兵员“20万”；二是动员全省的人力、物力贡献给国家。[5]抗战总动员令规定，云南全省青壮年都必须接受军训，包括大中学生、18—45岁的农民、工人，编入“国民军”进行军事训练。据云南省政府的报告，在抗战的最初一二年，将云南大中学生编入国民军进行军训，总共训练了三届，受训学生达4529人；对各县青壮年农民进行入伍训练，共组成20个总队，受训人数达44206人。[6]在全省进行抗战总动员，动员全省青壮年军训，使普通民众认识抗日的重要性与必要性，从组建部队出滇抗日的

① 《60军昨日大检阅》，《云南日报》1937年10月6日，第6版。

② 对于云南人民的抗日支持这一问题，后面另有专节做专题论述。

③ 杜聿明：《蒋介石解决龙云的经过》，《云南文史资料选辑》第54辑，云南人民出版社1999年，第75页。

④ 《蒋梦麟昨日抵省》，《云南日报》1938年2月16日，第4版。上述引文为蒋梦麟校长到昆明后，《云南日报》的记者采访蒋氏时，蒋梦麟所发表的言论的记录。

⑤ 《云南行政纪实》卷二十四：第三编，龙云辑录，1943年刻本，云南省图书馆藏。

⑥ 《云南行政纪实》卷二十一：国民军训练，龙云辑录，1943年刻本，云南省图书馆藏。

角度来说，这是为往后征兵组建新部队出滇抗日以及为开赴抗日战场的滇军补充兵员做准备，使以后的征兵工作更易于开展。1938年4月着手组建的第58军，其兵员大部分是全省顺利招募而来的新兵，这应该与云南全省施行抗战总动员的工作有一定的关系。

根据龙云最初与蒋介石“出两个军抗日”的约定，第60军出征以后，云南又着手准备组建第二支出征部队。第60军在台儿庄会战中作战勇敢，取得重大胜利，蒋介石特予嘉奖，并致电龙云，要求“再行抽调三师兵力，开赴前方，待机使用”。1938年4月28日，龙云致电蒋介石，其中有言，“本省继续出兵抗日杀敌，遵令积极准备三师以赴事机。即日着手编组，经费请予接济”，并表示“为抗战全局所关，亦不得不举全力以奋斗”。①至同年6月，第二支抗日滇军应已组建完成：“自全国抗战展开，本省决动员二十万雄兵，分期参加伟大光荣之神圣战争，以期长期抵抗，而求最后胜利。其第一期六十军健儿，北上杀敌，已于鲁南战役，迭建殊勋，造成抗战之有利条件。现第二期出征部队，亦经编整就绪。”②这支部队大部分为在抗战期间招募的新兵，但仍按中央特许的甲种部队编制组建，编制、人员和武器装备等均与第60军相同。这支出征部队组建完成后，国民政府军事委员会发表番号为陆军第58军。第58军以孙渡为军长，下辖三个师，以刘正富、鲁道源、龚顺璧分别为新编第10师、第11师、第12师师长。每师直辖两个旅，每旅直辖两个团。第58军共6个旅，合12个团，军直属队设特务营、工兵营、通信营、骑兵营和一所野战医院，全军共4万余人。孙渡军长接受国民党中央政府任命后，向云南全省各界人士发表抗日演说，表示“最后胜利应于长期抵抗中求之”，表明其抗日决心。7月24日，第58军在昆明举行隆重的誓师出征大会，全军将士4万余人，军容之壮，可谓盛矣！诚如《云南日报》所报道：“各师武装健儿，装备整齐，精神饱满，显示出钢铁般的意志与必胜力量。”③第58军誓师出征大会又是一次隆重的抗日动员大会，壮士气，振民心，激发民众的抗日热情。

7月28日，龙云召见第58军即将出征的三位师长，鼓励他们抗日杀敌，建立功勋。对于58军出滇抗日一事，龙云在接受记者采访时表示：“国家自由平等，只

①《主席电复委员长，本省继续出兵杀敌》，《云南日报》1938年4月28日，第4版。

②《五十八军军部将组织成立，出兵日期定在下月》，《云南日报》1938年6月26日，第4版。

③《五十八军誓师杀敌》，《云南日报》1938年7月24日，第1版。

有鲜血可以换取。为国家，为地方，为子孙，应奋斗到底。”[①]这既是表明自己的抗日决心，也是对第58军的抗战动员，鼓励全体58军将士为国而战，为中华民族的独立自由而战。8月1日，第58军出滇开赴抗日前线。

第60军、第58军出滇抗日后，根据国民政府军事委员会的命令，又将第60军183师和第58军新12师调出，扩编为新编第3军，并以第184师师长张冲为该军军长。其后，为便于抗日滇军的统一指挥，第60军、第58军、新编第3军，组成第1集团军，国民政府军事委员会任命龙云为第1集团军总司令，由卢汉代行总司令职务。[②]

综上所述，云南前后组编第60军、第58军，共7万余人的部队出滇抗日。其后，云南也源源不断地向出滇抗日的云南部队输送兵员。第60军、第58军、新编第3军，再加上老第3军，转战各抗日战场，屡立奇功，伤亡官兵达10万余人，其中如参加台儿庄战役的第60军，全军官兵伤亡就达1万余人，旅长以下各级指挥官阵亡178人，其中旅长1人，团长5人，营、连、排长172人。[③]滇军出师抗日，其英勇杀敌、视死如归之精神并不逊色于其他抗日军队，其气概为国人所赞叹，其英勇为敌军所怯。

三、滇军出滇抗战之政治考量

在外敌入侵、民族危亡之时，以龙云为首的云南地方政府秉持民族之大义，团结在国民政府举起的抗日建国之大旗下，毅然出师抗日，不为狭隘的地方主义所

①《龙主席返滇》，《云南日报》1938年7月29日，第4版。

② 参加抗日的云南部队，还有一支军队，即老3军。老3军原为护国运动时期组建的讨袁护国军第二军，出师桂、粤。护国运动结束后，军队驻扎于广东，名曰驻粤滇军，北伐战争时期改编为国民革命军第3军随北伐军出师北伐，这就是老3军的来历。其后这支部队南征北战，屡建战功。1937年5月，老3军奉命由甘肃的天水东调，为抗战做准备。先开往河北的保定，后转至河南的洛阳与开封。卢沟桥事变后，在华北战场抗击日本侵略者。参阅孙代兴、吴宝璋《云南抗日战争史》，云南大学出版社2005年，第34-35页。

③《陆军第六十军鲁南阵亡官佐名职表》，参阅《追悼六十军抗敌阵亡将士特刊》，滇黔绥靖公署政治训练处编辑，云南各界追悼六十军阵亡大会1938年10月版，云南省图书馆藏，第31-32页。

囿，不为地方利益所困，当然应得到正面肯定。如果说，将以蒋介石为首的国民党中央政府与以龙云为首的云南地方政府，以大小兄弟之间的关系做比喻，因有矛盾而可以内斗，但一旦有外敌入侵时，则又可以迅速团结起来一致对外，打败外来敌人，那么这就应了“兄弟阋于墙，外御其侮”那句古话，这就是中国政治文化中的一个特点。考察龙云准备与动员滇军出滇抗战的过程，其准备与动员是积极主动的，其抗日态度是鲜明而又坚定的，其暂时把与国民党中央政府、与蒋介石的矛盾搁置一边，团结抗日应为其真实愿望。

当然，对于并不满足于形式上统一的蒋介石，一直处心积虑地利用各种机会把中央势力伸入云南这个半独立的王国，为最终解决这个“云南问题”做充分的准备。那么以装备精良的第60军、第58军为代表的云南部队出滇抗日，客观上又削弱了以龙云为核心的云南地方实力派的军事力量，给蒋介石解决“云南问题”提供了机会，当然后来事态的发展却事与愿违。对于这些问题，在下一节中给予详论。

第二节　控制与反控制：国民党中央政府势力进入云南

第60军、第58军出滇奔赴抗日前线，从另一角度来看，客观上也弱化了云南地方势力的军事实力。对于蒋介石的国民党中央政府而言，这既可增强抗战前线的兵力与战力，弥补前线的兵员不足，又可削弱云南地方军事实力，给国民党中央政府势力进入云南，为最终控制云南提供可乘之机。如此而言，滇军出滇抗日，对蒋介石而言具有一箭双雕之实效。后来，日本侵略者攻占缅甸、滇西以后，更给国民党中央政府势力以抗战为名进入云南提供了借口。事实上，在抗战的大背景下，在后方云南，以蒋介石为首的国民党中央政府势力与以龙云为核心的云南地方势力进行了一场控制与反控制的政治争斗。其源头始于抗战之前，其过程复杂曲折，扑朔迷离。

一、云南地方势力与国民党中央政府势力之间的龙蒋矛盾解读

确实，南京国民政府虽通过张学良的“东北易帜”获得了形式上的统一，西南、西北地方势力亦在张学良之前或之后“易帜”，表示拥护中央政权，但西南、西北的地方势力依然保持半独立的政治地位。“九一八”事变以后，才刚刚建立几年的南京国民政府，内有中国共产党的革命风起，外有日本人的侵略日急，其南京国民政府内部亦有派系纷争，对于不伤大局的西南、西北地方势力也就暂时搁置一方，不谋实质性的统一，只需名义上服从国民党中央政府的领导，任其保持半独立状态。如前所述，地处西南边陲的云南，其军队、财政、地方人事等方面全由以龙云为首的云南地方势力所掌握，非国民党中央政府所能控制。然而，即便如此，龙云却极力表示拥护以蒋介石为首的国民党中央政府，借以巩固其在云南的政治地位；蒋介石也投其所好，极尽笼络之能事。

实质上，政治上龙云依靠蒋介石，蒋介石笼络龙云，是云南所处地理位置与国内政治形势所致，诚如谢本书先生所言：“对龙云来说，这在当时是比较稳当的出路；对蒋介石来说，鞭长莫及，只得先羁縻利用，再待机行动。”[①]“龙蒋”关系表面看来似很融洽，但实际上蒋介石虽行羁縻之政策，可是仍然不忘实质统一的愿望，当他想把国民党中央政府的势力伸入云南的时候，龙蒋之间的矛盾就逐渐表现出来了，正如龙云本人所言：“我和他有十多年的关系，起初对他竭诚拥护，后来看到他为人处事，私心自用，对他才渐渐怀疑起来。”其实，他们之间的矛盾一直是存在着的。如美国人史迪威也看到了这一点，在其日记中，就明确记载了其对云南的观感，其中有言：“龙云（云南省主席）也不是坏得透顶；他只是希望不要碰他的云南。他的第60军不能调动——他们会拒绝执行命令。”[②]虽然用语带有很强烈的个人感情，但“不要碰他的云南”一语可谓点到了龙云的灵魂深处，也就是说面对抗战时期国民党中央政府势力包括支持国民党中央政府的美国势力进入云南之时，龙云仍然希望并力图保持云南半独立的政治地位。至于蒋介石，他对龙云其实有一个比较清晰的认识，他说：“龙云好比南越王赵佗，自帝其国，非敢有害于天下。龙

① 谢本书：《龙云传》，云南人民出版社2011年，第71页。

② 约瑟夫·W.史迪威：《史迪威日记》，黄加林等译，世界知识出版社1992年，第176页。

云只想独霸云南，称臣纳贡，既无问鼎中原之心，也乏窥窃神器之力，不同于阎、冯、李、白。对龙云要容忍，只要服从中央，即使在云南另搞一套，最后为我所用，无伤大局。”[①]只要龙云表示“服从中央”，蒋介石最初的态度就是不会轻易改变龙云在云南的政治地位，不动龙云所设置的底线。这是蒋介石与龙云最初交好的基础。

即便如此认识，蒋介石还是不满意于龙云“称臣纳贡”半独立的政治地位，一有机会还是想实现对云南的实质性的统一。诚如杜聿明所言：“多年以来，龙云在云南搞成了一个独立的小王朝，一切政治、军事、人事等都有他自己独立的一套。这在蒋介石看来，自然是一个眼中钉，他为了实现他统一中国之迷梦，久已蓄谋吃掉龙云，夺取云南这块地盘，但是在抗战以前，时机未至，因而一直未能如愿以偿。”[②]这就点明了龙蒋之间矛盾之所在。对于龙蒋之间的矛盾，龙云本人后来也有过表述，他说：“我并没有和蒋介石争江山、夺社稷，大不了只是政治主张的不同，蒋介石搞中央集权，我主张地方均权；蒋介石要独裁，我主张‘民主’。”[③]龙云不会与蒋介石“争江山、夺社稷”，这一点蒋介石看得很清楚，这不是龙蒋之间的矛盾，这也许是蒋介石将“云南问题”拖至抗战胜利后解决的一个重要因素。龙蒋之间的矛盾焦点是，蒋介石真正需要的是实质性地统一而不是仅形式上地统一云南，即所谓的“中央集权”，而龙云真正需要的是长期保持云南半独立的政治地位，即龙云所谓的“地方均权”。于是，在全面抗日战争时期，以蒋介石为核心的国民党中央政府与以龙云为核心的云南地方政府之间，一场控制与反控制的争斗在抗战御侮的大背景中悄悄上演。

二、国民党中央政府的政治、金融、财经势力入滇

其实，论到国民党中央政府势力伸入云南，并不只是在滇军出滇抗日之后，早在全面抗战爆发之前即已有此举动。

---

① 赵振銮：《龙云和蒋介石的合与分之我见》，《研究集刊》（云南省历史研究所编）1983年第2期，第50页。

② 杜聿明：《蒋介石解决龙云的经过》，《云南文史资料选辑》第54辑，云南人民出版社1999年，第75页。

③ 刘宗岳：《我所知道的龙云》，《云南文史资料选辑》第6辑，云南人民出版社1962年，第150页。

应该说最早进入云南的国民党中央政府势力应为国民党党员在昆明建立的国民党组织。早在1927年2月,所谓的国民党左派就在昆明建立国民党云南支部,由于地址设在法政学校内,称之为“政法党部”或“政法派”。1927年3月,国民党中央广州政治分会派遣张邦翰、张禄、罗衡、蒋子孝、邓鸿渠、谢直君、罗仲达等七人来云南,于5月在昆明圆通街租得房子,设立“中国国民党云南省党务筹备处”,罗仲达、谢直君、罗衡任常务委员,因在圆通街办公,称之为“圆通党部”或“圆通派”。此应为国民党中央政府的政治力量入滇的开始。对于国民党中央政府的政治力量入滇,虽然一时难以影响龙云的政治地位,但龙云还是采取了一定的回应措施。龙云支持其舅子李培炎在省议会成立“中国国民党云南临时省党部筹备处”,占据省议会大楼,几经活动,建立国民党云南支部,时人称之为“省议会党部”或“舅子派”,以与外来的两派国民党政治力量相抗衡。①对于“政法派”国民党力量,龙云因其背景不深,则直接采取武力手段,派兵查封了“政法派”即左派国民党省党部。对于明确具有国民党中央背景的“圆通派”国民党力量,除了成立“舅子派”国民党云南省党部与其抗衡外,更采取鹊巢鸠占的方式,让“舅子派”合并进“圆通派”,在此基础上,于1930年3月11日,正式成立云南省党务指导委员会,“龙云、张邦翰、卢汉、陈廷璧、曾三省被推为常务委员”。②龙云、卢汉进入省党务指导委员会,实际上就是以龙云为首的云南地方势力已控制了国民党设在云南的政党组织。所以说,国民党中央政治力量进入云南,龙云通过一定的方式是可以掌控的。

除了国民党政党力量进入云南,另一个让龙云揪心的是军统、中统特务入滇活动。

军统、中统特务进入云南活动的具体时间,据目前所掌握的史料来看不得而知。1938年7月,蒋介石为获得龙云在抗战兵力上的支持,曾对龙云说:“戴笠派在云南工作的人员,我已告诉他全部撤回,今后如有人假借军统名义在云南活动,你可拿办。”由此可以透露,军统、中统特务组织于1938年以前已在云南活动,建立了组织。实质上1938年军统已在云南设站,由黄毅夫担任军统云南站站长。云南站于1938年被撤销后,到第二年春,军统又派人重建云南站,从贵州各地抽

① 杨光惠、蒋子孝:《国民党云南“圆通派”始末》,《云南文史资料选辑》第1辑,中国人民政治协商会议云南省委员会文史资料研究委员会编,1962年内部发行,第39-40页。

②《云南概览》,编著者与出版者不详,1936年,云南省图书馆藏,党务第1页。

调几个云南籍的特务去云南站从事情报收集活动，实质上也在监视云南地方势力的行动。1940年，云南站又开始在滇南、滇西建立特务组织，其中包括有河口组、开远组、大理组等。滇西缅北反攻战开始后，军统局在昆成立滇缅办事处，其设立目的是以“配合远征军军事行动和监视云南地方实力派”，“统一领导在滇、缅、泰、越方面的特务工作”。至抗战后期，“军统在云南方面掌握控制有一二十个公开机关，在公开机关与秘密机关配合下，军统在云南的工作，已进入半公开阶段”。[①]

对于如此猖獗的特务活动，龙云应是极为反感的，所采取的是抵制态度。前述蒋介石对龙云说将戴笠的军统特务撤回一事，其前提应是龙云已对特务活动进行过抵制，蒋介石因担心龙云的滇军不配合出滇抗日而做出的让步。当军统特务头子康泽到云南，要求龙云出面抓捕中共地下党员时，龙云十分不悦地说：“你拿出证据来，我可以办。”当康泽提出镇压学生运动时，龙云则说：“学生都是好学爱国的，借事生端的是极少数。他们闹事，是因为政府有些事未办妥，他们有意见，只要政府改善，他们会听话的。有些人无事找事，学生说几句话要根究，教授讲学也干涉，结果越压越闹，‘防民之口，甚于防川，川壅而溃，其伤实多’。有些人不听我的话乱来，以后闹出事来，我就不管。”[②]积极镇压过共产党的龙云，从常理看并不是一定要有意保护共产党和青年学生，其时的龙云并没有如此高的政治觉悟，只不过是对代表国民党中央政府势力的特务组织表达一种反感情绪，对其活动表示一种抵制态度，当然这客观上保护了共产党和青年学生的民主活动，整个抗战时期，在云南的特务组织基本上难有作为。其实，在国民党中央政府势力借抗日之名进入云南之时，龙云更需要其他抵制国民党中央政府势力的力量去扰乱国民党中央政府势力在云南的活动，借其他力量反对国民党中央政府势力的活动，去消解国民党中央政府力量对他的压力。这是龙云后来一步步接近民主力量特别是共产党力量的最根本的思想基础。

“政治是经济的集中表现”，反过来理解，就是政治以经济条件为基础，做保障。国民党中央政府的财经金融力量也乘全面抗战之机进入云南。[③]全面抗战爆发以后，大量工矿企业西迁入滇，在一定程度上促进了云南经济的发展，对云南的

① 皮绍晋：《军统在云南的发展时期》，《云南文史丛刊》1987年第2期，第26、33页。

② 赵振銮：《龙云与蒋介石的合与分之我见》，《研究集刊》（云南省历史研究所编）1983年第2期，第54页。

③ 经济是政治的基础，此处所谈的国民党中央政府的财经金融等经济力量入滇，应为与政治密切相关的财经金融机构与组织。

政治格局并无直接影响；而随国民党中央政府势力迁入云南的代表中央的财经金融部门，在试图控制云南财经金融的过程中则可对云南的政治产生影响，所以以龙云为首的云南地方势力也就相应采取了必要的反控制措施。

事实上，在抗战前云南的财政金融自成系统，与国民党中央政府没有多少关系。诚如缪云台所言，“抗战前云南实际是一个半独立的省份，其财政、经济全系自主”，云南的金融财政与国民党中央政府没有关联。[①]金融财政机构的设立，人事的任免，货币的发行，外汇的管理，税收政策的制定和税金的收缴，全由以龙云为首的云南地方政府办理，国民党中央政府无权插手。1932年富滇新银行正式成立，初由李培炎主持，一年半后则长期为缪云台主持，该行“独揽货币发行权，策划发行纸币，半开现金，划一币制并进行外汇管理、白银及出口贸易等业务”，实质上垄断了云南的金融活动，富滇新银行具备央行性质与职能。[②]在财政方面，云南省财政厅厅长陆子安也建立了一套独立于国民党中央政府的财政系统。陆子安在取消清末以来的六十多种苛捐杂税后，却又新立诸多税种，如烟酒牲屠税、特种消费税、特种营业税、契税、印花税、耕地税等，在昆明设立各税种的征税总局或相当于总局的征税局，在云南各地设立各税种的征税分局或征税局，委派人员征收各税，征收机关星罗棋布，形成一个全省范围内的征收网，其中如国民党中央政府没有实行征收的特种消费税，也设立机关，照征不误。

抗战爆发以后，独立于国民党中央政府的云南财政金融系统，为国民党中央政府所诟病。以蒋介石为首的国民党中央政府深知经济是政治之基础的道理，要改变以龙云为代表的云南地方政府的半独立的政治地位，更应从经济上削弱其基础。随着战事的发展，迁入云南的工矿企业大为增加，滇越铁路和滇缅公路国际大通道的运输汇聚昆明，公私货物源源运入云南，大后方云南的战略地位日益突出，国民党中央政府势力需要改变云南这种独立于中央财政、金融系统的财政、金融地位。1940年前后，蒋介石要求龙云划分国家财政和地方财政，将云南所属地方资本所积存的物资、现金，全部交由国民党中央政府国库管理，龙云予以抵制。1941年底，“龙云命令财政厅将云南积存的银元几千万元、黄金数万两”，以及债券、外汇、官产、烟土等，“全部拨出，不属省财政厅”。龙云为维护云南半独立政治地位的经济

---

① 缪云台：《缪云台回忆录》，中国文史出版社2013年，第95页。

② 邓佑权：《抗战期间云南金融简况》，《昆明文史资料选辑》第7辑，中国人民政治协商会议云南省昆明市委员会文史资料研究委员会编，1986年内部发行，第193页。

基础，采取措施应对来自国民党中央政府欲控制云南独立的财政、金融系统的压力，虽然最后的结果并不如其所愿。[①]

细细考察当时国民党中央政府与云南地方政府金融、财政领域的争斗，表现为如下数端：其一，取消特种消费税，划分国税与地税。抗战时期，公私货物包括战略物资源源不断运入云南，均须照云南消费税税则征税。国民党中央政府认为征收特种消费税，违反财政规则，因进口的军公货物已征海关进出口税，再征消费税，属于重征，不愿纳税，所以国民党中央政府称之曰“龙云税”，予以讥讽。但云南省财政厅厅长陆子安却强调：云南为抗战大后方，地当缅越之交，为巩固国防，补充军实，不得不征消费税，为云南即为国家。消费税继续征收。1940年，国民党中央政府财政部认为云南的独立财政破坏了中央财政系统的统一性，必须加以改变。龙云最终迫于国民党中央政府的压力做出让步，派卢汉和陆子安亲赴重庆。经与财政部往返磋商，最终议定：云南军政费用，由财政部根据当时实际支出全部负担，云南应停征消费税，国家和地方税收应明确划分，另由财政部设立云南区税务局，征收货物税，以陆子安为局长，孙东明为副局长，依照财政部规章办事，特种消费税则在1940年6月底停止征收。[②]其二，执行法币政策，试图统一货币。如前所述，云南货币发行权本控制在富滇新银行和云南省财政厅手中，富滇新银行主持新滇币的发行，云南省财政厅主持现金货币——半开银币的发行。1935年国民政府实施币制改革，采用法币政策，规定以中央、中国、交通三行所发行的钞票为法币，所有民间持有的银币、生银都必须向中央银行调换法币，云南省政府以收兑困难为由，采取了借故延宕的相应措施，直至1937年4月才宣布执行法币政策，且仍以富滇新币作为法币的辅币按二比一的比值使用，故法币与滇币很长一段时间内在云南混合流通。[③]其实，抗战爆发以后，随着国民党中央政府银行体系中的中央、中国、交通、农民四行及中央信托局、中央邮政储金汇业局先后来昆建行，法币的地位益为突出，但随着法币在抗战中后期迅速贬值，实际上其并不能取代滇币在云南的传统地位。其三，取消外汇管理权，试图统一外汇兑换业务。抗战爆发前后，“云南所谓进出口贸易管理，系由经济委员会掌握实权，而外汇管

---

① 赵振銮：《龙云与蒋介石的合与分之我见》，《研究集刊》（云南省历史研究所编）1983年第2期，第57页。

② 孙东明：《龙云统治云南时期的财政》，《云南文史资料选辑》第5辑，中国人民政治协商会议云南省委员会文史资料研究委员会编，1964年内部发行，第17页。

③ 罗文锦：《解放前昆明金融概略》，《昆明文史资料选辑》第13辑，中国人民政治协商会议云南省昆明市委员会文史资料研究委员会编，1989年内部发行，第51页。

理又属富滇新银行办理”。国民党中央政府势力对此不满，认为“外汇管理要尽归中央”，几经磋商，“始由中央派员来滇成立贸易委员会云南分会，撤销云南进出口管理委员会，同时外汇管理也被迫取消，而由国民党中央统一办理”。[①]由此富滇新银行统制云南金融的垄断地位丧失，具有央行性质的富滇新银行退而为一般性的地方银行。

总之，抗战时期，国民党中央政府势力采取多种措施逼迫以龙云为首的云南地方政府势力就范，逐步削弱云南独立的财政金融权，挖空云南地方政府的经济基础，亦为政治解决所谓的“云南问题”做准备。

三、抗战期间国民党中央政府的军事力量入滇

其实，最让龙云忧心的是来自国民党中央政府的军事力量，这种力量一旦进入云南，龙云应对相当棘手，最让龙云寝食难安。1934年底，当长征中的中央红军尚在贵州艰难行进时，蒋介石电令云南省政府主席龙云兼“讨逆”军第十路总指挥出兵防堵中央红军。龙云召集部下商讨此事，其中第十路总指挥部参谋长孙渡有鉴于贵州王家烈事件，认为：“蒋介石这次追堵共军，实怀有一箭双雕之野心，不仅想消灭共军，而且还想乘便消灭地方武装。”[②]龙云深表赞同。1935年春夏之际，长征中的中央红军曾多次来回渡过赤水，往返穿梭于黔川滇边境，灵活机动地一次又一次摆脱围追堵截的敌军，因而围堵红军的军事行动并不理想。3月24日，蒋介石飞抵贵阳欲就近指挥，中央红军主力得此消息，乘机第四次渡过赤水，佯攻贵阳，迫使蒋介石急令驻守滇黔边境欲围堵红军的滇军主力孙渡纵队赶赴贵阳防御“保驾”。滇军主力调往贵阳，滇黔边境的滇军力量单薄，实为红军敞开了西进云南的大门，此为中央红军的调虎离山之计。4月10日以后，中央红军乘机向西疾进，顺利进入云南境内。如此，虽然围堵红军于贵州消灭之的打算落空，但

① 邓佑权：《抗战期间云南金融简况》，《昆明文史资料选辑》第7辑，中国人民政治协商会议云南省昆明市委员会文史资料研究委员会编，1986年内部发行，第196-197页。

② 孙渡：《滇军入黔防堵红军长征亲历记》，《云南文史资料选辑》第28辑，云南人民出版社1986年，第2页。

蒋介石却有了派遣国民党中央军进入云南的借口，立即下令薛岳等部从后追击红军而进入云南。当薛岳的国民党中央军以“追剿”为名进入云南时，龙云部下张冲也曾提醒龙云“要借鉴贵州事变，谨防变成王家烈第二”，所以提出“不是先防红军，而应当先防薛岳”。当薛岳的先头部队接近昆明时，龙云即派人向薛岳提出不许部队进入昆明的强烈要求，薛岳只得带少数随从进入昆明，与龙云商洽“剿共”事宜。表面上龙云热烈欢迎薛岳，招待亦甚为丰盛，并且二人交换金兰，结为兄弟，但仍然不许薛岳的国民党中央军进入昆明，以防贵州王家烈式的政变。5月12日，蒋介石借追“剿”之机飞往昆明，见龙云早有戒备，解决龙云的时机尚不成熟，则行欲擒先纵之计，以金钱与地位笼络龙云，同意龙云组织滇黔绥靖公署，统率两省军政。当1936年红二、六军团过云南时，蒋氏又电令入滇各军包括国民党中央军归龙云指挥，示以信任，实暗藏杀机。正当蒋介石难以舍弃解决“云南问题”的初步想法之际，1936年6月1日，陈济棠、李宗仁、白崇禧以北上抗日为名，提出“非反蒋不能抗日，非反蒋不能救亡”，通电反蒋，实则有意争夺国民党中央领导权，发动“两广事变”，蒋介石不得不将进入云南的国民党中央军全部东调，应付两广用兵。[①]国民党中央军退出云南，对龙云而言总算可以暂时放松一口气，但蒋介石并非因国民党中央军退出云南而放弃解决“云南问题”，并非放弃实现云南实质性统一之愿望。

全面抗战爆发，蒋介石要求滇军出滇抗日，从另一角度看，也许是蒋介石准备解决云南问题的釜底抽薪之计。龙云激于民族大义，先后派出滇军主力第60军、第58军7万余人出滇抗日，这应是值得称赞的，但客观上由此减弱了龙云所能掌握的云南地方军事力量，而与龙云一直努力保持强大的云南地方实力的意愿是相违的，也为后来蒋介石敢用武力解决龙云问题埋下伏笔。[②]其实，龙云对于滇军出滇抗日在客观上削弱云南地方军事实力的事实还是有所警觉的，头脑还算清醒，其“不顾蒋介石‘国防归中央，保安归地方’的规定，马上成立步兵七个旅”，以充实云南地方军事力量。委亲信卢濬泉、龙绳武、阎旭、马继武、杨炳麟、龙奎垣、万保

---

① 参阅谢本书《龙云传》，云南人民出版社2011年，第98-114页。

② 抗战刚刚结束，蒋介石即急于动手解决龙云问题，首先令滇军主力开赴越南接受日军投降。待杜聿明在蒋介石的指使下以武力威逼龙云坐飞机去重庆时，在越南的“远水”已救不了昆明的“近火”了，龙云已无力回天，不得不踏上去重庆的险恶之途。蒋介石久噎心头的“云南问题”似乎得以解决。然而蒋氏用心太急，树敌太多，非一个政治家的作为，最后落得个什么问题都没有解决好的结果，不得不承受败退台湾孤岛，了其残生之痛苦。

庶为各旅旅长，另新编护卫旅一旅，以龙绳祖为旅长。各旅“人事安排，安全由龙云决定，归滇黔绥靖公署指挥”。龙云新编八个旅，其用意就是尽量抵消两支部队出滇抗日后云南地方军事力量所形成的空缺，尽力提前防备国民党中央军可能借抗战为名进入云南后，龙云所掌控的军事实力可能会严重不足的事态形成。滇缅抗战开始后，龙云面对以滇缅抗战为名一拨又一拨开进云南的国民党中央军，又进一步强化在云南的滇军的力量，将八个旅为代表的滇军改编为六个师和一个独立旅，其中师长、旅长人选全为龙云可信赖的人，有“十八师师长卢濬泉、十九师师长龙绳武、二十师师长安纯三、二十一师师长马继武、二十二师师长杨炳麟、二十三师师长潘朔端、独立旅旅长龙绳祖”，“各师旅都属龙云直辖，未编入战斗序列”。除正规军外，“龙云还加紧训练国民兵团、保卫营、常备队、自卫队，更番训练”。[①]

所以说，调滇军出滇抗战之釜底抽薪之计，龙云自有对付办法。如前所述，其实龙云最为要命的是国民党中央军进入云南，此则难有最佳办法应对，显得比较被动了。事实上，整个抗战时期，给了蒋介石许多派遣国民党中央军进入云南的借口，特别是日军南进策略实施之后。1939年冬，日寇侵入桂南；1940年6月，日军进入越北，中国经越南的国际交通线被截断。此时，滇南防务空虚，龙云随即数次密电蒋介石、何应钦、白崇禧等人，请求调包括第60军在内的第1集团军回防滇南，如龙云1940年9月5日致蒋介石、何应钦的密电言称：“再三筹思，仍以第一集团军全部抽调回黔、桂边境驻扎，以备不时之需。”[②]最初蒋介石并不同意，几经请求，最终蒋介石以“保卫云南大后方及缅甸这条国际交通运输线”为名，抽调第1集团军总司令卢汉率领的第60军及第9集团军总司令关麟征率领的第52军“由湖南经广西百色开入迤南”，即云南省南部文山、红河等地区，沿滇、越边境布防。第60军本为滇军出滇抗日部队，抽调至“迤南”，相当于回到家乡了，这肯定是龙云所盼望的。表面看起来蒋介石最终同意了龙云的请求，但此时的问题是，第9集团军所辖第52军则为国民党中央军，诚如杜聿明所言，这是抗战以来蒋介石的中央军首次进入云南，也是蒋介石为吃掉龙云而下的第一步棋。这一步棋是否遭到龙云的反对，从目前所掌握的史料来看，不得而知，但也可以推断，龙云应是极不情愿的。不过蒋介石的这步棋毕竟下了，第52军进入云南已成事实。但对龙云

---

① 赵振銮：《龙云与蒋介石的合与分之我见》，《研究集刊》（云南省历史研究所编）1983年第2期，第55页。

② 参阅《卢汉等报抵渝晋蒋及商谈情形电》《龙云希务恳何应钦令一集团军调滇电》《龙云请调一集团军回滇助防电》，《抗战时期的云南——档案史料汇编》（上），重庆出版社2015年，第232-233页。

而言，更为严重的问题是，国民党中央军第52军进入云南的大门一旦被迫打开，此后国民党中央军则可以抗日为名源源不断地进入云南了。果然，1941年4月左右，国民党中央军第6军即以“滇缅公路沿线仓库守备及线路的守护”之名由贵州进入云南，其中该军第49师146团此时“已在滇境”。6月蒋介石又以“加强滇缅公路之警备”为名，电令入滇的国民党中央军第6军第49师“担任该路及沿线空军场站之警备，与对敌空军陆战队之防御”，成立滇缅公路西段警备司令部，以“四十九师彭师长璧生为该路西段警备司令”。[①]1941年秋冬间，“蒋、龙之间经过长期的商讨”，又以“中英军事同盟成立，准备双方协力保全滇缅公路及仰光的国际交通线”为由，让杜聿明率领国民党中央军第5军经龙云同意“先后开入云南杨林、沾益、盘县”，其后又在云南杨林“成立军事委员会驻滇参谋团，以林蔚任团长”，并在昆明城郊成立昆明防守司令部，以杜聿明兼任司令。[②]也就是在滇成立军事指挥机构，以示国民党中央军在滇长期驻守，并非薛岳“剿共”时临时入滇，不需在滇成立新的军事指挥机关。在昆明成立以杜聿明为司令的防守司令部，表面上为防守日本的侵略，而从另一方面看则为“防守”龙云为首的云南地方势力。这是蒋为以后解决云南问题下的一着重棋，从后来事态的发展来看，在昆明城郊成立的防守司令部是解决云南龙云问题的关键。蒋介石为解决龙云问题谋篇布局，苦心经营，以抗战为名实则步步为营。

1941年12月7日，珍珠港事变爆发，8日，美国对日宣战，不管是对第二次世界大战，还是中国抗战来说，都是一个转折点，因为此后日军南进战略正式实施，中英美联合抗日，中国抗战由此也就真正成为世界反法西斯战争的一部分。根据中英军事同盟协定，早在滇黔边境集中的国民党中央军第6军、第66军，加上已进驻云南的第5军，即以日军将由马来西亚进侵仰光为名开赴中缅边境畹町附近集中，准备入缅远征；同时，征调国民党中央军第11集团军所属第71军等若干部队陆续向云南集中，其先头部队第200师到达迤西保山附近，随时准备入缅抗日。1942年初，日军大举入侵缅甸，3月1日，中国远征军入缅作战。此后，先后集中在云南境内的抗日军队计有“第二军、第五军、第六军、第八军、第五十二军、第五十三军、第五十四军、第六十军、第六十六军、第七十一军、第九十三军(卢汉在云南

①《龙云为解决滇缅公路沿线仓库守备及线路的守护问题与蒋介石、何应钦、徐永昌等的来往电(1941年4月8日—7月23日)》，《抗战时期的云南——档案史料汇编》(上)，重庆出版社2015年，第342—343页。

② 杜聿明：《蒋介石解决龙云的经过》，《云南文史资料选辑》第54辑，云南人民出版社1999年，第75—76页。

新成立的一个军）等十多个军及龙云的两个师，再加上美空军陆军等部队”[①]，除了第60军、第93军及龙云指挥的两个师为云南地方部队，能接受龙云指挥外，其余部队均非龙云所能指挥，也不需龙云去指挥。关键的问题是，此时驻扎在云南的国民党中央军，不管是军队官兵人数还是装备质量都已远远超过滇军。入缅抗战，防止滇缅国际大通道沦入敌手，也为保卫大西南考虑，调动大量国民党中央军进入云南，确实带有明确的抗日目的，此无可厚非。但另一方面的客观事实却是，国民党中央政府的庞大军事力量已进入云南，如从蒋介石谋划已久的解决“云南问题”“龙云问题”去看，这有点儿感觉是蒋介石正在使用鹊巢鸠占之计。抗战如火如荼，龙云已无法拒绝为抗战的国民党中央军进入云南，因为龙云一旦拒绝，在民族抗战之道义上无法立足，激起的不仅仅是蒋介石、国民党中央政府、国民党中央军的愤怒，更是全国人民的愤怒，力图保持云南半独立政治地位的龙云处境艰难！作为蒋介石，在这种不动声色中，利用滇缅抗日之时机一步步把国民党中央军开入云南，在云南保持强大的国民党中央军的军事力量，对于其后解决云南问题而言，已成瓜熟蒂落之势，仅为举手之劳了。蒋介石为解决在国家总战略中总体上不伤大局的云南问题，长期缜密筹划，确实用心良苦，但这不是一个大政治家的作为，用马克思主义的观点看，没有抓住国家总战略的主要矛盾或矛盾的主要方面。

对于龙云而言，他也深知无法拒绝为抗战而进入云南的国民党中央军，那么他为保持他所谓的“地方均权”，实质上就是保持云南半独立的政治地位又会采取怎样的手段？确实他难有积极的作为，但龙云毕竟还是有所回应。当军令部部长徐永昌致电龙云，要求驻扎在贵州的第6军第49师师部及一部分军队移驻昆明时，龙云十分警觉，复电徐永昌，认为“第四九师师部及所余之一部似无来昆必要”，拒绝第49师驻扎昆明，后又以“近日滇西米价日渐上涨，不宜再增加部队”为由，要求第49师“师部及留黔部队”，“暂缓开拔入滇”。[②]对于龙云因中央大军陆续进入云南的反应，杜聿明也有过这方面的回忆，据杜氏所言：“云南大军云集，交通、运输、补给等等任务极其繁重。尤其是美军因在云南各地建筑机场、营房、宿舍，所有关于占用土地、征购建筑材料等等问题都直接与云南的政治经济发生关

① 杜聿明：《蒋介石解决龙云的经过》，《云南文史资料选辑》第54辑，云南人民出版社1999年，第77页。

② 参阅《龙云为解决滇缅公路沿线仓库守备及线路的守护问题与蒋介石、何应钦、徐永昌等的来往电（1941年4月8日-7月23日）》，《抗战时期的云南——档案史料汇编》（上），重庆出版社2015年，第342-345页。

系。这时云南在龙云控制之下，不仅行政效率极低，而且每件事都得经过讨价还价，如果钱少，不能满足龙云及其所属的欲望，任何事也行不通。不仅国民党的中央政令在云南无法推行，即便美军也啧有烦言，美、龙间的矛盾比蒋、龙间的矛盾更为尖锐化。于是美方提出：中国如不能解决云南的政治问题，美国就无法援助中国抗战得到胜利。"[①]虽然杜聿明这段回忆含有因其直接使用武力方式解决云南龙云问题而为自己做辩解的用意，有意夸大龙云的行为能力，但从另一个方面也反映出龙云面对国民党中央军"大军云集"之现实而采取的一种消极怠工的策略，对驻扎在云南的国民党中央军及支持国民政府中央政权的美军不予配合，所谓的"行政效率极低"，是可以从有意而为方面进行考量的。如前所述，对于云南地方势力，美军指挥官史迪威将军也有与杜聿明同样的印象："他们会拒绝执行命令。"如此而言，杜聿明的回忆虽略具夸张之嫌，但基本事实应大致不差，是可信的。龙云消极怠工的策略虽然可影响国民党中央军及美军在云南的各种行动，但反过来又成了国民党中央政府解决龙云问题的理由。

第5军、第6军、第66军于1942年3月1日入缅作战后，虽然在一定程度上减轻了龙云的压力，但驻扎在云南的国民党中央军仍然有霍揆彰的第20集团军，辖周福成的第53军、阙汉骞的第54军；宋希濂的第11集团军，辖钟彬的第71军、王凑云的第2军，再加上入缅作战退回云南的第6军（因第一次入缅作战失利，第6军退入国内后，军长甘丽初被免职，由黄杰出任军长一职）。此外，在滇国民党中央军还有何绍周的第8军等部。加上在滇南设防的国民党中央军第52军，在滇国民党中央军至少仍有7个军的兵力，给龙云的压力并不小，并且这种压力在抗战结束前后依然如此。滇西抗战结束时，远征军"陆续开回怒江以东整补"，仅"驻印军奉命追击"，中国远征军策应中国驻印军作战任务完成，第11集团军军部及直属部队驻龙陵，第2军、第6军驻遮放，第71军驻芒市；第20集团军军部及直属部队驻保山、蒲缥，第54军驻腾冲，第53军驻辛街待命。[②]虽然抗战胜利后部分国民党中央军开赴全国各地及国外执行任务，如何绍周的第8军于1945年9月离开云南，经由广州海运至青岛，但留驻云南的国民党中央军仍然不少。对于出国入越接受日军投降，蒋介石除了抽调驻守云南的属于卢汉指挥的第一方面军的第52军等国

① 杜聿明：《蒋介石解决龙云的经过》，《云南文史资料选辑》第54辑，云南人民出版社1999年，第77页。

② 参阅方国瑜《抗日战争滇西战事篇》，云南大学出版社1994年，第131页；时广东、冀伯祥《中国远征军史》，重庆出版社1994年，第225页。

民党中央军部队入越外，其他部队仍然留驻云南；同时，蒋介石采取更为明显的釜底抽薪之计，几乎把龙云的所有主力部队抽调入越接受日军的投降，所以驻扎在云南的国民党中央军解决云南龙云问题照样还是绰绰有余。据杜聿明回忆，蒋介石以入越接受日军投降为由，将卢汉指挥的第一方面军的三个军（第52军、第60军及第93军）调入越南接受驻越日军投降，然后又以“接收兵力不足”为借口，又将龙绳武（龙云长子）指挥的暂编第19师及潘朔端的暂编第23师扩编为一个军，随同第一方面军入越受降。对于此种安排，龙云曾有所警觉，除同意第一方面军入越受降外，要求暂编第19师、第23师、第24师留驻云南。几经激烈的争辩，最终蒋介石只准许第24师留守昆明，龙云迫于国民党中央政府势力的政治、军事压力做出了退让，不得不同意。蒋介石通过如此办法“尽量地把龙云在云南境内的实力削弱”，其时龙云在昆明的军事力量只余下龙绳祖的第24师和宪兵团、警卫大队等少数兵力，而在滇的国民党中央军除驻防在滇西的第11集团军和第20集团军，在昆明则有“第五军、第二〇七师，云南机场守备司令部所属四个团，宪兵十三团等部队”。就昆明而言，龙云的军事力量已无法与国民党中央军比拟，蒋介石“从长计议”解决云南问题的时机终于成熟。1945年10月3日凌晨5时左右，杜聿明根据蒋介石的命令指挥驻昆国民党中央军采取行为，很快控制了昆明城的局势，龙云困守昆明城内五华山。10月4日晨，云南政治界元老胡瑛持蒋介石信件前去劝说龙云，分析对龙云而言不利的军事、政治态势，胡瑛说：“目前，卢永衡全师远在越南，他背后有关麟征的九集团军和杜聿明五集团军的大部，归路已断；昆明被邱清泉的第五军及周福成的五十三军所包围，滇西有王凌云的第九军和霍揆章的二十集团军。我们的几个保安团被分割包围于各县，用什么来对付人家？绳祖世兄这点兵力，连鸿翔部队都应付不了，何况主力已被包围在北校场，连突围都不可能，正所谓‘虽有智者亦不能善其后’了。”[①]蒋介石为解决云南问题周密筹划，此时龙云大势已去，无力回天了。[②]

从蒋介石谋划解决云南龙云问题的整个过程来看，蒋介石先是不动声色地以抗日为名向云南派遣中央常驻机关，调兵遣将入滇，安排特务进入云南以监视云

① 谢本书：《龙云传》，云南人民出版社2011年，第175页。

② 上述文字有部分逸出了抗战时期这个时间范围，但仍属于蒋介石解决云南问题的范围之内，是为蒋介石与龙云之间控制与反控制争斗的最终结局，故有必要略述一二。参阅杜聿明《蒋介石解决龙云的经过》，《云南文史资料选辑》第54辑，云南人民出版社1999年，第77页。

南地方势力的一举一动，再是紧锣密鼓地筹划布置，最后在水到渠成之时果断下手解决龙云问题。而龙云虽对蒋介石的用意有所警觉，采取了一些应对措施，但对蒋还是心存幻想，认为蒋介石的“一切作为必依理依法”，面对蒋介石以抗日为名似乎合情合理的步步紧逼，在自身实力总体上不如蒋介石的情况下，尽量采取步步退让的政策，似乎想以尽量服从蒋介石的命令来打动蒋氏改变解决云南问题的意志，但换来的结果是：1945年10月4日，在国民党中央军的威逼下，几经周折，根据蒋介石的命令，龙云不得不坐上去重庆的飞机离开昆明，结束其在云南十八年的政治生涯。看起来，蒋介石自认为其已最终控制了云南的整个政局，但是，后来的结局并非蒋氏所想象的凭武力就能改变云南政局的那般简单，具有十八年根基的龙云政权并非一夜之间就会土崩瓦解，蒋介石所做的实质上是为自己树立更多的敌人，试图真正统一中国的强烈愿望最终成为一厢情愿式的妄想。

第三节　分与合：中共在云南的组织重建及其统战工作

整个抗战时期，中国共产党在云南做过许多工作，其中对云南日后历史影响最大的莫过于中共在云南的统战工作。历史皆有因缘，因为这一工作，为日后云南的和平起义埋下了伏笔。

一、云南党组织的重建与恢复

早在大革命时期，就有共产党人进入云南，准备在云南建立党组织。1925年“五卅”运动以后，以云南省立第一中学李国柱组织的青年努力会为基础，成立共产主义青年团，主要成员有李国柱、张永和、严英武、严英俊、张绍楚、刘玉瑞、李君忠(李介民)、向镇清、黄凯(黄洛峰)、雷必兴(雷同)、李生萱、万金钊等,后来绝大部分成员加入了中国共产党。[①]1926年8月,共产党人李鑫受中共广东区委的派遣来到云南,筹建中共云南地下党组织。9月,在广州第六届中国农民运动讲习所毕业的周霄、黄丽生、罗彩三人亦被派往云南筹建共产党的地下组织。1926年11月7日,根据中共广东区委的指示,来到云南的共产党人经多方准备,在昆明节孝巷55号秘密建立党组织,成立中国共产党云南特别支部(简称"中共云南特支"),由吴澄任特支书记。中共云南特支成立以后,一方面逐步扩大党组织,一方面对以唐继尧为首的云南地方政府势力开展政治斗争,揭露唐继尧十余年治滇的专制独裁性质,分别派周霄、吴澄、李子固、黄丽生游说龙云、胡若愚、张汝骥、李选廷四镇守使进行倒唐政变。推倒唐继尧的统治以后,1927年2月,中共中央派遣共产党人王懋廷(即王德三)回滇,将中共云南特支改组为中国共产党云南特别委员会(简称"中共云南特委"),同时回到云南的共产党员或共青团员还有赵祚传、杨镇源、孙永贵、刘玉瑞、杜涛、赵琴仙、宋家琴、卫秉礼、毕昌杰、张绍楚等人。改组后的中共云南特委以王德三为书记,赵祚传为组织委员,刘玉瑞为宣传委员,李鑫为农工委员,吴澄为妇运委员,杨淑德为秘书。此为中共在云南的早期活动,虽为星星之火,但有燎原之势,表明中国共产党的力量在大革命时期即进入云南,成为云南政治舞台上的一股秘密力量。[②]

1927年2月6日在中共的推动下,主政云南达14年之久的唐继尧政权被推翻,经过三年的云南省内军事混战,龙云胜出,开始其主政云南18年的政治生涯。如前所述,龙云为了稳定其政权采取多种措施,其中在政治方面寻找靠山,投靠以蒋介石为首的南京国民政府,最终龙云政权获得国民党中央政府的认可。同时,龙云为表明其本人拥护国民党中央的决心,遵循南京的要求实行"清共"运动。

1927年5月7日,担任云南省省务委员会主席的龙云下令查封在法政学校的左派国民党省党部和省农民协会,逮捕了李鑫(省农协主任)、赵祚传、黄丽生(省工运负责人)、周霄,以及国民党左派领导人王复生、杨祯等人。所幸的是这些人在当年"六一四"政变中因龙云被胡若愚等人所囚而被释放。1927年12月8日、9日,中共云南特委在昆明召开扩大会议,特委书记王德三传达了中共中央"八七"紧急

---

① 张绍楚:《我的革命回忆》,《云南现代史料丛刊》第4辑,云南省历史研究所编,1985年内部发行,第16页。

② 参阅黄丽生《云南地下党初期活动的片断回忆》,《云南现代史料丛刊》第4辑,云南省历史研究所编,1985年内部发行,第1-14页。

会议决议及告全党党员书，会议决定在中共云南特委的基础上建立中共云南省临时委员会（简称“中共云南省临委”），以王德三为书记，委员有赵祚传、刘玉瑞、李鑫、吴澄、李子固、严英俊、杨正元、吴少默等。1927年云南全省有党员198人，建立了迤南区委、蒙自县委、个旧临时县委，另有十多个县建立了党支部或党员活动据点。[①]

龙云面对云南各地共产党的积极活动，为进一步稳固其政治地位，向南京国民党中央政府表明忠心，于1928年1月正式成立“清共”委员会，积极捕杀共产党人，其中共产党人赵琴仙、陈祖武、罗采被捕，于1928年3月30日被龙云杀害于昆明地台寺。1929年昆明“七一一”火药爆炸事件后，龙云逮捕曾任中共云南省临委委员的李鑫、中共云南迤南区委书记杜涛、中共云南省临委组织委员赵祚传等人，予以杀害。1930年1月28日，在昆明召开省临委扩大会议，正式成立中国共产党云南省委员会（简称“中共云南省委”），省委委员7人，以王德三为书记。然而就在那一年，龙云为首的云南地方政府捕杀共产党人和革命人士的行动达到高潮，其中中共云南省委书记王德三、中共云南省委宣传部部长张经辰、共青团云南省委书记李国柱、中共云南省委委员吴澄于1930年12月31日被杀害。经过1930年的捕杀共产党人的行动，中共云南地下省委机关遭到严重破坏，云南地下党组织一度中断活动。[②]曾帮助龙云上台的共产党人却成为龙云寻求政治靠山的牺牲品。

1935年11月，由隐蔽在中央陆军军官学校第五分校的共产党人费炳与在上海中央特科工作的吴懋德取得联系，受上海中央特科指派，吴懋德改名李浩然来到云南昆明，重建云南地下党组织，同年12月成立中共云南临时工作委员会（简称“中共云南临工委”），以李浩然为书记，费炳主管组织工作，李剑秋主管宣传兼地方组织工作，李立贤主管青年工作，中共云南临工委即此四人组成，恢复了与中共中央的组织联系。据记载，“1930年中共云南地下省委遭到破坏前，全省有共产党员300余人”，而到1935年12月重建云南地下党时，与组织取得联系的共产党员“仅有六七人”。[③]中共云南临工委建立以后，迅速在云南开展工作，吸收进步人士入党，扩大共产党在云南的影响。

① 参阅《中共云南地方党史大事记》（1919年–1950年），云南人民出版社1992年，第26页。
② 张增智：《龙云如何走上反蒋拥共的道路》，《云南现代史料丛刊》第4辑，云南省历史研究所编，1985年内部发行，第45页。
③ 谢本书：《龙云传》，云南人民出版社2011年，第69页。

1937年7月卢沟桥事变爆发，日本全面侵华，抵抗日本侵略者的疯狂侵略成为中国各种力量的共同要求，“兄弟阋于墙，外御其侮”，其主要表现是国共合作，处在云南的各种力量也暂时共释前嫌，展开合作来对付外来之敌，那么本以国民党中央政府势力为政治靠山的云南地方势力，也就逐步停止了对共产党的镇压活动。再加之蒋介石为首的国民党中央政府势力欲借抗日为名进入云南，一步步挤压龙云为首的云南地方势力的政治空间，试图解决云南问题，对云南实现真正意义上的统一，导致龙蒋之间的矛盾逐步加深。龙云面对以地方势力抗衡国民党中央政府势力的实力越来越不足的现实，也就需要借助在云南的共产党的力量以抵制国民党中央政府势力对云南的逐步控制。同时，中国共产党也在努力针对龙云等云南地方势力上层展开统战工作。所以，抗战时期龙云逐渐改变了原来对待共产党的态度，也就或明或暗允许共产党在云南活动。如前所述，当康泽等特务进入云南要求龙云配合抓捕在云南的共产党时，龙云完全采取了抵制态度。这与龙云当初积极镇压共产党的态度相比，实乃一百八十度的大转弯。所以在抗战时期，云南的政治环境赐予了共产党人充分活动的机会与空间，可以说，云南的共产党力量在此时期得以充分壮大。据其时的统计，1940年云南全省共有共产党员247人。[①]

抗战时期，由于共产党其时工作的秘密性，中共南方临时工作委员会因不知云南已于1935年建立起中共云南临工委，遂于1937年5月派遣云南籍共产党员李群杰从香港回昆明。李群杰回到昆明后，以教书为名发展党员，于7月建立共产党组织中共昆明支部，以李群杰为书记。此后云南就有了两个相互独立领导云南共产党活动的组织。中共中央和中共中央长江局根据云南具有两个独立活动的党组织的实际情况，也根据两个党组织要求统一的意愿，于1938年8月初，在长江局派遣至滇的马子卿的主持下，云南临工委和昆明支部合并，成立中共云南省特别委员会（简称“中共云南省特委”），以李群杰为书记，以费炳、唐登岷、吴宗遥、李立贤为委员，下设工委、青委、妇委等工作机构。总之，中共云南省特委成立，便于统一领导云南的共产党活动，对共产党在云南的发展壮大打下了基础。1939年1月，中共中央南方局成立，派马子卿再次到昆明，传达南方局关于在中共云南省特委的基础上成立中共云南省工作委员会的决定，成立中共云南省工作委员会

① 《中共云南地方党史大事记》（1919年–1950年），云南人民出版社1992年，第107页。

（简称“中共云南省工委”），由李群杰、费炳、唐登岷、李立贤、吴宗遥组成委员会，李群杰任省工委书记，后由费炳任书记，进一步发展与健全云南的党组织。1941年6月，南方局派郑伯克担任云南省工委书记。

由于中共云南省工委的成立，云南已具有统一领导本地共产党活动的省级党组织，于是开始大力在云南各地发展党员，建立基层党组织。利用国共合作的政治时机与龙云对共产党活动的默许态度，云南共产党的活动范围逐步扩大，在各地发展党员，建立党支部或党的工作据点。现就抗战时期在云南各地及各单位建立的各级党组织特统计如下。（见表2-1）

表2-1　抗战时期云南各地各级中共党组织统计表

党组织名称	建立时间	先后任书记者	成员
昆明支部	1937年7月	李群杰	
罗平支部	1937年11月	吴宗遥	丁建华、刘浩、吴世霖、陈鸿图
罗平板桥镇支部	1938年3月	刘璧华	
西南联大临时支部	1938年5月	徐贤议、汤德明	
云南省特委	1938年8月	李群杰	费炳、唐登岷、吴宗遥、李立贤
沾益支部	1938年9月	樊子诚	蒋承高
西南联大支部	1938年10月	力易周	
云南火柴厂支部	1938年10月	刘浩	
开智印刷厂和云南五金厂联合支部	1938年10月	邵旗星	
《云南日报》社支部	1939年初	唐登岷	杨亚宁、刘惠之、蒋南生
云南省工委	1939年1月	李群杰、费炳、郑伯克	李群杰、费炳、唐登岷、李立贤、吴宗遥
罗平县委	1939年3月	刘璧华	
昆明军分校支部	1939年3月	费炳	
云南火柴厂、开智印刷厂、云南五金厂联合支部，又称第一特别支部	1939年3月至4月间	刘革非	
云南大学支部	1939年4月		

续表

党组织名称	建立时间	先后任书记者	成员
大中印刷厂支部	1939年4月	邱松年	
昆女中支部	1939年4月	禄时英	
制革厂支部	1939年4月	朱君毅、何孝昂	
昆华师范学校支部	1939年5月	包平章、许南波、祁山	
云大附中支部	1939年6月	王以中、肖谊中、陈光逵	
云南纺纱厂支部	1939年6月	江玉芝、杨琼仙	
中山大学支部	1939年10月	吴子熹	
昆明马街片厂矿支部，又称炼铜厂支部	1939年10月	张瑞元	
昆明业余联谊社党小组	1940年初		
个旧《曙光日报》社支部	1940年2月	赵国徽	张培熙、曹世文、高扬、王时风、何宏年
弥勒支部	1940年2月	姜永清	陈明达、尹安本、赵静英、姜必德等
弥勒特别支部	1940年2月	孙秋生	
昭通中心县委	1940年春	李祥荣	朱君和、李立昆
西南联大总支部	1940年3月	袁永熙、李振穆	
21兵工厂支部	1940年8月	王剑林、周寿民	
西南联大第二总支部	1940年10月	李之楠、邹斯颐	
职业青年支部	1940年10月	林震峰	
昆明马街片支部，又名电工厂支部	1940年10月	王刚正	
宣威师范学校支部	1940年	杨兴楷	
泸西中心县委	1941年1月	李振穆	徐惠敏、赵国徽、张木天
泸西县委	1941年1月	李振穆	
弥勒县委	1941年1月	许友之	许南波、姜必德
崇仁中学支部	1941年初	莫安才	
呈贡支部	1941年初	张庸	许唯宁（徐晁）、陈宜平（陈瑞图）、刘品鑫、肖霖
西麻支部	1941年5月	黄禹臣	

续表

党组织名称	建立时间	先后任书记者	成员
沾益播乐中学党小组	1942年7月	祁山	孙林、陈明达
西南联大支部	1942年9月	马识途	齐亮、何功楷
建石总支	1942年秋	昌宝宏	王知白
昆阳党小组	1943年8月	李群杰	赵国徽、宋启华
昆阳支部	1944年1月	李群杰	
罗平钟山乡支部	1944年底	任学源	
沾益播乐中学特别支部	1944年12月	樊子诚	李天柱
建水党小组	1945年7月	廖必均	

资料来源:《中共云南地方党史大事记》(1919年—1950年),云南人民出版社1992年。

从表2-1可知,中共在各地各学校机关厂矿的党组织大部分是在1939年、1940年这两年建立,这两年应是共产党发展较快的时期;1937年、1938年两年云南共产党还处于初步恢复阶段,所以建立的党组织并不多;而1941年“皖南事变”后,国民党中央政府势力大量进入云南,加紧了对云南共产党活动的控制,云南的共产党根据中共中央“荫蔽精干,长期埋伏,积蓄力量,以待时机”的方针,安排在前几年共产党活动中已暴露身份的共产党员疏散隐蔽起来,各级党组织的活动也就更为秘密,所以建立的党组织并不多。然而,从表2-1可知,在云南的中国共产党的活动已深入工厂、学校及各地乡镇,由此说明云南的共产党已成为一股重要的政治力量。

二、共产党人对以龙云为首的云南地方势力上层的统战工作

对于在20世纪20、30年代严厉镇压共产党,并在红军长征时期围堵过红军的龙云,其双手是沾有杀害云南的共产党人和路过云南的红军战士的鲜血的。抗战爆发,国共合作,龙云相应也放松了对云南的共产党人的镇压活动,再加之带有明

确解决云南问题之目的的国民党中央政府势力入滇，龙云也需要其他的力量，包括民主党派及共产党的力量支持，抗衡以蒋介石为首的国民党中央政府势力的压力。所以抗战时期的龙云有了与共产党握手言和的愿望。此时，对于共产党人而言，遵循中共中央制定的“坚持抗战，反对投降；坚持团结，反对分裂；坚持进步，反对倒退”三大政治口号，贯彻“发展进步势力，争取中间势力，孤立顽固势力”的方针政策，坚持国共合作，巩固和扩大抗日民族统一战线，在大后方广泛开展统一战线工作，愿与各阶层、各界爱国人士精诚合作，推动抗日救亡运动深入发展。以周恩来为首的中共中央南方局于1939年1月在重庆正式成立，其中在大后方开展统一战线的具体工作，也就是南方局的重要政治任务，那么对以龙云为首的云南地方实力派的统一战线工作自然也就纳入了中共中央南方局的工作范围。虽然龙云沾有共产党人和红军的鲜血，但在抗战时期则为积极参加抗日的地方势力，又因国民党中央政府势力对云南控制的加紧，而致使龙云为首的云南地方势力与国民党中央政府的矛盾日益加深，龙云为首的云南地方势力也成为处于符合中共中央统一战线政策范围内的统战对象，所以中国共产党释却前嫌，也愿与以龙云为首的云南地方势力握手言欢。

其实，早在抗战之初，中共高层就有了与龙云交往的机会。如前所述，1937年龙云应南京国民政府电邀去南京商讨抗战大计。8月9日，当龙云乘专机赴南京途中在西安着陆加油时，中共高层朱德、周恩来、叶剑英三人正好也在西安等候飞机去南京参加此会议，于是就拉开了龙云与中共高层交往的序幕。这一交往，当时龙云的随行者就有明确记载：陕西行营主任蒋鼎文前往迎接龙云时，对龙云言称：“有老友在此，欲相见否？”龙云问是“何人”，蒋鼎文回答说是“红军首领朱德”。龙云“闻之惊喜”，“亟相邀入面[见]”。相见时，“同来者，尚有周恩来，叶剑英两君。均身着蓝布学生装，朴陋而精悍。言语行动，则诚恳而热烈”，被龙云随行者叹为“真豪杰之士也”。[①]对于朱德，龙云则赞赏有加，谓朱德“外貌朴愿而内心聪明”。[②]朱德、周恩来等人给龙云及其随行者留下极好的印象。对于去参加会议途中及会议期间龙云与朱、周、叶三人的交往，龙云后来在其回忆录中也有过详细的描述：

①《随节入京记(贰)》，《云南日报》1937年8月25日，第6版。
②《随节入京记(柒)》，《云南日报》1937年8月31日，第6版。

飞机到西安着陆加油，机场上陕西省主席蒋鼎文偕何桂国等前来欢迎照料，约我到休息室进早餐。蒋鼎文对我说："中共有几位负责人要到南京，在此等候飞机，可否搭你的专机一齐去，你方便不方便？"我问他："是哪几位？"他说："朱德、周恩来、叶剑英。"我当时欣然答应道："周是第一次见面，朱和叶都是我的先后同学，当然欢迎，我们一齐去好了。"蒋鼎文转告了他们，大家在餐厅见了面，一见如故，非常亲热。何柱国在旁边笑道："你们以前曾经敌对作过战的，今天见面却如此亲热。"饭后，我们就同上飞机，经武汉到了南京。

会议期间，龙云与朱德、叶剑英二人又有一次亲密交往的机会，这在龙云的回忆中也叙述得十分清楚：

蒋介石派了个侍从来北极阁我的住所告诉我："委员长说，北极阁目标太大，恐怕敌机轰炸，不安全，请你去汤山休息几天。"我答应了。次日，我约朱德、周恩来、叶剑英三位一路同住汤山。周恩来因事未去，朱德、叶剑英和我先后到了汤山。晚餐后，我们在外散步，谈到抗日问题，我们的意见大体一致。朱说："云南可以出二三十万人吗？"我说："要看军事发展情况而定。"我问朱说："这次抗日，政府给了你们些什么武器？"他说："我们只要轻武器。"我问："有没有大炮？"他说："大炮运动不方便，我们打游击，不要大炮。"我说："我想派一些干部到你们那里学打游击，好吗？"他说："打游击要长时间才学到经验，时间短是不行的。"我又问他："以后我们如何联系？"他说："用无线电联系。"我就给了他一本密码。后来他的秘书看后说："这密码不好，容易泄密。"朱叫我的秘书和他的秘书商量另编。我说："不必研究了，我的秘书没有这方面的经验，完全由你的秘书编好，给我一份就行了。"我由汤山回南京后，密码就编好送来了。后来我在昆明与延安方面的电台联系，即用这本密码。①

这段龙云与中共高层的最初交往，看似成于偶然，但却为以后共产党在云南开展统一战线工作打下了基础，看来历史有时确实在偶然中展开。

龙云派第60军、第58军出滇开赴抗战前线以后，朱德于1938年8月21日，主动给龙云写信，对龙云积极支持抗日的爱国精神表示赞赏："抗战军兴，滇省输送二十万军队于前线，输助物资，贡献于国家民族者尤多。"并认为"在将来抗战中，

① 龙云：《抗战前后我的几点回忆》，《文史资料选辑》第17辑，中华书局1961年，第53–54页。

在争取最后的搏斗中，云南将肩负更大责任，成为抗战的一个重要根据地”，因此希望龙云“发动民众，巩固其爱国热忱，发挥其救亡伟力，同心协力，缔创独立自由幸福之新中国，以符合著名革命发祥地——云南之光荣传统”。①朱德给龙云的书信，称赞龙云的抗日爱国行为，实质上另一用意就是希望进一步密切与龙云的关系。

1939年4月，为加强针对云南地方势力的统战工作，贯彻中共中央、中共中央南方局关于统战工作的指示，中共云南省工委在组织上重新做了调整，由费炳任工委书记，李群杰负责云南地方势力上层的统战工作。6月，又以马子卿为中共云南省工委书记，李群杰被安排“专搞统战和情报工作”。根据统战工作的特殊性，李群杰只与省工委书记保持单线联系，也不再参加省工委的其他工作。对于李群杰专门从事云南的统战工作，是在考虑了他个人具备云南统战工作的条件之后而最终确定的，正如李群杰个人所言：“龙云手下有我的几个亲戚，一个是我妻子的姑父袁丕佑（又名袁蔼耕），任省政府秘书长，实际上也是龙云的私人秘书，还有一个是我妻子的舅父赵宗翰（又名赵澄甫），任省政府办公厅主任，兼绥靖公署秘书长。这两人是龙云幕僚中有一定影响的显贵人物，也是龙云比较信任的人。”②李群杰是云南本地人，纳西族，除了两个显贵亲戚袁丕佑、赵宗翰外，还有一些亲戚、朋友及同学、老师在云南本地具有一定的地位并有一定的社会影响力。所以中共云南省工委由李群杰专门从事云南的统战工作，可谓安排得当。此后，在李群杰的努力下，云南的统战工作逐步深入。

1939年8月，中共云南省工委向中共中央南方局提交《关于云南问题的报告》，提出“必须进行上层分子的统一战线，亲密地和他们携手合作”。③据李群杰的回忆，对于龙云为首的云南地方势力上层，针对每个统战对象大致安排专人负责进行统战工作，他说：“除我之外，有条件的同志都在做统战工作，如孙起孟、陈方、饶博生做龚自知、李国清等人的工作，李剑秋做华秀升等人的工作，华岗做龙云的工作，张文澄、杨才等小组做杨立德、龙云的工作等等。”④安排专人负责，统战

①《朱德将军与龙主席书，纵论抗战建国大计》，《云南日报》1938年9月4日，第1版；《抗日民族统一战线的三份重要文献——朱德致龙云、王缵绪、邓锡侯的信》，《云南文史资料选辑》第40辑，云南人民出版社1991年，第3-4页。

② 李群杰：《在抗日民族统一战线的旗帜下共赴国难》，《抗战中的云南》，《云南文史资料选辑》第50辑，云南人民出版社1997年，第3页。

③《中共云南地方党史大事记》（1919年-1950年），云南人民出版社1992年，第97页。

④ 李群杰：《在抗日民族统一战线的旗帜下共赴国难》，《抗战中的云南》，《云南文史资料选辑》第50辑，云南人民出版社1997年，第6页。

工作也就开展得比较到位。现就抗战时期中共针对云南地方势力上层的统战工作而开展的相关活动，特列表总结如下。（见表2-2）

表2-2 抗战时期中共在云南的统战工作情况统计表

中共统战工作者	统战时间	统战对象	统战活动情形
朱德、周恩来、叶剑英	1937年8月	龙云	朱德、周恩来、叶剑英与龙云相互交流对抗日的看法，表示愿意建立长期联系方式
刘惠之	1938年以后	李根源、刘震寰、龚自知、杨竹庵	刘惠之于1938年进入西南运输处工作，对西南运输处负责人龚学瑞及云南地方势力上层开展统战工作
周素园	1938年1月12日至4月1日	龙云等云南地方上层人士	八路军高级参议周素园受龙云电邀，于1938年1月12日到昆明，2月被龙云委任云南省政府咨议，向云南地方上层宣传共产党的抗日主张
黄齐生	1938年6月	云南地方上层人士	黄齐生为王若飞的舅父，贵州著名爱国民主人士，于1938年4月从延安返回贵州后，同年6月抵达昆明开展统战工作
朱德	1938年8月21日	李根源	朱德从临汾前线到西安看望从新疆返滇途中的李根源，李根源为朱德在云南陆军讲武堂读书时的老师
朱德	1938年8月	龙云	由返滇的李根源带回致龙云的信函，盛赞龙云积极参加抗日
吴玉章	1940年9月26日	李根源	吴玉章致函李根源，告以全国抗战形势
朱德	1940年9月27日	李根源	朱德致函李根源，针对滇西抗战向李根源建议发动民众抗战的策略
朱家璧	1941年5月以后	在滇滇军的中、上层将领	利用与卢浚泉、龙泽汇的关系进入滇军第一旅（后编为十八师）任二团三营营长，对滇军中、上层将领开展统战工作
张子斋	1941年1月以后	在滇滇军及云南文化界人士	张子斋曾在张冲任师长的184师工作，离开184师以后，受中共中央南方局派遣回滇做统战工作
刘浩	1943年5月	龙云	向龙云递交中共云南省工委研究起草的十条建议书，提醒龙云防范蒋介石为首的国民党中央政府势力意欲完全控制云南的企图

续表

中共统战工作者	统战时间	统战对象	统战活动情形
华岗	1943年11月以后	龙云	通过民盟与龙云的关系，于1943年11月由罗隆基引荐华岗与龙云见面，建立正式联系。华岗每次见龙云时除讲解中共政策外，也把中共公开发表的文献送给龙云，以期影响龙云及其亲近僚属。华岗其时作为中共代表成为龙云与中共之间的正式联系人

资料来源：参阅《中共云南地方党史大事记》(1919年—1950年)，云南人民出版社1992年。

由于统战工作的隐蔽性，留存下来的史料相对较少，但从仅有的史料可知，中共针对云南地方势力上层的统战工作，可以说是卓有成效的。

其一，加强针对龙云等云南地方势力上层的统战工作，中共在云南的活动也就得到龙云为首的云南地方势力的支持和保护。中共在云南的活动并非针对龙云为首的云南地方政府而损害其政治利益，往往针对的是来自国民党中央政府的势力，这一点龙云看得十分清楚；而龙云正承受国民党中央政府势力的挤压，更需要中共的力量支持，所以在整个抗战时期龙云基本上不打压中共在云南的活动。特别在抗战后期，随着更多的国民党中央政府势力进入云南，中共在云南的活动更明显受到龙云为首的地方势力的支持与保护，由此也加深了龙云为首的云南地方势力与蒋介石为首的国民党中央政府势力的矛盾。

在全面抗战前期，由于朱德等中共高层取得了与龙云的联系，龙云基本上默许了中共在云南的活动，所以1939年、1940年中共各级组织在云南发展很快。1941年"皖南事变"后，国民党中央政府势力以抗战为借口而大量进入云南，除了针对龙云外，也开始打压中共在云南的活动。此时，云南的国民党中央政府势力为最终解决云南龙云问题做准备的意图已十分明显，龙云所承受的国民党中央政府力量的压力也就日益增加，所以龙云采取支持与保护中共在云南活动的政策，团结中共力量以抗衡国民党中央政府势力的压力。早在1940年4月，何应钦亲自来到昆明，敦促龙云在昆建立"党政军联席汇报会"，以加强对云南中共活动的防范和镇压。中共云南省工委及时安排李群杰、刘惠之通过统战关系向龙云阐明利害，指出“如果成立这个机构，国民党中央特务趁此深入云南活动，对抗战和地方都有害无益”，所以“龙云对何应钦的敦促迟迟不予行动”。1941年2月28日，军统局副局长康泽被派往昆明宣讲皖南事变的“真相”，实则带着破坏中共云南地下党组织和筹办集中营的计划而来。3月2日，康泽召开秘密会议，准备在三天之内进行大逮捕，并决定筹办中央训练团，针对“思想不正确”的青年进行集中思想训练。云南上层知名人士李根源、张冲、刘震寰、杨竹庵等闻讯后率先反对康泽。“李根源致电蒋介石，表示反对康泽的大逮捕计划”，西南联大校方也“拒绝康泽提出的集中训练青年学生的计划，去电要求当时教育部维护西南联大民主自由的校风”。龙云本人，则采取有限度的应付态度，在同意举办党政干部训练班的基础上，拒绝康泽实行大逮捕计划。①1941年7月，何应钦再次来到昆明，要求龙云成立党政军联席汇报会，龙云采取灵活方式，由他直接负责组成由其指定的云南地方人士参与的党政军联席汇报会，何应钦借党政军联席汇报会防范中共活动的目的并不能达到。②再如1944年10月，民盟云南省支部在中共地下组织的策动下，决定利用庆祝“双十节”的机会在北门外云大操场举行群众大会，宣传民主和抗战。当中共地下党华岗把这个打算告诉龙云时，龙即表示支持，建议开会地点改在城内，便于地方当局维持治安，免遭国民党特务的破坏。据亲历者杨维骏回忆：会议如期在城内昆华女中操场举行，果然如龙云所估计的有特务燃放大爆竹来制造混乱，所以云大学生自治会总干事杨维骏就请来了有所准备的龙云的宪兵队维持秩序，大会得以顺利进行。③如此一些事情说明中共的统战工作已取得成效，龙云改变原来镇压共产党的态度，实际上对中共在云南的活动实行支持与保护。

其二，由于中共的统战工作，龙云默许中共在云南活动，并暗中给予支持与保护，也就给予中共在云南的最好的发展时机，中共党员也就更有机会进入龙云为首的地方政府机关、军队等部门中任职，甚至国民党中央政府驻滇机构也有了共产党人的身影。据相关资料的记载，现就共产党人在云南地方政府机关、文化教育机关、军队等部门中任职情况统计如下。（见表2–3）

① 参阅《康泽自述》，团结出版社2012年，第92页；《中共云南地方党史大事记》（1919年–1950年），云南人民出版社1992年，第115页。

②《中共云南地方党史大事记》（1919年–1950年），云南人民出版社1992年，第115页。

③ 杨维骏：《回顾抗日战争时期云南民盟的活动》，《云南文史资料选辑》第30辑，云南人民出版社1987年，第107–108页。

表2-3 抗战时期中共在云南地方政府及军队等部门中任职情况统计表

共产党员名单	任职部门	所任职务	何时开始任职
任灿光	巧家蒙姑税务分局	会计员	1937年5月
樊子诚	沾益播乐小学	教务主任	1937年7月
赵国徽	昆华民众教育馆	推广部主任	不详
费炳	滇黔绥靖公署军士大队	区队长	不详
张永和	滇军一八四师	政训处主任	1937年9月
盛其德	国民党板桥区分部	书记	1939年上半年
赵玉清	板桥警察分局	武装班长	1939年上半年
李群杰	国民党军事委员会政治部调查室昆明调查站	不详	不详
欧根	《云南日报》社	记者	1939年秋
陈遵吴	国民党路南县党部	宣传干事	1941年1月
朱家璧	滇军第一旅(后编为十八师)	二团三营营长, 三团副团长	1941年5月 1943年3月
张士明	二路军指挥部特务营	营长	不详
任学源	罗平钟山小学	校长	1941年5月
刘浩	中央社昆明分社	采访部主任	1942年7月
吴宗遥	大关县政府田赋处和县党部	秘书	1943年初
张万彬	石屏师范学校	校长	不详
李群杰	昆阳县	县长	1943年8月
宋启华	昆阳县	县政府秘书	1943年8月
杨一波	路南中学	校长	不详
熊从周	陆良县	县长	1944年初
朱家璧	第一方面军特务团	团长	1945年初
谢加林	元江县教育局	局长	1945年3月

资料来源:《中共云南地方党史大事记》(1919年—1950年),云南人民出版社1992年。

如此看来,抗战时期,有诸多共产党人借助统战关系渗入云南地方政府机构、文化教育机构、军队及国民党中央驻滇机构中担任要职,既可为其从事的共产党活动做掩护,又可为以后的革命积蓄力量。比如李群杰就利用亲戚袁丕佑、赵宗翰的关系，先后在国民党军事委员会政治部调查室昆明调查站、云南省政府单行法规编审委员会任职。当时李群杰主要做袁丕佑的工作，“通过他去影响龙云”。此外，李群杰经教育厅厅长龚自知介绍在昆华中学、昆华工校、昆华农校任教；通过袁丕佑介绍至云南大学担任校刊编辑；通过龙云的警务处长李希尧而到《警政旬刊》社当主编；通过吴信达到滇黔绥靖公署参谋室当《军事月刊》的编辑，后做到昆阳县的县长。李群杰所到之处，广交朋友，刺探情报，随时随地做统战工作，团结可以团结的各阶层人士。①再如朱家璧受陈云指派于1941年5月回到云南，利用其与卢浚泉、龙泽汇的关系进入滇军第一旅（后编为十八师）任二团三营营长，在滇军中、上层将领中开展统战工作。1943年3月朱家璧又调任滇军十八师三团副团长；1945年初，第一集团军改编为第一方面军，卢汉任司令官，朱家璧调任该方面军特务团团长。②朱家璧利用卢浚泉、龙泽汇的关系数年时间升任滇军团长，这既是统战工作的结果，反过来又利用出任中层军官的机会在滇军中进一步从事统战工作。

其三，在云南的共产党人帮助龙云建立与中共中央联系的秘密电台。在中共针对以龙云为首的云南地方势力上层的具体统战工作当中，华岗的作用十分突出。1943年9月，中共中央南方局派遣华岗（化名林少侯）来到云南，公开的任务是清理和收容长征时失散在云南各地的红军指战员，实质上是做龙云等人的统战工作，争取云南地方势力上层与共产党合作。华岗到云南后，通过罗隆基的关系与龙云见面，协商在滇黔绥靖公署所属交通大队内设立与中共中央南方局甚至延安中共中央直接联络的电台。经协商，由中共方面出报务员，由龙云出钱购买电台机器。其后龙云出钱购买到一台昆明无线电厂生产的电台，华岗安排具有无线电收发报经验的共产党员杨才为报务员。最初电台设置在昆明城郊海源寺，后迁至昆明小菜园8号，在1944年的8月、9月，与重庆八路军办事处建立电台联系，然后与延安取得了联系。③此后，龙云即可直接与中共中央进行联系，更密切相互之间的关系。

---

① 李群杰：《在抗日民族统一战线的旗帜下共赴国难》，《抗战中的云南》，《云南文史资料选辑》第50辑，云南人民出版社1997年，第6页。

② 参阅《中共云南地方党史大事记》（1919年–1950年），云南人民出版社1992年。

③ 杨才：《在云南设立秘密电台的经过》，《抗战中的云南》，《云南文史资料选辑》第50辑，云南人民出版社1997年，第52–53页。

确实，中共在云南的统战工作是卓有成效的，特别是针对龙云为首的云南地方势力上层。如果逸出抗战时期的时间限制来看，中共在抗战时期对龙云等人的统战可以说影响了他们以后的政治生命，如云南地方势力上层龙云、卢汉、龚自知、缪云台、张冲、曾泽生、潘朔端等人在抗战胜利以后的政治选择中，全都投向共产党人领导的人民民主政权，成为新中国的建设者和领导者。回想当初龙云对共产党人的镇压，对长征途中过云南的红军的围堵之事实，龙云无疑是中共的敌人，但在抗战时期经过不计前仇的共产党人细致而耐心的统战工作，龙云逐渐改变了对中共的态度，最终在抗战胜利之前与中共建立了秘密电台，常态化双方之间的直接联系。而作为龙云政治靠山的蒋介石，最初投龙云之所好，为其加官晋爵，以示笼络；龙云最初为寻找政治靠山，自然顺从蒋的意旨积极镇压在滇的共产党人，拥护蒋介石为首的南京国民政府，但在抗战时期蒋介石意欲改变云南半独立的政治地位，而与龙云欲维持其在云南的半独立政治地位现状的愿望之间产生了深刻的矛盾。抗战刚胜利蒋介石认为解决云南问题的时机已趋成熟，急切地向龙云开刀，用武力逼迫龙云离开主政18年的云南，以图实现国民党中央政府对云南的真正统一，然而蒋的举措却彻底改变了龙云的政治态度而最终投向共产党领导的人民政权。这样的历史，可以用虽不十分恰当但又颇为形象的说法：共产党人把敌人最终变成了朋友，而蒋介石却把朋友最终变成了敌人，这可能是共产党人新民主主义革命最终胜利而使蒋介石政权最终败退至台湾的一个重要“法宝”。这样的历史，具体诠释了“得民心者得天下”之古训。这样的历史，细细品来，令人深思。

第四节　民主春风：战时云南的第三种力量

辛亥年的革命浪潮推翻了积弱不振的清王朝之后，地处西南边陲的云南有两个时期所发生的一系列重要事件成为中国乃至世界的注目焦点，一为护国运动时期，一为20世纪40年代。护国运动时期只因蔡锷、唐继尧等人发动的护国运动一事而为世人所注目，而在40年代，发生在云南的一系列民主事件又一次次引起中国乃至世界的关注。这一系列爱国民主运动借爱国的正义呼声把民主的春风带入边陲之地，由此在云南特别是在昆明这块近代民主春风难以吹到的地方开出了自由民主之花。然而，追寻这一系列事件的根源，则应从抗战时期民主力量入滇说起。

众所周知，蒋介石为首的国民党人建立南京国民政府以后，活跃在中国政治舞台上的政治力量，除了国民党力量和共产党力量之外，更有秉承自由主义精神和怀抱民主理想的第三种力量，或隐或显活跃于民国政治舞台上，与南京国民政府相始终。然而就全面抗战时期的云南而言，则共有四种政治力量：因其地处西南边陲，除了以龙云为首的半独立于国民党中央政府的云南本土力量，有以抗战为名而进入云南的以蒋介石为首的国民党中央政府力量；也有以共产党人和各民主党派为代表的力量，这两种力量世人一般合称为民主力量。按照史书中约定俗成的方式，以各民主党派为代表的力量，称为第三种力量。本节就以战时各民主党派为代表的第三种力量在云南的活动展开论述。

一、民主春风的吹拂：抗战前后第三种力量入滇

中国的民主力量由来已久，辛亥革命胜利后建立中华民国，从国号“民国”二字来看，其实已与中国数千年传统的一家一姓之王朝相区别，已具有民主之意味；当宋教仁梦想建立政党政治时，即蕴含民主之精神。其实五四时期举起“民主”和“科学”两面大旗，既表达了国人对自由与民主的热烈追求，也充分展现了自由与民主的精神。至于具有民主思想的民主人士，参与五四新文化运动的绝大多数知识分子即为代表。后来由于中国的政治形势的发展与转变，五四一代的人中一部分加入中国共产党，正如中共党史中经常所言的由民主主义分子成长为共产主义者；另一部分进入南京国民政府的政权系统，为其服务，又时而表露出民主主义思想意识，近代史书中名之曰“国民党左派”；还有一部分人游离于两种力量之间，既

不加入共产党，也不加入国民党，或称为“自由主义者”，或称为“民主主义者”，或称为“第三种力量”。1935年前后，《独立评论》杂志社成员和作者群体中的那一群人对国民党的南京国民政府进行过严厉的批评，即看出中国的这股民主力量不绝如缕，时隐时现地活跃在中国近代每个时期的政治舞台之上。

其实在抗战之前，云南本省也有了民主的种子甚至民主生长的土壤。云南的重九起义就是梦想建立起一个“中华共和国”。云南的护国运动，就是反对一家一姓的王朝复辟，要“再造共和”，守护这个用诸多辛亥革命烈士的鲜血建立起来的共和国而不坠。众所周知，声言共和，实包含民主之意。虽然后来的唐继尧、龙云先后主政云南，基本上也没有改变中国政治专制传统之本性，但共和民主的观念照样还是存在，正如后来龙云在批评蒋介石的政治时所言的，说蒋是专制独裁，而其则为民主。龙云为首的云南地方政权，18年的政治中究竟有多大程度的民主，确实难以评判，但至少其言语中明确提出了民主这种观念。[①]

抗战爆发，中国的各种力量为抵抗外来侵略自然而然走向团结合作抗日的道路，虽然合作与矛盾并存。那么中国的民主力量也支持坚持抗日的以蒋介石为首的国民党力量，也与中国共产党力量展开合作。这股民主力量随抗战而西迁，其中有一部分这样的民主力量随西迁的学校、厂矿、政府机关等单位来到了云南。

如需追寻抗战时期云南外来的民主力量，那么在此时隐时现的民主力量之潮流中，抗战时期容易为世人所感知的第一股外来民主力量可能是在抗战之初西迁云南的高等院校中。最早迁入云南的高等院校是国立国术体育专科学校，其于1938年春迁入昆明。紧接着是国立西南联合大学，其于1938年4月迁入昆明。其他陆陆续续迁入云南的高等院校还有国立中山大学、国立同济大学、国立中正医学院、私立华中大学、国立艺术专科学校、北平中法大学、国立上海医学院。所以说迁入云南的高等院校共有9所。[②]随着诸多高等院校迁入云南的，其中就有许多早年在国外留学，浸染西方民主自由思想的大学教师，他们与自己的学生共同把民主的观念、自由的思想也带入了云南。

---

① 刘宗岳：《我所知道的龙云》，《云南文史资料选辑》第6辑，云南人民出版社1962年，第150页。

② 参阅《云南省教育概况》，云南省教育厅1938年编印，云南省图书馆藏，第9页；《抗日战争时期内迁西南的高等院校情况一览表》，《抗战时期内迁西南的高等院校》，贵州民族出版社1988年，第352–356页；《民国二十七年度全国专科以上学校分布概况表》，《中华民国史档案资料汇编》第五辑第二编《教育》（一），中国第二历史档案馆编，凤凰出版社1997年，第741页。

全面抗战初期，国民政府教育部有意对全国各高校，包括内迁的各高等院校加强管理与控制，于1939年、1940年连发三次训令，对“大学应设课程以及考核学生成绩方法均有详细规定”，要求各高等院校设置“各课程亦须呈部核示”。其中国立西南联合大学教师们对此不以为然，其中有言：“部中重视高等教育，故指示不厌其详，但准此以往则大学将直等于教育部高等教育司中一科，同人不敏，窃有未喻。”当时教育部如此规定大学教育各细节问题，批评教育部把大学当作高等教育司中一科，没有给大学自由回旋的余地，西南联大的教师们认为“大学为最高学府，包罗万象，要当同归而殊途，一致而百虑，岂可刻板文章，勒令从同”，比如“世界各著名大学之课程表，未有千篇一律者；即同一课程，各大学所授之内容亦未有一成不变者。惟其如是，所以能推陈出新，而学术乃可日臻进步也。如牛津、剑桥即在同一大学之中，其各学院之内容亦大不相同，彼岂不能令其整齐划一，知其不可亦不必也”。最后明确提出国立西南联合大学本校“承北大、清华、南开三校之旧，一切设施均有成规，行之多年，纵不敢谓为极有成绩，亦可谓为当无流弊，似不必轻易更张”。[①]由于遭到国立西南联合大学的反对，最终，教育部要求设置课程呈部核示等事也就不了了之。教育部不根据各大学的实际情况，要求大学教育整齐划一的想法，其实就是一种官僚主义作风，而这种官僚主义作风就是一种非民主、非自由的中国传统中的专制作风。教育部的做法自然为深受以牛津、剑桥为代表的自由民主教育精神影响的教师们所反对。就课程设置和考核方面的教学问题敢于和教育部抗争，更体现出国立西南联合大学的教育中洋溢着一种民主自由精神，诚如冯友兰盛赞西南联大时所言：“万物并育而不相害，道并行而不相悖，小德川流，大德敦化，此天地之所以为大。斯虽先民之恒言，实为民主之真谛。联合大学以其兼容并包之精神，转移社会一时之风气，内树学术自由之规模，外来民主堡垒之称号，违千夫之诺诺，作一士之谔谔。”[②]自由民主为国立西南联合大学之精神，即为联大师生们之精神，在一定程度上亦为民国大学之精神。

当然，全面抗战时期的云南，不只是在高等院校中洋溢着这种自由民主的精神，在新闻报社、在机关单位、在厂矿企业中亦为如此，总有一群人正在为自由民主而奋斗。这群人，最初由分散的活动，到形成一个个团体，最后结成政党，成为

---

①《西南联合大学教务会议就教育部课程设置诸问题呈常委会函》（1940年6月10日），《国立西南联合大学史料》（一），云南教育出版社1998年，第17-18页。

② 冯友兰：《国立西南联合大学纪念碑碑文》，《国立西南联合大学史料》（一），云南教育出版社1998年，第284页。

为中国近代的自由民主理想而努力的一股不可忽视的政治力量。

1941年，活跃于云南各地的国民党中央政府势力、云南地方势力及共产党力量之间的这股民主力量，到了需要联合的时候了。1941年3月19日，由中国青年党、国家社会党（后改称“民主社会党”）、中华民族解放行动委员会[①]、中华职业教育社、乡村建设派以及少数无党派人士联合组成的中国民主政团同盟在重庆成立；1942年初，救国会全体正式入盟，这就是所谓的“三党三派”。其实中国民主政团同盟的成立就是一次时隐时现于中国政治舞台上的中国民主力量的大联合。1943年初，中国民主政团同盟中央委员、宣传部部长罗隆基来到昆明，着手筹建云南地方组织。同年5月，中国民主政团同盟的第一个地方组织昆明支部正式成立，从此云南就有为自由民主而工作的政团。昆明支部打破“三党三派”的限制，广泛吸收了一批教授、自由职业者等入盟，壮大民盟昆明支部的力量。

1944年9月，中国民主政团同盟改称“中国民主同盟”（简称“民盟”），把三党三派的联盟改组为广大民主人士的个人联盟。10月1日，民盟昆明支部召开全体盟员大会，决定将民盟昆明支部改为云南省支部，罗隆基任主任委员，通过了由周新民拟定的《中国民主同盟云南省执行委员会组织简章》。1944年12月9日，民盟云南省支部机关刊物《民主周刊》创刊发行。以“民主”二字为民盟云南省支部机关刊物的名称，明确揭示民盟成立的宗旨。1945年，罗隆基回重庆民盟总部工作后，“楚图南任主任委员，冯素陶任组织委员会主任，闻一多任宣传委员会主任，潘光旦任财务委员会主任，潘大逵任青年委员会主任，吴晗任《民主周刊》社社长”。在民盟中央委员中，在云南工作的就有罗隆基、潘光旦、吴晗、费孝通、楚图南、闻一多、冯素陶、周新民、李文宜、曾昭抡、李公朴、辛志超、潘大逵等13人。[②]民盟广泛吸收各方民主人士入盟，如在云南各大学的教师，昆明无线电厂一批高、中级科技人员，云大附中读书会成员，以及一部分公务人员和店员，等等，纷纷加入了民盟。至1945年12月，云南全省民盟盟员发展至200余人。其中也吸收了云南地方实力派龙云、缪云台、唐筱蓂、龙绳祖、朱健飞、金龙章为秘密盟员。虽然龙云等云南地方实力派入盟的目的与追求民主自由的民主人士可能并不一致，但这客观上显示了民盟云南省支部影响的扩大。

① 1930年成立，初名“中国国民党临时行动委员会”，亦称“第三党”，1935年改名“中华民族解放行动委员会”，1947年又改名“中国农工民主党”。

② 冯素陶：《云南的爱国民主运动》，《抗战中的云南》，《云南文史资料选辑》第50辑，云南人民出版社1997年，第26页。

当然，云南民主的力量并不限于中国民主同盟一个政党，但中国民主同盟毕竟是近代中国追求民主自由的代表，其在云南成立支部，明确显示民主力量已进入了云南，成为抗战时期云南政治舞台上的一股重要力量。

二、思想诠释：抗战时期云南的民主宣传

抗战时期，随着以民盟为代表的民主力量进入云南，云南的民主宣传则逐步开展起来，其可以改变云南传统的思想意识，影响云南的政治走向。其民主力量所从事的民主宣传，主要是通过在云南创办报纸、期刊，出版书籍和表演戏剧等形式来展开。

在创办的报纸方面，由天津西迁昆明的《益世报》，罗隆基为该报"社论"主编，梁实秋为"文学"主编，以"坚持抗战必胜，建国必成的信心，号召人民武装抗日，联共抗日，停止内战，实行民主政治"为任务，成为宣传民主的喉舌。1944年8月4日创刊于昆明的《评论报》，其办刊主旨是"站在文化工作者和人民大众立场上，主持正义和爱护真理，保卫文化和争取进步而大声呼吁"，揭露"腐败空虚的衙门作风"，"贪污渎职的官僚和无恶不为的棍徒们的丑态罪行"。该报通过揭露国民党政府当局的腐败一面，来表达民众的呼声，表达民众对国民党政府当局的不满，体现出一种民主精神。①

其实论及全面抗战时期云南的民主宣传，在创办的期刊中则表现得更为突出，如《今日评论》《当代评论》《自由论坛》《民主周刊》等期刊，其宣传民主的目的十分明确，在大后方的民主宣传中影响极大。

《今日评论》创刊于1939年1月1日，为该刊供稿的作者以西南联大的教授和学生为主，如潘光旦、伍启元、罗隆基、王赣愚、钱端升、王信忠、陈序经、陈岱孙、吴半农、邵循恪、张忠绂、史国纲、陈之迈、罗文干、吴之椿等人，都是关心政治时局、

① 黄茂槐：《云南报纸题录（1927–1949）》（二），《云南出版史志资料》第7辑，云南省新闻出版局《出版志》编纂委员会编，1991年5月内部发行，第58、78页。

热心评论时政、积极撰稿的作者，他们对抗战时期中国的政治、经济、外交、军事和文化教育，以及国际形势的演变、英美等国外交政策的变化等问题进行了深入的探讨，该刊在知识界影响亦较大。

《当代评论》，1941年7月7日创刊于昆明的政治时事类的综合刊物，1944年3月1日停刊，共出版4卷10期，总计68期。每期就国际国内所发生的重大事件，国内外政治、经济、军事、社会问题以及社会思潮、思想文化等方面进行评述，并积极参与当时国内思想文化界关于工业化、战后经济等问题的讨论。为该刊撰文的多为西南大后方各大学或研究机构中的专家学者，编辑委员会主要由西南联大的王迅中、雷海宗、陈雪屏等教授共同负责。《当代评论》刊载了一些体现民主精神的文章，比如孟云桥《论政治》一文中指出："积极的修明内政，如整顿及健全政治结构，铲除冗员及贪污的积习，发展各种的生产事业，增进人民的幸福生活，在这里我还是相信孔孟的老话，谁能行'仁政'，人民就归心于谁。凡以权术自利为目的者，如果他真有这种天才而计划得非常周密时，说不定也可以得到暂时的富贵尊荣，但个人的精力终为有限的，最后必然是心劳日拙，偶一失计，就会'祸起萧墙'，结果弄得身败名裂，徒劳无功。"①其意为反对独裁，强调民主政治。

《自由论坛》(月刊)是创刊于1943年2月15日的一份以政论性为主的综合性刊物，该刊由云南大学政治经济系毕业生郭相卿发起创办并任社长，主要撰稿人包括潘光旦、王赣愚、费孝通、伍启元、周先庚、冯至等深受欧美民主思想影响的自由知识分子。在该刊纪念其创刊两周年的社论中明确说明其办刊宗旨："两年来，我们自信都是在严肃的心情下坚定努力着。我们虽然没有一篇正面文字很具体地说明我们的目标，但聪明的读者总可以从我们的刊物中看出我们实始终在追求着一个目标：为民主运动尽言责。我们刊物中的每一篇文章不论其所涉及问题的性质如何，其终极趣旨都是服从于这一总目标，不过其功效有间接与直接的不同而已。"以"为民主运动尽言责"为使命，由此可见，《自由论坛》的办刊宗旨就是宣传自由和民主。在此办刊宗旨下，刊物始终"坚守着独立公正的原则，希望能够忠实地反映出人民的诚朴要求"。②《自由论坛》刊载了诸多阐述自由民主的文章，如杜才奇的《中层阶级与民主》郑重提出："民主政治下的一套游戏规则为人所撇弃，

① 孟云桥：《论政治》，《当代评论》1941年第1卷第15期，第217–218页。

② 郭相卿：《艰苦的两年—纪念本社创立两周年》，《自由论坛》1945年第3卷第5期，第1页。

这时民主政治必无法运用；民主政治到了无法运行的时候，早晚必让渡于别的政治制度。”[①]对于不尊重自由与民主的国民党政府，此文似乎已预测了其未来。1944年9月，该刊又拓展业务，发行《自由论坛周刊》，前后共计发行28期，进一步扩大对自由民主的宣传。

《民主周刊》是民盟云南省支部的机关刊物，旨在宣传民盟的政治纲领，表明民盟云南省支部对时局的态度，推动云南的抗日民主运动。《民主周刊》创刊于1944年12月9日，实有深意，因为这一天为“一二·九”爱国运动九周年纪念日，诚如《民主周刊》创刊号中《一二·九》一文写道：“恰在九年后的‘一二·九’，我们的民主周刊诞生。我们认为抗日与民主，在目前的中国是不可分离的两种奋斗。”该文号召青年们继续“一二·九”的精神，因为抗日和民主都靠青年们赤诚、忠贞的热情来支持，因此提出了以“拥护民主与反法西斯”作为奋斗目标，其实这也成为该刊办刊的宗旨。[②]

《民主周刊》初由罗隆基任主编，潘光旦任社长，在昆明府甬道街租赁一家王姓私人住宅（现在的府甬道14号）作为社址。后因罗隆基调回民盟总部工作，主编相继由杜迈之、张子斋、赵沨、唐登岷等人担任，吴晗、闻一多两人先后担任社长。至于《民主周刊》撰稿者，主要是一批民盟盟员和知识界的知名人士，他们是罗隆基、潘光旦、曾昭抡、吴晗、闻一多、费孝通、胡毅、闻家驷、王赣愚、张奚若、洪谦、伍启元、钱端升、周炳琳、朱自清、李继侗、吴之椿、陈序经、陈岱孙、汤用彤、费青等人，他们是《民主周刊》的主笔群，其中罗隆基、潘光旦、吴晗、闻一多、曾昭抡等5名教授负责组织该刊的出版与发行，扩大刊物的社会影响。

除了上述刊物外，在云南还有一些刊物也刊发一些关于民主与自由的时论性文章，探讨中国民主化道路，进行民主宣传。比如由中华文艺界抗敌协会云南分会创办的期刊《文化岗位》，创刊于1938年冬季，其“不仅宣传抗日，而且提出了作家如何实践民主运动的任务，创造民主的新文化”的新问题，这也是该刊的办刊宗旨。撰稿人就有楚图南、穆木天、崔巍等民主人士。《中山公论》创刊于1939年9月16日，社址在云南省澄江县城。该刊的宗旨就是“站在争取民主、自由，和反侵略的立场，来维护世界的正义和人类的幸福而奋斗”，对于宪政问题，该刊展开了集

① 杜才奇：《中层阶级与民主》，《自由论坛》1943年第1卷第4期，第8页。
② 《一二·九》，《民主周刊》1944年第1卷第1期，第2页。

中讨论。因有些文章批评国民党当局，为国民党中央政府势力所不满。①

在书籍出版方面，由民主党派中华职教社组建的进修教育出版社出版了《中国民主之路》，探讨中国的民主化道路；由民主人士李公朴创办的北门出版社，以“传播民主文化”为宗旨，出版曹伯韩的《民主浅说》，介绍民主思想，试图在大后方树立民主观念，推动大后方的民主运动。②

在大后方云南的戏剧运动中，也有部分戏剧表演通过反映大后方政治腐败的一面来表现后方民众对自由民主的向往。从1942年7月15日起，国防剧社演出宋之的所著的《雾重庆》，剧本通过一群大学生的悲惨遭遇，来揭露国民党政府的腐败，发出了民主的呼声。抗战时期，云南各戏剧团体先后还上演了反映大后方黑暗一面的戏剧如宋之的编剧的《刑》（联大剧团表演），于伶、夏衍、宋之的合编的三幕剧《戏剧春秋》（励新剧社表演），老舍编写的《面子问题》，如此等等，敢于揭露大后方的腐败黑暗，体现了一种民主自由精神。③

总之，大后方云南的民主人士利用报纸、期刊、书籍出版及戏剧表演等方式宣传民主，推动云南的民主运动。总体而言，大后方云南各民主力量所从事的民主宣传主要集中在如下几个方面。

其一，关于民主与抗日的关系问题。时值抗战时期，国难当头，在全国团结一致抗击日本侵略者的疯狂侵略时，在云南的民主力量进行民主宣传，有无必要？对于这个问题，《民主周刊》创刊号上发表的《怎样渡过难关》给予深入探讨。针对1944年底豫湘桂战役中西南多地被日寇占领，陪都重庆深受威胁的危险局势，文章认为渡过当前难关，“不只是军事问题，实际是个政治问题，是个全国上下精诚团结的问题”，由此指出，“只有全国上下团结起来，坚持抗战，实行民主问题。非民主团结，不能打败日本侵略者”。呼吁国民党“召集国是会议”，“共同协商国事，组织举国一致的联合政府，以共同渡过难关”。④只有实行民主政治，组织“联合政府”，才能团结一致打败日本侵略者，其实就是说要打败日本侵略者，就应实行民

① 李生葂：《云南期刊录》（下）（1937-1949），《云南出版史志资料》第3辑，云南省新闻出版局《出版志》编纂委员会编，1989年6月内部发行，第31、34页。

② 参阅晁世新《抗战时期的云南书刊出版述略》，《云南出版史志资料》第3辑，云南省新闻出版局《出版志》编纂委员会编，1989年内部发行。

③ 参阅龙显球《抗战期间昆明话剧活动大事记》，《昆明文史资料选辑》第6辑，中国人民政治协商会议云南省昆明市委员会文史资料研究委员会编，1986年内部发行。

④《怎样渡过难关》，《民主周刊》1944年第1卷第1期，第1页。

主政治。那么进行大后方的民主宣传，树立民主观念也就十分必要。

其二，关于民主宪政问题。在全面抗日战争时期，先后出现了两次宪政运动的高潮，第一次是1939年9月由中间党派和中国共产党共同在国民参政会第一届第四次大会上发动的；第二次是1943年底由第三种力量[①]发动的宪政运动，两次宪政运动引起社会各界的广泛关注，由此掀起探讨宪政问题的热潮。在云南，众多学者以《今日评论》《自由论坛》为阵地讨论宪政问题。罗隆基提出，宪政的最大效用，就在“团结人心，集中力量”，如果“我们承认‘精诚团结’的确是这次抗战上重要的条件”，那么“实施宪政，对当前的抗战，就有很大的效用”。[②]他认为抗战与宪政的实行并不矛盾，实行宪政是为了更好地抗战。关于自由与宪政，王赣愚指出，自由源于天赋，“在为自由为解放的今天，与其说自由是政府所赋予的，毋庸说是人类与生俱来的权利，有了人民的自由，才有民族的国家的自由，这是不容欺侧曲解的真理”。王赣愚引用英国学者的话说：“在战时人民没有自由有[的]国家，无法作战的。”因而呼吁：“为着我们为了与英美苏等民主国家并肩作战，为着争取胜利，应该在事实上还给人以自由。”[③]在民主与宪政的讨论中，众多学者们认为国民参政会是民意机关，是民主的体现，其中王赣愚认为，“我们尊重这个机关，非但因为它能在此时收集思广益的功效，而且因为它能在此时替国家树立民主政治的规模”，所以说“抗战期中的国民参政会，以其性质言，虽非真正议会，实则不失为宪政过渡的一种机构”[④]。当然，要切实实行宪政，提高人民政治素养、培养国民参政议政的能力是一个关键环节。王赣愚指出，“宪政的来源，实出自人民的政治自觉”，所以“政府实行宪政之有无诚意，大致以人民要求为依归；如果人民对宪政漠不关心，在位者或为势迫，或为利诱，没有不枉用宪法，以遂其私”[⑤]。邹文海认为：“一旦人民享有权利，在政治上又有其充分发挥权利的力量，那政府虽欲不向人民负责，恐不可得。反之，人民若愚埃暗弱，虽有宪法为规定政府于人民间之经纬，恐怕亦是毫无用处的。”为培植人民的参政议政能力，要“推行地方自治，采用员吏

① 闻黎明认为“中间力量”是指出现于20世纪30年代初在国共两党之间的无党派人士和自由知识分子，其中也包含国民党内的一些开明分子，是近代中国社会的重要组成部分。参见闻黎明《第三种力量与抗战时期的中国政治》，上海书店出版社2004年，第2-3页。

② 罗隆基：《期成宪政的我见》，《今日评论》1939年第2卷第22期，第340页。

③《政治上的死路与活路》，《自由论坛》1944年第3卷第1期，第1页。

④ 王赣愚：《所望于国民参政会者》，《今日评论》1939年第1卷第6期，第3页。

⑤ 王赣愚：《走上宪政之路》，《今日评论》1939年第2卷第23期，第358页。

制度，提倡言论自由，普及民众教育”。[①]而推行“地方自治只能在文化较高的地方开始实行，因为文化较高的地方便是实施宪政施行民主政治较有基础较有准备的地方”，文化较高的地方应在城市，所以“促进地方自治这种新政，应该自城市开始”。[②]

其三，关于多党制与一党制问题。钱端升虽赞成民主宪政，但认为在抗战之特殊时期，为集中力量于抗战而主张国民党一党统治。他说：“就理论言，一个国家如要实行民主政治，非采多党制度，非容各党公开活动不可。但是民主国家到了国难严重时又不能不集中意志，停止党争，或组织混合政府，或信托少数有力人物，以全权处理政治。”他认为，“拒绝承认国民党占有特殊的地位，而欲求各党平等，不特非事实所许可，且也绝不是抗战之福，国家之福”，“为兼顾理论事实过去将来计，我们自今后应采多党制，但在抗战期内，各小党仍应承认国民党的领导权而暂不进行政权之争”。[③]针对钱端升的战时不宜实行多党制的观点，罗隆基给予反驳道：“我怀疑实际政治今后会永久走上一党政治的途径，我更怀疑一党制度能够圆满解决中国当前实际政治上的那些问题。”认为多党制度是实行民主的条件。[④]吴文藻则认为：“政党仍是民主政治所必需的条件。”[⑤]楼邦彦也认为，如果要求“党内无派，党外无党”，则必然没有民主，主张实行多党制，“只要在不妨害国家之根本制度的范围内，每一个政党都有不能剥夺的生存权，每一个政党都有权要求与其他的政党享有相同的法律地位”，党与党之间可以展开公开的竞争，胜负如何由人民来评判，他说：“政权之谁属应以民意为转移，乃与其他的政党共同作公开的、和平的、理智的竞争，让胜负之决定全操诸人民之手。”如此中国才有真正的民主。[⑥]陈之迈则对一党与多党的讨论给予总结：“从实际政治的观点来说，也许钱端升先生之主张一党是对的；在宪政时期开始以后，无疑的理论上中国可以有许多的政党，如罗隆基先生所主张的。”虽然陈之迈认为“如果我们主张一个主义一个政党，我们便是主张继续一党专政”，但遗憾的是，陈之迈的民主政治是政

① 邹文海：《宪政运动中的几个问题》，《今日评论》1940年第3卷第7期，第100页。

② 吕学海：《论促进地方自治应自城市始》，《今日评论》1939年第1卷第22期，第8–9页。

③ 钱端升：《一党与多党》，《今日评论》1940年第4卷第16期，第246–248页。

④ 罗隆基：《中国目前的政党问题》（上），《今日评论》1940年第4卷第24期，第376页。

⑤ 吴文藻：《民主的意义》，《今日评论》1940年第4卷第8期，第119页。

⑥ 楼邦彦：《党治与法治》，《今日评论》1941年第5卷第2期，第29页。

党可以多个，而主义只能一个，即三民主义。[①]

上述议论，虽然其正确与否实难明确判断，但这些议论实质上全都涉及抗战时期的民主问题，寄托着民主力量的爱国热忱和对民主自由的热切渴望。通过对这些问题的深入探讨，传播民主思想，让读者认识战时民主问题的重要性，逐步树立明确的民主观念，以推动大后方的民主运动。

三、反腐败反专制：抗战时期云南的民主运动

抗战时期，云南的民主力量，除了进行民主宣传外，更展开了一系列具有影响力的民主运动，显示了云南民主力量的强大。

（一）倒孔运动

1941年12月7日，日军偷袭珍珠港，次日，英、美对日宣战，太平洋战争爆发。同日，日军发动进攻香港的战争，"香港危在旦夕，留居香港的爱国要人和文化界名流被困无法脱身"，如何香凝、柳亚子、邹韬奋、陈寅恪、陈济棠等人无法及时撤离，社会舆论要求政府派飞机抢运。12月10日，从香港起飞的最后一架飞机到达重庆机场时，舱门打开时却见不到这批爱国人士和文化界名流，见到的却是孔祥熙的夫人宋蔼龄、二女儿孔令伟以及老妈子、大批箱笼和几条洋狗。《大公报》总编辑王芸生得知接机人员的汇报后实为气愤。此时恰值国民党在重庆召开五届九中全会，会上通过了一份《增进行政效能，厉行法治制度以修明政治案》的议案，议案提出"修明政治，首重整肃官方"的意见，王芸生以此写成一篇社评《拥护修明政治案》于12月22日发表，其中有言："最近太平洋战事爆发，逃难的飞机竟装来了箱笼、老妈与洋狗，而多少应该内渡的人尚危悬'海外'。"[②]不点名地透露了孔家飞机运洋狗的消息。这一消息被在重庆参加国民参政会的西南联大教授张奚若、罗

① 陈之迈：《讨论一党与多党》，《今日评论》1941年第5卷第4期，第53页。

② 王芸生：《拥护修明政治案》，《大公报》（重庆），1941年12月22日，第4版。

隆基带回了昆明。12月24日，昆明《朝报》将王芸生的文章改换标题《从修明政治说到飞机运狗》予以转载，这一飞机运洋狗事件迅速为云南各方人士所知。据说当时陈寅恪教授有一位亲戚任工兵署署长，是他托孔把陈带回重庆，但却被拒绝登机。后来陈历经艰险逃离香港，给友人写信时说道：恪不如狗。吴晗教授在联大上中国通史课时，把此事同南宋蟋蟀宰相贾似道联系起来，以历史联系现实含蓄地讲道："宋朝有个腐朽的宰相，因爱斗蟋蟀而不理政事，人称'蟋蟀宰相'。今天有个抢飞机运洋狗的院长，可称'飞狗院长'，二者可以媲美。"[①]

沉闷已久的联大学生尤感愤恨，对数年来腐败政治的愤懑，如同火山一般爆发出来，其中以西南联大为首的昆明大中学生纷纷集会声讨，终于引发了一场实质上指向贪污腐败的"讨孔"运动。据时人所言："本来，这事如果是别的要人干的，或不至掀起轩然大波，然而发生在集贪污，腐败，反动和愚蠢于一身的孔祥熙身上，怎能不令人对数年来腐败政治的愤懑，来一次总发泄！"[②]

这场运动首先由西南联大引发。1942年元旦刚过，西南联大的《论坛》壁报发表了《悼陈寅恪师》的文章，说著名历史学家陈寅恪不能乘飞机离开沦陷的香港，命运还不如一条洋狗。联大师生群情激愤，被压抑的对国民党的不满情绪一下子迸发出来。1月5日，同学们写出《铲除孔贼祥熙》《重燃"五四"烈火》《告国民党员书》《告三民主义青年团团员书》以及《孔祥熙用飞机运洋狗的经过》等文章，抄成壁报，一时想不出恰当的刊名，请擅长书法的同学写了一个大大的"喊"作为报头。第二天清晨即张贴在新校舍"民主墙"上。《喊》壁报，详述了飞机运洋狗之事。看到这份壁报的同学纷纷以年级或宿舍的名义贴出《拥护》《响应》的壁报予以支持，对孔祥熙进行谴责。不到两小时，新校舍墙上尽是"打倒孔祥熙的口号标语，和有关时局的报道"。[③]三民主义青年团团员邹文清、钟正等人，向三青团西南联大直属团部主任陈雪屏提出西南联大分团部应该开会讨论孔祥熙用飞机抢运洋狗之事，但未获得陈氏的支持。于是他们就集合26人，联名发表《讨孔宣言》，表明"孔贼不除，誓不罢休"的决心，并要求学生自治会主席立即行动起来，领导"讨孔"运动，另有一些学生组织了倒孔运动委员会，准备联络各大中学校上街游行。

---

① 彭允中：《黎明前后：忆西南联大及其他》，云南教育出版社1990年，第67页。

②《联大八年》，西南联大学生出版社1946年，第18页。

③《联大八年》，西南联大学生出版社1946年，第18页。

1月6日午饭后，住在昆华中学的联大土木系学生叶传华，在床单上画了孔祥熙的胖脑袋套在钱孔里的漫画，挂在宿舍楼下，一下子吸引了许多同学围观。有人提议开会讨论怎么行动起来，于是由每个宿舍推出两个代表来开会，大家一致要求上街游行。有人举起这幅漫画，沿途会合了联大师范学院的同学，七八百人的队伍走到联大新校舍，在图书馆前停了下来。有人号召“爱国的站拢来”。[①]大部分同学事先没有游行的准备，在几分钟内，有同学拿了自己的白被单做旗帜，上面写着“打倒孔祥熙”的标语，还有人又抬出一幅一只大拳狠狠砸向孔祥熙脑袋的漫画。很快上千人自发地整队走出校门，他们高喊“打倒孔祥熙”“打倒贪官污吏”“打倒日本帝国主义”等口号走上昆明街头。“蒋梦麟和梅贻琦两校委闻讯，也跟着队伍上街”。[②]游行途中云南大学、中法大学、英语专科学校等大中学校学生也陆续参与进来，游行队伍扩展到两三千人。他们沿途高呼口号，经过主要街道。游行队伍最终平安回到学校，全体决定通电全国声讨孔祥熙。

这场首先在昆明发起的倒孔运动，其影响了大后方各地，波及广东坪石的中山大学，贵州遵义的浙江大学等高等院校，以及重庆、成都、贵阳、桂林等大中城市，各地学生等纷纷举行倒孔运动。这一事件迅速引起国民党政府高层的震动。运动的第二天，1942年1月7日，蒋介石即要求军统特务头子康泽迅速去昆明调查处理学生示威游行倒孔一事：“你要马上就去，愈快愈好！”[③]由此可见蒋介石对昆明倒孔学潮的重视。1月11日，蒋介石致电昆明行营主任龙云：“当地军政当局，有维持后方治安之责任，应依照野战治安法令，切实执行纪律，勿稍宽假。”[④]蒋介石一再密令龙云，针对“任何团体及学生与一般民众假借任何名义集众游行”，要求“当地各级军政机关负责取缔，严切禁止”。[⑤]行政院、教育部也接连密电联大立即“制止出轨行动”，校方受到来自重庆的压力，于2月3日发出布告：“如有集众滋事，定予严惩。”[⑥]梅贻琦常委召集学生讲话，劝告大家不要再继续下去，免得给学校带来不利影响。其后，各地的倒孔运动逐渐平息下来。

根据杨天石先生的研究，其实孔祥熙用飞机运洋狗事件的报道并不真实，实

① 彭允中：《黎明前后：忆西南联大及其他》，云南教育出版社1990年，第69页。
②《联大八年》，西南联大学生出版社1946年，第18页。
③ 参阅《康泽自述》，团结出版社2012年，第92-93页。
④《事略稿本》，002-0601-00160-012。
⑤ 彭允中：《黎明前后：忆西南联大及其他》，云南教育出版社出版1990年，第71页。
⑥ 彭允中：《黎明前后：忆西南联大及其他》，云南教育出版社出版1990年，第71页。

有误会，洋狗实为美国机械师所有，但“倒孔”却是历史的真实。[①]现在的问题是，为什么新闻界报道的并不真实的飞机运洋狗事件却导致一场引起国民党政府高层震动的运动。实质上这场运动是大后方民众包括民主力量对国民党政府政治上腐败、经济上物价飞涨现实的强烈不满的结果。对于抗战大后方经济与政治上的严重问题，如追究责任，身为国民政府行政院院长又长期担任财政部长的孔祥熙当然首当其冲，正如其时新闻舆论界所言：“目前的纸币滥发和可怕的恶性的‘通货膨胀’就是‘孔大人’的德政。”[②]

（二）恢复五四青年节运动

早在1939年3月，陕甘宁边区规定以5月4日为中国青年节，这一规定影响了抗战大后方的广大青年，他们也要求国民党政府当局确定5月4日为青年节。国民党政府最终同意了这一要求，以5月4日为全国性的青年节。但是后来，国民党政府认为以五四运动纪念日为青年节节日很危险，学习五四运动反传统反北洋政府的革命精神不利于国民党政府的统治稳定，易诱发反政府的学潮，因此国民党政府决定将中国青年节改在黄花岗起义纪念日3月29日。这一规定马上引起青年学生和民主人士的反对，大后方的云南亦为如此。比如西南联大教授和同学们就一致表示“愤慨”，1944年5月3日，由西南联大历史学会组织的五四座谈会在西南联大南区10号教室里举行，特别邀请了周炳林、闻一多、张奚若、雷海宗等联大教师参与其会。周炳林、闻一多为五四运动的参与者，二人在演讲中陈述了他们参加五四运动的经过，强调五四运动精神的重要性，其用意就是认为应以5月4日为青年节节日。张奚若因五四运动时正在国外留学而未参与其事，但其演讲却在与辛亥革命之意义的比较中深刻阐述了五四运动的伟大，他说：“辛亥革命所完成的工作只是表面的，如推翻皇帝，改换官吏制度名称，但实际上社会中许多思想习惯都未曾能加以改革，因此辛亥革命是一个不彻底的未完成的革命；但是五四运动就不同了，这是一个社会的革命。五四之后，我们的文化思想习惯才革新起来。”所以他得出结论：“五四运动的价值远在辛亥革命之上。”由此阐明以5月4日为青年节节日的理由。每位西南联大教师演讲之后，学生也纷纷发言强调五

---

① 杨天石：《“飞机洋狗”事件与打倒孔祥熙运动——一份不实报道引起的学潮》，《南方周末》2010年3月18日，第E24版。
② 《1942年民生社倒孔史料一组》，《民国档案》2002年第1期，第30页。

四运动的价值，最后大家一致同意“要求政府恢复五四为青年节”。①

第二天，即1944年5月4日那天，周炳林等教师又在五四纪念会上发言，民主墙上贴有《联大半月刊》《生活》《新时代》《民主》等壁报，宣传民主思想，强调五四精神的价值与意义。晚上，“悠悠体育会在昆北举行营火会，文艺壁报社在南区十号教室开文艺晚会，讲演总题为《五四运动与新文艺运动》”，其中李广田的讲演就是《五四运动的意义与影响》。5月8日晚上，西南联大中文学会主办的文艺晚会达到了这次运动的高潮，文艺晚会由罗常培、闻一多两位先生主持，联大、云大等校师生和昆明各界人士共3000人参加了晚会，李广田、罗常培、冯至、朱自清、沈从文、闻一多、杨振声、孙毓棠、卞之琳、闻家驷等教师发表了演讲。总之，这些活动，以纪念五四运动的形式抗议政府当局把青年节改在3月29日，要求政府当局恢复五四青年节。那一天，被称为“精神复兴的一天”。②

除了上述这些民主运动外，1944年7月7日，以纪念全面抗战爆发七周年为契机，联大“报协”和云大、中法、英专学生自治会联合在云南大学致公堂举办时事晚会，其中学校师生2000多人参加，对国民党政府当局的各方面政策给予批评。10月10日，由民盟组织的昆明各大学师生和各界人士6000多人在昆华女中操场举行的“纪念双十节，保卫大西南”的集会，大会由李公朴主持，通过闻一多宣读的《昆明各界双十节纪念大会宣言》。正如宣言中所言“政专于一党，权操于一人”，批评国民党政治独裁，要求结束党治，还政于民，实行民主。12月25日，昆明各大中学校师生及各阶层民众在云南大学广场集会，纪念护国运动二十九周年，通过给全国人民的宣言，呼吁继承护国精神，扩大民主运动，正如闻一多先生在会上所言：“护国起义的经验告诉我们，要民主就要打倒独裁。”要求结束一党训政，召集人民代表会议，组织联合政府。会后举行了游行活动，社会各阶层人士约两万人参加。③1945年5月，以昆明为中心又一次掀起纪念五四运动的民主运动，5月3日“举办‘五四以来青年运动总检讨’晚会，请闻一多、曾昭抡、吴晗等教授指导，出席同学极众，情绪热烈，讨论至深夜始散”④。5月4日下午“开纪念会”，到会人

---

①《联大八年》，西南联大学生出版社1946年，第21–22页。

②《联大八年》，西南联大学生出版社1946年，第22–23页。另请参阅孙代兴、吴宝璋《云南抗日战争史》，云南大学出版社2005年，第304页。

③ 参阅孙代兴、吴宝璋《云南抗日战争史》，云南大学出版社2005年，第305页。

④《“五四”二十六周年，联大学生热烈纪念》，《正义报》1945年5月4日，第3版。

员有万余人，在云南大学操场集会，大会通过《昆明各大学学生自治会举办五四纪念大会通电》，并举行五四大游行，要求“召开国是会议，组织联合政府”。西南联大也发表《国立西南联合大学全体学生对国是的意见》，提出“立即停止一党专政”“立即取消一切特务活动”“立即根绝党化教育”等要求。[①]

抗战时期，虽然在云南的民主力量举行的影响较大的民主运动并不多，但其却是云南40年代民主运动的先声。可以说，任何事情的发生，“非一朝一夕之故，其由来渐矣”，抗战胜利后发生在昆明并影响整个中国政治的“一二·一”运动实质上是20世纪40年代云南民主运动进一步发展而形成的高潮。追溯其根源，可以说是抗战时期省外民主力量入滇与省内的民主力量相汇合，逐渐形成一股影响民国政治的强大力量，最终在抗战胜利后把云南民主运动推向了新的高潮。其后的“李闻”事件，其实也是国民党政府当局面对云南如火如荼民主运动而采取的一种手段卑劣的极端方式。杀文人者亡天下，说得更深远些，源于抗战时期的云南民主运动，这是促成国民党政权最终在大陆总崩溃的最早根源。

①《联大八年》，西南联大学生出版社1946年，第28-32页；另请参阅李艺群《抗战后期昆明学生的爱国民主运动》，《云南文史资料选辑》第30辑，云南人民出版社1987年，第125-146页。

第三章

战时云南的经济建设

云南虽然地处西南边陲，但在晚清为英、法两国殖民者的势力范围，受英、法殖民者的影响较深，与全国比较，经济上较早地引入近代的生产方式，经济发展上具备近代的某些因素。在抗战时期又因处于大后方对外交通的枢纽地位，经济上更有新的特点，近代工业与农业生产方式已进入了云南。

交通运输本也属于经济的范围，有鉴于抗战时期云南交通运输的重要价值，因此云南战时交通运输的问题则在第四章专题论述。

第一节　战时云南的工业建设

近代的云南，虽早有英法势力举办的工矿企业，晚清重臣在云南的实业开发，辛亥革命胜利后先后主政云南的蔡锷、唐继尧、龙云的产业经营，但与东、中部工业重镇比较而言，云南的工矿企业规模并不大，产值并不高。抗日烽火的骤然燃起，迅速影响中国工矿企业的正常生产，为躲避战火，为保存工业生产能力，地处战区的中国厂矿企业纷纷内迁，其中就有一部分厂矿企业西迁入滇；同时，迁入云南的与工业生产相关的各种机构也新办了一些厂矿企业，加之云南地方战时新办的厂矿企业，与原有的云南厂矿企业共同推动云南工业生产和经济发展。

一、战时工厂的内迁入滇及云南的厂矿企业

卢沟桥事变爆发，全面抗日的战火首先在华北平原燃起。上海是国际大都市，按照蒋介石的意图，主动在上海挑起战端，可引起国际社会的关注与干涉，幻想达到避免中日战争的目的。然而日本侵略者酝酿已久的侵华战争意图，并非蒋介石的主观愿望所能改变，避免日本侵略中国的战争仅为蒋氏的一厢情愿。当

1937年8月13日战火在上海燃起之时，并非因国际社会的干涉而停战熄火，战争的烈度已非“九一八”事变之后的局部冲突所表现的那种程度，日本侵略中国的策略已由最初的蚕食方式改为鲸吞政策。上海既是国际大都市，也是中国工业最发达、工厂最集中的城市，战火骤然燃起，为避免战火对厂矿企业的毁坏，“誓不以厂资敌”，以保存中国工业经济命脉而不断，上海厂矿企业与华北平原上如天津、北平等城市的厂矿企业一样纷纷内迁。

战时厂矿企业需要紧急内迁，地处大后方各省则纷纷主动表示，愿意接纳来自战区的厂矿企业。比如上海的工厂相继迁到武汉之后，由于战火又进一步逼近武汉，已迁到武汉的工厂又需再次往西内迁，据亲历者回忆：“这时，西南一些工业落后的地区派人到武汉进行游说，动员工厂迁往以振兴当地工业，这对加强地方实力是很有利的。如湖南省建设厅的胡安恺来汉，答应迁往湖南之工厂可免税。云南省亦派周惺甫来欢迎。尤以四川省最积极。”[①]激于民族抗战之大义，接纳内迁工厂，为内迁工厂复产提供方便，自然应为处于大后方各省应尽之责任。对于抗战之初工业相对落后的中西部各省，如以上海为代表的工厂迁入，可带入先进的设备，熟练的技术人员，对于“振兴当地工业”不无裨益。这些省份确实也认识到了这一点，所以纷纷派人到武汉，对急需内迁的工厂进行“游说”，并愿为工厂迁入提供便利条件与优惠政策，如湖南、四川、云南，此为中西部各省很有远见之举措。

至于所言“云南省亦派周惺甫来欢迎”中的“周惺甫”，即周钟岳，字惺甫，号惺庵，云南剑川人，晚清举人，早年留日，参加过辛亥革命，先后出任云南军都督府秘书长、北洋政府经界局秘书长、四川督军署秘书长、代理云南省省长等职，为云南颇具影响力的政治人物。抗战时出任国民政府内政部部长，后任考试院副院长，由此也可看出他颇得国民党中央政府一定程度上的信任。关于工厂内迁入滇之事，周钟岳先生在其《惺庵回顾录》中就有详细记载：“是日（即1938年1月16日，笔者按）晤林继庸（资委会专门委员）、李博侯（景潞工矿调查委会驻汉副主任）、孙恭度（拯资委会统计处长）三人由向耕介绍，来商工厂移滇事：一、新申纱厂（一万五千锭）；二、美恒纱厂（一万锭）；三、机器五金厂数家；四、橡胶厂；五、造纸厂，最近派人赴滇商洽。所希望之事有四：（一）补助电力；（二）购买地皮；（三）节制劳

① 孙果达：《抗战初期上海民营工厂内迁经过》，《抗战时期内迁西南的工商企业》，云南人民出版社1988年，第22页。

工;(四)免除苛税。午后八时,赴岳军晚餐之约。岳军介绍农产调整委会□□□、商运调整委会□□□及王恩东、陈广敷、戴自牧诸人,云各人均拟赴滇。资委会专委林继庸介绍新民机器厂胡厥文来访,据云抗战以来,该厂常造子弹,手榴弹,补助国库,现拟将厂移至云南。以上诸人,予均为致函志舟及主管长官,请予赞助。"[①]也就是说,为了拟迁入滇的工厂寻求方便,相关人士找到周钟岳,希望周钟岳疏通云南地方政府当局对迁滇工厂给予协助,提供方便。据资源委员会副主任钱昌照回忆:"在1937年至1938年间,我曾几次飞往昆明,同行者有后来担任中央机器厂总经理的王守竞等。当时我与云南省政府主席龙云和云南省经济委员会主任委员缪云台联系。结果,我们双方达成了这样的协议:由资源委员会同云南省政府在滇合办厂矿企业,资源委员会出资金和人员,并负责工程技术方面的职责,如有盈利,双方均分;如有亏损,云南方面不承担责任。这样,当时还没有什么重工业的云南即可从中分享盈利,因此乐而为之,与我们没有什么大的磨[摩]擦。"[②]经济力量毕竟不同于政治力量、军事力量,工厂内迁入滇是可以推动云南的工业发展的,并可"分享盈利",这一点龙云认识应很清楚,所以"乐而为之",表示同意战区的工厂内迁,并愿提供协助,所以其后有部分内迁工厂陆续迁入了云南,恢复战时生产,以支持前线的抗战军需与后方民用,其中有中央机器厂、中央电工器材厂、第二十二兵工厂、中央垒允飞机制造厂、空军第一飞机制造厂等。现就部分重要迁滇工厂的迁移情况简述如下。

中央机器厂,为国民政府资源委员会创办的中国第一个大型机械制造厂,是中国机械工业的先导。"九一八"事变以后,国民政府有鉴于外患日深,国防需要之切,成立国防设计委员会(即资源委员会前身)。经过3年的调查研究,改名后的资源委员会制定出发展中国重工业的"三年计划",经国民政府核准,于1936年7月起实施。中央机器厂就是这项计划的重点建设项目。1936年11月在南京成立中央机器厂筹备委员会,以留美物理学家王守竞为筹委会主任,"委员有庄前鼎、周茂柏、夏彦儒、张乔啬"。出于战备的考虑,选定在湖南湘潭下摄司建厂。1937年11月,在湖南湘潭下摄司建成预备厂厂房,准备正式建厂。由于1938年

① 周钟岳:《惺庵回顾录四编》,《云南文史资料选辑》第8辑,中国人民政治协商会议云南省委员会文史资料研究委员会编,1965年内部发行,第185页。

② 钱昌照:《资源委员会及其在云南的活动》,《抗战时期内迁西南的工商企业》,云南人民出版社1988年,第1-2页。另请参阅《钱昌照回忆录》,中国文史出版社2014年,第72页。

冬，日军攻占汉口，湘潭已离前线不远，为"保护国家重要资财"，建设中的中央机器厂决定西迁昆明。从安全考虑，厂址则选定昆明北郊黑龙潭附近的茨坝，此地山势环绕，交通便利，适于建厂。筹委会一面派人来滇办理征购土地，设计厂房，抢建宿舍等事宜；一面指示由在湘预备厂办理迁厂工作，其中迁滇器材多达5000余吨，员工200余人。数千吨器材迁滇，工作繁重而艰苦。抗战时期，"运输繁忙，所有运滇物品，均先到株洲，由广东、九龙、香港，再由越南海防经滇越铁路运入昆明。由于运输线长，卸装繁复，还要时刻提防敌机轰炸及沿途受损，迁厂工作至为艰巨"。1938年5月，大批设备、器材陆续运达昆明，"创造了大型(工)厂快速转移的奇迹"。1939年6月，茨坝厂房基本建成。1939年9月9日，筹委会宣告结束，正式命名为"中央机器厂"，这座生产大型发电机、蒸汽锅炉、机床及精密工具等产品在内的大型机器厂最终建成投产。[①]

中央电工器材厂，也为抗战之前资源委员会制定的发展重工业"三年计划"的"十大厂矿"之一。该厂于1936年7月筹建，设筹备处于南京市珠江路水晶台，以恽震为筹委会主任委员，委员有"朱其清、张承祜、王崇植、张延祥、黄修青、许应期、冯家铮、任国常、周维干"等人。出于战备的考虑，厂址也确定在湘潭下摄司，计划设立4个分工明确的分工厂：第一厂为电线厂，第二厂为管泡厂(也称电子管厂)，第三厂为电话机厂，第四厂为电机厂，于1937年3月破土动工。抗战爆发后，考虑到昆明处于抗战大后方，交通运输便利，有滇越铁路、滇缅公路等国际通道，进口机器设备易于运入，并且云南为有色金属之乡，有制造电工器材所需要的金属矿藏，所以1938年中央电工器材厂第一厂电线厂迁往昆明。其余各厂则仍按原定计划在湘潭下摄司加紧筹建，1938年7月第二厂管泡厂首先投产。然而同年10月，汉口沦于敌手，除第二厂以及第四厂的一部分迁入桂林外，其余各厂则西迁入滇，其中提前迁入云南的第一厂电线厂则在昆明马街建成，于1938年部分投产，第四厂电机厂于1939年在马街全部建成投产。第三厂因机器设备几经周折才经仰光沿滇缅公路运入昆明，最终于1940年7月在昆明马街建成投产，中央电工器材厂的迁建最终完成。在此期间，中央电工器材厂呈请资源委员会批准，于1939年7月1日正式宣告成立，以恽震为总经理，陈良辅为协理，张承祜为第一厂电线厂厂长，冯家铮为第二厂管泡厂厂长，黄修青为第三厂电话厂厂长，许应期为

① 参阅《抗战时期内迁昆明的中央机器厂》，《抗战时期内迁西南的工商企业》，云南人民出版社1988年，第81-82页。

第四厂电机厂厂长。因侵华日机空袭影响，第三厂后又迁往云南安宁的清音山侧象石村，另在距原厂址马街3000米的栗园山谷中建成第一厂分工场。[①]

第二十二兵工厂，为国民政府军政部兵工署所属的制造和修理军事光学器材的工厂。1936年9月7日，在军事光学器材专家周自新的努力下，在南京建立军事光学器材工厂筹备处，以周自新为处长，在南京珞珈路5号后院隙地搭盖木房，着手为军队修理光学器材，后来又选定南京百水桥草场村征地250亩建厂。因抗战爆发，于1937年8月13日决定工厂开始迁往重庆，“经过多方奔走，在西航轮运异常拥挤的情况下，至11月18日首批物资才交由民生公司直航重庆；全处职员、艺徒、工匠、士兵150余人，以及所有资料、物资、器材则分批启运。由于大批工商实业仓皇迁移，长江航线十分混乱，停停走走，事故频繁，耗时近月”，于“1938年元旦前后均安抵重庆”。在重庆的新厂址最后选定在张家溪，此地地形隐蔽，适宜建兵工厂，但因多方面原因迟迟未能动工建厂。由于日军对华封锁战略的实施，外购设备材料需改从越南海防经滇越铁路运到昆明。当周自新在昆明接运苏联军械时即产生在昆明建厂的想法。昆明空气透明度高，日照时间长，且气候温和，非常适宜光学仪器的生产。且有滇越铁路、滇缅公路国际通道直通昆明，当时又暂时远离日军航空基地，可避免遭受日机轰炸，周自新权衡利弊，于1938年1月8日，亲赴汉口面谒兵工署俞大维详陈己见，俞大维当即决定把工厂迁往昆明。所以工厂于1938年1月再迁云南，以昆明城南郊柳坝村为厂址，征地105亩，同年5月开工建厂，“留渝物资经贵阳运到昆明”，于1939年1月1日建成投产，正式成立昆明军事光学器材工厂，因其为兵工署设立的兵工厂，命名为军政部兵工署第二十二兵工厂，以周自新任厂长。1940年10月7日，工厂遭到日机狂轰滥炸，又将全部人员器材迁至昆阳海口，凿山开洞，重新建厂，经半年多的努力于1941年4月第二十二厂又在海口恢复生产。[②]

兵工署考虑到二十二厂与五十一厂（在海口新建的机枪厂）同属一署，且厂址毗邻，为“减少机构，撙节经费”且利于统一指挥起见，于1942年1月1日将两厂合并，另立名为五十三兵工厂，周自新任厂长，原五十一厂厂长李维城调任第一兵工厂厂长。

---

①《抗战前后的中央电工器材厂》，《抗战时期内迁西南的工商企业》，云南人民出版社1988年，第91–94页。

② 霍建明、袁家福：《第二十二兵工厂抗战迁滇记实》，《抗战时期内迁西南的工商企业》，云南人民出版社1988年，第134–138页。袁家福原在第二十二兵工厂工作，中华人民共和国成立后，曾任以第二十二兵工厂为前身的云南光学仪器厂的副厂长、代厂长。

中央垒允飞机制造厂，本为1934年10月由中美合资创办、引进国外飞机制造技术的中央杭州飞机制造厂（简称“中杭厂”），厂址设于杭州笕桥，由孔祥熙代表国民政府军事委员会所属航空委员会，同美国联合航空公司总经理鲍雷签订合资创办合同而创办，董事长是中方的孔祥熙，副董事长是美方的鲍雷，第一任监理是王助，第一任工厂经理是美方的齐默门。1934年3月开始动工兴建，1935年春开始制造美国诺斯罗普新型金属轰炸机，至1937年8月，共制造、仿制、维修霍克式战斗机等各种类型飞机111架。这时的中央杭州飞机制造厂，已成为中国航空工业中设备最好、人员最多、产品质量精良的一家飞机制造厂，抗战时其生产的飞机曾参与对日作战，屡立战功。1937年8月14日，中国空军健儿驾驶霍克-Ⅱ式战斗机迎击偷袭笕桥空军基地的日本木更津海军轰炸机，一举击落日机6架。

由于战局的变化，中央杭州飞机制造厂屡次成为日本攻击、轰炸的重要目标，为保存航空工业之命脉，中央杭州飞机制造厂决定迁往武汉，“迁厂中，为避免日机突袭，一般都是在傍晚时拆装设备，一直干到天明”，拆装后，“所有机器设备、生产器材，先用火车运到芜湖，再装船水运到汉口。工厂员工则发给工资和路费，分散自行，到指定地方集中”，这就是中央杭州飞机制造厂内迁武汉过程中的具体情形。同年9月，中央杭州飞机制造厂迁到武昌南湖机场，10月1日即复工生产。为避免遭受日机轰炸，后又迁至汉口日租界内原日华石油公司的一座6层楼的大库房内。1938年8月，武汉局势吃紧，中央杭州飞机制造厂最终决定西迁昆明。至10月，“全部迁昆物资，以及撤离汉口的员工、家属3000余人，安全抵达昆明”。迁到昆明后，先勘定昆明城北郊金殿的菠萝村附近开始建厂。不料法国政府屈服于日本侵略者的威逼，宣布将禁止中国利用滇越铁路运输军事物资，本想利用昆明远离战场和拥有滇越铁路运输之条件而在昆明建厂的中央杭州飞机制造厂又面临新的搬迁命运。虽可利用正在兴修的另一条国际通道滇缅公路，从缅甸仰光进口制造飞机相关的设备器材继续在昆明建厂生产飞机，但考虑到滇缅公路到昆明运输线路太长，且路途艰险，运力也受限制，所以最终确定在“滇缅公路靠近缅甸边境班坎的中国一侧设厂”，经过与英属缅甸政府当局的交涉与谈判，“选定在云南瑞丽位于中缅交界处的垒允设厂”，正式改名为“中央垒允飞机制造厂”。垒允位于云南省西南部瑞丽市西南端最突出的一块边缘地带，与缅甸的班坎隔河相望，有较好的水陆交通条件，可通达缅甸的八莫、仰光，便于直接进口物资。经过半年多的艰苦建设，于1939年7月，在中国西南边境建起了“一个人烟稠密的相当近代化的工厂区”，工厂“规模较之过去扩大许多，布局精细，设施完善”。

抗战前建于杭州苋桥的中央飞机制造厂，因抗战爆发一迁入武昌南湖，再迁入汉口原日租界日华石油公司内，三迁入昆明北郊菠萝村，四迁入云南省瑞丽市垒允，其后又因日本侵略者于1942年入侵缅甸滇西而五迁入云南保山，前后行程数千上万千米，跨越诸多大川高山，抗战时期如此搬迁，真可谓历尽艰难。①

空军第一飞机制造厂，本为属于国民政府航空委员会管辖的韶关飞机制造厂，最初是在北伐战争时期由广东省主席陈济棠筹办的飞机制造厂。该飞机制造厂实质上并不具备设计制造飞机的能力，仅先后买来几架道格拉斯飞机，主要是“为了培育空军人员和训练修理飞机的技术力量”，聘用美国工程师萨克来指导。抗战爆发后，国民政府决定将这个飞机制造厂西迁入滇，厂址选定在昆明城西郊昭宗村。昭宗村“地处眠山与玉案山狭长带之间，日本飞机轰炸昆明时未受袭击，交通方便”，距昆明城7千米，电力供给有保证，适宜建厂。1938年迁厂，“由厂长周德鸿率领内迁，迁厂途经柳州、贵阳、昆明。沿途生产维修抗日空战被击坏的各型飞机”。建于昆明昭宗村的飞机制造厂，1939年1月航委会定名为“空军第一飞机制造厂”，1940年建成投产，制造飞机。②

抗战时期，除了上述迁入云南的比较重要的工厂外，还有部分工厂相继迁入，其中有光大瓷业公司曲靖分厂。该公司于民国二十五年（1936）在江西九江开始筹备，因受抗战影响，辗转迁移来滇，于二十八年（1939）冬，勘得曲靖出产瓷土甚多，交通便利，遂于曲靖南门外购厂址开始建造厂房。至三十年（1941），一切就绪，乃正式开工。旋总公司移渝，筹设泸厂，遂名该厂为曲靖分厂。昆明永生玻璃厂，“为中央防疫处所附设，民国二十三年在北平成立。在未成立该厂以前，逐年需用大批玻璃瓶、试管、安瓿及牛痘毛细管、各种培养瓶皿等，均仰自外来。自该厂成立，已杜此漏卮”。抗战军兴，该厂即自平迁长沙。民国二十七年（1938）复由长沙迁来昆明。三十二年（1943）秋筹开该厂，产品则仍大部供中央防疫处用。昆明炼铜厂，1937年资源委员会筹备于南京，“嗣抗战军兴，辗转迁移，至昆明马街

① 闻鹤：《中美合办的中央飞机制造厂及迁滇建立垒允厂始末》，《抗战时期内迁西南的工商企业》，云南人民出版社1988年，第155-165页。

② 杨福星：《空军第一飞机制造厂迁滇纪略》，《抗战时期内迁西南的工商企业》，云南人民出版社1988年，第166页。杨福星原任空军第一飞机制造厂技术员。

子设厂。二十八年三月正式成立，六月开始出货”，该厂“除炼铜而外，兼冶电锌纯铝。三十四年更名为昆明电冶厂”。①

从目前所掌握的资料来看，内迁入滇的工厂并不多，且多为与军事工业直接相关的国营工厂，除光大瓷业公司曲靖分厂为民营性质外，很少有民营工厂迁移到云南。这种状况与四川截然不同。确实，抗战时期的四川有大量来自战区的国有、民营工厂企业沿长江水道内迁入川，而迁入云南的工厂必得走海路经滇越铁路、滇缅公路进入，与沿长江水道迁移，相对艰难得多，这可能是内迁入滇工厂较少的一个重要原因。

虽然抗战时期内迁入滇的工厂并不多，但整个抗战时期在云南新创办的厂矿企业却不少，可谓在云南出现了一个创办战时厂矿企业的高潮，与内迁工厂及战前创办的云南本土厂矿企业共同推动云南的近代工业发展。抗战时期在云南的厂矿企业一部分是由外省入滇的工业建设相关部门独自创办，一部分是云南本省独立兴办，还有一部分是云南本省与外省入滇的经济相关机构的联合兴办，更有一部分是官商合办。据钱昌照回忆，抗战时期资源委员会与云南省政府合办的工矿企业就有云南钢铁厂、昆湖电厂、个旧锡矿（在此基础上组织云南锡业公司，笔者按）、宜良煤矿（笔者按，实为明良股份有限公司）、东川铜厂等，资源委员会独自创办的工厂有昆明炼铜厂、昆明化工材料厂等。②另据缪云台回忆，抗战时期由富滇新银行独资创办的企业有安宁温泉宾馆，由云南省经济委员会独资创办的厂矿企业有云南纺织厂、五金器具制造厂、鼎新印刷厂。由富滇新银行、云南省经济委员会与其他单位（包括省外工业建设相关单位）或民间人士合资或参入投资的厂矿企业有裕滇纺织公司、中国电力制钢厂、蚕丝股份有限公司、锡业股份有限公司、云丰造纸厂、裕云机器厂、蚕业新村股份公司、经济委员会运输处、华声出版社公司、华兴（新）水泥股份有限公司、个碧石铁路公司、昆明地产营业股份有限公司、吴井新村工程委员会、中国通运股份公司、昆明市自来水公司、云南利华金矿公司、云南钢铁厂、云南百特矿务公司、玉龙电力公司、云南酒精厂、裕滇磷肥厂、利滇化工厂、云南中国茶叶贸易公司、云南蚕丝公司、耀龙电力公司、云南锡业公司等。③利用战时由上海内迁到昆明的国立中央研究院工程研究所的电力炼钢技

---

①《续云南通志长编》（下册），周钟岳、赵式铭等修撰，云南省志编纂委员会办公室整理，1986年内部发行，第419、421、471页。

② 钱昌照：《资源委员会及其在云南的活动》，《抗战时期内迁西南的工商企业》，云南人民出版社1988年，第2–3页。

③ 缪云台：《缪云台回忆录》，中国文史出版社2013年，第68、112页。

术及先进设备、仪器，由经济部、云南省经济委员会、商人共同投资的中国电力制钢厂于1939年2月22日成立，生产高级合金钢料供房屋建筑、厂矿企业和兵工厂生产使用。[①]有鉴于战时云南经济建设、军事设施建设急需水泥，富滇新银行、中国银行、交通银行、新华银行及华中水泥厂合资于1939年5月4日在昆明创办昆明水泥厂（后与华中水泥厂合并改组，又称华新水泥股份有限公司昆明水泥厂），总投资法币300万元。[②]1941年9月1日，兵工署则独立投资在昆明海口创办制造轻机枪为主的第五十一兵工厂，生产机关枪以供抗战使用。[③]由此而论，云南抗战时期合资新创办的厂矿企业占大多数，由外省入滇的工业建设相关机构独自创办或云南本省独立创办的厂矿企业相对较少。

当然，也有部分在抗战之前开办的厂矿企业在抗战期间继续开办，如耀龙电灯公司、昆明市自来水公司、东川铜矿、宜良煤矿、个旧锡矿、亚细亚烟草公司、利华火柴公司、大道生织布厂、开智印刷公司、云南纺织厂、电气制铜厂等等。

据统计，抗战时期在云南开办的具有近代性质的工矿企业，其中电力电工电器电子工业有8家，机械制造业有8家，兵器及飞机制造业有8家，运用机械生产各类生活用品的加工业有23家，化学工业有25家，矿冶业有19家，合计共有91家。[④]虽然不敢说针对抗战时期在云南开办的所有厂矿企业的统计已十分完整，但至少可反映出一个基本事实：与战前比较，战时云南的工业显示强劲的发展态势，在电力工业、机械工业、化学工业及矿冶工业方面开办了许多影响国计民生的近代厂矿企业，如中央机器厂、中央电工器材厂，耀龙电力公司、昆湖电厂、云南纺织厂、云南印刷局、云丰造纸公司、云南锡业公司等等，则为大型厂矿企业，已完全具备近代厂矿企业的规模与实力。尤为突出的，地处西南边陲的云南因战时之机遇却有了近代兵工厂和飞机制造厂，具备初步的军事工业和航空工业，确实令人惊讶。

---

① 参阅张学义、陈光寿《从工程研究所的内迁到中国电力制钢厂的建立》，《抗战时期内迁西南的工商企业》，云南人民出版社1988年，第72-79页。

② 参阅童兆瑞、李兴仁《云南第一家水泥企业——云南水泥厂》，《抗战时期内迁西南的工商企业》，云南人民出版社1988年，第211-215页。

③ 参阅宋德功、梁忠泽《抗战烽火中诞生的第五十一兵工厂》，《抗战时期内迁西南的工商企业》，云南人民出版社1988年，第147-149页。

④ 参阅《续云南通志长编》（下册），周钟岳、赵式铭等修撰，云南省志编纂委员会办公室整理，1986年内部发行；《由陈列室看云南工业》，《正义报》1944年8月26日，第3版；《抗战时期内迁西南的工商企业》，云南人民出版社1988年；《昆明文史资料选辑》第13辑，中国人民政治协商会议云南省昆明市委员会文史资料研究委员会编，1990年内部发行。

当然,需要说明的是,此处所论的范围是近代工业,而近代工业的一个典型特点就是使用近代动力机器生产,如电动机、蒸汽机,极大地提高劳动生产率,非传统动力生产可比,所以凡使用近代动力机器生产的应皆为近代工业。但是在近代的云南,其实非动力机器的生产方式仍然为普通民众所普遍使用,抗战时期云南各地的手工业是极普遍存在的,因而不能因近代工业在云南的逐步兴起而忽视中国传统手工业在云南社会生产中存在的事实。[①]近代社会的霸权话语体系在叙述近代的历史时往往把延续下来的传统略而不记,使后来读史者以为近代的中国已完全近代化了,事实上并非如此,仅记载近代工业而忽略延续到近代的传统手工业的历史是不全面的,非客观的。虽然此处所论为近代工业,但也必须对近代云南手工业在社会生产中更为普遍存在的历史事实在此给予充分的说明,以避免历史论述片面化之嫌。

二、战时云南厂矿企业的生产

按照近代工业的标准,战时云南近代厂矿企业的生产需要资金购买生产设备和原料,需要规范生产流程,需要规划产量,否则近代厂矿企业的生产就难以顺利进行。

(一)资金与设备

战时云南厂矿企业的生产首先就是需要充足的资金,战时的一些厂矿企业的停办就是因为资金的不足。考察云南近代的厂矿企业,创办形式大致可分为三种:官办、商办和官商合办,那么其投资形式则可分为政府独资、民间个人独资以及政府部门与另一政府部门、民间个人与个人、政府部门与民间个人的合资,资本组织形式已出现了股份有限制企业。因此云南近代厂矿企业的资金来源则可从政府、民间的视角进行探讨。

① 参阅《续云南通志长编》(下册)中关于手工业部分的全面记载,周钟岳、赵式铭等修撰,云南省志编纂委员会办公室整理,1986年内部发行,第510-534页。

对于所需资金不大的厂矿企业，一般由民间资本集股创办。这些厂矿企业一般与民生密切相关。比如华昌电灯公司，最初则“由商人集股国币一万元开办”，所开办的火力发电容量，仅“能供应十六支烛光电灯一千五百罩”而已，可见该企业规模比较小，投资量不大，能够由民间集资办理。[①]其他如开远通明电灯公司、蒙自大光电灯公司、德和机器厂、兴华锯木厂、昆明制酸厂、均益洋碱公司、振昆烧碱公司、工光企业公司、滇新企业公司、衡裕工程公司、大华企业公司等厂矿企业皆为民间投资，资金来源于民间个人集股创办，属于民营性质。由于近代工业需要大型机械设备，资金投入一般较传统手工业为多，所以对于经济相对落后的云南，民办厂矿企业并不多。

众所周知，考察近代中国工业兴起的轨迹，一般溯源于官办军事工业与民用工业。考察抗战时期云南的近代工业的兴办，一些重要的厂矿企业则为官方投资创办，其资金来源一是来自国民党中央政府系统的经济部资源委员会、兵工署、航空委员会、官办银行等单位。如前所述，由资源委员会独资创办的厂矿企业有昆明电冶厂，兵工署独资厂矿企业即第二十二兵工厂和第五十一兵工厂等，航空委员会独资厂矿企业即中央垒允飞机制造厂和空军第一飞机制造厂。二是来自云南地方政府所属的云南企业局、云南省经济委员会、官办银行富滇新银行。也如前所述，由富滇新银行独资创办的企业有安宁温泉宾馆，由云南省经济委员会独资创办的厂矿企业有云南纺织厂、五金器具制造厂、鼎新印刷厂等，由云南企业局独资创办的厂矿企业则有云南印刷局、安达炼油厂、平彝钨锑公司、文山钨矿公司、银铅锌矿厂。三是来自国民党中央政府的相关部门或云南地方政府所属部门的合资，其中云南酒精厂由资源委员会与云南省经济委员会合资创办，云南钢铁厂由资源委员会、云南省政府及兵工署三机关合办，宣明煤矿公司则由资源委员会和云南省政府合资开办，定“资本为国币二百万元”，“双方各出半数”。云南锡业公司则由云南省政府、资源委员会和官办中国银行三方合资，其中“定股额为国币五千万元，由云南省政府认股百分之四十，以锡务、炼锡两公司资产作价投入，经济部、资源委员会认股百分之三十，以云南锡矿工程处资产作价投入，其余百分之三十，则由中国银行以现款缴付投入”。[②]

① 《续云南通志长编》（下册），周钟岳、赵式铭等修撰，云南省志编纂委员会办公室整理，1986年内部发行，第351页。
② 《续云南通志长编》（下册），周钟岳、赵式铭等修撰，云南省志编纂委员会办公室整理，1986年内部发行，第445页。

除了纯粹由商办或官办的厂矿企业外，抗战时期更多的厂矿企业则为官商合办，资金来源则灵活多样，比如云丰造纸公司，其资金来源有富滇新银行、云南省经济委员会、经济部、云南省企业局、交通银行、中国银行和其他商股。现就云丰造纸公司的资金来源情况详列如下，可以更具体真实地了解抗战时期官商合办厂矿企业的投资情形，清楚认识此类厂矿企业的资金来源。（见表3-1）

表3-1　1941—1945年云丰造纸公司的资金来源情况表

单位：国币元

资金来源	1941年	1942年	1943年	1944年	1945年
富滇新银行	400000	800000	1000000	2500000	4150000
经济委员会	200000	400000	500000	2000000	3350000
经济部	300000	600000	750000	2250000	3750000
云南企业局	100000	200000	250000	750000	1250000
交通银行	100000	200000	250000	750000	1250000
中国银行	20000	40000	50000	150000	250000
其他商股	80000	160000	200000	600000	100000
共计	1200000	2400000	3000000	9000000	15000000

资料来源：《续云南通志长编》（下册），周钟岳、赵式铭等修撰，云南省志编纂委员会办公室整理，1986年内部发行，第415页。

云丰造纸公司属于官商合资性质，但民间商人的资金投入并不多，所占比例比较小。耀龙电力公司原名耀龙电灯股份有限公司，创办于民国元年，初为商办，后改为官商合办，加入官股。1938年6月1日，耀龙电灯股份有限公司与云南省经济委员会投资的昆明电厂合并改组，更名为耀龙电力公司，资金来源则分为官股和商股部分，其中官股部分，自1938年起，“初为经济委员会、财政厅、市政府、五金器具制造厂、省会警察局、军需局等投资，继有云南省企业局参加投资，数额历年均有增加，尤以经济委员会投资较多”，至1945年，官股为30166200元，而商股部分则为29832800元，“几与全部商股相等”，也就是说1945年的投资，官方与民间商人的投资大致各占一半，官商合办名副其实。[①]下关玉龙水力发电厂，“资

①《续云南通志长编》（下册），周钟岳、赵式铭等修撰，云南省志编纂委员会办公室整理，1986年内部发行，第340-341页。

金原订二万股，每股一万元，合二万万元。计官股八千股，合八千万元，商股一万二千股，合一亿二千万元”，其中商股至1945年5月共集股“一万一千九百三十五股，合一亿一千九百三十五万元”。[①]利滇化工厂本为云南省经济委员会投资创办的企业，“初定国币五百万元”，“嗣因年来物价飞跃，预算不敷”，所以“经委会乃招募商股，由云南纺织厂、裕滇纺织公司暨华新水泥公司投资赞助，收足资本一千五百万元”。[②]利滇化工厂因官办经费不足而“招募商股”，利用民间资金创办。其实，抗战时期在云南的工矿企业大部分采取了官商合办，由此更积极地调动各方面的资金投入到战时厂矿企业的生产中，比如昆明市自来水公司、大成实业公司、云南恒通化学工业公司、光华化学工业公司、光大瓷业公司曲靖分厂、华新水泥公司昆明水泥厂、新华化学制药公司、云南矿业公司、滇北矿务局、个旧钨锑分公司、昆华煤铁特种股份有限公司、中国电力制钢厂、明良煤矿公司，如此等等。当然，也有部分厂矿企业作为投资方投资兴办了一些厂矿企业，比如云南矿业公司曾投资兴办开远水电厂，云南蚕业新村公司曾投资兴办草坝酒精厂，其也可看成云南部分厂矿企业的资金来源之一。实质上，作为投资方的厂矿企业也是被投资方，其有属于自己的投资方的资金来源，所以来自厂矿企业的投资资金其实也是该厂矿企业所属的投资方的资金，故此不必作为资金来源进行计算。

考察抗战时期云南厂矿企业的资金来源问题，可以发现一个重要的特征，就是股份制已成为诸多合资厂矿企业的主要资本组织形式，这是近代企业的一个重要标志。中国传统的手工业，一般为略有雇佣工人的家庭作坊，即便合伙创办工场或工厂，合伙人需承担收益与风险均等的无限责任，投资者与经营者合二为一，这与近代股份有限责任公司是截然不同的。股份有限责任公司，实行投资者与经营者分离的原则，“股东则不得执行业务和代表公司，仅对公司负监察之责，公司债务的责任，以其出资额为限”，“不负额外亏损责任”。[③]如此，有利于吸收不懂经营的民间人士参与投资，有益于扩大厂矿企业的经营规模，并给善于经营者以充分的经营自由，共同推动经济的发展。抗战时期云南的厂矿企业，就有部分股份有限责任制企业，比如耀龙电力公司，如前所述，其前身即为耀龙电灯股份有限公

①《续云南通志长编》(下册)，周钟岳、赵式铭等修撰，云南省志编纂委员会办公室整理，1986年内部发行，第356页。
②《续云南通志长编》(下册)，周钟岳、赵式铭等修撰，云南省志编纂委员会办公室整理，1986年内部发行，第399页。
③ 杨用勋、杨润苍、何开明《云南近代工商企业家董澄农的创业历程》，《昆明文史资料选辑》第13辑，中国人民政治协商会议云南省昆明市委员会文史资料研究委员会编，1989年内部发行，第160页。

司。该公司创办于民国元年，官商合办，“股额初为银元二十五万元，每股十元，共集二万五千股”，合并改组为耀龙电力公司后，亦实行股份制，至1945年官股与商股大致相等。①裕云机器厂，也实行股份制，其资金总额为“国币一亿五千万元”，各股东投资比例为：“(一)经委会投资国币三百七十五万元，占股份百分之二点五；(二)富滇新银行投资国币三百七十五万元，占股份百分之二点五；(三)裕滇纺织公司投资国币八千六百二十五万元，占股份百分之五十七点五；(四)云南纺织厂投资国币五千六百二十五万元，占股份百分之三十七点五。”②以经济机构为单位作为股东，说明抗战时期股份制的股东有了两种类别：个人股东和集团股东。再如个旧钨锑分公司，为官商合办股份有限公司性质，“以原收股额为资本，分优先及商股两种，优先股定为新币二万零四百元，一次收足；商股定为二十万元，分为一百股，先收一成，即开始营业”。③个旧钨锑分公司的股份分为优先股和商股，这可以说是战时云南股份制厂矿企业的又一特色。此外，抗战时期在云南的股份制厂矿企业还有昆明市自来水公司、光华化学工业公司、华新水泥股份有限公司、新华化学制药公司、昆华煤铁特种股份有限公司、下关玉龙水力发电厂、大成实业公司、利滇化工厂、大利实业股份有限公司、云丰造纸公司等。股份制企业在战时云南大量创办，充分说明云南的工业已逐渐步入近代。

兴办厂矿企业，有了充足的资金，就购买设备与原料进行工业生产。比如云南中国茶叶贸易公司各茶厂为茶叶加工，“以现代机制方法制造内外销各种茶叶”，其购买了大批机械设备。现就该公司的机械设备列表如下，以此探讨抗战时期云南厂矿企业的机械化程度。(见表3–2)

表3-2　云南中国茶叶贸易公司各茶厂机器设备表

机器名称	数量	购置年份	价值/国币元	备注
揉茶机	6部	1939年4部，1940年2部	38305.84	中央机器厂制
手摇揉茶机	30部	1940年	6626.07	五金工厂制
兽力揉茶机	3部	1940年	626.10	佛海茶厂自造

①《续云南通志长编》(下册)，周钟岳、赵式铭等修撰，云南省志编纂委员会办公室整理，1986年内部发行，第339–341页。
②《续云南通志长编》(下册)，周钟岳、赵式铭等修撰，云南省志编纂委员会办公室整理，1986年内部发行，第374页。
③《续云南通志长编》(下册)，周钟岳、赵式铭等修撰，云南省志编纂委员会办公室整理，1986年内部发行，第465页。

续表

机器名称	数量	购置年份	价值/国币元	备注
烘茶机	7部	1939年6部，1940年1部	151891.60	中央机器厂制6部，上海中原铁厂制1部
筛分机	12部	1940年	31367.99	昆明五金工厂制10部，印度购2部
切茶机	2部	1940年	3631.99	印度购
拣茶机	1部	1940年	7487.00	上海志明厂制
发动机	3部	1940年	44652.18	上海志明厂制1部，中国煤气机制造厂2部
发动机	2部	1944年	1317992.00	昆明购
发电机	2部	1940年1部，1942年1部	48954.80	上海志明厂制

资料来源：《续云南通志长编》（下册），周钟岳、赵式铭等修撰，云南省志编纂委员会办公室整理，1986年内部发行，第432页。

由表3–2可知，云南中国茶叶贸易公司购买大批茶叶加工机器，以“现代机制方法”加工茶叶，在揉茶、烘茶、筛分、切茶、拣茶等加工环节使用机器，减少人力的使用，相应提高了劳动生产效率，这与传统手工方式加工茶叶不同。同时，从购买的机器来看，有发动机、发电机，应已使用电力和内燃机做动力，这其实是近代工业生产的标志。但是，所使用的机器中也有手摇揉茶机和兽力揉茶机，表明虽然该公司茶叶加工的揉叶环节使用了机器，但其动力还是传统手工业普遍使用的人力和兽力，事实说明抗战时期云南这样的已具有近代色彩的厂矿企业仍然留有传统手工业的影子。

云南中国茶叶贸易公司各茶厂购买的机器设备，有从印度进口而来，说明近代中国机器生产能力并不强，工业特别是重工业有待加强；有从省内购买而来，说明近代云南有机械制造业，可以说已步入近代工业的门槛。令人惊讶的是，该公司的机器设备中兽力揉茶机则由应该不具备制造机器能力的佛海茶厂自造，佛海茶厂为云南中国茶叶贸易公司的下属茶厂，这倒是中国传统手工业时代的自然经济特色，茶厂自造揉茶机让历史仿佛又回到先秦农家许行者流的理想时代，两千多年前孟子所反对的社会不分工在近代的云南仍有留存。

茶叶加工是中国历史悠久的传统产业，引用近代的机器生产，这是近代云南的生产进步，对于近代才有的产业如机器设备制造业、化学工业等等，则更应当使用近代的机器进行生产。确实，如华新水泥公司昆明水泥厂，这是近代的化学工业，其使用的机器设备有进口于丹麦的Smidthco制造的丹麦磨，有本国重庆顺昌机器厂制造的本国磨、轧石机、球磨机，还有国内制造的400千伏安的变压器、制桶机、提运机等。[①]生产面粉、电石的大成实业公司在使用着以电力为动力的磨面机、碎粉机、电石炉、车床、钻床等近代机器设备；昆明市自来水公司使用着装有电力发动机的吸水机。其中规模较大的中央机器厂则以昆湖电厂的电力为动力，大量使用机器进行生产。现就中央机器厂历年所使用的机器设备详列如下。（见表3–3）

表3-3　中央机器厂历年机器数量概况表（1940年至1943年8月12日）

机器类别	1940年	1941年	1942年	1943年
车床	92台	139台	147台	138台
精密车床	9台	12台	12台	12台
六角车床	9台	9台	9台	9台
自动车床	12台	18台	18台	18台
镗床	7台	9台	9台	9台
龙门刨床	2台	2台	2台	2台
牛头刨床	6台	9台	14台	13台
立式刨床	3台	3台	3台	3台
钻床	27台	42台	52台	55台
铣床	16台	23台	24台	25台
磨床	29台	43台	43台	43台
齿轮床	11台	16台	16台	16台
锻铆冲剪机	25部	40部	44部	44部
锯床	5台	6台	6台	6台
电焊机	9部	15部	13部	13部

①《续云南通志长编》（下册），周钟岳、赵式铭等修撰，云南省志编纂委员会办公室整理，1986年内部发行，第423页。

续表

机器类别	1940年	1941年	1942年	1943年
木工机	16部	21部	35部	36部
砂轮机	9台	17台	20台	19台
热处理炉	3座	3座	5座	5座
其他	81台	138台	148台	172台
合计	371	565	620	638

资料来源:《续云南通志长编》(下册),周钟岳、赵式铭等修撰,云南省志编纂委员会办公室整理,1986年内部发行,第377页。

从所列使用的机器来看,中央机器厂已是一个十分近代化的先进机器制造厂了。其所生产的产品有蒸汽锅炉(每年1000马力)、煤气机(每年1000马力)、水轮机(每年1000马力)、发电机(每年2000开维爱)、工作母机(包括各式车床、刨床、钻床、铣床)(每年200具)、精密工具(包括分厘卡、钻铣刀等)(每年20000件)、大型梳棉机(每年30套),那么这个近代先进的机器制造厂正在生产近代先进的机器设备。战时的艰难条件,西南边陲的地理位置,却有一个近代先进的机器制造厂,不管是中国还是云南的近代工业确实有一个对未来工业发展充满信心的开端。

(二)近代生产流程与生产

具备充分的资金,购买机器设备,修好厂房,雇用工人,然后就可以进行生产了。中国传统手工业作坊,可以分为几道工序由数人完成,但绝大部分手工业作坊分工并不十分严格,往往一人需掌握数道工序。而近代工业为生产一样产品往往工序繁多,一人也就难以掌握诸多工序,而且为提高生产效率起见,只需一人精确掌握一道工序即可以了。所以近代工业往往需要规划生产流程,形成流水线生产。比如大成实业公司采用近代炼油方法炼制各种油类,据记载至少包括五道工序:“(1)将植物油种子如菜子、蓖麻子、萝卜子等压榨成油。(2)经滤油机滤去渣滓。(3)用化学方法除去油之植物酸。(4)用氧化及真空蒸馏校正油之浓度。(5)加化学药品配成各种油类。"①压榨成油本是中国传统的炼油方法，现引入近代生产的因素，如滤油机，如化学方法去植物酸，如氧化方法校正浓度、如化学药品配制油类，可知本为传统的炼油工业引入了近代的生产方法。再如水泥工业，则为近代才有的工业，其生产流程更趋复杂。现就华新水泥公司昆明水泥厂的制造水泥的生产程序过程绘制流程图。（见图3-1）

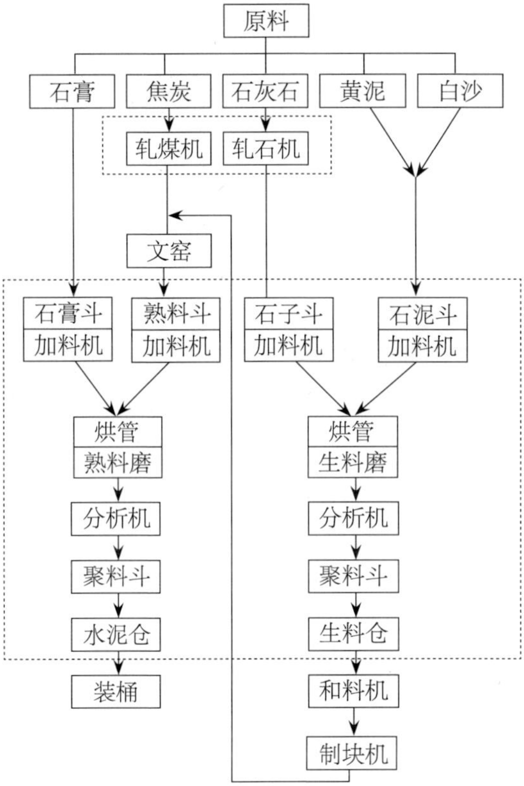

图3-1 华新水泥公司昆明水泥厂生产流程图

资料来源：《续云南通志长编》（下册），周钟岳、赵式铭等修撰，云南省志编纂委员会办公室整理，1986年内部发行，第424页。

从图3-1可知，水泥制造要复杂一些，工序相对较多，这是近代工业生产的一个特点。据史料记载，战时云南其他如近代造纸、化学制药、火柴制造、纸烟制造、陶器制作、玻璃器具制造、炼油、印刷等，都对生产程序有过详尽的规定，使生产有条不紊。

①《续云南通志长编》（下册），周钟岳、赵式铭等修撰，云南省志编纂委员会办公室整理，1986年内部发行，第392页。

至于抗战时期云南厂矿企业的生产情况，各厂矿企业按照生产流程从事生产，为战时军需民用提供动力与工业产品，满足军民的各种需要。现仅就抗战时期云南主要厂矿企业的产品种类及产量等生产情况列表如下，以便更具体地了解战时云南工业的生产状况。（见表3-4）

表3-4 抗战时期云南各厂矿企业生产情况表

厂矿企业名称	生产情况
耀龙电力公司	从1938年6月至1945年底，共发电115297453度，供昆明地区的厂矿企业生产和民众的生活用电
昆湖电厂	火力发电最高可达4400千瓦，仅其喷水洞发电所在抗战胜利前两年的供电量达1891.9万度
中央电工器材厂	第一厂制造电线，第二厂的昆明支厂制造电子管，第三厂制造电话，第四厂制造发电机、变压器、开关及电表
中央无线电器材厂	昆明分厂制造大型无线电报话发送机、听筒、话筒等
云南五金器具制造厂	制造手摇抽水机、制面机、碾米机、织布机、印刷机、车床、钻床、刨床等
裕云机器厂	制造纺纱机，每年产量平均为2000锭；纺织机零件，每年产量约为3.5万件到5万件；其他机器零件，每年产量约为1万件到2万件
中央机器厂	主要产品的每年产量，蒸汽锅炉1000马力，煤气机1000马力，水轮机1000马力，发电机2000开维爱，工作母机200具，精密工具2万件，大型梳棉机30套，作业机器500具
第二十二兵工厂	1942年第二十二厂与五十一厂合并后，至抗战胜利时止，共制造望远镜11250具，炮兵用象限仪100具，行军指北针31310件
第五十一兵工厂	1941年至1945年共生产轻机枪15000余挺
中央垒允飞机制造厂	从1939年7月建成投产，到1940年10月，共制造战斗机33架、教练机30架，组装截击机5架、战斗机20架、运输机3架，改装教练机8架、海岸巡逻机4架，大修水陆两用座机1架
空军第一飞机制造厂	1940年初至1942年初，共生产"复兴号"双翼轻型飞机20余架。1942年以后，共生产E-15型双翼飞机30余架，同时试制AT-6型高级教练机
昆明市自来水公司	固定供水共计941户，每日零售水约共4500担
德和机器厂	制造工具母机，如各规格车床、落地钻床、牛头刨床、龙门刨床、万能铣床等，另仿造空气压缩锤

续表

厂矿企业名称	生产情况
大成实业公司	生产面粉、电石、各种液体燃料、机油及亚水泥等
云南酒精厂	生产96度以上动力酒精，从1941年至1945年，共生产667810加仑
草坝酒精厂	1943年至1945年8月，共生产95度动力酒精22万加仑
云南恒通化学工业公司	从1943年3月至1945年6月，生产酒精479640加仑，白糖424301千克
光华化学工业公司	仅1943年，生产沥青110吨，木材防腐剂12吨，氨水5.4吨，溶剂5.3吨，柴油15.7吨等
利滇化工厂	从1943年至1945年，生产汽油1760加仑、火油15710千克、柴油13620加仑、滇合皂22448箱、柏油纸11267卷、轮轴油37080千克
安达炼油厂	仅1944年生产代汽油4385加仑、灯油2581加仑、轻柴油9302加仑、重柴油7938加仑，松香柏油89054.7千克、焦炭3607千克
昆明化工材料厂	从1941年至1944年，生产纯碱682461千克、烧碱56915千克、硫化碱52003千克
大利实业公司制酸厂	从1940年至1945年，生产硫酸125296千克、硝酸3493千克、盐酸40964千克、漂白粉20000千克
均益洋碱公司	从1937年至1945年上半年，生产金钟牌肥皂355800箱
振昆烧碱公司	每年产量液体烧碱180吨，35%漂白粉100吨
云丰造纸公司	从1940年至1945年，共生产各类纸张53135令
光大瓷业公司曲靖分厂	产品分电瓷、日用瓷和红砖三种，仅1942年度生产电瓷46210件，仅1943年度生产红砖6万块，从1942年至1945年，共生产日用瓷486833件
华新水泥公司 昆明水泥厂	从1941年至1945年，共生产水泥133383桶
新华化学制药公司	从1940年至1943年，共生产生理食盐水1271瓶、50%葡萄针185支、红药水2136瓶、万灵水7369打、福利咳民2825瓶、疳积散32000包、血色素2049瓶、退热药5786包、药棉21980磅、纱布13718磅、各种酊剂2050磅、解毒水1570瓶、白枧5730箱等
云南中国茶叶贸易公司	仅1944年，加工生产红茶、绿茶、白茶、普洱方茶、配茶、沱茶、紧茶等，共计134628千克
滇新企业公司	每日生产飞马牌面粉200多袋
云南锡业公司	1941年至1943年上半年，生产毛锡砂71061.6吨、净锡砂1336.2吨、精锡1601.3吨、烟煤14514吨、焦炭653.5吨

续表

厂矿企业名称	生产情况
云南矿业公司	1939年至1945年，共计出产纯锡231吨左右
滇北矿务局	1939年至1944年6月，生产粗铜1243吨、精铜657吨、净铅1108吨、净锌180吨
电气制铜厂	鼓风炉每日可出97%熟铜2吨，电解机每日可出99.9%之精铜0.5吨，碾片机每日可出铜片1.5吨，制造铝铜器具每日平均3万件
个旧钨锑分公司	共产钨砂约450余吨
平彝钨锑公司	1940年至1943年，共产纯锑277747.80千克
昆明电冶厂	每月生产99.95%电极铜35000千克、99.97%电解锌4500千克、99%纯铝1000千克等
中国电力制钢厂	各型号的钢，平均每月产量约60吨
宣明煤矿公司	1940年至1944年上半年，生产原煤37799吨，原焦煤7326吨、洗焦煤6034吨
明良煤矿公司	全年产量，生煤大约10万吨，焦炭大约2000吨
滇西企业局	1938年至1945年6月，共计产盐16196064千克；1940年至1945年4月，共产生煤107095288.65千克、焦煤27641689.54千克

资料来源：《续云南通志长编》（下册）中工业部分的相关记载，周钟岳、赵式铭等修撰，云南省志编纂委员会办公室整理，1986年内部发行；《抗战时期内迁西南的工商企业》，云南人民出版社1988年。

此为抗战时期云南主要厂矿企业生产情况的不完全统计。限于史料的记载，所做统计虽然并不完整，但至少也反映了战时云南各厂矿企业的生产情形。

三、战时云南厂矿企业创办与生产之价值

虽然抗战时期云南的近代工业得战时之机遇而发展，传统与近代相互交织，战争的环境也时时影响云南厂矿企业的创办与生产，但其在云南乃至中国工业发展中的价值仍然值得深入认识。

（一）支持了中国的抗战，具有十分突出的战时价值

遭逢抗战而兴起的云南工业，一个重要目标就是为抗战而生产。内迁入滇和在昆明创办的兵工厂，因当时事涉军事机密，目前已难以知晓这些兵工厂的武器装备和枪支弹药的准确产量，但至少也可以知道兵工业生产的一些具体情况。1938年1月内迁至昆明的第二十二兵工厂，是修理与生产军事光学器材的兵工厂。战前创办人周自新在瑞士威特厂购买到80厘米、125厘米两种测远镜的制造权和在奥地利美特克厂购买到机枪、追击炮瞄准镜的制造权。昆明军事光学器材厂，即军政部兵工署第二十二兵工厂正式在昆明建立以后，便准备建厂生产这两种军事光学器材。1939年4月22日，中国第一具望远镜——6×30双眼三棱军事望远镜试制成功，被命名为"敬之式"望远镜，同年7月开始大批量生产，结束了军用望远镜依赖于国外进口的历史，直接支援了前线抗战。1940年7月，炮兵用80厘米倒影测远镜试制成功；1941年下半年配用于法国勃朗特式81毫米迫击炮的炮用制式光学仪器也投入批量生产，仅5个月的时间，共生产1136具；此时也为防空部队自行设计制造五角测远镜100具。1942年第二十二厂与五十一厂合并后，至抗战胜利时止，共制造望远镜11250具，炮兵用象限仪100具，行军指北针31310件。同时先后组成11个游动修理队，开赴湖南、广西、贵州、重庆以及滇西等地，修理了数以万计的光学仪器。[①]除了内迁入滇的第二十二兵工厂外，在云南还创办有另外两家兵工厂，一是以制造轻机枪为主的第五十一兵工厂，1941年6月，首批试制出100挺，至12月共生产450挺，1941年至1945年共生产15000余挺，同时在厂内外修理火炮970余门，轻重机枪8000余挺、步枪22000余支。[②]另一家是1940年10月创办于宜良的第五十二兵工厂，其以生产手榴弹为主。[③]总之，这些兵工厂的开办，对缺少武器装备的前线抗战是至为重要的支持，减轻了中国抗战武器装备依赖进口的压力。

另一与军事密切相关的工业就是飞机制造业。中央垒允飞机制造厂和中央

---

① 参阅霍建明、袁家福《第二十二兵工厂抗战迁滇记实》，《抗战时期内迁西南的工商企业》，云南人民出版社1988年，第134–145页。

② 宋德功、梁忠泽：《抗战烽火中诞生的第五十一兵工厂》，《抗战时期内迁西南的工商企业》，云南人民出版社1988年，第151页。

③ 杨荟：《抗日战争中第五十二兵工厂兴建至撤并的回忆》，《昆明文史资料选辑》第13辑，中国人民政治协商会议云南省昆明市委员会文史与学习委员会编，1989年内部发行。

第一飞机制造厂迁入云南，也是为抗战而生产。在滇期间，中央垒允飞机制造厂，从1939年7月建成投产，到1940年10月，共制造霍克-Ⅱ式战斗机3架、霍克-75式战斗机30架、莱茵教练机30架，组装CM-21型截击机5架、P-40战斗机20架、DC-3运输机3架、改装勃兰卡教练机8架、比奇克拉夫特海岸巡逻机4架、大修西科尔斯基水陆两用座机1架。其中P-40战斗机为“中国空军和美国来华的第十四航空队配备的主要机种之一”，多次参与对日空战。中央垒允飞机制造厂不但为抗战制造、组装、改装战斗机、截击机、运输机、教练机等，也为“美国来华的陈纳德飞虎队、驻缅的英国皇家空军（RAF）检修过战斗机数十架”。[①]迁入昆明西郊昭宗村的空军第一飞机制造厂，于1940年投产后，试制成功“复兴号”双翼轻型飞机，共生产20余架。1942年初，该飞机制造厂“开始进行AT-6型高级教练机的试制工作”。据亲历者回忆：该高级教练机的特点是速度较快，试飞上升速度5分钟达2万英尺（验收记录数字），转翻灵活，低空飞行高度比我厂区的眠山顶还低得多。这种高级教练机两翼各带50磅炸弹3枚，机翼装机枪1挺，机头装机枪1挺，战时先轰炸而后作战，是较为理想的一种飞机。1942年，认为苏联飞机E-15型双翼飞机尚能作战使用，又全力以赴生产E-15型苏联飞机，共计生产了30余架。[②]由此而论，抗战时期内迁入滇的两家飞机制造厂具有明确的生产目的，就是为抗战而生产。

显而易见，设立兵工厂、飞机制造厂是为抗战而进行生产。然而，纵观在全面抗战中云南各地开办的其他厂矿企业，特别是重工业，其中有许多厂矿企业照样带有明确的为抗战而生产的目的。比如中央无线电器材厂，于1940年春在昆明设立分厂，该厂最初设想是为制造收音机而筹备，但因“抗战军兴，军用收发报机需要激增”，所以昆明分厂“以制造大型无线电报话发送机供给军用为主”，全力制造，“以应前方急需”，其时“军政部、政治部、航委会等，均有大批机件之定制”，于是中国抗战“军事通讯，赖以维持”。其中1941年“供给美国航空志愿队第一大队通信网用机件数十套”，该队“因此通信灵敏可靠，在一个月内击落敌机二百八十四架”。此外，为适应战时特殊需要，“如收报机之手摇发电机、滤波机、电话秘密

①《中美合办的中央飞机制造厂及迁滇建立垒允厂始末》，《抗战时期内迁西南的工商企业》，云南人民出版社1988年，第162、164页。

② 杨福星：《空军第一飞机制造厂迁滇纪略》，《抗战时期内迁西南的工商企业》，云南人民出版社1988年，第168-169页。

终端器、步声机等”，该厂“精研创制”“以供抗战急需”。[①]

当然，战时更多的厂矿企业是非军用生产，但如果放宽论述的视野，从稳定后方的经济生活生产的视角来看，后方经济发展良好，各种工业生产顺利，军民生活没有产生困难，后方社会也才稳定，才有力量支援前线将士的抗战。后方稳定是抗战取得最终胜利的前提与基础。所以立于如此视角，战时云南的所有工业生产，其实都是在支持中华民族的抗战，其战时的意义也就更为重大了。

（二）在云南乃至中国工业发展史上具有重要意义

战时只是一时，对抗战的支持只是战时云南工业建设与发展的战时价值而已，如果从更长远的视角来看，战时云南工业的创办与生产其实具有更为深远的价值与意义，那就是在云南乃至在中国工业发展史上具有十分重要的价值。

1. 奠定云南近代工业的发展基础，初步建立起该省近代工业体系。比如电力工业，创办于宣统二年的昆明市耀龙电灯股份有限公司，在昆阳县海口石龙坝建立水力发电厂，发电供昆明城市生活生产用电。因该公司的水力发电“仍不足以应付当时之照明需要，而工商企业工业用电更无从获得”，云南省经济委员会于1937年7月创办火力发电的昆明电厂，以补耀龙公司水力发电量之不足。抗战爆发后大量机关、学校、工厂陆续内迁昆明，电力需要激增，“为谋供求相济”，昆明市耀龙电灯股份有限公司于1938年6月1日与昆明电厂合并改组，成立耀龙电力公司，从1938年6月至1945年底，该公司共发电115297453度。[②]同时，资源委员会为谋供应内迁工厂如中央机器厂用电，在马街创办昆湖电厂，进行火力发电，后又在杨林喷水洞再建一座火力发电所，昆湖电厂的火力发电最高可“达四千四百千瓦”，“该厂除供给昆明市四郊各重要工业用电外，并将一部分电力趸售与耀龙电力公司，转给市区照明用电”。云南其他地区建立的发电厂有开远发电厂、下关玉龙水力发电厂、腾冲叠水河水力发电厂等，为各地方各种用电提供电力。以水力或火力所发的电作为动力或照明，这是近代的一种标志，无疑说明抗战时期云南近代化的程度。从传统人力兽力、到蒸汽机时代，再到电力电气时代，这是工业步

①《续云南通志长编》（下册），周钟岳、赵式铭等修撰，云南省志编纂委员会办公室整理，1986年内部发行，第371页。

②《续云南通志长编》（下册），周钟岳、赵式铭等修撰，云南省志编纂委员会办公室整理，1986年内部发行，第345页。

入近代过程中在动力使用方面所表现出的一种进步，战时的昆明已把电力运用到生产生活，可以说，其时昆明的近代程度应处于比较高的水平之上了。与电力的发展相配套的是电工器材产业的发展，如中央电工器材厂，生产电线、变压器、电表、开关、发电机等电工器材。此外战时的云南还有了电器、电子产业，中央无线电器材厂原设想为生产电器产品收音机的工厂，战时改为生产大型无线电报话发送机等电器产品，以及生产电子管等电子产品，战时的云南工业已迈入电力电工电器电子新工业的门槛。

再如机械制造业和加工业，抗战时期的云南开办各种机械制造厂和利用机械从事产品加工的加工厂，为后方军民生产生活及前线将士抗日杀敌生产各种必需物品，最为突出是中央机器厂内迁昆明，在滇期间共办有七个分厂，其生产情况大致如此："第一厂：炼钢铸铁（一部分单独出品，供给市场；一部分制造半成品，供应本厂其他制造部门）。第二厂：制造蒸汽锅炉及其有关器材。第三厂：制造柴油机、煤气机及煤气发生炉。第四厂：制造大型发电机及电动机等。第五厂：制造工具机及各种精密工具。第六厂：制造纺织机械。第七厂：制造普通机械。"[①]据史料记载，昆湖电厂就曾向中央机器厂订购过"发电设备一套"，云南中国茶叶贸易公司各茶厂部分机器设备就是中央机器厂所制造，至于其产品的具体数量可见前面表列的统计数据。其他的机械制造工厂企业，如云南五金器具制造厂、裕云机器厂、德和机器厂，生产工作母机、各种精密工具；机械加工业中的云南中国茶叶贸易公司、滇新企业公司为军民生活生产面粉、茶叶等。

又如化工工业，云南酒精厂、草坝酒精厂、云南恒通化学工业公司、光华化学工业公司为缺少汽油的汽车等运输车辆提供动力酒精，利滇化工厂、安达炼油厂等工厂企业则为汽车等运输车辆加工提炼汽油、柴油等，昆明化工材料厂、大利实业公司制酸厂、振昆烧碱公司等工厂企业生产酸碱为大后方的生产生活服务，新华化学制药公司则为抗战军民的伤病生产各种西药，用之于伤病的治疗。其他化工工业如在造纸、水泥制造、瓷器制作等方面都创办有近代式的工厂企业，如云丰造纸公司、昆明水泥厂、光大瓷业公司曲靖分厂等。

---

①《续云南通志长编》（下册），周钟岳、赵式铭等修撰，云南省志编纂委员会办公室整理，1986年内部发行，第378页。据钱昌照回忆，中央机器厂在昆明只办有"六个分厂"，可能有误。见《钱昌照回忆录》，中国文史出版社2014年，第62页。

再如矿冶业，开办使用机器开采的煤矿，为战时大后方的生产生活用煤服务，精炼铜、锡、锑，为国内制造业提供各类精炼金属，又可出口国外换取外汇购买战略物资。如宣明煤矿公司、明良煤矿公司、滇西企业局开采煤与盐，云南锡业公司、滇北矿务局、个旧钨锑分公司开采锡、铜、钨等金属矿石并进行加工，云南矿业公司、电气制铜厂、昆明电冶厂、中国电力制钢厂更是用近代方法精炼锡、铜、铁，生产出高规格高纯度的金属，以及高级钢材供出口和国内制造业生产使用，特别是为兵工厂生产枪支弹药提供所急需的高规格金属材料。

总之，云南在抗战时期已初步形成重工业、轻工业并举，民用工业与军事工业同步发展，民营工业和官办工业争相兴办的，已具有电力电工电器电子工业、机械制造业、机械加工业、造纸、水泥制造、医药制造、冶金、炼油、制造酸碱、生产酒精、热兵器生产甚至飞机制造等行业在内的比较齐全的战时工业体系。与战前比较，抗战时期云南的工业应有了长足的发展，为以后的工业生产奠定了基础。

2.创造了工业发展史上的诸多“第一”。确实，虽然抗战时期的云南工业兴办与生产仍然是传统与近代的结合，战时的条件给云南工业生产也造成一些不利的影响，限制了云南工业的发展。比如日机的空袭轰炸，日本对华采取的战略封锁政策的成功实施，给云南的工业生产制造困难。[①]但是，战时云南工业，在近代中国也在近代云南工业发展史上取得了许多可称为“第一”的发展成果。比如1939年内迁昆明茨坝的中央机器厂，其就创造了中国机械工业历史上的诸多“第一”：“出产了我国自己制造的第一台最大的汽轮机、发电机；第一台最大的500匹马力电动机；第一台30—40吨锅炉；第一家搞了铁合金炉，炼制硅铁、锰铁；第一个率先使用了炉气氛控制技术，进行高速钢淬火；第一家制造出‘块规’；第一个实现了高强度铸铁工艺；第一次完成了装配制造成汽车的工作。”[②]此外，如其他工厂，1939年4月22日，“中国第一具望远镜——6×30双眼三棱军事望远镜”在第二十二兵工厂试制成功，第二十二兵工厂成为中国最早的也是民国时期唯一的军事光学仪器厂，被光学界称为中国光学事业的摇篮。[③]1939年5月4日，由富滇新银行等多家银行及华中水泥厂合资的华新水泥股份有限公司昆明水泥厂正式成立，是

① 参阅肖雄《抗战时期日本对华的交通封锁及国民政府的反封锁对策》，《抗日战争研究》2011年第1期。

②《抗战时期内迁昆明的中央机器厂》，《抗战时期内迁西南的工商企业》，云南人民出版社1988年，第86页。

③ 霍建明、袁家福：《第二十二兵工厂抗战迁滇记实》，《抗战时期内迁西南的工商企业》，云南人民出版社1988年，第134、138页。

云南省近代工业发展史上的第一家水泥厂，为云南乃至中国造就了一批水泥工业的技术与管理人才。[①]另据学者研究，中央电工器材厂于1939年生产出中国第一根电线，开创了中国自主独立生产电线电缆的历史。1941年春，由从上海内迁至昆明的国立中央研究院工程研究所在昆明建成一座以新设备、新技术装备起来的新型近代炼钢厂——中国电力制钢厂，该炼钢厂使用炼钢电弧炉炼制高级钢，这是云南第一座近代式的“洋”钢厂。同年8月炼出了第“一”炉合格钢液，浇出9根钢锭，一次冶炼成功，这是中国第一炉电力炼制的钢水。[②]创办于1939年冬的德和机器厂，其主要业务是制造工作母机，最为突出的是空气压缩锤的仿造，这在抗战时大后方工矿界中，尚属第一家。[③]

3. 从更长远的意义上看为中国工业的发展培养了一批工业人才。抗战时期云南的厂矿企业对云南而言形成了初步的工业体系，奠定了云南的工业基础；对中国而言，诸多工业生产支持了中国的抗战，推动了中国工业的发展。然而从更长远的意义上看，为中国为云南培养了许多工业方面的技术人才与管理人才。中央机器厂本着“重工业之推动，其端在人才之培养”的指导思想，派人出国学习，1942年赴美学习考察的人员有雷天觉、江厚渊、刘曾恬、韩云岑四人，至1945年底，共有47名技术人员分赴欧美深造，后来他们都成为机械制造方面的技术骨干，其中韩云岑后来在中华人民共和国机械部情报所工作。[④]在钱昌照的回忆中也有大致相同的记忆：中央机器厂“培养了一批现在还在为机电事业工作的知名专家如雷天觉、韩云岭、江厚渊等”。[⑤]再如中国电力制钢厂也“为发展云南及国内钢铁工业输送了大批工程技术、生产管理方面的人才”，其中有许多人也成为后来昆明钢铁公司的骨干。[⑥]中央电工器材厂从1936年筹备之时起，到抗战胜利为止，每年都从“各大学、院、校中选用各科、系的优秀毕业生，几年间合计选用大学生在300人以上”，这些人在该厂多年的生产实践中逐渐成为技术方面的重要力

---

① 参阅童兆瑞、李兴仁《云南第一家水泥企业——云南水泥厂》，《抗战时期内迁西南的工商企业》，云南人民出版社1988年，第211页。

② 参阅孙代兴、吴宝璋《云南抗日战争史》，云南大学出版社2005年，第226页。

③《续云南通志长编》（下册），周钟岳、赵式铭等修撰，云南省志编纂委员会办公室整理，1986年内部发行，第384页。

④《抗战时期内迁昆明的中央机器厂》，《抗战时期内迁西南的工商企业》，云南人民出版社1988年，第87页。

⑤《钱昌照回忆录》，中国文史出版社2014年，第62页。钱昌照记忆有误，应是“韩云岑”，而非“韩云岭”。

⑥ 张学义、陈光寿：《从工程研究所的内迁到中国电力制钢厂的建立》，《抗战时期内迁西南的工商企业》，云南人民出版社1988年，第79页。

量。与此同时，中央电工器材厂还选拔出优秀而且具有一定实践经验的人员到外国有关工厂科研单位学习先进技术和管理方法。1945年，该厂与美国西屋电器公司及摩根司密斯公司签订技术合作合约，先后选派49人到这两家美国公司学习，这些人员回国后，带回了先进的技术，日后也成为“国内主要大、中型电机、开关、电线、电缆、电容器等工厂和科研、设计院、所的技术骨干”，推动中国电工电器制造工业的发展。[①]

确实，抗战时期云南建立了各类厂矿企业，建立起了初步的工业生产体系。其实，更重要的是，经过战时各厂矿企业的生产实践，为以后中国也为云南的工业发展培养了技术人才，也为以后的工业生产贮备各类生产能手，这是中国工业能够得以长远发展的真正基础。

第二节　战时云南的农业生产

农业本为云南的传统产业，战前亦为云南的主要产业。抗战以来，为打破日本侵略者对抗战大后方的经济封锁，云南对外努力开辟国际通道，运入抗战所需战略物资，而对内则采取自力更生原则，发展工农业生产，利用传统运输方式转运物资，创办兵工厂制造枪支弹药，以缓解敌人交通封锁所造成的压力。其中在农业方面，建立农村合作金库帮助农民从事农业生产，兴修水利以扩大种植面积，注意引进近代农业技术和各类农作物优良品种以增加产量，试图弥补因抗战大量人口内迁入滇生活物资需求大量增加而导致的供给不足，克服因敌人交通封锁使进口物资难以运入而产生的物资匮乏之困难。

必须特别说明的是，本书所论的农业包括农林牧畜渔等方面，实指广义上的农业。

①《抗战前后的中央电工器材厂》，《抗战时期内迁西南的工商企业》，云南人民出版社1988年，第97页。

一、云南发展战时农业的条件与措施

如前所述，云南素称山国，绵延境内的绝大部分山脉南北纵列，与经度线相平行，总称横断山脉，如需细分，则有高黎贡山脉、怒山山脉、云岭山脉三大分支，其中云岭山脉又可分为数支山脉，一是南下者以无量山为主峰的蒙乐山脉、哀牢山脉，一是东折者有乌蒙山脉、六诏山脉、勾漏山脉。[①]由于云南境内"山岳高耸，岗峦起伏"，对于云南农业而言，"耕地总量仅居少数"。据战前国民政府统计局的统计："云南全省耕地面积为二千七百十二万五千亩。"大致占全省面积的"百分之四而强"。另据战前云南省财政厅清丈全省耕地，"除沿边各设治局尚未清丈外，其已清丈之一百零七县耕地面积之总数为二千八百三十七万三千九百二十九亩"。两相对比，数据出入并不大。此处不必过分计较这些数据的精确程度，其实这些数据完全可以说明云南的可耕地面积确实太少。[②]

虽然云南境内大山纵列，平地并不多，仅在大山之间星散着诸多云南本地人所称的"坝子"，即山间盆地，如陆良坝、昆明坝、洱海坝、蒙自坝、祥云坝、昭鲁坝、曲沾坝、固东坝、嵩明坝等，但这些坝子土地平宽，便于耕种，自古以来即为云南农业最为发达的地区。南北纵列的大山之间又有诸多江河湖泊，较大的河流有金沙江、澜沧江、怒江、南盘江、元江等，较大的湖泊有滇池、洱海、抚仙湖、异龙湖、程海、泸沽湖、阳宗海等，这些江河湖泊是农业发展所需的主要水源，此为云南战时农业发展的又一自然条件。云南除部分地区为高寒山地、南部部分地区为热带外，绝大部分地区为温带、亚热带，但总体上云南气候温和，四季如春，适合于农业生产。此为云南战时农业发展的又一个自然条件。

至于云南从事农业的人力问题，据记载，由于云南"僻居边陲，山势丛杂，河流多不能通航，南部仅法人兴修之滇越铁道线，全省公路网尚未完成，自昔交通险阻，故工商各业较外省逊色"，"全省居民，除城镇多有营工商业者外，其余大都从事农业"。[③]如前所述，据1932年云南省民政厅的户口调查报告记载，云南实有人

① 张肖梅：《云南经济》，中国国民经济研究所1942年，第A2-A3页。

②《续云南通志长编》（下册），周钟岳、赵式铭等修撰，云南省志编纂委员会办公室整理，1986年内部发行，第249页。

③《续云南通志长编》（下册），周钟岳、赵式铭等修撰，云南省志编纂委员会办公室整理，1986年内部发行，第244页。

口“一千二百七十九万五千四百八十六人”。[①]其中全云南省青壮年人数为5598615人，除开残疾人、不从事农业劳动的家庭妇女、无职业者，其农业从业者，约占全省青壮年有职业人数的70%，其中“全省共有自耕农民一〇二二二九四人，半自耕农民五九八七八八人，佃农八一六六〇二人，共计二四三七六八四人”。[②]虽然这为云南战前所统计的数据，但至少可以说明云南具有大量人口从事农业生产，这是战时云南农业生产的人力条件。

确实，战前云南农业生产的如此自然条件和人力条件毕竟还是能够为云南民众提供必需的生活资料和生产资料，可以说自古以来即为如此，史料中关于云南闹饥荒的记载并不多，特别是重大饥荒很少发生。然而，始于1937年7月7日的日本侵略者发动的全面侵华战争，则在一定程度上打破了云南自古以来的农产品供需平衡状态。抗战之初，云南地处抗战大后方，大量政府机关、学校、厂矿企业等内迁入滇以躲避战火之摧残；缅甸滇西战事兴起，云南又成为抗战前线，大量的军队又开进云南，驻守云南各地；当然更有大量的战区难民拥入了云南，所以抗战时期云南人口大为增加。据龙云回忆：“京沪两广沦陷，各地的人纷纷到滇，多数的机关、学校、工厂陆续迁来。接着缅甸沦陷，大量华侨回国。蒋军驻滇的部队有数十万，美军及技术人员约二万多人。总计涌来的军民不下百余万人。”[③]由于忙于抗战也许无暇统计，据所掌握的史料来看，对于抗战时期的迁滇人口数量目前难以寻找到一个确切的统计数据，但作为云南地方长期主政者的龙云，其亲历战时云南的政治经济文化诸事，其对迁入云南的人口数量的说法应具有一定的权威性、可靠性。100多万人口迁入云南，为如此庞大的人口提供生活必需品，则大为增加了云南的负担，特别是粮食。据记载：“随着昆明成为抗战大后方重镇，政府事业机关，工厂企业，学校等，纷纷迁往昆明，人口成倍地增加，粮荒日益严重。一般市民常常天不亮即赶去粮店或储销处排队购粮，还往往赴个空。而像西南联大等单位，为使数千学生及教职员工不致断炊，曾指派专职购粮人员达一二十人！”[④]当然为了解决这一粮荒为中心的生活必需品不足的问题，可以采取多种解决的办

---

①《云南概览》，编著者与出版者不详，1936年，云南省图书馆藏，民政第1页。

②《云南概览》，编著者与出版者不详，1936年，云南省图书馆藏，农林第1页。

③ 龙云：《抗战前后我的几点回忆》，《文史资料选辑》第17辑，中华书局1961年，第56页。

④ 于百溪：《漫谈八年抗战中后方重镇昆明的若干经济问题》，《云南文史资料选辑》第29辑，云南人民出版社1986年，第225页。

法，但最主要的办法只有两个。其中办法之一是增加国外或省外进口，这一办法看起来理论上似乎可行，但在实际操作中并不具有多少可行性。因为邻近的各省也照样面临云南同样的问题，不可能有多少粮食等生活必需品供应给云南，另一方面虽然在抗战之初可从国外进口，比如缪云台于1938年初，因“云南米荒”亲自到“西贡购米”①，但后来由于日本侵略者战略封锁政策实施下的步步紧逼，进占越南和缅甸，从国际上进口生活必需品越来越困难。那么余下的另一个办法就只有自力更生，发展云南本省的战时农业。早在全面抗战刚刚爆发的1937年9月，云南省政府建设厅即通令全省各县区，“一面于原种田地之外设法加种稻麦，俾各县粮食不惟足以自给，且能储积多数，用备非常需要。一面调查公私荒山荒地，凡能种植稻麦杂粮者，均应由地方官绅督饬人民大量种植，以充实后方生产，增强抗战资源及其力量”。②事实上，云南地方政府为解决生活必需品需求急增的问题一直在努力发展战时农业，提高各类生活必需品的产量，确实采取了一些较为积极的措施。

其一，在农村建立合作金库。抗战时期，富滇新银行鉴于“农村资金奇缺，贫苦农民告贷无门”，无力投资农业而大为影响农业生产之事实，特设立农村业务部，专管农业贷款。1939年，农村业务部更从富滇新银行划分出来，改组为云南省合作金库，同时又在各县成立县合作金库，形成了合作金融网，便于农民贷款，同时指派人员到各县去，组织农民参加互助合作社，作为农贷对象，帮助贫穷的农民有资金从事农业生产。据1942年《云南日报》报道，该年“共贷出各项贷款(包括县库基□贷款，特种合作社贷款，青苗、种、耕牛、农具、水利等贷款)八千六百余万元”；当年合作金库“贷款区域有四十三县，已指导成立合作金库二十九库，四千三百七十余合作社，社员达十五余万人”。③

在抗战后期，全国性的恶性通货膨胀，货币的无形贬值也就越来越显著。作为农村合作金融机构的云南各县合作金库，在放款业务方面面临严重挑战，因为如果按一般金融机构的传统办法，实行现款贷放，即使放款利息定为年息二分、三分甚至更高一些，到期收回本金和利息时，在货币数量上虽然有所增加，但在实值上，也就是说在货币购买力上，已较放款时大打折扣，这绝不是数分年息可以弥补

① 缪云台:《缪云台回忆录》，中国文史出版社2013年，第75页。

②《云南行政纪实》卷十，建设一：农业，龙云辑录，1943年刻本，云南省图书馆藏。

③《省金库贷款已达八千余万，贷款区域有四十三县，指导成立县库廿九处》，《云南日报》1942年1月24日，第3版。

的。[1]面对战时通货膨胀的特殊时期云南合作金库自有特殊办法，云南各县合作金库采用实物贷放政策，以代替现金贷放。1943年，云南省合作金库“为使贷款易于收回起见，决定采取贷放实物方式”，开始“试办”以实物贷放给农民，而且“成绩甚佳”。1944年“扩大”实物贷放规模，将全部资金一万万元，在春耕以前尽量贷放各县农民，秋收以后，向农民收回谷物，贷款利率为百分之二，现已令各县合作社积极办理。[2]这种实物贷放方式，在战时可以说是一大创举。就一般农民看来，这也是“公平合理而毫不勉强地行得通的”，因为云南农作物主要是水稻、蚕豆、麦子、玉米等，一般贫苦农民最伤脑筋的是在生产季节缺乏种子，农民如果通过合作社向县合作金库借到各类庄稼种子，就能够继续当年的农业生产，那是最为实惠而普遍受到欢迎的。所以后来各县合作金库由现款贷放一律改为实物贷放，满足了贫苦农民在生产季节对于种子的迫切需求。同时，对于合作金库自身而言，这种借贷方式由货币本位转变为实物本位，不管通货如何膨胀，货币怎样贬值，实物贷放即以实物斤两还本息，所以合作金库不会因通货膨胀而蒙受损失。相反地，由此合作金库逐渐还获得了金融资本的积累，充实了合作金库的金融力量。“当一九四五年抗战胜利来临时，全国其他省份的合作金库乃至全盘合作事业都早已受通货膨胀之害而奄奄一息甚至遭到毁灭性的破坏，惟有滇省的合作事业都在各县合作金库实力日益壮大的基础上，正欣欣向荣，形成一枝独秀”，这就是云南合作金库面对恶性通货膨胀之现实而采取的变通办法，以实物借贷，既让贫苦农民能够继续生产并得到实惠，以实物还本息，又保护了合作金库免受抗战后期恶性通货膨胀之严重影响而最终垮台，无力再给农民借贷以支持农业生产了。[3]

其二，兴修水利，扩大农业种植面积。兴修水利工程，是发展农业的基础。其实早在抗战之前，云南地方政府就重视水利工程的兴修，比如大型水利工程有昆明各河流的修治工程、嵩明嘉丽泽工程、昭鲁大河疏浚工程、抚仙湖与星云湖两湖开凿贯通工程，小型水利工程有各县蓄水工程、各河道治理工程、各县引水工程、

① 于百溪：《漫谈八年抗战中后方重镇昆明的若干经济问题》，《云南文史资料选辑》第29辑，云南人民出版社1986年，第227页。

②《省合作金库贷放实物》，《扫荡报》1944年5月8日，第3版。

③ 参阅于百溪《漫谈八年抗战中后方重镇昆明的若干经济问题》，《云南文史资料选辑》第29辑，云南人民出版社1986年，第226-228页。

堤坝工程等，另有水利方面的配套工程——河堤树木之保护及种植工程。[①]

抗战兴起，并没有影响云南各地水利工程的继续建设，反而因粮荒迫使云南地方政府进一步加强水利建设以支持农业生产。兴修水利需要资金，1939年2月，云南省政府与经济部农本局签订合同，由农本局负担150万元，云南省政府出资50万元，作为办理云南农田水利工程的放款基金，正式成立云南省农田水利贷款委员会，以云南省建设厅厅长张西林为委员会主任，委员有富滇新银行行长缪云台、农本局专员许贯三、中央农业实验所技正冯泽芳等人，会址设在云南省建设厅内，“系由农本局与本省政府合作办理贷款，推进本省农田水利事业”。[②]比如完工于1943年的宜良文公渠、宜良龙公渠、弥勒甸惠渠、沾益华惠渠，合称“四渠工程”，该工程即利用云南省农田水利贷款委员会的水利基金兴办。关于此四大水利工程的兴办，时报中有较为具体的记载，其中有言：由云南省政府“与中国农民银行合作组织之农田水利贷款委员会，先后主办宜良文公渠、龙公渠、弥勒竹园坝、沾益松林坝等四处水利工程”，“共投资四千三百余万元，计龙公渠可获良田二万余亩，文公渠可获良田三万余亩，松林坝可获二万余亩，竹园坝可获两万余亩，共计四大渠坝可灌溉出良田十万亩”。[③]四大水利工程于1943年4月底“告竣”，确定宜良文公渠和龙公渠于4月24日，弥勒竹园坝甸惠渠于4月27日，沾益松林坝华惠渠于5月8日分别“举行放水典礼”，从此可使10万余亩良亩受惠。[④]抗战时期云南另一著名的水利工程则是蒙自草坝排水垦殖工程。蒙自草坝占地约85000余亩，战前除四周边缘少量土地尚可耕种外，其余地区一直长满荒草，无法开垦成良田，原因是“坝子内有两个大的出水洞（即龙潭），而又没有河流排水，雨季时水量过多，坝子顿成沼泽。旱季则水源枯竭，坝子干旱，五谷不生，树木不长”。早在1935年，主持开垦草坝的开蒙垦殖局杨文波提出“在两个出水洞的四周建起两个大围子”，建成人造贮水池，雨季贮水防洪，旱季灌溉田亩，一举两得。然而后来经缪云台实地考察，认为“只能疏导，不能阻拦”，不宜建人造贮水池，并把意见向云南省地方政府做了报告。云南省政府接受了缪氏的建议，并将草坝疏导工程委托给缪云台主持的经济委员会办理。于是由经济委员会筹集资金，向富

---

① 参阅《云南概览》，编著者与出版者不详，1936年，云南省图书馆藏，建设第37-47页。

② 张肖梅：《云南经济》，中国国民经济研究所1942年，第K124页。

③《四大水利工程本月底行放水典礼，可灌良田十万余亩》，《云南日报》1943年4月2日，第3版。

④《四大水利工程告竣，订期举行放水典礼》，《云南日报》1943年4月16日，第3版。

滇新银行贷款，着手筹划草坝疏导工程，并由开蒙垦殖局负责工程的施工事宜。草坝疏导工程主要就是"在草坝内修两条运河"。[①]开凿运河于1936年动工，一年之后大致完工，其中一条运河14千米，名曰"龙公河"，此为排水河，"引导草坝害水"入南盘江；另一条长约10千米，名曰嘉铭河，此为引水灌溉河，引导水位高于草坝的大屯、长桥两湖所储之水入草坝，灌溉草坝土地，种植庄稼。于是招募农民前来种植，在草坝上修建了新农民住宅，建立新村，定居种地，生产粮食以供战时需要。[②]至1939年，在两条运河工程全部完成后，"草坝已开出近五万亩稻田"。[③]现就抗战时期云南兴修的主要水利工程统计如下。（见表3-5）

表3-5　抗战时期云南兴修的主要水利工程统计表

工程名称	兴修时间	工程目的	受益田土面积（单位：亩）
宜良文公渠	1939年至1943年	引水灌溉	30000
宜良龙公渠	1939年至1943年	引水灌溉	17000
弥勒甸惠渠	1939年至1943年	引水灌溉	12000
沾益华惠渠	1939年至1943年	蓄水灌溉	40000
蒙自草坝疏导工程	始于1936年，至1939年大致完成	开河排洪，新开良田	80000
谷昌水库	始于抗战时期，建成于1946年	修筑水库，防洪灌溉	25000
海口河疏浚工程	始于抗战前，1944年动用人力规模最大	多次疏浚，防洪	
盘龙江蓄水工程	1944年至1946年	蓄水防洪灌溉	20000
嵩明嘉丽泽排洪工程	始于1931年，抗战结束仍未完成	排洪灌溉	40000

资料来源：《云南经济资料》，云南省财经经济委员会编，1950年内部发行，第60—61页；张肖梅《云南经济》，中国国民经济研究所1942年，第14章水利。

① 缪云台：《缪云台回忆录》，中国文史出版社2013年，第94页。

② 参阅夏光南《考察开蒙垦殖局报告》，《云南文史资料选辑》第29辑，云南人民出版社1986年，第82-90页。

③ 杨文波《兴办开蒙农田水利垦殖事业纪要》，《云南文史资料选辑》第16辑，中国人民政治协商会议云南省委员会文史资料研究委员会编，1982年内部发行，第188页。

除了表3-5中较为大型的水利工程外，还有比较有影响的水利工程如姚安县晴蛉河治河灌溉工程、晋宁马家塘蓄水工程、玉溪大沙河治河工程、祥云中河治河灌溉工程等，也于1943年后陆续开始建设。[①]抗战时期云南还陆续兴办了一些小型水利工程，以满足农业发展需要。云南省建设厅在全省设立九个水利督导区，包括滇中、滇西、滇东的47个县，在各县兴办小型水利工程，其中在昆明车家壁、王家桥等地兴建小型示范工程7处，向云南省各县推广水利建设经验。

其三，开展农业科学研究，注意近代农业技术的引进与推广。1938年4月，国民政府农林部在滇设立中央农业实验所云南工作站，该站工作人员由棉作、稻作、麦作、病虫害、蚕桑等方面的技术专家组成，“棉作系由冯技正泽芳负责，稻作由周技正拾禄负责，麦作由徐技正委吾负责，病虫害由吴技正逊三负责，蚕桑由朱技正新予负责”，从事调查作物、品种改良、推广种植、病虫害防治等方面的工作。其中重要工作，在棉作方面协助云南省推广木棉，进行木棉研究、棉作试验和棉区调查；在稻作方面，对云南省各县稻种进行检定，“以期渐次改良品种，淘汰劣种”；在麦作方面，努力改良云南省麦种品质，“将在国内外搜集之良种，在昆明、曲靖、弥渡、蒙自四县试种”；在病虫害方面，与宾川棉场合作防治棉作蚜虫、天牛，在婆兮、开远布沼坝防治棉花红铃虫；在蚕桑方面，协助云南省蚕桑改进所，致力于蚕桑之改进，等等。[②]

云南省建设厅为农业品种的研究和推广，下设畜产改进所、稻麦改进所、蚕桑改进所、茶叶改进委员会等农业研究机构。畜产改进所成立于1938年3月，所长汪国兴，技正吴年吉，该所在昆明设立畜牧试验场，改良畜种。比如为推广昆明优良种猪，至民国二十八年（1939）“二月份止，已交配本地母猪三十七口，生杂交小猪三十五窝，共二百二十六头”。“此项杂交小猪，至断乳时较同样之本地小猪”重3.4千克，运用近代畜种杂交技术取得明显效果。稻麦改进所成立于1938年9月，所长汪星固，技师傅一星、杨会盛，该所调查云南省34县小麦品种，“由各县寄来小麦二百余种，省外国外三百余种”进行试种实验，如单穗行试验、长江流域小麦区试验、西南5省小麦适应试验、播种期试验等10余种试验，选择优良品种进行推

① 丘勤宝：《云南水利问题》，新云南丛书社1947年，第82页。

② 参阅张肖梅《云南经济》，中国国民经济研究所1942年，第K122-K123页。

广；在水稻方面，进行了昆明附近五县水稻品种检定及水稻绿肥试验，并采集到云南省43县水稻品种。蚕桑改进所，1938年12月1日正式成立，所长为建设厅厅长张西林兼任，副所长为经济部技正常宗会、建设厅林务处处长黄晃、经济委员会秘书马镇国三人。蚕桑改进所先后在昆明、河口两地播种桑籽一担六斗，成长良好；其后由中央农业实验所“补助桑籽二十市担”，在云南草坝等地播种，实施后“可得桑苗三千五百万株”；由四川运到桑苗50万株，在云南各县推广种植；在安宁长坡设立蚕桑生产制种农场，“以改良桑苗、育殖蚕种为主要业务”。①茶叶改进委员会成立于1938年12月，“系中国茶叶公司及滇省经委会、建设厅联合组织”，常委三人，为张西林、缪云台、寿景伟，委员为张维翰、禄国藩等二十余人。该委员会积极训练茶叶技术人员，通过改进滇茶方案，推进云南省的茶叶经济之发展。②此外，云南省建设厅为发展金鸡纳等热带植物起见，在河口成立热带植物试验场，试制热带植物种子与树苗，以资试验推广种植；又派员前往滇西调查，据调查所得，“有保山、昌宁间之枯柯坝尚适于热带作物之栽培”，所以建设厅确定“在该坝设立迤西热带作物试验场”，并且“委派河口热带植物试验场副场长林永昕为该厅技正兼充该场场长”，试验推广热带植物的种植。③

与此同时，云南省建设厅又与中央农业试验所合作成立云南农业改进所，下设森林、畜牧兽医、农艺、园艺、热带作物5个系和农业经济、植物病虫害、水旱灾害3个研究室，开展品种改良、病虫害防治研究与技术推广工作。④

总之，云南除了建立农村合作金库、兴修水利、引进与推广近代农业技术等增加农业产量的措施外，还建立了近代意义的农业垦殖局组织农民开垦荒地，生产与购买近代农业机械使用于农业生产之中，实行田赋征实、加紧增填积谷政策增加仓储量以备战时需要，如此等等。总而言之，云南省地方政府为发展农业生产以解决战时生活生产物资不足的问题，采取了一些较为积极的措施，确实也取得了一些实质性效果。

---

① 缪云台：《缪云台回忆录》，中国文史出版社2013年，第101页。

② 参阅张肖梅《云南经济》，中国国民经济研究所1942年，第K123-K124页。

③《推广热带植物，建厅成立迤西试验场》，《云南日报》1942年11月7日，第3版。

④ 参阅张肖梅《云南经济》，中国国民经济研究所1942年，第K125页；阮以仁《抗战以来本省生产建设》，《云南日报》1939年3月29日、30日，第4版。

二、云南战时农业生产的工具、动力与组织形式

近代云南虽时至近代，但抗战时期云南的农业生产总体而言并不近代，使用的生产工具亦为传统的锄头、镰刀和犁耙，使用的生产动力仍然是人力与兽力，基本上采取的仍然是传统的家庭作坊式的生产组织形式。

1940年至1941年间，张之毅在费孝通的指导下去云南省玉溪县（今玉溪市，后同）附近一个村庄玉村展开社会调查，其中针对当时农业生产所使用的农具，就有过明确的调查记录，他写道："玉村农户用于农田和菜地方面的农具一共有二三十种。农具的材料以铁料和木料为主，篾料则较少，木具多是夷人料子，汉人做工，铁具则是铁匠打的。"①同时，张之毅对这些农具的相关情况进行统计，则能更具体地了解到抗战时期云南农村的农业生产究竟在使用些什么工具。（见表3-6）

表3-6 玉村农具种类及相关情况统计表

农具名称	用途	价格（单位工具）		耐用年限
		以升米计算	以国币计算	
四川犁	犁田	6.50	26.00	10
耙	耙田	4.00	16.00	20
六尺耙	耙田	0.30	1.20	10
条锄	挖干田	2.00	8.00	10
粪箕	挑粪	0.50	2.00	2
粪桶	挑粪水	6.00	24.00	20
粪瓢	舀粪水	1.20	4.80	3
扁担	挑	0.40	1.60	5
大箩	挑谷	5.00	20.00	10
滤子	脱去谷壳	6.00	24.00	1
石臼	舂米	5.00	20.00	30
掼盆	掼谷	12.00	48.00	5
镰刀	割稻	0.40	1.60	3

① 张之毅：《玉村农业和商业》，参阅费孝通、张之毅《云南三村》，社会科学文献出版社2006年，第342页。

续表

农具名称	用途	价格(单位工具)		耐用年限
		以升米计算	以国币计算	
链杆	打豆	0.15	0.60	10
水车	车水	20.00	80.00	3
风箱	分离谷壳	30.00	120.00	20

资料来源:张之毅《玉村农业和商业》,费孝通、张之毅《云南三村》,社会科学文献出版社2006年,第343页。

从表3-6可知,玉村农业生产所使用的全为传统生产工具,没有使用近代机器。玉溪县离昆明不远,抗战时属于滇中经济比较发达的县份,“是个滇中商业中心”,而离玉溪县城不远的玉村,据张之毅调查,“玉村是个商品性菜园村”,所产蔬菜除在县城售卖外,也有一部分销往昆明。总体而言,抗战时期的玉村虽属于云南经济较为发达的地区,但劳动使用的照样还是传统生产工具,更何况那些地处偏远的村落。由此而论,抗战时期的玉村农业生产仍然使用传统生产工具应具有典型性,可以确定云南农村农业生产使用的生产工具应仍然为传统工具。

战国时代铁器农具的出现是中国生产力的进步,然而利用铁器农具如锄头、镰刀及犁耙的历史一直延续到中国的近代,共两千多年在生产工具上没有一点实质性的进步或革命,这确实令人感叹。云南的近代亦为如此,照样使用着锄头、镰刀和犁耙。近代的中国受西方“船坚炮利”之刺激,最早的改变就是在器物上。中国人对待道与器的问题,认为“道”是不可变的,“天不变,道亦不变”,但“器”做改变是可以接受的,因此近代中国人认为首先对器物的改变是易行的,容易为社会所接受,所受的阻力相对较少,这是洋务运动兴起最深层的文化原因。后来是社会制度的革命,推翻了清王朝,建立起中华民国。最后是新文化运动,更在思想层面上使民主科学自由平等的思想深入人心。然而,近代的中国,思想上已由以“三纲五常”为核心的传统道统向以西式的民主自由为核心的近代价值观转变,制度上已由君主专制制度改为民主共和制度,虽然有人认为这两个方面的改变仍不够彻底,但毕竟民主共和制度得以确立,民主自由平等的观念至少已为绝大多数人所接受,任何在这两个方面的复古与复辟都不得人心,很快失败,销声匿迹,袁世凯的复辟与民国时有泛起的读经运动即为明证。但是,近代中国最早做改变的也最易改变的器物却在近百年的近代变革进程中变得十分缓慢,虽在上海、武汉、天津等城市具备了近代的工业，利用机器大生产，但这只是利用传统生产工具的中国传统生产方式的汪洋大海中的几个孤岛而已，整个社会生产总体上一直仍然停留在量变阶段，特别是在农业上，照样使用传统的生产工具。近代之初最早最易改变的器物却在近代的进程中变得最慢最难改变，这是历史的悖论。

在生产动力上亦为如此，西方的近代在利用生产动力上逐步摆脱传统人力与兽力的原始动力，已由蒸汽机、内燃机时代进入电气化时代，而中国也只有几个利用近代动力的孤岛存在而已，近代中国绝大部分地区仍然生活在使用传统动力之中，生产仍然使用的还是盘古开天辟地以来的原始动力，特别是在农业上，仍然使用人力与兽力从事耕种与养殖。深处西南边陲的云南即为如此。虽然近代的云南较早就成为英法殖民主义者的势力范围，较早地受西学西力的影响，滇越铁路像一条输入近代西式力量的管道把西式文明带入了云南，但是云南近代的绝大部分农业生产照旧在使用牛耕地。据张之毅对玉村的社会调查，玉村"少数户养水牛的，用来犁田"，那么没有耕牛的，则只有靠人力了，因为如前所统计的生产工具一表中，并没有玉村使用机器工具从事农业生产的记载。具体而然，据张之毅对玉村的调查，玉村全村人口700多口，其中"有马38匹，水牛15头，黄牛2头"，使用牛马做动力的家庭并不多，大部分还靠人力。[①]

抗战时期的云南农业生产，其从业者包括自耕农、半自耕农和佃农三类，自耕农是指拥有土地，自力耕种者；半自耕农是指拥有少量属于自己的土地，但需另靠租种别人的土地以求生存者；佃农是指没有属于自己的土地，全靠租种别人的土地者。此处所指的佃农，应也涵盖受地主或富农雇用的雇农。然而不管是哪一类农民，其农业生产的组织形式都以家庭为单位的形式从事耕作，生产的目的主要是为了家庭生活所需，绝大部分非为商品交换而生产，这就是自足自给的自然经济的典型特点，云南的战时农业总体上停留在家庭作坊式的生产时代，非社会化的大生产。

即便如此，然而，中国毕竟受西学东渐、西力东进的影响，抗战时期云南的农业生产偶尔也显露出一些近代生产的因素。

据抗战时期开垦草坝者的回忆，其时草坝开垦工程的施工事宜由开蒙垦殖局负责，其就使用了近代机器，其中有言："当时局里由英国购来一台开荒机（拖拉

---

① 张之毅：《玉村农业和商业》，参阅费孝通、张之毅《云南三村》，社会科学文献出版社2006年，第343、345页。

机），但因草坝地里多为白花草，此类草根深，粗壮，繁殖密，故此机只能拖一个铧犁，就是这样其效率也比牛高得多，且质量好，使用时农民多来观看，甚至有的从蒙自、开远专程来此观光，都视为奇货”。[①]农民专程前来观看，“视为奇货”，说明近代机器在云南农业生产上使用得特别少，农民看起来才会觉得如此新奇；使用这台开荒机其效率比牛高得多，质量也好，说明近代机器的使用可提高劳动生产率，非传统生产与动力可以比拟，显示出强大的生命力。开蒙垦殖局局长杨文波后来也回忆到这件事，他说：“一九三八年冬，缪嘉铭嘱他的得力助手金龙章为垦局购来一部英国制的柴油拖拉机到草坝应用，效果还好。草坝系云南省首先使用拖拉机的地区。但因当时用的柴油都系外产，价值昂贵，不经济，仍以用畜力耕犁为宜。”[②]所以说，使用拖拉机开垦荒地，只是云南战时农业生产中的偶然表现，以其时柴油需进口且价高，所以不经济，尚不能普遍运用到农业生产实践中去，绝大部分农业生产照旧使用传统工具与动力。

抗战时期，云南地方政府为了扩大农业种植面积，增加产量，投资开垦荒地，成立生产农场、蚕业公司等，建立近代企业性质的农业生产单位，这也确实是近代才有的现象。如前所述的开蒙垦殖局，其就为开垦包括开远县属之大庄坝，蒙自县属之草坝与蒙坝而设立，从1935年8月15日开蒙垦殖局成立至1944年底，其在草坝共新开垦出稻田5万余亩，开蒙垦殖局自种4000余亩，租给草坝本地农民数千亩，尚余4万多亩。1940年，中国银行、农民银行、交通银行和富滇新银行共同协议，分别投资，向开蒙垦殖局租田地3万苗，在草坝成立云南蚕业新村公司，“辟植桑园及农场万余亩，建成新村两村，计二百余蚕户”，并以“集体农场方式经营养蚕制丝”，“栽培稻、麦、甘蔗”。[③]以集体农场方式经营，具有社会化生产的性质，改变了原来以家庭为单位的农业耕作方式。据史料记载，具有近代企业性质的生产农场还有普思企业局开办的思普区茶业试验场，设立南峤第一分场、车里南糯山第二分场，“采选国内外优良茶种，分别试种”。此外普思企业局还设立安峤农场，栽培稻、麦、甘蔗、蔬菜等；设立樟脑培植场，栽种樟树。[④]1941年，云南省经济委

① 施化名、台光斗：《参加草坝开垦工作的回忆》，《昆明文史资料选编》第13辑，中国人民政治协商会议云南省昆明市委员会文史资料研究委员会编，1989年内部发行，第102页。

② 杨文波：《兴办开蒙农田水利垦殖事业纪要》，《云南文史资料选辑》第16辑，中国人民政治协商会议云南省委员会文史资料研究委员会编，1982年内部发行，第186-187页。

③《续云南通志长编》（下册），周钟岳、赵式铭等修撰，云南省志编纂委员会办公室整理，1986年内部发行，第386页。

④《续云南通志长编》（下册），周钟岳、赵式铭等修撰，云南省志编纂委员会办公室整理，1986年内部发行，第435页。

员会与国民政府经济部、富滇新银行会同召集商股合办长坡蚕桑生产农场，“以改良桑苗、育殖蚕种为主要业务”。[①]以企业方式举办生产农场，近代集体农场耕作方式此时已悄然进入战时云南农业生产当中，这是云南农业社会化生产的萌芽，确实令人激动，然而这仍然只是一种孤岛现象。

三、云南战时农业生产的对象、种植面积与产量

即便近代因素的存在，云南战时农业生产仍然表现为一种在传统生产方式的汪洋大海中的孤岛现象，也就是云南的战时农业生产主要还是以传统生产方式为主，但是并不影响云南的战时农业生产。云南战时农业生产的整体面貌、生产情况究竟如何？下面就来讨论云南战时农业生产的一些具体情况。

考察抗战时期云南的农业生产，如果从农业生产的对象来看，大致可分为两大类，即种植业和养殖业。云南的种植业包括水稻、小麦、大麦、玉米、高粱等粮食作物的耕种，大豆、蚕豆、豌豆等豆类作物的种植，木棉、草棉等棉花作物的栽培，果树、桑树等经济作物的栽种，细细考察起来，种类繁多，其生产面积与产量，确实难以一一统计得来。现就1937年至1945年部分年份云南主要农作物的播种面积和产量统计如下，来分析战时云南农业生产的相关问题。（见表3-7）

表3-7　1937—1945年部分年份云南主要农作物播种面积、产量统计表

农作物		1937年	1938年	1943年	1944年	1945年
稻	面积/亩	9854000	11453612	10366519	10964417	9920068
	产量/担	32976000	38890716	37956831	31891140	32352106
玉米	面积/亩	4831000	4509581		4889400	4938294
	产量/担	8922000	5227008		7627400	7551126

① 缪云台：《缪云台回忆录》，中国文史出版社2013年，第101页。

续表

农作物		1937年	1938年	1943年	1944年	1945年
大豆	面积/亩	1674000	1736667		1898084	1898084
	产量/担	5054400	2853336		2930000	3017900
高粱	面积/亩	427000	425983		452800	461856
	产量/担	807600	631500		611200	623424
大麦	面积/亩	2168000	2402887		1506200	1491130
	产量/担	3176600	3363672		2153933	2132394
小麦	面积/亩	4399000	4851913	5358520	4975000	5074500
	产量/担	6926400	7162992	7293159	8328366	8494933
蚕豆	面积/亩	5835000	6629755	4939562	6124585	6247076
	产量/担	9884000	10132032	7539933	9186877	9370614
豌豆	面积/亩	1968000	2281727		2145782	2145782
	产量/担	2244000	2643600		2532022	2532022

资料来源:《云南经济资料》,云南省财经经济委员会编,1950年内部发行。

通过表3–7抗战之初与抗战后期部分农作物的种植面积与产量对比,可以发现,除大麦种植面积略有下降外,其他农作物的种植面积确实略有增加。产量上来看则比较复杂,水稻1938年增长较快,抗战后期则有所减少;玉米、大豆、高粱则在1937年产量较高,1938年则减产较大,抗战后期则又有所增加;大麦除1938年略有增加外,抗战后期与前期比较,减产幅度较大;小麦产量则在一直增长;蚕豆产量1938年增长较快,抗战后期有所减产,难以恢复到1937年的水平;豌豆产量总体上看是在增长。从各农作物产量在抗战时期各年度变化的复杂性来看,也许是抗战时期多变的形势影响了农作物的产量。

从表3–7来看,种植面积最多者为稻谷,现再引述张肖梅先生主持的中国国民经济研究所对云南抗战前及1937年、1938年的稻谷种植面积与产量的统计数据,单就云南的稻谷种植来深入考察云南抗战时期的农业生产情况。(见表3–8)

表3-8 1931—1938年云南省稻谷种植面积及产量比较表

年份	面积/亩			产量/千旧斤		
	籼粳稻	糯稻	合计	籼粳稻	糯稻	合计
1931年	11449000	641000	12090000	3629300	185900	3815200
1932年	11555000	614000	12169000	3963400	202000	4165400
1933年	10601000	916000	11517000	3265100	262000	3527100
1934年	9741000	1290000	11031000	3175600	407600	3583200
1935年	9512000	1066000	10578000	2950900	3228000	6178900
1936年	9442000	862000	10304000	3097000	277300	3374300
1937年	8939000	915000	9854000	2470000	278000	2748000
1938年	10911609	1042003	11953612	2964423	276470	3240893

资料来源：张肖梅《云南经济》，中国国民经济研究所1942年，第K38页。

上述统计数据中，从1931年至1937年，稻谷种植面积一直表现出一种减少的趋势，只是到了1938年，种植面积才迅速扩大，比1937年增加200多万亩，总量接近1931年的水平；1935年糯稻产量可能统计有误而导致1935年稻谷总产量奇高，现暂不考虑在内，那么产量上从1931年至1937年也是总体上呈下降趋势，也是到了1938年，产量比1937年增加近50万千旧斤。所以说，从这种变化中，可以推知在抗战爆发后，随着迁滇人口的大量增加，对粮食的需求也就大为增加，由此刺激云南地方政府尽量扩大稻谷种植面积，以增加稻谷总产量来满足对粮食的急需。虽然上述的统计就整个抗战时期而言并不完整，但反映的事实却是客观的。上述数据说明云南地方政府对战时农业生产应该是采取了一些积极性措施，如扩大种植面积，相应提高了粮食总产量。此外，上述表格数据与前表1937—1945年部分年份云南主要农作物播种面积、产量统计表中1937年和1938年稻谷种植面积与产量比较，数据上是有些出入，但种植面积与产量的迅速增加却是一样的，由此更有力说明上述结论的根据应是可靠的。

战时云南的种植业，除了稻谷、高粱、玉米、小麦、大麦、大豆、蚕豆、豌豆之外，还有油菜、糜子、甘薯、木棉、草棉、芝麻、芋头、茶叶等农林作物。由于资料的不足，这些农林作物在抗战时期历年的种植面积与产量难以一一详列，现仅就1936年、1937年、1938年这三年各类农作物的种植面积与产量列表如下。（见表3-9）

表3-9　1936—1938年云南省各类农作物的种植面积与产量统计表

农作物名称	种植面积(单位:亩)			农作物产量(单位:千旧斤)		
	1936年	1937年	1938年	1936年	1937年	1938年
主要冬季作物						
小麦	3782000	4399000	4851913	719500	577200	596916
大麦	2183000	2168000	2402887	388400	264700	280306
豌豆	1958000	1968000	2281727	278900	187000	220300
蚕豆	5964000	5835000	6629755	961500	823700	844411
油菜	1611000	1837000	1955745	151800	110500	125796
主要夏季作物						
稻谷	10304000	9854000	11953612	3374300	2748000	3240893
高粱	47400	427000	424980	66400	74800	52625
糜子	99000	79000	77179	13900	13300	8478
玉米	4549000	4821000	4419581	735000	743500	435584
大豆	1691000	1674000	1756667	378500	421200	237778
甘薯	485000	482000	444415	287700	404200	296522
棉花	143000	144000	254868	4000	3300	176
花生	156000	147000	145426	29400	26900	23390
芝麻	42000	27000	44029	3800	2400	2445
芋头	444000	424000	442872	354000	60900	40872

资料来源:张肖梅《云南经济》,中国国民经济研究所1942年,第11章农业经济与农作产销。

虽然表3-9所列数据与1937—1945年部分年份云南主要农作物播种面积、产量统计表的数据有所不同,但却可反映另一个事实。从表3-9可知,战时云南省冬季作物,以蚕豆为主。据史料记载,“晋宁、澄江、弥渡、宾川、路南、弥勒、峨山、宜良等县,冬季种植蚕豆者,均占稻田面积百分之六十以上,昆明等五十县平均占百分之三十四,全省种植面积,在六百万亩以上”。其次为小麦、大麦、豌豆、油菜。战时云南省的夏季作物,当然以稻谷种植为主,云南全省“除东北部及西北角以外,各县主要农作物,无往而非稻”。据中央农业实验所对昆明等50县的调查:

"稻田面积，平均占耕地总面积百分之五四·九，成数之多，可见一斑。各县稻田成数最多者，为石屏、玉溪、富民、大理等四县，约占耕地总面积百分之八十至九十。其次则为曲溪、通海、河西、晋宁、宜良、禄丰、曲靖、马龙、双柏、牟定、姚安、祥云、凤仪、邓川等十四县，各在百分之七十左右。"除稻谷外，次为杂粮，以玉米为主，高粱、糜子、大豆、甘薯等次之，而棉花、花生、芝麻、芋头等"亦有相当产出"，"如广通、镇南、宣威、师宗、易门等米粮不足自给之县区，均以杂粮为补助食品也"。[①]

至于抗战时期云南各地茶叶种植，据张肖梅的研究，云南全省共有昆明、宜良、路南、广南、大关、绥江、镇雄、盐津、大理、保山、昌宁、顺宁、蒙化、云县、缅宁、双江、景东、景谷、澜沧、镇沅、墨江、元江、江城、佛海、车里、镇康等县出产茶叶，据云南省财政厅各茶税局所收茶税数据推算，全云南省每年产量估计，1936年为34668公担，1937年为34157公担，1938年为24792公担。至于抗战时期的其他年份，由于资料的缺乏，所产茶叶数据不能统计到位，其产量不得而知。[②]

至于抗战时期云南的养殖业，虽没有像以粮食生产为核心的种植业那么引人注目，但其抗战时期的生产却十分重要，为抗战时期运输与生产提供动力，为抗战军民提供更好的肉食营养。云南的自然环境，气候总体上温和，适宜于牧畜的繁殖；同时，云南有良好的畜种，比如"丽江之马，邓川之牛，宜良之羊，宣威之豚，玉溪之鸭，武定之鸡，俱属名产"，据记载，"滇省农家所豢养之牧畜，计有水牛、黄牛、山羊、绵羊、猪、马、骡、鸡、鸭、鹅等种类"。其饲养方法，牛分役用及乳用两种，"役用黄牛及水牛，夏秋两季，于役用暇时放牧，冬春两季，喂以稻草或干杂草，役用时加喂蚕豆或糖料"；乳用黄牛及杂种牛，"除放牧外，每日每头仍饲以混合饲料三斤至五斤不等。混合饲料包含大麦、酒糟、麸子、糠糟、蚕豆糠及蚕豆"。马、骡、驴，"除放牧外，饲料以稻草、蚕豆、麸豆、麸子为大宗，大麦、酒糟亦间用之"。山羊与绵羊，"除放牧外，绝少饲以其他饲料。在冬季，亦惟喂以干草或任其自由觅食而已"。猪，"以蚕豆、粮米糠与酒糟为主要饲料"。普通农家饲养鸡、鸭、鹅，"全取放任饲养法，任各禽随地觅食；此外亦惟喂以残饭杂粮而已"。[③]

至于全云南省抗战前后饲养各类牲畜数量，仅"据中央农业实验所民国二十七年之统计，全省水牛为五二三二二九头，黄牛为四八四二三六头，马四二六八六

① 张肖梅：《云南经济》，中国国民经济研究所1942年，第K221、K222、K229、K233页。

② 张肖梅：《云南经济》，中国国民经济研究所1942年，第L2页。

③ 张肖梅：《云南经济》，中国国民经济研究所1942年，第K118页。

二匹，山羊六四二九一六头，绵羊一八四二〇六头，猪二九一七六六五头”。[1]现就中央农业实验所对全面抗战爆发前后五年养殖业相关估计数据资料表列如下，由此可更真实地了解战时云南养殖业的具体情况。（见表3-10）

表3-10　1934—1938年云南省牲畜数量统计表

单位：头

牲畜	1934年	1935年	1936年	1937年	1938年
水牛	526000	714000	781000	542315	523229
黄牛	617000	805000	547000	484739	484236
马	250000	471000	387000	341863	426862
山羊	1199000	501000	533000	610891	642916
绵羊	511000	111000	113000	183753	184206
猪	2556000	2696000	2845000	2761000	2917665

资料来源：张肖梅《云南经济》，中国国民经济研究所1942年，第K114页。

从表3-10可知，全面抗战爆发前后云南各类牲畜的数量时有变化，有增有减，寻找不到十分明显的规律。比较1936年、1937年与1938年这三年，马、羊、猪的养殖数量略有增加，牛的养殖数量略有减少，应该说抗战对云南畜牧业的影响并不大。

总而言之，抗战时期云南的农业生产，应战时所急需，努力采取一些积极性措施提高各类农产品的产量，虽然如在种植业方面部分农作物的种植面积有所增加，但其产量照样受天时、地利、人和多方面的影响，并不见得一定会有所提高，总体上云南的战时农业生产与战前一样按常规生产，受抗战之影响并不大，但是云南农业为云南军民生产各类农产品，尽量满足他们的生活、生产需要，在一定意义上也就是支援了云南乃至中国抗战，这样的历史不应忘记。另一方面，战时的云南农业生产，虽然仍旧继承了具有数千年历史的农业生产工具与动力，以家庭为基本单位的生产组织形式，但是在生产的多个方面已显现出一些近代生产因素，在历史的田野上远远望见了近代农业的萌芽，比如近代集体农场耕作方式的利

① 张肖梅：《云南经济》，中国国民经济研究所1942年，第K113-K114页。

用，引进与推广近代农业科学技术，兴修具备近代因素的水利工程，使用近代农业机械拖拉机，建立近代农村金融机构农村合作金库，如此等等。确实，这种闪烁农业生产前途的近代农业生产因素引人注目。

第三节 战时云南财政金融事业的发展

如前所述，辛亥革命之前，云南财政收入有限，年收入仅为白银三百余万两，云南地方政府年需经费为六百余万两，财政入不敷出，在财政上是一个接受中央补助和四川、湖北、湖南等省协助的省份。"重九"起义云南军都督府建立以后，所需各项费用浩繁，但中央补助及各省协款停拨，财政则更为困难。蔡锷主政的云南军都督府及时采取开源节流的财政措施，一方面汰除政府浮冗机构，公务员实行减薪政策，遣散部分军队，以减少政府开支；另一方面筹办公债，剔厘前清陋规，整顿厘税，开设富滇银行，建立地方银行系统，发展实业，广开财源。如此，收支相抵而略有节余，云南财政渐趋稳定。①

然而数年之后护国战争爆发，加之此后多年的云南军阀混战，云南财政开支巨大，只得滥发纸币以弥补财政缺口，由此引发通货膨胀，金融危机日趋严重。龙云于1927年8月主政云南以后，决心整顿云南的财政金融。在税收方面，废除苛捐杂税，开征消费税；建立契税局，征收契税；整理印花税处，收取印花税；成立清丈局清丈耕地，改田赋为耕地税。在金融方面，由财政厅控制造币厂，铸造半开银币；建立富滇新银行，统一币制，增铸半开银币，改进外汇管理，控制金融权。在贸易方面，建立云南特货统运处，垄断鸦片购销；举办钨锑个旧分公司，实行钨锑统制销售；建立纸烟、火柴专卖处，实行专卖制度。通过这些措施，逐步建立起以财政厅厅长陆子安为首并以云南省企业局为实体的陆系财政金融系统，以富滇新银行行长缪云台为首并以云南省经济委员会为实体的缪系财政金融系统。可以说，以龙云为首的地方政府即以此为基础来发展云南地方经济，稳定与维护龙云在云

① 参阅肖雄《蔡锷督滇时期的云南财政建设措施》，《中南大学学报》（社会科学版）2012年第3期，第166-170页。

南的政治地位，亦以此为基础支持云南乃至中国的抗战。[1]这就是抗战前云南财政金融事业的发展状况，这也是抗战时期云南财政金融业发展的基础。

抗战时期云南的财政金融事业，立于战前的基础上，确实有新的发展。然而，随着财政金融业方面的国民党中央政府势力入滇，云南的战时财政金融业又有新的变化。发展与变化交织在云南的战时财政金融事业的各个方面，下面就云南的战时财政金融事业给予必要的阐述。

一、战时云南的财政

龙云主政云南以后，通过对云南财政的整顿，唐继尧主政云南期间日益恶化的财政状况逐步得到好转，其所采取的财政政策一直延续到抗战爆发以后，成为抗战时期云南财政政策的重要组成部分，并显现出成效。比如1931年设立的特种消费税，从开征之日起至1940年6月停止征收为止，仅"昆明一局最初每年收得新滇币三百四十多万元，逐渐增至新滇币四百万元，最后增至新滇币一千二百多万元。以全省而论，在八年内(一九三一至一九三八年)共收入新滇币八千八百多万元"。由此而论，特种消费税的开征，对云南地方政府的财政而言，确实取得了预期效果，增加了云南地方政府的收入，以支持战时日益增长的各项支出。再如1931年开征的契税，"从一九三一年至一九三八年，契税收入共新滇币九十八万多元，登记费收入二十九万多元，合计新滇币一百二十七万多元"，积零成整，在云南财政收入中也是一个不小的数目。又如清丈耕地，改田赋为耕地税，借此增加收入。据记载，"云南田赋，根据旧日面积，每年收入大约一百三十多万元，清丈期间，把隐匿的或新开垦的清了出来，旧日面积不过九百万亩左右，经过清丈陡增至二千八百多万亩，改征耕地税后，税款即陡增至新滇币二百八十多万元"。在清丈过程中，云南省财政厅给已清丈的田地分别发给清丈执照，确认田地所有权及面积，其间共发出1800万张，其中"田照九百万张，每张收新滇币八角，可收七百二

① 参阅孙代兴、吴宝璋《云南抗日战争史》，云南大学出版社2005年，第200-204页。

十万元；地照九百万张，每张收新滇币四角，可收三百六十万元，田、地两项照费共有新滇币一千万元左右”，这也是一笔不小的财政收入。[①]

总之，自从陆子安于1931年再掌云南省财政厅厅长一职以来，采取多种手段增加云南地方政府的财政收入，以改善唐继尧主政云南以来的云南财政入不敷出的状况；这些措施也延续到抗战时期，为龙云主政的云南地方政府地方施政和出兵、出粮、出钱抗日提供财力保障。

然而时至抗战时期，随着国民党中央政府势力逐步进入云南，其既影响云南的政局，也对云南经济产生重要影响，尤其是对云南地方政府的财政政策影响深刻。

抗战之前，龙云主政的云南地方政府其实具备半独立于国民党中央政府的政治地位，虽然表面上表示拥护国民党中央政府，但实质上云南诸多地方事务并不听命于国民党中央政府，其拥有云南地方军队，其人事权、财政权等为云南地方政府独立行使，国民党中央政府基本上无权干涉。当然这种状况，令国民党中央政府深为不满。比如征收特种消费税，就遭到国民党中央政府和西方国家的强烈反对，西方国家认为进口物资已征海关税，再征特种消费税，属于重征，不符合征税规则；国民政府财政部认为云南自设税种，违背了国家财政统一原则，强烈要求改变云南自设税种破坏国家财政税收统一的状态，所以这种税在战时被国民党中央政府讥讽为“龙云税”，明确要求云南地方政府停征特种消费税。在征收特种消费税问题上国民政府给予的持续压力下，龙云不得不派遣卢汉与陆子安赴重庆与财政部进行实质性的磋商，最后达成协议：“此后云南军政费用，由财政部全部负担，云南停征特种消费税。”[②]1940年6月底，特种消费税被逼停征，云南地方政府财政征税权的独立地位最终被动摇，由国民党中央政府财政部负担全部云南地方“军政费用”，看似减轻了云南地方政府的财经负担，但此后的云南地方政府已依赖于国民党中央政府的财经拨款，其实质上说明云南地方政府已丧失了财经自主的权利。

国民党中央政府以此为契机，加快统一云南财政权的步伐。早在龙云开始主政云南之时，省政府财政厅收回了一度为军人或云南各地势力把持的各项税收，规定县级除教育经费独立外，其他各项经费一律由省财政统收统支，实质上抗战前云南财政是以省级财政为主体的财政体制。然而，1934年，南京国民政府召开

① 参阅孙东明《龙云统治云南时期的财政》，《云南文史资料选辑》第5辑，中国人民政治协商会议云南省委员会文史资料研究委员会编，1964年内部发行，第16、20、23页。

② 孙东明：《龙云统治云南时期的财政》，《云南文史资料选辑》第5辑，中国人民政治协商会议云南省委员会文史资料研究委员会编，1964年内部发行，第17页。

全国第二次财政会议，颁布《划分省县收支五项原则》，实行中央、省、县三级财政制度，也就是划分国税与地方税，但处于半独立地位的云南地方政府迟迟未予实行，继续保持以省级财政为主体的财政收支体制，保持其财政独立地位。抗战爆发后，迫于国民党中央政府的压力，1939年1月云南省政府第六〇〇次会议决议，“将所有各地耕地税，一概拨作县地方行政及事业经费”。耕地税即田赋，划为县级财政的主要税源，这仅为实行国民党中央政府财政政策的第一步，“这是财政上的一个重大措施，而在全国也是创举”。其后，经云南地方政府与财政部反复磋商，最终确定于1940年7月起按国民政府划定的国家、地方税收收支标准执行：在收入方面，凡赋税性质属于全国一致的划为国家税收，国税主要包括“盐税、烟酒税、印花税、卷烟税、矿税、茶糖税”等税种，由财政部在滇设立云南区国税局负责征收；凡赋税与地方关系密切的划为地方税，地方税包括“耕地税、营业税、屠宰税及契税”等税种。在支出方面，云南省财政厅负担的军费、司法费、党务费、外交补助费等则由中央统一拨给。[①]云南地方的“军政费用”由国民党中央政府财政部负担的财政政策进一步得到确认，而云南税收的大头如盐税等则由国民党中央政府统一征收；对于云南地方政府，财政支出负担减轻但依赖中央财政拨款增强，国税征收而云南地方政府财政收入减少，总体上来看削弱了云南地方政府的财政力量，以省级财政为主体的云南财政的独立地位已根本动摇。

划分中央和地方税收范围，可以说国民党中央政府财政制度在云南最终得以确定。云南大部分税种定为国税，地方税中的主要税源——耕地税又划为县级财政收入，所以所谓省级财政征收的税如营业税等则为收入很少的一部分税了，可以说省级财政收入只是徒有虚名，剩下一具空架子，只有仰息于国民党中央政府的拨款了。1941年国民政府召开第三次全国财政会议，决定将全国财政划分为国家财政与“自治财政”两级体制，而“自治财政”相当于县级财政，将以前的省级财政归附于中央财政之内，实质上即取消了省级财政的存在。与此同时，国民党中央政府又以“增加税收，调整税制，调剂粮食，改进征收”为借口，接管各省的田赋，云南的田赋（即耕地税）又纳入国民党中央政府财政征收范围，通货膨胀背景下田赋采取征收实物，进一步掏空了云南地方政府的财政收入，战前云南地方政府独立的财政制度可以说已彻底瓦解。[②]

① 张肖梅：《云南经济》，中国国民经济研究所1942年，第U7-U8页；李珪：《云南近代经济史》，云南民族出版社1995年，第526页。

② 李珪：《云南近代经济史》，云南民族出版社1995年，第529页。

这就是抗战时期云南财政制度的变化过程，那么战时云南的财政状况究竟如何？由于战时云南财政的诸多变化，给描述战时云南财政状况增加了诸多困难，但从目前所掌握的史料来看，云南省的财政状况从财政体制的设计上可分省级财政和县（市）级财政两个层次；从云南财政政策的变化上可分为两个时间段：1937年至1941年和1942年至1945年。

对于云南省级财政，在1942年以前基本保持其独立性，其收支状况较为复杂。由于1942年以前的县（市）财政也是依附于省级财政的，所以现就1937年至1941年的云南省级财政的收入情况列表如下，可更直接地认识这一时期内云南全省财政的实际状况。（见表3-11）

表3-11　1937—1941年云南省级财政各项收入统计表

税种	1937年	1938年	1939年	1940年	1941年
耕地税	931146.00	745500.00			
契税	150964.00	116050.00	255244.52	75960.68	292163.98
印花税	182655.29	274523.80	572165.05	704126.13	
特种营业税	26032.00	22504.00	916020.64	263297.88	17792.72
矿税	2564327.37	1500064.13	3652024.57	2867053.66	
烟酒税	570298.63	730657.57	685343.16	414079.50	
牲畜税	305468.00	273374.00	107503.34	378448.80	339321.82
合计	4730891.29	3662673.50	6188301.28	4702966.65	649278.52
备注	1. 自1939年度起田赋划归各县自行收支，收数不详。 2.1937年至1940年，收入以新滇币元计，1941年以国币元计，但1941年征收牲畜税仍以新滇币元计。 3. 印花税、矿税、烟酒税自1941年移交财政部云南直接税局接办，收数不详。 4. 特种营业税即特种消费税。				

资料来源：由《续云南通志长编》卷四十三中财政一的地方岁入一、二部分中的有关所征各税的历年征收数额统计而成，参见《续云南通志长编》（中册），周钟岳、赵式铭等修撰，云南省志编纂委员会办公室整理，1986年内部发行，第503—542页。

虽然表3-11的统计并不十分完整，但所得数据来自其时参与云南政治、经济等活动的主要人物所撰写的云南通志，应较为真实可靠。所以说这些数据反映了云南自1937年至1941年省级财政真实而具体的情况，可为深入认识云南抗战前半期的财政收入状况提供可靠依据。

再来讨论1937年至1941年的云南省财政支出状况。据目前所掌握的史料，云南省财政“岁出款项”，大体上可分为“政费、军费、杂费”三种，“均以实际上由财政厅直接或间接支销之费用为准”。现就1937年至1941年云南省财政各项支出特列表如下，可以更清楚认识此期间云南省财政的支出情况。(见表3-12)

表3-12　1937—1941年云南省历年财政各项支出统计表

支出类别	1937年	1938年	1939年	1940年	1941年
党务费	96000.00	76800.00	317606.00	561924.00	561924.00
省务费	200809.40	208264.80	222904.80	705983.20	1099364.00
内政费	1105306.08	1090921.20	1113953.16	3381460.68	6252590.28
财政费	181864.80	159422.40	147121.20	661266.00	1146660.00
教育费	535992.00	535992.00	535992.00	1010996.00	7933535.98
建设费	197988.40	243042.40	219850.00	778976.00	894760.00
外交费	324751.60	324751.60	324751.60	1071797.00	1071797.00
特别临时费	8556000.00	8556000.00	8556000.00	3144000.00	3144000.00
军务费	14003060.90	12930785.60	24850782.40	21606078.80	
杂费	459048.00	459048.00	459048.00	933036.00	
合计	25660821.18	24585028.00	36748009.16	33855517.68	22104631.26
备注	1.本表所列费用以新滇币为本位。 2.内政费中各县县长、县佐、行政委员等的历年俸禄，因资料缺乏，本表并未计入。 3.教育费中因自1929年1月份起，将卷烟特捐划归教育经费管理处经收，作为省立各学校及各教育机关经费，省库不再支付此项，以体现教育经费独立之政策，所以本表统计的1937年至1940年教育费并不包括省立各学校及各教育机关经费。1941年，此项费用才由云南省财政厅支付，共为新滇币7657535.98元。 4.本表所列1940年军务费仅统计至该年6月份，自1940年7月起云南省各军事部队编为国防军，军费即改由国库开支，本表暂不列入。 5.1941年的杂费因缺乏史料，不能列入本表中。				

资料来源：由《续云南通志长编》卷四十四中财政二的地方岁出一、二、三部分中的有关历年支出数额统计而成，参见《续云南通志长编》(中册)，周钟岳、赵式铭等修撰，云南省志编纂委员会办公室整理，1986年内部发行，第543—682页。

表3-12所列的云南省抗战前五年的财政支出，虽然至少有两项支出并未列入，一是内政费中的各县县长、县佐、行政委员等人的俸禄没有列入，二是为征收各税的财务开支也没有列入，但总体上应包括了云南省抗战前五年的主要开支。如果对云南省抗战前五年的财政支出表与前面所列收入表进行比较，会十分惊讶地发现，每年的支出远远大于收入。虽然上述云南省抗战前五年的财政收入表也并不十分完整，但该表所列收入已包括了耕地税、矿税、烟酒税、牲畜税等税收大宗，应已接近每年收入的实际总额。如此分析，云南省如需弥补抗战前五年的巨大财政赤字，一是从抗战之前历年节余中划拨，二是来自云南省地方政府通过经济委员会等机构所办厂矿企业的收入，三是大量印刷新滇币。对于第一种办法，目前不见有关资料的相关记载，从战前节余中划拨也就不得而知；对于第二种办法，应是可能的，诚如张肖梅所言，云南地方政府在抗战时期，已"注重官营事业之发展，俾向以租税收入为主之财政，渐变为以官营事业为主，开发富源"。①然而中国工业当然也包括云南的工业才刚刚起步，所得收入应不多，在云南财政总收入中所占比例应不大。那么第三种方法则可立竿见影，可迅速弥补财政赤字，然而其后果却会导致通货膨胀，物价飞涨。从开始于1939年的云南以昆明为中心的通货膨胀、物价飞涨的实际状况来看，应是采取了第三种办法的。据记载，从1938年至1940年12月，富滇新银行新发行新滇币5500万元，使发行钞票总额达到7000万元，甚至有亲历者说富滇新银行在抗战时期"大发空头纸币，将达一万万之多"，应非虚言。②

从1942年开始，云南财政已纳入国民政府财政部的统一管辖之中，云南省级财政已依赖于中央财政拨款，所以已无云南省级财政收入问题可论，所言只有云南省级财政的支出问题。现就1942—1945年度省级岁出核定预算列表如下，认识当时云南省级财政支出的实际情形。（见表3-13）

表3-13　云南省1942—1945年度省级岁出核定预算总表

单位：国币元

年度	经常门常时部分	经常门临时部分	全年合计
1942年	76202668	29152486	105355154

① 张肖梅：《云南经济》，中国国民经济研究所1942年，第U7页。

② 刘幼堂：《云南财政和金融的相互影响》，《云南文史资料选辑》第29辑，云南人民出版社1986年，第212页；另请参阅孙代兴、吴宝璋《云南抗日战争史》，云南大学出版社2005年，第232页。

续表

年度	经常门常时部分	经常门临时部分	全年合计
1943年	75920663	105505337	181426000
1944年	79621417	174500583	254122000
1945年	85057358	726449642	811507000

资料来源:由《续云南通志长编》卷四十四中财政二云南省1942年至1945年各年度省级岁出核定预算总表中的合计数据总结而成。参见《续云南通志长编》(中册),周钟岳、赵式铭等修撰,云南省志编纂委员会办公室整理,1986年内部发行,第629—631页。

从表3-13可知,经常门常时部分预算支出增长并不多,而经常门临时部分的预算支出却增长幅度比较大,从1942年的29152486元,增加到1945年的726449642元,增长近25倍;从全年岁出预算经费来看,1942年,经常门常时部分占该年岁出总预算经费的72.33%,而至1945年,经常门常时部分仅占该年岁出总预算经费的10.48%,而临时部分则占89.52%。所谓常时部分是指经常性费用,紧接上一年的继续发生支出,为可预计到的经费支出;所谓临时部分是指在预算年度内,非逐年所需支出而为临时性支出的经费,为不可预计到的经费支出。由此分析至少可以反映一个事实,剧烈的通货膨胀致使经常门常时部分的预算经费,已无法满足经常性的省级财政开支,只有通过追加预算的方式增加经常门临时部分的预算经费,来弥补经常性省级财政开支的不足。

那么具体到某一年的云南省级财政支出状况,则详列其中一年的各项经费预算,以便获得一些更直接的认识。(见表3-14)

表3-14　云南省1944年度省级岁出核定预算总表

单位:国币元

科目	经常门常时部分	经常门临时部分	全年合计
行政支出	10002896	6834390	16837286
教育文化支出	15454815	4308240	19763055
经济及建设支出	6074227	19312366	25386593
卫生支出	17228743	21880	17250623
社会及救济支出	2182257	1561501	3743758

续表

科目	经常门常时部分	经常门临时部分	全年合计
保警支出	25679301	1350965	27030266
公务员退休及抚恤支出	91728		91728
财务支出	902534	2661500	3564034
其他支出	504916	2050000	2554916
预备金	1500000	8450000	9950000
新兴事业支出		8706326	8706326
生活补助费支出		47243415	47243415
公粮支出		72000000	72000000
总计	79621417	174500583	254122000

资料来源:《续云南通志长编》(中册),周钟岳、赵式铭等修撰,云南省志编纂委员会办公室整理,1986年内部发行,第630—631页。

从表3-14可知,经常门临时部分中,数据最大的是生活补助费支出和公粮支出两项,占整个经常门临时部分的68.33%,占1944年全年支出总预算经费的46.92%。而生活补助费和公粮的支出就是因为在通货膨胀、物价飞涨后,国家公务员及事业性单位的工作人员生活困难而采取的补救方式,由此进一步证实上述关于抗战后半期云南省级财政支出预算中经常门临时部分增长很快的一个重要原因是通货膨胀、物价飞涨而导致的。除了这两项支出外,经济及建设支出、保警支出、教育文化支出、卫生支出和行政支出为多。抗战大后方当然需要发展经济,兴修各项建设事业,经济及建设支出偏高应在情理之中;保警支出既为后方治安,也为战争做准备,在抗战之特殊时期支出较高也应是合情合理的了;有意思的是,教育文化支出和卫生支出,这是为大后方百姓日常生活而支出的经费,则分别高于行政支出,不能不令人称奇,对于妖魔化民国倾向的诸多论述而言,可以说是一种有力的反驳证据。

对于1942年以后的云南省县级财政,根据1941年第三次全国财政会议所确定的全国财政分为国家财政和"自治财政"两级体制的方针,其中所谓"自治财政"实质上即指县级财政。如需具体了解1942年以后云南省县级财政的实际情形,首先就1942年至1945年这四年的县级财政预算收支状况列表如下。

表3-15　云南省各市县局1942—1945年度收支预算总表

单位:国币元

年度	岁入	岁出	盈余或赤字
1942年	49285430.56	51791173.82	-2505743.26
1943年	140302983.94	140778837.12	-475853.18
1944年	974414736.81	989063946.00	-14649209.19
1945年	5236971069.59	5366756066.99	-129784997.40

资料来源:由《续云南通志长编》卷四十四中财政二云南省1942年至1945年各年度各市县局收支预算总表中的合计数据总结而成。参见《续云南通志长编》(中册),周钟岳、赵式铭等修撰,云南省志编纂委员会办公室整理,1986年内部发行,第632—635页。

从表3-15可知,从1942年至1945年,云南省各市、县、设治局各年度的收支预算在逐年增加,由近5000万级到1亿级,再到10亿级,最后达到500亿级,财政赤字也从100万级到1000万级,最后到1亿级。可以想到的,这主要不是人员的增加或生产规模的扩大而表现出来的状况,而是通货膨胀越来越剧烈。

如果需要具体探讨这四年中某一年的详细收支状况,则在此引述其中一年的收支预算数据即可。(见表3-16)

表3-16　云南省各市县局1944年度收支预算总表

单位:国币元

岁入		岁出	
科目	金额	科目	金额
税课收入	274592024.00	行政支出	149979168.00
分配县市国税收入	42975378.00	教育文化支出	300123566.84
国税附加收入	189333.00	经济建设支出	9212941.00
特赋收入	8263887.85	卫生支出	5851694.00
惩罚及赔偿收入	2409908.00	社会及救济支出	5764233.00
规费收入	36105649.50	保安支出	65116606.58
信托管理收入	10000.00	财务支出	12393424.70
财产及权利之孳息收入	479399038.30	债务支出	2500.00

续表

岁入		岁出	
科目	金额	科目	金额
公有营业之盈余收入	4878014.00	公务员退休及抚恤支出	953815.00
公有事业收入	6980905.00	补助及协助支出	53819793.00
补助及协助收入	4863829.00	信托管理支出	216096.00
地方性捐献及赠与收入	5313588.00	损失支出	5148293.00
其他收入	7332214.16	其他支出	89121180.84
财产及权利之售价收入	5813122.00	乡镇临时事业支出	9390305.30
赊借收入	1226439.00	预备金	171954261.74
教育筹款收入	28061407.00	营业投资及基金支出	100000.00
		永久性财产购置支出	141200.00
		新兴事业费支出	108874867.00
合计	908414736.81	合计	988163946.00

资料来源:《续云南通志长编》(中册),周钟岳、赵式铭等修撰,云南省志编纂委员会办公室整理,1986年内部发行,第634页。

从表3-16可知,1944年的县级财政收入方面,税课收入和财产及权利之孳息收入最多,所占财政收入的77.38%,可见县级财政主要依靠税收和财产租息;在财政支出方面,教育文化支出最多,其次为预备金、行政支出、新兴事业费支出,四项支出占财政总支出的73.90%。在战时财政困难时期,县级财政支出却以教育文化支出最多,约占总支出的30.34%,较高的行政支出却只占15.16%。

二、战时云南的金融业

诚如抗战前后出任云南省财政厅厅长的陆子安所言:“以财政扶持金融,发展生产;以金融充裕财政,支持生产;以生产巩固财政,充实金融。”[①]所论之意旨涉及

① 邓佑权:《抗战期间云南金融简况》,《昆明文史资料选辑》第7辑,中国人民政治协商会议云南省昆明市委员会文史资料研究委员会编,1986年内部发行,第193页。

财政、金融与生产的关系，说明三者相互促进，联系紧密，无不需要重视。上文已论述了云南战时工农业的生产和财政方面的相关问题，现就云南战时金融业拟做较为深入的探讨。

论到云南的金融业，最早可追溯到传统的银号、钱庄，这是中国也是云南的传统金融机构，如在抗战之前开办的有溥源钱庄、永和益钱庄、兴文官银号、益华银号、锡务银号、个旧铁路银号等。这种传统形式的金融机构也有部分银号、钱庄一直延续到抗战时期仍在开办，如兴文官银号、益华银号。除此之外，战时新开办的银号钱庄，有西南银号、裕亨钱庄、亨利钱庄、恒兴裕钱庄、源通钱庄、建利钱庄、光明钱庄、汇利钱庄等，传统的中国金融机构仍然活跃在抗战时期的云南。

如需进一步讨论近代意义的银行，也可追溯到在清末开办的大清银行，其应在云南开办有分支机构；辛亥革命后该行改名为中国银行，继续经营。护国运动时期中国银行在云南的分支银行最终停办，那么当时云南具有近代意义的银行就只有民国元年成立的富滇银行。该银行为云南省立地方银行，资本500万元，以“调济全省金融，奖励储蓄，扶助实业为主旨”[①]，除经营一般性的银行业务外，更代表云南省政府“执行地方金融政策，统制外汇，发行钞票，代垫省款”等业务，“实滇省金融机关之中心也”。[②]然而由于护国运动及以后的历次战争，富滇银行也就承担着巨大军费开支的责任，只有通过滥发纸币以弥补财政赤字，所以富滇银行纸币贬值，信用丧失，于1932年7月，改组为富滇新银行[③]，继承原富滇银行在云南金融业中的主体地位，发行新滇币，以一比五的比例收回旧滇币，重新确立金融信用，其经营日见稳定，一直持续至抗战时期。

当然抗战之前，云南省除了开办具有近代意义的富滇银行和富滇新银行外，还有于1915年成立的殖边银行云南分行，成立于1918年的个碧铁路银行，这两所银行都于1928年停办；而1928年新办的实业银行、实业合作银行，也在抗战爆发之前已经停办；另外1930年新办的劝业银行，1932年创办的永丰银公司，抗战时期仍然在继续经营。此外，还有法国人于1914年1月在云南昆明创办的东方汇理银行云南分行，抗战爆发后仍在滇经营；1918年3月成立的中法合资银行——中法实业银行云南省分行则于1921年倒闭。

① 参阅《续云南通志长编》（中册），周钟岳、赵式铭等修撰，云南省志编纂委员会办公室整理，1986年内部发行，第696页。
② 《续云南通志长编》（中册），周钟岳、赵式铭等修撰，云南省志编纂委员会办公室整理，1986年内部发行，第697页。
③ 也称新富滇银行。

这是抗战之前云南金融业的主要情形，在此做一简略陈述，以此作为讨论战时云南金融业的基础和论述这一问题的逻辑起点。

（一）抗战时期云南金融格局的改变

抗战爆发之初，地处大后方的云南，物价稳定，工农业生产受“抗战建国”之号召更有所发展，民众生活未受多少战争的影响，本地金融业所受影响也并不明显，富滇新银行继续保持其在“滇省金融机关之中心”地位不变，其他本省商业银行如劝业银行、永丰银公司，更包括传统银号钱庄如兴文官银号、益华银号也继续其经营，一切似乎蒸蒸日上。然而，虽然抗战之初战争没有迅速影响远处大后方的云南，但战争强大而持久的影响力毕竟还是会最终进入云南的，其终会影响云南金融业的发展。确实，到了1937年底，情况在悄然发生变化。如前所述，国民党中央政府的军事、政治等方面的势力借抗战之名义逐步进入处于半独立政治地位中的云南，改变了云南的军事、政治甚至经济方面的格局。同样，属于经济一部分的金融力量也由此顺理成章地从1937年底开始，逐步进入云南，照样改变云南金融业的格局。1937年12月1日，中央银行之昆明分行在昆明市护国路成立。据报道：“中央银行设立昆明分行，经理许葆英、副理王大可两君，于本年九月间，衔命来滇筹备，经二月余之努力，已筹备就绪，于昨（一日）正式开业，中央信托局昆明分局，亦同时开业。”据副经理王大可言称，设立昆明分行的业务主要是推广法币的发行，以及在条件成熟和国民党中央政府需要的情况下，再“经理国库，调济金融”。[①]虽然中央银行昆明分行成立时仅为资金无定额的分行，但已打破了云南金融业的旧格局，正式标志国民党中央政府的金融力量已开始进入云南。紧随其后的是中国农民银行昆明分行于1938年5月27日在昆明市鼎新街成立，中国银行昆明分行于1938年11月2日在昆明市护国路成立，交通银行昆明分行也于1939年2月14日在金碧路成立。控制中国国家金融命脉的金融业四巨头“中中交农”相继进入云南，在昆明设立分行，这就打破了富滇新银行一枝独大的云南金融业格局。其后，四大银行陆陆续续在云南各地如下关、蒙自、保山、曲靖、开远、个旧等地设立支行或办事处，从事金融相关业务。

① 《中央分行昨日开业》，《云南日报》1937年12月2日，第3版。

国家四大银行在云南设立分支机构看起来也属于正常的经营活动，所以不足为奇。但立于云南本土金融业的视角来看，国家四大银行进入云南的真实用意并不仅仅是在昆明为中心的云南各地设立分支机构，其目的是迟早有一天能够改变甚至取代富滇新银行的"中心"地位，在金融方面挖掉以龙云为首的云南地方政府半独立政治地位的经济基础。

具体而言，四大银行在云南设立分支机构，其实承担着为国民党中央政府推行法币、统一国家货币政策的任务而来的。实际上，早在抗战之前的1935年11月，国民政府不满意于地方实力派发行各色地方货币的状况，令以中央、中国、交通三银行（1936年又加上中国农民银行）发行的钞票定为国家法定货币，简称为"法币"，作为货币统一的基础，所有全国赋税及公私款项之收付均以法币为合法货币。正如财政部致云南总商会的训令中所言：自1935年11月4日起，"以中央中国交通三银行所发行之钞票为法币。所有完粮纳税，及一切公私款项之收付，概以法币为限，不得行使现金，违者没收"。[①]云南地方政府虽然奉令法币与新滇币以一比二的比值，收回新滇币，流通法币，其表面上也同意国民党中央政府关于推行法币政策、统一币制的要求，却又以"国家银行尚未来滇设行"，"推行法币政策，禁止行使现金"只得以富滇新银行来执行为由，由富滇新银行表面上"在沪向中央、中国两行兑换各种小额法币78万元"，运昆推行法币政策，兑换金银现金，以敷衍中央的要求，暗中抵制国民党中央政府推行的法币政策。[②]国民党中央政府财政部根据中央金融势力暂时尚未进入云南之事实，只得也做退让，最终双方妥协，达成协议，同意新滇币作为法币的辅币可以继续在云南流通。其协议是："云南完全承认'法币政策'，在中央四行两局未来滇设行法币未到以前，富滇纸币似准在滇流通，作为'法币'的辅币，规定比率为'新滇币'二元作'法币'一元，把价值固定下来，为以后'法币'来滇打下基础。"[③]由于在滇法币现钞量少，既然新滇币作为法币流通之辅币，可继续在市场中流通，所以则可增印新滇币现钞来执行法币政策，收兑金银现金，所以富滇新银行以此为借口，暗中却继续发行更多的新滇

①《财政部民国二十四年十一月四日钱字第199979号训令云南总商会文》，《云南近代货币史资料汇编》，中国人民银行云南省分行金融研究所编印，无出版时间，第284页。

②《富滇新银行大事记》，富滇新银行档，云南省档案馆馆藏档案，1065-001-00004-0045。

③ 张庸僧：《富滇银行筹设及发行纸币的一些经过》，《云南近代货币史资料汇编》，中国人民银行云南省分行金融研究所编印，无出版时间，第289页。

币，向“美钞公司”订印新滇币2500万元，富滇新银行运用这批钞票加紧收兑市场上流通的半开银币。所以说虽然名义上新滇币已作为法币之“辅币”，实质上仍然保持富滇新银行发行的新滇币在云南流通中的主体地位，名为辅币，实为主币，这一局面一直持续至抗战之初，并未改变。1937年12月以后，代表中央金融势力的“中中交农”四大银行终于借抗战之名在昆明设立分行，然后又陆续在云南各地设立支行，并也在云南各县普遍设立法币兑换所，积极推行法币流通，收兑白银等现金。据记载，仅就中央银行在滇设立的分支机构来论，其“并不放款，虽也经营汇兑和接收存款，但它并不重视，它的主要业务，还在代理国库，推行法币”。[①]推行法币之初，因滇省“人民沿用当地滇票之积习一时难移，同时对于法币缺乏信仰，故法币之流通区域殊为狭窄”，“除昆明市及附近各县外”，云南省各地仍沿用滇币，法币推行十分艰难。[②]于是财政部采取了一些措施，如在开办法币与滇币储蓄业务时，法币存款利息高于滇币，以提高法币的价值；尽量满足市场对法币小券的需要，大量发行1元以下的小票；银行记账严格以法币为标准，拒绝或限制收受滇币，以提高法币的地位。在国民党中央军政势力逐步伸入云南的背景下，如此措施，逐渐收到了良好效果，推行法币政策得以顺利进行。[③]

虽然中央金融机构入滇后展开了收兑白银等现金的业务，推行法币政策，但富滇新银行凭其新滇币仍可流通的“辅币”地位，乘机增加新滇币的发行量，又继续与驻滇中央金融机构在收兑金银现金方面展开竞争，办理收兑“白银银币”业务。据记载，至1938年12月底，富滇新银行收兑的白银折成云南省的半开银币4529355.63元。[④]与此同时，富滇新银行继续增发新滇币，通过投资与贷款让新滇币投入流通。据资料记载，至1941年6月底，富滇新银行在生产事业投资和贷款方面共达69769890.89元，所占总发行纸币的比例为24.28%。[⑤]以下即富滇新银行历年发行新滇币的实际数量表。（见表3-17）

① 张肖梅：《云南经济》，中国国民经济研究所1942年，第S4页。

②《云南近代货币史资料汇编》，中国人民银行云南省分行金融研究所编印，无出版时间，第295-296页。

③ 参阅李珪《云南近代经济史》，云南民族出版社1995年，第573页

④《推行法币》，富滇新银行档，云南省档案馆馆藏档案，1065-001-00004-0005。

⑤ 参阅《云南近代货币史资料汇编》，中国人民银行云南省分行金融研究所编印，无出版时间，第327页。

表3-17 富滇新银行历年新发行新滇币一览表

单位：新滇币万元

面值	第一次	第二次	第三次	第四次	第五次	第六次	总计
	1931年9月1日	1933年7月31日	1937年8月10日	1938年9月16日	1939年6月27日	1941年6月30日	
一百元	300	300	500	1000	2500	32500	37100
五十元	300	300	500	1000	3000	17500	22600
十元	300	300	500	1500	3000	7500	13100
五元	300	300	500		2000	2500	5600
一元	300	300	500		2000	2500	5600
合计	1500	1500	2500	3500	12500	62500	84000

资料来源：《云南富滇新银行历年发行新币一览表》，云南省档案馆藏富滇新银行档，1065-001-00004-0104。

至1941年6月底止，富滇新银行历次累计总共发行新滇币达84000万元，力图保持其在流通领域的主导地位。富滇新银行的做法当然令国民党中央政府不满意，国民党中央政府在滇金融机构也通过数年的努力，法币渐为云南社会所认可，于是开始将大量法币投入云南流通领域以挤压新滇币的流通空间，据估计，至1943年流入云南的法币已达“五、六十万万元以上”。①另据研究者的统计，至1941年底中央银行昆明分行发行的法币为15775万元，远少于同期新滇币的发行量；而至1943年底，急剧上升为565125万元，增长了近36倍。②如此多的新滇币和法币共同进入流通领域，成为政治权力在经济领域角逐的一种手段，但导致的另一个后果却是推动物价急剧上涨，深受其害者则为云南的普通百姓。

随着“中中交农”四银行的业务在滇逐步展开，法币发行量在逐年增大，在1941年新滇币与法币发行量之比为5∶1，至1943年底则倒转过来接近1∶7，至

①《云南近代货币史资料汇编》，中国人民银行云南省分行金融研究所编印，无出版时间，第323页。

② 李珪：《云南近代经济史》，云南民族出版社1995年，第574页。据相关史料来推断，中央银行昆明分行应具有代表在滇国家央行的性质，其发行的法币即为国民党中央政府金融机构在滇发行的法币的全部。至于中国、交通、中国农民三银行只具有代理中央银行昆明分行发行法币的责任而已。财政部致云南省政府的代电中曾言，至1942年7月1日，“中国交通中国农民三行法币”，则“已改归中央银行集中办理”。见《云南近代货币史资料汇编》，中国人民银行云南省分行金融研究所编印，无出版时间，第340页。

1944年底，则接近为1∶15。①正如时人所言："直接间接流入滇省之法币，截至三十二年估计约在五、六十万万元以上，富滇新银行发行之新币仅十五分之一"，看来此言不虚，新滇币"数量渺小，原由二：一(比价)辅币地位，一变而为无足轻重之钞券，仅备数而已"。②由此而言，法币已在云南占据主导地位，逐步取代了富滇新银行在金融机关中的中心地位，新滇币实已"无足轻重"了，至此确立币制统一政策的时机似已成熟。

早在1940年8月，财政部就要求滇省各金融机构缴存其存款总额20%的准备金，才给予注册登记，但富滇新银行一直采取拖延政策拒绝缴存准备金，因为其后果是暴露该银行实有资金的底细，一直拖至1944年。云南省地方政府面对流通中的新滇币地位日益下降，万不得已向财政部表示，富滇新银行不再发行新滇币，原已发行的新滇币也自1944年起在两年时间内全部收回，因需收回流通中的新滇币，可尽量拖延缴存准备金。云南地方政府的这一表示正好符合国民党中央政府统一币制的愿望，1944年2月，财政部很自然地同意了云南省政府的要求，并限令云南省政府必须在两年内即至1946年3月底全部收回新滇币，停止新滇币在市场的流通。但实际上，云南地方政府虽然成立云南省新滇币收换委员会回收新滇币，但仅以收回1元、5元、10元券的手段敷衍财政部。由于过分的通货膨胀，10元以下的纸钞已失去流通的价值，收回此类货币意义并不大，云南地方的金融实力得以保存，云南地方政府依然采取拖延的办法应对财政部的金融统一政策，这种状况一直延续至抗战胜利以后。③

(二)抗战时期云南的各类金融机构

讨论了战时云南金融格局的变化，那么云南的金融业究竟如何，则更需要具体地陈述与分析各类金融机构。细细考察抗战时期在云南兴办的各类金融机构，其中近代意义的银行可大致分为四类，一是云南战前已举办的而在抗战之中继续

---

① 参阅《中央银行昆明分行历年发行法币数量》，李珪《云南近代经济史》，云南民族出版社1995年，第574页；《富滇新银行生产事业投资及贷款与纸币发行额比较表》，《云南近代货币史资料汇编》，中国人民银行云南省分行金融研究所编印，无出版时间，第326-327页。

②《云南近代货币史资料汇编》，中国人民银行云南省分行金融研究所编印，无出版时间，第323页。

③ 抗战胜利以后，1945年10月初，蒋介石以武力逼龙云离开云南，解决了所谓的云南问题，改组云南省政府，派军队占领富滇新银行储备金库西华分库，迫令富滇新银行全面收兑新滇币，限令于1946年9月底完成。实际上至1947年9月初仍未结束收兑。参阅李珪《云南近代经济史》，云南民族出版社1995年，第567页。

办理的云南地方金融机构，以及云南地方政府在抗战期间新办的金融机构，这类金融机构称为云南本土金融机构，如富滇新银行、兴文银行等；二是所谓国家银行，即“四行二局”，进入云南的有中央银行、中国银行、交通银行、中国农民银行以及中央信托局、中央邮政储金汇业局；三是外省进入云南的金融机构，这可称为“外省金融机构”，如聚兴诚银行昆明支行；四是外国在云南举办的金融机构，可称为“国外金融机构”，如东方汇理银行。现就抗战时期在云南举办的各类银行列表如下，可更明了而具体地认识在云南兴办的各类银行的实际情况。（见表3-18）

表3-18　抗战时期在云南开办的银行一览表

名称	行长或经理	地点	成立时间	支行或办事处	资金
国家银行					
中央银行昆明分行	许葆英	护国路	1937年12月	下关、蒙自、龙陵、文山、保山	无定额
中国银行昆明分行	王振芳	护国路	1938年11月	楚雄、祥云、保山、下关、曲靖、垒允、开远、宣威、个旧、禄丰、芒市、腾冲、丽江、草坝、沾益、会泽、昭通、昆明马街	无定额
交通银行昆明分行	徐柏风、吴任沧	金碧路	1939年2月		无定额
中国农民银行昆明分行	蒋振扬	鼎新街	1938年5月	曲靖、蒙自、澄江、昆阳海口、下关、保山、沾益、建水、宣威	无定额
中央信托局昆明分局	许葆英	护国路	1937年12月		
中央邮政储金汇业局昆明分局	蔡兢平	护国路	1939年4月		无定额
云南本土银行					
富滇新银行	缪云台	威远街	1932年7月	个旧、保山、曲靖、腾冲、开化、下关、楚雄、昭通、丽江、顺宁、开远、宁洱、元谋、路南、永胜、祥云、佛海、罗次、罗门、双柏、宜良、武定、宾川、蒙化、大姚、玉溪、通海、景东、寻甸、禄丰，上海、香港	

续表

名称	行长或经理	地点	成立时间	支行或办事处	资金
兴文银行	张培元	正义路	1939年5月	个旧、昭通、佛海、下关、保山、腾冲、龙陵、腊戌、文山、景东、永胜、河口、会泽、祥云、镇南、重庆、仰光、成都、西昌、上海、香港、宜宾	400
昆明银行	李崇年	正义路	1940年7月		
昆明农民合作银行					
劝业银行	张厚庵	高山铺	1930年12月	个旧、开远、宣威	200
实业合作银行			1928年6月		50
益华商业银行	郑凤石	正义路	1942年1月		
矿业银行	周子彦、赵贯一	护国路	1940年9月	下关、保山、丽江、腾冲、一平浪、会泽、蒙自、通海、蒙化、元谋、元永井、昆阳、巧家、盐丰、姚安、昭通	
中国侨民银公司			1943年1月	下关、昭通、保山、曲靖、丽江	
昆明商业银行			1941年	下关、昭通、宜宾、桂林、贵阳、昆明	
外省银行					
广东省银行昆明办理处	许同莱	太和银街	1939年12月	滇省通汇处：蒙自、开远、下关、祥云、保山、楚雄、澄江、曲靖	16
山西裕华银行昆明办事处	史克勤		1944年9月		50
大同银行昆明分行	严恒敬		1943年12月		25
中国工矿银行昆明分行	赵冲		1943年8月		200
同心银行昆明分行	简伯良		1942年5月		500
其昌银行昆明分行	李子静		1945年1月		10

续表

名称	行长或经理	地点	成立时间	支行或办事处	资金
正和银行昆明分行	降文贵		1944年9月		50
浙江兴业银行昆明分理处	翁希古	护国路	1939年10月		16
光裕银行昆明分行	符友松		1945年4月		50
济康银行昆明办事处	邱硕儒	南屏街	1942年4月		50
金城银行昆明分行	吴肖国	金碧路	1938年5月		16
聚兴诚银行昆明支行	汪克栽	金碧路	1939年1月		50
川盐银行昆明分行	马叔文	祥云街	1940年9月		16
上海商业储蓄银行昆明分行	程顺元	正义路	1938年10月		50
华侨兴业银行昆明分行	李岫青		1943年3月		30
新华信托储蓄银行昆明分行	徐振东	金碧路	1938年10月		16
亚西实业银行昆明分行	陈世刚		1942年9月		5
重庆银行昆明分行	涂绍宇	护国路	1938年11月		30
四川美丰银行昆明分行	周克铭	护国路	1938年11月		5
川康平民银行昆明分行	雷俊涛		1939年5月		20
和成银行昆明分行			1940年7月		100
四川省银行昆明分行	陈凤翘	护国路	1938年10月		

续表

名称	行长或经理	地点	成立时间	支行或办事处	资金
中国农工银行昆明分行	李晓生	护国路	1940年3月		
西康省银行昆明分行			1941年4月		
外国银行					
东方汇理银行	P·Mu-nie	蒙自	1914年1月		
备注	1.国家银行及外省银行金额均为法币本位,单位万元。 2.云南本省银行金额均为新滇币本位,单位万元。 3.除东方汇理银行云南分行在蒙自外,其他银行总行或分行地址应全在昆明市,故表内仅列某路某街即可。				

资料来源:《本市各银行成立时间表》,《正义报》1944年4月22日,第4版;张肖梅《云南经济》,中国国民经济研究所1942年,第S2—S3页;《续云南通志长编》(中册),周钟岳、赵式铭等修撰,云南省志编纂委员会办公室整理,1986年内部发行,第696—708页;《云南矿业银行的始末》,赵贯一口述,汪朝清整理,《云南现代史料丛刊》第1辑,云南省历史研究所编1983年。

除了近代意义的银行,另一近代以来新出现的金融机构则是保险公司,此非中国传统时代所具有的。现就抗战时期云南开办的各类保险公司列表如下,可具体认识这一中国近代新兴事物。(见表3-19)

表3-19 昆明市保险公司一览表

单位:国币万元

公司名称	成立时间	保险种类	资本数额
富滇物产保险股份有限公司	1943年6月	火险、水险、航空运输险	1000
云信物产保险股份有限公司	1938年	火险、水险、航空运输险	1000
太平保险公司昆明分公司	1942年12月	火险、水险、航空运输险	500
太平洋保险公司昆明分公司	1943年11月	火险、水险、航空运输险	1000
民安保险公司昆明分公司	1939年7月	火险、水险、航空运输险	1000
兴华保险公司昆明分公司	1943年12月	火险、水险、航空运输险	100

续表

公司名称	成立时间	保险种类	资本数额
新丰保险公司昆明分公司	1938年12月	火险、水险、航空运输险	100
中国保险公司昆明经理处	1944年7月	火险、水险、航空运输险	500
合众保险公司昆明经理处	1943年12月	火险、水险、航空运输险、兵险	500
昆明中央信托局物产保险处	1944年	火险、水险、航空运输险、兵险	1000
永大保险公司昆明办事处	1944年9月	火险、水险、航空运输险、兵险	500
华孚保险公司云南区办事处	1943年8月	火险、水险、航空运输险、兵险	500
宝丰保险公司昆明代理处	1941年	火险、水险、航空运输险、兵险	500
中国工业联合保险公司云南经理处	1943年11月	火险、水险、航空运输险、兵险	2000
昆明中央信托局人寿保险公司	1944年	寿险	1000

资料来源:《续云南通志长编》(中册),周钟岳、赵式铭等修撰,云南省志编纂委员会办公室整理,1986年内部发行,第708—709页。

除了近代意义的银行和保险公司,中国传统金融组织也应该有叙述的必要。以往的论述受近代话语霸权的影响,往往过分注重近代新兴事物的陈述,而对一直影响近代社会的传统事物视而不见,略而不述,给历史的阅读者这样一种印象:好像感觉近代的中国就只有近代新兴事物了。于是就创造了片面的历史陈述,没有给延续到近代的传统事物以充分尊重与敬重,更深远的影响是塑造了后来的人对传统事物的态度。其实真正的历史陈述对近代中的传统事物是不应忽视的,因为给传统事物以充分关注的历史陈述才是完满的,这才是真正的真实历史。因此,现就抗战时期仍然活跃于金融事业中的传统银号钱庄也有必要给予陈述。据不完全统计,昆明市经政府批准营业的银号钱庄共有7家,至1942年则为6家,1943年至1944年则下降为5家,至1945年则已无银号钱庄之记载。由此可知作为传统金融业的银号钱庄,在抗战时期已开始逐步退出历史舞台,但不能因为如此,就略而不计,因为这毕竟是抗战时期的历史存在,在论述战时金融业时应该给予充分的关注,加以具体陈述。现就1940年的昆明钱庄统计如下,由此对战时云南金融业的认识更为全面。(见表3-20)

表3-20　抗战时期昆明市的银号钱庄统计表

名称	资金	成立时间
益华银号	89000	1929年8月
兴文官银号	1500000	1932年8月
裕亨钱庄	5000	1940年3月
亨利钱庄	5000	1940年4月
恒兴裕钱庄	5000	1940年4月
源通钱庄	50000	1940年4月
建利钱庄	50000	1940年6月
光明钱庄	10000	1940年7月
汇利钱庄	20000	1940年
西南银号	50000	1940年
备注	1. 益华银号和兴文官银号，以新滇币为本位，单位元；其他以法币为本位，单位元。 2. 益华银号开办至1939年，改组为益华银行；兴文官银号开办至1940年1月，改为兴文银行。	

资料来源：《续云南通志长编》（中册），周钟岳、赵式铭等修撰，云南省志编纂委员会办公室整理，1986年内部发行，第701—703页。

从表3-20可知，抗战时期的银号钱庄至少有10家，除兴文官银号，一般资金并不多，也就可以推断规模应不大。这其实也是中国传统金融组织的特点。其中益华银号和兴文官银号改组为近代银行，这一史实一方面说明中国传统金融组织正在向近代银行转变，传统融入了近代，另一方面也说明近代的银行也有部分是由中国传统金融组织改组而成，旧瓶装了新酒，近代借助于传统。此外，益华银号和兴文官银号在1939年和1940年改组为近代银行之时，却又有数家银号钱庄设立于此时，一方面是中国传统金融组织正在改组为近代银行，而另一方面又有传统的银号钱庄正在建起，并不像以往历史的陈述中所言，传统在面临近代新兴事物时就会很快消失，其仍然会时隐时现于近代。

此为抗战时期云南的财政金融事业的实际情况，细细分析起来实在复杂而有趣。历史确实需要深入才生动。

第四节 战时云南的商业和对外贸易

《易·系辞》中有此记载："古者日中为市。聚天下之民，致天下之货，交易而退，各得其所。"[①]由此可见中国"商务之兴，由来尚矣"。自古以来，云南处于南方丝绸之路的必经地带，其商业与对外贸易素有传统。尤其是在近代，"洎乎法并越南，英吞缅甸，蒙自、河口、思茅、腾越、昆明相继辟为商埠，藩篱尽撤，门户洞开。迨滇越路成，西人之经济势力，乃随之而深入，三迤商务，亦因之而丕变"，云南商业与对外贸易由此而"丕变"。[②]抗战爆发，云南的商业和对外贸易虽受相当影响，但也有一定程度的发展，看起来比战前更趋繁荣，对支援前线抗战与后方军民生产生活具有一定的意义。现就抗战时期云南的商业和对外贸易做一论述。[③]

一、战时云南的商业

对于抗战时期云南商业的繁荣景象，1942年张肖梅所编的《云南经济》一书中曾有过比较具体的描述："抗战以后，进出口货物，多取过昆明，以致向不为人注意之边省，顿成后方交通中心。加以中原人物，相继来滇者，肩摩相接，人口既增，消费亦大，各种商业，骤见繁荣，以素称经济衰落之省区，竟亦入于战时景气状态。"[④]地处战区各省，因受战乱的影响，尤其是战火的摧残，市场趋于萧条，商业日见衰落，而抗战大后方的云南因地处大后方国际交通的必经之地，人口骤增，商业交易日见频繁，市场显示繁荣景象。据记载，战前，云南的商业情形，"县城较大者有商号二三十家，或少至五六家。除圩期外，并不若何繁盛。在抗战以前，省内较

① 《周易正义》卷八，《十三经注疏》，阮元校刻，中华书局1980年影印本，第86页。

② 《续云南通志长编》（下册），周钟岳、赵式铭等修撰，云南省志编纂委员会办公室整理，1986年内部发行，第535页。

③ 其实商业贸易很难截然分开，商业体现在贸易之中，贸易也可以是商业的一部分。此处为了论述的方便，分开进行讨论，只是在论述商业和贸易时各有其侧重点而已。

④ 张肖梅：《云南经济》，中国国民经济研究所1942年，第R1页。

大商场唯昆明、蒙自、腾冲、思茅、下关、昭通、个旧等处。军兴而后，沿滇缅路一带均顿增繁荣，唯仍以昆明为货物集散之中心区域。”①由此而论云南的战时商业中心，有近代以来由对外自开或约开商埠所形成的蒙自、思茅、腾冲等商品集散地；有因滇缅公路开通而形成的楚雄、下关、保山等商贸集散地；随着滇黔公路、川滇公路的修筑，宣威、昭通、曲靖、宜良等地也成为商贸中心；尤为突出的，昆明则是抗战时期云南各地商业中心的中心。战时进入云南的各种货物，绝大部分先进入昆明，再分发云南各地商贸中心。实质上，昆明连接云南各地商品集散地，成为云南商贸的枢纽，对云南各地商业发展具有辐射作用。

以下即为抗战之初国民政府实业部对昆明商号的调查，由此可以大致窥见以昆明为中心的云南商业之实际情形。（见表3–21）

表3–21　昆明市商号分类统计表

业别	商号数/家	资本额/国币元	职工数/人
棉纱	46	1870000	275
北货	24	580000	163
药材	91	205000	532
金业	15	200000	73
布匹	116	146000	738
中西百货	85	224000	433
茶业	11	120000	54
糖业	14	41000	66
针织	54	31800	305
当业	21	523000	126
油蜡	145	14000	384
印刷	13	33000	46
燃料	106	85000	432
海味酱园	110	120000	568
书籍	11	95000	188
土杂货	12	24000	42

①《续云南通志长编》（下册），周钟岳、赵式铭等修撰，云南省志编纂委员会办公室整理，1986年内部发行，第542页。

续表

业别	商号数/家	资本额/国币元	职工数/人
西药化装	28	54000	58
颜料	18	18000	58
押号	22	72000	132
猪毛	149	100000	505
丝线	32	104000	114
棉线	16	5000	45
斗笠	11	5500	41
丝纱什帕	19	14250	54
酒业	28	14000	81
帽业	75	37500	205
象牙	16	11200	42
爆竹	28	5600	81
梳篦	25	2700	68
油榨	12	4000	45
毡业	17	3400	42
染纸	17	1700	37
估衣皮草	37	18500	101
皮箱	19	5700	50
木器	25	未详	71
干果	25	14000	68
铜器	55	5500	215
屏联	21	10500	57
棉絮	45	20000	123
金箔	19	4000	72

续表

业别	商号数/家	资本额/国币元	职工数/人
食馆	25	未详	132
机器面业	22	3300	86
照相	10	12000	41
旅馆	85	11300	235
丝绒	8	1600	22
人力车	49	72000	218
染业	50	7500	200
钟表	21	10000	80
糕饼	22	21000	65
首饰	55	12000	184
寿板	74	65000	127
花栗木	29	未详	64
油纸	9	1500	25
皮鞍	15	7000	61
运输	13	1300	41
新衣	20	9400	62
顾绣	24	6000	45
裱画	22	2400	68
瓷器	10	18800	38
鞋	200	16600	1020
纸	43	18800	118
总计	2439	5140350	9722

资料来源:《续云南通志长编》(下册),周钟岳、赵式铭等修撰,云南省志编纂委员会办公室整理,1986年内部发行,第542—545页。

从表3-21可知，抗战之初，在昆明的商号数，至少有2439家，资本总额达到国币5140350元，从业者将近万人，看来抗战之初昆明商号众多，其时受战争影响应不大。虽然对抗战之初昆明的商号进行统计，并不能说明整个抗战时期云南的商业状况，但也反映了一些基本事实：云南已时至抗战时期，但绝大部分商号经营仍然为传统行业，如比较典型的有药材、糖业、针织、当业、土杂货、猪毛、斗笠、酒业、帽业、爆竹、油榨、毡业、木器、干果、铜器、寿板、皮鞍、瓷器等，但也有体现近代气息的行业，如西药、机器面业、照相、人力车、钟表等，所以从昆明商号所从事行业来看，传统商业与近代新兴商业并行其市。

如单就昆明主要从事货物出口的商号来看云南商业的繁盛，“抗战以来，昆明因系出口货集中地，故出口商号林立，各商号有专营一业者，亦有兼营数种货品者，多组有同业公会，最近云南当局为使出口各商号，互得联系起见，特令市商会召集各出口商，组织出口业同业公会”。具体而言，这些商号有协记、天德、同昌、永义昌、锦昌、张鸿记、德昌洋行、永昌祥、茂恒、恒庆昌、和昌、和兴、启安、汤财记、兴华、宝多洋行、同春恒、升大、同义丰、吉兴祥、瑞德、合兴等，其中如宝多洋行、德昌洋行这些洋商行也在昆明从事出口商业。[①]从“商号林立”一语来看，昆明因得抗战之机遇而成为大后方国际通道的必经之地，故为桐油、钨砂等“出口货集中地”，战争给了昆明商业一派生机。

以昆明为中心，向东有重要的商业中心曲靖和昭通，向南有蒙自、思茅，向西有楚雄、大理、保山和腾冲，等等，各种商号云集在这些商业中心，由此形成诸多商帮，总体上可分为迤西帮、迤东帮、迤南帮、四川帮、广东帮。其中迤西帮又可分为鹤庆帮、腾冲帮、大理帮，合称迤西三大商帮。大理帮又以喜州帮为代表，“迨至抗日战争中期，规模较大的商号，计有四家，所以当时本地人有喜州四大家族的称谓。所称四大家族，即指严、董、尹、杨。他们的商号就是永昌祥、锡庆祥、复春和、鸿兴源四家”。[②]鹤庆帮在以恒盛公商号为代表的基础上，抗战期间“商号纷纷登场，如‘福兴昌’‘德泰昌’‘宝兴祥’‘宝兴元’等四十多家商号崛起”，资金都比较充

① 张肖梅：《云南经济》，中国国民经济研究所1942年，第R6页。

② 杨卓然：《“喜州帮”的形成和发展》，《云南文史资料选辑》第16辑，中国人民政治协商会议云南省委员会文史资料研究委员会编，1982年内部发行，第267页。

实，大号拥资30万到50万半开，中小的都有5万至20万半开不等。[①]其他如腾冲帮则以茂恒、洪盛祥商号为代表。洪盛祥以经营石磺和玉石起家，茂恒则以进口缅甸棉花，出口黄丝为主。除了迤西帮，迤东帮则有曲靖帮和昭通帮，迤南帮则可分为蒙自帮、临安帮、通海帮、玉溪帮和开化帮等，比如迤南帮中蒙自帮最有名者为顺成号。如此众多的商帮商号，看起来也透露出云南战时商业的繁盛。

当然，从这些商号取名来看，所受中国传统商号商行的影响应该照样存在，但经营组织方式上又受近代股份制资本组织形式的影响，具有近代商业企业的特点。比如经营时间较长、在抗战时期影响较大的喜州帮商号中的永昌祥商号，最初以合伙的方式开办，以出资人杨鸿春股本市银3205.52两，彭永昌4315.97两，严子珍3325.09两，为三大股本，后扩大为15个合伙人，但不按出资比例分红，仅对合伙人（所）出资本的报酬是按股额百分之五，有时只得百分之三（1910年），亏本时不结（1915年），实质上相当于仅给予所出资本的利息而已；而是按合伙人出力的多少设立股份分红，其中规定为"严子珍五股，彭永昌四股，杨鸿春四股，杨振春一股，严子安一股，共十五股均分"，而且出力的人增加，股数曾扩大到21股。这种利润分配方式，强调了人力资本，而有意弱化了金融资本的作用，不利于商号资本的扩大，与近代股份制商业企业是不同的。当该商号负责人认识到仅按人力立股分红的弊端后，1923年在分配方式上进行了一次调整，"把应分配的利润，先划分两半，以一半按资本分配，称为'银股'，一半按人力分配，称为'力股'"，这种分配方式一直延续到抗战时期的永昌祥商号的经营中。[②]设立"银股"，鼓励更多的资本投入永昌祥商号，扩大该商号的资本额，这与近代股份制商业企业以资本入股是一致的，具有了近代股份制企业的特点。

当然形成这种战时商业繁荣的原因：一方面由于抗战爆发导致诸多机关单位、厂矿企业、学校等内迁云南，人口就相应地急剧增加，生活消费品的需求也就相应增长，由此导致以昆明为中心的各地商业的繁忙景象。另一方面由于敌人对中国实行战略性的交通封锁，抗战之初即封锁了中国东部各出海口，云南恰好处于通往越南、缅甸、印度的国际大通道的必经之地，中国急需进口的战略物资和中

---

① 潘寿山：《鹤庆商帮兴衰演变概略》，《鹤庆文史资料》第5辑，中国人民政治协商会议云南省鹤庆县委员会文史资料委员会编，1998年内部发行，第130页。

② 杨克成：《永昌祥简史》，《大理市文史资料》第8辑，中国人民政治协商会议云南省大理市委员会文史资料委员会编，1999年内部发行，第6-9页。

国所产的桐油、猪鬃、矿产品等本土产品从滇越铁路，其后由滇缅公路进出口，于是蒙自、保山、下关、昆明等城市也就成为这些物资的集散地，这也导致云南各城市的商业繁荣。然而这种繁荣其实也带有一定的虚假性、表面性。究其原因，就在于始于1938年后半年的大后方的通货膨胀。

对于这一问题，诚如其时的研究者所言："惟就目前情形而论，云南商业，虽呈暂时繁荣，仍多在启发时代，交通设备，虽较前进步甚多，但仍不足以供战时商业之需要。且军运孔亟，货运更难充分发展，因此物价腾贵，生活高涨。"①那么考察战时云南的物价，首先来看时人的记载："自抗战以后，沿海各口相继沦陷，而昆明遂成后方的重心，惟在廿六年六月至廿七年六月之一年间，昆明物价变化并不剧烈，仅米面两项，变化稍大，是时一般物价指数增加，仅百分之四十而强，平均每月增加百分之三.四；自二十七年六月以后，指数上涨，渐趋猛烈，在此一年中，总指数增加百分之一五二.三，平均每月增加百分之一二.七，不过其中膨胀最烈者，首推食料，其次则为建筑材料，其次为燃料，又其次为杂项、衣料，涨幅最少，然较诸战前，已涨到百分之二百一十四。"②也就是说1937年6月物价指数为100，以此为基期物价指数，那么至1938年6月，物价指数则为140，物价上涨相对而言并不大；而1938年6月以后，物价上涨渐趋猛烈，以1937年6月为基期物价指数，那么至1939年6月物价指数则为252多。1939年以后，昆明的物价上涨也就变得一发而不可收了。据云南省经济委员会设计处对1937年1月至1945年3月昆明市46种重要物价的市场调查，其中每公石上白米在1937年6月、7月都为国币9.6元，而至1938年6月，则为国币11.1元，上涨相对并不大；至1939年6月，则为国币28元，上涨近3倍。其后上涨渐趋猛烈，至1940年6月，则为每公石上白米国币88元，上涨了9倍多；那么到1943年6月则为国币2150元，上涨近224倍；1943年12月则为国币3633元，上涨378倍多；而至1945年3月则为国币26000元，上涨2708倍多。③如此猛烈的物价上涨，究其原由，看似有多种原因，比如其一是由于大量来自战区的难民与国家机关、厂矿企业、学校等单位内迁入滇，云南人口特别是城

① 《续云南通志长编》（中册），周钟岳、赵式铭等修撰，云南省志编纂委员会办公室整理，1986年内部发行，第535页。

② 张肖梅：《云南经济》，中国国民经济研究所1942年，第R6页。

③ 《昆明市四十六种重要物价》（民国二十六年一月至民国三十四年三月），云南省经济委员会设计处调查编印1945年油印本，云南省图书馆藏，正文第1页。

市人口大为增加，那么生活消费品的需求也就相应增大，而处于大后方的云南也不可能迅速提高生活消费品的产量，敌人对华的交通封锁，物资进口亦趋于困难，供需的反方向运动加大供需的矛盾，导致大后方物资供应相对不足，表现出物资匮乏。针对这种情况，云南地方政府一方面采取扩大农业种植面积的办法提高生活资料的总产量，另一方面在抗战前夕加紧实行增填积谷政策增加仓储量为抗战预做准备，又在抗战之初去越南采购粮食以备粮荒。采取多种措施多少应能缓解部分供需矛盾。另一个导致物价上涨的原因是部分投机商人的囤积居奇。确实由于物价上涨，一部分民众为生活预做准备，囤聚一部分生活必需品，另有一部分商人则囤积一部分物资为预期高价出售，以赚取高额的投机利润。这种行为当然加剧了物价上涨的严重性。然而在龙云以枪毙囤积居奇者相威胁下，敢于囤积居奇者应有所收敛。[①]

其实，这两个原因并不是最主要的原因，正如前所述，最主要的原因是国民党中央政府与云南地方政府大量滥发不可兑现的纸币。在战前法币基本上没有进入云南的流通领域，新滇币的发行总额在1937年6月也只有3045.3万元[②]，而在抗战期间，随着法币大量拥入云南，富滇新银行也大量发行新滇币，通过扩大投资等办法让其进入流通领域，如前所述，新滇币发行最高额达到84000万元。单就1943年来看，在1943年底，新滇币发行的总额略有减少，为77400万元[③]，而在云南发行的法币则达到565125万元。因按当时国民党中央政府规定的法币与新滇币的比值1∶2计算，77400万元新滇币相当于38700万元法币，那么以38700万元加上其时法币发行总额565125万元，合计共603825万元，再除以战前1937年6月云南发行的新滇币总额3045.3万元所折成的法币总额1522.65万元，则可知云南流通领域发行的货币值在1943年底实际上扩大了396.56倍。在假定云南总生产量不变(战时云南的总生产量应不会增加太多)，以及上述法币和新滇币发行总货币量全都进入云南流通领域而其他种类货币没有进入云南流通领域的条件下，这

---

① 于百溪：《漫谈八年抗战中后方重镇昆明的若干经济问题》，《云南文史资料选辑》第29辑，云南人民出版社1986年，第225页。

②《富滇新银行生产事业投资及贷款与纸币发行额比较表》，《云南近代货币史资料汇编》，中国人民银行云南省分行金融研究所编印，无出版时间，第326-327页。

③《富滇新银行生产事业投资及贷款与纸币发行额比较表》，《云南近代货币史资料汇编》，中国人民银行云南省分行金融研究所编印，无出版时间，第326-327页。

就意味着物价上涨达396.56倍，这与同期白米的上涨倍数378.44倍十分接近。[①]由此而论，抗战时期物价上涨的主要原因是无限制地滥发纸币。

如此飞速的物价上涨，恶性的通货膨胀，当然极为深刻地影响着普通民众的日常生活，然而对于商业经营，尤其是商业投机而言却是一个绝佳的投资时机。

据学者研究，由于抗战大后方的物价上涨，通货膨胀，商业投机“成了社会上利润最大的行业。因此资金都流向投机商业方面去了”。[②]从经济学角度来看，适度的通货膨胀可刺激生产，保持其获得适度的产业利润，以便于再生产，但持续的通货膨胀也会增加生产者的生产成本，产业利润就会下降；而对于商业经营者，由于从产品出厂经过经销商销售给消费者中有一个时间间隔，如果在这个时间间隔中，物价在持续上涨，则可获得在这个时间间隔中物价上涨的额外利润；如果物价在这个时间间隔中的上涨速度越快，幅度越大，所获得的额外利润就越高，这就是抗战中后期在物价呈加速度上涨背景下囤积居奇的根本原因。也就是因为这个原因可获得高额利润，吸引了更多的资金投入到大后方物价急剧上涨的投机商业中。据约略估算，在抗日战争以后，国民党统治区商业资本占工商两业资本总额70%左右。[③]1940年以后，社会游资多半投向商业和其他投机事业。[④]抗战时期隶属于云南省财政厅的官商合办银行兴文银行，也直接或间接参与商业投机，据时人的回忆：一是兴文银行直接经营商业，由银行的分设机构收囤各种紧缺物资，如佛海办事处凭借地处英缅进口孔道的便利条件，收囤棉花、洋纱、盐茶等货物。兴文银行还与思普区茶叶试验场合伙经营洋靛、水火油等。二是兴文银行通过开办商行进行商业投机，其先后开办了云兴、祯祥、瑞成等商行。兴文于1941年筹拨资本附设云兴商行，并在滇缅路沿线重要地区开设分号，购办各种生活必需品，然后运到昆明销售，经营额在数千万元，获利颇为丰厚。商行经营利润，40%归商行作奖金，其余提交银行[⑤]。据研究，其时一般商业银行，无不经营商业，进行

① 与1937年6月每公石上白米价格为国币9.6元比较，1943年底每公石上白米价格为国币3633元，价格上涨幅度达到378.44倍。参阅《昆明市四十六种重要物价》（民国二十六年一月至民国三十四年三月），云南省经济委员会设计处调查编印1945年油印本，云南省图书馆藏，正文第1页。

② 李珪：《云南近代经济史》，云南民族出版社1995年，第510页。

③ 陈真：《中国近代工业史资料》第4辑，三联书店1961年，第83页。

④ 罗文锦：《解放前昆明金融概略》，《昆明文史资料选辑》第13辑，中国人民政治协商会议云南省昆明市委员会文史资料研究委员会编，1989年内部发行，第50页。

⑤ 何玉菲：《抗战时期的云南兴文银行》，《抗战时期西南的金融》，西南师范大学出版社1994年，第299页。

投机活动。昆明的各商业银行亦设有商号,对外虽是两个牌子,实际上银行与商号是两位一体。通过银行业务吸收资金,供给商号使用。商号经营银行不能公开经营的业务。[①]

由于大量资本涌入商业经营中,市场看起来一片繁荣景象。比如其时的昆明,大小商号、店铺林立,市场表面繁荣,而实际上普通民众的购买力却十分低下。据统计,抗战时期昆明城中大学教授的薪津,在1937年上半年一般大学教授月薪为国币350元左右,其时生活费指数为100,以此为基数,350元薪津实值即为350元,按当时的物价,如该年6月上白米每公石为国币9.6元,大致可购买36.46公石上白米。而至1943年下半年时,虽然因物价上涨,原月薪为国币350元左右的一般大学教授的薪津大致调高至月薪3697元,但此时生活费指数则为40499,其3697元薪津实值仅为1937年上半年的9.1元[②],那么就是说与1937年上半年的350元薪津比较,相当于在1943年下半年一般大学教授的每月薪津降低仅为9.1元,具体到1943年12月份上白米的价格为每公石国币3633元,那么此时一般大学教授的每月薪津大致只能买到1公石上白米了。1944年、1945年,一般大学教授的每月薪津虽有所提高,但受通货膨胀的影响,其薪津实值在1944年上半年、1944年下半年、1945年上半年、1945年下半年分别为10.0元、10.7元、10.9元、18.5元。总之,在1937年上半年一般大学教授可领取国币350元薪津,其实值可以购买到36.46公石上白米,至抗战后半期,大致每月的薪津实值其实就只值1937年上半年的国币10多元钱了,仅能购买到1公石左右的上白米了。[③]抗战时期,处于一个社会中产阶层的大学教授只有如此样的收入,仅具有如此样的购买力,更何况普通民众的收入和其所拥有的购买力。所以说市场虽然看上去十分繁荣,商号林立,从商人员众多,但只有一个不具备充分购买力的商业市场,这只是一种虚假的繁荣,这才是战时云南商业的实际情形。

---

① 李珪:《云南近代经济史》,云南民族出版社1995年,第512页。

② 计算方法以1943年下半年生活费指数40499除以1937年上半年生活费指数100,得到生活费指数上涨倍数404.99倍,再用1943年一般大学教授月薪3697元除以生活费指数上涨倍数404.99倍,即得3697元薪津实值仅为1937年上半年的9.1元。在杨西孟:《九年来昆明大学教授的薪津及薪津实值》表中的为8.3元,应计算有误。参阅杨西孟《九年来昆明大学教授的薪津及薪津实值》,《观察》1946年第1卷第3期,第7页。

③ 参阅杨西孟《九年来昆明大学教授的薪津及薪津实值》,《观察》1946年第1卷第3期,第7页;《昆明市四十六种重要物价》(民国二十六年一月至民国三十四年三月),云南省经济委员会设计处调查编印1945年油印本,云南省图书馆藏,正文第1页。

二、战时云南的对外贸易

如前所述，战前云南就有对外贸易的优良传统。抗战爆发后，云南对外贸易更得抗战之时机，得天时地利，表现出一种表面的繁荣景象，但毕竟在抗战时期为军需民用提供必需的各类物资，在抗战时期中国整个对外贸易中仍然具有举足轻重的地位。

（一）抗战时期云南对外贸易路线的变化

对外贸易，贸易运输路线十分重要，尤其是国际贸易，这是对外贸易的基础。抗战以来，云南地方政府及国民党中央政府重视云南对外贸易之基础即交通道路的修筑，再加之战事的进展，战局的变化，战时云南对外贸易路线确实几经变化。抗战之初，随着1938年10月日军攻占广州，粤汉铁路转广九铁路经香港的出海口被阻断，中国对外贸易的主要出海口几乎全被堵死。云南本省虽无出海口，但南部有滇越铁路通越南海防的出海口，西部有1939年初建成通车的滇缅公路可到达缅甸仰光港的出海口，西北则有经丽江、中甸至西藏拉萨再向南进入印度的传统民间马帮运输国际贸易路线。所以当广州被日本侵略者占领后，中国对外国际贸易的主要通道则立即转入滇越铁路，那么云南在战时的对外国际贸易中的地位骤然变得重要。其时河口、蒙自、昆明为最重要的几个对外国际贸易中心城市。“河口内控蒙自、昆明，外通河内、海防、香港，可与广州、上海、天津往还，与东南亚各国有贸易联系。自蒙自开埠后货运多经红河吞吐，全省进出口物资多经滇越铁路由此口岸［进］出口，抗战初期，这个口岸对抢运物资，起到很大作用”。[①]自1938年粤汉铁路中断后，蒙自海关外国货物的进口额比1937年增加73%。据蒙自海关统计，1937年进出口总额2810.4695万海关两，出超1576.7375万海关两；1938年进出口总额3349.1002万海关两，出超1877.4738万海关两；1939年进出口总额3649.7628万海关两，出超833.3126万海关两；1940年进出口总额5218.1728

① 王牧：《云南进出口贸易的历史概况》，《昆明文史资料选辑》第13辑，中国人民政治协商会议云南省昆明市委员会文史资料研究委员会编，1989年内部发行，第62页。

万海关两，出超252.0628万海关两。[①]进出口总额在逐年增加，1937年至1940年蒙自海关进出口贸易全都表现为出超，即出口大于进口。

1940年6月，日本侵略者相继采取外交与武力的手段切断了滇越铁路国际贸易通道，那么滇缅公路几乎成为中国抗战大后方唯一的国际贸易大通道。自此“西南各省之丝茶桐油皮毛之属，均由缅甸出口，而国内所需军公物品商货，则由此源源输入，缅甸海口之仰光，位于新加坡要塞之西，其安全程度，较海防为优，故自二十九年，滇越铁路被敌切断后，该路成为后方唯一之国际交通线。沿线运输，日夜不绝，而敌机亦不断肆扰于公果桥惠通桥之间，昆明下关及畹町腊戍等处，商场繁荣，一时在全国中，殆罕其匹。然军运民运频繁，每月往来车辆，自三百至八百以上，合计二十八至三十年，进口三六九一六一吨”。[②]那么此时云南对外的国际贸易通道西移，河口与蒙自的贸易地位已不突出，转而为保山、下关、昆明，诸市居于战时重要的国际贸易通道必经之地，贸易地位由此突显。

1942年1月，日军大举入侵缅甸，仰光沦陷，滇缅路断。此时在陆路上则有一条传统的通商线路，该线由丽江、中甸、德钦而至西藏拉萨，再转印度的噶伦堡，为民间马帮运输通道，由于路途遥远艰险，往返时间长，为传统人力、兽力运输，贸易量相对也不大，向不为世人所注意。然而滇缅公路被切断后，这条传统商贸通道骤然引人注意，丽江正好处于这条通道的必经之处，商贸地位也就更为突出，丽江市场繁荣，往来于丽江拉萨之间的马帮，由原来的几千匹骡马增加到1万多匹，甚至动用了西藏的大批牦牛参加驮运。各种货物源源运入丽江市场，并由丽江转运昆明等地。其中，进口商品有“棉纱、布匹、呢绒、染料、纸烟、药品、卷烟纸、海产品、牛黄、手表等”，出口商品有“黄丝、药材、瓷器、土特产、猪鬃、羊毛等”，其中有部分出口货物如猪鬃运到印度后转卖英、美，换取国内急需战略物资。[③]

同时，滇缅公路被切断后，中、美、英三国积极协商开辟“驼峰”空运贸易线，大量的租借法案物资运往云南及四川，包括一部分外贸商品，云南运出去的则是土特产和矿产口，如大锡、生丝等。总计中印驼峰空运，“自三十一年六月至三十四年十二月，合共四十三月，共运物资四八三九七公吨[④]，平均每月一一二五公吨，皆

① 万湘澄：《云南对外贸易概观》，转引自李珪《云南近代经济史》，云南民族出版社1995年，第518页。

② 夏光南：《中印缅道交通史》，中华书局1948年，第112页。

③ 参阅李珪《云南近代经济史》，云南民族出版社1995年，第520页。

④ 公吨即吨，后同。

视作战需要缓急为定。以年份计，三十一年一七五八吨，三十二年九五九八吨，三十三年一七七四四吨，三十四年一九二九七吨，其顺序以前线作战，后方增[生]产，民生必需三大类排列。大致属于军用品者，占百分之八十，非军用品，占百分之二十”。①与此同时，中美合作又在开辟新的陆路交通——中印公路，也称史迪威公路。从1945年1月22日试车的3辆美军汽车抵达昆明，由此宣告中印公路北线全线打通，至1945年10月，美国宣布租借法案终止，最后一批经印度的援华物资运毕，计由中印公路运入汽车1万余辆，各类物资5万余吨。

总之，抗战时期云南对外贸易的路线一直随战事的变化而在改变，对外贸易城市的贸易地位亦随贸易路线的改变也在相应变化。

（二）抗战时期云南的对外贸易状况

至于抗战时期云南的对外贸易，总体上可分出口贸易和进口贸易。现就这两个方面先从总体上进行陈述，再一一分说。

随着战时云南战略地位渐为突显，云南的对外贸易量在逐步提高。比如在云南对外贸易中处于中心地位的昆明，进出口贸易直接上升，1936年进出口总值法币38012262元为100，则1937年为130，1938年为154，1939年为170，1940年为254，1941年为899，1942年为677，1943年为1317，1944年为3008，1945年为12837。这一时期，虽然法币不断贬值，但进出口物资明显增大，尤以出口为最，例如：1937年蒙自口岸输出钨砂6787公担，而1938年则输出10073公担，同年纯锑出口3472公担，较上年增加十倍多。②由此而论，战时云南贸易不仅仅是贸易总值在增长，更重要的是贸易量在增加。

那么就整个云南战时的进出口贸易状况而论，虽然目前缺乏完整的资料给予总体描述，但从不完整的史料中也可认识云南战时贸易的变化趋势，现就全面抗战前后数年间云南商业的交易额列表如下。（见表3-22）

---

① 夏光南：《中印缅道交通史》，中华书局1948年，第117-118页。

② 王牧：《云南进出口贸易的历史概况》，《昆明文史资料选辑》第13辑，中国人民政治协商会议云南省昆明市委员会文史资料研究委员会编，1989年内部发行，第63-64页。

表3-22　1934—1938年云南商业各类交易额

年份	洋货进口(单位不详)	土货进口/国币元	外销出口/国币元	内销出口/国币元
1934年	4283852	15436328	12727190	3325760
1935年	3384645	19937638	17368694	3568300
1936年	3315824	10600872	23711389	3419006
1937年	4237734	19951529	38963233	2669329
1938年	7331108	17132255	40339244	1590757

资料来源：张肖梅《云南经济》，中国国民经济研究所1942年，第P1—P2页。

从表3-22可知，与战前比较，1937年骤然改变了洋货进口一直在减少的趋势，与1936年比较，突然增加了近90万金单位，约合国币180多万元。[①]至1938年日本侵略者加紧对华封锁政策，当粤汉路断时，滇越铁路为唯一交通孔道，云南省在国际贸易上之地位骤高，洋货自蒙自关进口额比较1937年增加73%，较1936年增加121%，且此数尚因滇越车辆之不足，而致海防存货山积，无法疏运，否则决不止此。[②]土货进口方面，即国内省外进口，1937年也改变了1936年进口减少的趋势，进口额与1935年基本持平，1938年略有减少。在外销出口上，出口额一直在增加，只不过是1937年增长更快，与1936年比较，增加了1500多万元，增长幅度与1936年比较为39%，1938年又有所增长。内销出口方面，其规律是出口额一直在减少。[③]从1937年、1938年云南进出口货物贸易额的急剧变化来看，战争应给云南的商贸一些客观性的影响。除了内销出口在减少外，其他进出口贸易额都在增加，说明战争需要更多的进口物资以支持战争机器的运转，抵抗日本的侵略，维持后方民众的基本生活；相应对外出口中，国际出口(即外销出口)也就会增加，而在每年出口货物产量难以迅速提高、每年基本产量大致相同的情况，增加国际出口以换取更多的外汇，就意味着对国内各省的出口(即内销出口)当然相应会减少，此就不言而喻了。但总体上是进出口交易值在增长，看起来大后方的云南贸易进入战时的繁荣之中了。现具体来看战时云南的出口贸易和进口贸易。

在国际出口贸易方面，抗战时期的主要出口商品有大锡、钨砂、纯锑、生丝、皮

① 按照民国时期的换算标准，1金单位相当于2元国币。

② 张肖梅：《云南经济》，中国国民经济研究所1942年，第P2页。

③ 上述所谓的“外销出口”，应指国际出口贸易；“内销出口”，应指国内省外出口贸易。

革、猪鬃、桐油、药材。大锡向来为滇省主要出口矿产品，据记载1937年出口达93930公担(100千克)[①]，此为1920年以来历年“最高纪录”。1938年，资源委员会下设“云南出口矿产品运销处”，对钨、锑、锡等主要出口矿产品实行统购统销，该年大锡出口量略有减少，为92968公担。1939年，经济部宣布实行“大锡统制”，规定大锡以每吨18两黄金的价格卖给资源委员会，然后资源委员会则以每吨32两黄金的价格卖给美国，虽然代表国民党中央政府进行大锡国际贸易的资源委员会可获得每吨14两黄金的差价，但云南的大锡生产则大受影响，利润很少，甚至在物价急剧上涨背景下不敷生产成本，大锡生产难以为继，减产幅度很大，1940年出品大锡仅52073公担。据亲历者回忆：1941年经营矿业的人骤然减少，矿工人数由上年的五万多人减到二万五千多人，产量也下降到4000余吨，1943年下降到2000吨，至1944年云南大锡的生产量则减少为1300余吨。[②]钨、锑出口，1937年出口香港钨砂8287公担，钝锑3472公担，大部分销往英、德两国；1938年钨砂出口增加为10073公担，纯锑仍为3472公担；1939年钨砂出口量有所下降，为8892公担，纯锑出口则增为4309公担。生丝为对缅主要出口商品，大部分为川产黄丝，经云南出口，战时最高出口量为每年2万担。皮革年出口3000担左右，1940年出口羊皮157万张。云南气候温和，最适宜猪鬃生长，“质量之粗硬，既较他省为优良，而毛梢之长度，更非他省所能及”，“故每年省外之入滇采购者，此去彼来，络绎不绝，而省内之经营贩运者，亦甲起乙继，层出不穷，一时成为热市快货，畅销无阻”。[③]猪鬃向来出口法国，1937年为1076公担，但已大部分转销美国；1938年增为4400公担，达到最高产量，不过其中四川猪鬃，出长江不通而由滇出口者占65%。桐油1937年出口为2126公担，全部销往美国，1938年即增为25769公担，1939年更增为36686公担。药材向来大部供给南洋侨胞之需，1937年川黔边境之药材均由滇出口，出口价值乃较上年增加13%，达225978元，1938年又较上一年增加40%。此为抗战时期各类国际贸易出口商品的大致数据，由于资料的原因，统计年份并不完整，但也比较具体地反映了战时云南国际贸易中出口商品的大致

---

① 蒙自海关报告，1937年出口为94662公担，数据略有出入。参阅李珪《云南近代经济史》，云南民族出版社1995年，第521页。

② 李表东：《云南出口矿产品运销处统制个旧大锡的一些回忆》，《云南文史资料选辑》第5辑，中国人民政治协商会议云南省委员会文史资料研究委员会编，1964年内部发行，第68页。

③ 李正邦：《云南猪鬃业之发展概况》，《云南文史资料选辑》第9辑，中国人民政治协商会议云南省委员会文史资料研究委员会编，1965年内部发行，第124页。

情形。[1]战时云南国际出口贸易为抗战换取外汇，用以进口国际战略物资与军民所需的生活、生产物资。

那么在国际进口贸易方面，抗战时期的主要进口商品有机器工具、车辆、火油汽油等油类、颜料、棉花、棉织品、纸、糖等。云南省素来工业落后，所以机器进口很少，如1934年，省内可以称得上近代工业的恐怕只有个旧炼锡公司一家。1937年，云南纺织厂正在建设中，耀龙电力公司大加刷新，“加以皮革厂之改组扩充，其他旧机器之添换等需要，故机器项下进口总值”达357760金单位，比上一年增加150000金单位。1938年因若干工厂迁至昆明，故此项进口共达401203金单位。1935年起云南省省际公路“渐次建设就绪”，即有“卡车九十一辆，汽车十五辆，自行车七百另八辆之进口”，其中美国货占80%；1937年“公路更见发展，各汽车公司又有卡车进口”；由于受法国限制，外汇缺乏，汽油贵，1938年“通过蒙自关之车辆计一百五十辆”，数量不多，值170579金单位。其后汽车进口因抗战运输需要时有增加。照明点灯所用火油在抗战前已有进口，1937年“仍维持三百万公升有奇”，进口数量不多，但“油行营业甚佳，大都以原有存货应销”，因有替代品，进口火油一直维持较低水平。汽油则因进口汽车增多，作为互补商品因而随之进口增多，“成为重要之进口品”，1937年为100万公升，1938年则因公路上汽车激增，汽油进口较上年突增2995606公升，增加3倍。其他油类如润滑油、柴油亦随抗战爆发而增加，如柴油1937年进口2000公吨，1938年亦稍有增加。此外，云南省素来有靛青与生色精染料进口，但在抗战时期却略有减少；棉花和棉织品，因有国内省外进口货，洋货在抗战时期进口较少；洋纸、洋糖也因战时通货膨胀，普通民众的购买力日见低下，又因洋纸、洋糖价格贵而又有便宜的土纸、土糖可替代，所以抗战时期进口也较少。[2]

除了国际进出口贸易之外，尚有国内省际贸易。如省际进口贸易方面，有棉纱、棉织品等，云南省向来一直从上海等地进口。抗战爆发，待上海等东部城市沦于敌手后，云南省又不得不向四川、贵州等省份进口部分物资。比如棉纱，对于云南而言“向为最重要之进口货”，向由上海进口，1937年比上一年进口略有增加，

---

① 张肖梅:《云南经济》，中国国民经济研究所1942年，第P5页；李珪:《云南近代经济史》，云南民族出版社1995年，第522页。

② 张肖梅:《云南经济》，中国国民经济研究所1942年，第P2-P4页。

但不足10万公担。抗战爆发后，云南棉纱价格飞涨，由每公担自国币70元涨至100元，利润既厚，商人也就争相进口，1938年进口棉纱达105000公担。棉织品，1937年比上一年“进货增加，花色亦多”，布商竞争激烈，进口总值达国币4227818元，1938年则减少为国币2872055元。云南与康、藏、四川一直保持良好的互相贸易传统，战时康、藏输入云南的商品有牛羊皮、酥油、氆氇、毡毯、羊毛、兽皮、大黄、虫草、鹿茸、麝香、菖蒲、金银等物，由四川输入有牛羊皮、黄丝、麻等物品，比如由昆明出口之牛皮，每年就有由川、康等地出产的牛皮，有一部分由会理运至昆明出口国外，一部分由四川叙府转运过来，还有一部分先集中重庆，再经川黔、京滇公路运至昆明出口。[①]

再为省际出口贸易，如云南大锡，本在战前有部分出口省外，1937年因战争关系，交通阻塞，国内贸易受打击，内销也就是出口外省仅4190公担，较上年减少69%，不及国际出口贸易外销数量的5%；1938年国内贸易更一蹶不振，内销之锡又减60%。其后几乎至“全部消灭矣”。皮革出口，以往内销“以东三省为最大市场”，自“九一八”事变后，此项贸易大受损失，1937年出口“以广州为主”，为200公担，1938年有所减少，广州失守后，皮革出口外省数量已微乎其微。普洱茶出口也以广州为主，但抗战爆发后出口数量“锐减”；另外输川的茶叶常年达1万担，输入康藏的茶叶每年也可达1000多万斤。紧茶是销往藏区的传统商品，经营康藏贸易的茂恒商号，所销售的松鹤牌紧茶质量好，极受藏民的喜爱，战时基本上占领了藏区的销售市场。著名商号恒盛公也从事紧茶销藏的贸易，在日本入侵缅甸之前，贸易路线一直走从云南勐海至缅甸仰光，再从水路至印度加尔各答，最后经印度内陆至西藏葛伦堡的路线，在藏销售量最初为2000包，逐年增加，最高时达1万包。[②]此外，云南也有羊毛出口，1937年运至上海者骤增至39146公斤，价值国币3万余元。此外，昆明的国际贸易中的进口百货，战时即有30%—40%销往川黔；从1938年起滇盐每年运销贵州20万担。

这是云南的国内省际进出口贸易的具体情形，虽然所得数据并不完整，但反映了抗战时期云南针对各省各地区的国内进出口贸易状况。[③]

① 张肖梅:《云南经济》，中国国民经济研究所1942年，第R5页。

② 张相时:《云南恒盛公商号史略》，《云南文史资料选辑》第18辑，云南人民出版社1983年，第26页。

③ 上述关于云南战时进出口贸易，也请参阅张肖梅《云南经济》，中国国民经济研究所1942年，第P6页；李珪《云南近代经济史》，云南民族出版社1995年，第515页。

上述为云南的国际、省际进出口贸易的具体情形，由于掌握的史料并不十分充分，尚有待于进一步挖掘史料，再做更深入的论述。即便如此，仍然可以由此认识战时云南进出口贸易的一些实际情况：一方面因抗战爆发影响了省际进出口贸易，特别是与上海、香港、广州等地的贸易，进出口物资数量大量减少，待这些城市沦陷后，贸易随即停顿；另一方面也因受抗战的刺激，国际进出口贸易量却有所增加，贸易活动日见繁忙。

第四章

战时云南的交通建设与物资运输

抗战爆发以前，云南近代交通已具备初步的发展，已建有“只通国外不通国内”的滇越铁路，建成或在建的近代公路有若干条，著名者为京滇公路、滇西公路。抗战爆发以后，云南交通建设迎来一个重要发展时期，在公路方面，除建成著名的国际大通道滇缅公路、中印公路（即史迪威公路）外，建成的国际通道还有滇越公路昆明至河口段，建成的省际通道有川滇西路（又名西祥公路）、川滇东路、滇黔南路（又名昆兴公路）、滇桂公路开砚文线等省际大通道，兴修和续修的省内公路有师宗、泸西至弥勒的公路、杨林至会泽的公路、安宁安丰营经武定至元谋龙街的公路、昆明至富民的公路、呈贡至澄江的公路、祥云至宾川公路、昆明至海口的环湖公路，等等。据统计，抗战时期，云南新修、续修公路47条（段），施工里程达3395.7千米。至1945年，云南公路总里程为战前的2.19倍，通车里程为战前的3.14倍，通公路的县（设治局）由战前的19个增加到54个，全省初步建成公路网络。在铁路方面，完成叙昆铁路、滇缅铁路的一部分工程。在航空运输方面，修筑或扩建了60多个大中小各类型的飞机场，开辟了著名的驼峰航线。此外，抗战时期还铺设了举世闻名的中印输油管道，被称为其时世界上最长的输油管。[①]在利用近代交通运输方式的同时，全面抗战时期也恢复了传统的运输方式驿运，利用民间传统运输工具与动力参与军需民用方面的运输。

本书无意面面俱到地陈述战时云南所有的交通建设情况与运输方式，如此难以深入历史的细微处，而是以经过云南的几条著名国际通道的修筑过程、运输情形给予阐述，以便更深刻地认识战时云南交通与运输的价值与意义。

第一节　滇缅公路的修筑与国际进出口物资的运输

抗战时期云南紧急建成的滇缅公路，从日军进占越南滇越铁路被切断，至日军侵略缅甸占领仰光之时止，充当中国抗战后方对外交通的最重要的生命线，其抗战时期的作用一直为人所称道。对滇缅公路的修建及与国际援华物资的运输

① 参阅蒲元华《抗战时期的云南交通》，《云南文史资料选辑》第52辑，云南人民出版社1998年，第359-376页。

关系，也一直为众多学者所关注。现就滇缅公路的修建过程及其运输价值给予尽可能详尽的史实重建与意义分析。

一、修筑滇缅公路的动议与前期准备

其实，滇缅公路是在原有滇西公路基础上向西自然延伸而成。

如第一章所述，滇西公路原计划修筑至缅甸，修至大理下关后，因下关至缅甸的路线选择之争以及经费困难而暂停修筑。正在滇西公路的修筑因经费困难等问题难以为继之时，全面抗战正好爆发；地处西南边陲的云南随即成为抗战大后方西南国际大通道的必经之地，战略地位骤然突显，那么修筑滇西公路延伸到缅甸也就具有战略价值。1937年8月，龙云赴南京参加国民党中央政治会议，对于战时国际交通问题，龙云认为上海的战争恐难持久，南京已受威胁，上海如失守，国际交通顿感困难，其间向蒋介石提议："国际交通应当预作准备，即刻着手同时修筑滇缅铁路和滇缅公路，可以直通印度洋。公路由地方负责，中央补助；铁路则由中央负责，云南地方政府可以协助修筑。"把握时机的龙云把修筑滇西公路的云南地方行为提升至国家战略的高度。在抗战之初日本侵略者立即执行封锁中国出海口政策的背景下，担忧中国国际通道随时可能中断，国际援华物资进口受到威胁的蒋介石，随即表示："好得很，好得很。我告诉铁道部和交通部照此办理，叫他们和你商量，早日着手。"[①]滇西公路的规划由省内行为上升为国家行为，因修至缅甸与缅甸公路相连，然后通至仰光成为国际大通道，故改其名曰"滇缅公路"。

1937年10月底，交通部次长王芃生、全国经济委员会[②]公路督察工程司司长徐以枋，以及工务科长赵履祺等，赶至昆明，与云南省政府主席龙云协商修筑滇缅

① 参见龙云《抗战前后我的几点回忆》，《文史资料选辑》第17辑，中华书局1961年，第55页。另见谢自佳《滇缅、中印国际公路交通线》，《抗战时期西南的交通》，云南人民出版社1992年，第88页。

② 1931年4月，中国国民党中央政治会议决定设立全国经济委员会，10月30日成立了以秦汾为主任的筹备处，11月15日，全国经济委员会正式成立，隶属于行政院，蒋介石为委员长。1932年5月通过《全国经济委员会组织条例》，其中规定其目的在于"促进经济建设，改善人民生活，调节全国财政"。1933年9月起改为国民政府直辖，以汪精卫、宋子文、孙科等为常务委员。抗日战争全面爆发后，为战时需要，全国经济委员会于1937年12月撤销，其所属各部门并入经济部、交通部、卫生署等。

公路事宜。当时又提出两条路线，一由昆明至下关经保山、腾冲至缅甸八莫，由此经伊洛瓦底江至仰光；一由昆明至下关，经保山、瑞丽至腊戍，再经铁路而至仰光。经慎重讨论，同年11月2日最终确定第二个方案，滇缅公路由下关向西延伸，经漾濞、永平、保山、龙陵、芒市、瑞丽出境至腊戍。滇缅公路的修筑由云南省政府承担，经费由中央补助200万元，限期4个月完成土路工程。

因滇缅公路缅甸段修筑事涉缅甸，所以云南省政府委派省府委员兼富滇新银行行长缪云台赴仰光与英缅政府当局商谈滇缅公路修筑事宜。缅甸本为英国殖民地，在抗战初期印缅已分治，缅甸政府表面上已有相当的自治权，如内阁总理、各部首长均为缅人，但"实权仍操在英人秘书团手中"。所以缪云台等人首先与"英国驻昆明总领事商谈"，获得总领事"赞成"后，经总领事的安排，由英国驻缅秘书团团长克瑞正式邀请缪云台去仰光。1937年底，缪云台束装就道，于1938年正月到达仰光，由秘书团团长克瑞亲自接待了缪云台，安排住在前缅甸总督府官舍中。再由克瑞介绍与缅甸内阁总理及各部部长见面，洽谈滇缅公路修筑事宜，但仅为礼节性的会谈，实际权力仍在英人手中。按照其时英国殖民制度，英国籍的总参议为缅甸常任行政长官，是最有权威的人。在获得缅甸总理礼节性的同意后，便与总参议洽商滇缅公路修筑的细节。总参议当然同意缅甸段的修筑，但怀疑云南段能否如期修至中缅边境。经过几次商谈，最后双方议定，"以一年为期，各自将公路筑到边界衔接"。此后，总参议又请缪云台亲自去缅北查看滇缅公路缅甸段所经地域的地形。经缪云台亲自查看，缅方的实际交通情形，"自仰光至避暑胜地美苗已通火车"，美苗在腊戍以南，缅方"只需自美苗修到畹町即可衔接"，而"自美苗到畹町之间，已有一条极原始的公路，路面极窄，一下雨就不能通车，而且所有桥梁都是竹桥，不能载重，连小汽车过桥，乘客都要下车步行"，经畹町到芒市，"路比较好些，虽也只能过一辆小汽车，但略为平稳"。如此而论缅甸段的滇缅公路相对较为易修，只需在原有公路的基础上加宽加固，平整路面。[①]

相对而言，滇缅公路云南段的修筑却要艰难得多。如前所述，滇缅公路昆明至下关一段，即原滇西公路，亦称为滇缅公路云南段的东段或上段，"勉强可以通车，但禄丰至下关未铺路面，桥涵多为临时性，路基宽度不足，故保留原有的安(宁)禄(丰)、禄(丰)凤(仪)两个工程分处，继续办理东段的未完和改善工程"，所

① 缪云台:《缪云台回忆录》，中国文史出版社2013年，第114-116页。

以只在原滇西公路的基础上给予完善即可。至于下关至畹町一段，也称西段或下段，长547.8千米，为新修工程，要翻越横断山脉的云岭、怒山、高黎贡山等，要跨越漾濞江、胜备江、澜沧江、怒江等大河，高山大川连续不断，工程任务艰巨，先后成立关漾、漾云、云保、保龙、龙潞、潞畹六个工程分处，并在保山成立滇缅公路总工程处，由段纬主持总工程处工作，负责管理和指导施工。[①]龙云鉴于修路任务之紧急与艰难，以强硬的态度命令公路沿途各县和设治局征调民工，限期完成筑路任务，此时滇缅公路沿线各县县长和设治局局长都收到了一张贴着一根鸡毛的命令和一个装着手铐的木匣。贴着鸡毛，以显示任务之紧急，而任务完不成则以手铐对待，其意不言而喻。

1938年初，具体指导滇缅公路修筑事宜的全国经济委员会公路督察工程司司长徐以枋，以及工务科长赵履祺等人，在保山与云南省具体负责滇缅公路修筑事宜的公路总局的负责人督办禄国藩、会办杨文清及技监段纬等人会商，认为限期在一年内打通滇缅公路存在现实困难，一是开山石方数量大，工程艰巨；二是桥梁多，特别是澜沧江和怒江的江面宽达90米左右，水流湍急，号称"天险"，要在短期内建桥通车，相当困难。基于这一认识，最后商定的原则是："土方工程由省方负责组织各县民工办理；石方工程决定本着先求通后求畅的原则，暂时把开山路线的宽度改狭，由省方招工承办"；桥梁工程中一般河流上架设石拱桥或石台木面桥，由云南省尽力承担；澜沧江和怒江两座大桥的修筑，技术方面由徐以枋负责，施工由云南省方承担。[②]

二、滇缅公路修筑的艰难过程

滇缅公路云南段的修筑于1937年12月开始动工，在云南省政府的动员与命令下，大理至瑞丽17县、设治局的20余万各族民众陆续赶赴滇缅公路施工现场，

① 谢自佳：《滇缅、中印国际公路交通线》，《抗战时期西南的交通》，云南人民出版社1992年，第90页。
② 徐以枋：《我参加滇缅公路修建工程的经过》，《抗战时期西南的交通》，云南人民出版社1992年，第77页。

开始从事修造这条抗战生命线的悲壮事业。因事关国防军事及抗战前途，省府命令各县县长、各设治局局长必须亲临所划定路段督修，据记载：在下关至畹町西段施工现场，“共有汉、彝、白、傣、回、景颇、阿昌、崩龙(即德昂族，笔者按)、苗、傈僳等十个民族”，原计划每天出工的人数是：凤仪4000、大理5000、蒙化8000、漾濞6000、顺宁5000、昌宁7000、永平8000、云龙10000、腾冲8000、镇康5000、潞西8000、梁河3000、陇川1000、保山28000、龙陵7000、莲山1000、瑞丽1000，17个县或设治局计划出工人数共115000人，加上桥涵等工程雇用的石木等工人，共约14万人。由于担心难以按时完成任务，施工过程中，“实际到路上的民工还超出于计划数字”。因此，再加上继续在昆明至下关的滇缅公路东段从事改善和修筑未竣工程的也约有6万人，滇缅全线每天出工人数，在紧张时期超过20万人。[①]滇缅公路云南段，施工主要在下关至畹町的西段，因其为新修公路，沿途“崇山峻岭，悬崖削壁，工程极为艰巨”。[②]考虑到西段修筑的艰难，以“先求其通，再求其畅”为原则。这一路段云南省实际动用了15万民工，共完成土方1998万方，石方187万方；修成了近百座桥梁，其中较大的除功果桥、惠通桥外，还有洱河桥、漾濞江桥、胜备江桥、小老河桥等。这一路段最初以修通为目标，工程质量要求不高，标准较低，但此段公路为新修路，工程量十分庞大，所费人力物力巨大，是最为艰难的路段。[③]

据亲历者的回忆，这些施工者来自邻近公路的各县(局)的农民，来时路程长短不一，远的要长途跋涉三至五天，还要自带粮食、衣帽、锄头。此外，“工地没有住房，要砍树割草，搭盖临时窝棚。有时风餐露宿，食不果腹，衣不蔽体。冬天的高山区，寒风刺骨，以烤火取暖度过难眠之夜；在夏天低海拔地区如惠通桥、潞西至畹町一线，热得汗流浃背，瘴疟为患，恶性疟疾能在几小时内夺人生命”。[④]可见环境之险恶，修路之艰难，人员伤亡在所难免。“曾经有不少的征服自然的男女战士粉身碎骨，血肉横飞，怪可怕的死于无情岩石底下，怪凄惨的牺牲于无情的大江之中，还有不少的开路先锋则死于恶性疟疾的暴力之下”，滇缅公路的修筑成功可

① 浦光宗：《滇缅公路》，《抗战时期西南的交通》，云南人民出版社1992年，第113页。

②《滇缅路修筑经过》，《云南日报》1938年4月25日，第4版。

③ 徐以枋：《我参加滇缅公路修建工程的经过》，《抗战时期西南的交通》，云南人民出版社1992年，第81页。

④ 谢自佳：《滇缅、中印国际公路交通线》，《抗战时期西南的交通》，云南人民出版社1992年，第90页。

以说是“血肉的结晶”。[①]

修建滇缅公路,亲历滇缅公路修筑现场的记者萧乾曾陈述过一个令人心酸的故事:

更不容埋没的是金塘子那对好夫妇。男的打炮眼,一天挣四毛,女的三毛,工作是替他背火药箱。规定每天打六个炮眼,刚好日落西山,双双回家。

有时候我们怪马戏班子太不为观众的神经设想,而滇缅路上打炮眼的工作情形如果为心灵脆弱的人看到,也会马上昏厥的!想在一片峭岩绝壁上硬凿出九米宽的坦道,那不是唾手可成的。打炮眼的人是用一根皮带由腰间系住,一端绑在崖脚的树干上。然后,人如桥上的竹篮那么垂挂下来。挂到路线上,便开始用锤斧凿眼。仰头,重岩叠嶂,上面是乔木丛草,下面江水沸锅那么滚滔着,翻着乳白色的浪花。人便这样烤鸭般悬在峭壁上。待一锤锤把炮眼打好,这才往里塞炸药。这并不是最新式的爆炸物,因而在安全上是毫无保障的。为了防止它突然爆炸,须再覆上一层沙土,这才好点燃。人要像猿猴般即刻矫健地攀到崖上。慢了一步,人便与岩石同休了。

那一天,这汉子手下也许特别勤快。打完六个炮眼,回头看看,日头距峰尖还老高的。金黄色的阳光晒在大龙竹和粗长的茅草上,山岚发淡褐色,景色异常温柔;而江面这时浮起一层薄雾,一切都在鼓励他工作下去。

“该歇手了吧!”背着火药箱的妇人在高处催着他。她本是个强壮女人,但最近时常觉得疲倦,一箱火药的重量可也不轻呢!

他啐了口唾沫,沉吟一阵。来,再打一个吧!

这“规定”外的一个炮眼表征什么呢?没有报偿,没有额外酬劳,甚而没人知道。这是一个纯朴的滇西农民,基于对祖国的赤诚而捧出的一份贡献。

但一个人的体力和神经的持久性毕竟有限,而自然规律原本无情,赤诚也不能改变物理因果。

这一回,他凿完了炮眼,塞完了药,却忘记敷上沙土。

轰的一声,没等这个好人爬远,爆炸了,人碎了;而更不幸的,火星触着女人的药箱。女人也炸得倒在崖边了。

---

①《血肉的结晶——滇缅公路完成了》,《云南日报》1938年9月21日,第4版。

江水还浩荡滚流着，太阳这时已没山了，峰尖烘起一片红光，艳于玫瑰，而淡于火。

妇人被抬到十公里外工程公段的茅屋里，她居然还有点微息。血如江水般由她的胸脯肋缝间淌着，头发为血浸过，已凝成稍粘的饼子。

过好一阵，而且就在这妇人和世界永别的前一刹那，她用搭在胸脯上的手指了指腹部，断断续续地说道："救救——救救这小的……"

随后，一个痉挛，这孕妇仅剩一缝的黑眼珠也翻过去了。[①]

这是令人几度哽咽的记述。也许作为记者与作家的萧乾，对所描绘的如此惨烈的故事有所渲染。然而，据更多亲历者的回忆，在修筑滇缅公路期间，有数千民工因塌方等事故而受伤，甚至失去生命，有许多工程技术人员和管理人员因疾病而殉职。其时为云南公路建设工程技术负责人之一的浦光宗回忆到滇缅公路修筑的艰难时，就有如此陈述："在施工中，由于生活待遇太差，劳保缺乏，气候恶劣，地势艰险，伤病死亡人数很大。当时无准确统计数字，据有关方面的粗略估计，死亡人数，不下二三千人。其中有死于爆破、坠岩、坠江、土石方塌压的，有死于恶性疟疾的。技术人员也有不少因工或病死亡的，其中，有龙潞段的沙伯川，潞畹段的杨以光、王纪伦、李华、潘志霖等。"[②]除此之外，还有多少无名的民工因种种原因而死于滇缅公路的修筑工地。具体统计为修筑滇缅公路而死的人，究竟是多少，至今难有确数。

然而，虽然危险而又艰难，筑路还得照常进行，这是关系到中华民族的命运之路。技术人员和筑路民工，忍受艰辛，冒着生命危险，日夜苦干。施工的人群中，有老人、妇女和小孩，"老到七八十，小到六七岁，没牙老媪，花裤脚的闺女"，都为这条滇缅公路添土挖方。更有大理县的中学生，永平县杉阳高小学生，也自愿前往工地帮助施工。

本来滇缅公路于1938年7月已"完成百分之九十以上"，因此时云南各地已进入雨季，"大雨连绵，公路沿线山洪暴发，致将土路冲塌，尤以怒江两岸为甚"，又可知修筑之不易，然而幸得"各属民工踊跃参加补填工作，故工程进展甚速"，滇缅公路云南段在1938年9月初最终全线贯通，"大体完成，勉强可以通车"。[③]9月13

① 萧乾：《血肉筑成抗战路》，《云南文史资料选辑》第52辑，云南人民出版社1998第，第43-44页。

② 浦光宗：《滇缅公路》，《抗战时期西南的交通》，云南人民出版社1992年，第114页。

③《滇缅路工竣通车》，《云南日报》1938年9月2日，第4版。

日，滇缅公路督办禄国藩从滇西督修滇缅公路工地返回昆明，对报社记者言称："滇缅路全部工程，现已告竣，由昆明至畹町河（滇缅交界地），车辆已可畅行无阻。"[①]滇缅公路云南段修通后，缅甸方面也如期修通了美苗至畹町的公路，滇缅公路遂于1939年初，全线通车。

至于滇缅公路所经澜沧江上的功果桥和怒江上的惠通桥的修筑，由全国经济委员会公路处督察工程师徐以枋负责。功果桥为悬索桥，于1938年2月25日开工，全部工程于该年5月25日完成，6月5日正式通车。[②]惠通桥于1938年7月开工，在原有只能通行人与骡马的悬索桥的基础上改建，1938年8月初可承受空车过桥，同年12月通行载货汽车，1939年2月2日全桥竣工。由于功果桥修筑时带有临时赶修性质，承载重量有限，考虑到其后可能有大规模运输任务，经交通部同意，又在原功果桥上游800米处，另建一座正式的悬索桥。该桥由交通部桥梁设计处处长钱昌淦主持，1939年4月开工，1940年10月完成，因钱昌淦在1940年10月29日从重庆乘飞机前往昆明时，途中被敌机袭击而不幸为国殉职，为纪念他，就把这座桥命名为"昌淦桥"。所以澜沧江上有两座桥，一为功果桥，又称旧功果桥，一为昌淦桥，又称新功果桥，所以二桥有时又合称为功果桥。[③]

滇缅公路的修通，诚如缪云台先生所言：修筑滇缅公路云南段，"主事者为云南省公路局，贡献最大的则是成千上万征来筑路的民工"。[④]滇缅公路在短期内抢修通车，确实震惊了世界。其时，美国总统罗斯福对此消息持怀疑态度，立即指示驻华大使詹森亲自踏勘滇缅公路。詹森大使飞抵仰光，由仰光驾驶小车，经滇缅公路顺利到达昆明。詹森致罗斯福总统的电文中说："总统阁下，请相信这一震惊世界的消息。"汇报电文中也有如此一段话："滇缅公路工程之浩大，中国政府能于短期内完成此艰巨工程，此种果敢毅力与精神，实令人钦佩。修筑滇缅公路，物质条件异常缺乏。第一缺乏机器，第二纯系人力开辟，依赖沿途人民的艰苦耐劳精神，这种精神是全世界任何民族所不及的。"[⑤]

---

①《滇缅公路大功告成，全部工程现已告竣，车辆畅通无阻，畹町至腊戍段正由缅甸努力督修》，《云南日报》1938年9月14日，第4版。

②《功果桥落成》，《云南日报》1938年6月7日，第4版。

③ 徐以枋：《我参加滇缅公路修建工程的经过》，《抗战时期西南的交通》，云南人民出版社1992年，第77-78页。

④ 缪云台：《缪云台回忆录》，中国文史出版社2013年，第117页。

⑤ 转引自黄豆米：《血肉筑起的命脉——滇缅公路的诞生》，《滇缅抗战纪实》，中国文史出版社2008年，第318页。

三、滇缅公路与国际进出口物资的运输

在日本侵略者严密封锁中国出海口的背景下，滇缅公路的修通，使中国抗战后方又有了一条对外的国际大通道。源源不断的国际援华物资通过这条国际通道运往中国抗战后方与前线，以支持中国的抗战。

1938年11月8日，自苏联奥得萨开出的英国船斯坦荷尔号，装载6000多吨援蒋物资驶进了仰光港，这是国际援华物资到达缅甸之始，连接昆明和仰光的援华运输路线被确立。[①]12月初，“第一批军品经腊戍、畹町以达昆明，是为滇缅公路运输之始”。[②]其后，国际援华物资也就经滇缅公路运入中国。据记载，滇缅公路经不断改善后，每日运量可达六百吨，[③]每月“可达到一万至一万五千吨”。当时，缅境的运输有三条道路通往中国云南，一是经仰光至美苗的铁路之火车运输，再由美苗经公路运往中国；二是经伊洛瓦底江由仰光用船运货至八莫，再由八莫经公路运往中国；三是经仰光至腊戍的公路运货到腊戍，再经腊戍由公路运往中国。所言的滇缅公路其实就是指美苗、腊戍经畹町、保山、下关至昆明的公路。援华物资运至昆明后，再分运至抗战前线及其他后方各地。

当时主持滇缅公路运输的主要是西南运输处，“除在渝筑昆线留第三、第四、第十二三个大队，在川滇东路留第十七、第十八两队外，其余第一、第二、第五、第十、第十四、第十五、第十六、第二十、第二十一、华侨第一、华侨第二等十一个大队，均配驶于滇缅路，辖车一千一百六十六辆”，[④]此为在滇缅公路运输的西南运输处的运输机构及车辆情况，承担绝大部分经滇缅公路各类物资的运输。

当时的实际运输情形，“自仰光经腊戍或八莫运入至国境之运输”，由国民政府指定由西南运输处为唯一机构，“凡中国政府物资，均应托其代运，并授权该处为统一之机构，凡缅甸运入物资，均应归其主持”，至于国内接运，则各听自便，该处历来以大部力量代运兵工署物资，入国境后，分别缓急运保山、下关或昆明，再

---

① 日本防卫厅防卫研究所战史室：《缅甸作战》（上），天津市政协编译委员会译，中华书局1987年，第2页。

② 龚学遂：《中国战时交通史》，商务印书馆1947年，第93-94页。

③ 张嘉璈：《战时交通问题》，1940年11月内部发行，第25页，见中国第二历史档案馆藏，全宗号：二十，案卷号：443，案卷名：张嘉璈讲“战时交通问题”。

④ 龚学遂：《中国战时交通史》，商务印书馆1947年，第97页。

行东转。由于滇越路断后，滇缅公路几乎为对外唯一通道，所以“各军公商车遂蜂拥而至”滇缅公路。有鉴于滇缅公路运输的混乱，于1941年5月组织滇缅公路运输工程监理委员会整理军公商车，规定在滇缅路行驶之商车，须全部载运军公物资，因“此案之切实执行，每月到达昆明物资数量大增”。从1939年2月滇缅公路全线完工，至1942年1月，日本侵略者大举侵入缅甸止，经滇缅公路所运物资，“二十八年十一个月为二七九八〇吨，二十九年为六一三九四吨，三十年为一三二一九三吨”。[①]三年时间内，经滇缅公路运入进口物资，即国际援华物资，包括油料和军用品在内将近22万多吨。

1942年1月，日本侵略者开始入侵缅甸，中国存留在仰光的物资，“非紧急抢运不可”，为争取时间，缩短行程运入国境计，首先在滇西畹町、遮放、芒市设立“储藏物料之所”，把存放仰光的援华物资抢运至中国边境地区。当时滞留仰光的援华物资“约七万零九百余吨”，除开已紧急出售的一部分物资和无法运走的笨重物资外，实际可内运的物资约有5万余吨，再加上在此期间美国新运来的物资“一万五千八百余吨”，共“六万六千四百余吨”。从1942年1月1日至2月20日，由仰光运出物资，“计一月份一万五千四百余吨，二月份一万七千七百余吨，装成内驶车辆一万四千二百余吨，各机关自行运出四千六百余吨，共计有五万二千余吨”。同年2月中旬，日本侵略者已向仰光推进，中国远征军入缅抗战，于是“调集国内外车辆积极运送，腊戍、遮放两处，遂奉命兼办兵站事宜，所有车辆，退则抢运物资，进则输送部队，随到随卸，随装随开，夜以继日”，努力抢运。[②]

然而，1942年3月，仰光失守，4月下旬，日本侵略者沿萨尔温江北侵，存放腊戍的援华物资1万余吨不及内运，被迫“自行破坏”。5月初，敌人已向北推进至九谷，“与畹町咫尺相望”，暂存畹町、遮放和芒市各仓库的“器材四万余吨，油料三万余吨，乃于二三四日自动破坏，仅芒市物资抢出约百辆左右”。[③]至少8万吨物资来不及抢运，损失惨重。

从1939年到1942年初这三年多的时间里，经滇缅公路一共抢运回国13000多辆汽车。有了汽车之后，司机严重缺乏的问题又突显出来。这时，旅居东南亚的华侨向祖国伸出了援助之手，当时的华侨领袖就是陈嘉庚先生。陈嘉庚是20世

---

① 龚学遂：《中国战时交通史》，商务印书馆1947年，第99页。

② 龚学遂：《中国战时交通史》，商务印书馆1947年，第100-101页。

③ 龚学遂：《中国战时交通史》，商务印书馆1947年，第102页。

纪最受国人敬仰的华侨之一,很大程度上是因为他在抗战期间为祖国做出了非凡贡献。抗战爆发后,陈嘉庚就多次捐出巨资为抗战购买物资。他还利用自己在东南亚侨界的影响力,为抗战募得大量钱款和物资,并组织大批华侨青年回祖国参战。其在得知滇缅公路急需大量汽车司机和修理工之后,随即于1939年2月8日发表了《南侨总会第六号通告》,号召华侨中的年轻司机和技工回国服务,与祖国同胞并肩抗战。这个通告很快就传遍了东南亚各地。当时,志愿回国服务的东南亚华侨司机和修理工总共有3192人,他们被称为"南侨机工回国服务团"。从1939年2月到1939年8月,南侨技工先后分为九批返回祖国。所有回国服务的南侨机工都在昆明的潘家湾汽车训练学校进行了两个月的军事和政治培训,学习地理、政治、军事、防空等课程。云南的路难走,以前在南洋各地就很有名。过去这些华侨司机大都是在东南亚各城市里开车,来到云南以后,特别是在滇缅公路上,华侨司机几乎要从头开始学习如何在崎岖的山区公路上开车。此后,在滇缅公路的运输中,处处可见华侨司机的身影,为中国抗战运入了大量军公民用物资,历史应该记住他们!

总之,从1938年12月第一批军品运入中国昆明,至1942年1月日军侵入缅甸,至1942年3、4月间仰光、腊戍等地相继沦陷,滇缅公路这条国际大通道被切断时,除开英国禁运3个月,三年多时间内经滇缅公路运入了大量的援华物资。当然,除了运入国际援华物资外,也为中国抗战运出桐油、矿产品等出口物资换取外汇,也把中国远征军战士运往缅甸抗日战场。那么究其在抗战中的价值与意义,可以说体现在如下几方面。

1.经滇缅公路运输大量的国际进出口物资,显示重要的军事和经济价值。运入的军用品,直接支持中国的持续抗战,使前线枪支弹药缺乏的紧张状况有所缓解;运入的油料,供后方与前线汽车与飞机使用,既支持前线的抗战,又有助于后方的生产建设;运入的医药物品,在前线可挽救抗战负伤官兵的生命,在后方可为生病的民众治病;运出的本土产品如桐油、猪鬃及矿产品等,出口至国际市场换取外汇,既使本国政府与民众获得经济收入,又因增加的外汇可在国际市场购买更多的战略物资。由此而论,经滇缅公路运入、运出各类物资,具有重要的军事和经济价值。

2. 战略上也成为滇越铁路中断后中国打破敌人封锁的重要手段。在日本侵略者步步紧逼封锁中国之际，滇缅公路的修通确为中国在全面抗战中反封锁战略的一个强有力的措施。至少在1939年初至1942年初，在中国全面抗战最困难的三年多时间中，源源不断的援华物资运入中国，中国本土产品经滇缅公路运出换取外汇，一方面这些出口物资也可支持盟国的抗战，另一方面可使中国获得更多的外汇去购买抗战必要之战略物资，能使中国抗战坚持下去。所以日本侵略者在侵略之初就执行的对华战略上的交通封锁政策，因滇缅公路的开通而难以得逞。

3. 政治上给艰难抗战中的军民以信心，坚定了国民政府的抗战决心。滇缅公路的修通，源源不断的国际援华物资经该路送入中国抗战后方与前线，给抗战中的军民，抗战中的政府以鼓舞，更加牢固地树立“抗战必胜”的信心。

四、日本侵略者对滇缅公路的阻断

几乎成为中国大后方唯一对外通道的滇缅公路当然一直为日本侵略者所嫉恨，自滇缅公路修通以来，日本侵略者一直采取多种手段，企图阻断滇缅公路的交通运输。诚如日本人后来所言：“日本政府及大本营为了完成中国事变，倾注一切力量企图切断法属印支、缅甸、香港各条路线。”[①]为达到解决中国事变之目的，日本侵略者运用一切力量切断滇缅公路即其手段之一。[②]

（一）禁运

滇越铁路关闭后，滇缅公路几乎成了国民政府唯一可倚重的通道，也是日本侵略者实施战略性交通封锁政策的又一个目标。几乎就在滇缅公路刚筑成之时，日本迅速与英国交涉，要求关闭此通道。英国政府为了继续维持其在香港和东南

① 日本防卫厅防卫研究所战史室：《缅甸作战》（上），天津市政协编译委员会译，中华书局1987年，第2页。

② 至于抗战时期日本侵略者对华采取的交通封锁政策，见肖雄《抗战时期日本对华的交通封锁及国民政府的反封锁对策》，《抗日战争研究》2011年第1期。

亚的殖民统治地位，也是出于自身利益的考虑，最终屈服于日本的压力，于1940年7月17日签订《封闭缅甸路线协定》（又称《克莱琪、有田协定》），协定规定："英国政府自本年7月18日起三个月期间，禁止通过缅甸输送武器、弹药、汽油、卡车以及铁路器材。"[①]滇缅公路实施禁运3个月，致使中国对外交通几乎完全断绝，这不但使重庆国民政府当时陆上对外的联系管道几乎完全被封锁，战时中国所急需的外来军品物资之运输，也宣告中断，尤为严重的是对当时中国上下民心士气而言，更是一个沉重的打击。[②]然而英国对日退让政策，非但不能保持其在远东的地位，反而助长了日本的侵略野心。9月22日，日本与法国"维希政府"订约，进军越南，直接威胁英属缅甸之安全，又在9月27日，与德意缔结三国军事同盟，"致使英国深感绥靖政策之在东亚，亦不能收理想之效果"。10月16日，中国驻英大使郭泰琪与英国外相哈里法克斯会谈，商定"英日协定禁运期满，滇缅交通定于1940年10月18日重行开放"。[③]虽然滇缅公路被短暂关闭3个月，日本的封锁政策部分得逞，但所幸的是，1940年10月18日，滇缅公路最终重新开放，抗战援华物资可继续源源不断地运入中国。

（二）轰炸

一计难成，又生一计。日军于1940年9月27日进占越南，滇越铁路最终中断。日军占领越南的另一严重后果是，以越南机场为日本轰炸机的起飞机场，云南、英属缅甸已进入日本飞机的轰炸半径。果然，1940年10月7日，日本空军飞机降落河内，随即组成"滇缅路封锁委员会"，任命侵华海军总司令参谋长大川内传七少将为指挥官，准备100架飞机，以河内机场为基础，开始大规模轰炸滇缅公路，特别是重要桥梁，如澜沧江上的功果桥、昌淦桥和怒江上的惠通桥。

日机轰炸即从1940年10月18日滇缅公路重新开放之日起，共计轰炸功果桥和昌淦桥15次，轰炸惠通桥6次。1940年12月14日中午12时22分，敌机9架冒险低空飞行，做第5次空袭功果桥和昌淦桥，投弹百余枚，致使昌淦桥19根钢索全被炸断，加筋钢桁构及桥面坠江，昌淦桥断，汽车只能从功果桥通过。但功果桥也

① 日本防卫厅防卫研究所战史室：《缅甸作战》（上），天津市政协编译委员会译，中华书局1987年，第3页。

② 林孝庭：《二战时期中英关系再探讨：以南亚问题为中心》，《近代史研究》2005年第4期，第35页。

③ 谢自佳：《滇缅、中印国际公路交通线》，见《抗战时期西南的交通》，云南人民出版社1992年，第95-96页；张水木：《抗战时期的中英关系》，《近代中国》第37期，第80-83页。

一直遭到日机的轰炸，1941年1月5日至6日，敌机连续轰炸功果桥，所有8根纲索有断有伤，无一完好，不能通车。然而，经中国桥梁抢修人员努力抢修，于1月10日又修复通车，阻车仅4天。同年1月23日，敌机9架做第14次轰炸时，功果桥上游4根钢索全断，东半部桥面坠江，西半部桥面斜悬于下游两根钢索上，短期内确实难于修复，从而日本侵略者认为："滇缅路已断，三个月内无通车希望。"但中国工程技术人员做好渡运准备，渡口便道1月22日完工，144只汽油桶大渡船平稳下水，并试航成功。1月25日午后，开始渡运重车过江，渡船渡运能力为5.5吨。实际阻车时间为两天零三个小时。经多次改进渡运方法，每天渡运汽车由80辆逐步提高到235辆。3月2日，又建成用10艘渡船串连成的长88米的浮桥通车，保证滇缅公路物资运输的畅通。3月3日，被敌机炸毁的昌淦桥由桥梁设计人员抢修恢复通车，车辆全部由昌淦桥通行。5月11日，功果桥也被修复通车。

至于怒江上的惠通桥，1940年10月28日，敌机35架对惠通桥进行轰炸，桥面中两弹，炸断和炸伤钢索9根，吊索亦被轰断6根。东岸桥台下部中两弹而开裂。抢修队长黄京群率领技术工程人员奋力抢修，第二天早晨即修复通车，但当天中午又遭到日机27架第2次轰炸，桥面被毁30余米，经抢修后31日又可通车。其后又多次遭受日机的轰炸，惠通桥经抢修仍可通车，但因桥受损多处，为安全起见，载重量减半，影响滇缅公路的运输。1941年3月间，抢修队利用敌机停炸时机，将受伤的钢索更换，用水泥修补被炸开裂的桥台。4月1日起，惠通桥又恢复了原桥载重10吨的承受能力。①

虽然滇缅公路上的重要桥梁多次被日本飞机炸断，但中国桥梁抢修人员随炸随修，一直努力保持滇缅公路的畅通，显示出中华民族顽强的抵抗精神，滇缅公路被誉为"炸不断的滇缅路"，敌人炸断滇缅公路的阴谋一直难能得逞。

（三）军事侵占

日本侵略者虽采取外交手段施压于英国政府而禁运3个月，或使用飞机轰炸滇缅公路上的重要桥梁，暂时中断滇缅公路上的交通运输，但不能真正阻断滇缅公路。因此，日本侵略者借南进侵略东南亚之时机，最后采取直接派兵侵略缅甸，

① 谢自佳：《滇缅、中印国际公路交通线》，《抗战时期西南的交通》，云南人民出版社1997年，第96–97页。

攻占仰光、腊戌，以及中国云南怒江以西地区，惠通桥被迫炸毁而阻敌于怒江西岸，艰难维持近3年的国际交通运输大通道不幸中断至全面抗战即将胜利之时。

日本侵略者针对缅甸的作战，本安排在南进作战之后期实行。由于南进作战顺利，日军大本营决定提前开始进攻缅甸。1941年12月11日，南方军下达命令，要求第十五军"伺机占领毛淡棉等缅甸南部之敌航空基地"。12月21日，日军参谋本部作战课长服部卓四郎飞抵西贡，向南方军司令部出示《第15军作战要领草案》，其作战目的就是"切断援蒋路线，消除英在缅之势力，占领并确保缅甸要地"；其作战方针和作战指导要领，则为"尽速占领土瓦及毛淡棉之后，一举占领仰光"，认为此举"对中国及印度具有重大的战略意义"，其实质就是"切断援蒋路线"，达到战略封锁中国之目的，以瓦解中国政府及军民的抗战意志，最终实现解决"中国事变"之目的。1942年1月22日大本营发出命令，要求南方军"攻占缅甸要域"，其中《关于缅甸作战之陆海军中央协定》中，规定作战目的就是"击溃缅甸之敌，占领并确保其要域，兼以加大对华压力"。由此而论，日军对缅甸的侵略，除了作为南进作战后期目标之一，以及侵占仁安羌的油田及包德温的铝矿之目标外，正如日军自己所言："应着眼于切断援蒋路线。"①

经充分准备和一系列的战斗，日军第15军所辖55师团于1942年1月31日9时许攻占了缅南重镇毛淡棉，由此拉开日军进攻缅甸的序幕。2月9日，日军第15军司令官饭田接到南方军命令：第15军司令官继当前作战，应竭力歼敌，前进仰光地区，并尽量向北方深远地区获得立脚点，准备向曼德勒和仁安羌附近作战。由此确立攻占毛淡棉之后日军在缅甸作战的任务。由最初设想进攻缅南地区，侵占仰光而切断"援蒋路线"，转为确立进攻仰光以北地区的新任务。与此同时，第15军所辖55师团和33师团相继渡过萨尔温江，向仰光进发，随即转入攻战。经过锡唐河东岸的激烈战斗，日军第33师团于3月3日夜在锡唐河铁桥以北渡河，4日上午切断援蒋运输动脉的仰光、曼德勒铁路。至此连接缅甸铁路的滇缅公路也就丧失国际大通道的功能。3月8日，日军第15军占领仰光。其后，日军随即考虑北进，侵占缅甸中部及北部，3月14日，55师团"由代库出发，逐步开始了以进攻东吁为目的的北进"。为支援北进东吁的日军，日军第56师团加入日军北进东

① 日本防卫厅防卫研究所战史室：《缅甸作战》（上），天津市政协编译委员会译，中华书局1987年，第15-20页。

吁作战，划归15军直辖。经过一番激烈战斗，自3月26日以来历时四天的东吁进攻战结束，日军于3月30日占领了东吁。第33师团则沿伊洛瓦底江北进，进攻卑谬。4月2日，卑谬被第33师团攻陷。4月19日，北进的55师团攻占彬马那。4月20日，北进的33师团经激烈战斗侵占仁安羌。4月29日，日军第56师团由乐可出兵迅速攻占了腊戍，切断中国远征军的退路。“腊戍不仅是中国军主力重要的退路要冲，而且一向作为援蒋物资运输线上的中继基地，这里又集存着大批军需品”，腊戍骤然被日军占领，彻底改变缅甸战场的形势，对于中英军队而言，战场形势完全恶化。腊戍被占，大批的军需物资成为日军继续进攻的物资力量，据日军所言：“在腊戍缴获的援蒋物资，数量极为庞大，隐匿在附近丛林中的燃料也为数不少。”至此，被切断退路的中国远征军一部突围返回云南，一部后来则以死伤三分之二以上的代价翻越野人山退入印度境内。

1942年5月1日17时25分，第15军另一主力第18师团和第55师团攻占曼德勒，至此缅甸境内的重大战斗基本结束。基于这种战局的判断，第15军司令官下达追击命令，第56师团以一部沿腊戍、新维、南坎、八莫、密支那北进，另以一部沿滇缅公路向怒江疾追。向密支那北进的一部5月3日23时完全占领八莫，5月8日占领密支那。密支那离仰光1200千米，是缅甸铁路最北的终点，北部缅甸的要冲，东行可至腾冲、保山，如今陷于敌手，战败的中国远征军，不得不把退路移向西北方的胡康谷地，翻越野人山退入印度。

56师团向怒江追击的一部，击败沿途阻击的中国军队，于5月5日11时终于到达怒江一线。所幸的是，惠通桥被及时炸断，终能阻止敌军于怒江西岸。①

至此，滇缅国际大通道的仰光至缅北腊戍、八莫等地的铁路、水路、公路已为敌所占，通往仰光出海口的滇缅公路，此后只能从昆明通车至怒江东岸，已不具备国际大通道的实际功能。这条几乎唯一的国际大通道，被誉为抗战生命线的滇缅公路也就因日军侵占缅甸、滇西部分地区而被真正切断，日军阻断滇缅公路的目标最终达到，国际援华物资更加不易运入中国后方来维持中国抗战机器的运转，此后极大地增加了国际援华物资运入中国的难度。

① 上述所言日军以军事侵占缅甸及滇西部分地区方式来阻断滇缅公路运输的内容，请参阅日本防卫厅防卫研究所战史室《缅甸作战》(上)，天津市政协编译委员会译，中华书局1987年，第15-137页。

第二节　“驼峰”航线的开辟与国际进出口物资的运输

1942年1月，日本侵略者大举进军缅甸，仰光等地相继为日军所侵占，抗战时期最重要的中国抗战国际运输通道——滇缅公路完全被切断，使抗战的中国几乎变成了一个“孤岛”。对于自全面抗战以来已有四年多之久的中国抗战军民，其人力物力消耗已达极点，国际援华物资因滇缅路断而难以输入中国，缺油缺药缺汽车缺枪支弹药更趋严重，对民众日常生活及前线战士抗战影响尤深。为使中国能继续坚持抗战，盟国经几次讨论决定开辟空中长途运输线，尽可能多地把国际援华物资输入抗战的中国。对于这段历史，如今已受到学术界的充分关注，现在前人研究的基础上就这一史实进行讨论，揭示其历史意义。

一、“驼峰”航线开辟的缘由及酝酿过程

“驼峰”航线是全面抗战时期世界上最危险的航线，然而却成为国际援华物资输入中国的最重要的路线之一，现就其开辟的历史缘由及航线开辟的酝酿过程略作陈述。

（一）“驼峰”航线开辟的缘由

现代战争中，严密封锁交战国的对外通道，阻止其他国家的战略物资输入交战国，以达到削弱敌方抵抗能力之目的。因此，封锁交战国的对外交通已成为现代战争的有效手段之一。全面抗战时期，日本侵略者对华采取战略性的交通封锁政策即为其战争手段之一。具体而言，其政策就是对中国抗战前线与后方“力图从地面、海面及空中加强封锁”，其具体方式为“切断法属印支路线，破坏滇缅公路，兼用以海军封锁海面、陆军封锁海港作战等方法”，以期削弱中国的抵抗能力，

达到彻底解决“中国问题”之目的。[1]

全面抗战爆发以后，日本侵略者凭借其强大的海军力量严密封锁中国海岸线，严禁国际援华物资进入抗战的中国。中国海面被封锁后，中国的对外通道主要有四条：(1)香港通向内地的路线；(2)经中国西北与苏联连接的西北路线；(3)连接越南海防与中国昆明的法属印支路线；(4)连接缅甸仰光、腊戍和中国昆明的滇缅路线。[2]因此，日本进一步着手对中国的上述对外通道予以封锁，以达到完全切断中国物资补给线之目的。

全面抗战初期，借助香港运输物资为主要通道。因此，内地经中国香港的对外通道即成为日本侵略者予以封锁的首要目标。1938年10月12日，日军在大亚湾登陆，向广州进攻，以“切断蒋政权的主要补给线，并挫败第三国，特别是英国的援蒋意志”为目的。[3]因国民政府主观上认为日军会顾及英国利益，不会轻易进攻广州，所以广州防务松懈，以致日本侵略军于10月21日轻而易举地攻占了广州。至10月29日，广州附近战略要地全部沦于敌手，中国其时最为重要的对外通道被切断，从而增大了中国从海外获取补给的难度。

由香港转广州的运输路线被切断后，当时最便捷的运输通道即为经越南海防，由滇越铁路至云南昆明或经镇南关公路入境广西，简言之，就是假道越南。1939年11月，日军攻取广西南宁，切断了由越南经镇南关、南宁而入湘黔的通道，那么只剩下滇越铁路运输物资至昆明的通道。对滇越铁路国际通道，日本侵略者不惜采取武力与外交两种手段以阻断其交通。除了派出大量飞机轰炸滇越铁路外，日本侵略者更采取外交手段以阻止以该铁路输入战略物资至中国昆明。从1937年9月27日对法国提出第一次抗议开始，日本侵略者即与法国交涉，强烈要求关闭滇越铁路，停止中国物资的运输。1939年11月30日，日本外相野村吉三郎再次向法国驻日大使亚弦昂利提出中止经由越南转运物资至华的照会，并要求由日方派出军事监视团执行禁运监督。1940年6月17日，迫于日方的压力，维持法国在越南的利益，法属印度支那总督卡特鲁同意日方要求，自6月20日起断绝

① 日本防卫厅防卫研修所战史研究室：《日本军国主义侵华资料长编》(上)(《大本营陆军部》摘要)，天津市政协编译委员会译，四川人民出版社1987年，第613页。

② 姚波：《中印驼峰运输》，《抗战时期西南的交通》，云南人民出版社1992年，第234页。

③日本防卫厅防卫研修所战史研究室：《中国事变陆军作战》(2)，朝云新闻社1983年，第106页。

"援蒋"物资通路。6月29日，日本由海、陆、外务三省组成的军事监视团成员西原一策少将等40人，抵达河内，执行监督禁运之任务。至此，滇越铁路通道已被切断。1940年9月，日本出兵占领法属殖民地越南，昆明至越南海防的国际出海口也由此完全中断，已无恢复滇越铁路通道之可能。

近代战争需要近代工业的支持，生产近代战争的各类武器，而近代中国工业远远落后于西方工业国家，生产近代战争武器能力低下，抵抗日本侵略的中国，大部分作战物资依赖于进口。最初设想对华战争仅需"一个月之内结束"的日本陆军参谋总长杉山元正是基于这一认识的，然而其没有想到中国抗战意志如此之坚强，战事的发展并没有如其所料。杉山元鉴于没有实现其设想，反而陷于对华长期战争的泥潭之现实，于1941年更明确提出一种策略，企图"通过切断所有的供应和援华物资的外界来源"以扼杀抗战的中国。①这就是日本侵略者对华的战略性交通封锁政策，这一战略的实施可谓抓住了中国抗战物资依赖进口的要害。

鉴于自己国家利益的考虑，早在1937年8月中苏签订互不侵犯条约之后，苏联成为援助中国抗战的主要国家，苏联的援华物资，除海运至中国外，其中有一部分战略物资经中国西北国际公路而运入中国。然而时至1941年4月《苏日互不侵犯条约》的签署实际上就中断了苏联支援中国的西北援华路线，加之同年6月，苏德战争爆发，苏联自顾不暇，援华更属不可能，中国的西北国际通道也就逐渐失去意义。1941年12月，10万日本军队在700架飞机支援下进攻缅甸，1942年3月仰光陷落，滇缅公路也因此中断。抗战的中国如同一个"孤岛"与世隔绝。

与此同时，在抗战初期苏联的援华物资逐渐减少后，主要援助中国的就是美国。1941年5月，美国通过"租借法案"②，第一批军事援华物资到达中国。此后援华物资以每月7500吨的规模通过滇缅公路进入中国，至该年12月份，运入中国的

---

① 威廉·凯宁：《飞越驼峰》，戈叔亚译，辽宁教育出版社2005年，第21页。

② 所谓"租借法案"，抗战时期亲历交通运输事宜的龚学遂先生的解释最为详尽："美国国会曾于一九四一年（民国三十年）三月十一日通过租借法，其目的在增进美国防卫。并授权总统，出卖转让交换租借法案物资。凡认为任何国家之防卫与美国防卫有关者，皆可获取此项物资，为抵抗轴心国家继续不断之威胁，与维护美国本身以及联合国家之安全。自美国参战以来，租借法更有其显明目的。依据此法，任何联合国家，向美国及其他联合国家获取资源。盖租借法案，具有普遍法，美国及其他联合国家，皆可适用彼此协助及互相租借。在国外美国军队之维持给养及配备等，皆可就地获取，如此互助，更足以加强联合国家之抗战力量。"抗战时期中国多次由"租借法案"获得美国的物资援助。参见龚学遂《中国战时交通史》，商务印务馆1947年，第269页。

物资达到12000吨的月高峰。然而,滇缅公路这条重要的中国国际通道因缅甸沦于日本侵略者之手而不幸中断。一方面“工业基础薄弱的中国自己不能生产许多重要的作战物资”,另一方面,根据租借法案获得的美国援华物资又因滇缅公路的切断而难以运到中国,“这种局势引起了美中两国政府的严重忧虑和关切”。[①]为使中国继续具有抵抗日本的能力,美国的援华物资必须建立新的运输通道运往中国抗战前线与后方。诚如罗斯福所言:“不管日本人可能取得什么样的进展,我们总会想方设法把飞机和军需送交蒋介石委员长的军队。”[②]

“驼峰”航线的开辟即为两国千方百计建立的援华运输通道之一,并为中印公路修通之前最重要的通道。然而究其开辟的原因,从前所述至少可知有三点:一是近代工业落后的中国特别需要国际社会的物资支援以支持其继续抵抗日本侵略者;二是日本对华战略封锁政策的成功实施使抗战的中国几乎处于与世隔绝之中;三是美国对华积极援助,有大量援华物资急需运入中国,支持中国抗战。总之,这三个缘由共同催生了充满艰险的“驼峰”航运。

(二)“驼峰”航线开辟的酝酿过程

就在日军入侵缅甸前夕的1941年12月,有鉴于缅甸的局势,第一次英美联合参谋长会议上,双方认为开辟中国的空中通道必须马上实现,物资也必须马上送到远东。“在1942年1月的会议上,美英联合参谋部的美国方面开始考虑在中缅印战区建立一个有足够运输能力的航线,主要的事宜由美国陆军航空队司令长官亨利·阿诺德将军负责。”[③]另据记载,其实最早具体提出开辟中印空中运输线,即“驼峰”航线的是其时任重庆国民政府外交部部长的宋子文。1942年2月,当滇缅公路即将被日本攻占缅甸而切断之时,宋子文即向美方建议,提出开辟一条从印度东北部阿萨姆到中国的空中运输线,为了说服罗斯福总统,宋子文进而强调,如有100架DC-3S运输机,一个月可由这条航线运送12000吨物资。[④]

① 姚波:《中印驼峰运输》,《抗战时期西南的交通》,云南人民出版社1992年,第235页。

② 罗斯福:《罗斯福选集》,关在汉编译,商务印书馆1982年,第361页。

③ 威廉·凯宁:《飞越驼峰》,戈叔亚译,辽宁教育出版社2005年,第40-41页。

④ 姚波:《中印驼峰运输》,《抗战时期西南的交通》,云南人民出版社1992年,第236页。

应该说，罗斯福总统同意了这条航线的开辟。因为罗斯福也已想到，滇缅公路被切断后，中国抗战面临更大的压力，中国抗战政府可能存在向日本侵略者屈服的巨大危险，汪精卫的投日行为已为明证，所以罗斯福除要求美国国会再次拨款援助中国外，也承诺："日本人可以切断滇缅公路，但是我要对英勇的中国人民说，无论日本军队的侵略多么严峻，用飞机空运物资给中国军队的路线将会很快被发现。"事实上，美国军方应罗斯福总统的要求已在开展讨论开辟中印航线的工作。就在宋子文向美方提出建议的当月，美国陆军空运司令亨利·阿诺德将军也向罗斯福告知，军方已在考虑从印度向中国开辟一条空中通道来努力摆脱仰光失陷后中国国际交通面临的困境。罗斯福极力支持这一想法，因为罗斯福想到中印空中通道的开辟，至少可以维持一个微小的供给，可以把一线希望留给战略防御中的中国人，"使他们给予日本大量的驻中国占领军以压力，否则这些日本军队可能被用在其他战场和盟军作战"，尤其是与美军作战。[①]

此时，美国军政两界就开辟中印空中运输线展开激烈的讨论。以罗斯福驻印度私人代表刘易斯·约翰逊上校和美国驻印度技术代表团成员亚赫·赫林顿上校为代表的一方认为，缅甸作战失败后，中国不会也没有能力再打算作战，所以凭空中运输来援助中国抗战已无意义，不同意开辟中印航运线。以美国国务院政治关系顾问斯坦利·霍恩贝克和美国国务院远东司司长汉弥尔顿为代表的一方认为，美国应立即以空运援助中国抗战，以使中国一直保持同其他盟国的紧密关系，获得急需的物资。倘若中国政府再从重庆迁移他处，会对中国人的抗战士气产生灾难性的影响，最终会影响盟军对日作战的全局。[②]

当然，罗斯福的态度显然倾向于开辟中印空中运输线这一观点。1942年3月，当蒋介石"电商美政府，请拨给运输机一百架，并配备油料及飞行修理等项技术人员，担任中印缅境航空运输"时，美国政府即表示完全同意，中美英三方指派代表，在印会商。几经周折，确定美国空运部门配备75架运输机，"以其总运量之半数，自运驻华美军之补给品，余半数专负配运"中方空军器材及兵工物资；中国航空公司配备25架，专运中方"电讯医药工业交通等器材"。[③]

① 威廉·凯宁：《飞越驼峰》，戈叔亚译，辽宁教育出版社2005年，第21页。

② 姚波：《中印驼峰运输》，《抗战时期西南的交通》，云南人民出版社1992年，第237页。

③ 龚学遂：《中国战时交通史》，商务印务馆1947年，第267-268页。

二、“驼峰”航线的开辟与艰难的运输过程

具体到“驼峰”航线的实际运输，其实最早从事“驼峰”航线运输的并非美国空运部门，而是中国航空公司，据威廉·凯宁所言：空中通道的最初计划是使中国航空公司（CNAC）的飞机增加到25架，以维持加尔各答到昆明这条“基本的航线”。[①]中国航空公司的飞机就在日军入侵缅甸前夕的1941年12月进行了第一次飞越驼峰的勘测。[②]另据时任运输统制局指挥处副处长龚学遂的记载：“中国航空公司于三十一年四月十八日，开始试航。初有运输机九架，其中三架为美空军运输机，直属其军部指挥；余机五六架，每日由丁江飞垒允，日可飞航二次，每次装二吨半。”由此可知，中国航空公司最早于1942年4月18日试航，这可看作“驼峰”航运的开始时间，起点在“丁江”，丁江即汀江，终点在云南垒允机场。因不久日军即进占滇西，后来终点改至云南驿，“先送飞机油三万加仑至垒允与云南驿机场，数日后，始运军械及卫生材料”，后来飞机“续增至二十余架”，“运量虽微”，但毕竟开始了具有重要战略意义的中印“驼峰”航运。[③]

缅战局势变化迅速，飞机数量不多的中国航空公司确实难以承担起繁重的抗战物资运输任务，特别是大量的租借法案援华物资运输由一个不被美国军方所管辖的中国航空公司承担，也为美国所不愿意。美国最初负责“驼峰”航运的为美国空军第10航空队，从1942年3月到12月，第10航空队负责“驼峰”行动，但在空中行动开始时，第10航空队面临诸多问题，必须克服驼峰航线复杂的地理和气候困难，以及飞机数量严重不足，飞机保养、飞机场地的不足，在局势不稳定的印度持续后勤供应、营救幸存的空难机组人员、敌人对驼峰航线及中印飞机场的攻击等问题，所以第10航空队的“驼峰”行动并不令人满意。比如说，“当‘驼峰’行动看起来真正开始时，由于其他战区也需要第10航空队的飞机，这样第10航空队的50%的人员和飞机又被调走”；特别是中东战局的变化，1942年初中缅印战区的所有航空单位都调到中东。所以，“驼峰”空运行动步履维艰，缺乏飞越“驼峰”的

① 威廉·凯宁：《飞越驼峰》，戈叔亚译，辽宁教育出版社2005年，第33–34页。

② 威廉·凯宁：《飞越驼峰》，戈叔亚译，辽宁教育出版社2005年，第202页。

③ 龚学遂：《中国战时交通史》，商务印务馆1947年，第268页。

飞机成为其中的困难之一。运输成果确实不太理想，1942年的5月份仅仅空运了80吨，6月106吨，7月73吨，至12月份才达到1226吨。[①]所以说，美国必须成立专门负责“驼峰”航线的飞行机构。

由于战事的混乱，几经周折，最终于1942年12月1日，才确定由美国陆军空运总队（ATC）负责印度至中国的航线，与中国航空公司共同负责“驼峰”航运。

美方真正具体负责“驼峰”航运任务的是美国陆军空运总队的印中联队，其唯一的任务就是“为中国空运物资和将战略原料在返回时带回来”，他们与第10航空队一样，面临诸多难题，但运输还得照样进行。其中难题之一首先就是运输机的问题。一方面，飞机数量不足且飞机零配件严重缺乏。飞机数量上，当空运总队领导着中国航线时，提供75架B-24飞机的最初计划仍然没有落实。飞机零配件上，比如1942年12月有62架C-47飞机投入运输，其中有15架坠落，有4架仍在中东，剩下的43架常常缺乏发动机和其他部件；虽然1943年以后有所改善，但几乎有100架驼峰的飞机由于同样的问题停在地面上不能飞行；1944年，因缺乏零件而退役的飞机每月平均是5.3%。另一方面，空运总队不能拥有一种成功设计的军用运输机。为增加运输机的数量，必须将民用运输机和美国陆军自己的重型轰炸机进行改装。在驼峰飞行的各个时期使用的飞机型号有C-47、C-46、C-87、C-109和C-54。除了C-87、C-109，其余型号的飞机都是由民用运输机改装为军用运输机，所以在执行高难度的“驼峰”飞行时，都存在或多或少的缺陷。如最早投入驼峰航线的C-47，是当时著名的DC-3商用机型，为双引擎的单翼飞机，可以在任何条件下飞行，又容易维修，空运总队近一半的运输机即为此型号，但它的缺点是不适合装载庞大的货物，如坦克、汽车等。C-46是一种还没有经过检验的军事用机，为双引擎单翼机，机身大，载运能力强，“有一个很好的爬高、速度和盘旋能力”，但容易在空中爆炸和坠落，所以称为“飞行棺材”。C-87由四引擎的B-24轰炸机改造为运输机，其适宜于长距离运输，但飞行途中不灵活，不易躲避日本战斗机的攻击。C-109也是B-24轰炸机改造而成，专为装载油料的运输机，其缺点与C-87一样。C-54也叫道格拉斯DC-4，是一种四引擎的运输机，能长距离和重荷载运输，很适于战时运输，但不幸的是，C-54的飞行高度很低，不适于驼峰航线北线飞行。虽

① 参阅威廉·凯宁《飞越驼峰》，戈叔亚译，辽宁教育出版社2005年，第28-46页。

然这些型号的运输机存在或多或少的缺陷，影响“驼峰”航运，但抗战后期三年多的“驼峰”航运的运输任务只能依靠这些运输机来完成。

在“驼峰”航运的初期，影响其运输任务执行的还有另一个问题，就是全天候的机场不足以及新机场建设进展缓慢。1942年印度阿萨姆只有一个全天候的汀江机场，终点之一的中国昆明也照样机场不足，必须修建新的机场以满足“驼峰”航运庞大的运输任务。中国方面的新机场建设倒很顺利，中国政府动用了数以千计的民工来建设新机场。问题是在印度方面，印度新机场的建设最初由英印政府和英国军方负责，英国人在建设机场时，只有当地一些劳动力和建筑材料可以利用，劳动大军主要是妇女，男劳动力大部分因害怕日本人的攻击已逃离阿萨姆邦；同时又因受印度民族主义运动的号召而时有罢工发生。加之美国政府承诺的美国工兵和重型机械装备又迟迟未到，英国人又缺乏支持中国抗战的热情，所以印度方面的新机场建设不能按计划进行。直到1943年年中，在罗斯福和丘吉尔亲自过问下才有所好转。总之，新机场建设的迟缓当然影响了“驼峰”航线运输量的迅速提升。

其实留给参与“驼峰”航运飞行人员印象最深刻的困难却是“驼峰”航运线上险恶的地理条件和恶劣的气候条件，这也是把援华物资从印度空运至中国昆明等地的这条航线称为“驼峰”航线的原因。“驼峰”航运最初的起点站汀江机场，位于布拉马普特拉河河谷。当满载货物的运输机起飞以后，首先越过海拔仅90英尺的布拉马普特拉河河谷，迎面而来就是属于喜马拉雅山系的高高耸立的群山，先是10000英尺的帕特开山脉，再是越过海拔较低的亲墩江河谷，然后是14000英尺的克钦山山脉，再飞过海拔6000英尺的伊洛瓦底江河谷地带；接着飞越的是海拔达16000英尺的高黎贡山，此后又跌到海拔6500英尺的怒江（萨尔温江）河谷地带；此后飞机所飞越的山峰第三次回升至16000英尺的怒山山脉。最终至澜沧江以东地区，地形才变得平缓。由于所经之地，山峰时高时低，连绵起伏，颇像骆驼的背，故飞行人员称之为“驼峰”，此一航线也就称为“驼峰”航线，以显示航线的险恶。①

① 参阅姚波《中印驼峰运输》，《抗战时期西南的交通》，云南人民出版社1992年，第239-240页。

其实，“驼峰”航线更可怕的是“驼峰”地区恶劣的气候条件。此地区正好是三个欧亚气团狂暴冲撞地带，来自喜马拉雅地区的低压气团由西向东运动，来自孟加拉湾的高压气团由南而来，来自西伯利亚的低压气团由北而来，正好在驼峰地区激烈撞击。狂暴的气流时常忽变，迅疾的横风时起，云层裹挟着冰粒袭来，雷鸣交织着闪电随行，恐怖的“冰幕”横道，阴森的浓雾笼罩归途，这就是亲历者后来描绘的驼峰航线上极其恶劣的气候，飞于驼峰上空的抗战英雄们即便是勇士也会不寒而栗。这里有段可使人身临驼峰航线场景的描述：飞机一般都是在16000英尺的高空飞行，如果突然遇到上升气流就迅速爬升到28000英尺的高空，然后又遇到下降气流，在两分钟内垂直降到6000英尺。1942年12月即在中国航空公司任职的古江也有如此陈述：急剧上升下降的气流，在一瞬间使飞机猛升降几十米或几百米。其高低起伏悬差如此之大，变化如此之快，可以想象控制飞机的难度与无奈。此处再引述古江先生一段更为详细的描述：

在雷雨季节，天空到处飘浮一堆堆外形美观，千姿百态的积雨云和积云，有的连成一大片挡住飞机的航路。这些由雪或冰雹聚集其中的冷气团，飞机强行通过就上下左右颠簸很厉害。有时雷声阵阵，震耳欲聋，驾驶窗玻璃上，刺眼的电光闪烁着，温度很低，发动机运转有时不正常，故飞机不能过久在其中飞行。在这个季节的黑夜，有时密集的云结水形成“冰幕”是最可怕的，若遇大范围的冰幕把飞行中的飞机包围起来就难脱险。有次，我们就遇到大范围的冰幕，幸好我们发现起变化时就升高，找到一处尚未合拢的云缝钻出来。在黑压压的大片云层上返航飞行将近一小时也看不见地面，导航仪器失灵，已看到云南驿机场的位置，准备燃料用完就跳伞，幸好不久就发现前方云层上有一个黑洞，就从黑洞俯冲下去，在洱海上空看到云南驿机场跑道的灯光。飞机降落后，我们在招待所，有人纷纷来询问情况并告诉我们，电台已收到有飞机出事的讯号。后来获悉，这个晚上共有19架飞机失踪。①

这就是驼峰航线上的险恶飞行，飞机失事的消息时时传来，痛苦得令人窒息。

威廉·凯宁也有段伤心的叙述：在1943年的一个晚上，有30架运输机盘旋在被浓雾所笼罩的贾布尔（Chabua）机场上空，所有的飞机都在不停地发出绝望的信

① 古江：《飞越驼峰》，《抗战时期西南的交通》，云南人民出版社1992年，第250页。

号。其中有一个驼峰老飞行人员，休·怀尔德(Hugh Wild)机长通过机场指挥塔的控制军官亲自和飞机发话。他的记录是触目惊心的：18架安全降落；7架在降落时坠毁；有5架当汽油耗竭时仍在空中，只好抛弃。几天以后，怀尔德也牺牲了，那是一股向下的气流把他的飞机吹到了一个山脚下。[①]对于怀尔德的殉职，平淡的用语，却饱含着对这段历史的沉痛。

驼峰航线有南北两线。本来驼峰航运可走南线，从昆明经云龙、泸水至印度的汀江等飞机场。南线地势低，坏天气比较少。1942年5月7日，日本攻占缅北重镇密支那以后，利用密支那的机场，日本零式战斗机可随时攻击走南线的盟军运输机，虽有美军P-40战斗机护航，但仍常遭到日机拦截而被击落。所以航线必须北移，经丽江绕道至汀江，如此不得不飞越更高的山峰和经历更加恶劣的气候条件，以避开密支那日本零式战斗机的截击半径。这是真正的“驼峰”航线，这也意味着航行增加更多风险。然而虽走北线，后来还是受到日本飞机的攻击。据古江先生回忆：“在北线飞行困难更多，然而没有日机干扰，危险相对减少。但可恨的是零式机跟踪而来，在丽江上空频繁出现，连续击落美军运输机多架和中航机一架，以致被迫停止日间飞行，改为夜间飞行。”夜间飞行，本已危险重重的驼峰航运更为艰难。

在抗战后期，“驼峰”航运持续了三年多，飞行中遇到的艰难是多重的，风险时时存在，机毁人亡时有发生，但“明知山有虎，偏向虎山行”，运输一直照样进行。美国陆军空运总队印中联队的飞机和人员在持续增加，由最初参加驼峰空运的62架，至1943年3月，增加到拥有76架C-47、11架C-87飞机；再从1944年12月的249架飞机和17032人，到1945年1月的287架飞机和19025人，到7月增加到332架飞机、22359人；[②]中国航空公司于1943年初，C-47运输机不到20架，至抗战胜利时，也已扩展到拥有C-47型、C-46型、C-53型运输机共40多架，飞行人员约200人。[③]

运输量也在持续增加，在1943年6月，运输量仅为1887吨，到了7月份就达到了3451吨，9月份是4624吨，然而远少于罗斯福总统在“三叉戟”会议上的每月

① 威廉·凯宁：《飞越驼峰》，戈叔亚译，辽宁教育出版社2005年，第63页。

② 威廉·凯宁：《飞越驼峰》，戈叔亚译，辽宁教育出版社2005年，第190页。

③ 古江：《飞越驼峰》，《抗战时期西南的交通》，云南人民出版社1992年，第248页。

7000至10000吨的承诺，但因多种条件限制的空运总队印中联队已经尽力了。到了1943年10月份，空运终于达到最低要求的7000吨，11月是9436吨，12月中旬，印中联队提出“让我们到圣诞节时空运一万吨”的口号，最终实现目标，该月达到12590吨，月吨位万吨的目标实现了，因而受到总统的奖励。①到了1944年1月至5月，吨位一直保持在每月13000—14000吨之间，而6月为18000吨，到8月是23675吨。进入1945年，运输量增至4万吨以上，从1月份的44098吨提高到6月份的58000吨，7月份达到最高峰，为71042吨，8月份由于日本的投降，才降至53315吨。②至于中国航空公司的历年运输量，从龚学遂先生所做中印空运物资分类统计表中可知。(见表4-1)

表4-1　中印空运物资分类数量表③

单位：公吨

类别	1942年	1943年	1944年	1945年	合计
紧急械弹				3000	3000
兵工器材	538	2215	6174	3554	12481
钞券黄金及印钞器	616	1896	2110	2659	7281
军航器材	93	857	569	371	1890
通信器材	179	1549	3030	1686	6444
医药	71	408	1236	454	2169
花纱布				3742	3742
军需被服		753	898	303	1954
工矿器材	94	447	863	1042	2446
飞机汽油		509	2250	1828	4587
汽车配件				525	525
美军物资		843	472		1315

① 参阅爱德温·李·怀特《圣诞节时一万吨》，佛罗里达圣彼德斯堡1977年，第237-241页。

② 印中联队运输量的持续增长的记载，请参阅威廉·凯宁《飞越驼峰》，戈叔亚译，辽宁教育出版社2005年，第146、149、151、199页。

③ 表4-1录自龚学遂《中国战时交通史》原表有些数据有误，军航器材1944年应为569公吨，误印为659公吨，录入时做了改正；1945年总计为19327公吨，但原表为19297公吨，不知问题是误印还是计算有误，亦做了改动。

续表

类别	1942年	1943年	1944年	1945年	合计
救济物资				24	24
其他	167	121	142	139	569
总计	1758	9598	17744	19327	48427
备注	1.1942年度自6月份起运，1945年度截至12月。 2.回程装运钨砂、桐油、茶叶、猪鬃出口。 3.美国军用飞机协运物资数量，未计在内。				

资料来源：龚学遂《中国战时交通史》，商务印务馆1947年，第273—274页。

表4-1中印空运中美国承运部分未计在内，所以即应为中国航空公司的运输量，但统计至1945年12月，已逸出抗战运输所讨论的范围，回程运输量并未统计在内，所以此为不够完善的统计表。虽然如此，表4-1详细反映了中印"驼峰"航运所运的具体物资种类及其运量，更重要的，至少可从表4-1得知，中国航空公司所运物资的数量由1942年的1758吨，至1945年增至19327吨，差不多为1942年的11倍，其增幅应该也是较大的。

据"驼峰"航运亲历者古江先生所掌握的资料记载：从1942年5月至1945年8月抗日战争胜利为止，中航飞机共飞越驼峰约80000架次；从印度运到中国物资共50089吨；从中国运到印度物资共20472吨；运送人员共计33477人。而美国陆军空运总队（包括第10航空队）通过驼峰航线，从印度运到中国各种物资共650000吨。①

然而，"驼峰"航运也因此付出了高昂的代价，在驼峰空运期间，中美两国损失飞机共514架（其中，中航46架），牺牲飞行员约1500名。②驼峰航运期间，美国空运总队人员和飞机的损失率一直居高不下，就是已在1945年"飞行路线采用高度低的南线"时，气候和驼峰航线上可怕的地形仍旧使得航线保持着惊人的人员数量和飞机的损失率。在1945年1月至3月，就发生了77次主要事故，134人死亡。③驼峰航运中如此大的人员殉职和飞机损失，历史应该记住这样的牺牲。

① 古江：《飞越驼峰》，《抗战时期西南的交通》，云南人民出版社1992年，第247-248页。

② 古江：《飞越驼峰》，《抗战时期西南的交通》，云南人民出版社1992年，第248页。另姚波对驼峰航运人员伤亡和飞机损失的统计比较含糊，他说："在整个空运期间，共牺牲了1000多名人员，损失飞机近600架。"虽然与古江先生的数据不完全吻合，但至少共同说明一个事实：驼峰航运中，人员的伤亡和飞机的损失是巨大的。见姚波《中印驼峰运输》，《抗战时期西南的交通》，云南人民出版社1992年，第239-240页。

③ 威廉·凯宁：《飞越驼峰》，戈叔亚译，辽宁教育出版社2005年，第192页。

三、“驼峰”航线的战略意义

从中国航空公司1942年4月18日试航，至1945年8月全面抗战胜利，“驼峰”航运持续三年多时间，为中国运入各类与军民生活及军需相关的物资多达70多万吨，运出的各类物资不计其数。除此之外，还承担数以万计的人员的运入与运出。“驼峰”航运在中国全面抗战中的作用与价值应该获得充分认识。

（一）一定程度上打破了敌人的战略封锁，支持了中国的抗战

日本从战争之初开始，就采取的一系列动作实行对华交通封锁，不只为一种战术行为，其具有明确的战略意图。据1941年12月21日日军参谋本部作战课长服部卓四郎出示给其南方军的《第15军作战要领草案》所示：作战目的首先就是“切断援蒋路线”。[1]如此而言，日军出兵缅甸目的明确，就是切断几乎为中国最后一条国际通道——滇缅公路，全面封锁援华物资进入抗战的中国，逼迫中国无力抵抗而最终投降，以达到结束中国战事、征服中国之目的。日本的对华交通封锁政策的战略意图明显，盟国及中国抗战政府随即采取多种方式，力求打破敌人的战略封锁。开辟“驼峰”航运即为滇缅路断后三年多时间内最重要的国际运输通道。

诚如威廉·凯宁所言：“在这三年的时间里，蒋介石及其军队所需要的每一部卡车、每一加仑汽油、每一磅装备、每一令纸张和其他的供应品都是由这些飞机通过驼峰航线空运过来的。吉普车、救护车、每一架P-40的零件、飞机引擎、军队、PX供应品、邮件、被服和食物也经常被作为货物由飞机空运。”被封锁的抗战中国因“驼峰”空运而打开了一个交通缺口，“驼峰的背被击破了”，三年多时间，通过“驼峰”航线保持中国国际通道的畅通。可以说，在滇缅公路被日军所切断后，“这条空运路线是中国的唯一供应线，也是美国供给在华美军唯一的路线”。[2]运给抗战后方与前线的物资，为抗战军民提供了必要的生活品，为抗战前线的军队提供枪支弹药，维持中国抗战机器的艰难运转。飞机返回印度时，经“驼峰”航线，“运

---

① 日本防卫厅防卫所研究所战史室：《缅甸作战》（上），天津市政协编译委员会译，中华书局1987年，第16页。

②《中印空运队，“例外超越的成功”，他们决以更大的力量，对华运更重要的物资》，《扫荡报》1944年6月22日，第3版。

输邮件、用坏的引擎、人员和原料，如钨和猪鬃等”。运送邮件，保持中国与国际社会的信息畅通；运出中国的原材料，如钨砂、猪鬃、铜油均为盟国急需战略物资。中国原材料的出口一方面可为中国换取外汇，再用外汇购买更多的军用物资和生活物资支持中国自己的抗战，另一方面中国出口的原材料如钨砂、猪鬃、铜油等，又是盟国制造枪支弹药的原料，维护与保养武器装备的必需品，所以反过来又支持了第二次世界大战中盟国在世界各地的抗战。①

在抗战后期的国际运输中，“驼峰”航运的运输量是巨大的。威廉·凯宁所言，总数65万吨的汽油、军需品和其他物资、人员都是通过驼峰运输的。此处所言仅为美国空运总队在驼峰航运中从印度运入中国各种物资的运输量，如加上其从中国运出的各类物资，再加上中国航空公司的运输量，那么经“驼峰”航线的运输量应是惊人的。据古江先生的统计，中国航空公司经“驼峰”航线所运物资为70561吨，加上美国空运总队“驼峰”航运从印度运入中国各种物资的运输量的65万吨，共计720561吨，但尚未统计美国空运总队“驼峰”航运从中国运出的各种物资的运输量。虽然美国空运总队经“驼峰”航线从中国运出的物资运输量现在无从知晓，但从中国航空公司经“驼峰”航线运入与运出比5∶2来看，美国空运总队驼峰航运从中国运出的各种物资的运输量可能达到26万吨之多。由此推算，经“驼峰”航线运入与运出的物资达100万吨左右应不成问题。虽然目前精确的驼峰航运的运输量难以统计清楚，也许以后也不可能统计清楚，但至少可知“驼峰”航线的运输量是巨大的，那么可以说对中国抗战的支持也至为巨大。

（二）确立了一种大规模的运输模式，促成战略空运的形成

正如威廉·凯宁所言：最后，从1944年年中后，驼峰空运进入了一个吨位没有限制、最后终于成为最庞大最复杂的军事集团空运行动的时代。②驼峰空运庞大的运输量，复杂的人员调配，使军事空运不仅仅表现为一种战术行为，更重要的，已成为一种战略行动。因驼峰航运，军事空运由此进入一个全新的战略空运时代。

威廉·凯宁认为：美国在中缅印战区完成了许多非凡之举：驼峰空运、利多公

① 威廉·凯宁：《飞越驼峰》，戈叔亚译，辽宁教育出版社2005年，第68-71页。

② 威廉·凯宁：《飞越驼峰》，戈叔亚译，辽宁教育出版社2005年，第200页。

路、中印油管、对缅甸北部的征服等等，但是只有一项在战后仍然具有特别深远的意义，那就是驼峰空运。陆军空运总队的印中联队将大批的援华物资通过飞越驼峰空运至抗战的中国，日本对华的严密封锁由此打开了一个巨大的缺口，援华物资则源源不断地进入中国大后方。驼峰航运证明大规模的飞机运输是可以在恶劣的环境下完成的，在运输规模上已不是陆上运输或水上运输之补充，实充当了运输的主角，驼峰空运不是战术层面的运输，其具有战略意义。诚如威廉·凯宁所言：大规模的战略空运由此诞生。[①]数百架飞机夜以继日地参与运输近百万吨物资，数万人参与其中，确实需要各方面的协调与配合，空运才可有序进行而不致混乱。驼峰空运顺利完成了运输任务，由最初的混乱中逐步实现有序化运输，这样也就渐渐形成一种运输模式。这种在“驼峰”空运中形成的运输模式，也就有效地运用于以后的战略空运之中，比如抗战胜利后将数万国军运往华东地区接受日本侵略者投降，再如1948年对柏林的战略空运，都是在此“驼峰”航运模式下完成的。可以说，“驼峰”航运所创立的战略空运模式影响了其后世界的军事行动。

第三节　中印公路的修筑与中印输油管的铺设

在抗战胜利已露曙光之际，中印缅战区为尽快进行战略反攻，打败日本侵略者，结束战争，决定修筑印度通中国云南的公路。1943年春，中美工兵部队以反攻基地印度列多为起点，开始修筑印度通中国云南的这条公路，史称“中印公路”，又称“史迪威公路”，战略反攻的序幕也由此拉开。至1945年1月，中印公路南北两线通车，中印公路修筑成功，封锁近三年的中国终于有了一条重要的陆上国际大通道。

1942年1月，日军在缅甸仰光登陆，侵占缅甸，中国国际生命线滇缅公路中断，基本上靠外来输入的汽油只得靠空运，所以运量有限，汽油供给十分紧张，有“一滴汽油一滴血”之称。1943年底，中美双方研究决定铺一条长途输油管，由印

① 威廉·凯宁：《飞越驼峰》，戈叔亚译，辽宁教育出版社2005年，第210页。

度的加尔各答北经缅甸入境云南直达昆明，以缓解抗战前线与后方汽油供应紧张的状况。这条油管于1943年12月开工，1945年4月完工，6月正式输油，史称“中印输油管”。

虽然中印公路的修建与中印输油管的铺设全都完成于抗战胜利前夕，但其所具有的战略价值仍可做深入探讨。

一、中印公路的修筑

修筑于抗战后期的中国通印度的国际通道——中印公路，于1945年1月28日中印公路南线通车之日，也就是中印公路最终完成之时，蒋介石在重庆发表以“中印公路开辟意义”为题的演说，其中将中印公路命名为“史迪威公路”。所以这条中印间的战时国际公路即以“史迪威公路”命名而为世人所知晓。

（一）修筑中印公路的最初目的和酝酿过程

确实，日本对华的交通封锁战略确实卓有成效，其封锁政策增加了中国抗日从国外获取战略物资的困难，中国出口物资亦难以输出国外换取外汇以增强购买国外物资的能力，中国抗战所受影响之程度不容低估，中国抗日前线与后方之军事、经济乃至抗日军心民心等方面深受影响。军事方面，国外军火不能及时输入，武器装备本已明显劣于侵华日军的中国抗日军队更是雪上加霜，以致抗战大部分时间内军事上无多少实质性的进展，只能采取守势，难以发动战略反攻。据白崇禧回忆，抗战时期，中国军队一是“武器装备陈旧”，二是因“财力薄弱，军用物资匮乏”，“以此情况应付现代化装备之敌，故于战争中牺牲重大，备感艰苦”。[①]经济方面，出海口及国际交通线的封锁，中国出口物资难以运出海外换取外汇，资金的缺乏，致使中国抗日难有财力购买国外武器装备及其他战略物资；另一方面，虽中国

① 白崇禧：《白崇禧回忆录》，解放军出版社1987年，第336页。

以自足自给的自然经济为主，但因大量政府工作人员及难民涌入抗战大后方，粮食、布匹等日常生活用品明显不足，物资匮乏相应又导致后方的物价上涨，通货膨胀愈演愈烈，军民生活更趋困难。据学者研究，中国抗战后方"经济滑坡原因，不能不注意1942年初日军攻占缅甸，滇缅公路——中国大后方对外唯一通道于5月初被日军切断，大后方完全处于被封锁状态这一客观事实"，也由于滇缅公路运输中断，"中外唯有中印之间航空联系，大后方生产必需之原料及机械设备的进口受到莫大限制"，这也是造成1943年以后后方工业衰退的最直接的原因之一。[①]例如，当时中国制造火柴的主要原料氯酸钾，向来依赖外国进口，"因交通阻滞关系，来源遂告断绝"，火柴工业难以为继。[②]总之，日本的战略性交通封锁，对抗战后方的经济影响确实不容低估。交通运输方面，进口汽车已十分困难，日军占领缅甸后，汽油几乎全靠极其危险的"驼峰"空运，这正如其时国人所称的"一滴汽油一滴血"，既显示汽油的珍贵，又表明汽油来之不易。其次，日本侵略者对华的交通封锁，对中国的抗日军心、民心影响尤深。比如从1940年7月18日至10月18日，英国对滇缅公路实施禁运3个月，抗战后方对外交通更趋困难，"对当时中国上下民心士气而言，更是一个沉重的打击"。[③]

基于此，面对日本侵略者严密封锁中国出海口及国际交通线的严峻形势，国民政府及盟国相继采取了一些反封锁对策，对外努力开辟中国国际交通线，直接打破对外交通封锁，以维持中国抗战的艰难局面。其中在修筑滇缅公路、开辟中印航空运输（即"驼峰"空运）和国际驿运线的同时，就是修筑史迪威公路。修筑史迪威公路，也就成为打破敌人战略封锁的重要手段之一。

其实早在1940年冬，国民政府就有修筑中印公路的计划。当时，滇缅公路咽喉——怒江惠通桥和澜沧江功果桥屡遭日机轰炸，表明滇缅公路有被阻断的可能。基于这种认识，国民政府交通部就拟修中印公路以备战时危急之需。最初拟定的线路是：以西康省西昌为起点，经云南中甸至德钦后分为南北两线，北线经西藏察隅至印度塞地亚为终点，南线抵云南贡山后经缅北葡萄（又名坎底）至印度列多（Ledo）为终点。[④]为此于1941年初成立中印公路测勘队，以袁梦鸿为队长，陈

---

① 李学通：《前言》，《抗日战争》第5卷，四川大学出版社1997年，第14页。

②《刘鸿生企业史料》（下），上海人民出版社1981年，第164页。

③ 林孝庭：《二战时期中英关系再探讨：以南亚问题为中心》，《近代史研究》2005年第4期，第35页。

④ 列多（Ledo），又译为利多或雷多，实一地名也。

思诚为副队长，随行有地质专员林文英，地理专员严德一等，该队共15人，“于民国三十年四月二十四日由昆明出发，五月二十一日由西昌开始测勘”。勘测中，北线因经藏区而受阻，未曾实地勘测，所以根本谈不上修建。南线经实地勘测，“在我国境内者由西昌至中甸五百千米，由中甸至崖洼一百七十千米，由崖洼至崖阳二百三十千米；在缅甸境内由崖阳至赵岗隘口三百二十千米；在印度境内者由赵岗隘口至列多二百四十千米”，“总共里程在国内者九百千米，在国外者五百六十千米，合为一千四百六十千米”，其中该线需经过雅砻江、金沙江、澜沧江、怒江、独龙江、驼洛江、狄满江、木里江诸大江，又经过云岭、大雪山、怒山、高黎贡山诸大山脉，所过丫口海拔至4800米以上，又经过野人山一带原始森林，行20余日不见一村落，所以实地勘察之结论是拟修中印公路南线“工程之艰巨，实为中国公路史上所仅有，滇缅、乐西两公路，视此良多逊色”。[①]更具体地说，全线需“穿过横断山脉的高岭深谷，最高垭口海拔4010米，最低海拔为利多仅300米。海拔3000米以上垭口有9处，冬季雪封期长。沿线需跨越较大江河19条，无一处有桥可过，其中10条大河江面宽阔，水流湍急，造桥工程浩大无比。这条线路开挖工程十分艰巨困难，尤其有500余千米穿行在原始森林中，行20余日无人迹，毒蛇猛兽出没，若要施工作业，劳力、物力、筑路机具器材的运输、人的主副食及畜料供应都极端困难”。[②]总而言之，所拟定的线路施工十分困难，如修筑，在短期内难以修成，也非其时财力、物力所能承担，所以所拟线路如动工修筑并不现实。

1942年2月12日，为修筑印度通中国的道路，中印公路会议在印度新德里举行，国民政府军事委员会办公厅主任商震、英国卡尔爵士、印军司令部参谋长莫斯温中将等11人出席此次会议，会议就否定了至为艰难的西昌至列多的路线方案，但也保留了该路线的终点定在印度列多的方案成果。[③]这次会议一致同意中印公路的线路以列多为起点，经昭甘关、葡萄、密支那，至腾冲，再分两线，一从腾冲翻越高黎贡山直插保山，此为正线，正线列多至昆明全长1491.3千米；另一条线路从腾冲至龙陵接滇缅公路到昆明，此为支线，比正线多77千米，但不必翻越高黎贡山。

修建计划最终确定后，国民政府交通部颁发《筹建中印公路详细办法》，交由滇缅铁路办公署兼办。1942年3月，滇缅铁路总工程师杜镇远到密支那与缅方会

① 袁梦鸿、陈思诚：《中印公路测勘总报告》，云南省图书馆藏1942年手写油印本，无页码。

② 谢福泽：《史迪威公路》，《血肉筑成抗战路》，云南人民出版社2005年，第111-112页。

③ 列多为印度东北部一工业区，产煤和石油，交通便利，有铁路直达加尔各答港和吉大港，作为中印公路的起点比较适当。

议两次，再到新德里与印方会议两次，协商中印公路修筑之事。经议决，中印公路的修筑由中国方面承担国内与缅境内的部分，印方负责列多至印缅国界部分。3月27日，中方开始从腾冲勘测路线，4月26日完成腾冲至中缅国界的测量任务。中方修筑任务主要由云南省政府具体负责，为此云南省政府设立协修中印公路募工处，计划在滇西募工6万名。与此同时，共组织六个工程处，分印缅边界至孟拱、孟拱至中缅国界、中缅国界至腾冲、腾冲至龙陵、密支那至南度、八莫至旁同六段实施。各工程处员工前往所划地段筹备开工，并在密支那置办房产，租用土地，建盖仓库，等等，各项准备工作大体就绪，开工在即。

然而此时，缅境战事急转直下，英国军队撤离战场，中国远征军战败，日本侵略者迅速占领缅甸绝大部分地区。1942年5月，日军侵入中国，畹町、龙陵、腾冲相继失守。5月5日，中国炸毁怒江惠通桥，阻敌于怒江西岸。修筑中印公路的中方员工6000余人被日军阻隔于缅甸，最后历尽艰难方得返回中国云南，修筑中印公路已不可能，准备就绪的筑路计划于此中断。

（二）中印公路修筑的曲折过程

1942年3月，史迪威将军出任中印缅战区美军司令，并任中国战区总司令蒋介石的参谋长，于同年6月至重庆五次面见蒋介石，陈述在印训练10万中国军队和装备30个师用以反攻缅甸的计划。8月，史迪威出任中国驻印军总指挥，为配合太平洋战争，着手准备反攻缅甸；为进一步支持中国抗战，也必须重新考虑打开至中国大后方的供应线，打通已被日军阻断的至中国的道路。因此，中国驻印军决定以列多为前进基地，向南经野人山、胡康河谷、孟拱，进攻密支那和八莫。然而这一带无路可行，需修筑公路来保障作战部队的后勤运输，中断数月的中印公路筑路计划又提到了议事日程中。

12月2日，史迪威电告马歇尔，要求派航空工程团及机械工兵团6000余人由美来印，又调中国远征军工兵第十团和第十二团共2500人到列多，并雇用印度民工12000人自印度阿萨姆邦到列多，向南进行中印公路的修筑。1943年5月雨季来临前，修路先头部队已进至印缅边境。雨季开始后，达4000毫米的年降水量为世界所罕见，筑路也就十分困难，工程进度大受影响。中印公路在原始森林中穿行，必须配备足够工人，使用刀斧及炸药来清除树藤荆棘，机械作业方能进行。其中美军筑路部队多为黑人，颇能吃苦耐劳；工兵顾问专业知识全面丰富，各项任务计划周到，准备充分。"对于需跨越的大小河流事先调查清楚，架桥采用预制构件，而且及时运到，架设迅速"。[①]修筑方面，亲历者孙克刚有过具体而翔实的描述：

由列多经过胡康、孟拱河谷到密支那的一段，长四百四十五公里半，所经过的地区，几乎全部是绝少人烟的原始山林。紧随着战斗部队之后，筑路工程逐段进行，步兵刚把前面的敌人打走，工兵就马上赶着动手。面临一片莽莽林海，唯一可寻的人迹，只有步兵作战时砍出来的几条泥泞小道，在这段时期，筑路工兵，除掉没有战斗伤亡危险的顾虑外，其余所受到的辛苦，也是一言难尽！最初担任筑路任务的，是驻印军的工兵第十团，他们全凭人力，所用的工具，只有斧头、圆锹和十字镐，所以进展很慢。后来美国的机械化工兵团带来了开山机、平路机、打石机、排水机、起重机等现代化的筑路机器，工作效率就大大地增加了。三十二年十月，新三十八师攻下野人山，特从美国把著名的陆军工程专家皮可将军调来主持中印公路的建筑工程，由于前方步兵进展的迅速，皮可将军决定采用二十四小时轮番工作制度，日夜不停，工程始终紧随着步兵前进，虽然在雨季中胡康、孟拱两河谷的洪水为灾，把路基冲坏了，甚至于淹没了，但经过几次的改良和改道后，终于畅通无阻。

密支那以下，经八莫、南坎到畹町，一路都是旧有公路，工兵只须做一些加宽和填平的工作，由畹町去昆明的一段，属于旧滇缅路的范围，在中印公路还没有打通的时候，已在中国民夫的努力下加以改善了。[②]

确实，1943年10月，雨季结束，为掩护筑路，中国驻印军在史迪威的指挥下于10月24日发动攻势反攻缅北，10月29日攻占宁边、新平洋、拉家苏各战略要点，打开了进攻胡康河谷的北大门。此后，中印公路随军事进展而逐步向前推进。几乎是作战部队打到哪里，中美印筑路人员就修到哪里。部队在前线作战，筑路工人则在后方修路，保证枪支弹药和生活必需品及时送到前线，后勤供给充足，反攻缅北之战顺利进行，1943年10月底至1944年3月，中国驻印军在缅北丛林中艰苦战斗5个月，取得了第一个旱季攻势的胜利，反攻之战向南推进了150多千米，中

① 谢福泽：《史迪威公路》，《血肉筑成抗战路》，云南人民出版社2005年，第113页。
② 孙克刚：《中国远征军缅甸荡寇志》，辽宁教育出版社2005年，第106-107页。

印公路的修筑也就相应向南修筑150多千米。

1944年7月11日，中国驻印军攻克孟拱，8月5日攻占密支那，缅北丛林之战结束，反攻缅甸至此取得阶段性胜利。中印公路列多至密支那的公路也就很快修通。

正当中国驻印军反攻缅北之战正酣时，1944年5月，退守云南的中国远征军为策应中国驻印军在缅北的攻势，强渡怒江，向盘踞松山之敌发起攻击，并分兵向腾冲进击。远征军以四个师兵力，苦战66天，终于1944年9月14日收复腾冲。随后滇缅公路工务局奉命赶修保山至密支那的公路，全面开展中印公路保密段的测量及施工。为抢修这一段公路，在保山成立第一工程处，负责修筑国内路段；另成立第二工程处，负责缅境内路段的修筑。[①]由于日军侵占腾冲后已建成腾冲至龙陵的军用便道，故中印公路北线采取正线、支线同时施工的方案。施工高潮从1944年11月中旬至1945年1月中旬，两个月时间打通了中印公路北线。北线修筑过程中，共有近两万名滇西各族民众参与施工，750名美国工程兵和200多台筑路机械参与机械化筑路，于1月19日中印公路北线全线打通。1945年1月20日，首批试车的3辆美军汽车越过中缅国界，于1月22日夜11点抵达昆明，宣告中印公路北线贯通。

1944年10月15日，中国驻印军开始进行反攻缅甸第二阶段的作战，作战部队沿已通车的密支那至八莫的公路向南推进，筑路队伍则紧随其后，对受破坏的原有公路进行修复。中国驻印军于12月15日攻克八莫，1945年1月15日攻占南坎，1月27日，中国驻印军与从云南反攻而来的中国远征军及其他盟国军队在芒友胜利会师。相应地，所谓中印公路的南线在1月28日全线打通。该线从列多经密支那、八莫、畹町，再沿滇缅公路到昆明，总长1731.7千米。

早在芒友会师、南线贯通之前，1945年1月12日首批120辆GMC汽车由中美驾驶兵轮驾，随行记者65人，由列多出发，于芒友会师第二日即1月28日驶抵畹町，举行中印公路通车典礼。然后车队再沿原滇缅公路向昆明行进，于2月3日下午，车队抵达昆明西山车家壁，2月4日上午又在昆明西站举行中印公路通车典礼，至此宣告中印公路南北两线全都通车，美国援华物资源源不断地运入中国，支持中国各抗日战场。

---

① 张天亘：《腾冲与中印公路》，《血肉筑成抗战路》，云南人民出版社2005年，第118页。

(三)中印公路开通的战略意义

从1945年1月22日在中印公路上试车的3辆美军汽车抵达昆明,宣告中印公路北线全线打通算起,至1945年10月,美国宣布租借法案终止,最后一批经印度的援华物资运毕,中印公路通车时间不到十个月,实际运输时间应不到八个月,计由中印公路运入汽车1万余辆,各类物资5万余吨。然而,在抗战期间,其他国际通道运入的物资量,据统计,坚持三年多的驼峰空运运入的各类物资就多达70多万吨,而通过滇越铁路、滇缅公路等国际通道运入的战略物资则更为巨大,难有较为准确的统计。因此,中印公路与在抗战前半期起着重要作用的滇越铁路、滇缅公路的运输相比较,与在抗战后半期的驼峰航运相比较,不管是运输量、运输时间的长短还有运输的艰险程度,中印公路交通运输时间相对短暂,运输量也不大,所承担的运输风险更不多,在抗战史中的地位似乎并不特别突出。所以,抗战史的诸多研究者对中印公路的关注相对较少,研究成果也就自然不多。实质上,如果立于抗战史的视角重新审视中印公路的抗战意义,与其他几条国际通道比较,有其独特之处。

其一,中印公路是真正意义上打破了敌人交通封锁之路。1945年1月28日,蒋介石在中印公路南线通车之日的演说中所言:“我们中国三年来所遭受的封锁,现在终于被我们打破了。”其时的美国驻华大使也为此广播演说:“三年半来,敌人对中国的大陆封锁终被毁灭。现在中国与富于生产的美国间,已有公路沟通了。”[①]确实,中印公路修筑的最初目的就是为了打破敌人的战略封锁。

事实上,日本侵略者从抗战全面爆发开始,对抗战中国采取海、陆甚至空中的全面而立体式的战略性交通封锁政策,逐步封锁一条又一条中国国际通道,给中国抗战国际战略物资的运入设置重重障碍,一次又一次增加国际援华物资运输上的困难。日本侵略者首先是采取武力以海军全面封锁中国海面,继而又以外交与武力手段封锁中国的几条对外重要通道:日军侵占广州,切断了粤汉铁路转广九铁路至香港的出海口;先以外交施压法国殖民政府,再以武力侵占了越南,也就切断了从昆明经滇越铁路至越南海防或由广西公路经镇南关、河内,再经滇越铁路至越南海防的通道;在抗战之初紧急修筑的滇缅公路(可以至缅甸仰光的出海

---

①《中印公路开辟意义》,《中央日报》(昆明)1945年1月29日,第2版。

口)，因英国政府受日本侵略者的压力而关闭3个月，后又因日本侵略者武力侵占缅甸而中断。中国这几条称之为“生命线”的重要国际通道，虽为打破敌人封锁而发挥了积极作用，但在抗战期间相继被日本侵略者切断，至日本侵占缅甸切断滇缅公路时中国抗战几乎陷入与国际社会完全隔绝的严重状态。万不得已开辟中印航空运输线(即“驼峰”空运)和运输缓慢的国际驿运线，但中印航空运输需飞越群山高耸的喜马拉雅山脉而充满风险，时有机毁人亡之事发生，又因日本侵占缅北和滇西后“驼峰”航线处于日本战机的作战半径内而时受攻击。总之，运输颇为危险，十分艰难。国际驿运线的运输路线崎岖漫长，运力依靠人力、兽力，毕竟缓不济急，运量不大，在打破敌人交通封锁方面所起作用相对有限。更重要的问题是，如此众多为打破敌人交通封锁而开辟的国际交通线，是在抗日战略防御和相持阶段被迫采取的手段，其应对方式相对是被动的，是敌人战略性交通封锁政策实施以后而做出的一种无奈反应。

然而中印公路的修筑，与滇缅公路、“驼峰”航线等国际通道比较，并非为敌人一步步战略性交通封锁后的一种被动反应。中印公路修筑，是在缅北、滇西反攻战的战略进攻阶段而采取的打破敌人交通封锁的主动行为，其应对敌人战略封锁的方式也就变得相对积极了。确实，中印公路的修筑是随缅北、滇西反攻战的向前推进而推进，以缅北、滇西反攻战的一阶段又一阶段的胜利来保证中印公路的顺利修筑和永久畅通，无须担心中印公路像滇缅公路那样，时有被关闭之虞或会为敌人所侵占，无须担忧如“驼峰”航运一样时受敌人战斗机的攻击或喜马拉雅山恶劣气候的严重影响。应该可以说，中印公路的修通，真正意义上打破了日本侵略者持续七年多的战略性交通封锁，“是给敌人当头一棒”①，此路保证了中国抗战物资的顺利运输，直到抗战胜利再未被敌人切断。总之，中印公路的修通，可以说真正意义上打破敌人的战略性交通封锁，是一条永保畅通的抗战“生命线”。

其二，中印公路是战略进攻之路。中印公路最初规划，是为了打破敌人的战略封锁，而实际修筑的过程则是在缅北和滇西反攻战的背景下进行，它随着滇缅反攻战一个接一个的胜利而向前推进。1942年8月，史迪威出任中国驻印军总指挥，随即着手实施反攻缅甸的计划。中国驻印军决定以列多为前进基地，向南经野人山、胡康河谷、孟拱河谷，进攻密支那。然而这一带无路可行，需修筑公路来

① 张仁仲:《印缅随军记》，读者之友社1945年，第128页。

保障作战部队的后勤运输。所以说，修筑中印公路，既可打破敌人的战略性交通封锁，又可为缅北反攻战提供后勤保障，可谓一举两得。1943年春季，以中美工兵部队和印度民工为主的修路大军以列多为起点，在缅北反攻战进行之前开始动手修筑中印公路。在1943年5月雨季来临之前已修至印缅边境，便于缅北反攻战计划的实施。1943年10月，中国驻印军正式发动缅北反攻战，中印公路随军事进展而逐步向前推进。几乎是作战部队打到哪里，中美印筑路人员就修到哪里。部队在前线作战，筑路工人则在后方修路，保证枪支弹药和生活必需品及时送到前线，后勤供给充足，保证了反攻缅北之战的顺利进行。中国驻印军新三十八师师长孙立人的侄儿孙克刚亲历缅北反攻战，其随军记录中有言：工程始终紧随着步兵前进。可以说一方面反攻战的胜利保证了中印公路的顺利修筑，另一方面，中印公路的向前修筑又为反攻战的后勤供应提供保障。

总之，该路的修筑，其直接目的为缅北、滇西反攻战的顺利推进提供后勤保障，实质上是配合战略反攻战的战略进攻，中印公路可视为战略进攻之路。从这个角度而言，中印公路的修筑，直接支持了战略反攻，其所具有的战略进攻意义，是滇缅公路、“驼峰”航线等国际通道所不具有的。

其三，中印公路为展望胜利未来之路。1945年1月19日，中印公路最为关键的一段云南保山至缅甸密支那的公路（又称保密公路）单行道全线修通，中美工程人员“用青松扎了一座庄严美丽的牌坊，上面用中英文写着：‘到东京之路（Road to Tokyo）’”[①]，展望了抗战胜利的前景，指明就是以修筑中印公路为起点，通过中印公路，终有一天会打到东京去，彻底打败日本侵略者，取得第二次世界大战全面而彻底的胜利，中印公路便是打到东京去的胜利之路。1945年1月28日，中印公路南线通车之时，蒋介石在重庆应美国互通广播公司之请，发表以“中印公路开辟意义”为题的演说，揭示中印公路的修筑具有更深层次的战略意义，指出中印公路的开辟成功标志着抗日战略反攻取得了初步胜利，正如蒋氏在演说中言称：工程的完成，就是我们联合国在东方大陆上战胜日寇的基础，也是我们中国排除日寇桎梏的象征，而对于我全国军民，乃是一种极有力的精神鼓励；就敌国日本来说，这是他们军阀整个失败的先声。中印公路修筑成功是敌人失败之“先声”，对中国而言则为取得胜利之“基础”，中国人民通过中印公路看到了胜利的曙光。蒋介石

---

① 张天亘：《腾冲与中印公路》，《血肉筑成抗战路》，云南人民出版社2005年，第123页。

宣布，有鉴于"史迪威将军打通该路的努力"，将中印公路命名为史迪威公路，"以垂久远的纪念"。[①]2月4日，当史迪威公路首次通车来华的第一批运输车辆抵达昆明，在昆明市西站举行欢迎仪式时，云南省政府主席龙云致欢迎辞，曰："大家都知道今天通车的这条史迪威公路，是盟邦与中国合作完成的事业，这种合作，今后一定一天比一天加强，就凭这种合作的精神，我们一定可以争取最后的胜利，一定可以奠定世界的和平。"正如龙云所揭示的，中印公路的修通，可以实现反法西斯战争的胜利，为世界和平奠定基础。最后龙云满怀信心地说："这条史迪威公路是同盟国在远东击溃日寇的胜利大道。"致辞后，龙云代表中国政府向美国中印公路工程队长皮可将军赠送锦旗一面，旗上文曰"胜利之路"。[②]确实，中印公路的开通标志着抗战胜利已露曙光，对于全面抗战的中国政府和民众而言是一个莫大的鼓舞，在心理上给中国抗战军民以胜利在望的充分信心。

事实上，中印公路修通不到八个月，日本即投降，国人所展望的抗战胜利就已实现，而非遥遥无期之虚愿。

总而言之，中印公路并非仅为抗战期间所开辟的诸多国际通道中的一条，它的独特之处在于：在真正意义上打破了敌人持续七年多的战略性交通封锁，是一条反攻战中保障后勤供给的战略进攻之路，更是一条抗战军民展望胜利的未来而终至实现的通往胜利之路。

二、中印输油管的铺设

如前所述，日本侵略者占领缅甸后，中国最重要的国际通道滇缅公路被切断，日本侵略者全面封锁中国的战略可谓颇有成效。国际战略物资的运入已变得十分困难，抗战大后方军民生产生活物资极为短缺，前线枪支弹药也很紧张，给抗战

①《中印公路开辟意义》，《中央日报》（昆明）1945年1月29日，第2版。

②《战争史上一件大事，史迪威路通车盛典，中美联合于昨晨热烈庆祝，龙主任主持剪彩礼并致词》，《云南日报》1945年2月5日，第2版；《史迪威公路第一批车队欢声雷动中到昆明》《龙主席欢迎词》，《新华日报》1945年2月5日，第2版。

军民生活和前线抗战增加困难，尤其是在抗战大后方和前线运输中，因汽油等油类难以运入而面临严重缺油的窘境。[①]为了解决汽油等油类短缺问题，在抗战后期，从印度加尔各答铺设了一条国际输油管至云南昆明，为中国抗战输油。下面就抗战时期中印输油管铺设及输油过程，在此试图重建这段历史，分析中印输油管铺设在抗战时期的战略意义。

（一）铺设中印输油管的原因与酝酿过程

其实，早在全面抗战爆发之前，就有有识之士有感战争的阴云已一步步笼罩在华夏大地上空，提出从将来可能是中国大后方的西南，即从重庆铺设一条输油管，经贵阳、昆明，至缅甸腊戍的建议。1935年初，津浦铁路工程师郑华目睹日本侵华势不可免，认为一旦战争爆发，中国东部沿海口岸就有被日本强大的海军力量全部封锁的可能。中国汽油等油类基本上靠海外进口，战争爆发后日本对华的战略封锁导致运输中断。所以，郑华工程师经过认真考虑和实际调查，有鉴于缅甸仁安羌附近有油田出产石油，认为可在中缅两国铺设输油管，避免汽油等油类进口中断的战略危险。他的想法也得到美国油管公司的支持，郑华顺利获得了该公司铺设油管的技术资料和经济成本核算资料。因此，郑华工程师正式向政府提出书面建议，于抗战全面爆发前夕的1937年5月5日，郑氏的建议终于送交国民政府行政院，由行政院批交经济部审议。然而，经经济部审议认为，铺设油管输油不切合中国实际，建议未被采纳。但是，经济部的态度并不能改变郑华继续向政府提出铺设油管建议的决心，其又于全面抗战已3个月的1937年10月6日，将该建议送交国民政府军事委员会运输总司令部。经讨论后，该运输总司令部向郑华提出了7个问题。郑华对这些问题做了详尽的书面解释后，军事委员会运输总司令部又将郑华的建议移交主管公路运输的交通部审核。然而，交通部审核后认为，鉴于国家战时财力，铺设油管的建议难以实行。交通部又请美国顾问谢安研究，谢安也认为中国此时无财力承担此项工程建设，且缅甸的油料能否大量输入中国也是问题。所以，郑华的建议再次被当局搁置不议。

① 抗战时期，除甘肃玉门、陕西延安能生产少量的石油外，中国用油主要依靠进口。参阅李幕郓《滇缅公路开放后的见闻》，《血肉筑成抗战路》，云南人民出版社2005年，第104页。

全面抗战进行近三年之际，英国政府屈服于日本的压力，宣布自1940年7月18日起，滇缅公路实施禁运3个月，这条中国抗战几乎唯一可倚重的国际通道暂时中断。在此背景下郑华于1940年10月设法将铺设油管的书面建议最终呈交蒋介石。这项建议有幸获得蒋介石的重视，蒋氏认为建议很重要，批示经济部、交通部会同办理，并指派财政部部长宋子文请美国油管专家来华研讨具体方案。美国专家霍尔对滇缅公路沿线给予实地考察，认为铺设缅中油管的建议可行。限于财力，国民政府决定先铺设由缅甸腊戍至昆明的油管，所需购买油管的款项，向美国借贷，工程用费由中国政府在国库核拨。方案经蒋介石认可后，正式开展筹备工作。然而，在油管还没有运入之际，日本侵略者于1942年1月大举进攻缅甸，仰光随即陷落，滇缅公路的出海口被阻断，油管已不能运入，铺设油管的工作遂告暂时停止。虽然如此，毕竟郑华的建议获得了抗战最高当局的重视，铺设油管输油的设想为政府所认可。

据亲历者回忆，从1939年开始，中国向美国订购的作战物资共165835吨，其中汽油和润滑油共111710吨，油料占全部军用物资的60%以上，实际上67.4%为油料，可见抗战前期进口油料的比重之高；再如滇缅公路畅通时期共运入汽油20余万吨（未包括进口汽车时装入新车供本车耗用的油料），从滇缅公路运入的作战物资中，汽油数量最大，滇缅公路实际是一条国际能源供应的公路。①

所以说1942年日本侵略者攻占缅甸，对中国油料尤其是汽油的供应影响尤深。据亲历者回忆：滇缅公路物资运输中断后，我军用车辆，及驻华美军飞机和车辆需用汽油的来源已断，运油只有依靠中印空中航线，用飞机运油供应。如前所述，美军集中了陆军空运总队的数百架运输机，飞越喜马拉雅山脉的“驼峰”，以主要吨位开展空中运油，以维持抗战大后方及前线的军民用油。然而，用飞机运油至少存在三个方面的问题：其一，用飞机运油需飞越喜马拉雅山区，气候变化多端，时有坠机事件发生，空中充满凶险；其二，日本侵占缅北后，日本战斗机时而干扰本已艰险的“驼峰”航运，常有运输机遭受日本战斗机的攻击，机毁人亡时有发生；其三，用飞机运油很不经济，仅与汽车陆运比较，运量小，耗油多，运输机从印度起飞时，飞机油仓已装满油，除了来回一趟飞机自身所耗用的油，整油仓仅有多

① 胡文义：《中印油管》，《抗战时期西南的交通》，云南人民出版社1992年，第413页。

至30%,少至20%的油料可运到云南、四川等地。后来确定铺设中印油管,其目的就是"为解决中印间通过'驼峰'空运汽油耗费大、数量少的矛盾"。①

总之,由公路承担的能源运输任务,改为飞机运输,但运量相对小,难以满足军民战时的大量用油,缺油日趋严重。为此国民政府开展节约汽油的运动,提出"一滴汽油一滴血"的口号,军用汽油调成血红色,以示汽油如血一样的珍贵。1942年下半年起,市场汽油价格猛涨。大量汽车使用代用燃料,政府在川、滇、黔等地设立酒精厂,生产大量的酒精以供汽车使用。但酒精产量有限,又改用木炭,车上装有炭炉烧木炭以供动力。汽车改用代用品后,因燃料性能的差异,动力不足,爬不上坡。又因燃料的粗劣,又导致发动机部件过早损坏,待修的汽车也就越来越多,战时运输濒于瘫痪并不夸张。从同盟国的视角来看,中国战区的缺油问题,已影响盟军的整个对日作战计划,比如自川西空军基地起飞轰炸日本的重型轰炸机"空中堡垒",因耗用油量过大,缺乏足够的储备汽油,不能随时出击。所以郑华提出铺设油管运油的建议又受到盟国首脑的重视。1943年8月,中美英三国同盟军首脑,在魁北克举行会议,决定铺设自印度加尔各答至中国昆明的输油管,于该年12月开工铺设。

虽然郑华最初建议是铺设缅甸腊戍至中国重庆的油管,几经周折,最后蒋介石同意铺设油管自缅甸腊戍至中国昆明,但因战事的变化而最终没有实现。随着中国缺油问题的日趋严重,盟国对日作战计划的实施因缺油而有困难,最终由盟国首脑会议确定改为铺设从印度加尔各答至昆明的输油管。虽与郑华的最初设想有些不同,但选择由油管输油解决缺油问题的初衷并无变化,选择由中国西南输入也没有改变,只是输油起点的改变,因战事的变化而略做一些调整,此应是顺理成章之结果。可以说,郑华的建议最终得到盟国首脑会议的确认,中印油管的铺设最终可以付之实际行动。

(二)铺设中印油管的艰难过程

铺设中印油管首先需进口油管等材料,所进口的油管为美国制造的轻质无缝管,一人可扛一节,便于施工。油管的节与节之间,以螺丝扭紧,再用电焊,密封紧

① 蒲元华:《抗战时期的云南交通》,《血肉筑成抗战路》,云南人民出版社2005年,第21页。

固，绝无隙漏。全部油管和节头等材料由美国用飞机预先配套运至印度，为铺设中印油管做充分准备。

铺设中印油管的起点为印度加尔各答港口。在加尔各答港口巨大的船坞中停泊着许多巨大的运油船，这些运油船从中东和其他产油地区的炼油厂运来飞机用油、汽车用油及各类润滑油等，使加尔各答成为油料中转港。中印油管的铺设即从印度加尔各答的港口开始，由加尔各答向东北行，通过印境阿萨姆的布拉马普特拉流域及帕特卡山，经汀江、列多，进入缅境，经密支那，再越过喜马拉雅山余脉，由八莫进入中国境内，再沿滇缅公路到昆明。铺设油管工程全长约3000千米，所需油管每节长20英尺，绝大部分油管直径为4英寸，少量为3英寸。经核算，铺设工程每千米约需164节油管，共需492000节。①

铺设油管工程之前需进行路线测量。1943年10月，铺设油管开始前期线路测量，全部测量工作由中国一方担任，测量路线由美方决定，除了缅北，中印境内的测量工作至11月底结束。油管铺设工程按原定计划于1943年12月开始，而全部工程是在1944年3月才分段全面开工，其中印缅境内的油管铺设工程，为美军供应部成立的油管工程处负责，由美国陆军建筑队担任施工。中国境内的由中美双方合作进行，中国方面由军事委员会战时运输管理局云南分局负责，由云南分局副局长龚继成兼任油管工程处处长，后由朱国熹专任处长；美国方面由雷逊纳少校领导的油管铺设工程队负责。

中印油管，主要沿中印公路铺设，便于汽车运送至指定铺设地点，缅甸境内的铺设实质上也就是随盟军缅北反攻战的推进而沿中印公路向前铺设，但铺设工程需涉山谷，穿丛林，铺设油管工程是极为艰苦的。据油管工程处处长朱国熹所言：铺油管之工作时常要在荒野及危险区域中进行，工作人员必须战胜气候及地理上之困难。②另据时人更为详细的记载，“油管工程经过路线，多荒僻险峻及瘴疠之区，时或数十里内，俱无人烟，水盐蔬菜俱属缺如。油管工程，展至森林地方，具[俱]须先以刀斧开路，再行铺管，时或工作地点因距公路线及村落太远，当晚不能回宿，美方工程人员即就地撑搭帐篷，中国工人，则终宵不眠，烤火以度寒夜，次日

① 胡文义：《中印油管》，《抗战时期西南的交通》，云南人民出版社1992年，第416页。

② 《中美两国密切合作，油管工程进展迅速》，《正义报》1945年5月23日，第3版。

仍振其疲劳，以继续工作”，条件艰苦可想而知，特别是中方人员。[①]所以，据亲历者回忆：在中美合作铺设油管的全部工程中，因气候恶劣，疟疾流行，各工程队虽配有医务人员和药品，患病缺勤者仍多，美方因病死亡者有6人，我方死亡者12人。[②]确实，中美双方施工人员中有许多伤亡。

由于分段铺设，工程进度很快，1945年4月，中印油管最后铺到昆明。1945年5月5日，中国战区美军供应部主任戚夫士少将与印缅战区美军供应部主任柯维尔将军发表联合声明，向世界宣称：越过喜马拉雅驼峰的中印油管的铺设工程已经完成，即可通油，供应作战部队需要。也正如时报所描述的：中印大油管自天上飞来了，这又是抗战中，人力所创造成的劳动奇迹之一，它超越了喜马拉雅山的耸峰，爬上了世界之屋脊，高度达到了海拔九千英尺，蜿蜒盘旋而降。[③]

中印油管铺设完成，在通油前，“先行以水试输”，流通良好。中美两国的油管工程人员，于1945年5月31日晚上，在昆明市篆塘新村网球俱乐部举行“中印油管通油联欢晚会”，以示庆贺。[④]同年6月初，中印油管正式输油。

（三）中印油管输油的战略意义

中印油管从1943年12月开工铺设，至1945年4月全部完工，从起点到终点实际全长3218千米；1945年6月正式输油，至同年11月停止输油，总共输油时间为6个月。评估中印油管输油的价值，至少可从两个方面给予认识。

其一，在经济上、军事上，解决了抗战前线和后方严重缺油的现实问题。[⑤]

在经济上，用油管输运油料，半年输入的数量，相当于滇缅公路用汽车运油一年半的数量，较之飞机空运之油量更为巨大。如前所述，滇缅公路畅通期间，应从1939年2月滇缅公路修通开始正常运输算起，至1942年初止，近3年时间，动用大量汽车，耗费大量汽油，共运入汽油20余万吨，而用中印油管输油仅半年，即运入

---

① 夏光南：《中印缅交通史》，中华书局1948年，第144-145页。

② 胡文义：《中印油管》，《抗战时期西南的交通》，云南人民出版社1992年，第415页。

③《正义之剑（五十）：祝中国大动脉》，《正义报》1945年5月15日，第3版。

④《以水试输油管，结果良好，大量汽油即可流昆，中美油管工程人员昨联欢》，《正义报》1945年6月1日，第3版。

⑤ 据《十五年来之交通概况》一书中的统计，从1945年6月起，每月由中印油管输入中国的油料为18000吨，每天平均约输入600吨，至11月份停止输油，总共输入汽油、柴油、润滑油等油料，10万多吨，基本解决了前线和大后方用油紧缺的问题。

油料达10万多吨，沿途又不自耗油料，运输油料迅速及时，节约了时间，节约了运输成本。以飞机空运，即“驼峰”航运，此世界上最为险恶的国际空中交通线，据统计共牺牲约1500名航空人员，其中大部分即为运输油料。如前所述，用飞机运输油料，既不经济，飞机本身在运输途中需大量耗费汽油，又充满危险，受驼峰恶劣气候影响和日机干扰，常有机毁人亡事故发生。“油管输油，既节省了运油汽车和飞机本身耗用的汽油，又腾出运油车辆和飞机的吨位，运输其他物资”，比如“中印路上之汽车，均可按站加油，载油之吨位即可尽量用以载货”。[①]总之，油管输油经济合算，安全可靠。

在军事上，比较战时公路、飞机空中运油，油管在短时间内能输入更多的各类油料，节约了战争时间成本。军事学家说：时间就是胜利，赢得了时间，就赢得了胜利。更直接的作用，战时中印油管输油后，使中国公路运输恢复了活力，基本解决了对日作战盟军的战时能源问题。正如时报所言：“中印大油管，这是中国反攻的大动脉。今后，曾经尊之为的‘一点汽油一点血’，将要源源不绝地如雨倾注的泻下，来拖动了中国战斗的速力，保养了中国高速度的机械化部队。”[②]其实，中印油管输油不仅仅是为中国反攻提供能源动力，更给以中国基地进行战略反攻的盟军有力的支持。如前所述，自川西空军基地起飞轰炸日本的重型轰炸机“空中堡垒”，因缺乏汽油而不能随时出击，从而影响盟军军事行动，汽油问题也就成为抗战战略反攻的瓶颈。中印油管输油，战时能源短缺问题得到解决，“空中堡垒”可随时出击轰炸日本本土，重点轰炸军事工业区，给整个日本战斗机器以沉重的打击，瓦解日本侵略者的战斗意志，一定意义上可谓加快了抗战的胜利进程。同时，公路汽车运输得以恢复正常，前线所需的各类军用物资可更快运往前线，也在一定意义上支持了抗战前线的战略反攻。

其二，此为打破日本侵略者对华战略封锁的又一重要举措。日本侵略者的战略封锁，影响中国抗战物资进口最严重的也就是油料运入。被封锁后的中国，一切物资都异常缺乏，飞机大炮汽车固然是宝贝，而使飞机能飞，大炮能动，汽车能开的油料，更是宝中之宝，封锁使油料更显珍贵。“一滴汽油一滴血”说明汽油的宝

①《以水试输油管，结果良好，大量汽油即可流昆，中美油管工程人员昨联欢》，《正义报》1945年6月1日，第3版。
②《正义之剑（五十）：祝中国大动脉》，《正义报》1945年5月15日，第3版。

贵,汽油来之不易,需要节约;更说明日本侵略者的战略封锁行之有效,致使中国抗战陷于严重缺油的局面。

铺设中印油管就是为了打破日本侵略者的战略封锁,解决依靠"驼峰"航运空中输油既不经济又不安全问题。中印油管成功输油,战略封锁自破,国际援华油料则源源不断地输入中国抗战大后方,推动中国抗战机器的顺利运转。诚如孙克刚先生所言:油管源源不断地把油料流送到中国去,增强中国战区的动力,推动战局向胜利之途迈进了一个大步。美国从豪斯顿经得克萨斯州境到东部工业地区的新泽西州,有一条大油管,长1560英里,号称是世界最长的油管,但比起抗战时期1850英里的中印油管来,还短290英里。所以说,中印油管为其时世界最长的油管,虽输油时间不长,但在短时内为抗战输入了大量油料,一定角度上打破了敌人的封锁,一定意义上加快了抗战胜利的进程,其所具有的战时经济价值和军事价值应得到充分认识。①

第四节 云南战时驿运

抗日战争全面爆发伊始,由于中国近代交通运输事业的发展滞后与自身缺陷,日军对华交通运输设施的大肆侵占,以及日军对华所采取的交通封锁政策,致使中国抗战后方与前线陷入交通运输力量严重不足的困境。国民政府为摆脱此困境,除了想尽办法努力维持近代交通运输方式的运转之外,"回归传统","恢复"传统"驿运制度",大规模利用中国传统交通运输力量以补战时交通运输力之不足。究其实质,即为继承传统驿传系统的人员物资运输功能,充分利用民间传统交通运输工具与动力,大批量承担军需民用之战时交通运输任务,名其曰"战时驿

① 孙克刚:《中国远征军缅甸荡寇志》,辽宁教育出版社2005年,第112页。

运”[1]。就笔者管见所及，蒋介石应该是这一设想的最早倡导者。1940年4月20日，在接见运输统制局高级职员时，蒋介石提出“有一个运输运动计划”，就是“要尽量利用中国旧有的工具和方法，发动人力与兽力的运输”。[2]6月10日，蒋介石给行政院及各部之电文，再次要求恢复传统驿站运输方式，“发动全国民力，普遍推行”。[3]7月15日，蒋介石主持召开全国驿运会议，共集议4日，除中央各部会均指派代表参加外，各省代表出席者有川黔粤桂湘鄂浙闽陕豫皖赣甘宁滇等15省，对于举办战时驿运，与会代表各抒己见，就组织、经费、宣传三个方面形成决议，拟就方案。[4]1940年9月1日，交通部驿运总管理处在重庆成立，负责全国战时驿运事业的兴办与管理；各省则纷纷成立驿运管理处，由其主持各省战时驿运工作。

战时云南驿运的开辟，就是在此背景下展开的。抗战时期的云南既在西南大后方，又在滇缅战场的前线；既在西南边疆地区，又是战时进出口物资的国际大通道的必经之地。抗战时期云南的交通运输十分繁忙，与其他省份比较对运输的需求也就更大，所受运输的压力也就更重，运输力量的不足也就更明显。所以，与其他省份一样，云南也着手组织传统运输力量参与战时运输，亦名其曰“战时驿运”。下面就这一问题展开论述，力图重建云南战时驿运这段历史。

一、云南战时驿运线路的规划与开辟

1940年9月，交通部驿运总管理处成立以后，云南省驿运管理处相继成立。就云南而言，此两级驿运机构设立后，则着手开展云南战时驿运工作。云南战时

① “战时驿运”概念的提出，据目前所掌握的史料，最早见于王醒魂《建立中国战时驿运制度》一文中。这一概念除出现于标题中外，在该文内容中也普遍使用。该文见《驿运月刊》第1卷第2期，1941年4月，第6-14页。此后，也偶见于时人的有关论述中，如章江波《战时驿运之效用》一文标题，又一次使用该概念。该文见《驿讯》第3期，1943年5月16日，第1页。

② 蒋介石：《运输统制与运输运动》，《新驿运运动》，战地图书出版社1940年，第3页。

③《蒋介石为筹办驿运饬令拟具进行方案代电》，《中华民国史档案资料汇编》第五辑第二编“财政经济”（10），江苏古籍出版社1997年，第425-426页。

④《全国驿运会议主席团报告书》（1940年9月13日），中国第二历史档案馆藏，行政院档，2/8607/11-22。

驿运工作的开展，首先就是开辟云南战时驿运线路，组织民间传统运输力量从事运输。就抗战时期开辟的云南战时驿运线路，可分为由交通部驿运总管理处主持开辟的干线和云南省驿运管理处主持开辟的支线。

由交通部驿运总管理处主持规划与开辟的干线中，经过云南的干线主要有四条。

（一）叙昆干线

叙昆线的开辟最早可追溯到1939年1月交通部驮运管理所创设的叙昆驮运线，按照后来交通部驿运总管理处副处长王炳南的说法：叙昆驮运线于1928年4月开始营运，驮运事业即由此开端，驿运事业亦由是发轫。叙昆驮运线的营运，也就是抗战时期驿运事业的起始。1940年2月交通部成立公路运输总局管理驮运事业，叙昆驮运线又改称叙昆车驮线。同年9月，交通部驿运总管理处成立后，叙昆车驮线改由其管理，又改称叙昆驿运干线。该线为川滇间之捷径，自四川叙府（宜宾）至云南昆明，中经横江、盐津、昭通、会泽，共810千米，设立横江、盐津、昭通、会泽、昆明五个驿运站，叙昆两地各设驿运办事处。该线设有站房7座，仓库7座，通讯电台2座。①叙昆驿运线以接运西南入口物资为主，往返货物不能平衡，回空次数过多，时有亏损，于1941年3月，移交云南省驿运管理处接办。对于此事，时报有所报道："本省驿运管理处奉令接收叙昆线，业已竣事，第一批于本日（廿七日）开始运输，货物为本省盐务局运销迤东之官盐，首先利用商营板车，次即发动大□驮马。"②云南省驿运管理处从"正式接办叙昆线以来，承运业务颇为发达，运量每月已增达一千余吨"，因"商货转运迫切"，除由该省驿运管理处代运外，"另托马帮包运"，云南民间马帮参加了战时驿运。③

（二）泸昆干线

泸昆线前身为交通部公路运输总局所辖泸昆车驮运输所管理的泸昆车驮线，

---

① 王炳南：《最近三年来之全国驿运概况》，《交通建设》1943年第1卷第3期。

② 《叙昆驿运今日开始》，《云南日报》1941年3月27日，第4版。

③ 《省驿运处扩大运输范围，登记马帮分派运输》，《云南日报》1941年10月24日，第4版。

1940年9月改为泸昆驿运干线。该线自四川泸州循川滇东路至昆明,中经毕节、威宁,"设总段二,由泸县蓝田坝至威宁为蓝威总段,由威宁至昆明为威昆总段,每总段下设三分段,全线共拟设四十五站",其中也包括泸州至叙永的水运线,全长1010千米。[①]泸昆线设有站房7座,修车厂3所,停车场2处,医务室3处,通讯电台3座。[②]因主要循川滇东路而行,运输较易,货运以接运西南入口军用国防物资为主,运量日有增加,为驿运干线中运输最平稳的线路之一。1944年,泸昆线改称川滇驿运干线,此时该线以运输棉花及盐至滇为主要任务,回程则运军用物资至泸州。

(三)滇缅干线,也称"八保干线"

该线因1942年4月间,缅甸滇西战局紧张,为抢运战略物资而筹备。原拟自缅甸八莫至云南保山,全长725千米。后因缅北为日本侵略者所侵占,虽经筹备,未及开运,于同年8月间结束。此为仅做规划的驿运干线,也为规划中的一条国际驿运干线。

(四)中印干线

该线于1942年4月开始筹备,原拟从云南保山至印度列多。勘查线路期间,因缅北为日本侵略者所占领,原计划受阻,只得改变线路,不再从云南境内经过。后开辟康藏印线以代之。所以经云南境内的中印干线仅做了初步规划,并没有开运。[③]

由云南省驿运管理处主持规划和开辟的战时驿运支线,共有两条:[④]黑沙驿运支线和乔关驿运支线。其中黑沙驿运支线,从禄丰县黑井盐矿至沙矣,全长30千米,为黑井一条专门运输矿井盐的驿运支线。黑井至沙矣之间原有一条传统古驿道,抗战时期为解决黑井矿盐被垄断而致高价的问题,由龙云命令使用古驿道运

---

① 程树仁:《泸昆驿运线之概况》,《驿运月刊》1942年第2卷第2、3期合刊。

②《全国驿运干线、支线三十年度驿站设备调查表》,《全国驿运业务概况统计表》,交通部驿运总管理处编造,中国第二历史档案馆藏,交通部档,全宗号:20,案卷号:2069。另据程树仁《泸昆驿运线之概况》中所言修车厂共有3所,《驿运月刊》1942年第2卷第2、3期合刊。

③《中印线驿运概况》,《驿讯》1943年第3期。

④ 另有一条为沾平支线,为抗战胜利之后所开辟,已逸出本书论述的范围,所以也就不纳入本书论述中。

输矿盐至滇东而开辟成一条战时驿运支线。另一条驿运支线乔关线，也称关后驿运支线，该线从剑川乔后盐井至大理下关，也为专门运输乔后盐井矿盐的驿运支线，全长95千米。总之，云南省驿运管理处开辟的这两条驿运支线，线路不长，全为专业运输矿盐的驿运线。①

现就云南战时驿运干支线特列表如下，以便更清楚而全面地认识云南战时驿运线的规划与开辟情况。（见表4–2）

表4–2　抗战时期云南各战时驿运线相关情况统计表

线路名称	长度/千米	驮马/匹	木船/艘	力夫/人	马车/辆	站房/座	仓库/座
叙昆干线	810	800	15	800		7	7
泸昆干线	1010	500			743	7	
滇缅干线	725	3700			1000		
中印干线							
乔关支线	95	50	10	50			
黑沙支线	30	150		100			
合计	2670	5200	25	950	1743	14	7

资料来源：马廷璧《云南战时驿运》，《抗战时期西南的交通》，云南人民出版社1992年，第458—459页；王炳南《最近三年来之全国驿运概况》，《交通建设》1943年第1卷第3期；《全国驿运干线支线三十年度驿站设备调查表》，《全国驿运业务概况统计表》，交通部驿运总管理处编造，中国第二历史档案馆藏，交通部档，全宗号：20，案卷号：2069；程树仁《泸昆驿运线之概况》，《驿运月刊》1942年第2卷第2、3期合刊。

① 马廷璧：《云南战时驿运》，《抗战时期西南的交通》，云南人民出版社1992年，第456–457页。

二、云南战时驿运的开展

最早开辟的叙昆驿运干线开展营运，最初承运昆明“永昌祥”和“茂恒”商号托运的货物至叙府，其中有棉纱、布匹、茶叶、小百货等，共计1596驮，95.9吨，再是承运兵工署托运的汽油、柴油、铜饼、TNT炸药共400驮，26吨。因战时乱世，驿路艰险，为安全起见，每批货物都得雇用押运员，如此又增加运输成本；而不派人押运，又担心货物遗失。所以最终确定以回族马帮为主力开展驿运。

为雇请回族马帮承担这两批物资的运输，叙昆线昆明驿运办事处邀请大南城、顺城街、金牛街、东寺街各清真寺的阿訇沙竹轩、马自成、马宜之、马兰亭等在劝业场伊斯兰食堂座谈，商讨战时驿运事业，恳请阿訇介绍马帮参加驿运。因马帮首领“马锅头”多系回族，对阿訇极为尊敬。考虑到阿訇在回民中的影响力，所以由阿訇出面组织马帮参加驿运，马帮必乐于承运并能尽责。

然后，叙昆驿运干线昆明驿运办事处又以驿运成本外加30%的办法订出运价，驿运成本即人食宿与马料等基本费用。参照铁路运输的计算方法，确定每延吨千米运价定为36元，每延千克千米为0.036元。此为马帮驮运的运价。背夫的运价则以马帮驮运的运价为基础计算，一人背30千克走一站，即30千米，可得运费32.4元。背夫与马锅头均认为运价合理，乐于承运。运价确定后，运费支付办法经协商确定：起运支半，货至到达站再付一半。至于回程货物则由叙府站配给，运价和运费支付办法不变。

1939年4月中旬，嵩明和寻甸马帮到叙昆线昆明驿运办事处办理承运至叙府货物的交接手续。不久昆叙间很快就实现大宗物资驮马对运，背夫则承担了川盐南运的任务。叙昆大道上，人背马驮，络绎不绝，叙昆线的战时驿运可谓顺利进行。

同年7月，交通部驿运总管理处副处长王炳南至昆明，由云南省建设厅长张邦翰主持召开欢迎宴会，云南战时驿运主要经营管理者程树仁、常王明、刘吉甫、郑昶南、史振东、马廷璧等参与此会。会上总结了叙昆干线依靠回彝民族力量开展营运的经验，王炳南对叙昆干线的工作表示满意，认为重庆市场上已有云南茶叶，还有缅甸进口的匹头、棉纱、军工物资铜饼等，与叙昆干线的运输分不开的。[1]

1942年春，日本侵略者侵占缅甸后，突然进犯滇西地区，致云南畹町、龙陵、腾冲相继陷落。敌人继续东进，情况万分危急，万不得已炸毁惠通桥，阻敌于怒江西岸。此时，滇缅公路沿线异常混乱，保山和大理下关所存军工物资2万吨，急待抢运至昆明，再转运其他地区，以免为东进之敌所得。其时，云南省政府和滇缅公路管理局召开紧急会议，要求尽快抢运此军工物资。由于公路运输运量恒定，又加之滇缅路断后汽油已不能进口，汽车缺油情况日益严重，公路汽车运输已难以承担此项短时间内必须完成的运输任务，所以最终交给云南省驿运管理处承担此项运输任务。

此项运输由兵工署与云南省驿运管理处签订合同，明确总运量为2万吨，其中保山15000吨，下关5000吨；运费由兵工署直接发给承担者；交运业务由驿运站办理，其管理费用由省政府最终核定，为所付运费的0.5%，由兵工署付给省驿运管理处。合同签订后，由省政府委任长期从事云南战时驿运工作的马廷璧为下关驿运办事处主任。马廷璧到任后，即在下关、保山建立驿运站，再与兵工署协商交运事宜，核付运价及检查登记物资重量。同时，为组织民间运力，马廷璧赶往蒙化（即巍山）、永平、漾濞等地回民聚集区，请回族有声望者及阿訇等发动民间马帮参加运输。缘于宗教人士的民间声望，运力组织得非常顺利，召集蒙化驮马700匹，永平500匹，马锅头全为回民，受阿訇发动服从驿运站的安排。原定保山存货每月运3000吨，15000吨当用5个月运完，结果马帮受爱国的阿訇等回族民间有声望者的感召，为民族大义所激，抢运军工物资积极，不到4个月即已运完。大理下关存货5000吨，组织马车1000辆，仅用72天运完。整个运输任务比原计划提前一个月完成，2万吨军工物资抢运至昆明，再转运抗战各地，对中国抗战的作用之重要不言而喻。

云南自古以来产矿盐，著名者有白井、黑井、琅井、元永井和乔后井等，其实云南不仅仅只有此五处盐矿。抗战时期，云南部分盐矿为地方盐霸所垄断，价格高昂，成为盐霸谋取私利的工具，导致民怨沸腾。云南地方政府在抗战之时为稳定

---

① 马廷璧：《云南战时驿运》，《抗战时期西南的交通》，云南人民出版社1992年，第452-453页。

地方起见，有意改变这种状况，其重要手段就是禁止私人运盐，实行食盐公运制度，在运输方面避免私人垄断。

剑川乔后盐井位于苍山之中，为当地马姓盐霸所垄断，私运乔后盐井矿盐至滇西腾冲及缅甸牟取暴利，而历来食乔后盐井矿盐的大理和丽江地区的百姓，就难买到乔后盐井的矿盐，不得不远去楚雄元永井和一平浪买盐，路遥价高，民众怨声载道。1942年12月，云南省盐务管理局要求在大理设立的下关驿运办事处疏运乔后积盐，责成大理盐场与下关驿运办事处洽商驿运食盐，由此开辟乔关驿运支线。虽然盐运受到盐霸的阻挠，下关驿运办事处一方面盐运计划周详，确定交盐期限、数量、质量要求，给乔后盐井灶户一定利益，预支3个月薪本，使盐井灶户乐意托付驿运办事处承运；另一方面动用社会舆论力量和军政地方实力对驿运食盐的支持，驿运办事处派人专访《滇西日报》社社长顾建平，借报端宣传战时驿运食盐的意义，呼吁社会力量保护盐运安全，又拜访滇西监察使李根源和第十一集团军司令宋希濂，恳请其晓谕部属支持盐运。按照大理盐场公署与下关驿运办事处的合同，洱源、邓川等地的回族阿訇等民间人士组织马帮驮运，召集洱海民船水运，两个月内疏运食盐100万斤。

黑井盐矿也为武姓盐霸所控制，盐被私运耿马、腾冲及缅境高价出售，由此滇东缺盐。云南省政府主席龙云令云南省驿运管理处赶运黑井矿盐以济滇东。省驿运管理处处长徐倬云提议设立黑井驿运办事处，由马廷璧出任主任，开辟黑井至沙矣的驿运支线。黑沙驿运支线的盐运过程，首先向武姓盐霸本人、黑井盐矿灶户传布云南省政府主席龙云的命令，使知晓驿运食盐的正当性；然后在交通要道设立驿运管理站，登记运盐人夫、驮马及运量；再是与盐场公署达成协议，全部食盐归云南省驿运管理处黑井驿运办事处承运；最后在三道河、松平界、饮马山、滴水箐四个回族村组织驮马、背夫参与运输食盐，在沙矣设站验收盐斤，并由沙矣驿运站设立仓库屯放食盐，再转送滇东。1944年秋从黑井运出的食盐达100万斤。[①]

现就抗战时期云南各驿运干支线承运之运量、所运物资种类特列表如下，以便更清楚认识战时云南驿运的运输状况。

①参阅马廷璧《云南战时驿运》，《抗战时期西南的交通》，云南人民出版社1992年，第455-457页。

表 4-3　抗战时期云南各驿运干支线承运情况统计表

物资性质	物资种类	承运数量/吨	备注
出口	桐油	84.0	
	五倍子	75.0	
	猪鬃	9.3	
	黄丝	3.3	
	药材	1.4	
进口内运	兵工物资	20002.4	由兵工署托运
	棉纱匹头	87.5	
	小百货	6.0	
	茶叶	2.3	
省内托运	食盐	2250.0	黑井和乔后井的食盐
	油煤	14500.0	
合计	37021.2		

资料来源：马廷璧：《云南战时驿运》，《抗战时期西南的交通》，云南人民出版社1992年，第459—460页。

根据所能获得的史料，表4-3应为并不完整的统计，但由此可知云南战时驿运承担了大量军民所需物资的运输，对云南乃至中国抗战意义之重要并不能湮灭于历史深处。

三、云南战时驿运之评价

评价云南战时驿运的价值，至少可从三个方面进行理解。

（一）为打破敌人交通封锁之利器

国民政府交通部长俞飞鹏总结战时驿运事业时，对其作用予以尤为精辟的概述:“综观驿运制度之恢复,乃根据全民抗战之需求而发动。我国机力运输所需之配件油料,泰半仰给于外洋,时有不继之虞,驿运为抗战期中应运而生之自力运输,经政府加以组织管理,其路线可以贯通全国,其运力亦有可观,敌人无法封锁,诚为争取最后胜利之利器。”[1]云南战时驿运亦为如此。由于敌人的交通封锁,汽油更难于进口,因缺油而导致公路汽车运输力量不足,所以云南在近代“机力”运输力量不足的情况下,组织民众利用传统运输工具如板车,与人力、兽力如马驴参与战时驿运,抢运军用物资,调运食盐,为军民所需物资运输贡献力量,此为敌人无法封锁的。所以说云南的战时驿运与全国各地战时驿运一样,亦成为打破日本侵略者战略封锁的利器。

(二)承担大量军民生活与前线抗战必需物资的运输

全国驿运开办之时,其最初设想为“补机力运输之不足”;在太平洋战争爆发后,日本侵略者攻占缅甸,滇缅公路完全切断,油料及汽车零配件更为缺乏,不需汽油的战时驿运之重要性尤为明显。随着驿运业务的开展,为军需民用运输大量急需物资,“战时驿运”在抗日战争中发挥的不可替代的作用日益突出。

从云南战时驿运所运输的物品来看,除承担2万吨的兵工物资外,其他所运物品种类基本上为民众生活所需,如棉纱、小百货、茶叶、食盐、油煤等,其中承运食盐两年半达2250吨,油煤3个半月达14500吨。如从更长的时间来看,云南战时驿运举办至抗战结束之时,所历时间达五年,所承担的军民运输任务应更多。

(三)恰好体现云南民众决不屈服强敌的抗战精神

“战时驿运”对中国抗战意义深远,中国人不畏强暴英勇顽强的斗争精神亦可从中得以体现。其中,大批云南民众参与战时驿运,运用传统而又原始的工具与动力,冒着生命危险,在崎岖的古驿道上为中国抗战运输大量军需民用的各类物资,恰好体现了云南民众不屈服于外来侵略势力的中华民族精神。

战时驿运在云南举办以来,回族马帮、彝族背夫在云南驿运营运机构的组织下参与战时各类物资的运输。滇西战事紧迫时,为抢运军工物资,回族马帮识民

① 俞飞鹏:《十五年来之交通概况》,出版社不详,1946年,第37页,四川大学文理图书馆藏。

族之大义，冒着受敌机轰炸的危险去临近前线的保山抢运出军工物资15000吨，其精神可嘉，久为世人称道。由此也可知，抗战时期民间运输力量参与运输，承担了更多的可以不由政府承担的运输任务，由此也减轻了政府的运输负担，使政府有更多的力量组织更为重要的运输任务。确实，云南战时驿运所具有的意义值得总结。

第五章

战时云南文化教育的发展

抗战时期，随着各文化机构、教育机构如高等学校内迁云南，给云南注入新的文化力量、教育力量，共同推动云南文化教育事业的近代发展。考察抗战时期云南文化教育事业，可以说云南迎来了文化教育事业的一个良好发展时期，素称文化教育事业相对落后于中原地区的云南，其中心城市昆明在这一时期则已成为大后方文化教育中心之一。

第一节 云南高等教育的发展

云南地处西南边陲，教育相对落后，至全面抗战时，可称得上真正意义上的大学的，仅有省立云南大学一所。抗战全面爆发以后，为保存中国高等教育的命脉，东中部各高等院校纷纷内迁，其中有部分高等院校西迁云南，继续办学，相应推动云南高等教育的发展。此外，省立云南大学改为国立，另又新建高等院校数所。如此等等，共同推动云南高等教育向前发展。现就抗战时期云南高等教育的建设与发展做一陈述与分析。

一、西迁云南的各高等院校

全面抗战爆发以后，为云南高等教育注入新的血液的是从战区内迁至滇的各高等院校。可以说，日本侵略者对中国的侵略与压迫，对中华民族而言是不幸的；而十余所高等院校内迁至滇，对在抗战前拥有高等院校不多的云南高等教育而言却是有幸的。十余所高等院校迁来云南，大量优秀教师云集昆明、大理等地，大批学生流亡至滇进入高校学习，在中华民族遭受侵略被蹂躏之不幸时，云南却迎来了自身高等教育发展的良机。

确实，日本全面侵华，中国教育事业陷入一场空前浩劫之中，仅一年时间，全国108所国立专科以上高校，遭日军破坏的有91所，其中25所因破坏严重而停办。上海沪江大学校长刘湛恩为日军迫害而死，燕京大学教授张东荪被日本宪兵队关押，而此仅冰山之一角。为维持中国近代高等教育之命脉而不坠，国民政府号召各高等院校迅速内迁。早在1937年9月29日，平津、上海战事日紧，教育部针对平津部分高等学校就做出如此安排：本部为使优良教授得以继续服务，并使学生完成学业，且为内地高等教育扩大规模起见，业经呈奉蒋院长核准，先在长沙、西安等处设立临时大学各一所。对上海专科以上学校的安排，则有"令准国立同济大学迁往浙江金华"，"令准私立复旦、大厦两大学联合迁往内地，在江西及贵州设立校舍"。[①]

随着战事逐渐深入，高校内迁由部分高校的行为逐步转为整个国家的行为。至1939年5月，迁移至抗战后方续办的高等院校至少有71所之多；整个抗战时期，仅内迁西南的高等院校，或单独开办，或联合续办的高等院校就有56所之多。如山东大学于1937年10月由青岛西迁四川万县，武汉大学于1938年4月由武昌西迁四川乐山，国立中央大学于1937年10月由南京西迁四川巴县界石，国立交通大学于1941年春由上海迁至重庆九龙坡，私立复旦大学于1938年春由上海迁到重庆北碚，齐鲁大学于1937年由济南迁至成都华西坝，浙江大学于1939年冬由杭州迁至贵州遵义，广西大学于1944年秋由桂林迁至贵州榕江，如此等等。[②]同样，有近十所高等院校西迁云南继续办学，弦歌不辍，维中华文脉而不断。1937年至1945年，先后迁入云南而续办的高等院校有国立西南联合大学、国立中山大学、国立同济大学、国立中正医学院、私立华中大学、国立艺术专科学校、北平中法大学、国立国术体育专科学校、国立上海医学院等。

1937年7月7日夜晚，卢沟桥的枪声骤然响起，本已"摆不下一张平静桌子"的平津地区必须要接受血与火的洗礼，中华民族要么在这血与火中灭亡，要么如火中凤凰一般得以重生，全民族反侵略的号角已吹响，国立北京大学、国立清华大学和私立南开大学为了保存中华民族之文脉而不坠，不得不"万里长征，辞却了五

① 《战事发生前后教育部对各级学校之措置总说明》，《中华民国史档案资料汇编》第五辑第二编《教育》(一)，中国第二历史档案馆编，凤凰出版社1997年，第7、8页。

② 参阅《抗日战争时期内迁西南的高等院校情况一览表》，《抗战时期内迁西南的高等院校》，贵州民族出版社1988年，第352-356页。

朝宫阙”而南渡至湖南长沙，“暂驻足，衡山湘水”，联合组设国立长沙临时大学，11月1日正式开学上课。然而，12月13日，日军攻陷南京，溯长江而上准备进攻武汉，抗战节节败退的不利局面又使长沙临时大学不得不西迁云南昆明。随着临时大学师生经陆路、海路陆续到达昆明，学校又奉教育部令改称“国立西南联合大学”，于1938年5月4日开学上课，由此开始了国立西南联合大学在昆明办学的八年历史。

国立西南联合大学，简称“西南联大”，最初设立四个学院：文学院、法商学院、理学院和工学院。1938年8月，应云南省政府的请求，为解决云南师资短缺的问题，奉教育部命令增设师范学院，其后西南联大一直保持五学院的格局。此外，西南联大另设两分校，一为蒙自分校，一为叙永分校。据统计，西南联大在八年时间内，共培养毕业生约4000人，其中本科生3700余人，研究生74人，余为其他类型毕业生。加上中途投笔从戎，或因各种原因而中途辍学者，前后在西南联大接受教育者达8000人。[①]1946年5月4日，梅贻琦宣布国立西南联合大学结束，原三校复员北返。

其他内迁至滇办学的高等院校，如国立中山大学，1924年创立于广州，原名国立广东大学，1926年为纪念孙中山先生而改名为国立中山大学，校长为国民党元老邹鲁。1938年10月中、下旬“淡水、惠阳相继沦陷”，该校“亟谋迁移”，初迁至广东罗定。然因不久广州也沦于敌手，罗定“感受重大威胁”，又由罗定西迁，于1939年1月18日迁至广西龙州。然而，其时日舰集结北海洋面，龙州也不安全，教务长肖冠英接邹鲁校长电令迁滇，几经辗转，分批于1939年3月1日迁至云南澄江“开始上课”。国立中山大学，“由广州而罗定，由罗定而广西龙州，再由龙州而赴云南澄江”，不足半载，共历三迁而稍定。[②]其时邹鲁并未随校来滇，由许崇清代理校长职务。鉴于其时战争形势，日军虽已侵占广州，但无力进犯粤北广大山区，国立中山大学于1940年夏返回广东，设校部于韶关，各学院分设梅县和砰石。所以说，国立中山大学在云南办学仅一年数月而已。

国立国术体育专科学校，1933年由张之江创办于南京，初名中央国术体育专科学校。1938年春西迁到昆明，租用昆明城内北门街南菁小学为办学机构，并在昆明招收了一个班47人，培养体育人才。国立国术体育专科学校在昆明办学时

---

① 参阅孙代兴、吴宝璋《云南抗日战争史》，云南大学出版社2005年，第257–258页。

② 肖冠英：《中山大学迁滇记》，《云南日报》1939年5月13日、14日，第4版。

间不长，1940年冬迁往重庆北碚继续办学，改名为国立国术体育师范专科学校。

国立艺术专科学校，简称“国立艺专”，其源头之一为国立艺术院，为蔡元培1928年在杭州创办的中国第一所高等艺术学校。1929年改名为国立杭州艺术专科学校。抗战爆发后，国立杭州艺术专科学校迁至湖南沅陵老鸦溪，与北平艺术专科学校合并，名曰“国立艺术专科学校”，简称“国立艺专”。此后国立艺术专科学校又因战事日急而西迁，经湘、黔、滇三省于1939年春到达昆明，暂借昆华中学、昆华小学及圆通寺为校舍，后因日机来昆明轰炸，遂移至云南晋宁县安江村。国立艺术专科学校在滇办学时间也不长，1940年，其再次迁徙至四川璧山青木关松林岗办学。

私立中法大学，1920年成立于北平，是利用中国付给法国的庚子赔款补助费、建校基金之利息和社会捐款等筹建起来的，是在留法俭学会和法文预备学校、孔德学校的基础上组建的一所综合性大学。创始人李石曾，蔡元培为首任校长。周恩来、邓小平等旅法勤工俭学的学生都曾在这里学习法文。它与法国里昂的中法大学实为一所大学，后者曾是近千名中国旅法勤工俭学学生的求学地。至抗战前夕，学校设有大学部、中小学部、研究部、专修部、特设部和海外部。其中，大学部设文、理、医三个学院和药学专修科；海外部包括法国里昂中法大学等机构，大学部毕业生中品学兼优者可到里昂中法大学留学深造。抗战爆发后，私立中法大学于1939年初南渡西迁到昆明，租借南菁中学旧址，于当年秋天开学上课。受校舍和师资力量的限制，迁往昆明的中法大学只设有文、理两学院。1941年，昆明西郊黄土坡新校舍落成，理学院迁入，并在新校舍设立中法大学附中。私立中法大学在昆明前后办学近七年时间，成为继国立西南联合大学之后在昆办学时间较长的高校。1946年8月，学校复员北返。

国立中正医学院，抗战初期成立于南昌，1937年9月开始上课，由王子玕任院长。由于日机轰炸，于同年底迁至江西永新，1938年底再迁云南昆明，先借昆华师范学校暂住，借基督教青年会礼堂上课。1939年春，昆明城东北郊白龙潭新校舍竣工，中正医学院迁入办学。

1939年秋，国立上海医学院由上海迁到昆明白龙潭，与中正医学院联合办学。然而这种联合十分有限，可谓“联而不合”，概括之：两学院行政机构、财务各仍其旧，教学课程设置不同，授课进度各异。1940年，白龙潭两医学院遭受侵华日机轰炸，难以继续办学，上海医学院迁往重庆，中正医学院迁往贵州镇宁。1941

年，中正医学院迁回江西永新。总之，两医学院在昆明办学时间短，中正医学院在昆明不到两年，上海医学院在昆明尚不足一年。[①]

国立同济大学，最初为1907年德国医生在上海创办的德文医学堂，后改名同济医工学堂。1917年由中国人接办，易名为私立同济医工专门学校。1923年，又改名为“私立同济大学”，1927年改为“国立同济大学”。到抗战前夕，学校设置有医、工、理三个学院。1937年八一三淞沪会战前夕，同济大学由吴淞镇迁至上海市内，然后再迁浙江金华，三迁江西赣州，四迁广西贺县(今贺州市)八步镇。1938年底，第五次迁移到昆明。同济大学在昆明前后约两年时间，以“严谨求实”为校训，注重教学质量，严格考试制度，以德语为第一外语，工学院和医学院培养两届毕业生。亦受日机轰炸的影响，1940年冬六迁至四川南溪县李庄镇。[②]

私立华中大学，本为一所教会大学，1920年代先后由5所教会院校联合而组建于武昌，设有文、理两学院。抗战爆发后，1938年7月华中大学迁至广西桂林。因桂林时遭敌机轰炸，1939年1月，华中大学分批迁至云南大理喜洲镇。华中大学在喜洲长达7年，也是抗战时期在云南办学时间较长的内迁高校之一。在喜洲的华中大学设有文、理、教育3个学院，校长韦卓民。华中大学在喜洲七年，主要招收云南学子，共招收云南学生300多名。1946年4月，华中大学复员回武昌。[③]现就在云南办学的内迁各高等院校相关情况罗列如下。[④](见表5-1)

表5-1　迁入云南开办各高等院校相关情况表

校名	校长或常委	所设学院	地址	在昆办学时间
国立西南联合大学	蒋梦麟、张伯苓、梅贻琦	文、法商、理、工、师范	昆明市	1938年5月4日至1946年5月4日
国立中山大学	邹鲁	文、法、理、工、农、师范、医	澄江县	1939年3月至1940年夏
国立同济大学	翁之龙、赵士卿	医、工、理	昆明市	1938年底至1940年冬

① 参阅杨锡寿《抗日战争中的国立中正医学院》，《贵阳文史》2008年第6期，第29-32页。

② 陈种美等：《同济大学在云南四川的岁月》，《抗战时期内迁西南的高等院校》，贵州民族出版社1988年，第58-59页。

③ 参阅任祥《抗战时期私立武昌华中大学在大理的办学实践》，《大理学院学报》2004年第2期，第24-27页。

④ 据《云南省教育概况》记载，在抗战时期内迁入滇公私立大学及专科学校统计表中，列有中央政治学校大理分校和唐山工学院两校，中央政治学校应属高等教育机关，但所设大理分校仅“办理中学同等之学校”，应属于中等教育机关的范畴，故在此不列入；唐山工学院最初设想内迁云南，而实际上最终迁入四川璧山，并未入滇，当然不必列入本表。参阅《云南省教育概况》，云南省教育厅1938年编印，云南省图书馆藏，第9页。

续表

校名	校长或常委	所设学院	地址	在昆办学时间
国立中正医学院	王子玕		昆明市	1938年底至1940年
私立华中大学	韦卓民	文、理、教育	大理县喜洲镇	1939年1月至1946年4月
国立艺术专科学校	滕固	设有造型美术、实用美术二系	晋宁县安江村	1939年春至1940年
私立中法大学	徐廷瑚	文、理	昆明市	1939年初至1946年8月
国立国术体育专科学校	张之江		昆明市	1938年春至1940年冬
国立上海医学院	颜德庆		昆明市	1939年秋至1940年

资料来源:《云南省教育概况》,云南省教育厅1938年编印,云南省图书馆藏,第9页;《抗日战争时期内迁西南的高等院校情况一览表》,《抗战时期内迁西南的高等院校》,贵州民族出版社1988年,第352—356页;《民国二十七年度全国专科以上学校分布概况表》,《中华民国史档案资料汇编》第五辑第二编《教育》(一),中国第二历史档案馆编,凤凰出版社1997年,第741页;罗南湖《文化新阵地——云南》,《云南日报》1939年2月16日,第4版。

由此而论,抗战时期内迁云南的各高等院校,其中西南联大、中法大学和华中大学三校在滇办学时间较长,对云南文化教育的影响亦较深。现就内迁云南的各高等院校在云南办学之意义略做分析。

首先,对抗战而言,迁滇高校为抗战输送了一批又一批军队急需的人才。早在抗战之初,国难当头,许多高校学生已无法安心于校园学习,投笔从戎,为抗战军队服务,或直接上战场与日军作战。内迁云南的各高等院校,就有许多学生陆续到军队服务,尤为突出者是西南联大的学生。

1941年初,美国志愿飞行员、机械师、各种训练班的教员及其他帮助中国抗战的美方人员陆续来到中国,需要大批英语翻译人员。1941年9月,教育部命令内迁各大学外文系三、四年级男生应征参加翻译工作一年。此次共征调70余人,约半数为联大学生;1943年暑假,联大机械系和航空系有6人到曲靖美军汽车训练班担任6个星期的临时翻译;1943年11月14日,30多名联大低年级(有个别高年级的)同学如翁心钧、梅祖彦等,应征翻译官。到1943—1944学年度上学期结束,四年级应征翻译官人数为310人,加上其他年级志愿应征的共400余人。

除应征翻译官外，踊跃报考飞行员也是内迁云南高等学校学生投身抗战的另一选择。当时，日寇占尽空中优势，我国空军飞行员牺牲者较多，急需补充一批文化素质较高、能在较短时间内经培训可以掌握飞行技术和知识的飞行员。所以，国民政府当局决定在大学生中招考飞行员。联大学生踊跃报考，结果有12人被录取，他们经国内外训练后分批回国参战，和盟军一起痛击日寇陆空军；1944年中国航空公司招考飞行员，应届毕业生被征调，西南联大学生应考被录取者有11人，他们经短期训练后，即参加举世闻名的飞越驼峰的运输任务，担任副驾驶员，穿梭来往于中印之间。另外，西南联大航空系有一批毕业生从事飞机修理工作，零星参军的有周应麟、云镇、晏鸿敬、夏世铎、区伟昌、蔡瑛等人。

抗战进入1944年秋，日军大举进攻桂黔，重庆受到严重威胁。9月16日，蒋介石在国民参政会演讲时，提出“一寸山河一寸血，十万青年十万军”的口号，号召全国知识青年积极从军，发起十万知识青年从军运动，以策应中印缅战场的战略反攻，组建青年军。经过西南联大学校的认真动员，联大最终有200余位同学本着国家兴亡、匹夫有责的精神，报名参军，其后编入青年军二〇七师炮一营补给连。后来，联大从军学生全部分发到中国驻印军，在印度汀江被重新编队，大部分同学被编入服务营第二连，简称天声服二连。[①]他们大部分在印度东北部阿萨姆邦附近兰姆伽(Ramgarl)学习汽车驾驶，属辎重兵第十四团。取得驾驶执照后，联大从军学生奔驰在史迪威公路上，执行运输任务。据统计，西南联大在滇办学八年，至少有834名学生从军。[②]

其他迁入云南的各高等院校，要么在滇办学时间短促，要么招生人数较少，从军者相对较少，据目前掌握的史料难见相关记载。据1943年10月统计，国立各高等学校在校学生人数，除西南联大为2535人，其他原来在滇办学但后来又迁往他处的国立上海医学院为268人，中正医学院为242人，艺术专科学校为229人，国术体育师范专科学校为167人，由此推断办学规模并不大，在云南办学时间又较

① 周宗王：《从军行》，《国立西南联合大学史料》(五)，云南教育出版社1998年，第681页。

②《国立西南联合大学抗战以来从军学生题名》，《国立西南联合大学史料》(五)，云南教育出版社1998年，第674-678页。另见西南联大旧址中(今云南师范大学联大校区)原西南联大纪念碑的碑阴刻文。据考证，碑上列有834人，但曾仲端和王福振均列出两次，经与学生入学名单进行核对，并未发现姓名相同者，认为应属错列，实际应为832人，参见西南联合大学北京校友会编《国立西南联合大学校史(一九三七至一九四六年的北大、清华、南开)》，北京大学出版社2006年。但笔者认为为烈士刻碑题名，其事应极为慎重，刻好后应会及时核对，不至于如此粗心重刻两人，遗留错误至今日。而且学校学生同名者是很常见的现象，以一份并不十分完整的学生入学名单而否定两位重名者，实需进一步考证。

短；中山大学为3808人，同济大学为1108人，规模确实大，但在云南办学时间也很短。[①]余下的就是两所私立大学，1937年华中大学学生人数就是300人[②]，可想在滇办学学生人数不会太多，规模应比较小；中法大学迁滇后，1940年秋季，学校正式在昆明招收新生，文、理两院每年招生百余人，由此而论中法大学四个年级在校学生人数大概400人，规模也应较小。所以说，其他各在滇高校从军人数相对要少。

其次，对国家，尤其是对云南而言，培养了各方面的建设人才，在经济、政治、文化教育等方面产生了深远影响。

就国家建设而言，近十所高校迁滇办学，为国家建设培养了各方面的人才，日后则成为国家建设事业各个方面的领军人物。据有关资料统计，西南联大学生后来成为两院院士者有92人，其中中国科学院院士有80人，中国工程院院士12人；两弹一星功勋奖章获得者则有8人曾为西南联大学生，获得国家最高科学技术奖的则有曾为西南联大学生的黄昆、刘东生、叶笃正、吴征镒等人，尤为突出的是获得1957年诺贝尔物理学奖的是曾就读于西南联大的两名学生杨振宁、李政道。除此之外，在人文社会科学等方面的杰出人才，确实难以计算，如文学家马识途、汪曾祺，语言学家朱德熙，历史学家何兆武等人，都曾就读于西南联大，还有大批杰出人才担任中华人民共和国的领导人，如中共中央政治局常委宋平、全国人大常委会副委员长王汉斌、彭佩云等，都曾是西南联大的优秀学生。[③]

除了西南联大，其他迁滇高等院校中，比如华中大学，据记载，一批华中大学迁滇前后毕业的学生，有的到国外留学，有的到研究院攻读，后来成为专家学者，比如韦宝锷1940年毕业于华中大学，然后到美国留学，后任中国科学院武汉物理研究所所长。还有一些留学后，都在国内外的大专院校或科研机构任教任职，传道授业解惑。[④]尽管国立艺专在晋宁县安江村仅一年的时间，但在战火纷飞的抗日战争年代却创造了艺术教育史上的奇迹，学生当中有吴冠中、赵无极、朱德群、董希文等名画家。

---

①《国立各高等学校教职员工人数表》，《中华民国史档案资料汇编》第五辑第二编《教育》（一），中国第二历史档案馆编，凤凰出版社1997年，第761–767页。该表虽名曰教职员工人数表，实际上也统计了在校学生人数。

② 范麟章：《抗日战争时期迁滇的武昌华中大学纪事》，《抗战时期内迁西南的高等院校》，贵州民族出版社1988年，第102页。

③ 参阅《国立西南联合大学人杰缩影》，《守望大学精神》，中国大百科全书出版社2005年，第226–236页。

④ 范麟章：《抗日战争时期迁滇的武昌华中大学纪事》，《抗战时期内迁西南的高等院校》，贵州民族出版社1988年，第105页。

当然除了这些杰出人物之外，还有更多迁滇高等院校毕业的学生，默默耕耘于各个行业中，为国家为民族的兴旺贡献一分力量。

迁滇高校在云南办学，尤其是对云南建设而言，影响更为明显而直接。在经济方面，比如西南联大，部分联大师生对云南自然资源进行诸多调查，为云南自然资源的开发利用提供各类资料与数据。以理工科为例，地质系师生们积极开展关于云南地质构造以及中国西南部矿产资源的大范围野外调查工作，初步摸清了云南，特别是昆明附近各县的地质矿产资源分布情况，发现了钨、锡、铁、铜、铅、磷、汞等多种具有战略价值和经济价值的矿产资源。生物系吴韫珍教授广泛采集云南植物标本，与吴征镒发现了植物新品种“金铁锁”，考证了《滇南本草》和《植物名实图考》中的植物学名，其在生物学研究领域的价值自然重要，其对于日后滇产生物资源的经济开发利用，意义也不可低估。从1937年开始，国立西南联合大学、资源委员会和云南省经济委员会合作，对昭通、宣威、恩洪、圭山、小龙潭、一平浪、永仁等主要煤矿做了不同程度的调查。据此，云南省建设厅编出全省1∶1000000和1∶250000矿产分布图，矿产分布图标注出了被命名为“大龙潭煤系”“圭山煤系”“小龙潭煤系”等几大煤系的分布状况。1946年，西南联大德籍教师米士在滇西发现晚二叠世煤层，命名为“黑泥哨组”。通过以上多次煤田地质调查，对云南含煤地层的分布范围及含煤性有了初步了解。此外，还发现了云南东部北起镇雄，南迄开远为晚二叠世煤田，西部华坪、宾川、弥渡、一平浪为晚三叠世煤田，对昭通、小龙潭、可保等晚第三纪褐煤的主要矿区都有程度不同的认识；还了解到云南的7个主要成煤期及含煤构造的沉积范围，为1950年以后开展大规模地质勘探，提供了线索和重要参考资料。[①]众所周知，云南水利资源十分丰富。1938—1942年间，以西南联大工学院院长施嘉炀为首的云南水力发电勘测队会同资源委员会和云南省经济委员会先后对云南的水能资源进行了较为全面的勘测。该水力发电勘测队共勘测26条河流的52个河段，包括金沙江水系7条，南盘江水系10条，澜沧江水系6条，怒江水系2条，还测量了6个天然湖泊。[②]上述经济调查与勘探活动，为云南以后经济开发提供了第一手资料。

在抗战宣传方面，近十所高校迁滇办学的同时，相应进行抗日宣传，唤起云南

①《云南省志·科技志》，云南人民出版社1998年，第552页。

② 参阅熊朝隽《西南联大在艰苦中的教学与科研》，《抗战时期西南的科技》，四川科学技术出版社1995年；《云南省志·科技志》，云南人民出版社1998年，第532页。

民众的民族意识。比如国立艺术专科学校，在西迁途中即组织“抗敌宣传车”，到昆明后发挥其话剧方面的优势，继续开展抗日救亡宣传工作。首先组织国防剧社，于1939年春在昆明演出吴祖光的抗日大型话剧《凤凰城》，轰动春城。其后相继演出了《三江好》《黄莺儿》《自卫军》等，宣传抗日。[①]再如中山大学在澄江期间，师生们于教学之余，积极开展演话剧，举行晚会、报告会，出墙报、画刊等抗战宣传活动。后来的回忆中有如此记载：“记得在中山大学师生的影响和帮助下，澄江中学的学生有一次利用赶街天，在街头演出活报剧，围观的群众竟把剧中的‘汉奸’打了一顿，幸得领队的老师出面加以解说，才化险为夷。”[②]迁滇各高校的抗日宣传，使云南各地民众更懂得抗战的重要性，培养云南民众的爱国情怀，积极支持抗战。

此外，迁滇高校师生的数次民主运动更进一步深化了云南民众内心的民主自由观念。近代云南民众历辛亥重九起义、护国运动等而初步体味到民主自由之精神，而真正使民主自由观念深入云南普通民众内心的应在抗战时期。抗战时期以西南联大为主的迁滇高校与云南大学等在滇学校一起，多次举行民主运动，如“倒孔”运动、恢复五四青年节运动及抗战胜利后的“一二一”运动、李闻事件等，使民主自由的观念更为深入人心。

在教育方面，如此多的迁滇高校改变了云南缺少高校的教育格局。国立中山大学在云南澄江办学，私立华中大学在大理喜洲办学，国立艺术专科学校在晋宁办学，也改变了抗战前云南只有昆明才有高等院校的布局。1938年秋，西南联大在原有四个学院的基础上，增设师范学院，其目的主要是为云南培养师资力量。西南联大复员北返后，留下师范学院在昆明办学，而建立国立昆明师范学院，为云南基础教育继续培养中学教师。迁滇高校除了举办高等教育之外，也创办附属中学和附属小学，一方面改变云南基础教育由政府或私人举办的办学方式，另一方面也充实了云南基础教育的力量，如西南联大就创办附属中小学，同济大学、中法大学在昆明也设有附属中学。

更重要的，迁滇高校在云南办学，自然增加了在云南的招生名额，使更多云南知识青年有机会就近进入高校深造。据统计，1912年至1938年间，云南省受过高

---

① 邱玺、沈长泰：《国立艺专在昆明》，《抗战时期内迁西南的高等院校》，贵州民族出版社1988年，第114页。

② 解德厚：《抗战时期中山大学迁澄江始末》，《抗战时期内迁西南的高等院校》，贵州民族出版社1988年，第85页。

等教育的仅有2575人(不包括受军事高等教育的)。[①]高校迁滇,使更多的云南人接受高等教育,提高云南人的文化层次,华中大学迁喜洲后,8年共招收云南学生300多人;西南联大在昆办学8年,仅师范学院,在1941年《国立西南联合大学师范学院报告书》中,联大明确提出要多招收西部地区,尤其是云南籍学生。据《联大统计表》所载:以西南联大结束时为限,其师范学院共毕业包括专修班、晋修班在内的学生415人,其中滇籍学生有272人。[②]以1940年为例,联大师范学院有学生363人,其中滇籍学生有116人,占32%,在当时22个省(市)籍学生中名列首位。而1941年联大师范学院内设三年制专修科,分文史地和数理化两个专业组招生,每年招收60名学生,先后招生两届,其中80%以上是云南籍学生。[③]

再次,更重要的意义是,高校内迁云南,为具有五千年历史与文化的中华民族保存了悠悠文脉而不坠。全面抗战时期,日本侵略者侵占中国大片领土,在沦陷区进行奴化教育,强迫中国人学习日本文化与语言,企图消除中国人的民族文化意识。诚如龚自珍所言:“灭人之国,必先去其史。”[④]此处所言“史”,实不仅指一个国家的历史,更应指一个国家的文化。中国历朝各代修史,不仅是保存了历史,更是保存了文化。日本的奴化教育,就是企图消灭中国人的民族文化意识。一个没有自己民族文化意识的民族,哪还有其国家意识和反抗外来侵略的精神?毁灭其文化,亡国在所难免。所以说,只有毁灭了中国的历史文化,才可真正灭亡中国,由此可见在沦陷区推行奴化教育的日本侵略者之险恶用心。

承载中国历史文化的近代高等院校,历尽艰难,内迁后方而继续上课,就是为了保存中国历史文化而不灭。在那战火纷飞的岁月里,与其说内迁后方的各高等院校继续办学为了中国高等教育能够“弦歌不辍”,不如说为抗战培养具有强烈的中华民族意识、国家意识的抗击日本侵略者的志士,培养具有爱国精神、牺牲精神为反抗日本侵略者而愿赴汤蹈火的勇士,培养日后中华民族伟大复兴的先行者。其深层价值与意义诚如冯友兰先生所撰《国立西南联合大学纪念碑碑文》中所言:“我国家以世界之古国,居东亚之天府,本应绍汉唐之遗烈,作并世之先进。将来建国完成,必于世界历史居独特之地位。盖并世列强,虽新而不古;希腊罗马,有

---

① 蔡寿福:《云南教育史》,云南教育出版社2001年,第493页。

②《国立西南联合大学史料》(一),云南教育出版社1998年,第187页。

③ 蔡寿福:《云南教育史》,云南教育出版社2001年,第589页。

④ 龚自珍:《古史钩沉论》(二),《龚自珍全集》,上海人民出版社1983年,第22页。

古而无今。惟我国家，亘古亘今，亦新亦旧，斯所谓‘周虽旧邦，其命维新’者也……已开其规模，立其基础。今日之胜利，于我国家有旋乾转坤之功，而联合大学之使命，与抗战相终始。”[①]所以说，为抗战输送了一批又一批军队急需的抗日志士，为国家建设培养一批又一批建设人才，这当然是内迁高校的价值与意义之所在，然而更深层的价值是，高校内迁更是为中华民族复兴奠定深厚基石的文化长征。

二、云南原设高校及新办高校

大批内迁高校入滇，改变了云南高等教育的格局，一定程度上又促进云南原设高校的发展，推动云南创办新的高等院校。如前所述，1934年，省立东陆大学改名为省立云南大学。1937年夏，校长何瑶辞职，省主席龙云认为要办好省立云南大学，首先要校长得人。于是在海内外网罗校长人选，经缪云台、龚自知等人力荐，最后决定延聘数学家熊庆来担任校长一职。熊庆来有感于“国家教育学术的发展甚不平衡”，认为“教育为百年大计，学术是国家灵魂”，“能在西南经营一健全的大学应有重大意义，尤其当国势艰危之时”，所以欣然应聘。熊庆来到校视事，坚持五原则：“一、师资人选之提高标准，二、教学考试规则之严厉执行，三、校纪之整饬，四、设备之充实，五、研究风气之培养。”[②]更重要的是“于此各点，均力求实现”。比如对“师资人选之提高标准”一条，提出“慎选师资”的要求，熊庆来竭力而为之，先后聘请“顾颉刚、何鲁、胡光炜、吴文藻、顾宜荪、萧蘧、赵忠尧等名师”，“皆相继到校”。1938年，西南联大、中法大学、同济大学等内迁高校到昆明，熊庆来又延聘一批兼职教授为云南大学学生授课，力求提高教学质量。与此同时，熊庆来礼遇原有教师如方国瑜、白之翰、方树梅，延聘吴征镒、殷汝棠、张友铭、傅懋勉、李埏、吴晗等新秀，以充实云南大学的师资力量与科研力量。对于教学考试规则

① 国立西南联合大学纪念碑现存于云南师范大学联大校区校园内。

②《成立二十二年的云南大学概况，熊庆来校长对本报记者谈》，《扫荡报》1944年4月20日，第3版。

之严厉执行，要求严肃考纪，严格考勤。设备方面，“图书仪器增置者亦甚多”，“收购北门外农田及基地约二百余亩，校西园地一块，及民房数十间，校舍则添建楼房一栋”。经费方面，“核增经费为每年国币二十五万元”，由省库拨付；同时又得“教育部及管理中英庚款董事会、中法教育基金董事会等之补助”。学术方面，“与国内外学术机关广为联络，以通声气”，培养研究风气，如此等等。①在熊庆来的努力整治下，云南大学迎来一个重要的发展时期，学校规模逐渐扩大，名师云集。

与此同时，龙云为谋求云南大学的进一步发展，又以云南大学改“国立”之事力请于国民党中央政府。经国民政府行政院会议通过，由教育部聘熊庆来、蒋梦麟、张伯苓、梅贻琦、龚自知等人为国立云南大学筹备委员，以熊庆来为主任委员，于1938年7月1日正式改为国立，“国民政府简任熊庆来为校长，学校经费定为国币五十万元，由国库、省库各拨半数”。②云南大学改为国立，经费的成倍增加，有利于云南大学的发展。现就1945年度国立云南大学的一些具体情况列表如下，与抗战之前的云南大学比较，由此可知该校之规模扩大。(见表5-2)

表5-2　国立云南大学三十四年度所有院系及学生统计表

院别	学系	学生数/人						合计
		一年级	二年级	三年级	四年级	五年级	六年级	
文法学院	文史学系	19	14	12	8			53
	外国语文系	39	23	11	3			76
	法律学系	12	6	3	2			23
	政治学系	32	29	10	15			86
	经济学系	39	42	47	30			158
	社会学系	15	14	7	5			41
理学院	数学系	3	2					5
	物理学系	2	2					4
	化学系	18	7	7	5			37
	生物系系	1	4	1				6

①《续云南通志长编》(中册)，周钟岳、赵式铭等修撰，云南省志编纂委员会办公室整理，1986年内部发行，第818-819页。
②《续云南通志长编》(中册)，周钟岳、赵式铭等修撰，云南省志编纂委员会办公室整理，1986年内部发行，第819页。

续表

院别	学系	学生数/人						合计
		一年级	二年级	三年级	四年级	五年级	六年级	
工学院	土木工程学系	36	19	17	10			82
	矿冶工程学系	36	26	25	12			99
	航空工程学系	22	10					32
	铁道管理系	9	11					20
医学院		31	27	19	9	7	7	100
农学院	农艺系	15	10	8	9			42
	森林系	3	3		2			8
蚕桑专修科		10						10
先修班	文法组	61						61
	理工组	34						34
总计：院5、系16、专修科1、先修班1、组2		437	249	167	110	7	7	977

注：1. 文史系所分文、史两组，未曾分别统计。
2. 本科生总人数为872人。
3. 特别试读生5人，中法大学寄读生8人，先修班旁听生94人，均未列入统计表。
4. 本表系根据国立云南大学教务处注册组所制《三十四年度第一学期在校学生统计表》造具。

资料来源：《续云南通志长编》（中册），周钟岳、赵式铭等修撰，云南省志编纂委员会办公室1986年编印，内部发行，第820—821页；《成立二十二年的云南大学概况，熊庆来校长对本报记者谈》，《扫荡报》1944年4月20日，第3版。

国立云南大学由最初的110多名学生，仅设有文、工两科，在抗战爆发前后增至680余名学生，而至抗日战争胜利前后，发展为文法、理、工、医、农5大学院，16个系，近千人规模的大学。教师规模上，据研究者统计，1946年云大有教师237人，为1937年的4.6倍，其中教授102人，副教授24人，共126人，为1937年的3.2倍。①由此而论，国立云南大学在抗战中获得了长足的发展，成为一所学科门类比较齐全的高等学府，在中国大学中已具有重要地位。《大英百科全书》收录30所“著名中国大学”，国立云南大学即为其中之一。1949年，在巴黎举行联合国组织的国际教育会议，中国受邀代表为北大校长蒋梦麟、清华校长梅贻琦、云大校长熊庆

① 孙代兴、吴宝璋：《云南抗日战争史》，云南大学出版社2005年，第281页。

来，由此可见国立云南大学在国际上的知名程度。国立云南大学在短短二十多年间，发展为国内外著名大学，确实在中外教育史上少见。究其原因有三：一是选择了熊庆来为校长，也就是校长得人，以熊庆来的名望延聘名师任教云大，增强学校的师资力量和科研力量，提高了云大的知名度；二是由省立改为国立，经费大为充裕，政府的重视，经费充足，可改善学校的设施，提高教师的待遇，能延聘到更多国内外名师；三是高校内迁，昆明成为抗战大后方教育文化中心之一。昆明高校多所，名师云集，有利于学术交流，相互促进学术研究，提高学术研究的水平。

抗战时期，云南省除了原有云南大学得到长足的发展之外，另创办了两所高等学校。抗战期间，驻云南的美国等盟国援华人员逐渐增多，需要更多掌握英语的人才。云南省教育厅有鉴于抗战以来中外交往的频繁，很有远见地在中学设置英语课程教学，从基础教育阶段培养外语人才，也就急需英语师资。所以为了满足战时需要及中学对英语教师的急需，于1939年与中国正字学会协商，合作筹办省立英语专科学校，学校于1940年8月建成招生。“因无固定之校址，最初借得昆华女中附设幼稚园教室开始上课”，几经辗转，“始觅得兴隆街”校址，“虽属狭仄简陋，然从此英专算是有了一个安定的校舍”。[①]修业年限初为2年，后改为3年，于1944年专案呈请教育部备案。校长水天同认为招生宁缺毋滥，少点可以，悬殊不能太大，不能凑数，学生入学须经严格的入学考试择优录取，教师多聘请教育界名流，考试分月考、期考，期考需考笔试和口试。所以该校于1949年并入云南大学时，共培养了490名素质较高的毕业生，多数到中学任教，成为云南外语教学的骨干力量。省立体育专科学校其前身为1936年创立的省立昆华体育师范学校，其属于中等教育的范围，校址设于昆明市拓东路旧盐行会馆内。由于云南省中学体育教师比较缺乏，云南省教育厅遂于1944年决定将省立昆华体育师范学校升格为省立体育专科学校，原体育师范学校附属于省立体育专科学校中继续办学，首任校长为聂体仁，继为罗光明、李立贤，后以马约翰为校长。由此而论，抗战时期，云南新办了两所高等学校：省立英语专科学校和省立体育专科学校。[②]

总而言之，抗战时期在云南办学的高等学校共有12所，其中内迁入滇共有9所，国立西南联合大学、私立中法大学、私立华中大学在滇办学时间较长，在云

①《省立英专一、二班学生昨日行毕业礼》，《扫荡报》1944年7月5日，第3版。

②《续云南通志长编》（中册），周钟岳、赵式铭等修撰，云南省志编纂委员会办公室整理，1986年内部发行，第822页。

南影响较大，其他6所只在云南做短暂停留，影响相对有限。另有3所云南本土的高等学校，一所为抗战前所创办的云南大学，两所为抗战期间所创办的省立英语专科学校和省立体育专科学校。这就是抗战时期云南高等教育的基本格局。

第二节　云南基础教育的发展

云南地处西南边陲，教育发展晚于中原地区。清末近代教育兴起，首先借助原有书院改制为近代学堂，除省会五华书院改制为云南高等学堂外，其余府州县各级书院则改制为中学堂和小学堂。其次也借助寺庙、家族祠堂创办一些中学堂和小学堂。然而进入民国后，受政局不稳的影响，教育经费时常移做军费而致中等、初等教育发展深受影响。1929年云南教育经费独立后，由于经费逐渐增加，云南中等、初等教育迎来较快发展时期。抗战爆发后，云南虽难免不受战争的影响，但毕竟地处大后方，中等、初等教育仍然有所发展。下面力图重建抗战时期云南中等、初等教育的历史，以此窥探战时大后方基础教育的发展状况。

一、战时云南中等教育的发展

如前所述，民国最初十多年，云南政局一直不稳定，教育经费时常被移做军费，教育经费捉襟见肘，中等教育发展缓慢。1928年12月18日，第六十次云南省政府会议提出："为维持及发展地方各项教育事业起见，所有省、县教育经费，拟自十八年一月份起，一律实行独立。"议案通过后，指拨卷烟特捐作为省教育专款，其后拟定核准《教育经费委员会简章》《教育经费管理处大纲》《教育经费督核委员会简章》，教育厅随即照章组织各级教育经费委员会、教育经费管理工作处、教育经费督核委员会，于是管理教育经费各会、处于1929年3月1日起照案行使职权，至此云南经费之独立，“遂完全实现焉”。

云南教育经费独立可以说是近代云南教育发展中的一件大事，“省教育经费既独立，适值卷烟来源畅旺，且经营得宜，金额逐年递增。自民十八以迄于二十八年之间，年收总额由旧滇币三十余万之最低额，增至新滇币三百余万之最高峰。历年收入，以纸卷烟捐额占其百分之八十以上，余为叶卷烟捐、田产租息、锡税附加捐、存款孳息以及中央暨省府拨发之义务教育补助费等。此时之省级教育，以经费充裕，迄得尽量扩增充实。举凡学校区之开辟，校舍之建筑，图书、仪器、校具之添置，班级之扩增，学生待遇之改善，国教、边教、社教之推广，靡不精心筹划，逐步进行。斯数年间，可称为光复以来省教育之极盛时代”[①]。由此而论，抗战前云南教育处于一个良好发展时期。据云南省教育厅厅长龚自知1939年在国立西南联合大学的报告中言称，1937年云南省中等教育的基本情况是：“统计全省中等教育，共有一四四校，四二七学级，二一三三五学生，一九一八职教员。”[②]再据抗战初期的统计，基本上可知云南中等教育的具体状况。（见表5–3）

表5-3　1938年度云南省各类中等学校相关情况统计表

中等学校类别	学校数/所	教职员数/人	在校学生人数/人	毕业学生人数/人	经费额/元
省立中学	29	617	8515	1996	1090308
昆明市立中学	2	41	405		18184
县立中学	44	481	5458		183339
私立中学	7	79	620		55840
省立师范学校	33	331	3751	538	638291
县立师范学校	44	273	382		124333
省立职业学校	11	207	1572	290	352914
合计	170	2029	20703	2824	2463209
注：经费以新滇币计算，所列为每年支出经费额。					

①《续云南通志长编》（中册），周钟岳、赵式铭等修撰，云南省志编纂委员会办公室整理，1986年内部发行，第794页。

② 龚自知：《云南地方教育和中等教育的一个报告》（五月六日在西南联大教育学会讲演），《云南日报》1939年5月8日，第3、4版。

资料来源:《二十七年度云南省立中学设施一览表》《二十七年度云南省市、县、私立中学一览表》《二十七年度云南省立师范学校设施一览表》《二十七年度云南省县立师范学校一览表》《二十七年度云南省立职业学校设施一览表》,此五表见《续云南通志长编》(中册),周钟岳、赵式铭等修撰,云南省志编纂委员会办公室整理,1986年内部发行,第849—858页。

由表5-3可知,至少在1938年前后云南共办有中等学校170所,从事中等教育的教职员达2029人,在校学生人数有20703人,每年需投入的经费达新滇币2463209元。由表5-3也可知,云南省中等教育,“计有中学校、师范学校、职业学校三种设置”,培养目标明确,中等学校分类具有针对性。这就是抗战初期云南省中等教育的大致情形。

抗战爆发的最初几年,云南省教育经费的来源所受影响并不大。然至1940年7月,滇缅公路关闭3个月,国际交通梗阻,外烟不能入口,卷烟特捐收入锐减,幸有“历年节存之各项准备及卷烟统销处照案分得百分之四十之利润,勉为应付,省教育始得维系于不坠”。时至1941年,因奉国民党中央政府明令,划分国、地财政系统,将卷烟特捐列为国家税收,于当年3月将卷烟特捐移交云南区税务局接管,其原设有的教育经费委员会、教育经费督核委员会、教育经费管理工作处同时撤销,已实行12年的教育经费独立制度至此结束。自1942年度起,云南教育经费则按编制拟定概算,呈奉核定后,向国库拨领开支。云南省教育经费转由国库开支,对云南教育发展的影响是好是坏,目前不见有相关史料记载,所以难以评估,但至少有一点影响可以肯定,云南省教育界失去了掌握教育经费开支的独立性和主动权,自然也影响云南教育发展的主动性。

至于各县市等地方教育经费,以学产做支撑,其收入以“耕地佃租收入为大宗,其他租息(房租利息等)及杂项收入次之”。抗战时期,其收入虽因物价等因素有一定的影响,但总体上经费来源稳定,抗战时期的云南各县市地方教育事业至少可以维持。[1]现就抗战胜利前后云南中等教育的状况列表如下。(见表5-4)

---

①《续云南通志长编》(中册),周钟岳、赵式铭等修撰,云南省志编纂委员会办公室整理,1986年内部发行,第794-796页。

表5-4　1945年度云南省各类中等学校情况统计表

学校类别	学校数/所	班级数/个		学生数/人		教职员数/人
		高	初	高	初	
省立中学校	21	72	114	2517	5629	735
省立师范学校	14	45	45	1545	1851	371
省立职业学校	7	39	18	1055	595	230
昆明市立中学	3	7	13	262	503	67
县立中学	104	5	415	132	19006	1599
县立师范学校	20	4	34	157	1380	194
县立职业学校	1		3		102	9
私立中学校	30	47	105	1575	3996	644
私立职业学校	1	6		44		10
合计	201	225	747	7287	33062	3859

注:1.师范学校开办的班级和培养的学生分高级与初级,相当中学的高中与初中,一般简易师范学校培养的是初中程度的师范生。
2.职业学校开办的班级和培养的学生也分高级与初级,也相当中学的高中与初中。

资料来源:《三十四年云南省立各级中等学校一览表》《三十四年度云南省县、市立中等学校一览表》《三十四年度云南省私立中等学校一览表》,《续云南通志长编》(中册),周钟岳、赵式铭等修撰,云南省志编纂委员会办公室整理,1986年内部发行,第859—872页。

另据中国第二历史档案馆的档案资料所示,抗战时期云南省除了有省立、市立、县立、私立中等学校外,也有国立中等学校数所,于此特列表如下。(见表5-5)

表5-5　抗战时期云南省国立中等学校基本情况一览表

校名	所在地	学生数/人	教职员数/人	工役数/人
国立西南中山中学	昆明	543	105	26
国立西南师范学校	昭通	395	77	18
国立大理师范学校	大理	314	61	32
国立丽江师范学校	丽江	202	37	16
合计		1454	280	92

注:1.此为1943年的统计数据。
2.其时云南省国立中等学校共有4所,1所中学,3所师范学校。

资料来源:《国立各中等学校员工人数情况表》(1943年),《中华民国史档案资料汇编》第五辑第二编《教育》(一),中国第二历史档案馆编,凤凰出版社1997年,第681—685页。该表虽名曰员工人数概况表,其实也统计了在校学生人数。

表5-4、5-5与1938年的统计表比较可知,抗战后期,学校总数有所增加,由1938年度的170所,增加到201所。其中县立中学和私立中学增加很快,分别由1938年度的44所和7所,增加至104所和30所。而省立中学和省立师范学校则有所减少,这说明省教育经费独立制度结束以后,依赖于国库经费核拨,影响了省立中等学校的发展,而县级经费有学产做支持,经费稳定,收入增加,反而促进了县立中等学校的发展。由于抗战中沦陷区、战区人员、资金流入大后方,相应也促进了私立中等学校的建设。虽然省立、县立师范学校数量上与1938年度比较有所减少,由77所减少为34所,但在校学生人数则有所增加,由原来的4133人,至1945年度则为4933人,如把国立师范学校的在校学生人数900多人计算在内,则近六千人。这说明抗战期间的中等师范教育并不是重立校数量,而是重质量,重规模效应。再如在校学生人数,1938年度为20703人,至1945年度则为40349人,加上云南国立中等学校学生人数,则共为41803人,在校学生人数增加了一倍多;在校教职员人数,1938年度为2029人,至1945年度则为3859人,说明云南从事中等教育的教职员工人数增长很快,如把国立中等学校的教职员工280人也计算在内,那么中等学校在校教职员工人数也增加了一倍多。由此而论,抗战时期云南的中等教育应有一定程度的发展。

与1938年度的统计来比较,抗战后期云南中等教育另一引人注目的变化是国立中等教育在抗战期间进入了云南,对云南中等教育有推动作用。云南省的国立中等学校虽然不多,但至少表明国家在抗战期间开始对云南中等教育有所重视。在大理、丽江和昭通这样的民族地区创办国立师范教育,培养民族地区的师资力量,有益于民族地区教育的进步与发展。

综上所论,抗战期间云南中等教育相应得到了一定的发展,使更多云南人获得求学的机会,提高了云南各地文化教育水平。从抗战的视角来看,通过中等教育使更多的云南人接受国家教育,培养他们的国家和民族情感,坚定他们的抗战意志,对云南抗战事业的顺利推进应不无裨益;从更长远的视角来思考,云南中等教育的发展，在培养云南各地接受中等教育者们的国家意识和民族意识的同时，也使他们自然对国家对中华民族获得一种认同感，有益于云南边疆社会的稳定。

二、战时云南初等教育的发展

至于初等教育，如前所述，在抗战全面爆发前云南已率先实行小学义务教育。抗日战争全面爆发以后，云南全省继续实行小学义务教育。1939年春季，为实现小学义务教育实施计划，开始设立各县省立实验短期小学，学制一般为一年或两年制，也就是在短期内让更多云南各地学龄儿童接受文化教育。1940年，国民政府教育部颁发《国民教育实施纲领》，推行儿童义务教育和失学民众补习教育合一的新国民教育制度，在全国实施国民教育。[①]同年8月，云南省教育厅召集全省各县市地方教育行政人员赴省开会，筹备实施国民教育，替代原已实行的义务教育。经决议，自1941年起，云南全省一律开始实施国民教育。现就国民教育实施的一些具体情况，列表如下。（见表5-6）

表5-6　云南省1940年至1944年实施国民教育概况表

类别		1940年	1941年	1942年	1943年	1944年
县级行政单位/个						131
乡镇/个						1552
保/个						14367
人口/人						10393296
学龄儿童/人						1685069
成年人/人						5561541
设学概况	中心小学/所		1001	1411	1418	1384
	国民学校/所		3079	5979	6544	7654
	原有公私立小学/所	11069	6937	3940	2330	2031

① 参阅《第二次中国教育年鉴》第三编，商务印书馆1948年，第5页。

续表

类别		1940年	1941年	1942年	1943年	1944年
设学概况	小学班级/个	19370	20527	22002	23450	29609
	民教班级/个	3000	7298	17133	17647	20326
	受教儿童/人	774816	878351	1016311	1042696	1107495
	受教成人/人	1070197	129217	1806107	1825787	1923572
普及百分比	儿童	45%	52%	60%	61%	65%
	成人	19%	23%	32%	33%	34%

备注：1. 云南省在1940年度奉令推行国民教育，以1940年下半年为筹备时期，1941年起正式实施，所以1940年无中心小学及国民学校。
2. 各年受教儿童及成人人数系连同已受教人数之累计数。但1941年受教成人人数应有误，因原表如此，不做改动。
3. 处于战区的九县局中心小学65校，国民小学223校均停顿，未计入；另四设治局，未据呈报，故未统计。

资料来源：《云南省二十九年至三十三年实施国民教育概况表》，《续云南通志长编》（中册），周钟岳、赵式铭等修撰，云南省志编纂委员会办公室整理，1986年内部发行，第882页。

由此而论，所谓国民教育，其实包括两个部分，一是学龄儿童的小学教育，相当于义务教育；二是成人教育，针对成人文盲的文化补习。从表5-6可知，1944年云南人口为10393296人（统计并不完整），其中学龄儿童为1685069人，成年民众为5561541人。经过五年的国民教育，其中受教儿童为1107495人，受教成人为1923572人，普及百分比分别为65%和34%。虽然上述的统计不一定十分准确，但在战争年代，加之云南文化教育发展素称晚于中原地区，能够在抗战胜利前夕，国民教育实施过程中受教儿童达至65%左右，其已是十分难得的基础教育成就了。

云南省政府除了在抗战时期实行义务教育和国民教育，还在边疆或省界边地实行边地教育。早在1931年，云南省政府“为谋内地及边地教育文化之均衡发展、以唤起边胞民族意识、[使其]增强国家观念”，颁布《云南省政府实施边地教育办法纲要》，有意在云南省边境民族地区实行所谓的“边地教育”。1935年，又先后颁布《云南省政府教育厅实施苗民教育计划》《边地简易师范及小学设学概要》和《云南省设置省立小学纲要》等文件，实施“边地教育”。从1935年起，云南省政府先后在云南边地中甸、维西、兰坪、镇康、福贡、贡山、泸水、盈江、河口等地创设边地小学34所。①

①《续云南通志长编》（中册），周钟岳、赵式铭等修撰，云南省志编纂委员会办公室整理，1986年内部发行，第884页。

抗日战争全面爆发后，除宁蒗一校停办外，其他各校继续办理，其中有环州、永胜、丘北、炎山、黄草坪、华坪、龙武等7校，为配合国民教育之实施，划归地方办理。1942年，日本侵略者入侵滇西，许多边区陷于战区或处在抗战前线，其中有澜沧、沧源、车里、南峤、泸水、梁河、盈江、莲山、陇川、潞西、镇康、河口等12所学校暂时停办。时至1943年4月，奉国民党中央政府命令加强推行边地教育，云南省政府又拟定《本省边地教育三年推进计划》，通饬边地31县局分别办理。1944年，滇西沦陷区收复，又于1945年春季，将泸水、梁河、盈江、莲山、潞西、陇川等6设治局的省立小学一律恢复。现就抗战期间省立边地小学概况列表如下。(见表5-7)①

表5-7 云南省近四年内省立边地小学概况表(1944年11月国教科填报)

校名	1941年				1942年				1943年				1944年			
	班级/个	学生人数/人	毕业人数/人	经费/国币元	班级/个	学生人数/人	毕业人数/人	经费/国币元	班级/个	学生人数/人	毕业人数/人	经费/国币元	班级/个	学生人数/人	毕业人数/人	经费/国币元
德钦小学	6	200	51	42660	4	141	69	33061	4	141	42	29960	4	155	49	38360
贡山小学	4	200	18	31320	4	195	38	33061	4	187	39	29960	4	187	32	38360
中甸小学	5	250	51	36990	4	245	72	33061	4	245	49	29960	4	126	39	38360
维西小学	5	240	80	36990	4	160	20	33061	4	160	38	29960	4	172	50	38360
碧江小学	6	269	40	42660	4	266	60	33061	4	165	51	29960	4	144	36	38360
兰坪小学	6	252	63	42660	4	249	82	33061	4	131	47	29960	4	131	42	38360
宁蒗小学	5	175	35	36990	4	171	35	33061	4	171	38	29960	4	132	34	38360
泸水小学	5	180	25	36990	4	174	45	33061								
梁河小学	6	240	58	42660	4	233	70	33061								
盈江小学	5	200	38	36990	4	190	38	33061								
莲山小学	6	270	40	42660	4	255	65	33061								
陇川小学	4	160	29	31320	4	140	49	33061								
潞西小学	6	150	32	42660	4	144	72	33061								
耿马小学	6	257	45	42660	4	211	68	33061	4	211	44	29960	4	140	40	38360
镇康小学	5	192	66	36990	4	182	86	33061								
沧源小学	5	150	30	36990	4	140	50	33061	4	140	47	29960				
澜沧小学	5	191	50	36990	4	170	73	33061	4	170	39	29960				
车里小学	6	207	46	42660	4	180	66	33061								
南峤小学	4	133	40	31320	4	150	62	33061								
大顺小学	5	170	50	36990	4	140	73	33061	4	140	60	29960	4	118	35	38360
江城小学	5	220	48	36990	4	129	60	33061	4	148	58	29960	4	141	34	38360
金平小学	5	190	28	36990	4	175	58	33061	4	175	49	29960	4	125	30	38360

①《续云南通志长编》(中册)，周钟岳、赵式铭等修撰，云南省志编纂委员会办公室整理，1986年内部发行，第884页。

续表

校名	1941年				1942年				1943年				1944年			
	班级/个	学生人数/人	毕业人数/人	经费/国币元	班级/个	学生人数/人	毕业人数/人	经费/国币元	班级/个	学生人数/人	毕业人数/人	经费/国币元	班级/个	学生人数/人	毕业人数/人	经费/国币元
河口小学	5	138	36	36990	4	125	48	33061								
师宗小学	6	257	48	42660	4	184	67	33061	4	171	62	29960	4	182	32	38360
圭山小学	6	326	53	42660	4	197	71	33061	4	287	55	29960	4	170	51	38360
福贡小学	4	180	32	31320	4	183	52	33061	4	165	32	29960	4	146	26	38360
黄草坪小学	6	272	62	42660												
环州小学	6	300	70	42660												
丘北小学	6	322	44	42660												
永胜小学	6	170	30	42660												
华坪小学	3	95	20	18810												
炎山小学	6	226	34	42660												
龙武小学	4	236	35	31320												
佛海师范学校附小	4	159	40	31320												

备注：1.本表数字系根据各边地小学历年所填报之概况表统计。

2.本表经费系包括经常费及学生补助公粮或公粮代金，及战时生活补助费，均照省级公教人员待遇支发。

3.因军事影响从1943年起暂停办学的省立小学有泸水小学、梁河小学、盈江小学、莲山小学、陇川小学、潞西小学、镇康小学、南峤小学，共8所；因军事影响从1942年起暂停办学的省立小学有佛海师范学校附小1所；因军事影响移交各县、设治局办学的有沧源小学、澜沧小学、车里小学、河口小学，共4所；因经费问题而移交各县、设治局办学的有环州小学、丘北小学、永胜小学、华坪小学、炎山小学、龙武小学，共6所。

4.泸水、梁河、盈江、莲山、陇川、潞西等6设治局之省立小学，于1945年恢复。

资料来源：《云南省近四年内省立边地小学概况比较表》，《续云南通志长编》（中册），周钟岳、赵式铭等修撰，云南省志编纂委员会办公室整理，1986年内部发行，第889—891页。

根据上述的统计表可知，1941年至1944年，云南省立边地小学共34所，四年间，因受抗战的影响，所办班级逐年减少，分别为177个、104个、64个、56个；在校学生人数也在逐年减少，四年间分别为7177人、4729人、2807人、2069人；毕业学生人数前两年多，分别为1467人、1549人，后两年少，分别为750人、530人；经费1941年最多，为1290510元，以后逐年减少，分别为859586元、479360元、537040元，如考虑物价上涨因素，经费逐年减少应更为严重。此为抗战时期云南省边地教育的具体状况。

纵观抗战时期云南的基础教育，虽然受战事的影响，办学时断时续，办学经费时有不继之虞，但毕竟还是有所发展。中等教育从抗战之初至抗战胜利前后，学校增加了30所，在校学生人数和从事中等教育的教职员工人数各增加了一倍。

初等教育实行了义务教育和国民教育，在云南边地又实行了边地教育，使更多的学龄儿童接受初等教育。综上所述，抗战时期地处大后方的云南的基础教育得到了一定程度的发展，让更多的云南儿童和青少年接受文化教育，培养其国家和中华民族情感，由此获得对国家、对民族的认同感；坚定其抗战决心，树立抗战必胜的信心，对抗战、对国家建设具有深远的意义。

第三节　云南的戏剧运动

1937年7月7日，卢沟桥的枪声响起，日本全面侵华的序幕由此拉开，中华民族面临亡国灭种的严重危机。凡有血性的中国人必定投入到民族救亡的巨大洪流之中，开展抗日救亡运动，其中，处于抗战大后方的云南即通过开展戏剧运动进行抗日救亡宣传。然而对于抗战时期云南的这场戏剧运动，却少有学者关注。现就此问题，力图进行史实重建，并由此揭示其在抗日战争中的价值与意义。

一、战时云南戏剧运动的兴起

凡一场运动的兴起，必有其一定的前提条件。讨论云南救亡戏剧运动的兴起，首先需分析这场运动兴起的各项条件，在此基础上才可深入探讨抗战时期云南的救亡戏剧运动。

众所周知，云南众多少数民族如彝族、白族、纳西族、哈尼族等民族一直保持能歌善舞的传统，在民族节日或举办喜事之际，必会唱歌跳舞，以示庆贺。比如云南流行最广的打歌，又名“跳乐”“跳脚”“跌脚”“左脚舞”“三跺脚”“踏歌”等，名称多样，形式大体一致。除彝族喜好外，在白族、苗族、拉祜族、佤族、布朗族、纳西族、景颇族中，甚至一些地区的汉族民众中也流行这种原始古朴的舞蹈。可以说，打歌是一种群众性的舞蹈，在时间的选择上也比较随意，如在丰收之后农闲之际，皓月当空之夜，或逢年过节，婚嫁迎娶，皆即兴打歌。舞者在场院或平地上围成一圈，由笛子、三弦或葫芦笙伴奏，合着乐曲的节奏踏地跌脚翩翩起舞，边舞边唱。打歌唱词丰富，有即兴应景而唱的，有调情逗趣的，有猜调射迷的，有表现生产生活的，也有演绎神话传说和传统故事的。打歌这种娱乐活动，比如每年农历三月二十八日牟定县的“三月会”、农历二月巍山县巍宝山的打歌会最为隆重，届时四方乡民汇聚，多达数万人；尽兴之时往往会从太阳落山打到第二日朝霞满天，通宵达旦，尽情狂欢，一连数日，方得罢休。

除了打歌这种最为有名的歌舞形式之外，其他如傣族女性舞蹈孔雀舞，男性舞蹈象脚鼓舞也十分著名。再如纳西族的东巴舞、彝族支系阿细人的阿细跳月、彝族支系尼苏泼的烟盒舞、白族的踩马舞、哈尼族的白鹇舞等，难以尽数。在抗战之前，云南即被称为歌舞之乡，名副其实。

此外，在抗战之前，各种地方戏剧表演也在云南各地盛行，如主要盛行于汉族地区的滇剧和花灯，最为有名。滇剧，是由丝弦（源于较早的秦腔）、襄阳（源于汉调襄河派）、胡琴（源于徽调）等声腔于明末至清乾隆年间先后传入云南，再结合云南的方言土语、民间音乐而逐渐发展形成的，流行于云南广大地区。其以浓郁的乡土气息、优美的唱腔和生动活泼的表演而为广大民众所喜闻乐见。据考证，云南花灯起源于明代或更早一些时候的民间“社火”活动中，由花灯歌舞逐渐发展为花灯剧，此后云南花灯也就包括花灯歌舞和花灯戏两部分，因受其他戏曲和民间小调的影响，云南花灯共有9个分支。云南花灯戏演出的许多剧目，如《游春》《探干妹》《大茶山》等十分有名，其艺术风格朴素单纯、健康明朗，充满着生活气息。

此外，京剧在清末入滇，也成为云南地方戏剧的一部分。“宣统三年农历四月十日，云华茶园正式开业，首场京戏上演”。其后京剧戏班在昆明则以茶园名之。京剧能于清末进入云南演出，在民初盛极一时，但其后影响面并不宽，仅限于昆明等地区，不过也为云南戏剧土壤的一部分。[①]

① 石阡：《“京剧入滇”前后的昆明戏曲演出》，《昆明文史资料选辑》第21辑，中国人民政治协商会议云南省昆明市委员会文史资料委员会编，1993年内部发行。

时至抗战时期，云南各民族随时表演歌舞的传统习惯，云南各种地方戏的时常表演，京剧的一时盛行，正好为战时云南戏剧运动的兴起提供了一种良好氛围，运用戏剧宣传抗日更易为云南民众所接受；同时，戏剧运动又注意吸收云南民族歌舞和地方戏的一些戏曲元素，以符合云南民众的戏剧欣赏习惯。戏剧运动的演出既娱乐了云南各族民众，又在云南各族民众中宣传了抗日的必要性，以唤起云南民众的抗日意识。总之，云南各民族歌舞的流行和地方戏剧的盛行，京剧清末入滇，这是抗战时期云南戏剧运动兴起的肥沃土壤和前提条件。

抗战爆发后，一些戏剧艺人与戏剧作家流亡到以昆明为中心的云南，这又是抗战时期云南戏剧运动兴起的重要条件。据史料记载，抗战全面爆发之后，活跃于北京、上海等文化重地的戏剧艺人和戏剧作家，历尽艰难，流亡到大后方，其中就有部分戏剧艺人和戏剧作家来到了昆明，有田汉、老舍、洪深、曹禺、安娥、董每戡、张骏祥、石凌鹤、金焰、瞿白音、张客、汪巩、叶露茜、凤子、梁伦、田禽、孟君谋、吴茵、白路、高博、王松声、从硕文、费克、丁波、石炎、周彦、白澄、马思聪、常任侠、光未然、周钢鸣、吕剑、李何林、李广田等等。[①]除了这些艺人或文化人士外，还有著名旦角金素琴到昆明演出40天。同时，随着国立西南联合大学、国立艺术专科学校、国立同济大学、私立中法大学、私立华中大学等高等学校内迁至昆明、大理等地，一些从事戏剧创作的大学教师和喜爱戏剧的学生也来到了云南，积极参与戏剧创作和戏剧表演，推动戏剧救亡运动。如国立艺术专科学校的教授李朴园、雷圭元、林文铮，学生邱玺、程丽娜等人，成立剧社，组织戏剧表演，开展抗日宣传活动。[②]同济大学学生于同尘、董林肯、竺伯康组织昆明儿童剧团，公演话剧，以宣传抗日，激发民众的抗战热情，等等。[③]这些人或创作戏剧剧本，或组织剧团演出，或直接参加戏剧表演，抗日救亡时代的戏剧运动即由他们推动而展开。另一方面，这些随高校内迁而至云南的师生，又为云南带入一种新的戏剧形式——话剧，为喜爱戏剧的云南民众提供一种新的戏剧欣赏形式，使其耳目为之一新。更有来自北方的大学师生再次把京剧艺术带入云南，结合京剧传统剧目所宣扬的爱国思想、民族精神，共同推动云南救亡戏剧运动。

① 王耕夫等：《抗战八年云南的戏剧运动》，《抗战时期西南的文化事业》，成都出版社1990年，第250页。

② 邱玺、沈长泰：《国立艺专在昆明》，《抗战时期内迁西南的高等院校》，贵州民族出版社1988年，第111页。

③ 韩忠山：《同济大学内迁期间开展抗日救亡活动的回忆片断》，《抗战时期内迁西南的高等院校》，贵州民族出版社1988年，第82页。

此外，日本侵略者的疯狂入侵，抗战前线与后方民族意识高涨，需要利用各种形式宣传抗日，进一步提高民众的抗战热情，以坚定广大民众的抗战意志。而运用戏剧这种形式进行抗日宣传，既娱乐了民众，又可让民众在欣赏戏剧的同时认识到抗日的重要性，培养民众的国家意识和民族意识，由此认同自己的国家和民族，坚定其抗战决心。所以说，抗战宣传的需要是云南戏剧运动兴起的最直接原因。诚如其时亲历者所言："为适应抗敌救亡宣传的需要，戏剧这种为各阶层民众喜闻乐见的艺术形式遂应运而兴。"①

二、战时云南戏剧创作与表演

云南各民族爱好歌舞的传统、云南地方戏的盛行，京剧清末入滇，"加以沦陷区的各种剧团和众多艺人纷纷内迁或流亡至以昆明为中心的云南城乡，为方兴未艾的戏剧事业带来新的活力"。1938年，"中华戏剧界抗敌后援会云南分会"在昆明成立，作为云南戏剧运动的核心，选举高竹秋为理事长，陈豫源、王旦东、李鑫培为常务理事。在此基础上，顺应抗战救亡工作的需要，在云南逐渐形成一场轰轰烈烈的戏剧运动。探究抗战时期云南戏剧运动的具体情形，大致体现在成立戏剧演出团体、创办戏剧副刊和期刊、创作戏剧剧本和进行戏剧表演等诸多方面。

（一）成立戏剧演出团体

在抗日战争全面爆发之前，云南本为民族歌舞之乡，滇戏、花灯等地方戏盛行之区，在以昆明为中心的城乡各地，有许多地方戏剧演出团体，组织表演各种戏剧作品，深受云南各族民众的喜爱。抗战爆发以后，因为抗战宣传的需要以及民众文化生活的要求，以昆明为中心的云南各地则成立了更多的各类戏剧演出团体，其中最为突出者是戏剧社团。从活跃在抗战时期的各类戏剧演出团体来看，较早

① 王耕夫等：《抗战八年云南的戏剧运动》，《抗战时期西南的文化事业》，成都出版社1990年，第248页。

成立的戏剧社团组织是金马剧社。金马剧社成立于抗战前的1936年5月，组织者为陈豫源。陈豫源，祖籍云南，1911年生于北京，1932年毕业于北平大学艺术学院戏剧系，一直从事戏剧表演与创作活动。抗战爆发前一年应云南省教育厅厅长龚自知之邀来到昆明，在昆华民众教育馆内创办金马剧社；1936年初，云南省立昆华艺术师范学校开设戏剧电影科，是年秋聘请陈豫源担任该科班主任，着手组织戏剧表演。金马剧社和省立昆华艺术师范学校戏剧电影科，是抗战初期的两个主要话剧演出团体。抗战爆发后，各类戏剧演出团体纷纷成立，参与抗战时期的戏剧演出。比如成立于抗战开始不久的云南学生抗敌后援会戏剧股、成立于1937年底的农民救亡灯剧团，以及成立抗战之初的省立昆华女子中学剧团、云瑞中学剧团、省立昆华农业学校剧团、南箐中学剧团、云大剧团、求实中学剧团、省立昆华女子师范学校剧团等等，成为抗战最初两年的主要戏剧演出组织者。1938年以后，随着各类学校及机关单位等迁入云南，亦为顺应抗战宣传和娱乐活动的需要，各种戏剧演出团体相应成立。比如国立西南联合大学（简称“西南联大”或“联大”），其先后成立的戏剧社团组织就有联大剧团、青年剧社、山海云剧社、联大联艺剧社（又名“联大剧艺社”）以及联大戏剧研究社。其他如国立同济大学战时服务团话剧股、国立艺术专科学校剧社（简称“艺专剧社”）、西南剧社、第五军抗敌剧团、“厉家班”京剧团等等，多次参与云南各种戏剧演出。仔细考察抗战时期云南各类戏剧演出团体，以戏剧类型分类，大致可包括三类戏剧演出组织：话剧演出团体、京剧演出团体、云南地方戏演出团体。其中话剧演出团体，主要为话剧社团。现就抗战时期活跃在云南城乡各地的戏剧表演团体列表如下。（见表5-8）

表5-8　抗战时期云南重要戏剧演出团体基本情况表

戏剧社团名称	成立时间	主持人或主持单位	代表剧目或演出活动
省立昆明艺术师范学校戏剧电影科	1936年初	陈豫源、省立昆华艺术师范学校	《抗敌三部曲》《雷雨》
金马剧社	1936年5月	陈豫源、昆华民众教育馆	《血洒卢沟桥》《夜光杯》《八百壮士》《凤凰城》《钦差大臣》
云南学生抗敌后援会戏剧股	1937年	龙显球、云南学生抗敌后援会	《无名小卒》《死亡线上》
省立昆华女子中学剧团	1937年	省立昆华女子中学	《放下你的鞭子》

续表

戏剧社团名称	成立时间	主持人或主持单位	代表剧目或演出活动
云瑞中学剧团	1937年	云瑞中学	《我们的故乡》
省立昆华农业学校剧团	1937年	省立昆华农业学校	《保卫卢沟桥》《当兵去》
农民救亡灯剧团	1938年春节前夕	王旦东、熊介臣	民教馆“露天剧场”上演《茶山配》
大鹏剧社	1938年2月	航空学校	《花烛之夜》《愁城记》
联大剧团	1938年底	闻一多、孙毓棠、张遵骧等	在新滇大舞台演出《祖国》,下乡演出《放下你的鞭子》等
“厉家班”京剧团	1939年	厉彦芝	在昆明大戏院演出《宁柏妃》《戚继光平倭记》《花木兰》等
抗敌剧团	1940年2月	云南抗敌后援会	《保卫领空》《七个淘金的孩子》
昆明儿童剧团	1940年8月	董林肯、于同尘、竺伯康	在文庙剧场等地演出《报童》《难童》《小间谍》等儿童剧
联大戏剧研究社	1941年春	贺蕴章、联大学生社团群社	《阿Q正传》
国民剧社	1941年5月	翟国瑾、国民党省党部	《野玫瑰》
励新剧社	1942年初	励志社	《戏剧春秋》《夜深沉》
旅昆剧人剧团	1945年夏	孟浪、沙龙	《雷雨》《草木皆兵》《名优之死》
同济大学战时服务团话剧股		同济大学战时服务团	《黄浦月》
西南剧团		西南运输处	《我们的故乡》
抗敌剧团		云南抗敌后援会	《七个淘金的孩子》
益世剧团		《益世晚报》社	《伟大的女性》《黄莺儿》
青年剧社		汪雨、西南联大三青团	《黄鹤楼》《前夜》《野玫瑰》
西南旅行剧团		张树藩	《北京人》《大地回春》《日出》
国防剧社		滇黔绥靖公署政训处	《雾重庆》《妙峰山》《凤凰城》《原野》
合作剧社		合作联谊社	《以身作则》
社会剧团		云南社会服务处	《刑》《寄生草》
市女中剧团		昆明市女子中学	《风波亭》
联谊剧社		青年会	《夜上海》

续表

戏剧社团名称	成立时间	主持人或主持单位	代表剧目或演出活动
原野剧社		李铭、马金良、龙显球	《长夜行》《天罗地网》
山海云剧社		西南联大	《家》《雷雨》
华山剧社		军队特别党部	《水乡吟》《心防》
云大剧团		云南大学	《反间谍》
射日剧团		防空学校	《清宫外史》
新中国剧社		瞿白音	《蜕变》
浦花剧团		《中正日报》社	在侨声剧场演出《秦淮曲》
南箐中学剧团		南箐中学	《打倒日本帝国主义》《北地狼烟》
求实中学剧团		求实中学	《米》
影人剧团		王献斋、袁竹如	《雷雨》
中电剧团		中央电影制片厂	《群魔乱舞》
鲁迅剧艺社		张凡	《教师之家》
叙昆剧社		叙昆铁路局	《一年间》
大理省中歌咏队话剧组		林志音、省立大理中学	《米》《八百壮士》
大理儿童剧团		林志音、李荫唐	
个旧南钟业余剧社	1939年3月		《凤凰城》

资料来源：龙显球《抗战期间昆明话剧活动大事记》，《昆明文史资料选辑》第6辑，中国人民政治协商会议云南省昆明市委员会文史资料研究委员会编，1986年内部发行；《云南文史资料选辑》第34辑，西南联合大学建校五十周年纪念专辑，云南人民出版社1988年；张定华《昆明的联大剧团》，《云南文史资料选辑》第53辑，云南人民出版社1998年；王立权等《大理抗日救亡运动与林志音先生》，《大理文史资料》第5辑，中国人民政治协商会议云南省大理市委员会文史资料委员会编，1994年内部发行。

从表5-8可知，除了“厉家班”京剧团、农民救亡灯剧团外，其余的戏剧演出组织全为话剧团体。考察这些戏剧演出团体，绝大部分创办于抗战时期的云南，其中大部分戏剧演出团体就是为抗战宣传而建立的。比如董林肯创办的昆明儿童剧团，其目的就是“为了搞好对孩子们的抗战宣传，从小培养他们的爱国思想，发展他们的艺术爱好”。[①]

① 董林肯：《活跃于后方的昆明儿童剧团》，《抗战时期西南的文化事业》，成都出版社1990年，第266页。

（二）创办戏剧副刊、期刊与创作救亡戏剧

为了推动抗战时期云南的戏剧运动，在滇艺术界、文化界人士，积极创办戏剧的副刊与期刊，刊登戏剧作品，讨论戏剧创作问题，公布云南戏剧演出消息。

随着抗战初期云南戏剧运动兴起，在云南发行的《云南日报》先后开辟《艺术评论》《南风》副刊，《正义报》先后开辟《舞台与银幕》《影与剧》副刊，《扫荡报》开辟《戏剧电影》副刊，《益世晚报》开辟《戏剧》副刊，定期出刊，田汉、洪深、茅盾、石凌鹤、龙显球、陈豫源等戏剧作家均在这些副刊上发表与戏剧相关的文章。1940年9月，田鲁、孟浪等人编辑的不定期期刊《综合艺术》在昆明出版，刊登一系列戏剧作品与讨论戏剧创作的文章。1941年，岑生（龙显球）、邵毅律创办《影剧周刊》出版，每周一期，刊登戏剧类的文章；陈豫源创办的《戏友》期刊也顺利出版，此为戏剧方面的专业刊物，刊登“有关戏曲、话剧的理论和演出报道及戏剧活动各方面文章”。[1]此外，为报道云南特别是昆明话剧演出活动，一些在滇报纸期刊，也相应刊出戏剧方面的消息，比如由国立西南联合大学学生自治会主办的联大剧团在昆明西南大戏院演出《野玫瑰》，1942年6月5日《云南日报》则在头版刊载演出广告，欢迎观看（见图5-1）；1943年6月3日，李铭、马金良、龙显球等人组织的原野剧社演出于伶所著的《长夜行》话剧，《昆明周报》则为此出了特刊，连续8天报道《长夜行》的演出，宣传演出盛况，以提高昆明观众的观看热情。

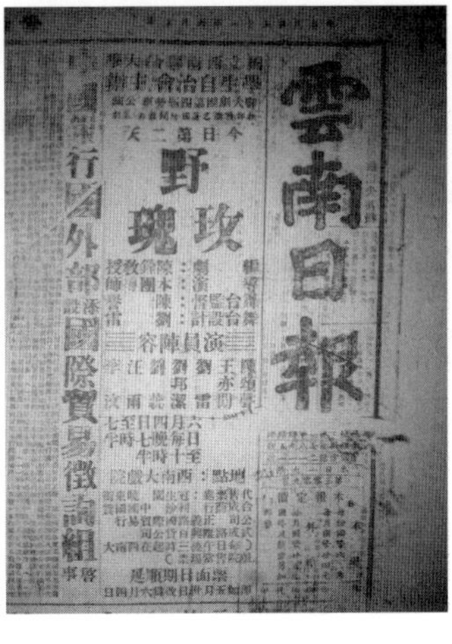

图5-1 《野玫瑰》公演广告[2]

① 王耕夫等：《抗战八年云南的戏剧运动》，《抗战时期西南的文化事业》，成都出版社1990年，第255页。

②《云南日报》1942年6月5日，第1版。

戏剧副刊、期刊的创办相应也推动戏剧创作活动的兴起。同时，由于各种戏剧社团的成立，又需要创作戏剧作品供戏剧社团演出。于是，戏剧创作成为其时戏剧运动的重要内容，许多戏剧作家及有才学的青年学生就参与戏剧作品的创作。

如前所述，1932年毕业于北平大学艺术学院戏剧系的陈豫源，一直从事戏剧表演与创作活动。其中，陈豫源创作三个独幕话剧《我们的国旗》《战地鸳鸯》《抽水马桶》，先后发表在茅盾主编的《文艺阵地》等报刊上。这三个独幕剧“紧密结合抗战现实，积极歌颂抗日将士们的英勇奋战，同时对良心丧尽发国难财的奸商们的贪婪丑恶嘴脸，进行无情的揭露和鞭笞。其中尤以《抽水马桶》一剧为最佳，曾得到曹禺的赞赏”。另外，陈豫源对京剧也有较深造诣，1941年左右就创作了京剧《黑龙潭》，由云南省教育厅实验剧场排练公演。[①]

1941年秋天，老舍应西南联大的邀请来昆明讲学，其间创作了三幕话剧《大地龙蛇》。这是一部“受命文学”，老舍借抗战检讨中国文化，抒发自己的文化理想。老舍从自己的个人生活经验、审美感受以及对民族文化的理解出发，把自己“颇费了一些心思”思索出的文化与现实社会人生的内在精神联系，融入戏剧情节发展和人物思想意识演变之中，显示出民族文化在科学精神烛照下焕发出的伟大力量，表明“做了中国几千年文化核心”的龙文化，这时才真正成了“我们立国的象征”，并消解五四以来包括老舍在内的以鲁迅为代表的文艺家们对于“人的解放”和“启蒙”时效性的怀疑。这是在民族危亡之际对中国文化的深沉思考。

陈铨，西南联大教授，其创作的话剧《野玫瑰》，最初发表在1941年下半年的昆明《文史杂志》第一卷第六、七、八期，最早在重庆演出，引起轰动，在抗战时期影响较大。该剧讲的是抗战时期，夏艳华受国民政府派遣，作为国民党特工，深入华北沦陷区刺探情报的故事。

昆明业余戏剧创作者张子明，创作了滇剧《火烧松明楼》《南诏慈善夫人故事》，受观众赞许。特别是其创作的京剧《戚继光平倭记》，则直接以抗日宣传为目的，“是一个结合抗日宣传的好戏”，满足战时需要。“厉家班”京剧团承担该剧的演出，“由厉慧良主演”。[②]

---

① 王耕夫等:《抗战八年云南的戏剧运动》,《抗战时期西南的文化事业》,成都出版社1990年,第255-261页。

② 王耕夫等:《抗战八年云南的戏剧运动》,《抗战时期西南的文化事业》,成都出版社1990年,第261页。

1940年8月，昆明儿童剧团成立，董林肯首先为儿童剧团创作了一出街头剧《难童》，反映抗战时期流浪儿童的不幸生活。“紧接着又写了三幕抗战儿童剧《小间谍》”，反映了抗战时期儿童也参加抗战，为前线抗战收集情报。后来，儿童的“教”与“养”问题，又成为集体创作的主题，由董林肯、于同尘、陈志德、徐守廉等人共同创作，写成话剧《小主人》，以唤起大后方少年儿童“小主人”的时代责任感，也唤起大后方民众与政府对儿童教养的重视，又一次发出“救救孩子”的呼声。[①]

在云南的戏剧作家，陈豫源、老舍、陈铨、张子明、董林肯等人，参与了戏剧剧本的创作，为云南戏剧社团演出提供剧本，其中大部分作品是为抗战宣传而作。

（三）戏剧表演

在大后方云南的这场戏剧运动中，最为核心的是戏剧表演，而戏剧表演中最为突出的则为话剧表演。亲历者回忆这段历史时，也称之为大后方话剧运动。其实除了话剧表演外，还有京剧以及滇剧、花灯等云南地方戏的表演。戏剧运动通过这几类戏剧表演，来宣传抗战的必要性和正义性，提高大后方民众的抗战热情，唤起后方民众对前线抗战的支持。

1.话剧表演。话剧本为西方舶来品，最初名曰新剧、文明戏、爱美剧、白话剧、真新剧等等。因话剧是以对话方式为主的戏剧形式，1928年由戏剧家洪深提议定名为“话剧”，以此区别于以音乐、歌舞为特征的中国传统戏曲。因话剧的对话是经过提炼加工的口语，具有个性化，自然清新、生动优美、通俗易懂，易于为普通民众所接受，所以在抗战时期，话剧自然也就成为宣传抗日的一种重要艺术形式。另一方面，话剧表演者只要能准确把握角色的个性与情感即可上台表演，无需如中国传统戏剧那样需经过长期的歌舞训练才可上台演出；话剧不一定需要音乐，也就无需乐队，戏剧服装没有中国传统戏剧那样讲究，戏台设备也要求不高，如此创办话剧社团也就较为容易，相对而言无需多少经费。正因为如此，抗战时期，话剧表演也就成为大后方最为普遍的一种抗战宣传艺术表演形式。所以谈到抗战时期的戏剧运动时，也有亲历者提出话剧运动这一说法。[②]

① 董林肯：《活跃于后方的昆明儿童剧团》，《抗战时期西南的文化事业》，成都出版社1990年，第266-267页。

② 龙显球谈到抗战时期昆明的话剧活动时，就明确提出昆明话剧运动这一概念，参阅龙显球《抗战期间昆明话剧活动大事记》，《昆明文史资料选辑》第6辑，中国人民政治协商会议云南省昆明市委员会文史资料研究委员会编，1986年内部发行。

如前所述，云南处于抗战大后方，迁入云南的机关、工厂、学校，以及其他团体多有话剧演出社团，“演出活动频繁，蔚为大观”。就其形式而言，可分为舞台话剧和街头剧两种。1937年8月21日至23日，云南中等以上学校集中军事训练结业，由朱家璧主持，以省立昆华艺术师范学校戏剧电影科学生为骨干，演出尤竞所著的《撤退赵家庄》，由马金良、龙显球导演。这是抗战以来云南的第一次话剧演出，以激起民众的抗日热情。1937年11月13日、14日两天，云南学生抗敌后援会戏剧股在昆明街头演出《放下你的鞭子》（崔嵬等集体创作），则为昆明市第一次街头剧演出。

省立昆华艺术师范学校戏剧电影科，成立于1936年，以陈豫源为该科班主任。如前所述，1937年8月21日至23日，该科同学组织演出《撤退赵家庄》《打回老家去》；同年12月下旬，该科欢送60军出征抗日而演出《抗敌三部曲》，即《撤退赵家庄》《血洒卢沟桥》《全民抗战》，马金良、韦述陶、龙显球导演。云南省教育厅“为激励抗战情绪，实施民众教育，特编组巡回话剧团两团，到各县巡回表演”，其中该科编组为一团，“名曰昆华巡回话剧团”。[①]1938年1月12日，该科演出杨村彬所著的四幕剧《战歌》，陈豫源导演，龙显球饰高桥，郎蕙仙饰樱娘；同年5月22日起，该科演出《重逢》（丁玲著）、《后防》（熊佛西著，两幕剧），陈豫源导演，演员为戏剧电影科全班同学参加，如《后防》一剧描写后方人民对敌斗争及农民联合起来与汉奸恶霸斗争；同年7月1日起，该科演出曹禺名著《雷雨》，轰动全市，沈从文、徐嘉瑞在报端发表好评，连演20余场，《雷雨》由陈豫源导演，演员有郎蕙仙、李文伟、欧维乾、刘震环等；9月中旬，又演出《前夜》，第四幕删去，由龙显球执笔改写为《黎明》续上，陈豫源导演，主要演员有刘焕文、王蕊珠、吴敏等；12月份，该科又组织巡回话剧团，至滇南演出《谁之罪》《血洒卢沟桥》《我们的生活》《放下你的鞭子》等。1939年6月中旬，戏剧电影科学生毕业，公演田汉根据托尔斯泰原著改编的四幕剧《复活》，连演10余场，陈豫源导演，郎蕙仙饰玛丝洛娃，李文伟饰公爵，演员还有马金良、吴敏、易震晓等人；同年10月，云南省教育厅组织戏剧巡回教育队，以戏剧科毕业生为云武泸区队，此为一队，简称“剧教一队”，以陈豫源为队长，肖锡荃为副队长，至迤南各县演出。1941年1月，剧教一队与以金马剧社为主的二队合并，简称为“剧教队”，由陈豫源、肖锡荃任正副队长，到沾益、曲靖、马龙、嵩

①《激励抗战情绪，教厅编组巡回剧团，分赴各县巡回表演》，《云南日报》1937年12月16日，第3版。

明、蒙自、个旧、石屏各县演出，演出剧目有《我们的故乡》《三江好》《夜光杯》《盲哑恨》《抽水马桶》等。此后，省立昆华艺术师范学校戏剧电影科的演出则以剧教队名义进行，戏剧科之名不再出现在戏剧演出中。①

金马剧社，成立于抗战前夕。具体而言，1937年9月19日起，为前线募捐，演出《血洒卢沟桥》（张季纯著，独幕剧）、《避难者》（范启新著，独幕剧）、《开演之前》（严恭著，独幕剧）；12月，云南省教育厅编组巡回话剧团两团，金马剧社编组为一团，到各县去巡回表演，“名曰金马巡回话剧团”。1938年元旦，演出《八百壮士》《生路》（范启新编导）、《警号响了》（尤竞著）；2月，演出《九一八以来》（林志音编导）、《谁之罪》（范启新编导）、《我们的生路》（沙金编导）；4月6日，演出《搜查》《卢老虎》；4月，金马剧社巡回剧团人员，由范启新率领至滇西邓川、洱源等县演出，“由廿七日起至廿八日止，日夜在民教馆演出《九一八以来》《无名小卒》《避难者》《团结一致》等救亡话剧”，“技术剧情，两相并美，观众大为感动”；②4月29日，前往距离洱源县城50余里的凤羽表演戏剧，宣传抗日，“至凤羽五时许，当晚即在凤翔小学表演”，次日“适值街期，故观者达千余人”；③6月8日至16日，演出洪深著的《飞将军》，王旦东、沙鸥、马金良导演，王琳饰陈怡仙，王旦东饰高鹏飞，该剧以空军以题材，歌颂坚持抗战的空军英雄；同时又演出《血钱》独幕剧，龙显球导演。④8月14日起，演出《夜光杯》，该剧描写一个舞女郁丽丽（王琳饰）的觉醒，王旦东导演，此为纪念“八一三”一周年；12月份，金马剧社又组织巡回话剧团去滇西，演出《谁之罪》《血洒卢沟桥》《我们的生路》《放下你的鞭子》等话剧，另外还演出石凌鹤所著的《黑地狱》，王旦东导演，茅盾赴新疆过昆明时看过此出戏，呼吁建立小剧场。1939年1月上旬，演出唐纳编剧、王旦东导演的《中国万岁》，主要演员为王旦东、苏茵等，剧本表达的抗战主题是中国人民是不可征服的；4月20日起，演出《凤凰城》十余场，导演王旦东，主要演员樊筠、苏茵、陈亚平、马金良等，该剧取材苗可秀烈士抗日事迹，抗战宣传效果明显；8月1日至12日，公演《钦差大臣》，李树棠改编导演，主要演员有马金良、关媚如、关红英、孟浪等；10月，云南教

① 关于金马剧团和省立艺术师范学校戏剧电影科的演出情况，参阅龙显球《抗战期间昆明话剧活动大事记》，《昆明文史资料选辑》第6辑，中国人民政治协商会议云南省昆明市委员会文史资料研究委员会编，1986年内部发行，第150–163页。

②《金马社剧团在洱源公演》，《云南日报》1938年5月24日，第4版。

③《金马剧团赴邓洱榆宣传》，《云南日报》1938年6月5日，第3版。

④ 杨光洁：《评〈飞将军〉演出》，《云南日报》1938年6月20日，第4版。

育厅组织戏剧巡回教育队，以金马剧社为楚姚大区队，称为剧教二队，至迤西各县演出；一直到1941年1月与省立昆华艺术师范学校戏剧电影科为主的剧教一队合并，改称云南省教育厅戏剧巡回教育队，简称为“剧教队”。金马剧社的演出历程，据亲历者范启新先生所言：其在“城市乡下的大小公演，已达百余次，曾三次远征迤西巡回宣传，观众遍及边远土族”。[①]

联大剧团，原名“昆明西南联合大学话剧团”，后简称为“联大剧团”，成立于1938年底，为学生组织的话剧团，以西南联大教授闻一多、孙毓棠为指导教师。其演出活动，首先演出的剧目《祖国》即剧团成立之时已着手准备，“孙毓棠导演，闻一多担任舞台设计及服装，凤子参加了演出”。1939年1月，《祖国》一剧在昆明市内的新滇大舞台上演，演出取得成功，“这出以抗日救国为内容的戏，深深吸引、打动了观众的心扉，演出场场客满”。此后又演出了《夜光杯》。1939年暑假，由联大剧团发起，与金马剧社等戏剧社团联合公演，上演的剧目是宋之的、老舍等剧作家集体创作的多幕剧《黑字二十八》(又名《全民总动员》)和曹禺的剧作《原野》。此后又演出了以抗日救国为内容的大型话剧《夜未央》。1940年10月8日，联大剧团重演《雷雨》，连序幕、尾声一起演出。1941年8月3日，联大剧团募捐公演《傀儡家庭》，凤子、孙毓棠联合导演，主要演员有凤子、姜桂侬、汪雨等。1942年8月，联大剧团演出阳翰笙编剧的《塞上风云》，剧本主题是描写各民族团结共同抗日，主要演员有刘萍、樊筠、李文伟等。1941年春，联大剧团一度中断戏剧活动，昆明剧坛相对沉寂。1942年后有所恢复，先后演出了宋之的编写的反映抗日斗争的多幕话剧《雾重庆》及《刑》。

昆明儿童剧团，成立于1940年8月，组织者董林肯等人。其戏剧演出情形，首先是在剧团成立不久，即演出街头剧《难童》，进行各项募捐、慰问、联欢活动；同年10月，昆明剧人为庆祝第三届戏剧节，举行各话剧团体参加的公演，其中儿童剧团演出董林肯编的三幕剧《小间谍》，邱墨导演，小演员刘绮、冯淞等，表演出色，原定只演三场，不能满足观众需要，又加演两天四场，仍卖出站票几百张。报纸舆论认为昆明儿童剧团是昆明“戏剧界一支生力军”，“新中国的典型儿童剧团”。1940年10月中旬，儿童剧团演出董林肯、于同尘编的三幕剧《小主人》，剧本写的是贫富不同孩子的遭遇，提出对儿童的教养问题，发出“救救孩子”的呼声，全剧有十四

---

① 启新：《昆明剧运的新启蒙运动——念“金马”颂“民众”》，见副刊《舞台与银幕》第7期，《正义报》1943年12月12日，第4版。

个孩子，不突出个人。演出效果明显，场场满座。1942年8月24日起，儿童剧团公演董林肯依据鲁迅所译中篇小说《表》改编的五幕六场儿童剧，劳元干导演，主要演员有徐飞飞、程杭生、刘绮等，受到文艺界的好评，连演十余场。

除了由剧团或某些团体组织的独立演出之外，还有由多个团体组织的联合演出，比如在1937年抗战之初，云南学生抗敌后援会戏剧股、金马剧社、云南省立艺术师范学校戏剧电影科、昆华女中剧团联合演出《放下你的鞭子》《仁丹胡子》等剧，欢送云南妇女战地服务团开赴前线。1938年3月2日，云南学生抗敌后援会戏剧股、省立昆华农校剧团联合演出《无名小卒》《阴谋》《警号》等。1939年初秋，曹禺由四川来到昆明，在他的带动下，昆明戏剧界进行了一次大联合演出，动员所有话剧工作者公演了两个戏，一是《黑字二十八》，一是《原野》。《黑字二十八》"由于紧密地配合抗战现实，把舞台情景与现实生活，舞台人物和现实人物巧妙地结合起来，戏中串戏，台上台下，打成一片，轰动了整个春城。导演团由曹禺、孙毓棠、王旦东、陈豫源组成，曹禺、凤子、陈豫源、孙毓棠还在剧中担任了不同的角色"。《原野》则由曹禺自任导演，闻一多任舞台美术设计，汪雨扮演仇虎，凤子扮演金子。此剧"在昆明演出了一个多月，历久不衰，把昆明的戏剧运动推向了高潮"。[①]《原野》的演出被称为云南话剧演出的三大里程碑之一。1940年4月7日，云南抗敌后援会抗敌剧团联合西南剧团演出儿童剧《七个淘金的孩子》，编剧为田鲁、万流。1942年8月，西南联大山海云剧团与怒潮剧社联合演出《北京人》。1944年6月7日起，云南省教育厅剧教队与民众剧社联合公演《双喜临门》，范启新导演。

为了进一步推动大后方的戏剧运动，从1938年开始，每年10月10日举行戏剧节。昆明剧人为庆祝第二届戏剧节，从1939年10月12日起，举行大联合公演，话剧团体参加的有国立艺专剧社、云南省教育厅剧教队、联大剧团、西南剧社、业余联谊社，联合排演宋之的所著四幕话剧《民族光荣》(即《自卫队》)，导演团有凤子、李朴园、陈豫源、王旦东、徐庚敖；演员有高小文、孟浪、谢熙湘、缪钟泰等。昆明剧人为庆祝第三届戏剧节，募集"剧人号"飞机，从1940年10月10日起，联合公演曹禺所著《蜕变》《国家至上》，参加剧团有国立艺专剧社、联大剧团、云南省教育厅剧教队、西南剧社，导演团有邱玺、陈豫源、万流，演员有姜桂侬、邱玺、欧维乾、刘光武、马金良等。

---

① 王耕夫等:《抗战八年云南的戏剧运动》,《抗战时期西南的文化事业》,成都出版社1990年,第250页。

在这场大后方云南的戏剧运动中，也举行戏剧会演，比如1940年4月4日，昆明小学生举行儿童剧会演，演出许幸之改编的《最后一课》，昆明儿童剧团集体编剧的《锁着的箱子》和云南方言活报剧《跳加官》等等。

在云南特别是在昆明的剧人及戏剧团体，除在以昆明市为主的城市中开展舞台剧的演出外，还走上街头，或深入云南各地城乡，运用戏剧演出宣传抗日，以激起民众的爱国心。云南学生抗敌后援会戏剧股于1937年11月13日、14日走上昆明市街头，演出《放下你的鞭子》。以后各学校学生抗敌后援会分会的学生，也纷纷走向街头或农村演出，演出的剧目有《放下你的鞭子》《难民曲》《当兵去》《省下一粒子弹》《盲哑恨》《仁丹胡子》等，一直持续数年之久。1938年12月，金马剧社、省立昆华艺术师范学校戏剧电影科分别组织巡回话剧团，前者去滇西，后者至滇南，演出《谁之罪》《血洒卢沟桥》《我们的生路》《放下你的鞭子》等。为推动戏剧团体深入云南各地城乡演出，宣传抗日，1939年10月，云南省教育厅组织戏剧巡回教育队（简称“剧教队”），以省立昆华艺术师范学校戏剧电影科毕业生为主组织云武泸区队，即剧教一队，队长陈豫源，副队长肖锡荃；以金马剧社成员为主组织楚姚大区队，即剧教二队，队长王旦东，副队长前后为莫桂新、马金良。剧教一队至迤南各县，剧教二队至迤西各县演出。1941年1月，两个剧教队合并，直接称为剧教队，由陈豫源、肖锡荃任正副队长，不久陈豫源离开剧教队，杨其栋接替陈豫源充任队长，谢熙湘、李正明前后为副队长，去沾益、曲靖、马龙、嵩明、蒙自、个旧、石屏等县演出。剧教队演出剧目有《我们的故乡》《三江好》《夜光杯》《盲哑恨》《抽水马桶》等，既宣传了抗日，又娱乐了后方民众。

云南戏剧运动的发展，也与全国各地戏剧团体来云南交流演出密切相关。较早来云南的省外戏剧社团，是影人剧团。1938年9月份，以上海明星公司影人王献斋、吴玲子、龚稼农、孙敏、周曼华、袁竹如、王徵信、马瘦红为骨干的影人剧团至昆明，昆明话剧界举行欢迎仪式，并就话剧创作、演出与影人剧团进行交流，意在提高话剧表演水平；同时影人剧团在昆明演出《夜光杯》，最为轰动，“卖座甚盛”。[①]1939年10月18日，重庆中央电影制片厂至昆明拍摄《长空万里》外景，昆明戏剧社团如剧教队、儿童剧团等举行欢迎会，其中中央电影制片厂话剧团，从

① 小侦：《影人剧团的聚散》，见副刊《舞台与银幕》第11期，《正义报》1944年1月16日，第4版。

12月12日开始演出了《群魔乱舞》和《塞上风云》，深受昆明观众的欢迎，演出持续至1940年1月2日才结束，其中以白杨为首的中央电影制片厂的话剧演员，与以万流为代表的在滇话剧演员共同演出，互相交流演出心得，给在滇话剧演员以诸多启示，可以说在一定程度上提高了云南话剧表演的水平。1940年10月上旬，教育部巡回教育第三戏剧队也至昆明公演《汉奸的儿女》，由王勉之导演。西南旅行剧团，此为私人专业剧团，于1942年3月自成都至昆明，张树藩为团长，团员有刘莉影、殷子、齐格夫、高群、贺学励、金戈、陈在划、曹藻、温容等人，从3月29日开始，先后演出《北京人》《大地回春》《日出》《名优之死》《结婚进行曲》《夜奔》《少奶奶的扇子》《重庆二十四小时》等，受到观众的热烈欢迎，前后演出五个多月，至同年9月8日才结束。1945年5月，瞿白音率领新中国剧社到昆明，5月11日演出活报剧《不是戏》，同年7月9日至28日，又公演《蜕变》，严恭导演；再演出《金玉满堂》，由瞿白音导演。这些省外话剧社团的在滇演出，一方面在与云南话剧界的交流中，提高了云南话剧的表演水平，另一方面与在滇话剧社团共同推动了云南话剧运动的发展。①

如果要具体感受抗战时期云南话剧运动中的一场话剧演出，此处则有董林肯先生在回忆当时他所创办的昆明儿童剧团演出《小间谍》时的一段精彩记忆：

这一届戏剧节在昆明并不很热闹。大戏《自卫队》的演出，虽然事前在报上有广告、有消息，还有推荐文章，但实际演出情况，却是十分冷落，观众很少。《自卫队》上演那几天，我们《小间谍》的排练，从同济教室迁至剧场后面一间会议室进行。《自卫队》的演员们闲时也来看看我们，有的还在室内小黑板上写了几个大字："演给凳子看的一群疯子"，作为对他们这次演出卖座很差的自我讽刺，或许是有意给我们这批初生牛犊一个善意的警告吧。我们担心了：全昆明话剧界的名流与精华齐集于一堂，尚且不成功，我们带着几个乳臭未干的娃娃初登舞台，能行吗？

我们没钱在当地报上登广告，报纸也不会轻易刊登介绍我们的文章。我们只是在街头贴了一批三十二开的小海报，另外给各小学发了一些彩排时的招待券。

《小间谍》上演的这一天终于来了。天空阴云密布，焦虑和担忧也像密云一样压在我们的心头。我们忙着搞舞台准备工作，一个个闷着头、淌着汗，有点儿喘不过气来。

---

① 参阅龙显球《抗战期间昆明话剧活动大事记》，《昆明文史资料选辑》第6辑，中国人民政治协商会议云南省昆明市委员会文史资料研究委员会编，1986年内部发行。

小朋友们从学校直接来到剧场后，从书包里拿出油印剧本，紧张而又认真地练习步位、动作、台词和表情。每一颗幼小的心都在卜卜地跳动。

天更加阴暗了。几阵狂风过后，大雨倾盆而下，剧场里空荡荡的。我们沮丧地想“天公不肯作美”。我们很可能也将成为“演给凳子看的一群疯子”。

离演出只有10分钟了。终于有两个小学生合打着一把伞，冒着风雨向剧场走来，他俩给了我们多大的安慰啊！

观众接着三三两两的[地]来了。起先多半是儿童，后来也有不少成人。马上就要开幕了！感谢老天爷，雨也总算小一点了，剧场门口挤满了人，检票员简直有点忙不过来。

场子里的人越来越多，大朋友们兴奋了，小朋友则紧张了。舞台前面那么多双热切的眼睛都在注视着台上，练“兵”多日，就看这一时了。

在《小间谍》演出之前，我们有意地安排了金艳芳指挥的歌咏和冯松的诗歌朗诵，既稳定了孩子们的情绪，又增加了观众的期待心理，以收到最佳的艺术效果。帷幕终于拉开了，观众们目不转睛地盯着小演员们的一举一动。《小间谍》这个戏，描写了三个小孩子家破人亡，从日本鬼子的魔掌底下逃出来，参加了抗日游击队。后来利用儿童的有利条件，在敌人内部进行间谍工作，使敌人遭受游击队的袭击，吃了一次大败仗。

孩子们演戏，自始至终真情毕露。演到悲哀的地方，他们会涕泪交流，泣不成声；演到欢乐的时候，他们又显得欢快活泼，充满喜悦。剧情发展到紧张关头，常常惊得小观众情不自禁地喊出声来……从第一幕到第三幕，每场戏都紧紧地抓住了观众的心，使他们的思想感情随着剧情而跌宕起伏。最后，“小间谍”李芝华机灵而勇敢地完成了游击队交给的任务，自己却身负重伤。当她躺在血泊里，跟自己的哥哥、弟弟永别的时候，当一面国旗光荣地盖在这位可敬可爱的小英雄身上的时候，剧场中的情绪达到了高潮，演员和观众融成一片。热泪盈眶的大小观众都报以雷鸣般的掌声。①

这场精彩的演出感染了观众，也感染了演员自己；而董林肯的描述更使人身临其境，直接感受到了抗战时期后方云南话剧演出的实景与真情。

2. 京剧表演。如前所述，京剧早在清末宣统年间就进入了云南。抗战初期，

① 董林肯：《活跃于后方的昆明儿童剧团》，《抗战时期西南的文化事业》，成都出版社1990年，第269-270页。

当话剧界云南省立昆华艺术师范学校戏剧电影科和金马剧社走向街头表演街头剧以宣传抗日时，许多在滇京剧演员开始上演宣传抗日、培养爱国情操的戏。最初因无直接反映抗战的京剧剧本，所以一些京剧团就从传统剧目中，选择一些反抗强暴、抗敌报国等能激发爱国热情的剧目上演。其中，吴继兰、李鑫培所在剧团，先后演出了《打渔杀家》《天门阵》《八大锤》等剧目。吴继兰在演出《冯小青》《董小婉》时，当场题诗画兰义卖，以义卖所得捐献给前方抗日将士。其他如周福珊的剧团演出《岳母刺字》《李陵碑》等剧，袁湘云、袁曼云、袁汉云的剧团也演出《生死恨》《潞安州》《五台山》等剧目，都选择一些蕴含强烈爱国精神的传统剧目演出，以激发观众的爱国热情，照样可收得宣传抗日的效果。

1938年4月，中国抗日军队取得台儿庄大捷后，陈豫源就组织剧团在国民党云南省党部大礼堂演出了新编京剧《战临沂》，这出戏及时反映了中国军队在山东临沂与日寇浴血奋战、生死搏斗的战争场景。这是昆明第一次用传统的京剧表演艺术形式，来直接表现抗日杀敌新内容的现代京剧，这标志着云南传统京剧表演的现代转变。剧中人李宗仁将军由著名老生李鑫培扮演，张自忠将军由著名红生赵如泉扮演。演出之时，观众看到痛歼日寇的场面时，情绪激昂，台下掌声雷动。

1938年秋天，“中华戏剧界抗敌后援会云南分会”（简称“剧抗云南分会”）为前方抗日将士募捐寒衣而邀请在滇京剧团举行义演，其中著名演员琴湘玲、琴湘君合演《樊江关》，赵君玉、琴湘云合演《宇宙锋》，苗溪春演《挑滑车》，周福珊演《徐策跑城》，尤以名丑曹寿春编演的《新拾黄金》最受观众欢迎。《新拾黄金》剧中人偶拾黄金后，结合抗战实际，穿插表演京戏、滇剧、豫剧等曲调，最后决定把所拾黄金献出，作为援助抗日将士的寒衣捐款。此出戏剧既娱乐了观众，又在宣传抗日，达到了募捐寒衣的演出目的。此后，“剧抗云南分会”利用表演传统京剧，又组织了两次募捐义演。这两次义演全由云南著名剧人陈豫源主演，一次主演全本《木兰从军》，请专业京剧团派人协助演出，由省立昆华艺术师范学校学生负责灯光布景设计；另一次主演全本《陆文龙》，名票友徐衡饰王佐，其他角色也由京剧演员担任。两出戏借传统戏剧以宣扬爱国精神，娱乐、宣传和募捐三种目的体现于其中。

滇军第60军开赴前线抗日前夕，在滇京剧社团“雅集社”组织了一场欢送演出，其中陈豫源、戴郁华合演《御碑亭》、张伯立演《钓金龟》、邓道士、段继美合演《虹霓关》、张子才、陈豫源、金子贞、段继美合演《黄鹤楼》，甚至后来也出征抗日的第58军新11师师长鲁道源参加欢送演出，亲自出演《霸王别姬》，饰演项王，传为美谈。这场欢送演出，气氛英勇壮烈，大为鼓舞出征将士的斗志。

抗战时期，除了原在滇京剧演员外，也有许多著名的京剧演员来到云南，从事京剧表演。1943年，当京剧名旦秋步云来到云南时，即有如此报道："女伶深明大义，不惮万里跋涉，由沦陷区来归者，前有金素琴，后有秋步云。"[①]确实，其时云南可谓"名角荟萃"，剧坛由此增辉。一时云南的著名旦角演员有吴继兰、琴湘云、琴湘玲、琴湘君、袁湘云、袁曼云、袁汉云、李蔷华、李薇华、金素琴、秋步云、黄月英、李雅琴。著名的生角演员有李鑫培、徐敏初、周福珊、郑君麟、陈佩卿、陶少宾、李鑫甫、刘汉培、向景波、赵如泉、郝文蔚、马艳秋、李俊林、杨少泉、殷汇洲、朱英林、周瑞华、苗溪春、张国威、李毓麟、李幼麟、武双林、傅麒麟。丑角演员有曹寿春、邢再春、马志宝、曹百岁，净角演员有杜文林、贾连城、马凯环、潘奎祥、赵奎官。小生演员有韩新吾、陈瑞林、赵君玉。这些京剧演员参加云南的京剧演出，共同推动云南这场战时戏剧运动。

由于资料不足，关于活跃在抗战时期京剧表演中的京剧社团的记载也不多，其中记载比较详细的是著名的"厉家班"京剧团。该京剧团于1939年辗转来到昆明，班主为厉彦芝，在昆明大戏院演出多场京剧，深受观众欢迎。"厉家班"到云南后，聘请戴国恒、关盛明等负责教学，训练京剧演员的表演技艺。其演出活动，首先将昆明业余戏剧创作者张子明的滇剧作品《火烧松明楼》《南诏慈善夫人故事》改编为京剧剧本《宁柏妃》，其演出获得成功。此后又演出张子明编写的《戚继光平倭记》，切合时代，宣传抗日，由厉慧良主演，深得观众喜爱。

其后，"厉家班"京剧团演出了《荀灌娘》《花木兰》《班超》《吴越春秋》《林冲》《太平天国》，这些京剧表演切合了抗战时期的需要，取得了良好的宣传效果。[②]

3.滇剧等云南地方戏表演。如前所述，云南各地盛行各种地方戏剧，最为有名的是盛行于以汉族地区为主的滇剧和花灯。抗战时期，由于"人们几乎天天跑警报，既无人无处演戏也无人看戏"，对一直靠演戏为谋生手段的滇剧艺人影响极大，很有名气的滇剧演员王守槐、梁月樵、叶胜利、王树萱、竹八音均陷入经济困境之中，由此也就影响了滇剧的演出。

然而，毕竟还是有有识之士敢于为滇剧艺术出手相助，如张吟梅先生，倾家荡

---

① 聋叟：《又一求归艺人秋步云小史》，见副刊《舞台与银幕》第9期，《正义报》1943年12月27日，第4版。

② 参阅王耕夫等《抗战八年云南的戏剧运动》，《抗战时期西南的文化事业》，成都出版社1990年，第256-262页。

产在滇南建水、个旧、石屏三个县城开办滇剧戏院，把大部分滇剧演员聚拢起来，以维系滇剧的艺术生命，解决滇剧艺人的生活问题。在战时云南戏剧运动中，滇剧艺人也参加义演活动为抗战募捐。个旧县（今个旧市，后同）举办“爱国救济募捐游艺会”，滇剧名角栗成之、李文明就参加演出；建水县工商联合会举办抗日募捐游艺会，张吟梅除本人参加义演外，还将自己的全部戏装、道具免费提供支持演出。

滇剧艺人除参加义演外，还排演一些宣传抗日的剧目，如在建水县吟生戏院，就演出过滇剧《家国恨》，该戏主题就是揭露日本侵略者侵占东北三省，残害中国民众的滔天罪行，唤起民众抗日热情。该剧上演后，受到各界人士的赞扬。①

如前所述，花灯戏本为云南地方特色的戏剧。1938年春节前夕，在王旦东等花灯戏剧艺人的努力下，借教育厅义务教育委员会的名义，成立“农民救亡灯剧团”，表演花灯剧。经认真筹备，从1938年春节开始在城乡各地演出花灯剧，受到各界有识人士的重视，如省立昆华艺术师范学校校长杨楷看了“农民救亡灯剧团”的演出后，则认为救亡灯剧的演出“开辟了戏剧救亡工作走向农村的大道”；民众教育馆的周在兹则认为“花灯与戏剧是我国数千年来仅有的民教工具”；该灯剧团演出的《茶山配》（又名《茶山杀敌》），云南省教育厅义务教育委员会主任王汉声先生看后，认为“这种灯剧实在是深入民间最相宜的救亡宣传利器”。由此而论，“农民救亡灯剧团”的演出获得了肯定。1938年，中华全国文艺界抗敌协会云南分会成立，王旦东被选为理事，农民救亡灯剧团集体加入了该协会。尤为重要的是，农民救亡灯剧团的演出深受观众喜爱。1938年5月1日，独树一帜的农民救亡灯剧团公演《茶山配》，该剧以抗战时期安徽省“茶区红枪会乔装妇女抗战事件”为题材，“全剧共三幕，首幕述采茶男女歌舞于深山之中，骤遇敌军被辱，次幕述逃回之农民怀恨复仇，聚众乔装诱敌，三幕为农民诱敌入深山肉搏情景”，“于激发劳动农民抗战情绪上，颇具深意”。②《茶山配》公演半个月以后，仍受观众的喜爱，1938年5月16日有如此报道：“昨晚为第一剧本《茶山配》公演之第十五日，观众仍告满座，该剧团以连日各界来函要求续演者甚多，特拟再续演数日，使观众不致有向隅之叹。”③

---

① 参阅王耕夫等《抗战八年云南的戏剧运动》，《抗战时期西南的文化事业》，成都出版社1990年，第263–264页。

②《灯剧团公演茶山配》，《云南日报》1938年5月1日，第3版。

③《茶山配昨晚续演，观众满座》，《云南日报》1938年5月16日，第4版。

农民救亡灯剧团演出获得成功后，于1938年夏秋之间开始去云南各地巡回演出，先在迤南，顺滇越铁路沿线转道滇中玉溪等地演出。1938年秋去迤西，在姚安、大姚、弥渡、祥云、大理、凤仪、蒙化等地演出。1939年春，从禄劝开始到武定、富民、罗次、禄丰、楚雄，再转姚安、黑井、琅井、牟定、盐丰等县城乡镇巡回演出。演出以宣传抗日救亡和进行抗日募捐为主要目的，剧目以《茶山配》《张小二从军》等为主，人员仅15人，游历30多个县，行程数千里。救亡花灯剧的演出，不但宣传了抗日，提高了普通民众的爱国热情，也给各地城乡民众增添了健康的娱乐形式，由此丰富了民众的娱乐生活。①

三、云南戏剧运动的价值与意义

抗战时期，各类戏剧演出组织纷纷成立，在云南各地演出各种话剧、京剧、滇剧、花灯戏，一场戏剧运动在云南城乡各地全面展开，其价值与意义值得深入总结。

（一）娱乐民众，丰富生活

论及抗战时期云南戏剧运动的价值与意义，不言而喻，就是为云南各地民众提供了丰富多彩的娱乐方式。众所周知，人之所以为人，除需要物质生活外，更需要一种精神生活，这是人区别于动物的根本之所在。人类创造戏剧的最初动机之一，应就是娱乐自己。俗话说："演戏的是疯子，看戏的是傻子。"其实不管是成为疯子还是傻子，都是人自愿去做的，也就是在做疯子和傻子的过程中人自己得到了娱乐，甚至于忘却了现实生活而入戏了，暂时在忘却紧张的现实生活之中而放松了自己。在娱乐自我的过程中又放松紧张的自我，这也是人健康本身所需要的。

① 参阅王旦东《农民救亡灯剧团亲历记》，《抗战时期西南的文化事业》，成都出版社1990年，第286页。

总体而言，抗战时期后方的云南，虽然没有前线战火纷飞的危急，却有后方紧张的工作与学习，更有抢运物资免于沦于敌手的急迫，面对敌机轰炸的危险而跑警报的紧张气氛，在这种紧张的现实之间，适当娱乐也就十分必要了。加之敌人的严密封锁，物质生活的匮乏，近代娱乐方式如电影难以进入云南后方，自然而然，云南后方利用传统娱乐方式如京剧、滇剧、花灯剧，利用戏剧演出设备要求不高的话剧也就成为必然了。生活于后方云南的民众，在表演与观看这些戏剧的过程中，自娱自乐，既放松了紧张的自我，又享受了戏剧艺术的美，由此也丰富了受敌严密封锁的后方云南民众的精神生活。艰难生活于后方云南的人们，面对物价飞涨的压力和敌机轰炸的危险，在这种放松自己和享受艺术美的过程中变得更为乐观，树立了生活信心与抗战必胜的信念。诚如创办"农民救亡灯剧团"的王旦东先生回忆，其灯剧团的成立就是有鉴于"云南农村平时文化生活贫乏"，人们在观看新式花灯的过程中，可以"得到艺术享受"。[①]

（二）教育民众，宣传抗日

抗战时期，本为上演话剧的协记云南大戏院，经扩建后改演京剧为主。其董事长龙纯曾在开幕献辞中谈到戏剧的价值时，认为"就是以电影、戏剧来推行社会教育"。这就提到了戏剧的另一种价值，即可以教育民众的社会价值。[②]那么戏剧的社会责任诚如协记云南大戏院经理罗镜波所言：不是降低艺术标准去迎合大众，而是"提高水平去教育大众"。[③]其时云南戏剧名人陈豫源更对戏剧的教育价值给予细致而深入的阐述，他说："戏剧之所以有教育价值，就是因为寓教育于娱乐中，现身说法，比讲演说教能直接感人"，认为戏剧的教育价值就在"无形无意的时候发生"。立于此种观点上，陈豫源打了一个比方："有人想做汉奸，忽然想到某年某月某日看过一场《文天祥殉国记》，想起贾似道下场的那一段戏情，依然留着深刻的印象就也许把当汉奸的念头打消，平剧中类似的情节很多。"[④]也就是在这种观戏的不知不觉中使民众得到正当而又健康的教育。确实，民众观看戏剧的过

---

① 王旦东：《农民救亡灯剧团亲历记》，《抗战时期西南的文化事业》，成都出版社1990年，第280-287页。

② 龙纯曾：《云南大戏院扩充改组开幕献辞》，《协记云南大戏院开幕戏剧特刊》，1945年排印本，云南省图书馆藏。

③ 罗镜波：《云南大戏院开幕赘言》，《协记云南大戏院开幕戏剧特刊》，1945年排印本，云南省图书馆藏。

④ 陈豫源：《戏剧的教育价值》，《协记云南大戏院开幕戏剧特刊》，1945年排印本，云南省图书馆藏。

程中，通过戏剧情节知道什么是忠，什么是奸，什么是正义，什么是非正义，什么是高尚，什么是低俗，人的精神、人的灵魂在戏剧的观看过程中接受洗礼。

在这种需要全民族抗战的特殊时期，通过演出传统戏剧中以抵抗外来侵略为主题的《花木兰》《木兰从军》《天门阵》《戚继光平倭记》《陆文龙》《八大锤》等剧目来提高民众的抗日热情，使民众认识抗日的正义性、紧迫性；以忠臣烈士为主题的《岳母刺字》《李陵碑》《班超》《吴越春秋》《林冲》等剧目来提高民众的爱国情操，树立民族危亡时期的正面形象，不致再有如汪精卫式的汉奸出现；更直接以抗日战争中感天动地的英雄事迹为主题的《血洒卢沟桥》《八百壮士》《战临沂》《保卫领空》《大地回春》去感染每一个观众，坚定全民族抗日的意志；尤其以《放下你的鞭子》《当兵去》《咱们要反攻》《打回老家去》等剧目直接呼唤每一个有血性的中国人，走上战场，与敌人展开生死搏斗，最终取得反侵略战争的胜利。在如此之多的戏剧演出中教育了民众，宣传了抗日，这就是全面抗日战争时期云南开展戏剧运动最重要的价值与意义之所在。

如西南联大的联大剧团，成立的最初目的就是借助于话剧演出进行抗日救亡的宣传活动，而且在这种戏剧的演出中确实也取得了宣传抗日的实际效果，比如联大剧团话剧《祖国》的演出，亲历者就有这样的记忆：

1939年1月，《祖国》一剧在昆明市内的新滇大舞台上演了，演出非常成功。从上演第一天起，就出现了令人振奋的盛况，剧中人物的台词时常引起观众的笑声或慨叹，剧场不断响起掌声。当剧中人英勇就义高呼“打倒日本帝国主义！”“中华民族万岁！”时，观众随着高呼口号，台上台下打成一片，洋溢着高昂的爱国热情。①

确实，“这出以抗日救国为内容的戏，深深吸引、打动了观众的心扉”。就是在观戏的“不知不觉”之中，观众接受了爱国主义的教育洗礼，抗日情绪高涨，深刻认识到当亡国奴的可悲，当汉奸的可耻。

（三）培养戏剧人才，使戏剧界后继有人

抗战时期云南的戏剧运动不仅娱乐了后方民众，教育了民众，使后方民众认

① 张定华：《昆明的联大剧团》，《云南文史资料选辑》第53辑，云南人民出版社1998年，第132页。

识到抗日救亡事业的重要意义，更在戏剧演出过程中为云南甚至国家培养了戏剧人才。在这场戏剧运动中，创立的许多以戏剧社团为代表的戏剧演出组织中，就有一大部分是各学校组织的，如较早建立的省立昆华艺术师范学校戏剧电影科，其目的之一，就是招收戏剧专业的学生，排演话剧，为云南培养戏剧人才。其他学校学生或教师组织的戏剧演出团体，有西南联大的联大剧团、山海云剧团、青年剧团、联大戏剧研究社、联大联艺剧社，还有同济大学战时服务团话剧股、同济大学学生组织的昆明儿童剧团、云大剧团、南菁中学剧团、昆华农校剧团、云瑞中学剧团、求实中学剧团、昆华女师剧团、昆华女中剧团、昆明市女子中学剧团、大鹏剧社、省立大理中学歌咏队话剧组，等等。这些戏剧团体在表演话剧的同时，也培养了参加演出的学生的戏剧表演才能，培养他们对戏剧表演的爱好，为以后成长为戏剧表演人才和创作人才打下基础。

其中尤为突出的是同济大学学生董林肯等人组织的昆明儿童剧团。昆明儿童剧团由最初十三四个儿童，发展至48个儿童参加演出。剧团先后演出《难童》《小间谍》《小主人》《表》等话剧，演出获得成功，受到大小观众的喜欢。在演出之余，则对剧团的儿童进行戏剧等方面的训练。由于敌机空袭一般在下午，所以“昆明各校都在上午有课，下午休息”，“儿童剧团就利用下午的时间来进行训练”，教孩子们“戏剧概论、音乐理论、歌咏指挥、诗歌朗诵”，进行“演讲实习”，训练他们的“演技和表情”。昆明儿童剧团的训练“没有白费”，多数小朋友回到自己的学校后，“不但能演会唱，而且都成了校里戏剧活动的小骨干和小先生”。如此训练既锻炼了组织者，又锻炼了剧团的儿童小演员，其中儿童剧团的小成员后来有的就成长为戏剧界、文艺界的突出代表，如表演《小间谍》的小演员刘绮长大后就是长诗《阿诗玛》的创作者，《阿诗玛》因蕴含戏剧元素、情节生动多变而家喻户晓；解德馨长大后一直在云南省话剧团工作，成为专业话剧演员；陈子翰长大后出任上海人民沪剧团导演。[①]因此可以说，抗战时期云南的戏剧运动，在学生中培养了一批从事戏剧表演与创作的人才，使戏剧界后继有人。

---

① 参阅董林肯《活跃于后方的昆明儿童剧团》，《抗战时期西南的文化事业》，成都出版社1990年，第276-277页。

第四节　云南的新闻出版事业与广播电台

全面抗日战争时期，诸多新闻出版机构、文化界人士，以及新闻通讯社西迁云南，在以昆明为中心的云南各地创办报纸期刊、成立出版社出版各类书籍，设立广播电台报道抗战实况，进行抗战救亡宣传，盛极一时。本书从战时云南新闻出版事业的发展，以及与抗战宣传的关系，做一较为深入的论述。

一、战时云南的报业

战时云南的报业，与战前云南的报业比较，实为一大进步。就以昆明为例，在抗战之初，云南仅有以《云南民国日报》和《云南日报》为主的数种报纸，而在整个抗战时期，云南先后创办的报纸多达十几种，确实为一时之盛。

如前所述，早在抗日爆发之前，云南发行的报刊种类并不少。据统计，从清末至抗战前夕以昆明为中心的云南各地，先后出版的报纸有《滇南钞报》《清报》《华南新报》《新云南报》《天南新报》《共和滇报》《滇声报》《昆明市政日刊》《大理民导》《义声报》《社会新报》《复旦报》《大无畏报》《民生日报》《西南日报》《均报》《云南新商报》《新民报》《云南民国日报》《云南日报》《新滇报》等，总数应有50种以上。[①]然而因经营不善，或经费不足，或没有官方支持等原因，除了《云南新商报》(1938年11月停刊)、《义声报》(1939年停刊)、《社会新报》(1938年停刊)、《复旦报》(1940年停刊)等开办延续至抗战初期最终停刊外，至抗战爆发之前绝大部分云南各地报纸均已停刊，真正在整个抗战期间持续开办的就只有三家：一是国民党云南省党部的机关报《云南民国日报》，该报创刊于1930年4月，每日出对开1张半；二是云南省政府主管的《云南日报》，该报创刊于1935年5月，每日出对开1张；三是云南省立昆华民众教育馆编印发行的《民众生活》，创办于1933年，1945年8月停刊，

① 一民辑：《清末至抗战前夕云南出版的报纸》，《云南出版史志资料》第4辑，云南省新闻出版局《出版志》编纂委员会编，1989年内部发行。

其为周报，影响相对较小。其中，前两家向云南民众报道国内外新闻的日报，报道却不能做到准确及时。《云南民国日报》用省党部所收电讯，《云南日报》向中央通讯社驻昆明记者站每月付费，抄用该社电稿，两家日报都没有专属自己的通讯社，新闻来源相当滞后。其时昆明的报纸编排习惯，"不是夜间排印，一号收到的电讯和新闻，二号编排，三号才刊登出来，时间性很差，不符合'新'的原则"。[①]再加之两家报馆都委托官办印刷厂代印，当天报纸往往要到中午才出，确实不符合日报的要求。即便如此，这两家日报，因有官方支持而延续至抗战时期。

全面抗战爆发后，北平沦陷，中央通讯社北平分社南渡西迁云南，成立昆明分社；1938年初，国民党云南省党部委员顾致中在昆明组织云南通讯社。这两家通讯社成立，能更准确及时地向《云南日报》《云南民国日报》等报纸提供新闻稿件，一定程度上可改变原来新闻报道滞后的问题。确实，两家通讯社每天向各报社提供新闻稿件，每月向各报社收取一定的采用费用。中央通讯社昆明分社提供国际国内电讯，每晚发稿三次；云南通讯社专供云南省各地新闻，每天发稿一次，因日报已有外勤记者从事采访，通常云南通讯社的新闻稿件仅作为备用。如此，昆明各日报社能及时收到国内外新闻予以刊载。

如此而来，两家通讯社常驻昆明，能直接为云南各报社提供新闻稿件，方便各报社采用。具备了如此条件，在整个抗战时期，以昆明为中心的云南省各地成立了诸多报社，及时为云南民众提供有关抗日战况等方面的新闻报道，让更多民众迅速了解战事的进展。

抗战时期云南各地发行的报纸大致包括三种类别：一是抗战之前原已在云南开办的报纸，其数量不多。如前所述，办至抗战之初停刊的有《社会新报》《义声报》《复旦报》《社会新商报》，共4种，加上在整个抗战时期继续开办的《云南日报》《云南民国日报》《民众生活》，总共7种。二是在抗战时期从外省迁入的报纸，数量也不多，有《朝报》《中央日报》《益世报》《中正日报》《文化周报》，共5种。三是抗战时期云南各地新创办的报纸，数量最多，如《扫荡报》《正义报》《观察报》《滇西日报》《滇东日报》等，共有59种。如此而言，虽然根据相关资料统计的各类报纸，有些发行仅数月即行停刊，但毕竟是抗战时期云南发行的报纸，无疑也就一并计入，所以整个抗战时期云南发行的报纸共有71种之多。其中影响较大者有《云南

① 饶继昌：《旧〈云南日报〉史略》，《云南文史资料选辑》第35辑，云南人民出版社1989年，第109页。

日报》、《云南民国日报》、《正义报》、《扫荡报》、《中央日报》(昆明版)、《朝报》、《观察报》、《侨光报》、《朝报晚刊》、《云南晚报》、《中央晚报》等十来种。[①]

当然,抗战时期云南各地创办的报纸,虽然所言为71种,并不能说已十分准确,也许以后根据新发现的史料仍可增加,但此统计数据至少说明在抗战时期云南各地创办的报纸确实不少,应能满足后方云南民众的信息需求。

至于探寻战时云南报业兴盛的原因,除了每个人具有了解新闻的天性,丰富闲余生活的需要之外,略加考察,实与抗战不无关系。其一,卢沟桥事变后,日本全面侵略中国,中华民族面临亡国灭种的危机,确实"到了最危险的时候",抗战不仅仅只关系到政府、军队,更已成为每一个中国人的头等大事。"随着抗战全面展开,关心时事的人逐日增加,大家都急于从报纸上了解战情"。更何况日机的轰炸,瘟疫的流行,云南虽处大后方,但战争的祸害已降临云南民众的头上,处于大后方的云南普通民众也需要知道抗日战事的进展,而当时了解战况新闻的主要来源则为报纸,所以对报纸的需求自然也就有所增加。其二,随着各地学校、工厂、政府机关等迁入大后方的云南,另也有为躲避战火的普通家庭内迁入滇,战时云南的人口,特别是昆明等城市的人口迅速增加。据张肖梅的记载,昆明市民国"二十五年人口为一四二五四四人,二十六年为一四二六五七人,并无若何变动;至二十七年,突增为二〇五八九六人"。[②]另据亲历者万揆一回忆:省外不断有机关、学校、工厂疏散到昆明,市区人口突破20万。[③]这部分迁入云南的民众,已深受日本侵略者战火的伤害,更为关心抗战局势的发展,了解每天战况新闻也就更为急切,日报读者也就相应增多,所以这也增大了对新闻报纸的需求。基于这样的原因,战时云南报业兴起也就十分自然了。

正因为云南报业的兴起与抗战密切相关,所以抗战时期云南创办发行的各类

①参考一民辑《清末至抗战前夕云南出版的报纸》,《云南出版史志资料》第4辑,云南省新闻出版局《出版志》编纂委员会编,1989年内部发行;黄茂槐《云南报纸题录(1927-1949)》(二),《云南出版史志资料》第7辑,云南省新闻出版局《出版志》编纂委员会编,1991年内部发行;杨春茂《建国前楚雄州创办的报刊》,《云南出版史志资料》第9辑,云南省新闻出版局《出版志》编纂委员会编,1993年内部发行;万揆一《抗战中的昆明报业述略》、张星泽《边陲救亡小报——〈丽江周报〉》,《抗战时期西南的文化事业》,成都出版社1990年,第414-426页;董述文《顾建平与〈滇西日报〉》、赵铨《大理地区昔日报刊发展概况》,《大理州文史资料》第8辑,中国人民政治协商会议大理白族自治州委员会文史资料委员会编印,1994年8月内部发行,第19-27页;钱思一《〈正义报〉始末》、李大水《〈正义报〉琐记》,《昆明文史资料选辑》第7辑,中国人民政治协商会议云南省昆明市委员会文史资料研究委员会编,1986年内部发行,第88-101页;饶继昌《旧〈云南日报〉史略》,《云南文史资料选辑》第35辑,云南人民出版社1989年,第96-142页。

② 张肖梅:《云南经济》,中国国民经济研究所1942年,第E12页。

③ 万揆一:《抗战中的昆明报业述略》,《抗战时期西南的文化事业》,成都出版社1990年,第414-415页。

报纸，绝大部分或多或少地从事抗战的宣传，报道战事的发展与变化，让抗战军民及时了解抗战前线的实际情况。比如《云南新商报》创办于1930年7月，抗战爆发后本以服务于工商业贸易为宗旨的商业性质的报纸也特辟专栏“国难专刊”，该专栏的宗旨即以“国家在危亡之中，唤起‘国家观念’，由热烈的情绪，开放出血之花，泪之叶来”为目的。再如该报“特载”专栏即刊有抗日宣传意旨十分明显的文章，如《日本可亲乎?》《救国歌》《日人侵略满蒙政策》等。再如《侨光报》，在其社论《报纸的灵魂》中指出：为了抗战救国，追随部队活跃于战地，采访新闻、报道消息，供给前后方人民的精神食粮，发挥其力量。该报及时报道世界各战场反法西斯的消息，宣传南洋侨胞积极参与抗日救国的英雄事迹，以鼓舞人心。在该报社论中就有许多与抗战相关的文章，如《对南洋华侨慰问团说几句话》《敌寇崩溃的必然性》《论五原攻略战》等等。抗战时期明确提出以“抗日救亡”为办报宗旨的云南报纸就有《民众生活》(周报)、《滇东日报》、《抗日周报》、《朝报》、《新民画报》、《侨光报》、《曙光日报》、《昭通周报》、《丽江周报》、《景东周报》、《西南周刊》、《滇西日报》、《朝报晚刊》、《大国民报》、《中南报》、《腾越日报》、《观察报》、《中央晚报》等等，以大量版面报道抗战消息，刊载抗日宣传的文章。就连颇具天主教背景的《益世报》，迁昆后也以“坚持抗战必胜，建国必成的信心，号召人民武装抗日，联共抗日，停止内战，实行民主政治”为任务，不断辟出专页揭露日寇侵华的阴谋诡计和残暴罪行。①

二、战时云南的期刊

期刊与报纸一样，皆为近代西学东渐的产物。早在抗战以前，云南各地即办有多种期刊，有名者如《云南官报旬刊》《云南政治公报》《云南实业杂志》《滇潮》《云南盐政公报》《云南财政月刊》《云南教育公报》《云南财政公报》《云南司法公

① 参阅黄茂槐《云南报纸题录(1927-1949)》(二)，《云南出版史志资料》第7辑，云南省新闻出版局《出版志》编纂委员会编，1991年内部发行。

报》《民众评论》《云南妇女》《云南民众教育》等等。进入抗战时期，由于诸多高等学校内迁云南，各类政府机构、厂矿企业也相应入滇，阅读期刊的需求相应增加，也为抗战宣传的需要，所以云南各地纷纷创办各类期刊。据研究者统计，抗战时期云南各地创办的期刊确实不少，约有150种。①

仔细考察抗战时期云南各地出版的期刊，大致可分为四种类型：综合类、人文社会科学类、自然科学类、文学艺术类。由于抗战时期云南出版的期刊实在太多，难以一一表列期刊的具体情况，所以就按四种类型表列期刊名称如下。（见表5-9）

表5-9　抗战时期云南期刊统计表

期刊类型	期刊数量	期刊名称
综合类	65种	《南方》、《前哨》、《云南学生》、《抗敌》、《歼倭冲锋半月刊》、《后盾》、《抗战通讯》、《西南周刊》、《晨暾》、《新动向》、《战时知识》、《云南民先》、《时衡》、《益世周报》、《今日评论》、《新云南》、《青年公论》、《十期》、《中山公论》、《滇缅铁路月刊》、《战国策》、《华侨生活》、《青年公论》、《青声》、《荡寇志》、《迎头赶》、《职业青年》、《当代评论》、《新时代评论》、《时代青年》、《大盈江》、《金碧旬刊》、《大观楼旬刊》、《自由论坛》、《建学》、《建国导报》、《云锡通讯》、《民主周刊》、《然犀季刊》、《青年之友》、《海鸥》、《妇女旬刊》、《新民众》、《云大附中月刊》、《时代青年》、《女青年》、《西南导报》、《云南反日旬刊》、《云南青年》、《云南昆明市抗日会会刊》、《滇缅半月刊》、《滇缅公路》、《华侨机工通讯刊》、《时代轮》、《抗日救国》、《笕桥月刊》、《承华》、《民族思潮》、《民族与国家》、《云南妇女旬刊》、《云南省训团团刊》、《堂瑯》、《云南大学学报》（英文版）、《云南大学学报》（中文版）、《学术季刊》
人文社会科学类	41种	《会计》《警政旬刊》《昆明市公务员生活费指数》《云南工业通讯》《工业生活》《行务通讯》《云南省物价统计月报》《财政经济》《中法文化月刊》《战时市教》《库讯》《云南民政半月刊》《云南实业通讯》《云南合作》《云南工合》《云南民政公报》《教育与科学》《云南教育通讯》《云南教育公报》《云南教育》《国民教育指导月刊》《进修月刊》《滇真铎报》《伊斯兰学刊》《云南基督教青年会会刊》《云大特刊》《社会科学学报》《人文科学学报》《五华月刊》《建国学术》《大鹏月刊》《边疆人文》《西南边疆》《经济动员》《治史杂志》《图书季刊》《和顺图书馆》《路南教育通讯》《边疆人文》《新教育》《清华学报》

① 参阅晁世新《抗战时期的云南书刊出版述略》，《云南出版史志资料》第3辑，云南省新闻出版局《出版志》编纂委员会编，1989年内部发行。

续表

期刊类型	期刊数量	期刊名称
自然科学类	16种	《云大医刊》《工程学报》《矿冶通讯》《矿冶工程》《气象季刊》《云南农业丛报》《云南卫生》《同济医学季刊》《化学会刊》《云南医刊》《航空译刊》《宇宙》《中国电工》《医药常识》《昆农》《国立清华大学土木工程学会会刊》
文学艺术类	30种	《文艺季刊》《民众歌咏》《战歌》《文化岗位》《西南文艺》《歌咏岗位》《国文月刊》《诗与散文》《文聚》《木刻月刊》《文汇周报》《高原文丛》《匕首:文艺丛刊》《文化新潮》《七月》《抗战文艺》《救亡》《五月之歌》《抗战画集》《新蕊》《警钟》《微波》《文艺新报》《孩子们》《百合诗丛》《新音乐》《枫林文艺》《文林》《影剧周刊》《诗刊》
合计	152种	

资料来源:主要在查阅云南省图书馆馆藏民国期刊的基础上辑录而成。另参考了李生葂《云南期刊录(1937—1949)》(下),《云南出版史志资料》第3辑,云南省新闻出版局《出版志》编纂委员会编,1989年内部发行;石铭《〈云南妇女〉及其他》,《云南出版史志资料》第1辑,云南省新闻出版局《出版志》编纂委员会编,1988年内部发行;李生葂《云南期刊录补》,《云南出版史志资料》第9辑,云南省新闻出版局《出版志》编纂委员会编,1993年内部发行。

从表5-9可知,目前可统计到位的、抗战时期在云南出版的期刊共有152种,晁世新先生所言抗战时期云南期刊约有150种,表5-9统计数据与此基本吻合。其中综合性期刊最多,其次是人文社会科学类期刊,二者相加达106种之多,所占比例近70%,自然科学类期刊最少。由此大致可知抗战时期云南期刊出版发行具有两个特点:其一,自然科学类期刊偏少,基本可反映出在抗战时期自然科学发展相对滞后一些。众所周知,现代自然科学的发展建立在实验基础之上,自然科学的发展滞后则与战时自然科学研究所必需的仪器设备不足密切相关,时值战乱获得新的仪器设备实属不易,所以说抗战在一定程度上影响了自然科学的发展,也就影响了自然科学期刊的创办与发行。当然另一方面由于现代自然科学基本来自西方,中国近代才逐渐引入西方的自然科学,所以说中国的自然科学才刚刚起步,相对而言,关注者并不多,这也影响自然科学期刊的发行。其二,大部分期刊的创办与抗战相关。抗战时期,救亡成为中华民族的头等大事,关心时事和战争局势的发展也就成为后方民众日常生活的一部分,所以如综合性期刊及人文社会科学类期刊中,时论及其他与抗战相关问题的文章占据重要地位,这与处于大后方的阅读者的问题关注点相一致。

当然，综合类期刊与人文社会科学类期刊较难区分，坚持的原则是专题性较强的期刊则归于人文社会科学类期刊中，如《会计》《警政旬刊》《云南教育通讯》《云南工业通讯》《伊斯兰学刊》属于会计学、社会政治学、教育学、企业管理学、宗教学等人文社会科学，所以这些期刊就明确归于人文社会科学类期刊中。与时事相关，刊载文章不拘学科的期刊，则归于综合类期刊中，但上述归类也不能说完全准确。另一个困难就是纯学术性期刊的归类问题，如《云南大学学报》(英文版)、《云南大学学报》(中文版)、《学术季刊》，这些期刊既刊载自然科学方面的论文，又载有人文社会科学方面的论文，所以不能单列于自然科学类或人文社会科学类期刊中，也许可以归于综合类期刊中，但与时论性期刊如《今日评论》《新云南》《青年公论》等归于一类，确实有不伦不类之感。然而，也就只能如此处理了，这是有必要特别说明的。当然，不管怎样归类，表5-9所列期刊至少反映了抗战时期云南出版期刊的实际状况。

因为从表5-9难以具体了解各期刊的实际情形，现就抗战时期在当时影响力较大的云南部分期刊略做介绍，具体了解战时云南创办的各类期刊与抗日宣传的关系。

(一)《南方》月刊

创刊于1937年10月19日，是中共云南临时工作委员会以非党名义公开登记出版的铅印党刊。最初由李立贤(陈方)、龙显寰主编，第二期起即由李剑秋主编至停刊。1938年8月中共云南临时工作委员会与中共昆明支部合并，成立中共云南省特别委员会(简称“中共云南省特委”)，《南方》作为中共云南特委的公开刊物。1939年1月，中共中央南方局批准成立云南省工作委员会(简称“中共云南省工委”)，《南方》又成为中共云南省工委的公开刊物，李剑秋一直任主编，石铭、马子卿、刘惠有三人组成编委会。《南方》虽处环境险恶，但坚持办至1941年1月5日才停刊，共出版36期，每期销售1000余份。《南方》作为其时云南唯一的中共地下党组织创办并长期坚持的党刊，刊载文章介绍救亡工作的技术和方法，批判有害于抗敌救亡的论调，宣传中国共产党的抗日主张和统战政策，为战时颇有影响力的刊物。

（二）《西南边疆》

创刊于1938年10月，其主要旨趣为通过学术研究，把西南边疆的具体状况介绍给国人，期望于抗战建国上有所贡献。由于《西南边疆》为学术刊物，是研究西南边疆问题有价值的刊物，撰稿人多数是边疆问题专家、知名学者，其中很多文章是作者亲临边疆考察调查的总结，报道和搜集的皆为第一手资料。该刊于1944年6月停刊。

（三）《航空译刊》

创刊于1939年1月20日，昆明航空译刊社编辑，发行人周至柔，至1940年3月停刊，共刊行11期，是研究航空学术的专业月刊。凡有关世界各国航空学术、空军现势、航空评论、航空法规、航空行政、航空教育等问题的翻译文字，该刊均予刊载。

（四）《战国策》

创刊于1940年4月1日，由林同济、雷海宗、陈铨等人在昆明创办的包括政治、哲学及文艺等方面内容的综合性半月刊。1941年7月停刊，共发行17期。《战国策》停刊以后，其主要撰稿人又于1941年12月在渝版《大公报》上开辟副刊《战国》，至1942年7月停刊，共发行31期。凝聚在这两个刊物的撰稿人和编者被视为一个激进的民族主义学术团体，称为“战国策派”，主要成员有林同济、雷海宗、陈铨、贺麟、何永佶等人。战国策派学人认为，从1815年后，西方文化进入帝国主义时代即“战国时代”。处于战国时代，必须用战的方式来解决民族间、国家间的各种问题。[①]他们的观点和理论或有不成熟、不理性的激进色彩，但却不能不肯定他们为国家民族命运“鼓”与“呼”的爱国热情。

（五）《清真铎报》

创刊于1940年6月，为伊斯兰教专刊，昆明清真铎报社编行，至1948年3月停刊，共发行36期。该刊主旨是宣传伊斯兰教教义，以崇正道而清来源。撰述以《可

---

① 林同济：《战国时代的重演》，《战国策》1940年创刊号。

兰经解》为主，刊载文章以介绍伊斯兰教学说，复兴伊斯兰文化为目的，宣扬正宗正道，以辟谬论邪说。

（六）《国文月刊》

创刊于1940年6月16日，由西南联大师范学院国文系负责编辑，浦江清任主编，朱自清、罗庸、魏建功、余冠英、郑婴为编委。从第3期至40期，由余冠英任主编。抗战胜利后，该刊先后在曲江、桂林、重庆、上海等地出版，1949年8月停刊，共刊行82期。该刊主旨以促进国文教学为目的，其性质与专门的国学杂志及普通的文艺刊物有别。该刊不登载高深的学术研究论文，欢迎专家写些深入浅出的文章，介绍中国语言文字及文学基本知识给青年读者，能为青年自修国文提供一些学习资料。该刊撰稿人多为从事教育工作的知名学者。

其他如《民主周刊》《当代评论》《自由论坛》《今日评论》等期刊，前面已有所介绍，全为抗战时期云南重要的期刊。

三、战时云南的图书出版

云南的图书出版事业，在全面抗战初期，由于战乱初起，专家学者难有潜心著书立说之平静心态，其时出版的图书较少。抗战进入相持阶段之后，西迁入滇的文人学者暂时过上较为平静的生活，工作相对比较稳定，著作出版逐渐增多。抗战将要胜利之时，云南图书出版业出现繁荣局面，大量出版各类著作。

综观全面抗日战争时期的云南图书出版情况，从出版图书的途径来看，出版的图书来自四个方面：文化机构出版的图书、政府机关出版的图书、学校教育科研部门出版的图书和私人出版的图书。现就四个方面出版的图书分述如下。

(一)文化机构出版的图书

此处所言文化机构出版的图书是指书店、报社、期刊社、文化社团、印刷厂和出版社等编辑出版的图书。现就抗战时期云南的各种文化机构出版的部分图书列表如下。(见表5-10)

表5-10 抗战时期云南各文化机构出版情况统计表

文化机构名称	文化机构设立时间及地点	所出版的图书
中华书局昆明分局	1929年	1939年:周宪文《世界经济学说要义》 1940年:徐蔚南《中国美术工艺》、周纬《亚洲古兵器与文化艺术的关系》、袁昂《中小学之理论与实践》、顾学裘《牛乳研究》
昆明云岭书店	1933年	1938年:《滇游指南》(云南通讯社编) 1939年4月:钱琴仙《浪游西南记》
《教育与科学》社		1939年:陈一得《云南气象谚语》
昆明明日社		1940年:卞之琳《慰劳信集》《第七七团在太行山一带》
昆明华侨书店	1941年4月	1944年:马子华《丛莽中》、果戈理《结婚》(魏荒弩译)、陈德献《怎样和肺病奋斗》
商务印书馆云南分馆		许晚成《明日之青年》
光华印书馆		1942年5月:周绍溱《银行会计学》
《救亡》诗社		1940年《战歌丛书》:雷溅波《战火》、徐嘉瑞《无声的炸弹》、穆木天《号角》、雷石榆《在战争中歌唱》、彭桂萼《澜沧江畔的歌》、罗铁鹰《原野之马》和《火之歌》
《诗与散文》社		1941年:楚图南《悲剧及其他》
进修教育出版社	1942年10月	1942年11月起出版:孙起孟《职业青年之学习与修养》和《生活的智慧》、廖伯华编《算术题解手册》、李晓等译《印度十大民族领袖》、夏衍《离离草》、陈白尘《岁寒图》《中国民主之路》《从赫尔利到马歇尔》 1943年起出版进修丛书:《写作进修课本》(第一、二册)、《最新政府会计进修课本》《统计实务进修课本》《实用商业学进修课本》《文学进修读本》《高中进修国文选》(第一、二册)、《短篇英语背诵文选》(第一、二、三册)

续表

文化机构名称	文化机构设立时间及地点	所出版的图书
昆明田野社		高寒（楚图南）《刁斗集》
昭通新民书局		张本钧《昭鲁水利工程志》
北门出版社	1944年，昆明北门街97号	《枫叶集》（楚图南译）、光未然《雷》和《阿细的先基》、艾青《人民的歌》和《献给乡村的诗》、A. 托尔斯泰《保卫察里津》（曹靖华译）、M. 左琴科《新时代的黎明》（葛一虹译）、康朗《火中的缅甸》、赵沨《名曲解说》和《裴多菲和他的九个交响乐》、吴志靖《太极正宗源流》、以群《思想、技巧和文艺创作》《高尔基日记与随笔》（白澄译）、曾昭抡《火箭炮与飞弹》、曾昭抡和李公朴合著《青年之路》、曹伯韩《民主浅说》、赵沨《中国音乐研究》、光未然《离骚今译》、《巴尔扎克论》（白澄译）、马思聪《苦味之杯》、李公朴和陶行知合著《社会大学》
求真出版社		曾昭抡《大凉山夷区考察记》、伍启元《战时中国的经济、物价和金融》 1944年：潘光旦和曾昭抡主编的初中《求真国文读本》、高小《求真国文读本》、初中《求真算术读本》、高小《求真算术读本》、初中《求真代数读本》、初中《求真英语课本》 1945年7月：《昆明九教授对于物价经济问题的呼吁》
远东出版社		1945年：张今铎《中国的转机》
云风出版社	1944年	林石父（华岗）《苏联外交政策史论》《如何办好学校》
《自由论坛》社		1945年：费孝通《人情与邦交》
天野社	昆明正义路马市口	1945年：普梅夫《云南的国防价值》
昆明昆华书店		1945年：雷溅波《前进，中国兵》
太华印书馆		1945年：马伯安《云南首义纪念感言》
昆明《黎明》社		1945年：巴尔扎克《戴依夫人》（罗塞译）
昆明《中央日报》社		1944年：《从军乐》
昆明《扫荡报》社		1945年：江肇基《日本帝国毁灭》、杨西贫《原子炸弹》
大观出版社	昆明青云路小雅巷5号	1945年1月：王璧岑《烽火滇西话征程》
《文聚》社		1943年《文聚丛书》：沈从文《长河》、冯至《楚国的亡臣》、李广田《日边集》、穆旦《探险队》、卞之琳《亨利第三与旗手》、冯至《一棵老树》、李广田《子午桥》

资料来源：主要是在查阅云南省图书馆馆藏民国书籍目录的基础上总结而成，另参考晁世新《抗战时期的云南书刊出版述略》,《云南出版史志资料》第3辑，云南省新闻出版局《出版志》编纂委员会编，1989年内部发行。

从表5-10可知，以1942年为界，1942年之前出版的图书相对较少，而1942年以后出版的图书也就逐渐增多，特别是抗战最后两年，即1944年、1945年出版的图书最多。其出版机构，称为出版社的并不多，有云风出版社、远东出版社、求真出版社、北门出版社、进修教育出版社、昭通新民书局、商务印书馆云南分馆、中华书局云南分局这几家。太华印书馆、光华印书馆应是印刷厂名，也参与了抗战时期云南部分图书的出版。此外，昆华书店、云岭书店、华侨书店也参与了图书出版，其他报社、社团也照样可以出版图书。

(二)政府所立机关单位、厂矿企业出版的图书

抗战军兴，除了云南原有政府所立机关单位、厂矿企业外，省外部分国家机关单位、厂矿企业西迁入滇。这些政府机关、厂矿企业顺应战时的需要，即以政府机关、厂矿企业的名义出版了部分图书。现就这些政府机关、厂矿企业为出版单位出版的图书亦列表如下。(见表5-11)

表5-11　抗战时期云南各机关单位、厂矿企业出版图书情况统计表

机关单位或厂矿企业	出版的图书名称
云南卫生实验处	1937年:姚寻源《公共卫生行政》、云南卫生实验处编《战时人民须知》 1938年:嘉乐等译《护理原理与实习》
昆华民众教育馆	1937年9月18日:《民众呼声》
京滇公路周览筹备会云南分会	1937年:《云南概览》
昆华图书馆	王峙南《王峙南义务政府主义》
云南省立昆明气象测候所	1938年:陈一得《标准时制特刊》
云南省教育厅	1939年:《云南教育概览》
滇黔绥靖公署特别党部	1940年:《抗战三周年》
云南节约建国储蓄团	1940年:《节约建国储蓄说明》

续表

机关单位或厂矿企业	出版的图书名称
云南一平浪煤矿	1940年:《云南一平浪之煤矿》
云南经济委员会	1941年:霭理士《性心理学》(潘光旦译) 1943年:孙毓棠《中国古代社会经济论丛》
云南合作事业委员会	1940年:《云南合作事业委员会三年来之工作概况》
中国合作事业协会云南分会研究组	1942年起出版《合作丛书》:《合作法令解释简编》、《合作法规新讲义》、《云南合作社纪实》(第一集)、《云南合作年鉴》(以上四部书由中国合作事业协会云南分会研究组编),于百溪《合作登记讲义》、杨体仁《由农贷到合作金融》、邹枋等编《中国之合作运动》(英文本)、黄石编《简易信用合作簿记》、佛格《合作经济论》(上、下册)(彭师勤译)、瞿明宇《特种合作的实际问题》、邹枋《合作金库的实际问题》和《合作指导技术的实际问题》
云南弥泸水利监督署	《西畴县畴阳河两岸水利工程计划方略》
云南南盘江水利监督工务处	1942年:何非等编《云南南盘江水利监督工务处盘江实勘报告》
云南省民政厅	1944年《边政丛刊》:《云南民政厅边疆行政设计委员会征集边疆文物办法》、江应梁《大小凉山开发方案》、杨履中辑《云南全省边民分布图》《腾龙边区开发方案》《思普沿边开发方案》(以上所列最后两部书由云南省民政厅边疆行政设计委员会编)
昆明幸福公司	1944年:李其诚编《英美之声》
云南省图书馆	1945年:许印芳辑《诗法萃编》(共10册)
滇黔绥靖公署	滇黔绥靖公署政治训练处编《追悼六十军抗敌阵亡将士特刊》
美国新闻处	1945年6月:美国新闻处编《怒江战役述要》

资料来源:主要是在查阅云南省图书馆馆藏民国书籍目录的基础上总结而成,另参考晁世新《抗战时期的云南书刊出版述略》,《云南出版史志资料》第3辑,云南省新闻出版局《出版志》编纂委员会编,1989年内部发行。

由于抗战时期图书出版事业并不如以后管理得那么严格,必须由出版社出版,所以有部分机关单位、厂矿企业根据该机关单位的实际需要,也可公开出版一部分图书。从表5-11可知,机关单位、厂矿企业出版的图书一般针对性很强,比如云南省教育厅出版的图书总与教育相关,云南省民政厅出版的图书总与民政相关，中国合作事业协会云南分会出版的图书总与合作事业密切相关，云南一平浪煤矿主持出版的图书总与煤矿密切相关，这就是云南各机关单位、厂矿企业出版的图书的一个特点。

（三）教育科研部门出版的图书

如前所述，抗战时期迁入云南的大专院校达9所，加上云南本土举办的云南大学、省立英语专科学校、省立体育专科学校等高等学校，共同推动云南高等教育的发展；同时，云南初等、中等教育也有一定程度的发展。如前所述，据统计，1938年度云南省各类中等学校达170所，至1945年前后云南省各类中等学校达205所。此外，还有一些迁滇的研究机构及在滇成立的学术团体。抗战时期，这些学校以及相关的教育科研部门也参与了战时图书出版。现就云南部分学校的出版情况统计如下。（见表5–12）

表5–12　抗战时期云南各教育科研部门出版图书情况统计表

学校及其他教育科研部门	出版的图书目录
省立昆华小学	1939年2月：李艺光《抗战豪歌集》
省立昭通中学	1937年：张连懋《昭通汉金石》和《西南古物目略》
省立龙渊中学中国边疆问题研究会	1942年：石钟《大理喜洲访碑记》
国民党中央军官学校第五分校（云南军官学校）	1937年起编写出版的教材：《中国民族战史》《中国历史教程》《东亚史教程》《地理学教程》《地形学教程》《交通学教程》《东亚地理》《筑城教程》《国际政治》《政治讲义》《经济学概念》《法律教程》《中国战时法规教程》《中国国民党史》《三民主义教程》
省立缅云师范学校	1943年起出版彭桂蕊主编的《缅云师范丛刊》：《西南边城》《满园桃李》《缅师话匣》《响在绿洲》《边疆乡土教材》《缅云师范一瞥》《走向边疆》《拓荒的园丁》《后方的岗位》《边疆教育讲话》 彭桂萼的诗集：《震声》《边寨的军笳》《怒山的风啸》《横断山头的路工》《远征军》《怒沧儿女》《为大众而歌唱》

续表

学校及其他教育科研部门	出版的图书目录
国立西南联合大学	孙毓棠《中国古代社会经济论丛》，陈福田《大学英语（一）读本》，陈福田、徐锡良合编《大学英语（一）作文》，费孝通《鸡足朝山记》
国立云南大学	1938年：方国瑜《故宫敦煌两本王眗刊谬补缺切韵跋》 1940年出版《云南大学丛刊》：朱熙人、袁见齐、郭令智《云南矿产志》 1942年起出版《西南研究丛书》：张印堂《滇西经济地理》、方树梅《明清滇人著述书目》、方国瑜《滇西边区考察记》、陈修和《越南古史及其民族之研究》、徐嘉瑞《大理古代文化史稿》、张镜秋《僰民唱词集》、李拂一《泐史》、徐嘉瑞《云南农村戏曲史》、《缅甸史纲》（李田意译） 姜亮夫主编的《国立云南大学文法学院丛书》：向达《蛮书校注》、刘文典《玄奘大法师传校注》、方国瑜《广韵声谱》、姜亮夫《文字朴识》、陈复光《有清一代之中俄关系》、潘大逵《欧洲政治思想史》 费孝通《禄村调查》
北京大学文史研究所	罗常培、邢庆兰合撰《莲山摆彝语文初探》
道学研究院	1944年出版参一子《道学读本》

资料来源：主要是在查阅云南省图书馆馆藏民国书籍目录的基础上总结而成，另参考晁世新《抗战时期的云南书刊出版述略》，《云南出版史志资料》第3辑，云南省新闻出版局《出版志》编纂委员会编，1989年内部发行。

由表5-12可知，各级学校都可出版发行图书，各级学校的研究机构及独立的研究机构如道学研究院都可自行出版发行图书。学校及其他教育科研部门出版的图书一般与该部门的教学方向及研究点是一致的，如国民党中央军官学校第五分校、省立缅云师范学校、国立西南联合大学出版教材则是配合教学的需要而出版；如国立云南大学、北京大学文史研究所、道学研究院的图书出版则突出了该机构的研究方向和研究重点。当然，表5-12的统计并不十分完整，仍有进一步探讨的必要。

（四）私人出版的图书

中国有私自出费刻印图书的传统，抗战时期虽已有专门的出版机构，但云南仍有私家刻印出版图书。私家出版图书体现在五个方面：作者自费出版本人撰写的图书，藏书家、编纂家编印地方文献史料和先贤遗著，儒家后学和佛门弟子出版先师撰写的图书，后世子孙族裔刻印先辈的遗著，社会贤达巨富捐资出版图书。现就抗战时期云南私人出版的图书列表如下。（见表5–13）

表5–13　抗战时期云南各地私人出版图书情况统计表

出版者	图书目录及出版时间	出版性质
纳忠	《回教诸国文化史》（1937年）	作者本人自费出版
陈修和	《越南古史及其民族文化之研究》（1943年）	同上
张连琪	《花柳病学》（麦泽著、张连琪译）	译者本人自费出版
李士厚	《郑和家谱考释》	作者本人自费出版
袁嘉谷	《望云轩诗钟存略》	同上
由云龙	《幻缘记传奇》	同上
刘治雍	《废墟诗词》	同上
王灿	《知希堂诗钞》	同上
邓之诚	《护国军纪实》	同上
李鸿祥	《杯湖吟草》	同上
鲁元	《九天一草庐诗稿》	同上
左自箴	《人生最切要最根本的知识问答》	同上
鲁道源	《铁峰集》	同上
尹子章、尹梓鉴	《芸草合编》	同上
李宝鍹	《白霞诗词钞》	同上
吴琨	《说文说余稿》	同上
简宗杰	《居敬斋诗钞》	同上
李文汉	《蔡邵阳年谱》	同上
林景泰	《红杏书屋吟草》《曲阳唱和集》	同上
李根源	《永昌府文征》（1940年6月至1943年2月）、《曲石续文录》《曲石诗录》	编纂家编印
方树梅	《晋宁诗文征》	同上
陈受慈	《华山唱和集》	藏书家编印

续表

出版者	图书目录及出版时间	出版性质
孙乐	袁嘉谷《卧雪堂联语》(1943年) (孙乐为袁嘉谷的受业门人)	受业门人编印
万崇、何汝珍、万嵩	杨慎、王廷表合撰《梅花唱和百首》	后学校印
陈受喜	赵藩《小鸥波馆词钞》(1943年)	后学缮版印制
	《昆明刘小斋先生遗著》	后学油印
杨云锦、杨天锦、杨会锦	《玉溪灵照寺悯众济禅语录》(1942年)	佛门弟子印制
王培孙	《苍雪大师南来堂诗集》	同上
陈维庚	《法相因果观》《竹密流水续集》	同上
万嶟、万崑、万崇、万嵩	万端友《虚舫剩集》(1942年)(万端友为出版者的先祖)	后代子孙排印
陈虞佑	陈佐才《重刻遗老陈翼叔先生全集》(1945年)	族裔重订排印
董万川	王灿辑《滇八家诗选》(1942年)	社会贤达巨富捐资出版

资料来源：主要是在查阅云南省图书馆馆藏民国书籍目录的基础上总结而成，另参考晁世新《抗战时期的云南书刊出版述略》，《云南出版史志资料》第3辑，云南省新闻出版局《出版志》编纂委员会编，1989年内部发行。

表5-13所列应为部分私人出版的图书，且为影响力较大的私家印制的书籍，并不依托于出版社等出版机构。抗战时期，个人也可自由出书。看似管理严格的国民政府文化管理部门并非真正统制了图书的出版，除了文化机构、机关单位、厂矿企业、学校及其他教育科研部门可以出版图书外，连私家个人也可以出资出版图书，一方面体现了抗战时期后方云南文化出版事业的活跃，另一方面可以看出抗战时期政府的书报检查制度并非后来所渲染的那般严格，其实质应是比较宽松的。

总而言之，抗战时期云南的私人、机关单位、厂矿企业、文化团体、书店、印刷厂、学校、研究机构都可自由出版图书。由于诸多文化人士、大量机关单位、学校团体参与，虽在抗战艰苦时期，处于大后方的云南图书出版事业总体上比较活跃，大量的图书得以出版。

四、战时云南的广播电台

论至抗战时期云南的广播电台，确切地说名曰昆明广播电台。抗战时期建立的昆明广播电台，向世界报道中国抗战的具体经过、大后方及抗战前线军民的生活、战斗情形。昆明广播电台的电波遍及整个东半球，并且南半球的澳大利亚、新西兰，北欧的瑞典、挪威都能收听到昆明广播电台的节目，及时收到中国抗战的消息。

（一）昆明广播电台建立的过程

早在抗战前夕，广东的陈济棠、胡汉民等人，鉴于广播电台的政治宣传作用，计划在广州建一个电力广播电台，于是向英国标准广播公司购买一部50千瓦的中波广播机，因款项未付清，设备一直拖延未运至中国。1937年12月南京沦陷，国民政府中央广播电台的设备未及运出，沦于敌手。迁至重庆的国民政府，急于建立一个大功率的电力广播电台，向世界各国说明中国抗战的经过，表达中国政府与民众坚持抗战的决心，寄希望于世界各国人民支持中国的抗战，于是派人至香港向英国标准广播公司付清陈、胡等人所购广播电台设备的余款，将原购电台设备运回中国。鉴于昆明地处云贵高原，海拔高，发射电波的天线塔如建于此处，也就易于传播电波信号；又接近东南亚，“与缅甸、越南、泰国、印度及南洋各地比较接近”，节目容易传播到国外。重庆国民政府经过慎重考虑后，决定以所购买的英国标准广播公司广播电台设备，在昆明建立广播电台。

昆明广播电台的筹建工作，由重庆国民政府中央广播事业管理处处长吴保丰和总工程师刘振清二人具体负责。1939年3月，吴、刘二人来到昆明，在云南省国民党省党部内设立筹备处，二人分别担任筹备处正副主任，并由重庆中央广播事业管理处调用土木工程师、电机工程师等人员至昆。筹备处主要工作首先是起运已到香港的广播电台设备，于是派人到香港，将全部机器分装为120余箱，由香港运至越南海防，然后经滇越铁路运往昆明。当时，海防一地需运往中国的物品堆积如山，运输比较混乱。因筹备处人员常川驻在海防督运，昆明广播电台的全部机器，及向越南购买的建筑材料水泥五千桶，钢条两千吨，幸得全部运到昆明，不致后来越南被日军占领而沦于敌手。

同时，建立昆明广播电台也得到云南省政府的支持，由云南省政府指派本省人张迪青专门负责与吴、刘联系。于是在张迪青等人的协助下，开始购地建房，安装广播电台设备。昆明广播电台的发射塔和主要机器安装在昆明马街西边普坪村公路一侧100余米处的一个山箐里。[①]为防止敌机轰炸，机器房建筑用三尺厚的钢筋水泥建成，“顶为弧形，虽遇五百镑重弹，可以不致损坏，机房只两头有门，两侧俱不开窗”，相当于一个地下室，广播电台的机器安装其中。作为天线的铁塔，则架在山上三个砖柱顶端平台上，高约550英尺，“由香港一个美商工程公司承装”。又在昆明市潘家湾建筑昆明广播电台办公大楼，全部由钢筋水泥建造，内有大发音室一间，小发音室二间，天花板及四壁全部装置吸音板，其中大发音室有小型舞台，可一面演出，一面播音，能容纳观众五六百人。由发音室至机器房，用电缆联系，各种节目，从发音台播出，经主机和发射天线转为电波传播至世界各地。该台呼号为“XPRA”，后来又改为“BEFZ”，电力为50千瓦，属于一个中波台。

1941年5月筹备工作完成，以刘振清为昆明广播电台的第一任台长，俞曰尹为总工程师兼工务科科长，张迪青为传音科科长，何柏身为总务科长。1941年8月1日，昆明广播电台正式成立，全称为“中央广播事业管理处昆明广播电台”，并正式开始播音。[②]

（二）昆明广播电台的广播

昆明广播电台建立的目的之一是为中国抗战进行国际宣传，呼吁国际社会援助中国抗战，所以该台先后以“英、法、日、越、缅、泰、马来语”播出；另一目的是为动员全国各地民众包括沦陷区及海外侨胞奋起抗日而建，该台也有汉语方言广播，其中有“广州语、潮州语、厦门语、客家语”。[③]据亲历者回忆，在晚上，近在东南

① 陈斯正：《抗日和解放战争时期的昆明广播电台》，《昆明文史资料选辑》第11辑，中国人民政治协商委员会云南省昆明市委员会文史资料研究委员会编，1989年内部发行，第31页。

② 参阅张迪青《解放前云南的广播事业》，《云南文史资料选辑》第7辑，中国人民政治协商会议云南省委员会文史资料研究委员会编，1965年内部发行，第272-276页。

③ 张迪青：《解放前云南的广播事业》，《云南文史资料选辑》第7辑，中国人民政治协商会议云南省委员会文史资料研究委员会编，1965年内部发行，第276页。

亚，远至南半球的新西兰、澳大利亚，以及北欧各国，都能清晰收听到节目，让国际社会及时了解到中国抗战的实际情形，由此能够获得国际社会对中国抗战的广泛同情。①

昆明广播电台播音的主要内容以广播操、新闻汇述、当日新闻、时论、儿童教育、纪录新闻等为每日固定的节目，名人故事、科学常识、卫生常识每周二次，妇女节目、青年节目、学术讲座、本省施政报告每周一次。其中该广播电台的播音分四段进行，第一段是上午七至八时。内容有广播体操，当日新闻，科学常识，或卫生常识。第二段为正午十二时至下午二时。内容有新闻及文娱节目。第三段时间为下午六时至十一时，这一段为主要播音时间，内容有新闻汇述、时论、儿童节目、青年或妇女节目、学术讲座、本省施政报告，名人故事、文娱节目，第四段时间则为凌晨二时至四时，全部播送纪录新闻。②

在昆明广播电台播送的节目中，影响力大的是新闻节目、时论和学术讲座。如前所述，抗战初期中央通讯社北平分社南渡西迁云南，成立昆明分社；1938年初，国民党云南省党部委员顾致中在昆明组织云南通讯社，两家通讯社就是昆明广播电台的新闻来源，云南地方新闻依靠云南通讯社，而“国内及国际消息完全依靠中央社”，中央社应指中央通讯社昆明分社。昆明广播电台的新闻节目包括三种：新闻汇述、当日新闻和纪录新闻。其中新闻汇述以普通话、广州话、潮州话、厦门话、客家话及英、法、日、越、缅、泰、马来语播出。播出的新闻节目主要涉及抗战方面的消息，以宣传抗日为目的。虽然昆明广播电台播出的新闻节目已无录音保存下来，但从留存下来的昆明广播电台广播稿来看，大致可以获知其时昆明广播电台的广播内容，如留存下来的广播稿《日寇侵扰越南之诡计》《公布在越侨民中的汉奸恶迹劝导侨胞勿资敌用》《全国征募寒衣运动宣传稿》《日寇压迫下台湾的惨景》《关于裕溪口敌俘虏集中营情形》《敌国军民作战消沉情形》等等，新闻广播主要报道抗战方面的消息，让政府公务人员及民众及时了解战局的进展情形，呼吁每一个中国人参与抗战，支持抗战；也让世界人民及时了解中国抗战具体情况，

① 陈斯正：《抗日和解放战争时期的昆明广播电台》，《昆明文史资料选辑》第11辑，中国人民政治协商委员会云南省昆明市委员会文史资料研究委员会编，1989年内部发行，第31-32页。

② 张迪青：《解放前云南的广播事业》，《云南文史资料选辑》第7辑，中国人民政治协商会议云南省委员会文史资料研究委员会编，1965年内部发行，第277-279页。张迪青所言第四段广播时间为“上午二时至四时”，即凌晨二时至四时。

呼吁国际社会支持中国抗战。[①]

对于时论节目，首先成立时论委员会，特约著名教授六七人担任，每周开会一次，交换意见，提供资料，然后每人各选一题，精心撰写时论稿。所谓时论，即“时事评论”之简称，主要对抗战时期发生的国内外事件进行评论。规定每晚播出时论一篇。每星期日晚间，则另外播出由西南联大外文系王佐良先生撰写的英文时论一篇，同时播出《一周时事述评》，对每周新闻报道进行总结与评论。

同时，昆明广播电台也聘请学术人士主持学术讲座节目，其中学术讲座由云南大学和西南联大教师承担，其中贺麟、林同济、何永佶、陈岱荪、徐炳昶、伍启元、蔡维藩、雷海宗、张印堂、吴宓、钱端升、燕树棠、冯友兰、曾昭抡、潘光旦、张大煜、丁则良、王乃樑等人轮流播讲。[②]比如西南联大教授曾昭抡先生曾多次在学术讲座节目中进行演讲。1940年8月20日，曾招抡应邀去昆明广播电台做学术讲座，讲解的题目是已由曾氏本人拟写定稿的《抗战以来中国工业的进展》，8月23日，该稿刊登在《云南日报》上，文章通过分析抗战三年来中国工业内迁，促进大后方工业发展之事实，指出战时工业对抗战之重要，从而激励广大民众树立抗战必胜的信心，其中有言：“敌人只能毁灭我们的物质，不能破坏我们的精神，沿海各处的工业完结了，大后方的工业却又已经树立起来，这一点也很可以表示我们中华民族伟大的国民魂。”[③]同年12月12日，曾昭抡再次应邀到昆明广播电台进行学术演讲，其题目为《化学战争》，这既符合曾昭抡的研究方向，又切合抗战时期日军多次在战场施放毒气之战争现实需要。讲稿也分别在1940年12月15日、17日刊登在《云南日报》上，文章从“化学战争就是使用化学兵器的战争”即揭示其内涵论起，分“化学弹药与爆炸弹药的区别”“化学弹药的效力”“化学战剂的种类”“毒气的种类”“怎样预防毒气”五个问题进行解说，明为学术讲座，实为如何在战场预防化学武器的科普知识讲座，对于广大抗日军民防备毒气等化学武器的伤害具有重要作用。[④]

---

① 戴美政：《抗战中的昆明广播电台与西南联大（一）》，《云南档案》2008年第8期，第13页。

② 张迪青：《解放前云南的广播事业》，《云南文史资料选辑》第7辑，中国人民政治协商会议云南省委员会文史资料研究委员会编，1965年内部发行，第277页。

③ 曾昭抡：《抗战以来中国工业的进展》，《云南日报》1940年8月23日，第4版。

④ 曾招抡：《化学战争——曾昭抡广播词》，《云南日报》1940年12月15日、17日，第4版。

确实,建立于抗战期间的昆明广播电台的播音,及时把中国抗战的消息传播于世界各地,让世界人民了解中国抗战,由此获得国际社会的广泛同情及必要援助;与此同时,及时把中国抗战及世界反法西斯战争的消息传播给中国各地抗战军民,以鼓舞他们的抗战志气,从心理上稳定了抗战军民的情绪。确实,据学者研究,昆明广播电台在战时中国地位十分突出。抗战期间,昆明广播电台除发射功率为全国第一,占全国广播总功率约40%之外,其余日均播出时间、新闻节目播出比例、外语节目和汉语方言节目种类、在职专业人员数等,均属国内前列,在抗战广播史上占有重要地位。[①]总而言之,昆明广播电台是抗战时期中国功率最大的广播电台。

---

① 戴美政:《曾昭抡评传》,云南人民出版社2010年,第313页。

第六章

战时云南民众的抗战支援

抗战时期，云南作为大后方，支援前线抗战表现出积极的态度，云南地方政府主动派遣地方军队出滇抗日，为抗战前线输送兵员，输送军粮，征集民工修建公路、铁路与机场；民众主动捐钱、捐物，学生积极主动报名参军，民工积极参与公路、铁路与机场的修建，云南民众为抗日做出了巨大的牺牲，历史应该记住大后方云南的普通民众对抗战的积极支援。对于地方政府支持抗战的事实前文已有论述，本章集中就战时云南民众对抗战的支援做一论述。

第一节　投笔从戎：云南的知识青年从军

日本侵略者蓄谋已久的对华侵略，其用意旨在灭亡中国，建立其臆想中的大日本帝国。抗战时期是近代以来中国面临亡国灭种的最危急时期，“中华民族到了最危险的时候”，确实并不夸张。中华民族唯有奋起反抗才有希望。

回顾近代的历史，在中国一次次遭受外来侵略的时候，首先起来号召抵抗的人即为近代以来的知识分子，从戊戌变法、辛亥革命至五四运动，总是知识分子走在反侵略的前列。自“九一八”事变以来，随着日本侵略者对华侵略的步伐加快，“一二·九”运动中知识分子又一次发出反抗日本侵略的呼声。“七七”事变的枪声表明日本侵略者已由蚕食方式向鲸吞企图转变，中华民族面临近代最大的危机。中国各地大中学校的师生们纷纷请求走上抗日战场，直接参与抗日战争，扛起反抗日本侵略的旗帜与刀枪，投笔从戎是众多青年知识分子的自觉行为。地处西南边陲的云南，激于日寇侵我国土、杀我同胞之义愤，其各地知识青年也主动纷纷报名参军，保家卫国，奔赴抗战前线。

另一方面，知识青年投笔从戎也是抗战的需要。抗战初期，前线抗战正酣，抗日军队兵员损失严重，急需后方输送大量兵员，由此给后方征兵增加很大压力。有因于此，1938年2月1日，教育部颁布条例，鼓励18岁以上的学生参加战时服务，由原学校保留其学籍。[①]此为抗战爆发以来国民政府第一次正式鼓励青年学

①《高中以上学生志愿参加战时服务办法大纲》(1938年2月1日)，《中华民国史事纪要(初稿)》，1938年1月–6月分册，“国史馆”1989年，第145页。

生应召入伍，参与抗战服务。同年2月23日，教育部颁布《青年训练大纲》，要求对青年学生进行军事技能方面的训练，使青年学生做好准备，随时应征。[1]随着战期的延长，中国兵源紧缺的问题更为突出。1943年3月15日，国民政府立法院公布的新修订的《兵役法》中，进一步明确规定实行征兵制，称"中华民国男子依本法皆有服兵役的光荣义务"。《兵役法》鼓励青年学生参军，规定学生服役期间保留学籍。又因中国远征军急需补充士兵的形势，国民党中央政府要求西南各省全面开展知识青年从军运动。12月19日，军政部转发《学生志愿服役办法》，特别规定军训合格的学生，可以优先送考中央陆军军官学校；志愿服役之学生服役后，应保留其学籍，由部队考核其服役期间之成绩，通知原学校，以备退伍回校肄业时，按其程度予以升级。[2]

太平洋战争爆发以后，中国战场成为世界反法西斯战场的重要组成部分，盟国尤其是美国派遣与军事相关人员来到中国，协助中国抵抗日军侵略者，尤其是1942年以后缅甸、滇西之战，中国远征军入缅作战，及以后中国驻印军在印度集训，滇西缅北反攻作战，与英美等盟国人员交往日益频繁，中国军队也就十分需要补充具有外语交流能力的士兵。危亡的时代召唤着知识青年从军，在此背景下，云南知识青年从军也是抗战的需要。

一、云南妇女随军战地服务团

随着1937年10月，云南组编的第60军开赴抗日前线，云南各地热血青年纷纷请求参军上前线抗日，所以第60军有感于青年的抗日热情，相应吸收了一批青年学生进入该军从事抗战工作。其中，最为有名的是云南妇女战地服务团的组建。

1937年10月5日，激于第60军准备奔赴抗战前线英勇杀敌，昆明市4000多名女学生举行抗日游行，并至五华山云南省政府驻地请愿，要求政府同意她们上

①《青年训练大纲》(1938年2月23日)，《中华民国史事纪要(初稿)》，1938年1月-6月分册，"国史馆"1989年，第196页。
②《军政部拟订学生志愿服役办法》(1943年)，中国第二历史档案馆藏，国民政府兵役部档，全宗号:18，案卷号:775。

前线为抗战军队随军服务。青年女学生的爱国热情应已感动了主政云南的省主席龙云，其即在光复楼前接见了请愿女学生，称赞女学生们“当云南省的新花木兰，精神十分可嘉”，同意女学生的请愿要求，龙云说：“一俟前方需要，即可送你们开赴前线，参与战地抗日工作。”[①]

其后，从自愿报名参军的女学生及社会各界女青年中挑选出60名，组成云南省妇女战地服务团，以徐汉君为团长，胡廷璧为副团长，分成第一、二、三区队，以吴秉坤、宋敏慧、姚仙名分别为区队长。云南省妇女战地服务团开赴抗战前线之前，先进行战地服务培训，“每人凑出五元作伙食费，大家背上行李，去到西山华亭寺食宿，开始了简单的医护、军训、宣传等科目的训练，待命开赴前方”。在昆明西山华亭寺集训期间，服务团团员“鸡鸣起床，首先爬山，继以军事训练，除学习医护常识外，还风雨无阻地到滇池游泳，或练习演讲，或在广场上进行歌咏文艺表演”。集训一个月后，战地服务团接到云南省政府命令准备开赴前线。准备工作由军医处长周铭斋负责，给战地服务团团员准备被服、背包、水壶、饭盒、工作衣、救护医药用品等必要的上前线的装备，并在陆军医院进行体检。在陆军医院体检时，另有“千余名女学生，拥挤在陆军医院门前，要求参加体检，争取去前方”。政府当局不得不婉言相劝，希望这些学生争取参加其后组织的第二批“妇女战地服务团”团员的选拔。[②]

1937年12月13日上午，云南省妇女战地服务团正式出发，其中云南各界人士上万人前往送行。时报赞曰：“走出闺房，跑出厨房，别了家庭，奔向前方，是三迤女儿的榜样。”[③]对于其时情景，亲历者有如此描述：

这一天，在昆明市正义路至昆明东站，沿路排满了大、中、小学的学生、机关代表、各行各业的市民，以及团员的家长亲属等上万人来送行。标语贴满大街，口号声此起彼伏，放鞭炮，敲锣打鼓，各单位和市民们，给战地服务团员赠送锦旗、纪念册、毛巾等。同志们全付[副]武装，精神焕发，飒爽英姿，高唱着《义勇军进行曲》和《工农兵学商，一起来救亡》的歌曲，乘上四辆军车，缓缓地行进，频频挥手向送

---

① 徐汉君等:《云南妇女战地服务团随军抗日散记》,《昆明文史资料选辑》第4辑,中国人民政治协商会议云南省昆明市委员会文史资料研究委员会编,1985年内部发行,第58页。

② 徐汉君等:《云南妇女战地服务团随军抗日散记》,《昆明文史资料选辑》第4辑,中国人民政治协商会议云南省昆明市委员会文史资料研究委员会编,1985年内部发行,第58-59页。

③《冲上民族战场:英勇的姊妹们,今晨踏上征途》,《云南日报》1937年12月13日,第3版。

行的父老、兄弟、姐妹、同学们告别，洒着欢乐慷慨的热泪，就这样踏上了征途。[1]

正要出发时，一位来自弥勒的女孩子，名叫姜笛芳，本是来昆明读书的，受服务团团员之壮举所感染，坚决要参加服务团，她斩钉截铁地说："我要去！我要随你们去！因为我也是一个不愿做奴隶的中国人！我一定要同你们一路去！"团员们没有理由拒绝，所以"六十个草绿色的战士当中，于是乎增加了一个还没有脱去旗袍的战友"。[2]此处也实有必要记下这61名巾帼英雄的名字：

徐汉君、胡廷璧、吴秉坤、宋敏慧、姚仙名、王琼珊、赵凤稚、王寿芝、李志伟、段竞强、孙鸿英、沙英华、宋桂轩、邓芳华、刘仙德、马如琴、白若芬、王家英、曾昭慧、撒明腾、王云仙、马少良、马玉仙、李淑珍、刘佩兰、杨曰坤、黄振兴、邓秉珍、李莹、吕传淑、朱志和、李景淑、苏志贤、陈琼芬、彭明绪、孟昭文、毛士珍、黄景鸾、张丽芬、王树华、太桂英、刘秀珍、张芝、王蕴芸、陈尚清、郭琼仙、易从谦、黄自仙、姜若芬、姜迪芳、杨惠珍、颜成美、鄢文琰、胡素琪、李文玉、汪云珍、王咏贤、张映华、邓丽华、张琼华、陆秀芳。[3]

图6-1　云南省战地服务团部分团员合影[4]

① 徐汉君等：《云南妇女战地服务团随军抗日散记》，《昆明文史资料选辑》第4辑，中国人民政治协商会议云南省昆明市委员会文史资料研究委员会编，1985年内部发行，第60页。

② 《姊妹们，快拿出我们的力量，争取我们民族的解放，战地服务团在万人欢送中出发，临时加入一位未脱旗袍的战友》，《云南日报》1937年12月14日，第3版。

③ 徐汉君等：《云南妇女战地服务团随军抗日散记》，《昆明文史资料选辑》第4辑，中国人民政治协商会议云南省昆明市委员会文史资料研究委员会编，1985年内部发行，第59页。此名单也见于《冲上民族战场：英勇的姊妹们，今晨踏上征途》，《云南日报》1937年12月13日，第3版，但不完整，并与徐汉君的名单略有出入。报上名单共缺团员6人，其原因如报上所言："尚有数人因受家庭限制，不便发表。"那么《云南日报》已公布的名单与徐汉君的名单有出入，也不排除化名之可能。徐汉君作为云南妇女战地服务团的团长，与其朝夕相处的团员之姓名应难以记错，且其名单为完整的61人，所以暂从徐汉君之名单。

④ 《云南日报》1937年12月13日，第3版。

这61名团员，其团员成分，除少数系省党部、警察局工作人员外，其余大多数则系昆华女中、女师、艺师、市立女中、市立商校等校学生[①]，其中实有青年学生55名，年龄最大的25岁，最小的仅15岁。她们乘坐军用汽车，翻过滇黔交界的胜境关，第二天到了贵阳，受到热烈欢迎，又有6名贵州籍的中学女生参加了服务团。几天即到了长沙，湖南省主席张治中女儿张素娥前来欢迎与慰问，得第60军军长卢汉电令，暂留长沙，驻长沙水绿洲集训并参加野战医院服务。1938年元月底，云南省妇女战地服务团终于到达第60军驻地湖北纸坊，受到军长卢汉、各师长、旅长的接见与欢迎，然后战地服务团团员分赴各师、各团慰问全军官兵，一同欢度春节，演出文艺节目，唱起抗战歌曲，激励抗日战士。此后，安排战地服务团团员在汉口心勉女子中学集训，训练主要科目有：日本侵华史、抗日统一战线、军事基本知识、游击战术、战地救护常识、野战医院临床实习、话剧、街头剧的排练化装、救亡歌曲演唱和指挥、编写墙报和时事报告等等，为战地服务做准备。1938年4月，集训结束，除一小部分团员随第60军北上抗日参加徐州会战[②]，大部分团员被分配到汉川医院、武昌白沙洲医院、汉阳鹦鹉洲医院服务，参加收容与抢救各战场转来的轻重伤员的事务。其后在各抗日战场，如武汉大会战、长沙会战中，在赣北，在赣南，云南省妇女战地服务团的团员"主要做战地医院护理工作"，同时抬担架转运伤员，战场收容伤员，战斗间歇期间参加文艺演出慰问抗日将士，参加宣传反谍防奸活动，收容战地难童，等等，处处活跃着云南省妇女战地服务团的身影。[③]

如前所述，诸多云南青年学生及社会女青年强烈要求参加云南省妇女战地服务团，但因第一期条件与名额所限未能成行，所以云南省政府遵守诺言，决定组建云南省第二期妇女战地服务团，1938年5月省党部令云南省妇女运动委员会召开理事会议，制定《云南省妇女战地服务团组织大纲》，其中规定团员资格为"（一）初中毕业，或具有相当程度者。（二）年龄在三十五岁以下，十八岁以上，身体健全，无不良嗜好者。（三）思想正确，无反动嫌疑者。（四）有爱国热忱，牺牲决心者"。[④]至

①《冲上民族战场：英勇的姊妹们，今晨踏上征途》，《云南日报》1937年12月13日，第3版。

② 贡献之：《回忆徐州会战中的云南战士和云南妇女战地服务团》，《云南文史资料选辑》第25辑，云南人民出版社1985年，第108-109页。

③ 徐汉君等：《云南妇女战地服务团随军抗日续记》，《昆明文史资料选辑》第6辑，中国人民政治协商会议云南省昆明市委员会文史资料研究委员会编，1986年内部发行，第112页。

④《妇女会积极组织第二期战地服务团，组织大纲公布，团员暂定百名》，《云南日报》1938年5月14日，第4版。

6月5日，志愿参加第二期妇女战地服务团的报名者“已达五百余人”，要求在10日以前填具并提交团员志愿书及家长证明书等资料，然后通过“举行考试”录取考试合格者。①1938年6月“业经考试取录竣事”，公推王澄为正团长，雷琼英、曹琼华为副团长，全团共分七队，每队设队长1人，各队团员除第七队10人外，其他各队30人；另设文书组长、歌咏队长、事务组长各1人，合计全团共203人，超过组织大纲规定的“一百名为标准”，也远远超过第一期妇女战地服务团的人数。第二期妇女服务团于1938年6月26日在云南省“党部大礼堂举行团员大会”，决定从27日起开始接受军事训练。②军训结束后，随即调派前线服务。

诚如1938年英国《大陆报》对云南妇女战地服务团的报道中所言：战地服务团在各战场服务，“摒除了人们对于中国妇女都属柔弱的见解”，足以代表中国现代妇女的形象。③其实连柔弱的女子都参加抗战，其中绝大部分为青年女学生，足以显示中华民族决不屈服于强敌的反侵略精神。

二、应征翻译官、飞行员

1941年初，美国政府批准向中国派遣飞机、志愿飞行员和机械师，担负防空与后来飞越驼峰（横断山脉北部）的运输任务，并启用早在美国空军退伍，已来中国担任中国空军军官学校飞行教官的陈纳德等，同意其在美国招募飞行员组建航空队来中国，并指挥这支支援中国抗日的空军部队。8月1日，蒋介石发布命令，宣布在陈纳德（Claire L. Chennault）上校指挥下的美国援华航空队正式成立，命名为“中国空军美国志愿航空队”（American Volunteer Group, A. V. G.），后通称“飞虎队”(The Flying Tigers)，名义上作为中国空军下属的一支部队。他们约有100名空

---

①《第二期妇女战地服务团，限期填报志愿书》，《云南日报》1938年6月5日，第3版。

②《第二期妇女战地服务团编竣，昨开团员大会推定正副团长，自本日起每晚接受军事训练》，《云南日报》1938年6月27日，第4版。

③《五十五个云南女学生》，《昆明文史资料选辑》第4辑，中国人民政治协商会议云南省昆明市委员会文史资料研究委员会编，1985年内部发行，第73页。

军军官，在昆明西郊营建基地。①

随着美国志愿航空队来到云南昆明，所以国民政府也就急需与之交流沟通的翻译人员。同年，美国政府也批准美国陆军协助中国远征军巩固滇缅路、开辟中印公路，以打破日本对中国的封锁；另一方面，美国在昆明设立了步兵学校、炮兵学校以及空降兵（称“鸿翔部队”）等各种训练班，培训中国下级军官和士兵。总之，自1941年起，来华美军及相关工作人员日益增多，需要大批翻译人员。

基于上述原因，1941年9月教育部下令，内迁各大学外文系三、四年级男生应征参加翻译工作一年，1942年回校。此次共征调70余人，其中约半数为西南联大学生。也有学生直接经学校介绍去参加为时长短不等的翻译工作，如1943年暑假，西南联大机械系和航空系有6人到曲靖美军汽车训练班去做了6个星期的临时翻译。

抗战进入1943年，世界反法西斯战争形势发生有利于盟国方面的转变，盟国也就计划在滇西缅甸对日发动反攻作战，准备在印度兰姆伽等地由美军军官训练中国抗日军队，也需要随军翻译人员。因此，1943年10月教育部下令，1944年春季将征调几所大学应届四年级身体合格的男生去做美军翻译员。因此，西南联大常委梅贻琦于1943年11月9日、10日着手动员学生应征：四年级同学服役期满发给毕业证书；低年级学生志愿应征期满返校，可免修32学分（相当于一个学年的学分数）；合格的应届毕业生，“不服征调两年兵役者，不发毕业文凭”。到1943—1944学年度上学期结束，四年级应征人数为310人，加上其他年级志愿应征的共400余人。另外早在此大批应征的译员尚未入伍以前，就有30多名联大低年级（有个别高年级的）同学如翁心钧、梅祖彦等，于1943年11月14日提前报到；大批译员离校入伍后仍有学生陆续应征，真可谓抗战后继有人。

随着战事的进展，“盟军来华日多，需要翻译人员亦越迫切”，为提高应征译员的翻译水平，又开设译员训练班，其中在昆明开设译员训练班11期，培训的译员共达3000余人。译训班课程有“战时读物、作文翻译、会话、英文演讲、政治讲话”等，由大学教授来担任；“每星期并有两次英文夜班”，由“美方军官担任”，强化训练用英语交流的能力。②其中在昆明开设的译员训练班，其班主任为励志社总干

① 太平洋战争爆发后，这支志愿队于1943年7月改称“美国空军第14航空队”。

②《译训班三期学员，下星期三结业》，《云南日报》1944年7月19日，第3版。

事、战地服务团团长黄仁霖；副班主任为西南联大教授吴泽霖，其为译训班实际负责人。另外，译训班由联大教授陈福田、闻一多等承担语言培训工作。为扩大知识面和提高文化素养，训练班还邀请多位知名教授演讲，举办专题讲座。1943年11月中旬所办的训练班被算作预一期，1944年1月正式征调的学员为第一期。到抗战结束共举办了名为10期，实有11期的译训班。学员毕业后担任上尉三级译员，或少校二级译员，被称为“翻译官”。

翻译官被分配的工作范围相当广泛，而且时有变动。美国在中缅印战场所辖有的军队分为三大部分，即在印度缅甸的X-Force，在云南的Y-Force，以及在广西、贵州、湖南的Z-Force，都由西南联大、云南大学等高校学生承担翻译工作。这些学生有的协助美军培训地面部队掌握各兵种的新式武器，有的被派遣到美国为培训中国飞行员和机械士做翻译，有的在美军总部工作，他们为抗击日本侵略者发挥其作用。①

全面抗战时期，中国空军飞行员牺牲者较多，急需补充一批文化素质较高、能在较短时间内经培训可以掌握飞行技术和知识的飞行员与机械师。蒋介石号召青年学生：“今日战争中最奋勇、最重要者，莫过于空军之飞行员，青年人应立志为军人，为飞行员，乃可转移我国三百年来国民怯懦萎靡的风气，以恢复我五千年来民族固有的伟大精神，而建设现代国家至上，民族至上之新伦理的基础，则独立自由国民之人格，乃能树立，而中华民国方得永久生存于世界，使不再为异族所奴役与灭亡。”②由于大学生具有较高的文化素质，国民政府当局决定在大学生中招考飞行员。比如西南联大就有学生踊跃报考，有12人被录取，其中1941年录取11人，1943年录取1人。他们经国内外训练后分批回国参战，和盟军一起痛击日寇。12人中，戴荣钜、王文、吴坚、崔明川、李嘉禾5人英勇殉职，其中在南京中山陵后航空烈士公墓就有戴荣钜、王文、吴坚三烈士长眠于此。

---

① 二战胜利后，美国政府表彰一批与美军协同作战的盟军人员，授予铜质自由勋章。据现有资料，有16位西南联大担任译员的学生获得该项勋章，他们是：钟香驹、冯钟辽、许芥昱、林龙铁、卢飞白、马维周、程道声、李乃纲、李益深、刘厚醇、梅祖彦、蔡国谟、邹国奎、左永泗、王蜀龙、姚元。但由于当时中美双方通信不畅，中国方面很多人未能及时得知这一消息，很多人未能收到勋章和证明书。90年代时获悉此事，经多方联系，美国陆军总部证实有此事，寄来证明书，至于勋章则因该勋章已提高级别，被定为一种总统勋章，而原来的勋章已无库存，无法补发。证明书的译文如下：根据美国总统的指令，遵照1945年7月6日第9586号文件（Executive Order）的规定，在华美军司令官于1946年5月14日将铜质自由勋章授予译员○○○，以表彰他在二次大战时协助美国对敌作战中功绩（meritous service）。他们代表着所有从事译员工作的同学得到了这项荣誉，也是联大学生为报效祖国、抗击日本法西斯侵略的物证。

② 《学生从军纪实》，兵役部役政司编1945年，第13页。

1944年，中国航空公司招考飞行员，应届毕业生被征调，其中西南联大学生应考被录取者有11人，他们经短期训练后，即参加举世闻名的飞越驼峰的运输任务，担任副驾驶员，穿梭来往于中印之间。如前所述，飞越驼峰的运输任务十分艰巨，沿线气候条件恶劣，时有遭到日机攻击的危险。为避开缅北日机的袭击，不得不在没有无线电导航台和明显地标的航线上进行夜间飞行，失事常有发生。这批应征飞行员中，就有黄维、缪弘、朱谌、朱晦吾、沈宗进、吴若冲、杨大龄、曾仪等8位西南联大学生为国捐躯。

三、“一寸山河一寸血，十万青年十万军”

1944年5月，日本侵略者为了支援困在东南亚和滇缅边境的军队，日本发动了豫、湘、桂作战，意在打通中国华北至越南的陆上交通线。国民党军队节节败退，损失惨重。8月27日，蒋介石致三青团中央团部吴铁城秘书长、张治中书记长，初步提出“发动一党员团员从军运动，第一期人数以十万人为目标，期于三个月内征集之”。[①]9月16日，蒋介石在国民参政会演讲时，提出“一寸山河一寸血，十万青年十万军”的口号，号召全国知识青年积极从军。另一方面，为在中缅印战场夹击日军，罗斯福于9月19日致电蒋介石，要求中方务必加强在缅甸萨尔温江（怒江流入缅甸境内后的江名）的攻势，甚至声称若贻误战机，将断绝对蒋援助。随后，国民党中央遂决定广泛发动知识青年从军，征集知识青年10万人，编组远征军。10月11日至14日，重庆国民政府召开发动知识青年从军会议，正式宣布发起全国知识青年从军运动，宣告成立“全国知识青年志愿从军指导委员会”，由蒋介石兼任主任委员，以何应钦、吴铁城、陈果夫、张治中、白崇禧、陈立夫、张定璠、康泽、徐思平等9人为常务委员，聘请张伯苓、莫德惠、蒋梦麟、顾毓秀等28人

①《蒋介石关于发动知识青年从军运动手令》，《中华民国史档案资料汇编》第五辑第二编政治（五），中国第二历史档案馆编，凤凰出版社1998年，第329页。

为委员。[1]全国知识青年志愿从军指导委员会于10月16日在重庆举行第一次会议，会议就各省知识青年志愿从军的征集数量做出分配，其中，甘肃、浙江、云南、重庆市征集人数在1000—3000名之间。[2]10月24日，蒋介石发表《告全国知识青年从军书》，明确提出征集“知识青年十万人从军”，号召知识青年从军上前线抗击日本侵略者，以实现“抗战最后的胜利”。[3]

此次十万青年从军运动中，最终确定云南省的名额为2400名，其中“男青年2100名，女青年300名”。为顺利完成征兵任务，1944年11月11日，国民党云南省党政机关召开联席会议，议决组织知识青年志愿从军征集委员会，省政府主席龙云亲任主任委员，联大常委梅贻琦和云南大学校长熊庆来均列为委员。

比如西南联大为顺利完成这次征兵任务，于1944年11月22日成立学校知识青年志愿从军征集委员会，梅贻琦为主任委员，杨石先、施嘉炀为副主任委员。[4]11月29日下午，西南联大在新校舍北区东饭厅召开应征动员大会，校方邀请钱端升、冯友兰、周炳琳、闻一多等几位教授作从军演讲。尽管如此，至11月30日报名截止时，报名者仅有184人。校方只好将截止日期延至12月2日正午。西南联大还通过了《参加知识青年志愿从军之学生入伍期满返校后其学业优待办法》，主要内容为：各年级正式生免修24学分；试读生免入学或转学考试，直接改为正式生，并免修24学分；借读生免转学考试也直接改为正式生，其在原校所修学分审核承认后，再免修24学分；先修班学生、专修科学生免试升入大学一年级。此外，还决定两周内举行全校学生体格检查，用半强制性手段要求合格青年学生入伍。[5]

经过学校的动员，西南联大最终有200余位同学本着国家兴亡、匹夫有责的精神，报名参军。12月底，西南联大学校当局举行欢送会。1945年1月28日，西南联大200多名从军同学到昆明北校场集中后，马上全部被编入青年军二〇七师

①《国民党发动知识青年从军会议记录》（1944年10月11日–14日），《中华民国史档案资料汇编》第五辑第二编政治（五），中国第二历史档案馆编，凤凰出版社1998年，第330–335页。

② 瞿韶华：《中华民国史事纪要（初稿）》，1944年10月–12月分册，“国史馆”1994年，第188页。

③ 蒋介石：《告全国知识青年从军书》，《中华民国史档案资料汇编》第五辑第二编政治（五），中国第二历史档案馆编，凤凰出版社1998年，第337–343页。

④《吴铁城关于各大专学校成立从军征委会函》（1944年11月6日），《中华民国史档案资料汇编》第五辑第二编政治（五），中国第二历史档案馆编，凤凰出版社1998年，第357页。所引史料也有误，“国立西安联合大学”应改为“国立西南联合大学”，“杨石光”应改为“杨石先”。

⑤《国立西南联合大学校务会会议记录·第七届第四次会议》（1944年12月1日），《国立西南联合大学史料》（二），云南教育出版社1998年，第498页。

炮一营补给连。后来，西南联大从军学生全部都分派到印度中国驻印军，在印度汀江被重新编队，大部分同学被编入服务营第二连，简称"服二连"。他们大部分在印度东北部兰姆伽(Ramgarl)学习汽车驾驶，属辎重兵第十四团。取得驾驶执照后，西南联大从军学生奔驰在史迪威公路上，执行运输任务。

云南大学于1944年11月1日成立知识青年志愿从军征集委员会，熊庆来为主任委员，何衍璇、杨家凤为副主任委员。经动员，云南大学也有十几位学生报名从军。除两大学之外，其余报名从军者为在滇办学的其他大学学生、各中学学生以及社会知识青年。总之，至1945年3月17日，云南征集的从军知识青年，"已送入营者共计2428名，计已超过定额"，其中"女青年报名人数已达800余名，于2月3日开始检验，计合格人员206名"，全部从军上前线服务。①另据全国知识青年志愿从军指导委员会秘书处呈交的工作报告，在其统计表中记载，云南省从军登记人数为2929人。②总之，云南省超额完成了知识青年从军的征集任务，为中国抗战输入新的力量。

第二节　云南大后方的抗战捐献

抗战爆发以后，政府以"有钱者出钱，有力者出力"相号召③，后方云南民众在云南地方政府的号召和发动下，纷纷捐钱、捐物支援国家抵抗日本的侵略。其中有变卖家产捐给国家抗日，即所谓毁家纾难者；有把义演所得全部捐献，支持抗战军队作战的；有把一天劳动所得捐给募捐组织，支持购买飞机进行抗日的；等等，以此方式表达普通中国人抗日到底的坚强决心。

①《续云南通志长编》(上册)，周钟岳、赵式铭等修撰，云南省志编纂委员会办公室整理，1986年内部发行，第370页。

②《全国从军指委会秘书处关于该会办理知识青年志愿从军工作报告》(1945年)，《中华民国史档案资料汇编》第五辑第二编政治(五)，中国第二历史档案馆编，凤凰出版社1998年，第408页。

③《抗战建国纲领决议案》，《中国国民党历次代表大会及中央全会资料》(下册)，光明日报出版社1985年，第487页。

一、为抗战捐款

抗战爆发，后方民众积极捐款捐物支援前线抗战，为中国抗战贡献一分力量。其中云南各地民众先后举行“七七”献金、义演献金、义卖献金、出钱劳军等活动，向前线捐款。

（一）“七七”献金

“七七”献金运动首先从武汉兴起。1938年7月7日值全面抗战爆发一周年之际，为唤起民众支援前线抗战，由国民政府军事委员会政治部第三厅倡议，并得到蒋介石同意，在武汉三镇举行纪念“七七”献金运动。武汉“七七”献金运动通过表演抗战戏剧、歌唱抗战歌曲、发表抗战演说等形式进行集会募捐，由此获得广大民众捐献的款项以支持前线抗战，更重要的是，“七七”献金运动也成为一场抗日宣传运动。

云南的“七七”献金运动则由云南省各界抗敌后援会主持。据史料记载，云南“七七”献金运动也始于1938年7月7日。据报载，1938年云南的“七七”献金运动实际上共举行4日，“自七日开始至十日结束，共计收获旧币七万三千余元”，旧币即旧滇币。[①]

时至1939年，7月7日当天，昆明举行抗战二周年纪念，抗战献金活动于“午间开始”，献金台设于云南省国民党党部门首，“以彩扎，红绿相间”，昆明城“各城门亦设有献金箱”。当天“台上献金者极为踊跃”，其中龙云带头示范，“献金国币五百元”，其他如“董澄农君献金国币一千元，西南运输处同人，亦不甘于落人之后，全体献金二千余元”；挑夫老马先后捐献国币3元，“均系苦力所得，其爱国热忱，颇足令人敬佩”；6岁小孩黄腾鹏，将蓄于扑满（储钱罐）中的糖果钱，“连同扑满一并献捐”。其他如昆明市俄文专修学校献国币100余元。总之，7月7日当天昆明全市献金共得“国币一万六千元以上”。[②]7月8日，昆明市社会各界人士继续

---

①《各界献金昨日结束，共收获七万三千余元》，《云南日报》1938年7月11日，第4版。

②《大家出钱出力支持抗战，争取明年双七胜利》，《云南日报》1939年7月8日，第4版。扑满，中国传统储钱的一种盛具，类似今日所言储钱罐。

踊跃献金，献金者有西南运输处职员眷属，及西南运输处修车总厂、事务所、诊断所全体员工，西南运输处第一队、第五队、第六队全体官兵等，“计职员眷属献国币一百四十四元四角，修车总厂全体职员七百七十七元七角，事务所五十七元，第一队第五队第六队全体官兵，共三百八十五元五角”；有“德国人密喜森先生献金二十元，卖鸡棕之贩夫陈健贤捐一元，缝衣妇杨欧氏献金五角”；有“不愿公布姓名”者捐越币100元，昆明女中附小“七龄孩捐一元”，合计7月8日献金，“共收获国币八千二百三十五元，越币一百零一元，公债票卅五元，银盾四具，□碑二帖，战利品日币一元”。[①]献金第三日即7月9日，“西南运输处人员训练所员生职工夫役”，又列队献金，“千余人，共献金国币二千九百三十七元五角”；“华侨机工队员四百余人，献国币一千六百元之多”；此外，“中央储蓄会全体职员捐一百三十元，内政部警察总队第三大队官警夫役，捐一百二十元，军委会特务团第一营七连，捐二十八元六角，宪兵第五团二营营长杨显涵，率官佐□员士兵八十四名，献金五十一元二角，财厅印刷局全体职工捐五十元，航空委员会油弹库二百三十八元一角，空军军官学校特务营捐五百元，茂恒号四百元，万来祥捐六十元，机关团体学校私人捐者亦极踊跃，难以枚举”，献金成绩，“共收获国币五千余元”。[②]总之，上至云南省主席龙云、各学校机关商号，下至平民百姓，贩夫挑夫，既有几岁儿童，又有外国旅华人士、归国华侨，都参与了“七七”献金运动，主动输捐款项。据记载，1939年“七七”献金三日，昆明市“共获国币约三万零二千余元”。[③]此为昆明市内献金的具体情形，如加上云南其他地方的“七七”献金，所得献金应该更多。

到了1940年，云南全省该年度“七七”献金收入为国币101858.58元。[④]另据报载，至1940年7月12日，云南省各界抗敌后援会所收云南全省各地“七七”献金共计“国币一十万零四百五十二元八角四分”，准备“汇解财政部核收”。[⑤]两种数据虽有不同，但相差不远，1940年云南全省所得“七七”献金有国币10万以上，应大致可信。

1941年6月，云南省各界抗敌后援会为准备第四次“七七”献金，拟订《举行抗

①《昨日献金共获八千余元》，《云南日报》1939年7月9日，第4版。

②《献金运动圆满结束，共获三万余元》，《云南日报》1939年7月10日，第4版。

③《献金运动圆满结束，共获三万余元》，《云南日报》1939年7月10日，第4版。

④《云南全省各界抗敌后援会29年度七七献金收支表》，《云南省抗战时期人口伤亡和财产损失文献资料选辑》，中共党史出版社2011年，第604页。

⑤《纪念“七七”的伟大收获，本省献金过十万》，《云南日报》1940年7月12日，第4版。

战建国四周年献金运动实施办法》，明确提出献金的目的是“发挥本省人民爱国爱乡之热情，本有钱出钱毁家纾难之精神，踊跃捐献，以增强抗战力量，鼓励抗战士气”；明确规定献金的用途是“以三分之二解交本会，本会以其半数解交全国慰劳总会作慰劳前方抗战将士之用，另以其半数响应本省布鞋劳军运动，购备布鞋，慰劳本省沿边抗敌将士”，“以三分之一照案拨归献金各县市，作慰问征人家属基金”；明确要求献金以自愿为原则，规定“侧重劝募乐捐，禁止摊派及拦街募捐”，献金运动可采取举行竞赛的办法，推动社会各界踊跃献金；相应也规定1941年的“七七”献金日期，昆明市自“七月七日起至七月十日止”，共4日。[①]云南省各界抗敌后援会“为扩大举行‘七七’献金运动”，请龙云“担任总指导”，请“省市各机关长官、团体学校负责人及各县县长党部书记长为指导员”，“一致策动献金”。[②]为策动社会各界积极献金，云南省各界抗敌后援会又制定《策动献金办法》，聘请云南各界社会名流为“献金指导员”，规定“七七”献金指导员，“应以集会谈话，或用书刊壁报等方式，切实宣传，阐述抗战四周年‘七七’献金意义及竞赛办法，俾促成本单位踊跃献金，而取得竞赛优胜之地位”。[③]7月7日午后三时，龙云“亲率党政军□各机关长官及荐任上校以上公务员前往忠烈祠公祭抗战阵亡将士，仪式肃穆，同时省抗敌后援会献金台亦开始献金，各界献金人士，络绎到台捐献，并有市小学生站立台旁唱抗战歌曲，市军乐队在侧奏乐”，献金第一天，“共获国币一十一万三千九百六十六元零九分，金戒指一道，皮箱九口”。[④]7月8日，云南省各界抗敌后援会献金台，于“午后三时起继续接受献金，各界人士前往献金络绎于途，儿童唱歌，乐队奏乐，与台上报告收获献金数目之声音相间而作，继续不断，到台献金者，除官绅外，并有车夫苦力儿童妇女及僧道等，其爱国热忱，尤足矜式”，至晚“八时三十分，暂行截止”，“共计收获献金国币二万六千零五十四元三角八分，外有越币十角，港币三角”。[⑤]7月9日，虽在献金时“天降大雨”，但未减少民众献金的爱国热情，当日至晚上8时30分，“收获献金总数已达国币五万二千零五十三元九角五分”，其中“囚犯、小贩、工妇均纷纷献上血汗钱”，“严子珍遗嘱献金万元”为个人献

①《纪念“七七”抗建四周年，全省举行献金运动》，《云南日报》1941年6月23日，第4版。

②《领导“七七”献金，龙主委任总指导，各机关长官为指导员》，《云南日报》1941年6月24日，第4版。

③《抗敌后援会积极策动七七献金，聘请各界名流为献金指导员》，《云南日报》1941年6月27日，第4版。

④《抗战进入第五年代，齐向胜利之途迈进，全省热烈纪念抗建四周年》，《云南日报》1941年7月8日，第4版。

⑤《昨继续展开献金运动，爱国同胞热烈竞献》，《云南日报》1941年7月9日，第4版。

金“冠军”。[1]至7月10日，献金运动第四日共计收获献金“二万零三百七十九元七角八分”，献金运动“遂告圆满结束”。献金四日，昆明市“总计收获献金二十一万二千四百五十四元十角及金戒指一枚，重一钱五分，越币十角，港币三角，一元银币一枚，卢比十张，合五十盾，卫生药皂一箱”。[2]当然7月11日的统计，为献金运动结束后的及时统计，如再加上没有及时统计当位的献金和部分后续献金，献金总数仍有增加，所以时至9月份，云南省各界抗敌后援会最终公布了1941年度的献金总数额并其用途的分配数额：

省抗敌后援会，以本市七七献金业经结束，连同公债票在内，共计收获献金国币二十二万四千九百五十七元一角四仙，献物卫生药皂一箱，大小皮箱九支[只]，戒指一只，重一钱五分，港币三角，越币十角，按照实施办法第三项之规定，应以三分之一拨还地方作抗属慰问金，以三分之一，响应募鞋劳军运动，其余三分之一，则转解全国慰劳总会。该会现已函请中央银行及云南富滇新银行按照上项规定如数拨给，计全国慰劳总会、省募鞋劳军委员会各为国币七万四千九百八十五元七角一分云。[3]

虽然整个抗战时期物价上涨特别严重，但1940年7月至1941年7月，物价上涨幅度并不大，据其时记载，1940年7月每公石上白米的价格为国币103元，而至1941年7月则为国币137元，比较其后数年的物价成倍上涨来看，1941年的物价上涨幅度相对并不大。[4]所以比较1940年的云南全省“七七”献金共10万余元来说，1941年仅昆明市的献金就有22万多元，如再加上云南其他各县的“七七”献金，1941年增长应是较快的，大致可以说明民众“七七”献金的热情日益高涨。据报载，云南省各县1941年的“七七”献金，平彝县“共收获国币一千六百余元”，曲靖县（今曲靖市，后同）收获国币“一万五千余元”，开远县“共获国币五千六百余元”，个旧县共收获国币25000余元，安宁县（今安宁市，后同）在7月7日“共收获国币一千三百余元”。[5]此外，“七七”献金，“思茅获新币一万七千六百三十三元八角，寻甸四千余元，金平一千三百余元，嵩明一万二千余元”。[6]

---

①《献金第三日，获款总数五万余元》，《云南日报》1941年7月10日，第4版。

②《献金运动圆满结束，获捐款廿一万余元》，《云南日报》1941年7月11日，第4版。

③《七七献金收获圆满，获国币廿二万以上》，《云南日报》1941年9月25日，第4版。

④《昆明市四十六种重要物价》（民国二十六年一月至民国三十四年三月），云南省经济委员会设计处调查编印1945年油印本，云南省图书馆藏，无页码。

⑤《“七七”四周年纪念日，本省各县热烈献金》，《云南日报》1941年7月12日，第4版。

⑥《“七七”纪念日，各县献金成绩甚佳》，《云南日报》1941年7月15日，第4版。

对于1942年度“七七”献金，为完善献金制度，云南省各界抗敌后援会增订两项办法，一是补充办法，规定各界社会人士为“七七”献金，可在现场举行各类物品的“义卖”，以所得金额再做捐献；一是收解办法，其中规定昆明市“各界献金，须于七八九三日内径交献金台”，“各机关团体献金，须先开具献金人名单，连同献金派遣代表结队到献金台捐款”，“各界献捐现金或物品时，须向收款人员要□正式收据（盖有本会印章及经收人名章之收据）”。[①]1942年度的“七七”献金规定只举行3日，7月7日昆明市举行“七七”献金活动，反应热烈，“共获国币三十三万余元”。[②]7月8日，继续举行献金，“规定时间未到，献金人民即鹄立台前，争先捐献，终日不停，军乐与歌咏之声，不绝于耳，情绪之热烈，不减前日，计全日共收获献金国币八万七千七百八十二元五角”。[③]7月9日，“共获献金国币一十四万四千三百三十四元五角”。献金前后三日，“共获国币五十余万元，较之去岁超过三十余万元”。虽然与1941年比较，献金有较大增长，但1942年物价上涨已较为剧烈了，至1942年5月每公石上白米的价格为国币550元了，较1941年7月上涨了4倍，所以说献金较1941年超出1.5倍，其实值却在减少。当然，虽然如此，但献金民众爱国热情并不能否定，其献金行为“足见我滇人士对抗战必胜之信念愈紧，爱国热忱更加浓厚”。[④]就目前史料可知，云南各县献金，如宣威县（今宣威市，后同），共收获国币15723.9元；永仁县，各界共捐获国币8103.06元；缅宁县，全县共献获国币5535.5元。[⑤]

1943年度云南全省“七七”献金，7月7日、8日“两日合计共捐献九十六万零九百七十三元九角九分”。[⑥]7月9日，“各界捐献情绪，仍极热烈，共获国币二十万七千九百六十元”，连同前两日所献，“共计献金总额为一百二十二万八千九百八十三元九角九分”，由此“足证吾滇人士捐献财力贡献国家，洵不后人”。[⑦]至于云南各县“七七”献金，腾冲绅商捐款就有“一百一十万零二百元”；宜良在献金第一

①《扩大“七七”献金，后援会增订两项办法》，《云南日报》1942年6月30日，第3版。

②《以行动纪念“七七”，各界热烈献金》，《云南日报》1942年7月8日，第3版。

③《昨日献金共获八万余元》，《云南日报》1942年7月9日，第3版。

④《本市“七七”献金，共获五十余万元》，《云南日报》1942年7月10日，第3版。

⑤《宣威县政府办理“七七”抗战五周年纪念暨劳军运动情形呈》《永仁县政府请核示办理第五周年“七七”献金情形呈》《缅宁县政府办理抗战五周年纪念宣传及“七七”献金运动情形呈》，《云南省抗战时期人口伤亡和财产损失文献资料选辑》，中共党史出版社2011年，第617-619页。

⑥《昨日献金仍踊跃，两日总数达九十余万》，《云南日报》1943年7月9日，第3版。

⑦《连日各界献金，达一百廿余万，以后献金由富滇银行收管》，《云南日报》1943年7月10日，第3版。

日，所获献金“国币一万三千余元”；[①]石屏县共收获献金国币39202.5元，储券1505元，共合国币40707.5元。[②]

据报道，1944年度的云南“七七”献金，仅昆明市7月7日、8日两天，共收获献金“五百二十六万八千九百五十六元九角”，“为数至巨”。[③]7月9日，“至截止时间收获献金总数达八十四万八千二百一十八元”，连同“七八两日共得六百一十一万七千一百七十四元九角”。[④]至于云南各县的“七七”献金，为数应该不少，因史料的原因，难以一一罗列。

1945年度“七七”献金，昆明市仅第一天，“献金一千余万，打破历次纪录”。[⑤]据报道，献金三日共计“当在一千九百万元左右”，具体而言，个人献金最多者为陆厅长子安献金20万元，次为张相时10万元，邓和风5万元，李翥亭5万元，董仁明5万元，姚若彬、姚麟5万元，邱东升5万元。机关团体商店献金最多者，裕滇纺织厂全体职工834800元；至于其他机关单位团体，金店业公会50万元，茂恒20万元，联业公会24.7万元，富滇银行20万元，云南纸业厂15万元，纱商15万元，昆明手工棉纺业145400元，云南矿产局143400元，五金工厂10万元，照相业10万元，留昆区党部16万元，军委会35工程处101000元，美兴和10万元，中航公司修理厂10万元，云药公会135100元，益群酒精厂12万元，新药业152500元，永昌祥10万元，昆明市一、八、七、六、五、三保5.3万元，光裕银行5万元，侨务处5万元，财政处6万元，云南区货物税局5万元，巨昌5万元，滇西企业局驻省办事处4万元，南裕商会5万元，天庆丝行5万元，拍卖业5万元，云南兴革厂87700元，云南大道生85800元，国乐公会5万元。[⑥]

此外，时报同时还报道了一个当时十分突出的献金典型：昨为“七七”献金最后一日，挑夫老马前日已献6000元，昨见有挑夫王国宝献金数在8600元，乃复二次献金3000元，打破王国宝纪录，次又见某报载有某大商号仅献金1万元，乃三度再献1000元，前后总计1万元，与某大商号并列。[⑦]挑夫老马以为人挑运所得捐献给

① 《腾冲富商捐献巨款，宜良举行“七七”献金》，《云南日报》1943年7月12日，第3版。
② 《石屏县政府转报办理抗战六周年“七七”献金运动情形呈》，《云南省抗战时期人口伤亡和财产损失文献资料选辑》，中共党史出版社2011年，第619页。
③ 《“七七”献金第二日，获一百余万元》，《云南日报》1944年7月9日，第3版。
④ 《本市“七七”献金，总数达六百余万》，《云南日报》1944年7月10日，第3版。
⑤ 《各界昨纪念“七七”，午后一时开纪念大会》，《云南日报》1945年7月8日，第3版。
⑥ 《七七献金昨日结束，三日所得约2000万》，《云南日报》1945年7月10日，第3版。
⑦ 《七七献金昨日结束，三日所得约2000万》，《云南日报》1945年7月10日，第3版。

云南全省各界抗敌后援会，且“年年献金”，“将其血汗所得贡献国家，数年来从未间断”而为当时各界人士所知，成为“七七”献金运动中的典型人物。[①]正如其时亲历者回忆：抗战时期云南的“七七”献金运动中，“最激奋人心的是闻名全省而生活最苦的挑夫老马，每到‘七七’这天，都要把他一年省下来的苦力钱拿到台前奉献”。[②]连真实姓名都不知道的“挑夫老马”，只知其姓马，职业为挑夫，这是生活在社会底层的一个普通百姓，但从这样一个充满爱国之心的平凡之人的不凡举动中，也许看到了中国抗战胜利的希望。

（二）义演、义卖字画献金

除了“七七”献金外，平时也有云南各界人士激于民族抗战之大义，慷慨捐献，通过各种形式为抗战献金，其义演、义卖献金即为一种特殊形式。抗战期间，昆明各京、滇剧院、电影院、话剧团，“爱国不后于人”，分别举行过多次义演献金，“即将当日售票所得，悉数捐献”给前线将士抗日。全市公私立中小学教师，也利用假期自编抗日救国话剧义演捐献。比如“云南记者公会联合昆明票友界举行的一次京剧义演”，不谙皮簧的记者们都登台扮演跑龙套，如在昆报社《中央日报》（昆明版）、《云南民国日报》、《云南日报》、南京迁来的《朝报》等社的社长、总编等“都粉墨登场，摇旗呐喊，站错位置，还赢得台上台下的热烈掌声和笑声。那次义演票价甚高，捐献金额竟超过正规戏院的献金数字”。[③]

在后来的云南省文化劳军运动中，各种剧社义演，以戏剧演出所得捐献劳军，如1943年1月9日至11日，云南戏剧改进所为响应云南省“文化劳军运动”，借“侨声剧场连续公演京、滇名剧三天”，以三日演出所得捐献劳军；[④]同年1月，“云社龙社长纯曾为响应文化劳军运动，特发动全体社员与票友订于本月廿三、四、五假西南戏院公演平剧三日募捐，除必要开支外，全部收入，捐献劳军”；而侨声剧场则把1月演出所得“四千九百七十六元”全部捐献，“送文化劳军运委会”劳军。[⑤]中华戏剧界抗敌后援会云南分会也组织了两次募捐义演，“一次是陈豫源主演全

---

①《挑夫老马准备献金》，《云南日报》1945年7月3日，第3版。

② 邹硕儒：《三迤黎庶拯危难——抗战中的云南民众》，《西南民众对抗战的贡献》，贵州人民出版社1992年，第24页。

③ 邹硕儒：《三迤黎庶拯危难——抗战中的云南民众》，《西南民众对抗战的贡献》，贵州人民出版社1992年，第24页。

④《戏剧改进所公演三日》，《云南日报》1943年1月8日，第3版。

⑤《云社响应文劳，公演平剧三日》，《云南日报》1943年1月17日，第3版。

本《木兰从军》，请专业京剧团派人协助演出”，“另一次也由陈豫源主演全本《陆文龙》”。即称义演，除要求看戏者募捐钱物外，演出所得也就全部捐献出来。所以说义演献金也为其时支援前线抗战的一种方式。[1]

至于义卖字画献金，则由云南省政府主席龙云带头发起。应龙云的要求，由精于书法的省政府秘书长袁丕佑代龙云书写了一首滇军出征词：“三迤健儿，敬恭梓桑。国步方艰，我武维扬。声威虎啸，志气龙骧……”然后交由印刷厂精印千份，发交报童沿街叫卖：“买龙主席墨宝罗！”由于战时的龙云积极支持抗日，深得民心，路人闻声，争相购买，结果第一次所印千份很快卖完。所以又赶印一批出售。售卖所得，全由报馆汇交银行直接转汇全国各界抗敌后援总会。袁丕佑所写的这幅滇军出征词墨宝，则由富商董澄农以国币三万元购去，价款仍由银行转汇全国各界抗敌后援会。此后，云南省各界抗敌后援会发动昆明书画家作书绘画义卖，其中就有书画家吴锡忠作书多幅，以义卖所得捐献云南省各界抗敌后援会。京剧著名演员程派青衣吴继兰女士则在舞台上边唱边画兰花，此画当场义卖献金，“谁出的价最高就卖给谁，一幅宣纸画的水墨兰花图，竟卖至千元以上”。消息传出后，“爱捧名脚的有钱的戏迷们，又写信给戏院，要吴继兰重演这出边唱边画的程门青衣戏，他们再出高价买去。为此吴继兰接连演了多次，她分文不取，悉数捐献”。[2]

（三）捐款劳军

早在1942年日军侵入滇西前夕，据时任云贵监察使的民国元老李根源致蒋介石的电文中所言：“兹有腾冲耆绅李朝卿，闻我军歼敌，湘北大捷，来电捐助国币二万元，报效国家，慰劳前敌[线]将士，款由中央银行票渝。”[3]此为较早的民众捐款劳军的记载。至于发动云南民众捐款劳军的运动主要有两次：一是1942年的出钱劳军运动，一是1943年文化劳军运动。1942年5月，日军经缅甸入侵滇西之际，在云南地方政府的推动下，云南民众举行了一场出钱劳军运动。运动中由云南省政府机关领导、金融界、工商界知名人士组成出钱劳军运动委员会，以陆崇仁为主任委

① 王耕夫等：《抗战八年云南的戏剧运动》，《抗战时期西南的文化事业》，成都出版社1990年，第258页。

② 邹硕儒：《三迤黎庶拯危难——抗战中的云南民众》，《西南民众对抗战的贡献》，贵州人民出版社1992年，第25页。

③《腾冲耆绅李朝卿捐款二万劳军，李监察使电委座报告》，《云南日报》1942年1月13日，第4版。

员，杨家麟为副主任委员，以昆明金融界、工商界、富裕户及富庶县城为重点开展抗战募捐活动。据记载："几家纺纱厂，内地迁来的公私银行、锡务公司、钨锑公司以及大理在昆的永昌祥严燮臣先生、董澄农先生、昆明王天船先生、国货公司马筱春先生……最为踊跃，出钱不少。"另外，有"滇南财神"之称的李恒一家"出钱较多"；没有发动捐款的边疆民族地区的土司、头人，"闻讯后也争着向银行汇款"。据称这次云南全省出钱劳军运动的捐款总数，"可供百万军队约半个月的伙食费"。[①]

1943年的文化劳军运动，是为了响应全国慰劳总会发起文化劳军运动的号召而举办的抗日捐款活动。据报载：云南省"各界发动文化劳军运动以来，商界同业当仁不让，纷纷响应，踊跃捐款"，其中昆明市沐浴业同业公会顺鑫浴室、上海沐室、温泉沐室等十三家"共捐国币五千二百五十元"。[②]此运动中也相应成立云南省文化劳军运动委员会，主持全省文化劳军运动，举行献金竞赛，各团体单位及个人纷纷响应，为抗战献金。现就云南省1943年文化劳军运动的捐款情况特列表如下，可以更具体地了解这次劳军捐款活动的相关情形。（见表6-1）

表6-1　云南省1943年文化劳军运动捐款统计表

单位：国币元

捐款团体	捐款金额	捐款团体	捐款金额
昆明市沐浴业同业公会	5250.0	昆明市木业同业公会	2500.0
昆明市立大观小学	694.5	昆明市文具业同业公公	4125.0
交通部滇缅公路工务局	10000.0	裕滇纺织股份有限公司	3454.7
交通部滇缅公路运输局	5000.0	中企体育会	8430.0
云南省合作金库	3000.0	平正会计法律事务所	2180.0
云南戏剧改进社	216190.0	复兴商业公司云南分公司	2000.0
昆明市百货业公会	6000.0	禄丰县政府	7327.0
财政部云南盐务管理局	20000.0		

资料来源：由《云南省抗战时期人口伤亡和财产损失文献资料选辑》的部分资料统计而成，中共党史出版社2011年，第625—635页。

① 邹硕儒：《三迤黎庶拯危难——抗战中的云南民众》，《西南民众对抗战的贡献》，贵州人民出版社1992年，第25-26页。
②《沐浴业响应文化劳军，捐款五千余元》，《云南日报》1943年1月6日，第3版。

表6-1虽为云南省部分团体单位的文化劳军捐款，但至少可知参与捐款者有同业公会、学校、公司及政府机关单位等。虽然捐款有多有少，但都反映了云南民众支持抗战的积极态度。

二、为抗战捐献军用物品

云南民众除积极为抗战捐款外，也为抗战捐献各类军队必需品，如布鞋、如棉衣，最引人注目的则为抗战捐款购买作战飞机。

（一）为前方将士捐献鞋袜和棉衣

抗战军兴以后，随着战期的延长，军事后勤供应逐渐紧张，为此1938年9月9日全国征募寒衣运动委员会总会在武汉成立，发动大后方民众为前方抗日将士捐献棉衣。[①]云南也就相应成立了分会，会址设于国民党云南省党部院内，由省执委杨文清、陈廷璧主持，发动各地民众捐献"寒衣"。据记载："每年夏秋之交，由各市县党部开展捐献寒衣活动。"其捐献方式有两种，或由民众自觉自愿捐献，或"走访富商巨室动员捐献"。具体捐献情况，"一般群众有数人合捐棉衣或棉背心一至三、五件者，也有个人慷慨捐至十件以上者；富商巨室有捐献百件以上者"。在捐献运动中，"有的捐献实物，有的捐献代金"。所谓"代金"，就是以捐款购买寒衣来代替直接捐献寒衣实物，委托全国征募寒衣运动委员会云南分会代为购制寒衣，所以捐献代金实质上也就是捐献寒衣实物。全国征募寒衣运动委员会云南分会将"代金汇总"后定出寒衣的"规格、质量、工价"，再交由缝纫业工会代制。"有的缝纫商激于爱国热情，自愿降低或不收工价代制十数件到数十件"。在所直接捐献的棉衣上，也有爱国情怀的民众在缝制棉衣时，绣上诗句以激励前方抗日将士："人民手中线，战士身上衣；疆场御寒冷，何日凯旋归。"激励"战士"奋勇杀敌，盼望

① 参阅金功辉《抗战时期的全国寒衣总会》，《党史研究与教学》2004年第2期，第77-83页。

抗战尽快胜利，前方将士早日归来。至于全面抗战中滇人捐献的寒衣总数，难有一个确数，据估计，“以每年二三十万件计，最少也在二百万件以上”。[①]

日军进占越南后，滇军第60军（后扩编为第1集团军）及关麟征国民党中央军第9集团军进驻滇南，“云南三迤健儿穿着本省特有的连绊布鞋出征，被友军看到它比冬天冰脚掌、夏天汗脚掌的帆布胶鞋好，而且轻便”，所以经军事委员会后勤部门与云南省联系，要求云南省能提供部分布鞋给滇南驻防抗日军队。龙云随即要求国民党云南省党部代理主任委员张邦翰，尽快组织动员云南民众制作布鞋捐给抗战前线将士，“不但要使三迤出征子弟人人有布鞋穿，还要慷慨支援友军”。[②]在此背景下，云南省各界劝募布鞋劳军运动委员会成立，张邦翰任主任委员，1941年7月10日在云南省党部召开第一次布鞋劝募大会上，到会殷实商户二百多户，会上言称：“本省沿边驻防抗敌将士，日处于蛮烟瘴雨之区，当此炎夏雨季，裸足跋涉，从事系国卫民之工作，生活备受困苦，本省各界，为鼓励前方抗战将士抗战精神，并减少其生活苦痛起见，特发起组织劝募布鞋劳军委员会，决定劝募布鞋二十万双，赠送本省沿边驻防将士，以实慰劳。”会议决定在全省各地同时发动劝募。张邦翰号召云南各界民众捐献布鞋，言称“不能让三迤健儿冻着脚冲锋杀敌，一定要在半年内完成百万双布鞋劳军的任务，希望大家以爱自己子女之心来关心出征子弟的冷暖”。与会各界人士当场就认捐“布鞋四万八千二百五十双”，其中，“富滇新银行、中央银行、中国银行、交通银行、农民银行、裕滇纺纱厂、永安堂、云南纺纱厂各捐二千双”，其他在昆银行分行、厂矿企业、商号个人多有认捐。[③]云南省各县也纷纷成立募鞋分会，至7月18日积极募鞋者达32县，其中“罗平、曲溪两县据报均将超过预定数额，河西、曲靖两县则目前即已募足额”。[④]各县劝募分会“有因交通不便，或制备困难无法缴解实物者，多以代金代替缴纳”，然后由云南省各界劝募布鞋劳军运动委员会委托代制，制订委托代制收买办法，其中委托泸西等13县制鞋8万双。[⑤]其后劝募布鞋工作颇有成效，“首批布鞋三十多万双”于1941年秋末即“出省运往前线”，该年“年底百万双以上的布鞋劳军任务也圆满完成”。

① 邹硕儒：《三迤黎庶拯危难——抗战中的云南民众》，《西南民众对抗战的贡献》，贵州人民出版社1992年，第26-27页。
② 邹硕儒：《三迤黎庶拯危难——抗战中的云南民众》，《西南民众对抗战的贡献》，贵州人民出版社1992年，第27页。
③《各界热烈募鞋，劝募委员会昨开劝募大会，各界认捐数额将及五万双》，《云南日报》1941年7月11日，第4版。
④《各县纷纷响应劝募布鞋劳军，积极募鞋者达卅二县》，《云南日报》1941年7月18日，第4版。
⑤《布鞋劳军委会制订委托代制收买办法，托泸西等十三县制鞋八万双》，《云南日报》1941年8月24日，第4版。

布鞋捐献中，各县送来的布鞋，有的在鞋帮里面绣着“还我河山”“收复国土”“献给前方抗日战士”等字样；有的塞着如写有“踏着敌人的尸体冲锋”的字条、慰问信等，鼓励前方将士奋勇杀敌。这些鞋子颜色各异，“知非献自一家一户”，主持劝募布鞋工作的张邦翰也深受感动，嘱咐承担收集布鞋的工作人员：“人家一针一线做来的鞋子，如果来不及交运，下班时一定要搬入防空室保护，炸坏一双要你们赔啊！”[①]云南民众一针一线制作的布鞋来之不易。

1943年，应全国慰劳抗战将士委员会总会举行鞋袜劳军运动的要求，云南省慰劳抗战将士委员会拟定《云南省各县市劝募劳军鞋袜实施办法》，规定各市县劝募鞋袜的任务，按照昆明市每甲以劝募鞋袜各3双计算，昆明、宜良、个旧、曲靖等经济较好的四县每甲以劝募鞋袜各2双计算，开远等经济一般的74县每甲则以至少应募鞋袜各1双，永仁等边远县每2甲则以最少劝募鞋袜各1双计算，云南全省110市县共应募鞋袜共16238双。如缴代金，则以每双布鞋折缴代金65元，每双线袜折缴代金35元计算，折合代金1623800元，因物价的急剧上涨，后来折合国币为14545800元。[②]这项活动一直持续至抗战胜利，据云南省慰劳抗战将士委员会的呈文，至1945年8月，姚安、凤仪、云县、晋宁、江川、维西、屏边、新平、金平、佛海、南峤、邓川等12县已缴清，罗次、六顺2县尾欠已奉准免补，昆明、宜良等27县已交一部分，而昆明市以及曲靖、开远等69县则全数未缴，经催促在抗战胜利后才陆续上缴。[③]虽然如此，云南民众所捐的鞋袜或代金应最终捐献到各市县相关部门的，由此反映云南民众为抗战，应该人人为前方将士捐过鞋袜或代金的。

（二）捐药献血

抗战时期，前线战场上的抗日将士负伤流血，战地疾病传染，需要大量的医药和血浆；而另一方面随着日本侵略者对华战略封锁政策的实施，国外西药、医械进口日趋困难，增加了抢救伤员的难度。1939年6月1日，云南省各界抗敌后援会召集昆明市所有中西药店店主开会，动员捐献药品输送前线。全市数十家大小中

① 邹硕儒：《三迤黎庶拯危难——抗战中的云南民众》，《西南民众对抗战的贡献》，贵州人民出版社1992年，第27-28页。

② 《云南省慰劳抗战将士委员会为检送劝募劳军鞋袜实施办法致云南省民政厅公函》，《云南省抗战时期人口伤亡和财产损失文献资料选辑》，中共党史出版社2011年，第638-640页。

③ 《云南省慰劳抗战将士委员会请严令缴鞋袜代金捐款市县如数缴清并嘉奖已缴市县呈》，《云南省抗战时期人口伤亡和财产损失文献资料选辑》，中共党史出版社2011年，第642-643页。抗战时期云南省设有昆明市和昆明县两级政府行政机构。

西药店，激于抗战之大义，“都曾慷慨捐献过中西药品”，其中即以中药捐献最为突出，“曲焕章药房的百宝丹、公生药房的云南白药精”这两种止血治伤特效药捐献最多。大理董澄农先生也于该年10月6日捐献药款1万元交赈济会代买药品，转送第一集团军后方医院，为一时有名之义举。1940年4月1日，面对前线日益缺乏医药之现实，云南省各界人士集会成立征募药品委员会，由其统一发动中西药店及民众积极捐献医药用品救治前线负伤抗日将士。此外，医药用品除急需药品之外，其实“前方用量最大的急需的是纱布和药棉”，万不得已，“昆明市各大小医院，也把库存纱布药棉捐输到前方去，以致院里的医护人员不得不把包括注射针水时用过的微小药棉收集起来，连同用过的纱布绷带，经过严格消毒，再次使用”。①

由于抗日将士负伤日益增多，云南又以“前方将士流血，后方人民献血”相号召，为开献血之风气，首先云南军医分校师生成立输血团带头输血，以此带动云南广大青壮年踊跃献血。昆明市成立输血站以后，普通市民也逐渐认识到献血对于抢救前线负伤将士的重要性，便纷纷来站献血了。据记载：1944年3月24日，是昆明人民输血较多的一天，当天就把这些鲜血送给美国驻昆空军制造血浆。②

1944年7月12日，“在美国医药援华会的援助下”，“全中国第一个血库”在昆明建成，名曰军政部军医署昆明血库，设在昆明市昆华医院内。开幕式由军政部驻昆办事处主任大理人马崇六将军主持，有“中外来宾两百多人”参加，马将军在开幕式上发表讲话，他说：“这一次援华会帮助下的血库在昆明成立，将来把血输送到前方去，在中国的战史上，医药史上都是值得大书特书的。”血库主任易见龙则在讲话中，希望后方同胞踊跃献血，“不仅前方战士受益，即后方同胞遇有不测时也可以救助”。开幕式结束后，随即开展献血活动，其中有马崇六将军、红十字会救护总队副总队长倪葆春、杜聿明及其两个儿子杜致礼、杜致义等人登记带头献血。③血库成立不到一个月，登记捐血者已有100人，据统计，以性别分，男81人，女19人；以国籍分，中国人96人，美国人3人，英国人1人；其中“已捐血者八五人、不合格者五人、改期捐血者七人”，另有3人因故暂未捐血；所捐血，“三五〇公撮二一人，三二五公撮一人，三〇〇公撮三一人，二五〇公撮二三人，二〇〇公撮五

① 邹硕儒：《抗战中的云南民众》，《云南文史资料选辑》第50辑，云南人民出版社1997年，第318-319页。

② 邹硕儒：《三迤黎庶拯危难——抗战中的云南民众》，《西南民众对抗战的贡献》，贵州人民出版社1992年，第29页。

③《献出你的血来！血库昨日开幕》，《云南日报》1944年7月13日，第3版。

人，一五〇公撮一人，一〇〇公撮一人，七〇公撮一人，六〇公撮一人”。昆明血库即用所献之血“提制成血浆十七瓶，每瓶二五〇公撮，运往怒江前线”。[①]当然血库成立之初，因为“未获民众之了解”，心存迷信思想，多认为捐血会影响自身健康，所以虽在开幕之日，有“各界领袖捐血以为首倡”，但“民众自动前来捐血者，仍不甚踊跃”，大多数普通民众“裹足不前”。[②]后经各级政府部门的反复提倡，新闻界通过报纸期刊的宣传，捐血之人始得渐为增加。1944年7月12日成立之初，“七月份之捐血人数仅八十余人，八月中即倍之，九月份即增至四百□人”，在“十月尚未过去”之时，捐血人数“则已超过五百”，普通民众也逐渐认识到捐血“于健康毫无影响”，“故民间之迷信已逐渐破除”，捐血人数成倍增长，在1944年10月，“提制之血浆已逾三百瓶，皆由美驻华空军运往怒江前线”。[③]此后，以“有钱出钱，有力出力，有血出血”相号召，发动民众献血，献血者上至将军，下至普通百姓，既有众多中国人，也有外国有义之士，既有个人献血，也有团体组织献血。昆明血库则用云南民众或在滇工作人员所献之血制成血浆，源源不断地运往前线，救活过许多身负重伤的将士重上战场抗日杀敌立功。

（三）捐献飞机

抗战时期，中日军力比较，中国军事力量劣势最为明显的就是空军，抗战初期战场制空权基本上为日军所掌握，日机在中国领空如入无人之境。国人深深认识到这一点，所以在大后方各省纷纷兴起献机运动。地处大后方的云南也多次发动民众捐款献机，颇有成效。据报道，1939年1月1日至3日，个旧县举行抗敌宣传游艺会，其间即筹募“中国儿童号”飞机，“结果共募获旧滇票六千余元”。虽不够购买一架飞机，但个旧县教育局计划“连同中区各校学生逐日献金所得，于本年儿童节前贡献中央，充作购机之用”，也就是说可作为购买一架飞机的部分经费。[④]1941年初，云南全省各界抗敌后援会响应重庆国民政府号召，发动云南民众捐款“购买飞机抗日”，云南“各族各界人民热忱踊跃”，共“捐献出飞机30架”，当时“名

---

①《血库一月间制成血浆十七瓶，已运往怒江战场》，《云南日报》1944年8月8日，第3版。“公撮”为其时容量单位，1公撮等于1毫升。

② 易见龙：《军医署血库成立之经过》，《中华医学杂志》（重庆）1945年第31卷第6期，第449-453页。

③ 易见龙：《我国血库之形成及其重要性》，《社会卫生》1945年第1卷第6期，第26页。

④《个旧筹募儿童号飞机》，《云南日报》1939年1月18日，第4版。

列全国第一”。同年10月10日，杨西园作为云南献机代表，参加在重庆珊瑚坝飞机场举行的献机典礼，会上冯玉祥将军得知云南献机最多而深受感动，在大会上说：“云南虽是边疆多民族省份，抗日爱国热忱不后于各省市，应受表扬。”[①]另据1941年10月报载，重庆国民政府教育部发动的各省“青年”“教师”号飞机捐款，云南省“青年号”飞机捐款收获十万元，“教师号”捐款收获二万余元。[②]1943年5月4日下午3时，云南各界人士在昆明市拓东运动场举行献机命名典礼，云南省主席龙云以所兼滑翔分会会长的名义向大会发表演说：“为推行滑翔训练以设立国防教育之基础，特举行滑翔劝募运动，承社会人士热烈响应，踊跃献机，本兼会长无任欣慰，正式接受各界献机，为数不少，更觉万分愉快，除以向各界人士致谢外，并望社会各界继续献捐，以完成伟大之国防教育事业，不仅为献机者之光荣，亦国防教育之幸也。”[③]捐机的目的就是为国防，为中国抗日，各界人士捐献的滑翔机分别以志舟号、昆明号、宝华号、神队号、南屏号等命名，计划要求各界人士最终献机93架。

总之，云南各界民众，为抗日捐款捐物捐献飞机，支援前线将士抵抗日本侵略者，做出了应有的贡献，历史应记住云南民众的这份爱国热情。

第三节　云南的抗战征兵征粮征工

抗战时期，因前线将士的伤亡而需补充兵员，自然得在后方民众中征集子弟兵；前线抗战需要军粮，必然也得向后方民众征集军粮；后方及前线修建军用设施、具有战略意义的道路，都需要征集民工参与建设。作为大后方的云南民众，在此抗战征兵征粮征工方面，一直尽力支持，完成国家交给的“三征”任务。

---

① 杨西园《抗战时期云南献机记略》，《昆明文史资料选辑》第6辑，中国人民政治协商会议云南省昆明市委员会文史资料研究委员会，1986年内部发行，第57页。

②《“青年”“教师”号捐款，教部订定汇解办法，教厅转饬遵照》，《云南日报》1941年10月17日，第4版。

③《滑翔周第一日举行献机典礼》，《云南日报》1943年5月5日，第4版。

一、云南抗战征兵

1937年的卢沟桥事变，日本全面侵华，需要发动民众报名参军，上前线抗日杀敌。云南地方政府为此首先成立兵役筹备处，负责征调第60军、第58军新兵工作。随着征兵任务的增多，1938年上半年，云南成立军管区，由龙云兼任军管区司令，下设昆昭、建宁、楚大三个师管区，分别由马轸、马为麟、杨益谦任师管区司令，师管区下设若干团管区，此为负责征集新兵任务的征兵机构。1942年，撤销团管区，将原有的三个师管区，改为昆宜、昭宣、建文、楚宁、腾大五个师管区，每一个师管区设一个基干团，负责接送新兵。[①]征兵机构的设立有利于征兵工作的顺利推行，能迅速为在抗战前线伤亡较大的部队补充兵员。

如前所述，活跃在抗日战场的云南地方军队共有四个整军，将士伤亡极大。比如1938年第60军参加台儿庄之战后，该支部队的将士就有大量伤亡，仅阵亡的少尉排长以上"官佐"即达178员。[②]因此，急需补充兵员以继续抗日杀敌。根据国民党中央政府的规定，除老3军外，第60军、第58军、新3军则由云南本省负责补充兵员。据史料显示，1938年5月云南为正在前线抗战的第60军补充兵员，将云南省分为三个征兵区，其第一征兵区包括嵩明、呈贡、安宁、澄江、晋宁、易门、罗次、禄丰、富民等县，要求征兵数额为2422名；第二征兵区包括宜良、昆明、玉溪、路南、泸西、弥勒、师宗、罗平等县，要求征兵数额为2355名；第三征兵区包括宣威、平彝、沾益、曲靖、寻甸、马龙、陆良、巧家、会泽、昭通、彝良、大关、鲁甸等县，要求征兵数额为2463名，总共征调兵员7240名，补充第60军战斗减员。[③]此次为补充第60军兵员而征兵，主要由滇东各县负责。

就整个抗战时期云南承担的征兵任务，据亲历者估计，抗战时期所征兵额，云南先后共征兵35万人，其中补充作战伤亡约10万人，补充驻滇中央部队5万人，

① 马伯良、赵振銮：《民国时期云南兵役概述》，《昆明文史资料选辑》第11辑，中国人民政治协商会议云南省昆明市委员会文史资料研究委员会编，1989年内部发行，第2页。

②《陆军第六十军鲁南阵亡官佐名职表》，《追悼六十军抗战阵亡将士特刊》，滇黔绥靖公署政治训练处编，1938年，第31-32页，云南省图书馆藏。

③《民国二十七年度征补第六十军补充第四、五、六团兵额一览表》，《云南省抗战时期人口伤亡和财产损失文献资料选辑》，中共党史出版社2011年，第176-177页。

驻滇各机关、工厂、学校、后勤单位杂项兵夫、警卫班队约2万人。至抗战结束时，补充驻外省的第58、新3两军4个师约6万人，入越的第60、93两军6个师约8万人。另外，驻守云南的地方部队，补充约共4万人。[①]据其时论述者谈到云南战时贡献时所言，按照通常估计，一国壮丁动员，为全人口数5%（甲乙壮丁在内）。一国如此，一省亦然，以云南930万余人口之5%计算，至多只能动员壮丁40余万人，而此40余万壮丁中，堪以作战之壮丁，照魏德迈亚将军之估计，至多有35万人，而云南征集之兵员，适与此数大体相等，其他自行投效从军，与被驻军强拉而去者，尚未计入，可谓云南“已尽最大之努力”。并且，“他省出兵，自征集训练装备，以至出动给养，多由中央负其责，而云南则大半由地方任之”，云南地方负责征集兵员，又负责部分军队的给养，实云南贡献国家尤多。[②]

另据何应钦所掌握的资料统计，抗战时期（1937年8月至1945年）国民政府分配给云南的征兵任务为373361人。[③]而实际征兵数则为374693人，比较配额征兵数略有超出，其中1938年为96317人，1939年为25582人，1940年为731人，1941年为35509人，1942年为59017人，1943年为58180人，1944年为63231人，1945年则为36126人。[④]此罗列的征兵人数较为具体。如加上在昆部队强拉应兵役人数等，抗战时期云南实际征兵人数可能更多。

在征兵上前线过程中，也有请缨杀敌、主动从军者，如宜良县城东村有青年“苏云鹤、张一清、李中云”，“因愤于日寇之凶残，每一念及，不胜切齿”，三人毅然同至宜良县总团处请缨杀敌，且异口同声向村中人立誓：“倭寇不杀退，誓不回家乡！”用语慷慨激昂。[⑤]此外“汉、彝、白、哈尼、纳西、回、蒙、傣……各族人民，送子送夫应征出战者”亦有之，其中“大姚县一彝族老大爷于儿子整装出发时，立于道旁，按彝家习俗，吹奏竹笛送别，笛声激越凄厉，大有‘风萧萧兮易水寒’之慨”。此

① 马伯良、赵振銮：《民国时期云南兵役概述》，《昆明文史资料选辑》第11辑，中国人民政治协商会议云南省昆明市委员会文史资料研究委员会编，1989年内部发行，第9页。马伯良，又名马德明，民国时期长期在云南军政界任职；赵振銮，民国时期曾任滇黔绥靖公署人事科长。

② 郑崇贤：《滇声》，香港有利印务公司1946年，第18–19页，云南省图书馆藏。

③《抗战期中各省壮丁配额统计表》，《八年抗战之经过》，1946年，出版社不详。

④《抗战期间各省历年实征壮丁人数统计表》，《八年抗战之经过》，1946年，出版社不详。上述政府配额征兵数及实征兵员数与孙代兴、吴宝璋《云南抗日战争史》中所列数据略有出入，参阅孙代兴、吴宝璋《云南抗日战争史》，云南大学出版社2005年，第67页。

⑤《宜良三青年请缨杀敌》，《云南日报》1939年7月5日，第4版。

事经大姚县长伙心从报云南省政府后，云南省民政厅即颁发“爱国可嘉”锦旗一面予以褒扬，借此典型鼓励云南民众送亲人从军。[①]鲁甸县桃源镇十三保回民马玉民，60岁，因愤日寇侵略，特于1942年10月23日将其子马少臣送至镇征兵处，验收从军，并对其子说：“国家兴亡，匹夫有责。余年老，不能杀敌，深以为憾。今汝赴前方抗战，能为国而死，方不愧大丈夫！”语气激昂，闻者无不动容。[②]另有禄丰县青年，也主动应征：“青年团云南支团禄丰分团部筹备处团员李凤鸣、刘兆文、袁镇团、吴学礼等四同志，矢志报国，自动应征，业经某师检验合格，先后入营受训，又该处团员阳增祥、王祥科、刘有富、张文明、李建勋、李世宽、易为模等六[七]同志，杀敌心切，自动请求从军，业经该处介绍入远征军政治部工作。”[③]

当然，征兵中也存在种种弊端，如有“兵痞、流氓，与征兵人员勾结，顶替有钱人当兵，将钱私分，半路逃跑”；有“为逃避兵役”，自伤身体手足；有“独子拉去当兵”，违背战时《兵役法》；有保甲长强拉壮丁，致使“壮丁不敢在家生产”，荒废农作；有“新兵接收后，接兵部队克扣粮饷，有病不医，沿途病饿死亡，隐瞒不报，到交给正规部队时，才报死亡，从中吃空”，所以“后方征兵多，前方补充少”，如此等情事，影响了云南征兵任务的完成。[④]据1944年的报载：秦少棠等一行三十余人于去年十二月至玉溪接兵，本应即时接收返省复命，乃该员故意稽延时日，加重地方负担，直至本年五月中旬开始验收等候已久之新役，验收时，除大量卖放壮丁外，复巧立各种名目，勒收所谓验收费。验收之壮丁，又每人收服装费三十元，旅费每人四百五十元，前后勒索款项不下二百余万之巨。现该项赃款已为玉溪县参议会截获一百零六万五千元，余款尚无着落。[⑤]此为战时征兵腐败的具体真实写照。载于时报，人赃俱在，白纸黑字，应非虚假报道。

然而，虽然抗战时期云南的征兵工作存在如此众多的弊端，除“少数自觉从军”外，多数为“勉强应役”，但云南毕竟能最终完成政府的征兵任务，基本满足前线抗日杀敌军队的兵员补充，这是云南民众所做的又一贡献。

---

① 邹硕儒：《抗战中的云南民众》，《云南文史资料选辑》第50辑，云南人民出版社1997年，第309页。

②《回胞马玉民送子从军》，《云南日报》1942年11月13日，第3版。

③《禄丰青年自动应征》，《扫荡报》1944年4月30日，第3版。

④ 马伯良、赵振銮：《民国时期云南兵役概述》，《昆明文史资料选辑》第11辑，中国人民政治协商会议云南省昆明市委员会文史资料研究委员会编，1989年内部发行，第18页。

⑤《秦少棠贪赃枉法，假借接收壮丁勒索巨款，巧立名目贪赃二百余万》，《扫荡报》1944年6月25日，第3版。

二、云南抗战征粮

俗话说："军队未动，粮草先行。"又云："足食先于足兵"，"兵无粮自散"。为抗战军队征粮，也是云南民众应尽的责任与义务。云南本山地多，耕地少，出产粮食本不多，常需向越南、泰国、缅甸等国购买一部分粮食，粮食不能自给。正如时人所言："云南本系山多田少，向来产粮不能自给，恒赖安南、缅甸、暹罗之米，运入调剂。"抗战时期，由于敌人的封锁，国外如泰国、越南、缅甸等地的粮食越来越难以运入，在举国一体抗战中，其他省份粮食也日见紧缺，靠外省支援云南粮食也不现实；而抗战时期，随着战区难民涌入后方云南，机关学校等内迁入滇，抗日军队开进云南，以粮食为主的日常生活用品的需求也就渐趋增大，确实给云南民众供应如此众多的新增人口的生活必需品增加了压力。

其实，早在抗战之前，云南地方政府认识到云南向来粮食难以自给，已为抗战预先准备，办理"积谷"已有数年。其过程则据抗战时期主政云南地方政府的龙云回忆：

云南原是一个粮食不能自给的省份，向来依靠越南米进口，若遇歉收年景，更加严重。尤其是个旧厂矿区数十万员工和居民，经常就靠越米供应。从"九一八"事变后，我预料到中日将来会有大战，粮食问题非常重要，云南必须做到粮食自给才行，于是着手办理全省积谷(类似清朝的义仓)。到"八一三"时，云南全省积谷已有相当的成数，每年继续递增，到了抗战时期已有一定的充实。后来京沪两广沦陷，各地的人纷纷到滇，多数的机关、学校、工厂陆续迁来。接着缅甸沦陷，大量华侨回国。蒋军驻滇的部队有数十万，美军及技术人员约二万多人。总计涌来的军民不下百余万人。滇越铁路又早已中断，粮食没法进口。在这样的情况下，滇省粮食能供应不缺，积谷实在起了不小的作用。[①]

确实，在抗战时期，云南的抗战军民，所需粮食能够"供应不缺"，其中云南地方政府在抗战爆发之前办理积谷，预先储备大量粮食实为重要原因之一。对于在抗战前办理积谷之事，另一时人郑崇贤先生亦做过如此陈述：

云南省政府，在民国二十年，已将全省户口，调查完毕，乃于二十一年十一月，核定整理各县仓储办法，按照各县人口，拟定低限度应储仓谷量数，至省内各仓

① 龙云：《抗战前后我的几点回忆》，《文史资料选辑》第17辑，中华书局1961年，第56页。

废，无论属何机关，其原有存储，应即从速清理填还，是年十二月，由民财两厅会呈，依据各地方仓储管理规则第一、第三两条规定，分为县、市、区、乡、镇、义仓六种；县市仓积谷数目，由民政厅定之，区仓由县政府定之，而乡镇仓则以每户积谷一京石为准，当经省府核定，尽二十二年底一律积足，复于二十三、二十四、二十五三年内，每年应照定额，增填十分之二，迨二十六年战事爆发，复规定新案，增填三成，依据当年统计报告，计全省一市，一百一十二县，两对泛区，十四设治局，共二百三十三万八千二百七十二户，积有谷数二百八十六万六千七百三十七京石，以后逐年增填，有积至每户三京石之标准者。①

郑崇贤先生的记载则更为详细具体，毕竟其所做的记录是在抗战刚结束之后。云南地方政府至抗战爆发之年已储备2866737京石的积谷，为抗战粮食之急需预做准备，此为十分具有远见的举措。办理积谷涉及云南绝大多数民众，2866737京石的积谷是云南民众的流汗劳动得来，这是云南民众在抗战之前已为抗战所做的最重要的贡献之一。

如前所述，田赋本为云南地方收入，田地清丈后，田赋更名为耕地税，按田地实测面积征收，这一制度一直延续到抗战时期。1941年4月，国民党中央召开五届八中全会，议决："为适应战时需要，各省田赋暂归中央接管，以便统筹而资整理案。"云南的田赋也就收归国民党中央政府办理。由于物价节节上涨，同年6月，第三次全国财政会议，则规定："自民国三十年下半年起，各省田赋一律征收实物。"这就是后来影响深远的田赋征实政策。云南省则从1941年8月1日开始，田赋"由中央接管，并改征实物"，同时成立财政部云南省田赋管理处，各县亦相应成立各县田赋管理处，以"每原征耕地税额一元，改征稻谷一市斗二升"为标准，实行田赋征实，其中"交通便利产粮较丰之昆明等六十三属，全部征收实物"，其他"交通困难产粮较少"各县局等属，则"折征法币"，缓办征实。②1942年又在此基础上带征县级公粮，"以作县级公教人员公粮之用"，并又增加粮食征购，以"每谷一市石，给价国币一百九十元"征购粮食，"以济军需"。1943年，因物价飞涨，原定给价已远低于市场价格，中央所拨征购款项已购买不了所定征购粮食数量，云南实行部分粮食征借办法，尽力征足国民党中央政府安排的粮食征集任务，为抗战征

---

① 郑崇贤：《滇声》，香港有利印务公司1946年，第10-11页，云南省图书馆藏。

② 《续云南通志长编》（中册），周钟岳、赵式铭等修撰，云南省志编纂委员会办公室整理，1986年内部发行，第729-730页。

集更多的粮食。[①]现就抗战时期的田赋征缴、带征县级公粮以及粮食征购、征借等具体情形,特列表如下。(见表6-2)

表6-2 抗战时期云南省田赋征缴及粮食征集情形统计表

类别	1941年度	1942年度	1943年度	1944年度
征实县区应征数	900095公石	1500000市石	1200000市石	1500000市石
征实县区起征数	902414公石	1713886市石	1119455市石	1560823市石
折征县区应征数	35258758.92元	10136094.9元	31178510.8元	29833994.7元
折征县区起征数	23477382元	5353272元	16366987.47元	20009493元
带征县级公粮征实县区应征数		500000市石	500000市石	700000市石
带征县级公粮征实县区起征数		558117.464市石	427931.39市石	475490.629市石
带征县级公粮折征县区应征数		3378698元	8908148元	13922530元
带征县级公粮折征县区起征数		1109562.75元	3004777.46元	6280416.10元
随赋征购应征数		2000000市石	300000市石	
随赋征购起征数		2702464市石		
随赋征借应征数			600000市石	2100000市石
随赋征借起征数				2067522市石
备注	1.应征数即为国民党中央政府计划安排的粮食征收数额,起征数即粮食实际征收数额。 2.折征县区指交通困难的县区在征收粮食时折成法币征收,实非田赋征实。 3.折征县区应征、起征数以国币元计算。 4.1943年计划征购30万市石,征借60万市石,实际起征数二者合计共为872446市石。			

资料来源:《续云南通志长编》(中册),周钟岳、赵式铭等修撰,云南省志编纂委员会办公室整理,1986年内部发行,第729—737页。

表6-2为抗战时期1941年至1944年的田赋征实、随赋征收县级公粮以及征购、征借粮食的具体数据,可反映战时田赋征实、县级公粮征收以及征购、征借的

①《本省决定实施粮食征购改为征借》,《扫荡报》1944年6月20日,第3版。

实际情形。事实上根据云南实际情况，田赋征实在云南仅交通便利的县份实行，而交通困难的县份则折为法币上缴，实质上并非征实。从上述数据来看，云南田赋征实，仅1943年略有欠征之外，其余数年都超出原定计划征实数额；带征县级公粮除1942年略有超出外，1943年、1944年则为欠征，实际起征数额大为少于原定计划应征数额；而随赋征购征借中，实际起征数额则基本上符合计划应征数额。虽然此为抗战期间仅4年的粮食征集数据，但由于云南民众既需办理积谷上缴粮食，又要为田赋征实、县级公粮征收以及征购、征借上缴军粮、公粮，负担沉重，加之又遇水旱灾害粮田歉收，完成粮食征集任务实属不易。1942年，云南省“泰半县属，均以晴雨调匀，得庆丰收”，“三迤人民对其应纳粮赋复能踊跃输将，结果全省计收三十一年度征购稻谷二百七十万二千四百六十四市石，合较定额，已溢购粮食七十万零二千四百六十四市石”，而至1943年，云南“遭受空前巨灾”，水旱灾交替肆虐，云南“全境百分之八十以上县属，收成均属锐减”，但也基本完成原定征购、征借任务。诚如前人所赞扬的：“滇民爱国情绪，诚可标之史实，永垂不朽矣。”①

正因为粮食征集任务奇多，云南民众负担相应加重，所需上缴的公粮、军粮也就时而难以筹集到位，所以也就动用云南地方政府多年储备的积谷，以供应军粮。如1942年，因“征实征购之谷，尚未能如期征缴，决定借用积谷碾交”，以多年积谷补征集之暂时缺额，共计在沾益、马龙、禄劝、江川、楚雄、广通、元谋、宣威、罗平、华宁、禄丰、武定、开远、泸西、弥勒等15县，提借264000京石，约碾米88000大包，补给附近各省各部队10月及11月军粮；在蒙自、石屏、建水、屏边等4县，提借9万京石，约碾米3万大包，补给第1集团军；在文山、砚山、西畴、马关、广南等5县，提借6万京石，约碾米2万大包，补给第9集团军；又在保山、大理、永平、凤仪、宾川、邓川等6县，提借6万京石，约碾米2万大包，补给第11集团军军粮。②1944年，国民政府粮食部“以军粮不敷”，电请云南省政府“商借积谷一百二十万公石，碾米四十万大包，拨交军食，并全部作借”。后以1943年滇省水旱灾严重，以“三分之二作借，三分之一作购”为办法，以各县属积谷向粮食部如数提交军粮。③

①《续云南通志长编》(中册)，周钟岳、赵式铭等修撰，云南省志编纂委员会办公室整理，1986年内部发行，第735-736页。

②《云南省民政厅查报各县拨借积谷接济军粮情形呈》(1942年11月10日)，《云南省抗战时期人口伤亡和财产损失文献资料选辑》，中共党史出版社2011年，第397页。一大包实为100千克。

③《省府妥定办法，借购积谷济军粮，民厅粮管局令各属照办》，《扫荡报》1944年6月24日，第3版。

三、云南抗战征工

云南在抗战前，即征用义务工役，修筑省境内四干道八分区道路，民众自备伙食工具应征出工。抗战爆发后，则为国际公路、铁路、军用机场大量征用民工，征工可谓更为浩大。如前所述，抗战时期云南的建设，最为突出者一是以滇缅公路为代表的交通道路的建设，一是各类机场的修筑。据民国云南所修方志记载："抗战后，本省地位日趋重要，中央先后在此兴修叙昆铁路、滇缅铁路，改善滇缅公路、川滇西路（西祥公路），兴修羊街飞机场、呈贡飞机场及中印公路。除人员组织由中央直接办理外，每项工程实施，均需大量民力"，如此大型的工程需要大量人力与物力才能完成，云南地方政府确实为此征用了大量的民工参与这些工程的建设。①

（一）为修筑战时交通运输线路、管道而征工

如前所述，抗战初期，经龙云向国民党中央政府提议，准备在云南修筑滇缅铁路和滇缅公路。据《续云南通志长编》记载："抗战以后，本省公路益加速发展，滇缅公路由昆明至畹町，全长九百七十三公里，于二十七年间动员民工百万人，仅八阅月而全部完成；沿途翻山越水，克服天险，工程艰巨，世称奇迹。"滇缅公路的最终修成，动员了百万民工，虽为概数，实反映了此项工程征用民工人数之多。至此，云南全省"通车公路之里程，达三、四千千米，以昆明为中心，西通缅甸，东接川、黔两省，实为横贯本省之主要干线。其他与越南、泰国及广西衔接之各干线，亦经分段修筑"。至于县与县间之联络及市区至名胜古迹的公路，"主要者均已通车"。兴建如此多的工程，自然政府财力不足，难以承担，"所赖以完成此工程计划者，惟在利用伟大民力之征调而已"。②也就是说云南各公路建设的完成，都在于利用民力，征调大量民工。如前所述，其中滇缅公路由昆明起至畹町止，全长970余千米，滇缅全线每天出工人数，在紧张时期超过20万人。③

在修筑公路的同时，云南也开始修筑滇缅铁路。滇缅铁路从昆明修至滚弄

---

①《续云南通志长编》（中册），周钟岳、赵式铭等修撰，云南省志编纂委员会办公室整理，1986年内部发行，第970页。

②《续云南通志长编》（中册），周钟岳、赵式铭等修撰，云南省志编纂委员会办公室整理，1986年内部发行，第968页。

③ 浦光宗：《滇缅公路》，《抗战时期西南的交通》，云南人民出版社1992年，第109页。

止，共长881千米，共有土方350余万立方米。因工程浩大，由地方征募民工协修，计有昆明、安宁、罗次、禄丰、广通、楚雄、双柏、牟定、镇南、盐津、武定、大姚、姚安、弥渡、祥云、宾川、大理、永仁、凤仪、禄劝、双江、景东、澜沧、镇雄、顺宁、云县、保山、蒙化、缅宁、昌宁、沧源设治局、耿马设治局等32县、局承担征集民工任务，共计征集民工出工次数为7128000人次，始将滇缅铁路土方工程大体完成。虽然后来因日军入侵缅甸和滇西，滇缅铁路没有最终完成，但大量征集民工为抗战服务开挖土方，却不能被历史所忘记。

日军侵略缅甸、滇西以后，为打破敌人的封锁，除开辟空中运输线驼峰航线外，另辟陆上交通线——中印公路。为抢修这一段公路，在保山成立第一工程处，负责修筑国内路段；另成立第二工程处，负责缅境内路段的修筑。其中，“一处工程，由保山、龙陵、腾冲三县征调民工一万三千人；二处由腾冲征调民工三千八百余人，梁河九百五十人，莲山一百人”，于1944年10月16日由洒鲁河边开始工作。①

铺设中印油管工程，虽不如修筑铁路、公路那样需要成千上万民工，但毕竟也需要一定量的民工协助铺设油管，也须由油管铺设沿线各县征集部分民工参与铺设。其中第一期工程，由祥云县云南驿敷设至保山，计长300余千米，征集民工祥云县500名，弥渡500名，凤仪300名，漾濞300名，永平400名，用时一个月完成，共计征集民工出工次数为6万人次。第二期工程由昆明至祥云县云南驿，也有300余千米，征调姚安、镇南、楚雄、广通、禄丰等县民工各300名，用时两个月完成，共计征集民工出工次数为45000人次，敷设油管工程全部如期完成。至于保山至印度，则由中美合作敷设，征集民工数量难有确数。②

（二）协修飞机场

抗战时期，为空中运输、掌握制空权和对日本本土进行空袭，陆续在云南各地修筑飞机场。如1938年修筑广南机场，施工之初，广南全县7区120个乡（镇），每天到工人数，多时达3000余人，少时也有600至700人。因工程进度缓慢，于是要求西畴、砚山、邱北、富宁等四县各派民工2000名支援广南修筑机场，“四县支援

①《续云南通志长编》（中册），周钟岳、赵式铭等修撰，云南省志编纂委员会办公室整理，1986年内部发行，第997页。

②《云南省战时征工概况》，《云南省抗战时期人口伤亡和财产损失文献资料选辑》，中共党史出版社2011年，第771–772页。

民工相继到达广南协助施工”，“各县援建民工，一个月换班一次，开始两个月，人员基本按规定之数到齐，机场工地修筑民工达万余人”，机场土工基本告竣时，累计用工130万余个。[①]机场建成后，1942年，美军进驻一个拥有27架P40、P51型战斗机的空军分队，“截击由越南入侵云南的日军飞机”。抗战以前，蒙自建有一个小型飞机场。为适应抗战时期驻云南空军部队训练与作战需要，1938年对蒙自小型机场进行扩建。扩建过程中，共在蒙自、建水、个旧、屏边、开远5县征集民工约4000人，共用民工约35万个工日，扩建成一个东西长1200米，总面积达90万平方米的梯形机场。[②]

再如在1944年至1945年间，云南省各地共修建有五大飞机场：羊街飞机场、呈贡飞机场、保山飞机场、罗平飞机场、思茅飞机场。其中协修羊街飞机场，征调马龙民工2000名，陆良2500名，沾益3500名，曲靖4000名，嵩明6000名，寻甸7000名，用工时间两个月，共计征集民工出工次数为150万人次；呈贡飞机场，征调昆明民工6000名，宜良6000名，用工时间也为两个月，共计征集民工出工次数为210万人次；保山飞机场，征调保山民工2000名，用工时间为20日，共计征集民工出工次数为4万人次；罗平飞机场，征调罗平民工15000名，用工时间为40日，共计征集民工出工次数为40万人次；思茅飞机场，征调思茅民工500名，宁洱1000名，六顺1000名，用工时间为40日，共计征集民工出工次数10万人次。[③]

除了上述所罗列的修筑飞机场的民工征集人数及出工次数外，另在修筑扩建昭通飞机场、芒市飞机场、楚雄飞机场、祥云云南驿飞机场、泸西玉林坡飞机场、沾益飞机场、祥云白屯飞机场、昆明巫家坝飞机场、嵩明杨林盖山飞机场、陆良飞机场等大中小各类型的飞机场中，亦大量征集民工参与飞机场的修筑，为抗战出工出力。

对于征调民工的过程，据记载，每次工程兴办时，由云南省公路管理局“奉令成立协修各铁路、公路、机场征工处、募工处及征工总管理处”。每次工程动工，由工程机关将需用民工数目决定后，交给云南省公路管理局各征工处、募工处办理。云南省公路管理局复查需工数量后，分别命令各道路所经过的各县政府负责代为征派。此项征工，因工程所需民工数量庞大，“动以千万计”，而其时抗战政府的财

① 朱振仑：《广南机场修建纪实》，《抗战时期西南的交通》，云南人民出版社1992年，第265-266页。

② 蒲元华：《抗战时期的云南交通》，《云南文史资料选辑》第52辑，云南人民出版社1998年，第373-374页。

③《云南省战时征工概况》，《云南省抗战时期人口伤亡和财产损失文献资料选辑》，中共党史出版社2011年，第771-772页。

力确实有限，虽然给予工资，但没有达到其时一般普通工资标准，属于半费半义务性质，所以征工具有一定的困难，一般民工不愿应征，不得不“借重地方官绅之力量，按区保摊派，曷克臻此”。摊派就是当时征工的方法。民国时期地方官绅的力量确实巨大，这是民国基层政治的基础，“历次办理，各县官民均能仰全时艰，全力相助，使各项重要工程，均能依照预定计划顺利推进”，说明按区摊派的征工任务能够完成，工程也能按预定计划完成。

当然，对于这种半费半义务性质的征工，其实就是建设经费问题，云南地方政府认为：全面抗战时期云南兴办“如此庞大工程之经费，仅赖少数之附捐及余款，实属微乎其微。修筑公路既为政府重要设施，同时亦为发展交通所必需，故不能因经费之困难而停顿。何况发展交通，繁荣地方，实受其惠者均属人民，则强民出资虽属不易，而发动民力尚属可能”。由于工程浩大，所需经费必然庞大，政府难以承担，而修筑道路，当然惠及道路所经各地，那么摊派经费给道路所经各地普通民众，也属有理，但对于普通民众而言又属沉重负担。然而，摊派修路经费虽属不易，但摊派用工客观上却是可能的，因为“广大之农民，农作岁收以后，正可利用劳作”，征用去修筑道路，既为国家，为抗战交通，又为其本人。这就是云南地方政府为修筑道路以半义务性质征用民力所持的理由。

所以，最初云南征工办法实行的是义务工作制，原则上拟定每人每年须服义务工作5天，“能工作者由本身直接履行，不能工作者则可出资雇工代役”，后因办理手续太繁，故没有普遍实行，而改为根据修筑道路所需工数，向道路所经各县给予摊派。“此种办法实行之初，似近苛扰”，因为征调民工“负责修路，不但不给工资，并须自负行装工具，自备糇粮，远道工作”，实属不易。但经宣传，修路为自己，又为当前国家抗战，普通民众“仰体时艰，踊跃应征”，又“交相劝勉，为谋地方建设，忍痛暂时”，征工遂逐渐顺利，效率得以提高。由此可见，普通民众虽需维护个人利益，但能识大体，激于民族抗战图存之大义而愿弃个人之小利，情操实属高尚也，这就是中国真正的脊梁。①

事实上，征调民工，还在中印公路尚未完成即有过统计，“先后协修各铁路、公路及机场，除中印公路因军事关系、已经出工而又停止外，实际出工已达四十万人

①《续云南通志长编》（中册），周钟岳、赵式铭等修撰，云南省志编纂委员会办公室整理，1986年内部发行，第978-979页。

之谱，实做工数达五千三百余万工，斯诚本省民众对国家之伟大贡献也”。[①]现根据相关资料，就部分建设工程的征工情况列表如下，可更具体地了解抗战时期的征调民工之实情。（见表6–3）

表6–3　抗战时期云南各项建设工程征工统计表

单位：万人

工程名称	征工区域	规定征工人数	实际出工人数	实际工数
修筑叙昆铁路	由宣威至昆明沿线各县	4		360
修筑滇缅铁路东段	昆明至祥云沿线各县	12	7.2	1296
修筑滇缅铁路西段	弥渡、祥云、云县、顺宁、缅宁、双江、澜沧等县	22	14.5	1740
修筑滇缅公路	该路沿线14县		先后动员民工共约100万人，最高潮时日出工人数至少20万人	约2500
修筑西祥公路（川滇西路）	祥云至永仁沿线各县	3.5	3.15	661.5
改善滇缅公路	该路沿线14县	13.95	8.36	1111.2
修筑史迪威公路	沿线各县保山、龙陵、腾冲、梁河、莲山	10	1.785	
修筑滇越公路	所经蒙自、金平等县	2.6	1.56	140.4
修建川滇东路	宣威、沾益、曲靖等县		1	
修筑昆义公路（滇黔南路）	师宗、罗平等县			200

①《续云南通志长编》（中册），周钟岳、赵式铭等修撰，云南省志编纂委员会办公室整理，1986年内部发行，第971页。

② 所谓出工次数，即以出工一日为一次。

续表

工程名称	征工区域	规定征工人数	实际出工人数	实际工数
滇桂公路开砚文线	邱北、砚山、文山、广南等县			200
修筑羊街机场	机场附近各县	4.2	2.0203	30
修筑呈贡机场	机场附近各县	1.5	0.63	25.2
扩建保山机场	机场附近各县			53
修筑罗平机场	罗平县		1.5	40
修建思茅机场	宁洱、思茅等县		0.25	11
改建广南机场	广南、西畴等县		1.4	170
扩建蒙自机场	蒙自、建水等县		0.4	35
协助铺设中印输油管	保山至昆明沿线各县		0.35	10.5

资料来源:《续云南通志长编》(中册),周钟岳、赵式铭等修撰,云南省志编纂委员会办公室整理,1986年内部发行,第988—989页;蒲元华《抗战时期云南的交通》,《云南文史资料选辑》第52辑,云南人民出版社1998年,第359—376页。

表6-3为全面抗战时期云南修建铁路、公路、机场,铺设输油管的征工情况,虽然不敢说所做统计已完整,但表中所列关于战时云南重大工程的征工数量基本上已统计到位,应能说明在全面抗战时期云南兴建各类工程中征工数量是十分庞大的。

第七章

战时云南的人员伤亡与财产损失

战争是痛苦的，和平是珍贵的。全面抗战的硝烟早已消散，历数云南战时的财产损失与人员伤亡，那仍然是一种十分沉痛的表述。然而，也许有了这种表述，才懂得和平来之不易，维护世界和平的决心才坚定，阻止日本军国主义思想与行为死灰复燃的努力才坚决。

云南地处西南边陲，本处于抗战大后方，但面对这场日本侵略者经长期谋划、蓄意发动的采取海陆空立体方式入侵中国的近代战争，处于大后方的云南并没有能够远离战火而置身于战争之外。全面抗战初期云南地方政府派遣军队出滇抗日，多有伤亡；因为抗战时期云南处于极其重要的国际交通线上，所以其战略地位骤然提升，1938年9月28日，日本轰炸机首次轰炸昆明，其后数年轰炸渐趋频繁，给云南民众造成的财产损失与人员伤亡巨大，难得其确数。1942年1月，日本侵略者大规模入侵缅甸，更意味着云南可能无法避免抗日战火的直接燃烧，果然在1942年5月，日军闪电式地从缅甸入侵滇西。虽然最终能阻日军于怒江西岸，但云南已由抗战大后方迅速变为抗战前线；随着反法西斯战争渐露胜利的曙光，云南又成为盟军反攻战的基地，其间云南因滇西之战而造成的财产损失与人员伤亡更是无法计算。总之，在全面抗战时期日本侵略者给云南所造成的人员伤亡和财产损失是巨大的。

然而，如果对全面抗战时期云南的人员伤亡和财产损失进行比较精确的统计，却并非易事，因为人员伤亡和财产损失发生在全面抗战的各个时间点上，并也发生在云南各县市乡镇中，其时当事人所做的记录总是局限于某一个地点，某一事件，难有总结性的统计，所以关于人员伤亡和财产损失的数据也就散见各种资料当中，而挖掘这些资料也就需要大量的人力与物力。2004年，由中共中央党史研究室承担的国家社科基金特别委托项目《抗日战争时期中国人口伤亡和财产损失》（简称"'抗损'课题"）首先分省开展调查研究，而关于云南省抗战时期人员伤亡和财产损失的调查研究则由云南省委党史研究室承担。云南省委党史研究室成立该子课题省课题组，组织云南各市、州、县党史研究室成立各市、州、县课题小组，分区展开调查。调查当中，首先是文献调查，大面积查阅原始档案资料，一方面组织各市州县党史研究室人员深入各市、州及各县档案馆，搜寻所藏抗战时期有关人员伤亡和财产损失的档案资料；另一方面省课题组成员则到"省博物馆、省政协文史委、省公安厅档案室和南京中国第二历史档案馆等查阅相关档案"，多有收获。重视第一手原始史料的挖掘与收集，保证了云南抗战时期人员伤亡和财产损失调查统计数据的真实性和可信度。与此同时，“部分州、市、县课题组除查阅档案文献外，为将一些重大惨案、重大战役的人员伤亡及财产情况搞清楚，还发动社会力量开展了社会调查、实案调查。对于社会调查中形成的材料，要求调查手续必须完备，以确保材料的可信度。如宣威市课题小组，在市委常委、宣传部部长缪丽芳的领导下，从全市各乡镇组织了400余人，经过培训后进村入户，历时1个多月，采取集体座谈、知情访谈等方式，共走访亲历者、知情者800余人，收集了大量的证明材料，最后形成调查材料500余份，较好地弥补了档案资料少的缺陷”，其他各州、市、县也做过这种工作。[①]确实，历史见证人的口述史料亦具有十分重要的价值。此课题组成员深入各地，寻找抗战时期的亲历者，为此课题的研究提供历史见证，据此而获得的相关数据应具有可信性。总之，研究方法的得当也保证此课题得以顺利完成，现已形成研究成果，并结集出版。现就其研究成果之一《云南省抗战时期人口伤亡和财产损失调研成果选辑》中的相关数据列表如下，从总体上全面了解抗战时期云南人员伤亡和财产损失的具体情况。（见表7–1）

表7–1　抗战时期云南人员伤亡和财产损失统计表

地区	死亡人数/人	受伤人数/人	财产损失
昆明	3129	1863	国币1523334700.83元，又1508000两白银
昭通	3381	7	国币6901712.31元，又新滇币44860元
曲靖	2530	1754	国币7133918.58元
玉溪	1521	28	国币17853331.52元
保山	134136	167	国币443106274.97元，另21251142海关两，43644.8两白银，242380盾卢比及难以计算的大批物资
楚雄	4395	836	国币27454728.69元
红河	9930	954	国币68670189.76元，又黄金941728两，15690银元，半开银币325830元，9.81美元，11309418关平两
文山	1489	801	国币62054997.89元，又2500元法银
普洱	387	25	国币578340.82元

① 卓人政：《云南省的“抗损”课题调研工作》，《云南省抗战时期人口伤亡和财产损失调研成果选辑》，中共党史出版社2010年，第3–4页。

续表

地区	死亡人数/人	受伤人数/人	财产损失
西双版纳	25280	108	国币15188927.83元
大理	47242	32755	国币42407159.07元
德宏	10381	3933	国币166444166.99元
丽江	5990	6507	国币59258520元
怒江	20441	6570	国币1660843元
临沧	2542	2704	财产损失巨大,无法计算
合计	272774	59012	国币2442047812.26元,又2500元法银,黄金941728两,15690银元,半开银币325830元,9.81美元,11309418关平两,21251142海关两,1551644.8两白银,242380盾卢比,新滇币44860元
备注	1.失踪人员归于死亡人数进行统计。 2.因资料的缺乏,受伤人数统计并不完整。 3.以国币计算财产损失,以1937年7月国币值计算。		

资料来源:根据《云南省抗战时期人口伤亡和财产损失调研成果选辑》中的相关数据统计而成,中共党史出版社2010年。

经统计,抗战时期因战争所造成的云南人员死亡达27万多人,受伤近6万人,财产损失仅以国币计算的就达24亿多元。虽然表7-1所做的统计并不很完整,特别是对受伤人数的统计,表7-1所得数据仅为战时云南人员伤亡和财产损失的一部分而已,并且所做统计是按当下云南省的行政区划进行调查研究、数据统计,不太符合历史研究的常规操作,但是所得的战时云南人员伤亡和财产损失数据并没有超出抗战时期这个时间范围,也没有超出云南省这个空间范围,所以所得数据基本上能反映抗战时期云南人员伤亡和财产损失的实际情形。

云南既是抗战大后方,日军入侵缅甸、滇西时又成为抗战前线,抗战后期又成为反攻基地,云南的战略地位在抗战时期有一个动态的变化过程,而本书设定的论述范围则为抗战大后方的云南,所以在论述抗战时期云南的财产损失和人员伤亡这一主题时,处理起来相对有点复杂。为避免论述逸出抗战大后方的云南这个空间论域,所以对于云南在抗战前线的财产损失和人员伤亡暂不纳入讨论的范围。表7-1所列数据既包括抗战后方的云南人员伤亡和财产损失数量,又包括在抗战前线云南的人员伤亡和财产损失,已超出了本章论述的范围,所以表7-1所做统计，仅为本章论述的一个起点与基础，为本章提供参考。那么符合抗战大后方云南的财产损失和人员伤亡这一主题的，大致包括三个方面：一、日机轰炸下的云南财产损失和人员伤亡；二、后方建设中的云南人员伤亡和财产损失；三、后方流行瘟疫所造成的云南人员伤亡和财产损失。本章就这3个问题一一展开论述，由此更具体地认识抗战大后方云南的人员伤亡和财产损失情形。

第一节　日机轰炸下的云南财产损失和人员伤亡

从战争技术上看，日本侵略者蓄谋已久的对华侵略战争已是一场海陆空全方位的立体式的近代战争。日军为了削弱中国抗战军民的抗战意志，制造战争恐慌，对抗战大后方狂轰滥炸，其造成的人员伤亡和财产损失不计其数。

一、抗战期间日机历年轰炸云南的频次变化及其原因

在日本轰炸机对抗战大后方的持续轰炸中，具有战时重要战略地位的云南当然无可幸免。1938年的9月28日，和煦的秋日刚刚升起，云南看似平静祥和。此时以武汉为中心的地区正硝烟弥漫，深处大后方的云南似乎没有受到已持续一年多的战争影响，一切看似安好。此时的云南刚刚送走第58军出滇抗日，看起来仅有在云南发行的几份报纸照常报道抗日前线的战况，给人有点战争正在发生的感觉。除此之外，好像一切照旧，与战前一样，农民照常去田里收割庄稼，工人照样按部就班去工厂上班，商人依然开门张罗生意，学生照常去学校上课。昆明巫家坝空军军官学校①的第八期学生张铭谦清楚记得：1938年9月28日的上午，“秋高

① 原笕桥中央航校，因抗战全面爆发而迁至昆明巫家坝飞机场而改名。

气爽，晴空万里”，这是飞行训练最佳的时候。高级飞行驱逐组组长陈友维率领第八期学生黎中炎各驾霍克Ⅱ式驱逐机正在滇池上空做飞机格斗练习。飞机场上“是那样平静”，“停机线休息棚内的飞行教官和学生们都在翘首天空看他俩的格斗动作，大家都在谈论”。①

然而这个看似平静的星期三，人们也许并不知道，此时战争的危险已正在迫近，战火就要烧到安定和平的昆明。此日早晨8时30分，云南军事当局已接到“桂省情报”，敌机9架经邕宁、万岗、乐里、田西、西林、西隆向滇飞。事实上，8时40分敌机已由云南罗平边境小镇江底进入云南境内，此时昆明空袭警报响起。很快，9架“九六”式日本轰炸机“经罗平各哨、陆良、杨林、板桥”，于9时14分由市郊东北一带侵入昆明市空②，把现代烈性炸药填装的大批轰炸弹倾泻于小小的昆明城中，剧烈的爆炸声此起彼伏，房屋瞬间化为灰烬，苦难的民众倒在血泊之中，日本军国主义魔鬼正在狂暴肆虐昆明城无辜的百姓。

此为日机首次轰炸昆明，从现存史料来看，也是第一次轰炸云南。据记载，这次轰炸昆明巫家坝机场中弹80余枚，昆明市西门外潘家湾、凤翥街、苗圃等地中弹23枚；所造成的人员伤亡和财产损失是毁师校一部，炸民房37间，震民房29间，死94人，伤47人，牛、马各1头。③这是日本轰炸机第一次空袭云南昆明，所造成的财产损失与人员伤亡是惨痛的。

轰炸之后，有记者亲赴轰炸现场，怀着悲愤的心情描述了轰炸后昆明的惨烈情景，其中所述小西门城脚苗圃的轰炸惨状更令人不忍卒读：

赶过了江城巷，浓雾里一片疯狂的哭喊，杂着惨□的呻吟，在建设厅的苗圃里震荡着，刺痛了人们底心灵，那种极尽人世间的惨状，倘不是亲身目睹的人们，是无法想像[象]出万分之一来的。残败的肢体偃卧在腥[猩]红的血泊里，模糊成血的一片。灰□的脑袋，零落的肢体和一些炸断的小肠，在四周呈现着狼藉不堪的情形。有炸到城墙上的断臂和手掌，仅有一些殷红的血迹，已经为阳光晒得变成了污黑的颜色。在树枝上挂起的肠子，发出腐白的亮光，跟着微风的吹动，轻轻地摆荡着。④

① 张铭谦：《昆明首次击落敌机纪实》，《昆明文史资料选辑》第6辑，中国人民政治协商会议云南省昆明市委员会文史资料研究委员会编，1986年内部发行，第120页。

②《云南防空情报处关于敌机首次袭昆报告表》，云南省防空司令部情报处档，云南省档案馆馆藏档案，1111-001-00015-0001，无页码。

③《云南防空情报处关于敌机首次袭昆报告表》，云南省防空司令部情报处档，云南省档案馆馆藏档案，1111-001-00015-0001，无页码。

④ 羊醉秋：《一笔屠杀的血账》，《云南日报》1938年9月29日，第4版。

也有亲历者那悲惨的记忆：

上午9时许，昆明市内响起了刺耳的警报声。当时，毫无躲避空袭经验的市民，一片惊慌，四处奔逃，许多人麇集潘家湾及小西门城脚苗圃中。很快，9架敌机来到昆明上空，对小西门外潘家湾一带进行轰炸。顷刻间，这里便化为一片火海，血肉模糊的尸体横七竖八地倒在地上，瓦砾间，烧焦了的树枝上粘[黏]附、吊挂着死难者的断肢残骸、内脏器官，真是惨绝人寰。受伤者呼号惨叫之声不绝于耳，闻之者无不伤心落泪。①

此处还有一段伤心的现场记录：

潘家湾共死伤四十余人，最惨者为一年轻妇女领一岁多的小孩，娘的头被炸掉，尸体向下，血流不止，而孩子被震死于娘的身旁。除此，其他破头断足，血肉狼藉。苗圃及凤翥街，死亡计94人，现场血腥，令人心痛。②

如此触目惊心的描述，侵略者的罪恶一览无余，无可狡辩。

至于这次轰炸昆明的飞机，究竟是从何处起飞而来？史料中交代得并不清楚。孙代兴、吴宝璋两位先生的研究认为：从日机首次轰炸昆明至1940年10月上旬，"这一时期，轰炸昆明的日机主要是从武汉出发的"③，但1938年9月28日之时武汉战争正酣，应不可能，再从前述云南防空情报处的报告所做记载中涉及飞机的往返路线来看，亦不可能。孔庆荣、段昆生和张铭谦的回忆文章提到日机首次轰炸昆明时说，空军军官学校正在进行飞行训练的陈友维和黎中炎师生二人当即迎击日本轰炸机，最终击落日机一架，投弹手池岛被俘虏，这名俘虏交代："九月二十八日早六点，接到命令驾机由海南岛起飞，到云南省会昆明市区执行轰炸任务。"④说是从海南岛起飞至昆明轰炸的，从飞行往返路线来看似乎是合理的，而且后来日机对云南的轰炸确实有许多飞机来自海南岛上的机场，并且此说又出自轰炸执行者之口，所以几乎不用怀疑其真实性。但问题是1938年9月28日，日本还没有占领海南岛，进攻中国的日本轰炸机怎会停留在此岛，并从该岛起飞去轰炸昆明呢？看来应是回忆有误。所以，目前尚难考证清楚首次轰炸昆明的飞机是从

① 《忆日机首次轰炸昆明》，《抗战纪实》，云南人民出版社1996年，第47页。

② 孔庆荣、段昆生：《忆日机首次轰炸昆明》，《昆明文史资料选辑》第6辑，中国人民政治协商会议云南省昆明市委员会文史资料研究委员会编，1986年内部发行，第122页。

③ 孙代兴、吴宝璋：《云南抗日战争史》，云南大学出版社2005年，第100页。

④ 孔庆荣、段昆生：《忆日机首次轰炸昆明》，《昆明文史资料选辑》第6辑，中国人民政治协商会议云南省昆明市委员会文史资料研究委员会编，1986年内部发行，第123页。

何处起飞而至昆明，但从云南省档案馆所藏云南防空情报处的报告表来看，飞机从广西过来，轰炸后返回路线也是从罗平出境去广西来看，飞机可能是从台湾某机场或日本某航空母舰上起飞而来。

日机首次轰炸昆明后，有半年多的时间并没有再来轰炸云南。究其原因，一方面可能是在1938年日本飞机轰炸云南距离相对较远，另一方面是其时云南的战略地位尚没有突显出来，所以1938年就只有9月28日这一次轰炸，带有试探性质的轰炸；直至1939年4月，日机再次来到了昆明上空。

1938年10月，日军占领武汉、广州以后，中国抗战大后方的对外国际通道，由原来主要经香港、广州北运，转而主要依靠通云南昆明的滇越铁路。与此同时，1938年8月底滇缅公路云南段全线贯通，1939年初全线正式通车，部分进口物资已从缅甸仰光北运经滇缅公路运入中国，所以云南特别是昆明的战略地位骤然突显，此地很快成为其后日机攻击的重要目标。日军为了就近轰炸滇越铁路沿线及昆明等地，于1939年1月2日，日军在毗邻雷州半岛的合浦县涠洲岛登陆，实施占领并开始修筑飞机场，作为轰炸抗战后方的基地。与此同时，经过数月的酝酿，1939年1月13日日本御前会议决定进攻海南岛，占领重要战略要地，尤其是机场，也以此作为轰炸基地。同年1月19日大本营分别向陆海军下达大陆第二六五号有关占领海南岛的作战命令，其中一条则是“为建立对华南进行航空作战及封锁作战的基地，大本营计划攻占海南岛重要地方”，具体的作战目的则是“为在海南岛北部设立航空作战及封锁作战的基地，以攻占海口及其附近地区为目的”。于是，日军于1939年2月10日发动了对海南岛的进攻，仅4天时间日军就占领了海南岛上的以海口和三亚为代表的重要城市与战略要地，此后海南岛即在日军的控制之下，海南岛上的飞机场也就成为其空袭云南更近的空军基地。①

日机针对云南昆明的第二次空袭即在日军占领海南岛以后。1939年4月8日，12时38分敌机28架由乐里、西林向云南飞；13时50分敌机28架由广南向西飞，经楷甸、溥兮、弥勒、路南、宜良、呈贡、安宁，15时到昆明市东郊投弹后分两批，一由马龙、曲靖、师宗、罗平出境，一由呈贡、宜良、路南、弥勒、泸西、师宗、罗平出

① 参阅日本防卫厅防卫研究所战史室《中国事变陆军作战史》第二卷第二分册，田琪之译，中华书局1980年，第101–103页。

境。[1]此次轰炸，巫家坝机场中弹，市郊和甸营村、香条前村、白得邑村中弹。由于日机来袭之前昆明防空准备较充分，并且“空军严阵以待，敌机未得窜入市空，仅在荒郊投弹多枚”[2]，轰炸导致的财产损失和人员伤亡比第一次空袭相对较轻，据昆明县长董广布呈报：和甸营村被投弹数枚，炸毁民房26户，炸死男1丁，女2口，受伤男2丁，女1口，共计男女6丁口。又香条前村被炸毁房屋21户，炸死女2口，受伤男2丁，女1口，共男女5丁口。又白得邑村被炸3户，炸死男2丁，女1口，受伤女1口，共4丁口。以上3村，共计被炸50户，共炸死男3丁，女5口，炸伤男4丁，女3口，业经派员查明属实，理合造具清册具文呈报。[3]所以说日军占领广州、海南岛、涠洲岛后，已具备就近轰炸云南的条件。昆明第二次被轰炸以后，仅隔数日，蒙自于4月13日也被日机轰炸，当天“第一批敌机十五架于三时四十五分轰炸蒙自，第二批敌机四架又于四时二十三分轰炸蒙自”。此次轰炸，蒙自“损失甚重”，其中“县党部、火车站、桂林街、西大街等处，俱被敌机炸毁，人民死伤颇多，敌寇并投烧夷弹，是以延烧城内铺户”，大火数日才被扑灭，蒙自城内顿成一片焦土。[4]据记载，1939年日机对云南共进行了6次轰炸，出动飞机57架次，投弹379枚，“吾滇自海南、围洲两岛沦陷以后，即被敌空军轰炸”；然而“当时敌机之侵袭，系由桂省窜入，航程较远，故其袭击亦少”。[5]确实，与其后的1940年、1941年比较，1939年云南遭受日机轰炸的次数相对还是较少的。

1940年9月，日军战略上更进一步，相继占领越南谅山、海防、河内等城市，全面控制越南。如此，日军可以利用越南的机场，其距离云南更近，轰炸云南也就更为方便，由此日本轰炸云南的次数急速增加。诚如云南防空司令部所言：“迨至进据越南，敌空军之大部，即集于越之嘉陵等机场，每于战事无法进展时，即向我后方城市施行无聊之滥炸。此种残暴之举动，我三迤县市以及无辜之民众俱受其殃。”据记载，1940年日机对云南的轰炸次数为34次，出动飞机603架次，投弹2870枚；1941年更达到高潮，达61次，出动飞机786架次，投弹2907枚。[6]当然这

---

①《云南防空情报处关于敌机二次袭昆报告表》，云南省防空司令部情报处档，云南省档案馆馆藏档案，1111-001-00015-0002，无页码。

②《万恶敌机昨又袭昆明，被我神鹰击落三架》，《云南日报》1939年4月9日，第4版。

③《昆明县政府报被炸伤亡损失》，云南省民政厅档，云南省档案馆馆藏档案，1011-007-00154-0008，无页码。

④《本市昨又鸣警报，蒙自县城惨遭轰炸》，《云南日报》1939年4月14日，第4版。

⑤《抗战期间日机袭滇伤亡损失总计》，《云南防空实录》（上编），云南防空司令部编1945年，第329页。

⑥《抗战期间日机袭滇伤亡损失总计》，《云南防空实录》（上编），云南防空司令部编1945年，第329页。

两年轰炸次数的急剧增多，还有另一个重要原因，就是日本零式战斗机于1940年7月开始投入中国战场，其则可为日本轰炸机护航，当时中国的战斗机水平根本不是零式战斗机的对手，所以日本轰炸机得零式战斗机护航而更加有恃无恐，随意出航轰炸云南各地。当然，此时轰炸云南的飞机主要来自越南机场，但确实也有日机从武汉起飞来云南轰炸，据《云南日报》1941年9月1日的报道：昨日（三十一）敌机三十六架，由武汉起飞经重庆、十二时零四分经四川高县，至本省盐津，向东北飞，昭通县（今昭通市，后同）发紧急警报，十三时二十分至西昌盘旋，十三时四十五分折至昭通，在南郊投弹数十枚，城区无恙，我无损失云。[①]武汉已为日军所占近两年，昭通在日机轰炸半径范围之内。

1941年12月7日，日本海军袭击美国海军基地珍珠港，次日，美国对日宣战，太平洋战争爆发，其他反法西斯同盟国也纷纷向日本宣战，由此中国抗日战场成为世界反法西斯战场的重要组成部分，此时的中国更易获得反法西斯同盟国的援助，中国独力抗日的不利局面有所改变。此时的日本，其南进计划正式实施，相继侵占新加坡、马来西亚等东南亚国家，并于1942年1月进攻缅甸，同年3月8日，攻占仰光，企图阻断滇缅公路国际大通道的梦想得以实现，云南的战略地位对于敌人而言已显得不那么重要了。再加之日军忙于太平洋战争，所以在1942年日机轰炸云南的行动有所减少。其实更重要的原因是陈纳德率领的美国志愿航空队，即飞虎队，已于1941年7月开始进驻中国昆明。其时的盟国对日本零式战斗机的性能与缺点获得全面认识，飞虎队采用新的空中格斗技术，驾驶P-40B型战斗机与零式战斗机格斗，虽然P-40B型战斗机机动性不如零式战斗机A6M2型，但俯冲速度要快得多，所以飞虎队采用高速俯冲，打了就跑的战术，避免与零式战斗机纠缠，抓住了零式战斗机弱点的飞虎队在历次格斗中总能获胜，所以从1942年开始，日本轰炸机再不敢如此放肆地来云南了。总之，据记载，1942年日本出动轰炸机轰炸云南的次数急剧减少，仅为15次，出动飞机259架次，投弹894枚，但在该年对云南构成的人员伤亡历年最重，死亡人数为2481人，受伤人数为630人。[②]

1943年第十四航空队组建以后，中美两国的航空队已基本掌握了云南的制空权，那么来云南轰炸的日本飞机则更少了，据资料显示，1943年仅为8次，出动

①《敌机三十六架，由鄂飞窜昭通轰炸，经渝市高县西昌至昭通投弹数十枚》，《云南日报》1941年9月1日，第4版。

②《抗战期间日机袭滇伤亡损失总计》，《云南防空实录》（上编），云南防空司令部编1945年，第329页。

飞机232次，投弹463枚；至于1944年和1945年，日本轰炸机仅仅来云南轰炸各为1次而已。[①]所以，日机轰炸云南的威胁也就基本解除。

二、日机轰炸云南的具体情形

仔细考察抗战时期日机对云南的轰炸，大致可分为两种类型，一是无差别式狂轰滥炸，主要针对城市平民居住区及一些民用设施的轰炸，如医院、学校等，这最能体现日本侵略者的凶残与罪恶，其目的是制造战争恐慌，企图动摇云南民众的抗日意志；一是有针对性的轰炸，针对的是具有战略价值的道路、厂矿、机场等设施，其目的是削弱中国的抗战能力。现就这两种类型的轰炸给予分述。

（一）无差别式狂轰滥炸

如前所述，对昆明城第一次轰炸除了针对巫家坝机场外，还针对平民，即无差别狂轰滥炸。按照日本侵略者的说法，就是通过如此轰炸"以挫伤敌人的抗战意志"，幻想瓦解大后方军民抗战到底的坚强意志。[②]

抗战时期对昆明的轰炸至少有41次之多，尤其是1940年以后对昆明的轰炸更趋频繁，据研究，1940年5月9日至1941年12月28日，敌机袭击昆明达到高潮，计31次，或每天几批，或连日滥炸，每次来袭的敌机多在27架以上。空袭最频繁的时期，如1941年8月10日至15日，每天都有警报，有时一天几次。如此频繁的轰炸之中，1941年4月8日对昆明的轰炸造成的财产损失颇为严重，当日"敌重轰炸机二十七架，于十一时五十分由滇越边境侵入，至十三时敌机窜入市空，十三时零三分在市中心区及市郊投弹百数十枚，内有燃烧弹数枚，市区三处起火，损失颇

①《抗战期间日机袭滇伤亡损失总计》，《云南防空实录》（上编），云南防空司令部编1945年，第329页。据时报所载，1943年对云南的轰炸次数为10次。另据《续云南通志长编》记载，1944年对云南的轰炸次数为2次，参阅《民国二十八年至三十三年各属空袭灾情赈济表》，《续云南通志长编》（中册），周钟岳、赵式铭等修撰，云南省志编纂委员会办公室整理，1986年内部发行，第398页。

② 日本防卫厅防卫研究所战史室：《中国事变陆军作战史》第三卷第二分册，田琪之、齐福霖译，中华书局1983年，第32页。

重”，其中对于“外国领馆，慈善机关，及文化教育机关，亦大肆摧残”，如“英国领事馆惟高扬英国国旗，敌机亦毫不在意，公然掷下巨弹，将英领馆炸毁大部”，而“昆明红十字会亦中弹大部震毁，纯萃[粹]慈善机关，亦竟遭此毒手”，还有“武成路育婴堂亦全部焚毁”。至于“文化教育机关，及教育公产之损失，则更惨重”，如“景虹小学及培英小学已成一片焦土，景星小学全部被毁，商业学校及女中附小二分校，均大部震毁，教育会、雅集社、关岳庙等处均中弹，损失甚巨”。朝报馆“震毁甚重”，中央日报馆及云南民国日报馆“亦受波及”，其他机关团体及商号如“民政厅、高等法院、军官分校、军需局、市商会等均中弹，汇康百货商店则已完全焚毁”。[①]如此无差别式轰炸，日寇的凶残本性尽形显露，确实无疑。至于此次轰炸中人员伤亡及财产损失的具体情况，则有报载：“昨日午后一时许，有敌机二十七架进袭本市，投弹百余枚，本市第一、二、三区，均被弹损失惨重，总计中弹八十余枚，毁屋九百余间，死平民十八人，伤八人。”[②]此为较为粗略的记载。另据后来的研究者据档案资料的统计，所得数据比较具体：当天，敌机27架，投弹80多枚，轰炸了昆明市中心的长春路、光华街、翠湖周围等地，使武成路成了一片火海。炸死26人，炸伤52人，难民1600人；炸毁房屋891间，震毁1940间，焚毁1830间。[③]虽然研究者的数据有待于进一步考证，但从“毁屋九百余间”的记载来看，财产损失已相当严重了。

从历次日机对昆明的轰炸来看，1941年12月18日的轰炸中死伤人数为最多。日机的轰炸，从越南起飞，根据飞行的路程，一般当在中午之后到达昆明实施轰炸，而1941年12月18日，却在“上午九时二十分”，就有“敌机驱逐机十架，由越境侵入”，云南防空司令部“九时二十六分发出预行警报”，至“九时三十分，敌机窜达婆兮，乃发出空袭警报，旋即于九时四十分发出紧急警报”，敌机“于九时五十三分窜入市空”，在昆明东郊“投弹二十一枚”。由于警报时间“稍为仓促”，昆明市区、郊区“各路口竟人山人海”，“均不及即时疏散”。[④]敌机忽至，“在十几个炸弹下面，死伤三百余人”，一次空袭死伤300余人，可见死伤之惨重，这又是一笔血

①《敌机二十七架昨又狂炸市中心区，投掷燃烧弹焚机关民房千余间，滥炸英领馆摧残慈善文化机关》，《云南日报》1941年4月9日，第4版。

②《市区被炸灾情》，《云南日报》1941年4月9日，第4版。

③《云南省抗战时期人口伤亡和财产损失历史简编》，中共党史出版社2013年，第51页。

④《敌机十架昨日狂炸东郊》，《云南日报》1941年12月19日，第4版。

债。[①]据后来的统计所得，当日9时40分，10架日机轰炸交三桥、麻园、席子营、北沙河埂、吹箫巷和环城东路一带，共投弹23枚，炸死365人，制造了著名的“交三桥惨案”。[②]

其次，日机对蒙自的轰炸，抗战时期至少有27次之多，其间日机出动飞机292架次，投弹1627枚，炸死人数为421人，受伤人数为354人。其中1939年4月13日的轰炸最为惨烈，据中央赈济委员会运送配置难民昆明总站调查员陆忠义的调查所言：4月13日午后3时半，敌机19架分批由个窜蒙。第一批15架，第二批4架，均入市空盘绕数周，先以机构扫射，嗣乱投轻重炸弹164枚，燃烧弹2枚。至于轰炸后的人员伤亡，炸死男80人、女37人（共117人），负伤男143人、女85人（共228人），烧毙男13人、女1人（共14人），伤亡合计359人；至于财产损失，此次蒙自城被毁公私房屋达400余间，估计财产损失约值国币60余万元。[③]

保山地处澜沧江与怒江之间，古有“扼滇西之门户，居两江之要津”的誉称，抗战时期又为滇缅公路所经之城镇，地理位置重要，所以也成为日机轰炸的目标。1941年1月3日，日本轰炸机首次轰炸保山城，投下重磅炸弹50多枚，炸死民众89人，伤128人。整个抗战时期，前后轰炸保山城乡近30次，其中伤亡最为惨重的是1942年的五四大轰炸。1942年5月4日，正值五四青年节，保山城中几所学校正在保岫公园举行运动会，那天正好又是赶集日，加之缅甸、滇西之战正酣，逃入云南保山的难民日见增多，所以此日保山城可谓人山人海，热闹非凡，似乎大家都在享受抗战大后方的平静时光。然而人们意想不到的是，就在那天上午11点，有27架日机自西南方向飞来，因无空袭警报，人们还以为是盟军飞机前去滇西战场助战。当发现机翼上红膏药标志时，为时已晚，炸弹似冰雹自空中飞奔而下，整个城区硝烟弥漫，火光四起，房屋倒塌，血肉横飞。不久以后，第2批27架日机又飞临保山城上空继续狂轰滥炸，并用机枪对无辜的人群疯狂而惨无人道地低空扫射，整个保山城尸陈满街，断臂残肢，惨不忍睹。对于保山五四大轰炸，《云南日报》保山五日专电言称：“昨日敌机五十四架猛炸保山，在城区南城一带，投弹甚多，其中并有烧夷弹，故南城十字街一带起火，延烧甚广，计毁屋一千余间，平民死伤惨

---

①《轰炸中来去》，《云南日报》1941年12月19日，第4版。

②《云南省抗战时期人口伤亡和财产损失历史简编》，中共党史出版社2013年，第51页。

③《蒙自县城、芷村镇等地被炸灾情》，云南省社会处档，云南省档案馆馆藏档案，1044-004-00297-0054，无页码。

重。”[①]对于保山五四大轰炸的财产损失与人员伤亡，时人方国瑜先生也有记载：保山城经此轰炸，“繁华市区，顿成灰烬，被毁房屋千余所，死伤约二万人”。[②]又据保山县（今保山市，后同）县长刘言昌致云南省政府主席龙云等人电文所言：城区由南至北炸毁房屋1000余间，伤亡人民2000余人。[③]上述两种记载比较，虽然数据各有出入，相差较远，但以最少的数据伤亡2000余人为标准，其实伤亡亦不少。5月5日，敌机又一次飞临保山城上空实行轰炸，“十二时五十四分敌重轰炸机三十六架先后到达保山在市区投弹”，至“十三时另七分”，又有“敌机七架，第二次到保山投弹”，如此频繁的无人道的轰炸，保山民众死伤无数。[④]据《民国二十八年至三十三年各属空袭灾情赈济表》中所载，1942年5月4日、5日的日机轰炸，死亡人数为3758人，重伤263人，毁坏房屋1976间。[⑤]再据抗战胜利之初保山县县长孟立人针对抗战损失的调查，就1942年5月4日、5日敌机轰炸保山后人员伤亡情形致云南省民政厅呈文，其中有言：及缅甸为敌占领，敌机随时侵扰，尤以民国三十一年（1942）5月4日、5日大批敌机分批迭来狂炸，繁华城市顿成丘墟，死亡狼藉，惨不忍睹，计死亡人数有主掩埋经查明者有2800余人，连同无主尸首而为地方派人掩埋者共6000余人。[⑥]如此而言，1942年5月4日、5日的日机轰炸保山，死亡人数达到6000余人。此为战后保山地方政府统计所得数据，应具有一定的可信度。日机轰炸致保山如此大的人员伤亡，真是惨无人道；日寇罪行，昭昭于世。

云南其他遭受日机轰炸的县城乡镇如富宁文华镇、开远县城、个旧县城、文山县城、马关县城、建水县城、广南县城、思茅县城、云县县城等，每次轰炸多有人员伤亡和财产损失。

在对云南各地城市乡镇的轰炸中，多有学校等民用设施遭受轰炸，损失惨重。除了前引昆明市内各小学、中学屡受日机轰炸外，如迁至云南的国立西南联合大学，则多次遭到日机的轰炸，“以图达到其摧残我教育与文化事业之目的”。据西

---

①《敌机狂炸保山，杀我无辜平民》，《云南日报》1942年5月7日，第3版。

② 方国瑜：《抗日战争滇西战事篇》，云南大学出版社1994年，第7页。

③《敌机狂炸保山县城伤亡损失》（1942年5月4日电），云南省社会处档，云南省档案馆馆藏档案，1044-003-00423-0015，无页码。

④《敌机分批再袭保山，被我击落八架》，《云南日报》1942年5月6日，第4版。

⑤ 参阅《民国二十八年至三十三年各属空袭灾情赈济表》，《续云南通志长编》（中册），周钟岳、赵式铭等修撰，云南省志编纂委员会办公室整理，1986年内部发行，第393页。

⑥《保山县政府为人员伤亡和财产损失惨重情形特殊请列为救济区域呈（1946年3月15日）》，《抗战时期的云南——档案史料汇编》（下），重庆出版社2015年，第650页。

南联大常委梅贻琦所言：1940年10月13日，“敌机袭昆明，竟以联大与云大为目标，俯冲投弹，联大遭受一部分损失，计为师范学院男生宿舍全毁，该院办公处及教员宿舍亦多震坏”；[①]此次轰炸虽师生无恙，但有工友二人被炸身亡。国立云南大学也在此次轰炸中受损严重，校长熊庆来领衔全体师生“快邮代电”，将云大被炸情形公布于众：“本月十三日午后，敌机三十余架进袭昆明，狂施轰炸，其惨烈为前数次所未有，计在本校范围内，投弹大小三十枚，校舍泰半破坏，有历史价值之至公堂，即本校现在大礼堂，中弹全毁，实验科学工作所在之科学馆，崩裂不可复用，落成未久之医学院，屋宇大部夷为平地，巍峨宏壮之会泽院，屋檐亦中弹，并四面被弹片损伤，其他各屋宇，仰尘门窗，多已残破，教职员及学生宿舍与零星房屋，被震化为瓦砾场者，约计五六十间，图书仪器，大部分虽已疏散，而存校部分，亦颇有毁损，总计建筑约在一百五十余万元，图书仪器约在十余万元，校具约在七万余元，其他私人损失尚未计入。”所幸的是，因疏散及时，师生人员未受伤害。对此轰炸，云大师生给予严正之斥责：“观察敌机轰炸情形，系以本校为主要目标，作有计划之摧残，查本校系一纯粹学术机关，并无军事设备，而敌机滥施轰炸，至于此极，其出于暴日蓄意摧残我文化、阻挠我学术进步之一贯政策，毫无疑义，此种野蛮暴行，实为有文化民族所不容。”[②]其后，西南联大、云南大学多次被炸，如1941年8月14日西南联大被敌机轰炸，又炸毁房屋64间，震坏房屋210间。[③]

日寇公然违背国际公约，对慈善机构、教育文化机关等民用设施狂轰滥炸，投掷燃烧弹，伤害平民生命，焚毁民房及民用机关的房屋。这种无差别式轰炸，并不能减损中国抗战军民的抗日意志，只能更加坚定中国抗战到底的决心，只能使中国民众及同情中国抗日的国际友人更清楚地认识日寇的凶残本性。

（二）有针对性的战略性轰炸

日军的这种轰炸主要针对的是具有战略价值的对外国际交通线、飞机场和重要厂矿等。如前所述，由香港转广州的运输路线被切断后，当时最便捷的运输通

---

①《梅贻琦关于西南联大校舍被炸的启事》（1940年10月），《国立西南联合大学史料》（六），云南教育出版社1998年，第269页。

②《云大全体师生代电，痛斥敌机暴行》，《云南日报》1940年10月23日，第4版。

③《西南联大关于校舍被毁代电教育部》（1941年8月29日），《国立西南联合大学史料》（六），云南教育出版社1998年，第271页。

道即为经越南海防，由滇越铁路至云南昆明或再经公路由镇南关入境广西，简言之，就是假道越南。1939年11月，日军攻取广西南宁，切断了由越南经镇南关、南宁而入湘黔的通道，那么只剩下经滇越铁路至昆明的运输路线。对滇越铁路国际通道，日本侵略者不惜采取武力与外交两种手段以阻断其交通。其中，日军派出大量飞机轰炸滇越铁路，导致无辜平民被炸死炸伤，车站被炸毁，路轨、桥梁屡次被炸断，交通数次中断。据日本方面的资料记载，1939年，"第二派遣支舰队根据当初的作战目的，12月30日开始对中国领土内的滇越铁路进行攻击。当日由高雄航空队的中攻十二架飞机攻击了蒙自附近的铁桥"；1940年"1月1日至2月18日，又增加了第三联合航空队（高雄航空队执行任务到1月9日止），反复以铁桥为主要目标进行了轰炸"。[①]国民政府交通部部长张嘉璈于1940年对此有过记载："自南宁失守后，塘镇路断，国外物资输入，当以滇越铁路为最要路线，因其运输最便、最省而数量最大也，乃敌人妒忌万分，不顾国际信义，自去年十二月三十日起，迭次施以轰炸，尤以一月五日一次炸断桥梁，车运停止，损失最大。"[②]对于交通部长张嘉璈所述滇越铁路被炸之事实，在云南省主席龙云1940年1月7日致军政部长何应钦的密电中有更为详细的叙述：日机自12月31日起，分批轰炸滇越铁路，本月1、2、3等日均在下段河口附近之白寨、腊哈地两处，每日约有30余架，投弹不下200枚，路基虽倒塌，但桥梁重要部分幸未命中。自5日以后，上下两段同日轰炸，小龙潭铁桥（此桥不大）及路轨同时被毁。[③]桥梁被毁，车辆停运。其后小龙潭铁桥虽经抢修通车，但其后数次被炸，幸未被炸断。除了轰炸小龙潭铁桥，屏边县白寨大铁桥则为日机轰炸的重点，其中1940年2月1日的轰炸损失最为惨重，据云南全省防空司令禄国藩至云南省民政厅长李勋的代电中，则有详尽的陈述：是日午后2时，敌机27架飞至滇越路白寨北段83基罗大铁桥上空，适值该路上、下行车在该处会车，上行车先在桥南待下行车推出机口后，乃渡桥上驶，车刚过桥，一段驶入钻洞（钻洞在桥北头，离桥不远），一段尚在桥上，敌机随即投下炸弹，命中列车，一时秩序大乱，群趋钻洞逃避，殊知车受伤进入钻洞即行爆炸燃烧，而北

① 日本防卫厅防卫研究所战史室：《中国事变陆军作战史》第三卷第一分册，田琪之、齐福霖译，中华书局1983年，第77页。

② 张嘉璈：《战时交通问题》，1940年11月内部发行，第25页，中国第二历史档案馆馆藏档案，全宗号：20，案卷号：443，案卷名：张嘉璈讲"战时交通问题"。

③《云南省政府主席龙云为敌机轰炸蒙自机场及滇越铁路电》，云南省政府秘书处档，云南省档案馆馆藏档案，1106-004-03861-0114，无页码。

头露出列车(钻洞短,列车长)复遭轰炸,洞口两端圮陷,因之死伤甚大。[①]此次轰炸导致滇越铁路中断十余日。总之,滇越铁路沿线一直被日机轰炸,直至1940年6月滇越铁路停运后才结束。

滇越铁路因日军1940年9月进占越南而最终被切断,那么抗战大后方的对外国际交通运输则不得不倚赖于刚刚修通不久的滇缅公路,所以滇缅公路又成为日军轰炸的下一个重要目标,其中重点轰炸的就是滇缅公路上的几座桥梁,一是澜沧江上的功果桥,二是怒江上的惠通桥。[②]功果桥分新旧二桥,因旧功果桥承载重量少,不便滇缅公路的大量运输,所以又在1940年10月建成新功果桥,又名"昌淦桥"。确实,炸断桥梁,一时难以架好,滇缅公路运输必致中断,狡猾的日本侵略者可谓抓住了要害。1940年10月7日,日本在越南河内成立"滇缅路封锁委员会",任命侵华海军总司令部参谋长大川内传七少将为指挥官,准备100架飞机,以河内机场为基地,准备大规模轰炸滇缅路上的重要桥梁,轰炸于1940年10月20日开始,至1941年2月27日才告一段落。这一行动也可从日本方面的记载得到证实:"由于日本于1940年9月进驻法属印支北部,切断了法属印支路线。为进一步封锁缅甸路线,海军航空部队,以河内机场为根据地,再三长驱挺进云南及轰炸萨尔温江的惠通桥,湄公河的功果桥(均为吊桥)。"[③]具体而言,日本轰炸机共计轰炸旧功果桥和昌淦桥15次,轰炸惠通桥6次,累计出动飞机400余架次。1940年10月20日午后1时许,"敌机数十架轰炸功果,徘徊一、二小时,投弹数十枚,老桥炸毁,新桥稍有损坏"。[④]这是有记载的第一次轰炸滇缅公路上的桥梁功果桥,有幸的是这次虽毁坏了老桥,但新桥没有被炸毁,滇缅公路可以照常通车。然而12月14日功果新桥也被炸毁,据回忆:1940年12月14日中午12时22分,敌机9架冒险低飞作第5次空袭功果时,投弹百余枚,昌淦桥东岸上游钢索19根全被炸断,加筋钢桁构及桥面坠江,损失严重,不能通车。[⑤]所幸的是旧功果桥此时已修好,又借旧功果桥照常通车。所以该年12月15日、16日、22日,以及1941年1月3日、5日、

---

①《云南全省防空司令部调查滇越铁路客车被炸惨案代电》,云南省民政厅档,云南省档案馆馆藏档案,1011-007-00154-0193,无页码。

② 此处所述日军轰炸功果桥和惠通桥的内容,已在第四章论述滇缅公路一节有所阐述。虽然此处再次论述有重复之嫌,但所论侧重点却有所不同,第四章所论侧重于日机轰炸及中国反轰炸所采取的措施,此处侧重于损失。

③ 日本防卫厅防卫研究所战史室:《缅甸作战》(上),天津市政协编译委员会译,中华书局1987年,第4页。

④《云龙县县长沈啸霞致云南省民政厅的电文》,云南省民政厅档,云南省档案馆馆藏档案,1011-007-00167-0090,无页码。

⑤ 谢自佳:《滇缅、中印国际公路交通线》,《抗战时期的西南交通》,云南人民出版社1992年,第96页。

16日、19日旧功果桥亦遭受日机频繁轰炸，最终于1941年1月23日午后1时被日机投弹40余枚而被炸毁，不得不抢修船运渡口，用船渡运汽车过江。①

怒江上的惠通桥从1940年10月28日至1941年2月27日止，先后被敌机轰炸6次。损伤较严重的是1940年10月28日，敌机35架第一次轰炸时桥面中两弹，炸断和炸伤上游钢索6根，下游钢索3根，吊索断6根，经抢修，第二天早晨修复通车，但当天中午敌机27架又作第2次轰炸，桥面被毁30余米，经抢修后于31日通车，其后多次被炸而暂停通车，又经抢修而通车。②现就惠通桥和功果桥被轰炸实际情形引录列表如下。(见表7-2)

表7-2　惠通桥和功果桥被敌机轰炸情形统计表

轰炸次数	轰炸开始时间	敌机架数	轰炸后果
功果桥			
第一次	1940年10月20日12时45分	17架	老桥炸毁，新桥稍有损坏，未阻车
第二次	1940年10月25日12时30分	35架	未阻车
第三次	1940年12月12日13时20分	9架	未阻车
第四次	1940年12月14日12时20分	9架	新桥炸毁，以修好之老桥通车，未阻车
第五次	1940年12月15日12月35分	9架	阻车5小时25分，于当日18时通车
第六次	1940年12月16日12时30分	9架	阻车1小时，于当时13时30分通车
第七次	1940年12月22日12时50分	12架	未阻车
第八次	1941年1月3日13时10分	9架	未阻车
第九次	1941年1月4日12时45分	9架	未阻车
第十次	1941年1月5日12时45分	9架	阻车5日10小时15分，至10日23时通车
第十一次	1941年1月16日14时30分	9架	阻车2小时，于当日16时30分通车
第十二次	1941年1月19日	9架	未阻车
第十三次	1941年1月23日12时10分	9架	阻车2日2小时50分，于25日15时通车
第十四次	1941年2月7日12时30分	27架	未阻车
第十五次	1941年2月17日12时30分	20架	未阻车

①《云龙县县长沈啸霞致云南省民政厅的呈文》，云南省民政厅档，云南省档案馆馆藏档案，1011-007-00170-0105，无页码。

② 谢自佳：《滇缅、中印国际公路交通线》，《抗战时期西南的交通》，云南人民出版社1992年，第97页。

续表

轰炸次数	轰炸开始时间	敌机架数	轰炸后果
惠通桥			
第一次	1940年10月28日12时	35架	阻车18小时，至29日6时通车
第二次	1940年10月29日12时	27架	阻车2日10小时，至31日23时通车
第三次	1941年2月9日13时45分	27架	阻车6小时15分，于当日20时通车
第四次	1941年2月21日14时20分	27架	阻车5小时，当日19时20分通车
第五次	1941年2月22日13时	27架	阻车1日11小时，于24日通车
第六次	1941年2月27日15时	27架	阻车9小时30分，于28日0时30分通车
备注	1. 惠通桥第一次被轰炸时，《续云南通志长编》（中册）记载的来袭日机为27架，但据谢自佳的回忆敌机为35架；另据云南省档案馆馆藏档案1044-004-00435-0156中记载，亦为35架，所以暂时认定为35架。 2. 本表所列轰炸功果桥15次，包括新旧功果桥，新功果桥又称昌淦桥，但此处合称为功果桥。 3.1941年1月19日针对功果桥的轰炸，见云南省档案馆馆藏档案1011-007-00170-0105，但《续云南通志长编》（中册）未有记录。 4.1941年1月23日针对功果桥的轰炸，云南省档案馆馆藏档案1011-007-00170-0105中的记录为该日“午后1时”，但《续云南通志长编》（中册）更为详细，姑且从之。		

资料来源：云南省档案馆馆藏相关档案；《续云南通志长编》（中册），周钟岳、赵式铭等修撰，云南省志编纂委员会办公室整理，1986年内部发行，第992—993页；《日军侵华罪行实录云南部分》，云南省档案馆编，云南人民出版社2005年，第275页；谢自佳《滇缅、中印国际公路交通线》，见《抗战时期西南的交通》，云南人民出版社1992年。

机场也是日机轰炸的重要目标。在日军攻占武汉、广州后的1938年12月2日，其大本营以大陆命第241号命令华中派遣军司令官，要求其“主要担任华中及华北的制空进攻战，特别要压制和扰乱敌之战略及政略中心，同时努力歼灭敌人航空作战力量，并须和海军紧密合作”；并且制定《陆海军中央关于航空的协定》，其作战方针为“陆海军航空部队协同在全中国各要地果敢地进行战略、政略的航空作战，挫败敌人继续战斗的意志”，命令海军航空队主要担任对华中、华南要地进行战略、政略性航空作战，以摧毁中国“航空战斗能力”，轰炸云南各地机场即为其中之一。①

① 日本防卫厅防卫研究所战史室：《中国事变陆军作战史》第二卷第二分册，田琪之译，中华书局1980年，第71页。

抗战期间，云南新建机场40个，加上扩建的老机场则共达67个。[①]其中大、中型空军基地有昆明、昭通、云南驿、陆良、沾益等地的机场。这些机场既是空军基地，又为盟国援华物资的空运中转站，所以一直是日本侵略者的眼中钉，自然成为日机轰炸的重要目标，其中又以云南驿机场的轰炸最为严重。1940年12月12日，日机对云南驿机场轰炸，致使中国空军菲聿梯教练机21架和运输机3架全被炸毁。1942年12月25日，"敌机十八架，袭云南驿，计投弹十六枚，全落郊外，死平民十七人，伤三十二人"；12月26日，敌机又分两批袭击云南驿，"午后二时三十分，第一批敌机九架由缅境侵入，三时到达祥云上空"，目标即云南驿机场，此次因"我机早已有备，当即迎头痛击，在云南驿上空发生激烈空战，先后于三时零五分及三时十五分击落敌机五架"，第二批12架，于午后"二时四十二分仍由缅境窜入，三时零五分到达祥云"，与另一队中国空军战斗机相遭遇，"于三时三十五分在蒙化县之新牛街附近"，"又击落敌机二架"，中国战机毫发无损，保护了云南驿机场的安全。[②]然而，最为严重的敌机轰炸云南驿机场是1943年4月26日，扩修云南驿机场的2万名以上的民工正在施工，日机来袭时未及时得到警报，一时无法躲避，日机先以炸弹轰炸，再以机枪扫射，致使各县民工"死亡共308名，伤324名"；当日机知无抵抗，复低空徘徊，用机枪扫射排列之驱逐机，当有3架中弹起火全毁，余数架仅受轻伤，另有日机"数架复低飞对准甫到之运输机一架扫射，当将机头全毁"。[③]据记载，除了这4次轰炸外，至少还有3次，1942年8月10日、1942年10月28日、1943年1月16日，日机轰炸过云南驿机场。至于云南的其他机场，遭受日机轰炸的，比如蒙自机场于1939年12月4日和1940年1月4日就遭到日机的轰炸，昭通机场则于1941年6月1日及同年8月21日、沾益机场于1941年6月15日、昆明机场于1943年12月18日和该年12月22日分别遭到日机的轰炸。[④]

如前所述，随着部分厂矿企业迁入云南，日机针对这些厂矿企业，尤其是与军事直接相关的兵工厂、飞机制造厂肆意进行狂轰滥炸，企图彻底摧毁之。如对云南纺纱厂、飞机制造厂、中央机器厂、第二十二兵工厂、石龙坝发电厂等工厂进行

① 周继厚《抗战时期的机场建设》，《云南档案》2016年12期。

②《昨日滇西空战，击落敌机七架，先后坠毁于祥云、蒙化境内，云南驿前日被炸死十七人》，《云南日报》1942年12月27日，第3版。

③《祥云县云南驿机场被炸伤亡损失》（1942年11月3日-1943年5月26日），云南省民政厅档，云南省档案馆馆藏档案，1011-007-00181-0087，无页码。

④ 参阅《民国二十八年至三十三年各属空袭灾情赈济表》，《续云南通志长编》（中册），周钟岳、赵式铭等修撰，云南省志编纂委员会办公室整理，1986年内部发行，第394-398页。

轰炸。1940年10月17日，敌机36架于“下午二时十五分”，轰炸昆明市区后，复折向马街子轰炸该地各工厂，即有工厂“当即中弹起火，延烧甚烈”，“各工厂因所受损失惨重，自即日起均已停工”。[①]中央电工器材厂，30年代列为重工业三年计划中“十大厂矿”之一，1938年以后部分分厂陆续迁到昆明马街工业区，陆续投产，“业务一度出现喜人景象”。然而就在1940年10月17日的轰炸中，“中央电工器材厂总办事处和第一厂——电线厂均被轰炸；铜线厂房中弹被毁一角，机器设备损坏一部分，第一厂办公室中弹，房屋全毁，上下班打卡用的子母钟系统被毁，运输处汽车棚茅屋顶被毁，有几所宿舍的门窗玻璃被震破”。到了1942年8月，日机27架又轰炸马街子工业区，中央电工器材第一厂——电线厂和昆明炼钢厂均被炸，厂房、机器设备部分被毁。第一厂——电线厂铜线、橡皮车间中两弹，炸断混凝土大梁二处，绞线机、编织机等被炸坏；辗压厂房中一弹，工字钢梁被炸断或炸变形；一幢工人宿舍被炸毁，辗压工人杜得胜被炸死；办公的厂部全部被炸毁，许多图纸、资料被毁，还有几幢家属住宅被炸毁。中央电工器材厂被炸，损失惨重。被炸的当天晚上，能收听到的日军广播称：日机已炸毁了中国昆明现代化电线厂。[②]由此而论，日机轰炸中央电工器材厂是有明确意图的行为。

中央机器厂，30年代也被列为重工业三年计划中“十大厂矿”之一。1941年8月12日，日军集结大批飞机，对中央机器厂厂区“投弹百余枚，许多房屋被毁”。由于中央机器厂早已“采取了预防疏散措施，器材损失较小，员工无人受伤，全厂仍照常开工”。[③]

除一般性的厂矿企业，兵工厂、飞机制造厂更是日机轰炸的重要目标。军政部兵工署第二十二兵工厂，1939年1月1日在昆明南郊柳坝村建成投产。1940年10月7日，大批日机飞临厂区上空，一阵狂轰滥炸，厂区中弹达46处之多。全厂大部房屋被毁，地面弹坑累累。充满生机的二十二厂竟在转瞬间沦为一片废墟。工厂被迫停产。此后，第二十二兵工厂只得迁往昆阳县海口凿山开洞，恢复生产。[④]建于昆阳县海口的第五十一兵工厂，也因“迭遭敌机轰炸，前盖临时厂屋及

①《马街子工厂被炸，即日起均已停工》，《云南日报》1940年10月18日，第4版。
②《抗战前后的中央电工器材厂》，《抗战时期内迁西南的工商企业》，云南人民出版社1988年，第93页。
③《抗战时期内迁昆明的中央机器厂》，《抗战时期内迁西南的工商企业》，云南人民出版社1988年，第89页。
④ 霍建明、袁家福：《第二十二兵工厂抗战迁滇记实》，《抗战时期内迁西南的工商企业》，云南人民出版社1988年，第138页。

总办公厅、职员宿舍等全部被毁”，也不得不把机器设备搬入山洞进行生产。[①]本建于杭州笕桥的中央飞机制造厂因抗战爆发迁入云南，最终在云南瑞丽垒允建厂生产，所以“不能不引起敌国的仇视”，把中央垒允飞机制造厂作为轰炸的重要目标。1940年10月26日是星期日，员工们正在休息，下午1时许，日本27架大型轰炸机突然飞临垒允厂上空，对工厂实行了野蛮的大轰炸。员工们猝不及防，来不及远逃，就在房屋附近的空地上卧倒躲避。另有一部分敌机看见飞机跑道上停有飞机，就转过来进行轰炸破坏，飞机受损，飞机跑道也遭到破坏。在这次空袭中，垒允厂死伤员工、家属100余人，跑道上的2架新制莱茵教练机被毁，1架康德运输机被炸坏，停在南山飞机场进行大修的蒋介石的座机也遭到破坏。[②]

除此之外，日机还轰炸了个旧锡矿生产区、广通一平浪煤矿矿区等。如1940年12月1日上午7时40分，敌侦察机1架窜入个旧县境，当即发出警报。10时40分，敌轰炸机10架窜入县境，在老厂、锡业公司、锡矿工程处投弹8枚，动力厂锅炉附近中2弹，其中机械已震伤；材料房中1弹，已被毁坏，并毁材料汽车2辆，机器房因附近震动太烈，其中机器亦略有损伤，个旧锡矿生产区受破坏。据统计，仅1940年10月18日至1941年5月11日半年多时间里，日本侵略者就共出动飞机至少14批轰炸个旧县，特别是锡矿生产区，投弹至少达200枚。[③]因个旧锡矿具有重要的战略价值，所受日机轰炸比较频繁。

三、日机轰炸下云南的人员伤亡和财产损失统计

在前面的陈述中，已涉及日机轰炸下云南的人员伤亡和财产损失，但仅为零散的数据，具体的陈述，缺乏整体性的统计与总结。

① 宋德功、梁忠泽:《抗战烽火中诞生的第五十一兵工厂》,《抗战时期内迁西南的工商企业》,云南人民出版社1988年,第150页。

② 闻鹤:《中美合办的中央飞机制造厂及迁滇建立垒允厂始末》,《抗战时期内迁西南的工商企业》,云南人民出版社1988年,第163页。

③《云南省个旧县历年遭受空袭灾损暨赈恤一览表》,云南省民政厅档,云南省档案馆馆藏档案,1011-007-00182-0216,无页码。

据《云南日报》的报道，至1942年11月22日止，云南“在所有空袭中损失，死亡三千八百八十[人]，受伤者一千〇一十七人，炸焚房屋二千九百七十间”。[①]另据《扫荡报》的报道，单就遭受日机轰炸最为严重的昆明而言，从1938年9月日机第一次轰炸至1943年底止，五年多时间内，所得“敌机袭昆统计”数据为：“空袭三十七次，来袭敌机六一三架，轻伤八九三人，重伤一七一六人，死亡一四四三人。”[②]

据云南防空司令部1945年12月的总结，抗战期间，滇省遭受敌机进袭共127次，机数1968架，投弹7588枚，内烧夷弹48枚，在此大规模的轰炸下，云南遭受极为惨重的人员伤亡和财产损失：

民众被炸死亡者四二一〇八人，受轻重伤者二九六四人，损毁房屋二九九零四间，在全省被炸地区之廿一县中，其遭受敌机进袭次数最多者，厥为昆明，计四十一次，其次为蒙自，计二十七次，个旧十次，龙陵六次，保山五次，而进袭机数最多者为昆明，计八百四十九架；其次为蒙自，计二百九十二架，龙陵一百四十架，保山九十三架，祥云五十三架，投弹最多者亦为昆明，计二六零六枚，其次为蒙自，计一六二七枚，保山三五五枚，龙陵一四零枚，祥云一二一枚，至被炸死亡最多者为保山，计二三三五人，其次为昆明，计九一六人，蒙自四二一人，被炸受伤最多者为昆明，计一五一四人，其次为祥云，计四八二人，蒙自三五四人，保山三二二人，损毁房屋最多为昆明，计二二三一六间，其次为保山，计三七一一间。[③]

此为抗战时期云南遭受日机轰炸后人员伤亡和财产损失的大致情形，明确指出了昆明、保山、蒙自、个旧等几个主要受日机轰炸市县的人员伤亡和财产损失的具体数据。如需更具体了解整个云南历年遭受日机轰炸的情形，《云南防空实录》做了比较详细的统计。（见表7-3）

表7-3　抗战时期日机袭滇历年伤亡损失统计表

类型	1938年	1939年	1940年	1941年	1942年	1943年	1944年	1945年	合计
进袭次数/次	1	6	34	61	15	8	1	1	127
进袭架次/架	9	57	603	786	259	232	13	8	1967
投弹枚数/枚	23	379	2870	2907	894	463	32	20	7588

①《敌机袭滇以来，投弹七零九三枚，死亡三八八零人，受伤一千零一十七人》，《云南日报》1942年11月22日，第3版。
②《一笔不可磨灭的血债，六年来敌机袭昆统计》，《扫荡报》1944年5月30日，第3版。
③《云南防空实录》（上编），云南防空司令部编1945年，第329页。

续表

类型	1938年	1939年	1940年	1941年	1942年	1943年	1944年	1945年	合计
死亡人数/人	119	190	434	583	2481	375	11	17	4210
受伤人数/人	233	179	493	874	630	522	12	1	2944
毁房间数/幢	66	1319	2418	22318	3604	179			29904

资料来源:《云南防空实录》(上编),云南防空司令部编1945年,第329页。

此即抗战时期日机轰炸云南历年人员伤亡和财产损失的统计数据,与前引文有点儿出入,日机进袭架次,表中为1967架次,而前引文中为1968架次;表中受伤人数为2944人,而前引文中为2964人。虽然日机轰炸统计数据中有些出入,但并不妨碍对敌机轰炸云南的认识。从表7–3可知,如此众多的人员伤亡,以如此大量的房屋被炸毁为代表的财产损失,对云南民众造成的巨大伤害,共同说明一个铁的事实:日本侵略者在云南犯下的战争罪行是不容否认的,历史是不会忘记的。

其实,表7–3所做的统计应是不完整的,因为抗战刚刚胜利,一切仍在喜悦与混乱之中,云南防空司令部所掌握的资料也并不一定完整。随抗战胜利后云南各地有关日机轰炸的情况陆续上报,日机轰炸云南的次数应会增加,人员伤亡和财产损失应更多。据1946年郑崇贤先生所引资料显示:日机轰炸云南总天数为280天,共有来袭日机批数508批,其中"入境机数共三千五百九十九架,内中侦查[察]机二百九十三架,驱逐机七百五十架,轰炸机二千五百五十六架"。[①]此一数据指出抗战时期进袭云南的飞机为3599架次,远多于1967架次;至于轰炸总天数280天,那么如一天一次,进袭云南次数应不是127次,应为280次;来袭日机为508批,也许是统计标准的不同,因为如前所述中谈到日机轰炸云南,有时一次轰炸分几批进行,一批数架飞机,所以郑氏所引统计中有508批,应与进袭次数有所区别。就进袭次数而言,是指同一天内针对同一目标,则称为进袭一次。至于人员伤亡,表7–3死亡人数为4210人,但在保山县县长孟立人就1942年5月4日、5日敌机轰炸保山后人员伤亡情形致云南省民政厅呈文中,明确死亡人数为6000余人,此仅为保山县两天的被轰炸而死亡的人数,所以表7–3所列因轰炸而死亡的人数并不一定准确,尚有待于进一步的考证。当然统计数据的不一致也是可以理解的,因为这种不一致正反映了敌机的频繁轰炸造成了抗战时期云南混乱而动荡的局面。

① 郑崇贤:《滇声》,香港有利印务公司1946年,第32–33页,云南省图书馆藏。

然而，不管所统计的人员伤亡及财产损失的数据是否准确，日机对云南的频繁空袭，已造成了云南巨大的人员伤亡和财产损失，这是不可否认的，历史应记住这沉痛的一页。

第二节　后方建设中的人员伤亡和财产损失

全面抗战时期，为了支援前线抗战，云南陆续修筑了以滇缅公路为代表的多条近代交通要道，为此而征用大量民工；因军情的紧急而修建了诸多机场以满足军事的需要，为此征集大量云南民工参与其事，等等。确实，为抗战而进行的各项建设中，也造成了人员伤亡和财产损失，在此也值得叙述一二。

事实上，后方建设中的人员伤亡和财产损失，由于资料的缺失，目前难有十分精确的统计数据。即便如此，日本侵略者对云南造成的巨大财产损失的统计工作毕竟仍然需要努力去做，以避免因时光的流逝而逐渐湮灭在历史的深处。

全面抗战时期，云南为了抗战及后方生产生活而兴建了各类工程，包括铁路、公路、机场、油管铺设等，因时间的紧迫、工程的繁重、近代工程机械设备的缺乏以及资金的不足而征用大量民工。这些民工在工作当中，因工具的简陋，工程的复杂而时有事故发生，给施工中的一些民工造成伤害；由于云南自古以来为烟瘴之地，部分民工在荒山野岭中修筑公路、铁路及机场，铺设输油管道，有时因露宿野外而感染风寒瘴毒而死者亦为不少。

在这些工程中，最大最著名者莫过于滇缅公路的修筑。在没有近代修路机械的情况下，能在短期内完成滇缅公路的修路任务，这被盟国人士称为近代公路建设上的一个奇迹。然而，正因为如此之迅速地在云南崇山峻岭间完成滇缅公路的修筑，事故时有发生，所造成的人员伤亡确实不少。据亲历者的回忆，修筑滇缅公路，“在施工中，由于生活待遇太差，劳保缺乏、气候恶劣，地势艰险，伤病死亡人数很多。当时无准确统计数字，据有关方面的粗略估计，死亡人数，不下二三千人。其中有死于爆破、坠岩、坠江、土石方塌压的，有死于恶性疟疾的。技术人员也有不少因工或病死亡的，其中，有龙潞段的沙伯川，潞畹段的杨汝光、王纪伦、李华、潘志霖等”。[①]另据其时报纸的报道，在滇缅公路的修筑过程中，“曾经有不少的征服自然的男女战士粉身碎骨，血肉横飞，怪可怕的死于无情岩石底下，怪凄惨的牺牲于无情的大江之中，还有不少的开路先锋则死于恶性疟疾的暴力之下。据大约统计，牺牲于上述种种缘故的男女民工不少于二三千人。”[②]仅在修筑滇缅公路保山段时，由于民工必须自带修路工具、被子、口粮，抵工地后，搭草棚，住洞穴，有的甚至栖息岩石、树丛之中。工具简陋，只能锄挖、肩挑、人扛且战事紧迫，昼夜赶修，劳动强度大，食不饱，加之风吹雨淋，寒冬之夜，手脚麻木，炎夏雨季，蚊虫叮咬，瘴疠蔓延，疟疾流行，工伤无药，疟病无医，所以施工中，伤亡、病故者达551人（男523人、女28人），伤残不计其数。[③]此明确而具体的数据记录了修筑保山段滇缅公路的人员伤亡。

确实，在修筑滇缅公路的过程中，因其时的修筑技术条件，往往事故频发。据萧乾先生的记载，为了修滇缅公路的胜备桥，住在平坝搭棚里的一千多名桥工遭遇山洪肆虐，最终洪水卷走了“三四十个伙伴”；也有“干活太疲倦，因昏晕而落下江的”；有“误踏到炮眼上，崩成碎末的”；有“道狭人多，竟有路工被挤下江去”的；等等，滇缅公路修筑现场时时发生事故，惨不忍睹。确实，修筑滇缅路上的惨剧太多，此处就有一段不寒而栗的描述：

残暴无情莫过于黑包炸药，它眼里没有壁立千仞的岩石，更何况万物之灵可不经一锤的人！像赵阿拴明明把炮眼打好，燃着。他背起火药箱，随了五个伙伴说说笑笑地往远处走了。火捻的延烧本足够他们走出半里地的，谁料他背着的火药箱装得太满了，那粉末象[像]雪山蛇迹般尾随在他们背后。轰地[的]一声，岩石炸裂了，他们惬意地笑了。就在这时候，火却迅速地沿了那蛇迹追踪过来，而且直触着了他背着的火药箱。在笑声中，赵阿拴同他的伙伴们被炸到空中，然后落下江心去了。[④]

以抗战时期的技术条件和安全措施，钻炮眼炸石开路确实是十分危险的，另据一亲历者的回忆：“炸石处，多牺牲生命，炸石的人，有的引燃引线，还跑不远，炸药

① 浦光宗：《滇缅公路》，《云南文史资料选辑》第52辑，云南人民出版社1998年，第29页。

②《血肉的结晶——滇缅公路完成了》，《云南日报》1938年9月21日，第1版。

③ 李希尧：《滇缅公路保山段的修筑》，《云南文史资料选辑》第52辑，云南人民出版社1998年，第67页。

④ 萧乾：《血肉筑成的滇缅路》，《云南文史资料选辑》第52辑，云南人民出版社1998年，第38-44页。

爆炸，就被炸出的碎石击死。还有大块的石往山下一滚，山下之人来不及躲避而被击毙的人也有。这种死难以我潞西县境三关近处南天门较多，龙陵县境惠通桥西边岩石处更多。”①在滇缅公路龙陵段，“有一次，在放炮炸石时，曾死亡一人，受伤二人。死者是傈僳族一个姓麻的。他们三人点燃了火后，都到远处石崖下隐避，一段时间后，有一炮未爆，他们以为是瞎炮，三人一先二后趴出来看，才走四五步，突然‘轰隆’一声，碎石飞迸，前者死亡，后者受伤”，确实有时事故也难以避免。②此外，在筑路过程中，塌方事故也时有发生，据亲历者的回忆：“我们去换班那天，坦相领去的那班，正在挖土时，有一个外寨子的民工听上面土动有响声，土司管工的法画准说：‘乱讲，你是在吓人。’话还未完，土真的坍下来了，有一个人就被土块打倒滚下山沟去了。大家一看，树根上还挂着一个包头巾，大家赶忙去挖，挖出来时，身子都压红了，这时才认得是我们寨子的岳波岩兰。抬回家两天就死了。”③在滇缅公路下关至云龙坡脚一段，天生桥（K419.3）处，峭壁悬崖，地势险要。天生桥一段，因炸石辟路就死伤民工百余人。其中，石工柳开玉（祥云人）就是炸石时被石头砸死的。在玉龙镇工区的牛脖子地段，也因土石坍塌压死6人。④

除了在修路发生事故致路工死亡外，滇缅公路所经的烟瘴之地，常有瘴毒致人死亡之事发生。据回忆：滇缅公路中由龙陵、潞西交界的南天门，经芒市、遮放至畹町的116公里地段，是著名瘴区，瘴毒厉害异常。抢修滇缅公路，云南省公路总局组成潞畹段工程处进行施工。由于环境恶劣，又无医药设备，修路者死亡过半，生者带病潜逃，两位工程分处主任均因病不辞而走。一个工程分处，只剩职工数人。⑤死亡过半，生者带病逃逸，由此可见瘴毒的厉害，对修路者构成严重伤害。据记者萧乾先生的记载：因瘴毒，滇缅公路修筑工地上，云龙一县即死五六百，筑梅子箐石桥的腾越200石工，只有一半生还；龙潞段上那位深明抗战大义而乐观的老头儿“也为瘴气摄去了”。⑥龙陵怒江沿岸的瘴毒最为危险，自古以来怒江流域就有歌谣如此说：“要下怒江坝，先把老婆嫁。”也就是说去怒江坝，瘴毒致人死

① 段荣昌：《修筑滇缅公路见闻》，《云南文史资料选辑》第52辑，云南人民出版社1998年，第104页。

② 李济洲：《潞江土司署修筑滇缅公路龙陵段点滴》，《云南文史资料选辑》第52辑，云南人民出版社1998年，第109页。李济洲为其时潞江土司署秘书。

③《回忆修筑芒市路段和初修等高机场》，《云南文史资料选辑》第52辑，云南人民出版社1998年，第124页。

④《参加抢筑滇缅公路下关至云龙坡脚段的回顾》，马直卿口述，常泽鸿整理，《大理市文史资料》第5辑，中国人民政治协商会议云南省大理市委员会文史资料委员会编，1994年内部发行，第9–10页。

⑤ 施士福：《抢修滇缅公路二三事》，《云南文史资料选辑》第52辑，云南人民出版社1998年，第117页。

⑥ 萧乾：《血肉筑成的滇缅路》，《云南文史资料选辑》第52辑，云南人民出版社1998年，第38–44页。

亡，有去无回，家中老婆只得改嫁。瘴毒如此凶猛，连龙陵县县长王锡光身边的两名随从秘书，“一叫杨树青，一叫熊德明”，跟随县长在怒江边督促修筑滇缅公路时，“也因染疾病故”。[①]总之，诚如采访滇缅公路修筑现场的《大公报》记者萧乾所言：973公里的汽车路，370座桥梁，140万立方尺的石砌工程，近两千万立方尺的土方，不曾沾过一架机器的光，不曾动用巨款，只凭2500万民工的抢筑：铺土，铺石，也铺血肉。2500万民工，其意是2500万个工日。二三千人死于滇缅公路修筑现场，这不是在铺血肉吗？萧乾先生就直接指出：这是一条“血肉筑成的滇缅路”。

再如1940年5月开始修筑的滇越公路。因抗战时期滇越铁路运输供不应求，并受日机轰炸，所以决定修筑滇越公路昆明至河口段。然在测量时，才知修筑实属不易，据其时测量报告中的描述，蒙自至河口段，“沿线人烟寥落，尤以新现至卡房一段，最为荒僻，瘴气极盛”。即便如此，因事关抗战，滇越公路也必须得修。因此，只有预先准备，沿途设立六个医务所，并准备治疟药物奎宁丸17500颗，医疗条件较1938年滇缅公路修筑时有所改善。然而，时值炎夏，气候酷热，紧张施工，撇枝、卡房一带，疟毒繁生，水源不洁，病者甚多，数日之间，段内员工即病故4人，民工死亡人数，则无统计，故工作人员视为畏途。[②]段内员工因瘴毒而死亡4人，在工程现场施工的民工人数更多，虽无统计，死亡人数相应更多。

在中美合作铺设油管的工程中，因气候恶劣，疟疾流行，各工程队虽配有医务人员和药品，患病缺勤者仍多，美方因病死亡者有6人，我方死亡者12人。[③]始于1941年的滇缅铁路修筑，民工旅费不获，薪粮不发，十有九饥，加之瘴气严重，伤病无处治疗，所以因伤病死亡118人。[④]

虽然抗战时期在后方建设中云南伤亡人数难以精确统计，但从其时亲历者的回忆来看，云南为此而伤亡的人数并不少；他们中许多人为抗战献出了自己宝贵的生命，历史应该记住这些有名或无名的英雄们。

① 董元昆：《滇缅路上的龙陵人》，《云南文史资料选辑》第52辑，云南人民出版社1998年，第121页。

② 杨维桂、徐琨：《滇越公路》，《抗战时期的西南交通》，云南人民出版社1992年，第206页。

③ 胡文义：《中印油管》，《抗战时期的西南交通》，云南人民出版社1992年，第415页。

④ 王有奇：《楚雄境内的铁路与油管》，《抗战时期的西南交通》，云南人民出版社1992年，第421页。

第三节 战时云南的瘟疫流行与人员伤亡

全面抗日战争时期，云南瘟疫曾流行各地，给云南民众造成大量伤亡。据目前的研究，战时云南瘟疫的流行究竟是天灾还是人祸，还是难有明确的说法。但也有种种证据表明，有天灾，也有人祸在其中，日本侵略者难辞其咎。考察战时云南流行的瘟疫，其中最引人注目的有两种，一是霍乱，二是鼠疫。

一、抗战时期云南的霍乱大流行及人员死亡

霍乱是一种古老而流行广泛的烈性传染病之一，曾在世界范围内引起多次大流行，主要表现为剧烈的呕吐、腹泻、失水，死亡率甚高。传播途径主要是通过污染的水源或未煮熟的食物如海产品、蔬菜经口摄入而感染。居住拥挤，卫生状况差，特别是公用水源污染是造成其爆发流行的重要因素。全面抗战时期，霍乱首先于1938年夏天发生在昆明。全面抗战前，云南“交通素不便利，真性霍乱尚不多见”。然而全面抗战爆发后，由于大量难民拥入云南，加之战时昆明成为大后方的交通枢纽，交通运输日见频繁，“霍乱一症因得乘机而入”。霍乱侵入云南，始于“民国二十七年夏”，“惟当时仅于昆明市发现霍乱患者二人，尚幸不至蔓延”。然而，时至1939年7月，“复有西南运输处司机及由贵州来滇马夫，先后传入本省，而至蔓延”。[①]据1939年7月卫生处第一卫生所的报告，昆明市“于十六日发现霍乱患者二人，十七日又发现一人，均住该所治疗，经检查粪便吐物，证明确系真性霍乱”。[②]至7月22日的报道，昆明市患霍乱者三人，“已死去二人”，由此可见死亡率之高。[③]宜良县几乎是同时也发现霍乱患者，“该县二区小渡口（距县城五里）发现上吐下泻病人多起，由二十日发现起至二十二日止，村中已死亡五人”，霍乱患者

①《续云南通志长编》（中册），周钟岳、赵式铭等修撰，云南省志编纂委员会办公室整理，1986年内部发行，第233页。
②《卫生处请各医院免费注射防疫针》，《云南日报》1939年7月18日，第4版。
③《卫生处组织防疫队，普遍注射防霍乱针水》，《云南日报》1939年7月22日，第4版。

"由症状发现至死亡时，中间相隔不过二十四小时"，由此可见死亡之快。[①]至7月29日止，"共死亡二十余人"。经查"该症之来源，系由一马夫由贵阳带来"，该马夫因霍乱也最终病故。另据医师薛子谦报告：宜良县鹅塘镇可保村"亦发现霍乱，五日来已死亡七人"。[②]8月12日，昆明市高山铺发现真性霍乱，"三十四、四十一等号门牌内住户，三日内患此症死者约近十人"，死亡之快之多，令人恐惧，"附近邻居，恐其蔓延，皆迁往他处"。[③]8月份，陆良、婆兮、路南、维西、杨林等地也发生霍乱症的流行，比如婆兮于8月"初间即发现真性霍乱，相继死亡者，已达七十余人"，至8月中旬"尤为猖獗，患者不终日即毙命"。[④]8月19日、20日，昆明城郊罗丈村"发现急性霍乱，患者于二三小时内，即行毙命"，"患此症毙命者"，为"杨张氏（五十余岁）、熊有年（约六十岁）两人"。[⑤]总之，8月份昆明各属"陆家营、双桥村、海埂村、小板桥、罗丈村、苏家村、土堆村、石嘴村、明波村等处，续有霍乱发现"，可知霍乱已流行昆明市县各地了。[⑥]

进入9月份，云南省内流行霍乱的有"呈贡、路南、维西、杨林、澜沧、婆兮、禄丰"，以及昆明等地；就昆明市而言，共有七处：拓东路、高山铺、绥靖路、水晶宫、大观楼、前卫营以及逸乐等娱乐场所，并且蔓延开来，日甚一日。[⑦]总之，9月至10月初霍乱最为猖獗，达到流行高潮。9月10日，霍乱又在昆明市"华山东路（前永宁宫坡八号内）及左家营、平政街、小东门初地巷内"等处流行。[⑧]9月12日，昆明市"金牛街、玉龙堆、小东城脚、环城东路、钱局街、绥靖路、北门街等处，又有数家发现霍乱，皆因施救不及毙命"。[⑨]由此看起，霍乱已在昆明全市蔓延开来，难以控制。据云南省卫生处的报告，霍乱流行各市县，从7月15日至9月12日患霍乱症人数及死亡人数，"（一）昆明市患者三百五十七人，死亡二百零五人，（二）昆明县患者六十人，死亡三十七人，（三）宜良患者七十八人，死亡七十三人，（四）华宁（婆

①《宜良霍乱，卫生处派员防治》，《云南日报》1939年7月29日，第4版。

②《宜良小渡口霍乱症已减杀，可保村亦有发现，计死亡七人》，《云南日报》1939年8月8日，第4版。

③《本市高山铺发现真性霍乱，三日内死亡十人》，《云南日报》1939年8月16日，第4版。

④《陆良、婆兮相继发现真性霍乱》，《云南日报》1939年8月19日，第4版；《本市患者昨已死亡数人，路南维西杨林亦有霍乱》，《云南日报》1939年8月29日，第4版。

⑤《罗丈村发现霍乱，二三时内即毙命》，《云南日报》1939年8月22日，第4版。

⑥《卫生处召开防疫会议，防治全省霍乱症》，《云南日报》1939年8月30日，第4版。

⑦《以歼敌精神，赶速扑灭虎列拉！》，《云南日报》1939年9月1日，第4版。

⑧《华山东路发生霍乱》，《云南日报》1939年9月11日，第4版。

⑨《本市霍乱仍在蔓延》，《云南日报》1939年9月13日，第4版。

兮)患者三百一十五人,死亡三百零二人,(五)弥勒(竹园)患者八十人,死亡八十人,(六)曲靖患者三十二人,死亡二十人,(七)云县不详,(八)易隆患者二人,死亡一人,(九)元谋患者五人,死亡三人,(十)呈贡、路南不明,(十一)嵩明患者一百五十人,死亡一百人,总计患者一千一百零九人,死亡七百七十一人”。[①]9月底及10月初,禄劝、盐兴、澄江、大关、罗平、广通、永善等地相继也发生霍乱,霍乱已在全省各地传播流行。据统计,该年霍乱流行区域,“达三十六县区及一昆明市”,现就1939年云南各县流行霍乱,“患”“亡”人数列表如下,以便更具体地认识霍乱在云南的流行情况。(见表7-4)

表7-4　民国二十八年(1939)云南省各市县霍乱感染人数及死亡人数统计表

单位:人

地点	患者人数	死亡人数	地点	患者人数	死亡人数
宜良	531	231	昆阳	62	62
昆明市	431	207	呈贡	61	19
华宁	422	422	安宁	32	30
建水	415	415	寻甸	40	14
凤仪	199	197	盐兴	30	30
宾川	162	107	蒙自	19	16
河西	156	150	澄江	17	12
广通	156	150	弥渡	18	3
昆明县	144	57	曲靖	10	3
易门	119	76	开远	10	10
嵩明	115	100	墨江	4	4
弥勒	98	84	马龙	2	1
路南	68	49	陆良	80	80
大理	64	32			
备注	1.表中仅统计27市县的数据,缺少其他10县数据,为不完全统计。 2.曲靖的数据与《云南日报》1939年9月16日的统计数据有较大的出入,为尊重史料原貌起见,暂不做改动。				

资料来源:《续云南通志长编》(中册),周钟岳、赵式铭等修撰,云南省志编纂委员会办公室整理,1986年内部发行,第234页。

①《各地霍乱统计,患者共千一百余人,死亡七百七十一人》,《云南日报》1939年9月16日,第4版。据所引述的史料计算,患者实为1079人,死亡人数实为821人。

从表7–4可知，1939年在云南流行的霍乱瘟疫，导致的患者人数为3465人，死亡人数为2561人，死亡率为73.91%。霍乱感染者死亡率如此之高，霍乱之症太令人恐惧。此外，1939年夏秋之季云南霍乱流行的特点是“多沿主要交通线而蔓延”，在交通不发达的县份发现霍乱患者很少。

1939年以后，云南省卫生处注意霍乱的防治，政府推行免费注射霍乱防疫针水，特别沿交通线各县。1940年、1941年，云南全省并没有霍乱感染者的报告。然而时至1942年，日军入侵缅甸，很快“芒、遮、畹及腾、龙等地相继失陷”，导致“大批华侨及撤退人员拥入滇境”，此时“原已流行缅境之霍乱又得乘机侵入”云南各地。这次霍乱瘟疫来势凶猛，所流行区域并不限于交通沿线，已“成为普遍性之蔓延”，“虽穷乡僻壤，亦所难免”。如前所述，1942年5月4日、5日，日机对保山城连续进行大轰炸，直接导致数千人的大伤亡。俗话说：大战之后必有大疫。保山被轰炸之后不久，霍乱首先在保山城及周围地区大面积流行。据亲历者张力回忆：“被炸后发生急性霍乱，症状为肠肚绞痛，上吐下泻，扭腿转筋。此病传染极速，为时不久即便死亡。如数小时前还在谈笑自若，毫无病状，或上午还去帮人抬埋死人，若染毒菌数小时后，又成泉下之人。”可见霍乱感染者死亡之快。张力谈到霍乱流行的悲惨情形，言称：保山境内霍乱流行日期，从1942年5月15日、16日在县城附近村寨渐次蔓延，到6月10日左右为发病最剧烈时期。坝区各村寨几无幸免之家，甚至有绝村绝户者，有的村寨死者过半，事后统计约死六万余人（据保山五城镇镇长徐笃人的统计表）。[①]由于战争难民拥入云南各地，这次起于保山的霍乱迅速流行云南各县。据《云南日报》1942年5月20日的报道：“据昆明市立医院收容霍乱病人第四次统计，该院现收容病人一百四十人，十五日死亡八人，华侨入院者仍甚多，足证疫病正在扩大流行中。”[②]此一报道明确指出霍乱正在“扩大流行中”。再据该报5月22日的报道：截至5月20日，昆明市立医院共收治霍乱患者“三百三十二人，死亡者达七十八人，尚有未送经院医治者，无从统计”，并且“市民中染患霍乱送院医治者，以绥靖路居住者为最多”，再次明确指出“霍乱更行蔓延”。[③]数天时间，昆明市立医院收治霍乱病人由140人，迅速增加为332人，死亡人数由8人，迅速达到78人，可见霍乱流行之快，患者死亡之快。5月24日，昆明

① 张力：《日机轰炸保山的前前后后》，《云南文史资料选辑》第39辑，云南人民出版社1990年，第105页。

②《昆明点滴》，《云南日报》1942年5月20日，第3版。

③《霍乱！绥靖路患者甚多》，《云南日报》1942年5月22日，第3版。

市立医院霍乱患者“死十二人”，5月25日“死九人”，每日染霍乱症“入院者平均约二十人，其中以华侨为多”。另外，霍乱病人中“乡下患者日见增多”，可见“霍乱仍蔓延无已”，已扩大流行至农村。[①]

日军侵缅，大量旅缅华侨成为难民，因为云南离缅甸最近，这些旅缅华侨难民又以云南人居多，所以就沿滇缅公路逃回云南；上述所引史料中霍乱患者以华侨为多，极有可能旅缅华侨难民已在缅甸感染上了霍乱病菌，把缅甸霍乱病菌带入了云南，而导致了云南1942年5月后的霍乱大流行。后来，对于这次霍乱大流行，云南省卫生实验处对于霍乱之来源确实有所认识，认为始于1942年5月中旬的霍乱是由“腊、畹归侨带入省境”，而导致“各县相继流行，疫势猖獗”。[②]缅甸霍乱病菌从何而来，是缅甸本土所具有，还是日军生化武器的使用所使然，确实有待于史实考证。

1942年6月，霍乱已蔓延至云南城乡各地，剑川“已由乡间蔓延至城区，每日死亡二三人”，邓川“霍乱流行，患者颇多，每日均有死亡”，大理“城区近郊各村均发现霍乱，死亡人数以凤仪、下关尤为厉害，据卫生院统计，死亡已二千余人”，漾濞“下街子接近车站，故传染霍乱颇为厉害，军民已死去廿三人”，晋宁“县属大西村等处，近日霍乱症异常猖獗，传染甚速，死亡惨众，全县人民大为恐惧”，呈贡“小古城、麻窝村、云龙村、高庙、渔村等地，霍乱流行，值此农忙时期，村中人心惶惶”。[③]霍乱已在滇西、滇中各县蔓延扩展，实难控制。鹤庆“近来亦发现霍乱，已由城区蔓延至四乡，每日均有死亡，尤其彭屯等地更为猖獗，甚至一家完全死绝者，县民极为恐惧”，曲靖自霍乱流行后，卫生实验处虽派防疫第二十七队前去预防，但“迄今疫势仍甚猖獗，死亡甚多”，永平“霍乱流行，死亡相继”。[④]时至6月24日的报道：剑川霍乱仍蔓延中，澄江县第四区阳宗“霍乱流行”，自发生十天以来，“已死三百余人”，曲靖霍乱流行，“死亡惊人”，沾益“霍乱流行，死亡时有”，丽江“近下关”，“大理之霍乱病蔓延丽江城区”，“逐日均有死者”，霍乱已向四周扩散。[⑤]至7月，蒙化县城“霍乱流行，月内死亡千余人”；[⑥]云龙县境内“霍乱流行，传

①《霍乱猖獗，蔓延乡间》，《云南日报》1942年5月27日，第3版。

②《卫生处派员视察各县卫生设施》，《云南日报》1942年8月26日，第3版。

③《各县霍乱流行》，《云南日报》1942年6月11日，第3版。

④《霍乱！》，《云南日报》1942年6月15日，第3版。

⑤《各县霍乱仍蔓延不止》，《云南日报》1942年6月24日，第3版。

⑥《各县通讯》，《云南日报》1942年7月20日，第3版。

播至远”，虽得救治，然“死亡已达□百人”；丽江“自六月初霍乱流行，来势□猛”，因“本地医药缺乏，无法扑灭”，至7月初“死亡人数已达五千七百余人”；[①]墨江“近日以来城区渐次发现霍乱症流行，死亡之人已有八九名”。[②]由此可知，霍乱已在云南各地大流行了，可谓“人心异常恐怖”。

总之，1942年云南霍乱大流行，据统计，云南全省“蔓延县区达五十八县”，差不多占云南全省的“半数区域”，“患者达四万余人”，“尤以邓川、洱源、鹤庆、剑川四县病亡尤惨，仅以四县，患者人数即达二万”。此次霍乱流行，“始于五月，及至六、七两月疫势最为猖獗”，“此后即渐消杀，至十一月底即完全消灭”。[③]现就1942年云南各县市霍乱感染人数及死亡人数列表如下，亦能更具体而全面了解该年霍乱大流行的实际情形。（见表7-5）

表7-5　民国三十一年云南省霍乱感染人数及死亡人数统计表

单位：人

地点	感染者人数	死亡人数	地点	感染者人数	死亡人数
昆明市	1048	319	禄劝	282	128
昆明县	450	206	武定	87	39
下关	385	293	富宁	68	30
鹤庆	12658	7796	昆阳	91	15
呈贡	142	142	晋宁	75	20
禄丰	130	55	元谋	340	32
曲靖	902	416	盐兴	16	4
楚雄	150	46	广通	70	36
镇南	129	21	澄江	0	0
泸西	788	481	宜良	128	97
邓川	4774	2243	玉溪	231	62
云县	200	15	元江		190
永胜	1465	130	宾川	1873	36
牟定	211	172	大理	187	

①《各县通讯》，《云南日报》1942年8月4日，第3版。

②《各县通讯》，《云南日报》1942年8月10日，第3版。

③《续云南通志长编》（中册），周钟岳、赵式铭等修撰，云南省志编纂委员会办公室整理，1986年内部发行，第233-234页。

续表

地点	感染者人数	死亡人数	地点	感染者人数	死亡人数
寻甸	623	469	石屏	50	8
开远	199	112	建水	187	
平彝	1	1	会泽	5	
沾益	135	53	丽江	5064	
姚安	407	112	弥勒	85	42
蒙自	28	16	剑川		3105
易门	116	54	永平	69	54
嵩明	2	2	漾濞	165	96
富民	548	158	蒙化	38	20
凤仪	419	96	洱源	4228	4228
祥云	69	24	昭通	46	20
备注	1.本表的数据与前引《云南日报》报道的数据时有出入，但为尊重史料起见，不做改动。 2.此表所列共50个市县区局的数据，缺少其他流行霍乱的8个县区的数据。				

资料来源：《续云南通志长编》（中册），周钟岳、赵式铭等修撰，云南省志编纂委员会办公室整理，1986年内部发行，第235—236页。

由表7–5可知，1942年的云南霍乱大流行，波及的县份如此之多，所列表者有50个县市，感染霍乱的患者共达49413人，因感染霍乱而死者共达21740人，死亡率为44.0%。表7–5并没有统计保山一县，如根据前面所述，保山一县因霍乱而死者达6万以上可以确定的话，那么云南1942年的霍乱大流行死亡人数至少达8万。虽然从表7–5来看，1942年的霍乱在云南的大流行，死亡率与1939年云南的霍乱大流行比较，看起来有所降低，但1942年云南的霍乱大流行，流行区域更广，感染人数更多，死亡人数为1939年的30倍以上。从表7–5中一些县份感染人数及死亡人数空缺来看，统计并不完整，实际感染人数和死亡人数可能更多一些。

1942年的云南霍乱大流行至该年11月而消失。1943年、1944年云南省“虽亦有少数霍乱患者发现，然尚未有流行”。至1945年，“重庆霍乱流行甚为猖獗”，但云南省幸“未受其波及”。总而言之，抗战时期霍乱在云南总共大流行两次，其中第二次更为猛烈。两次霍乱大流行造成大量人员死亡，此为令人痛心者。

二、抗战时期云南的鼠疫流行及人员死亡

鼠疫亦为一种由鼠疫杆菌借鼠蚤传播为主的烈性传染病，系广泛流行于野生啮齿动物间的一种自然疫源性疾病，其症状表现为高热、淋巴结肿大、出血倾向，并发全身严重毒血症症状及肺炎等。其传播途径，鼠疫在人与人之间流行前，一般先在鼠间流行，鼠间鼠疫传染源有野鼠、地鼠、狐、狼、猫、豹等。动物与人之间的鼠疫传播主要以鼠蚤为媒介，此种"鼠→蚤→人"的传播方式是鼠疫的主要传播方式。另外还可由接触鼠疫患者的痰液、脓液以及患有鼠疫的病兽的皮、血、肉等受感染。特别是肺鼠疫患者可借飞沫传播，而造成人与人之间的肺鼠疫大流行，这就是西方所言的黑死病。总之，鼠疫感染者死亡率极高，曾在世界范围内三次大流行，导致欧洲南部五分之一的人口死亡。

据抗战时期的云南地方志记载，早在抗战以前印缅两国及滇西地区曾有鼠疫流行多年。抗战爆发以后，据调查，1940年发生在瑞丽境内的鼠疫已有多起，"首先发现之地为勐卯(属瑞丽设治局，对面是木遮)，当是年二三月间有腺鼠疫流行，死亡约三十人。其发生前，死鼠极多，疫症继即向西南方蔓延，闻在遮腺街(瑞丽属)发生疫病，死亡约二十余人。六月尾，弄岛(瑞丽属)有鼠疫患者六人"，经对"死鼠及病人之解剖检验及培养结果，证明鼠疫无疑"。当然，1940年"瑞丽附近一带之鼠疫"，经卫生部门的防治，"即行平息"，并没有大范围流行，仅为"偶有发生"，呈散发性质。1940年6月底，滇西瑞丽设治局所属中央垒允飞机制造厂"有一印籍司机，据谓因患鼠疫身死"，所以该地政府当局"电请卫生处及卫生署派员前往防治"。但当卫生部门派员在该年7月到达垒允飞机制造厂时，"已不再发现"感染者，"惟仅检查得一确染鼠疫之鼠而已"。虽然没有新发现染有鼠疫的病人，但"得一确染鼠疫之鼠"，说明该地已有传染鼠疫的病源，至少瑞丽一地具有潜在流行鼠疫的可能。①

然而，时至1944年冬天滇西失地收复以后，鼠疫却在腾冲所属南甸一带地区猖獗起来。南甸位于腾冲之南约45千米处，约有人口1000人。自南甸以下有一河谷沿柳树河而下，长约100千米，居民约10万，分住70余村，皆为南甸土司属

①《续云南通志长编》(中册)，周钟岳、赵式铭等修撰，云南省志编纂委员会办公室整理，1986年内部发行，第237页。

地。据调查所得，“自腾冲外围甘蔗寨，沿大盈江河谷南甸属之萝卜司村各村寨，以至陇川迄缅甸边境之铁壁关，绵长六七百里，均为疫区”。鼠疫已在腾冲形成大范围流行之势，并向云南其他地区蔓延开来。本来腾冲鼠疫流行，至1945年1月，经防治已“即不复有病例发生”，然而至该年5月间又在盈江流行起来，“惟至五月间，据报盈江鼠疫又复猖獗”，“七八月间芒市鼠疫亦有流行”，所以“滇西鼠疫已成为此起彼落之地方病”，经防治“此地虽已扑灭”，但“他地又可随时发生”，在抗战胜利之际又“为吾滇之一祸患矣”。[①]另据《正义报》1945年6月的报道：“滇西腾、龙一带地区，近日各地瘟疫流行，死亡相继，李监察使印泉，李专员国清等，纷纷电请省政府请予救治。”其中第六区行政专员李国清的电文言称：“据龙陵县长许颖贤呈报，该县人民染患瘟疫，死亡达二千余人。”监察使李根源的电文则言：“顷莲山、盈江等两设治局内，蛮允、弄璋、□□、南寨、撒五等市镇，鼠役[疫]大作，死亡相继。”[②]龙云为此致电中央请求救济。

所幸的是，抗战期间及胜利前后云南鼠疫流行之时，云南已进入近代，可经注射鼠疫疫苗进行预防，可采用现代药物进行治疗，虽未能使一部分鼠疫感染者避免死去，但在战时云南鼠疫流行中毕竟没有如欧洲近代前期那样因鼠疫大流行而导致大量人口死亡。

三、抗战时期云南瘟疫流行的原因探讨

（一）省外或国外传入

追溯云南瘟疫流行的原因，比如霍乱，正如《续云南通志长编》所言：“抗战未兴，交通素不便利，真性霍乱尚不多见。迨抗战后，交通工具渐形发达，国内居民迁徙无定，兼之军运频繁，霍乱一症因得乘机而入。”也就是说由于近代交通的兴

① 《续云南通志长编》（中册），周钟岳、赵式铭等修撰，云南省志编纂委员会办公室整理，1986年内部发行，第236-238页。
② 《龙主席电请中央救济腾、龙瘟疫》，《正义报》1945年6月18日，第3版。

起，人员往来交通相对便利，也就相应把霍乱传入了云南。其中之一是从省外传入，开始于1939年7月的云南霍乱大流行，则系“西南运输处司机及由贵州来滇之马夫”，先后传入云南“而至蔓延”；另一是从国外传入，始于1942年云南霍乱大流行，则因日本侵略者入侵缅甸而由缅甸难民逃往云南而带入。据记载：“惟至三十一年又因缅境战事剧变，大批华侨及撤退人员拥入滇境。加之芒、遮、畹及腾龙等地相继失陷，保山混乱，归侨及撤退人员仓惶[皇]避难，致原已流行缅境之霍乱又得乘机侵入。”①

至于鼠疫流行，据记载也是由国外传入，诚如抗战时期所修《续云南通志长编》所言：“查印缅为西南鼠疫区，世所共认。滇西腾龙一带接壤缅甸，辗转传入，为时已久。”据调查当地乡老所言：“约在七十年前，由缅甸八莫至陇川、盈江一带，经南甸而腾冲，此症曾亦流行。又四十年前，保山、芒市、龙陵亦曾大流行，死亡人数约在数千人以上。三十年前，缅境复又大作，并染及滇境之盈江，死亡人数亦在数千。至十年前，八莫一带尚在不断流行。”如其所言不虚，说明早在抗战之前，缅甸多次流行鼠疫，并已传入云南境内。抗战时期，垒允飞机制造厂就有一印籍司机感染鼠疫而死，说明有可能由印度司机把鼠疫带入了云南。至于1944年冬天腾冲南甸等地流行的鼠疫，是否“由缅境传入”，则不得而知。②

（二）日机轰炸后尸体腐烂所致

探讨战时云南瘟疫流行的原因，除了由国外或省外传入外，也有文字记载是：日机轰炸云南各地而致大量人员被炸死，因短时期内来不及掩埋尸体而致尸体腐烂，致使霍乱等烈性传染病菌滋生得更快，瘟疫流行也就更为迅速而剧烈。古人言：“大战之后必有大灾，大灾之后必有大疫。”其实，大战之中也有大疫。据记载，1942年5月日机轰炸保山后，被炸死的民众来不及掩埋而导致尸体腐烂，致使由缅甸带入的霍乱病菌繁殖得更快，传染就更为迅速，所以此后霍乱在滇西大面积流行。

①《续云南通志长编》（中册），周钟岳、赵式铭等修撰，云南省志编纂委员会办公室整理，1986年内部发行，第233页。

②《续云南通志长编》（中册），周钟岳、赵式铭等修撰，云南省志编纂委员会办公室整理，1986年内部发行，第236-237页。

（三）日机投放的细菌及细菌弹

对于抗战时期流行的瘟疫，当时即有人认为是日本特务及汉奸、缅奸投放的细菌，以及日机投放的细菌弹所致。据亲历者所言，1942年5月4日、5日，“派飞机数十架向保山县城进行狂轰滥炸，炸死炸伤无辜同胞数千人，丧心病狂地用重金收买少数丧尽天良缅奸和汉奸，在滇西公路沿线的水沟、水池、水井中投放传染很快、死亡率很高的霍乱病细菌，以图在滇西引起霍乱大流行，达到害我同胞、占我土地之目的”。[①]虽然目前尚没有找到十分直接的证据证明日军派特务及汉奸、缅奸在云南投放过细菌，但从日本侵略者在常德等地投放细菌弹，在东北组建731部队研制生化武器的事实来推断，日本侵略者具有投放细菌及细菌弹的条件与可能，加之霍乱大流行正好在日军大举入侵滇西之时，鼠疫大流行又正好是在日军在滇西败退之后不久，这又与日军的军事进退相吻合。历史除了书证、物证外，也可理证。所以从情理上推断，日本侵略者很可能在向云南进行军事进攻时，投放霍乱细菌于接近滇西抗战前线的保山等地，也极有可能在从滇西败退时，气急败坏中丧心病狂地投放鼠疫病菌。

① 刘家茂：《霍乱为何蔓延滇西》，《抗战纪实》，云南人民出版社1996年，第84页。

结　语

云南，地处西南边陲，地理位置特殊，对内居西南诸省之上游，对外居印度支那之顶端；政治上早在秦汉时期即纳入中国版图。但与全国其他省份比较，经济上素称较为落后地区，文化上为中原文化影响较少地区。进入近代，受西方殖民者的影响，开启近代发展之路，政治上却成为全国较为进步的省份，重九辛亥革命、护国运动开全国近代进步之先声。时至抗战，因其地理位置重要，战时云南的战略价值尤为突出。详加考察，全面抗战时期，地处大后方的云南举一省之力量支持抗战，为中国抗战尽其应尽的一分责任，在政治、经济、文化教育等方面相应有所变化。

一、政治上

云南由辛亥革命后逐步形成的半独立政治地位，在抗战时期随着国民党中央政治势力的进入，尤其是国民党中央军进入云南抗日，打破了云南数十年半独立的政治态势；但以蒋介石为核心的国民党中央政府势力与以龙云为核心的云南地方势力的政治博弈中，又给了云南民主力量活动的空间和机会，云南成为战时大后方的"民主堡垒"。

确实，抗战时期，蒋介石为首的国民党中央政府力量借抗战之名，逐渐进入云南，事实上削弱了龙云为核心的云南地方实力派在云南的权力，一场控制与反控制的政治博弈在云南逐步展开。早在全面抗战之前，国民党即在云南建立党部，发展国民党的政治力量，但龙云采取鸠占鹊巢的办法控制了国民党云南省党部，此状态一直延续到抗战胜利。"中统""军统"特务势力也在抗战时期进入了云南，大肆活动，龙云深为不满，有意抵制特务在云南的活动，致使整个抗战时期，特务势力在云南难有作为。龙云派出第60军、58军出滇抗日，确实体现出龙云支持抗日的真诚，但客观上也削弱了以龙云为核心的云南地方实力派的军事力量，所以龙云千方百计另行谋划重新组建云南地方军队为其所用，以抗衡以抗战为名陆续进入云南参加抗战的国民党中央军的力量。当日军进占桂南、越南时，除调回原第60军在滇南设防外，国民党中央军第52军也乘机进入滇南，这是抗战以来第一支进入云南的国民党中央军。其后因日军南进，缅甸战云密布，国民党中央军数支大军又以入缅远征作战，保卫国际大通道的畅通为名进入云南；滇西缅北抗战中又有更多的国民党中央军开赴云南。至此，云南的国民党中央军大军云集，实质上龙云已丧失其保持在云南半独立政治地位的实力，蒋介石解决云南龙云问题已水到渠成，云南省政府主席龙云下台已为时不远矣。

此一过程，虽有蒋介石的有意谋划，企图改变云南半独立于中央的政治地位，最终控制以龙云为核心的云南地方实力派；虽也有蒋介石实施专制的意图在其中，但从国家政治治理的角度看，客观上蒋介石解决云南问题，有益于国家的统一，使云南成为国民党中央政府直辖下的正常省份，逐渐改变地方势力坐大的民国政治局面。

因为龙云在这场政治博弈中渐为艰难，所以他一直在寻求联合或联系其他反对或独立于国民党的力量，以抵制国民党中央政府的力量给他的压力。对于抗战前镇压过共产党的龙云，在抗战时期则改变了对共产党的态度，听任共产党恢复与发展其组织，放松了对共产党的控制；对于以民盟为代表的民主力量，龙云更不加干涉，任其发展壮大，并在抗战后期，龙云及其诸多云南地方实力派人物秘密加入了民盟，寻求力量依托。龙云这种政治上的需要，给了共产党力量及以民盟为代表的民主力量生存与发展的政治空间，所以云南的民主力量日益发展而壮大起来。抗战时期云南尤其是昆明的反孔运动、纪念五四运动等民主运动，正是在这种政治大背景下酝酿而成的。抗战胜利后在昆明发生的震惊全国甚至世界的“一二·一”运动、李闻惨案，其实质是在云南的共产党与以民盟为代表的民主派结成反对国民党中央政府专制的最终结果。当然，此结果的形成其实可远溯至抗战时期民主力量的酝酿成熟，正可谓“非一朝一夕之故，其所由来者渐矣”。诚如冯友兰撰写的《国立西南联合大学纪念碑碑文》中所言“内树学术自由之规模，外来民主堡垒之称号，违千夫之诺诺，作一士之谔谔”，虽针对西南联大而言，实指抗战时期云南的民主风气之正盛。①战时的云南，民主力量的形成，民主观念的传播，民主运动的开展，可谓为战时大后方的名副其实的“民主堡垒”。

二、经济上

最引人注目的是工业方面，随着以中央机器厂为代表的大型企业内迁云南，一改云南缺少近代重工业的产业结构，推动了云南工业的协调合理发展；农业方面仍然沿用传统的耕作方式进行生产，但也显现了近代因素；财政金融方面，云南地方政府拥有的独立于国民党中央政府的财政金融权已被削弱，并逐渐纳入国民政府财政部的统一管辖之中；商业方面，抗战之初，云南处于抗战大后方，又为大后方国际通道的必经之地，商业曾有过一定时期的繁荣，但是，由于大后方的通货膨胀越来越严重，这种繁荣景象具有虚假性和表面性；对外贸易方面，由于战争的原因省际进出口贸易物资数量大量减少，甚至停顿，而国际进出口贸易量却有所增加。

工业方面，为了保存民族工业的命脉而不致沦于敌手，中央机器厂、中央电工器材厂、第二十二兵工厂、中央垒允飞机制造厂、空军第一飞机制造厂等一批国内大型企业的内迁云南，加上第五十一兵工厂、第五十二兵工厂、第二十一兵工厂安宁分厂、第二十三兵工厂昆明分厂、中央无线电器材厂、中国电力制钢厂、昆明化工材料厂、昆明水泥厂、云南钢铁厂、昆明炼铜厂、昆湖电厂、耀龙电力公司等战时大批企业的创办，战时云南已建成机械工业、电子工业、电力工业、化学工业及矿冶工业等在内的、门类比较齐全的近代工业体系，由此奠定了云南近代工业的发展基础。战时云南工业的发展与繁荣，对于起步不久的中国近代工业，其创造了中国近代工业发展史上的诸多“第一”，制造出第一台最大的汽轮机、第一台最大的发电机、第一台500匹马力电动机、第一台30—40吨锅炉、中国第一具望远镜、中国第一根电线、中国第一炉电力炼制的钢水等等。战时云南工业在中国工业发展史上具有重要地位。

① 冯友兰：《国立西南联合大学纪念碑碑文》，《国立西南联合大学史料》（一），云南教育出版社1998年。

可以说，战时的云南，重工业、轻工业并举，民用工业与军事工业并行发展，民营工业和官办工业争相兴办，尤为突出的是在云南建立起的近代兵工厂和飞机制造厂，完全改变了云南的工业结构和布局。时至1940年，西南大后方已逐步建成重庆、川中、昆明等八大工业区，其中云南昆明地区的企业已达80个之多，为西南重要的“八大工业区”之一，即昆明成为大后方继重庆、川中工业区之后的第三大工业中心。[①]

农业方面，因战时云南人口的急剧增加，以粮食为核心的农产品的需求急增，云南地方政府努力发展战时农业，在农村建立合作金库，贷款给农民支持农业生产；兴修水利，扩大农业种植面积；开展农业科学研究，注意近代农业技术的引进和推广。虽然战时云南的农业生产，使用传统的农业生产工具和生产动力，主要沿用传统的耕作方式进行生产，但云南的战时农业已有了近代农业的萌芽，尝试使用近代的农业机械从事生产，建立近代企业性质的农场或农业生产公司。

当然，总的来说，云南战时农业生产与战前一样按常规生产，受抗战的影响并不大，因天时地利的限制产量上也没有显著提高。但是，云南农业为后方与前线的军民，为内迁云南的高校师生，为迁入云南的工矿企业人员，为驻扎在云南的盟国军人，为流落到云南的战区难民尽其力提供生活必需品，虽时有捉襟见肘之感，但毕竟坚持到了抗战胜利。

财政方面，抗战前云南地方政府拥有独立的财政权。随着国民党中央政府势力进入云南，几经博弈，云南地方政府逐渐丧失了财政自主的权利。其过程为首先取消云南地方政府征收的特种消费税，云南军政费用由国民党中央政府财政部全部负担；其后取消省级财经，云南地方政府依赖于国民党中央政府的财经拨款；在云南划分中央和地方税收范围，分为国税与地税；取消云南地方政府掌控的外汇管理权，试图统一外汇兑换业务，一步步掏空云南地方政府的财政收入，国民党中央政府财政制度在云南最终建立，云南地方政府逐渐丧失其财政独立的地位。

金融方面，龙云主政云南后，改组原富滇银行，建立富滇新银行，继承原富滇银行在云南金融业的主体地位，发行新滇币，重新确立金融信用，实质上富滇新银行虽为地方银行，却具有央行性质。龙云为核心的云南地方政府掌控下的富滇新银行，可以独立发行地方货币，说明云南地方政府拥有独立于国民党中央政府的

---

① 参阅赵善庆《抗战时期企业内迁与云南近代工业的跨越》，《求索》2015年第7期，第141页。

金融权，非国民党中央政府可以掌控。抗战之初，代表中央金融力量的中央银行、中国银行、交通银行、中国农民银行陆续进入云南，建立分行，在云南各地设立支行，打破以云南地方政府所控制的富滇新银行一家独大的局面，逐渐改变云南地方政府独立于国民党中央政府的金融地位。随着国民党中央政府的四大银行在云南的业务逐步扩大，积极推行法币进入流通领域，法币发行量逐渐增大，执行统一的国家货币政策，至抗战后期，法币已在云南占据主导地位，已逐步取代了富滇新银行的金融"中心"地位，实质上逐步挖空支持以龙云为核心的云南地方政府半独立政治地位的金融基础。

以龙云为核心的云南地方势力虽采取一定手段抵制国民党中央政府财政金融势力的进入并对云南财政金融权进行控制，但事实上国民党中央政府财政金融势力的进入毕竟打破了云南独立的财政金融地位，削弱了云南地方势力赖以维持其半独立政治地位的经济基础。

商业方面，一方面由于战区厂矿企业、学校机关内迁云南，盟军及国民党中央军驻扎云南各地，以及战区难民的拥入，云南人口急剧增加，生活消费品的需求相应增长，所以导致以昆明为中心的各地商业呈现繁忙景象；另一方面由于日军对华的交通封锁，云南正处于国际大通道的必经之地，中国的进出口物品需经滇越铁路、滇缅公路等国际交通线运入输出，也导致了云南各城市的商业繁荣。这种战时商业的繁荣，导致云南具有了多个战时商业中心，其中有近代开埠所形成的蒙自、思茅、腾冲等商品集散地，有因滇缅公路开通而形成的楚雄、下关、保山等商品集散地，还有因滇黔公路、川滇公路的修通而形成的宣威、昭通、曲靖、宜良等商贸中心。当然，昆明则是抗战时期云南各商业中心的中心。实质上，昆明连接云南各地商品集散地，成为云南商贸的枢纽，对云南各地商业发展具有辐射作用。

然而，云南的这种商业繁荣可以说是短暂的，始于1938年后半年的大后方的通货膨胀，影响了云南的商业发展。随着物价上涨越来越剧烈，恶性的通货膨胀严重影响云南民众的日常生活，货币购买力越来越低下，实质上市场交易难以为继。但另一方面，物价的飞速上涨，又导致社会资本流向商业领域，从事商业投机，以获取因物价上涨而产生的额外利润，表面上看起来商业也是一片繁荣，但这只是一种商业投机的、不具备充分购买力的虚假繁荣。

云南战时对外贸易可分为省际进出口贸易和国际进出口贸易。随着战局的发展，省际进出口贸易大受影响，特别是与上海、香港、广州等中心城市的贸易，在抗战之初进出口物资数量即大为减少，待这些城市沦于敌手，贸易随即停顿。由于云南地处抗战时期最为重要的国际交通要道上，滇越铁路、滇缅公路等国际交通线也就成为战时国际贸易最重要的大通道，云南国际进出口贸易有所增加，国际贸易活动日见繁忙。

三、交通运输上

战时的云南处于国际交通要道上，为国际交通要道的必经之地，战略地位突出，以昆明为代表的中心城市成为战时大后方的国际交通枢纽。

由于日本侵略者对华从海上、陆上甚至空中采取全面而又立体的战略性的交通封锁，严重影响抗战中国的对外交通，抗战的中国不得不在大后方寻求新的对外通道，尤其是在云南开辟通往缅甸、印度的新的国际交通线。1938年10月广州沦陷，中国从广州经香港从海外获取战略物资的路线被切断，那么抗战最便捷的运输通道即为经越南海防，由滇越铁路至云南昆明或由滇越铁路再经通镇南关的公路入境广西；1939年11月，日军攻取广西南宁，切断了由越南经镇南关至南宁而入湘黔的通道，所以只有由滇越铁路经河口入境云南而至昆明的运输路线，云南在抗战中的交通地位骤然突显。在抗战之初而紧急修筑的滇缅公路，在滇越铁路被日本侵略者采取外交与武力两种手段切断以后，几乎成为中国唯一可倚重的国际大通道。日本侵略者故伎重施，先以外交手段施压于缅甸的英国殖民者，导致滇缅公路禁运3个月，滇缅公路恢复通车后，1942年3月日军又以武力进占缅甸仰光，完全切断这条中国最为重要的国际大通道。万不得已，中国与盟国协商，开辟中印航空线，即“驼峰”航运，从印度汀江、查巴等地经缅北至云南或四川的空中运输线，而云南的云南驿、昆明等机场，是驼峰航运重要的降停机场。随着缅北滇西反攻战的胜利，从印度列多（Ledo）至云南的中印公路(又称史迪威公路)修筑成功，又成为抗战最后阶段最为重要的陆上公路交通线。同时沿中印公路铺设的中印油管是其时世界上最长的输油管道。

这些通往大后方云南的国际交通运输路线成功开辟，一定程度上打破了敌人的战略性交通封锁，经此运输了大量的战略物资支援中国的抗战，战时的云南处于抗战时期大后方的国际交通的必经之地，昆明等中心城市则成为国际大通道的交通枢纽。

四、文化教育上

随着各文化机构、学术机构、教育机构如高校西迁云南，给云南注入新的文化教育力量，共同推动云南文化教育事业的近代发展，战时的云南迎来了文化教育事业的一个良好发展时期。素称文化教育事业相对落后于中原地区的云南，如其中心城市昆明则成为战时大后方文化教育中心。

全面抗战前夕，高等教育方面云南仅有云南大学一所，而抗战爆发以后，在云南办学的高等学校共有11所，其中内迁入滇高校9所，为国立西南联合大学、私立中法大学、私立华中大学、国立中山大学、国立同济大学、国立中正医学院、国立艺术专科学校、国立国术体育专科学校、国立上海医学院；云南本土所办的3所高校，除了云南大学外，在抗战时期创办了省立英语专科学校、省立体育专科学校。战时云南由战前的一所高等学校，增至11所高校，极大地改变了云南教育的基本格局，提高了云南高等教育的办学水平，其中由北京大学、清华大学和南开大学合组的国立西南联合大学最引人注目，其在昆办学八年多，培养了众多人才。

战时云南的中等教育、初等教育都有所发展，开办的学校数量逐年增加。国立中学、国立师范学校在云南办学，提高了云南各地文化教育的水平；初等教育方面，云南全省实行小学义务教育，此走在全国前面。自1941年起，云南全省一律实行国民教育，替代原已实行的小学义务教育。

由于云南深处西南大后方，众多文化界、教育界人士来到了以昆明为中心的云南各地，也相应促进云南文化事业的兴起，其中应抗战宣传的需要，在云南逐渐形成一场轰轰烈烈的戏剧运动，成立戏剧演出团体，创办戏剧副刊或期刊，创作戏剧作品，进行戏剧表演，既教育民众，宣传抗日，又娱乐民众，丰富战时生活。

为了宣传抗战，以昆明为中心的云南各地纷纷创办期刊报纸，其中《战国策》《国文月刊》《当代评论》《自由论坛》《民主周刊》成为大后方有较大影响力的期刊，《云南日报》、《云南民国日报》、《正义报》、《扫荡报》、《中央日报》（昆明版）等成为大后方有影响力的报纸。同时，以昆明为中心的云南各界人士还成立出版机构出版各类图书。由于众多文化人士、大量机关单位、学校团体的参与，虽在抗战艰苦时期，处于大后方的云南图书出版事业总体上比较活跃，大量图书得以出版。另一体现昆明文化中心地位的是昆明广播电台的设立与广播。1941年8月1日，昆明广播电台正式播音，为中国抗战进行国内及国际宣传，其电波遍及整个东半球，南半球的澳大利亚、新西兰，北欧的瑞典、挪威都能收听到昆明广播电台的节目，让世界及时了解中国的抗战，让抗战中的中国国民也及时了解抗战的消息，鼓舞中国民众的抗战志气，在中国广播史上具有十分突出的地位。

总之，战时云南文化事业发展迅速，其中昆明则与文化，事业活跃的重庆、成都、四川李庄镇合称为抗战大后方的“四大文化中心”。

战时云南在政治、经济、交通、文化、教育等方面发生了诸多变化，表现出许多进步，但更重要的是，云南为中国抗战贡献力量，付出过诸多牺牲。

事实上，抗战时期，云南作为大后方，支援前线抗战表现出一种积极的态度，云南地方政府主动派遣地方军队出滇抗日，为抗战前线输送兵员，输送军粮，征集与组织民工修建抗战公路、铁路与机场；激于抗战之大义，不计其数的民众主动捐钱、捐物，大量学生积极主动报名参军，大批民工积极参与战时公路、铁路与机场的修建，云南后方民众为抗日服务，贡献其一分力量。

抗战时期，为组建云南地方军队上前线抗日，为在前线抗战因伤亡而减员的部队补充兵员，云南地方政府发动民众应征，其中就有许多青年激于民族抗战之大义，主动报名参军上前线。云南先后组建的抗日部队第60军、第58军，新3军，加上老3军，基本上为应征的云南子弟兵。据何应钦所掌握的资料统计，抗战时期（1937年8月至1945年）云南省的实际征兵数则为374693人。[①]其间，云南地方部队上前线抗日的昂扬斗志也感动了云南的女学生、女青年，抗战之初昆明市就

①《抗战期间各省历年实征壮丁人数统计表》，《八年抗战之经过》，1946年，出版社不详。

有4000多名女学生举行抗日游行，上五华山云南省政府驻地请愿，要求政府同意她们上前线为抗战军队随军服务。龙云为其爱国之热情所感动，同意了她们的要求，从自愿报名参军的女学生及社会各界女青年中挑选出60名，组成云南省妇女战地服务团，开赴抗战前线，主要安排在战地医院做护理工作。此后云南省政府又选拔了自愿报名的200多名女青年，组成第二期云南省妇女战地服务团上前线随军服务。

随着以美国为主的盟国军人来华帮助抗战，因语言的障碍需要大量随军翻译官，在云南的各高等学校则有400多人应征；因防空及空运的需要，则有许多青年学生报名应征飞行员，并有多人血洒长空，为国捐躯；当1944年号召知识青年应征入伍，抵抗日本侵略者之时，云南共有2929名知识青年当兵上前线杀敌。

云南后方民众响应"有钱者出钱，有力者出力"的号召，纷纷捐钱、捐物支援国家抵抗日本的侵略。其中有变卖家产捐给国家抗日，即所谓毁家纾难者，有把义演所得全部捐献的艺人，有把一天劳动所得捐给募捐组织、支持抗日的普通劳动者。他们为前线作战抗日捐款、捐献飞机，为前线将士捐献鞋袜和棉衣、捐药献血。作为大后方的云南民众，也响应政府征兵征粮征工号召，主动报名参军上前线，上交公粮、军粮，参加修筑公路、铁路、飞机场。总之，抗日的战场，修路、修飞机场的工地，每一次的捐献中，都闪动着云南人的身影，为抵抗日本的侵略，都有大后方的广大云南民众贡献的一分力量。

战争是苦难的，应该珍惜和平。全面抗战期间，日机无差别式的狂轰滥炸，给云南人民造成了无数的伤害和财产损失；为支援前线抗战而在后方建设中，修路、修飞机场中也多有伤亡；大战之中也有大疫，战时云南各种瘟疫的流行，夺去多少人的生命或给人终生的伤害。必须记住这段苦难的历史！

有幸的是，虽南渡而能北返。血与火交织而成的苦难，铸造成中华民族坚强与不屈的脊梁；经受血与火的洗礼，中华民族涅槃成傲立于东方的火凤凰。抗战终于胜利了，中华民族获得了新生，但是不能忘记那抗战的历史，那抗战的勇士们，那默默支持抗战又饱受战争苦难的广大民众。中华民族历史的天空，永远闪烁着抗战勇士们灿烂的光辉；而后方民众支持抗战而站成的铜墙铁壁，则成为前线抗日勇士们的坚强后盾。身处大后方云南的每一个中国人所站成的铜墙铁壁，应永远记载在中华民族抗日取得最终胜利的史册中。

参考文献

一、档案及档案汇编

1. 云南省民政厅档,云南省档案馆藏,全宗号:1011。

2. 云南省社会处档,云南省档案馆藏,全宗号:1044。

3. 富滇新银行档,云南省档案馆藏,全宗号:1065。

4. 云南省政府秘书处档,云南省档案馆藏,全宗号:1106。

5. 云南省防空司令部情报处档,云南省档案馆藏,全宗号:1111。

6. 国立西南联合大学档,云南省档案馆藏,全宗号:1032。

7. 国民政府行政院档,中国第二历史档案馆藏,全宗号:2。

8. 国民政府交通部档,中国第二历史档案馆藏,全宗号:18。

9. 国民政府兵役部档,中国第二历史档案馆藏,全宗号:20。

10.《中华民国史档案资料汇编》第五辑第二编教育,中国第二历史档案馆编,凤凰出版社1997年。

11.《中华民国史档案资料汇编》第五辑第二编政治,中国第二历史档案馆编,凤凰出版社1997年。

12.《中华民国史档案资料汇编》第五辑第二编财经,中国第二历史档案馆编,凤凰出版社1997年。

13.《中华民国史档案资料汇编》第五辑第二编文化,中国第二历史档案馆编,凤凰出版社1997年。

14.《中华民国史档案资料汇编》第五辑第二编外交,中国第二历史档案馆编,凤凰出版社1997年。

15.《抗战时期的云南——档案史料汇编》(上、下),云南省档案局(馆)编,重庆出版社2015年。

16.《1942年民生社倒孔史料一组》,中国第二历史档案馆编,《民国档案》2002年第1期。

17.《滇军抗战密电集》,云南省档案馆编,1995年内部发行。

18.《日军侵华罪行实录云南部分》,云南省档案馆编,云南人民出版社2005年。

二、民国报刊

1.《云南日报》,1937年7月至1945年8月。

2.《正义报》,1943年10月至1945年8月。

3.《扫荡报》,1943年11月至1945年8月。

4.《自由论坛》,1944年第3卷第1期,1945年第3卷第5期。

5.《今日评论》,1939年第1卷第3期、第6期、第16期、第22期,1939年第2卷第22期、第23期,1940年第3卷第7期、第23期,1940年第4卷第8期、第24期,1941年第5卷第2期、第4期。

6.《民主周刊》,1944年第1卷第1期、第16期。

7.《观察》,第1卷第3期。

8.《战国策》,1940年创刊号。

9.《当代评论》,1941年第1卷第24期,1942年第3卷第1期。

10.《驿运月刊》,1941年第1卷第2期,1942年第2卷第2、3期合刊。

11.《驿讯》,1943年第3期。

12.《交通建设》,1943年第1卷第3期。

三、文史资料、史料集和地方志

1.《抗日民族统一战线在西南》,抗战时期的大西南丛书,中国人民政治协商会议西南地区文史资料协作会议编,四川人民出版社1990年。

2.《抗战时期西南的交通》,抗战时期的大西南丛书,中国人民政治协商会议西南地区文史资料协作会议编,云南人民出版社1992年。

3.《抗战时期内迁西南的工商企业》,抗战时期的大西南丛书,中国人民政治协商会议西南地区文史资料协作会议编,云南人民出版社1988年。

4.《抗战时期内迁西南的高等院校》,抗战时期的大西南丛书,中国人民政治协商会议西南地区文史资料协作会议编，贵州民族出版社1988年。

5.《大西南的抗日救亡运动》，抗战时期的大西南丛书，中国人民政治协商会议西南地区文史资料协作会议编，重庆文史书店1987年。

6.《西南民众对抗战的贡献》，抗战时期的大西南丛书，中国人民政治协商会议西南地区文史资料协作会议编，贵州人民出版社1992年。

7.《抗战时期西南的文化事业》，抗战时期的大西南丛书，中国人民政治协商会议西南地区文史资料协作会议编，成都出版社1990年。

8.《抗战时期西南的科技》，抗战时期的大西南丛书，中国人民政治协商会议西南地区文史资料协作会议编，四川科学技术出版社1995年。

9.《抗战时期西南的金融》，抗战时期的大西南丛书，中国人民政治协商会议西南地区文史资料协作会议编，西南师范大学出版社1994年。

10.《抗战时期西南的教育事业》，抗战时期的大西南丛书，中国人民政治协商会议西南地区文史资料协作会议编，贵州省文史书店1994年。

11.《云南文史资料选辑》第1、3、5、7、8、9、11、13、16辑，内部发行；第6、17、18、25、28、29、30、34、35、39、40、50、52、53、54辑，云南人民出版社。

12.《昆明文史资料选辑》第4、6、7、8、11、13、21辑，中国人民政治协商会议云南省昆明市委员会文史与学习委员会编，内部发行。

13.《大理市文史资料》第5、7、8辑，中国人民政治协商会议云南省大理市委员会文史资料委员会编，内部发行。

14.《鹤庆文史资料》第5辑，中国人民政治协商会议云南省鹤庆县委员会文史资料委员会编，1998年内部发行。

15.《河口文史资料选辑》第1辑，河口县政协文史资料委员会编，1990年内部发行。

16.《文史资料选辑》第17辑，中华书局1961年。

17.《血肉筑成抗战路》，云南省政协文史委员会编，云南人民出版社2005年。

18.《云南省抗战时期人口伤亡和财产损失文献资料选辑》，云南省课题组编，中共党史出版社2011年。

19.《云南省抗日战争时期人口伤亡和财产损失》，云南省委党史研究室编，中共党史出版社2016年。

20. 章伯锋、庄建平《抗日战争》第5卷，四川大学出版社1997年。

21.《云南地下党早期革命活动》，中共云南省委党史资料征集委员会编，云南民族出版社1989年。

22. 穆英杰《血捍滇缅路——〈新华日报滇缅战区报道汇编〉（1939—1945）》，云南大学出版社2017年。

23.《云南现代史料丛刊》第1、4辑，云南省历史研究所编，内部发行。

24.《云南出版史志资料》第1、2、3、4、7、9辑，云南省新闻出版局出版志编委会主编，内部发行。

25. 陈真《中国近代工业史资料》第4辑，三联书店1961年。

26.《中国国民党历次代表大会及中央全会资料》（下册），光明日报出版社1985年。

27.《刘鸿生企业史料》（下），上海社会科学院经济研究所编，上海人民出版社1981年。

28.《续云南通志长编》，周钟岳、赵式铭等修撰，云南省志编纂委员会办公室整理，1986年内部发行。

29.《国立西南联合大学史料》[（一）—（六）]，云南教育出版社1998年。

四、普通图书

1.《云南概览》，编著者与出版者不详，1936年，云南省图书馆藏。

2.《云南省教育概况》，云南省教育厅1938年编印，云南省图书馆藏。

3.《追悼六十军抗敌阵亡将士特刊》，滇黔绥靖公署政治训练处编辑，1938年，云南省图书馆藏。

4. 潘汉年《全面抗战论》，生活书店1937年。

5. 卫惠林《边疆民族问题与战时民族教育》，中山文化教育馆1938年。

6. 李景禧《封锁海岸与对策》，中山文化教育馆1938年。

7. 郑君里《论抗战戏剧运动》，生活书店1939年。

8. 施建生《西南工业建设方案》，中山文化教育馆1939年。

9. 郭垣《云南省经济问题》，正中书局1940年。

10. 普梅夫《云南的国防价值》,天野社1945年。

11.《昆明市四十六种重要物价》(民国二十六年一月至民国三十四年三月),云南省经济委员会设计处调查编印1945年油印本,云南省图书馆藏。

12. 薛光前等《新驿运运动》,战地图书出版社1940年。

13. 龙云《云南行政纪实》,1943年铅印本。

14. 夏光南《中印缅道交通史》,中华书局1948年。

15.《第二次中国教育年鉴》第三编,商务印书馆1948年。

16. 张肖梅《云南经济》,中国国民经济研究所1942年。

17.《学生从军纪实》,兵役部役政司编1945年。

18. 俞飞鹏《十五年来之交通概况》,出版社不详,1946年,四川大学文理图书馆藏。

19. 何应钦《八年抗战之经过》,出版社不详,1946年。

20.《协记云南大戏院开幕戏剧特刊》,1945年排印本,云南省图书馆藏。

21.《云南防空实录》(上编),云南防空司令部编1945年。

22. 龚学遂《中国战时交通史》,商务印书馆1947年。

23. 黄声远《壮志千秋——陆军第五十八军抗日战史》,汉文正楷印书局1948年。

24. 郑崇贤《滇声》,香港有利印务公司1946年,云南省图书馆藏。

25. 张仁仲《印缅随军记》,读者之友社1945年。

26. 常奥定《经济封锁与反封锁》,出版社不详,1943年,重庆市图书馆枇杷山分馆藏。

27. 曾昭抡《滇康道上》,文友书店1943年。

28. 伍启元《中日战争与中国经济》,商务印书馆1940年。

29. 伍启元《当前的物价问题》,商务印书馆1943年。

30. 张印堂《滇西经济地理》,西南研究丛书,国立云南大学西南文化研究室1943年。

31. 罗庸《鸭池十讲》,开明书店1943年。

32. 丘勤宝《云南水利问题》,新云南丛书社1947年。

33. 万湘澄《云南对外贸易概观》,新云南丛书社1946年。

34.《联大八年》,西南联大学生出版社1946年。

35.谢本书、温贤美《抗战时期的西南大后方》,北京出版社1997年。

36.谢本书《龙云传》,云南人民出版社2011年。

37.孙代兴、吴宝璋《云南抗日战争史》,云南大学出版社2005年。

38.周勇《西南抗战史》,重庆出版社2006年。

39.方国瑜《抗日战争滇西战事篇》,云南大学出版社1994年。

40.《滇缅抗战纪实》,中国文史出版社2008年。

41.尤中《云南民族史》,云南大学出版社1994年。

42.时广东、冀伯祥《中国远征军史》,重庆出版社1994年。

43.李珪《云南近代经济史》,云南民族出版社1995年。

44.彭允中《黎明前后:忆西南联大及其他》,云南教育出版社1990年。

45.缪云台《缪云台回忆录》,中国文史出版社2013年。

46.教育部蒙藏教育司编《边疆教育概况》,《中国边疆社会调查报告集成》第1辑第12册,广西师范大学出版社2010年影印本。

47.严德一《边疆地理调查实录》,《中国边疆社会调查报告集成》第1辑第10册,广西师范大学出版社2010年影印本。

48.杨成志《云南民族调查报告》,李文海主编《民国时期社会调查丛编·少数民族卷》,福建教育出版社2005年。

49.任祥《抗战时期云南高等教育的流变与绵延》,商务印书馆2012年。

50.闻黎明《第三种力量与抗战时期的中国政治》,上海书店出版社2004年。

51.闻黎明《抗日战争与中国知识分子——西南联合大学的抗战轨迹》,社会科学文献出版社2009年。

52.白崇禧《白崇禧回忆录》,解放军出版社1987年。

53.孙克刚《中国远征军缅甸荡寇志》,辽宁教育出版社2005年。

54.蔡寿福《云南教育史》,云南教育出版社2001年。

55.《中共云南地方党史大事记》(1919年—1950年),云南人民出版社1992年。

56.谢本书《云南近代史》,云南人民出版社1993年。

57. 朱汇森《中华民国史事纪要(初稿)》，1938年1月—6月分册，“国史馆”1989年。

58. 瞿韶华《中华民国史事纪要(初稿)》，1944年10月—12月分册，“国史馆”1994年。

59. 费孝通、张之毅《云南三村》，社会科学文献出版社2006年。

60.《周恩来选集》(上卷)，人民出版社1980年。

61. 张宪文等《中国抗日战争史》(一至四卷)，化学工业出版社2016年。

62.《云南省抗战时期人口伤亡和财产损失调研成果选辑》，中共党史出版社2010年。

63.《云南省抗战时期人口伤亡和财产损失历史简编》，中共党史出版社2013年。

64. 谢慧《西南联大与抗战时期的宪政运动》，社会科学文献出版社2010年。

65.《抗战时期的云南社会》，云南人民出版社2005年。

66. 封海清《西南联大的文化选择与文化精神》，云南人民出版社2006年。

67. 王喜旺《学术与教育互动:西南联大历史时空中的观照》，山西教育出版社2008年。

68. 夏玉清《为了忘却的爱国者:南洋华侨机工研究》，暨南大学出版社2016年。

69. 丁小珊《边疆到门户:抗战时期云南城市发展研究》，科学出版社2014年。

70. 易社强《战争与革命中的西南联大》，饶佳荣译，九州出版社2012年。

71. 封海清、张磊《云南高等教育史》，科学出版社2018年。

72. 约瑟夫·W.史迪威《史迪威日记》，黄加林等译，世界知识出版社1992年。

73. 威廉·凯宁《飞越驼峰》，戈叔亚译，辽宁教育出版社2005年。

74. 罗斯福《罗斯福选集》，关在汉编译，商务印书馆1982年。

75. 日本防卫厅防卫研究所战史室《中国事变陆军作战史》第二卷第二分册，田琪之译，中华书局1980年。

76. 日本防卫厅防卫研究所战史室《中国事变陆军作战史》第三卷第二分册，田琪之、齐福霖译，中华书局1983年。

77. 日本防卫厅防卫研究所战史室《缅甸作战》，天津市政协编译委员会译，中华书局1987年。

78. 日本防卫厅防卫研究所战史室《日本海军在中国作战》，天津市政协编译委员会译，中华书局1991年。

79. 约翰·D. 普雷廷《驼峰空运：第二次世界大战中美国为维系中国抗日战争而实施的战略》，张兵一译，重庆出版社2013年。

五、报刊

1. 包广宽《抗日战争时期云南出版事业的特点及其影响》，《兰台世界》2017年第3期。

2. 白路《1928—1945年蒋介石与龙云关系探微》，《长春师范大学学报》2017年第1期。

3. 卜桂林《论龙云与蒋介石关系的演变》，《上海师范大学学报（哲学社会科学版）》1990年第4期。

4. 陈三井《抗战时期的中法关系》，《近代中国》2002年第152期。

5. 段渝《中国西南早期对外交通——先秦两汉的南方丝绸之路》，《历史研究》2009年第1期。

6. 段金生《脆弱的统合之基：抗战前国民党在云南的组织与发展（1927—1937）》，《民国档案》2015年第2期。

7. 段金生、郭飞平《民族国家构筑的同质异向：南京国民政府与云南地方实力派关系的考察》，《云南行政学院学报》2012年第1期。

8. 丁小珊《冲突与融合：抗战时期昆明外来人口考察》，《中华文化论坛》2013年第7期。

9. 丁宝林《云南在抗日战争中的战略地位和作用》，《思想战线》1985年第6期。

10. 戴美政《抗战中的昆明广播电台与西南联大（一）》，《云南档案》2008年第8期。

11. 杜鹃、陈珏《抗战时期云南粮食管理探析》，《社科纵横》2012年第4期。

12. 范莉琼《抗日战争时期内地经济、文化南迁对云南的影响》,《思想战线》1990年第4期。

13. 高振云《抗日战争与云南交通的变革》,《思茅师范高等专科学校学报》2010年第4期。

14. 胡安徽《〈云南医刊〉与抗战时期云南医疗卫生建设》,《南京中医药大学学报(社会科学版)》2016年第2期。

15. 黄燕玲《抗日战争中的云南妇女》,《云南档案》1997年第5期。

16. 金功辉《抗战时期的全国寒衣总会》,《党史研究与教学》2004年第2期。

17. 陆韧《抗日战争中的云南马帮运输》,《抗日战争研究》1995年第1期。

18. 林孝庭《二战时期中英关系再探讨:以南亚问题为中心》,《近代史研究》2005年第4期。

19. 凌永忠《论抗日战争时期的云南铜业》,《中国边疆史地研究》2012年第1期。

20. 李慧慧、吴国健《抗战时期云南出版业与学术事业的兴盛》,《中国编辑》2012年第3期。

21. 李兴祥、孟端星《新探汪精卫叛逃与龙云》,《求索》2009年第12期。

22. 刘黎《边疆学视野下民国时期云南的"内地化"——以抗战时期云南交通建设为中心》,《山西大同大学学报(社会科学版)》2015年第3期。

23. 孟丽《抗战时期云南儿童戏剧活动考》,《中华文化论坛》2013年第10期。

24. 毛立红《云南陆军讲武堂毕业生与抗日战争》,《社科纵横》2010年第9期。

25. 马玉华《抗战时期云南工业发展对现实的启示》,《学术探索》2001年第2期。

26. 皮绍晋《军统在云南的发展时期》,《云南文史丛刊》1987年第2期。

27. 蒲元华《抗战时期的云南交通》,《今日民族》2005年第9期。

28. 任祥《抗战时期私立武昌华中大学在大理的办学实践》,《大理学院学报》2004年第2期。

29. 谭刚《"驼峰"航线与美国对华援助》,《长白学刊》2007年第2期。

30. 唐靖《再论抗战初期龙云与汪精卫的历史公案》,《西南交通大学学报(社会科学版)》2014年第5期。

31. 王作舟《抗战时期的云南新闻事业》,《思想战线》1996年第2期。

32. 王勇《新民主主义革命时期云南统一战线发展研究(1924—1949)》,《滇西科技师范学院学报》2016年第4期。

33. 汪涵清《抗日战争时期中国共产党争取云南地方实力派的统战工作》,《云南农业大学学报》1990年第4期。

34. 汪朝光《蒋介石与1945年昆明事变》,《近代史研究》2009年第3期。

35. 徐涛、闫玉联《抗战时期云南应对日军空袭之历史研究》,《淮海工学院学报(人文社会科学版)》2015年第12期。

36. 徐康明《滇缅战场上中印公路的修筑》,《抗日战争研究》1995年第1期。

37. 谢本书《龙云与云南抗战》,《抗日战争研究》2001年第3期。

38. 谢本书《抗日战争初期的龙云与汪精卫》,《史学月刊》2001年第5期。

39. 谢本书《汪精卫出逃与龙云、蒋介石之关系——与杨天石先生商榷》,《云南档案》2015年第10期。

40. 谢本书《龙云是"抗战阵营内部的一颗未爆炸弹"吗?——与杨天石先生再商榷》,《学术探索》2016年第4期。

41. 谢本书《抗日战争时期的滇越铁路》,《云南档案》2017年第2期。

42. 肖雄《抗战时期云南戏剧运动述论》,《中国国家博物馆馆刊》2016年第1期。

43. 肖雄《抗战时期日本对华的交通封锁及国民政府的反封锁对策》,《抗日战争研究》2011年第1期。

44. 肖雄《抗日战争时期国民政府的战时驿运》,《云南民族大学学报(哲学社会科学版)》2010年第1期。

45. 肖雄《蔡锷督滇时期的云南财政建设措施》,《中南大学学报(社会科学版)》2012年第3期。

46. 易社强《大学教授的论坛——西南联大与中国知识分子》,《学海》2004年第5期。

47. 杨德慧《云南经济在抗战时期的新发展》,《云南学术探索》1995年第5期。

48. 杨海挺、石敏《抗日战争时期云南呈贡县的"魁阁"与"文庙":社会学中国化进程中的两大学派》,《云南民族大学学报(哲学社会科学版)》2014年第6期。

49. 杨锡寿《抗日战争中的国立中正医学院》,《贵阳文史》2008年第6期。

50. 杨松禄《抗日战争时期的云南多党合作简论》,《云南社会主义学院学报》2015年第4期。

51. 杨天石《“飞机洋狗”事件与打倒孔祥熙运动——一份不实报道引起的学潮》,《南方周末》2010年3月18日第E24版。

52. 杨天石《龙云与汪精卫出逃事件诸问题》,《江淮文史》2017年第2期。

53. 杨天石《再论龙云与汪精卫出逃事件——兼与谢本书教授商榷》,《探索与争鸣》2015年第12期。

54. 袁林《云南各族人民在抗日战争中的贡献》,《中央民族学院学报》1992年第2期。

55. 左永平《再谈汪精卫叛逃和龙云》,《思茅师范高等专科学校学报》2001年第1期。

56. 周智生《抗日战争时期的云南商人与对外民间商贸》,《抗日战争研究》2009年第2期。

57. 周建华《抗战时期中共中央南方局对地方实力派的统战工作》,《广东教育学院学报》1998年第3期。

58. 张水木《抗战时期的中英关系》,《近代中国》第37期。

59. 张尚成《龙云的历史贡献》,《思想战线》2013年S1期。

60. 张巨成《中国民主同盟在云南(1941—1945年)》,《思想战线》1994年第6期。

61. 张巨成、黄学昌《龙云与民盟关系论略》,《云南学术探索》1995年第1期。

62. 张研《论抗战时期云南的社会教育》,《云南民族大学学报(哲学社会科学版)》2007年第2期。

63. 张黎波《抗战生命线:京滇公路与战时运输》,《民国档案》2015年第4期。

64. 朱海嘉《封锁与毁灭:抗战时期侵华日军轰炸滇缅公路述论》,《云南民族大学学报(哲学社会科学版)》2017年第3期。

65. 赵惠昆《抗日战争时期云南的独特贡献》,《云南社会主义学院学报》2015年第2期。

66. 赵善庆《统制与嬗变：抗战时期云南商会的组织演进述论》，《暨南学报（哲学社会科学版）》2016年第4期。

67. 赵善庆《抗战时期企业内迁与云南近代工业的跨越》，《求索》2015年第7期。

68. 赵振銮《龙云与蒋介石的合与分之我见》，《研究集刊》（云南省历史研究所编）1983年第2期。

附　录

表1　全面抗战时期在云南开办的近代厂矿企业统计表

单位:国币元

厂矿企业名称	创办地址	业务范围	起始时间	投资者及资本额	负责主办者
电力电工电器电子工业					
耀龙电力公司①	海口石龙坝、云南纺织厂旁	水力发电和火力发电并用	1938年6月1日	官商合资,有经济委员会、云南省企业局、财政厅等,资本约7407万	
昆湖电厂	昆明西郊马街、喷水洞	火力发电为主	1938年3月	资源委员会投资	刘晋钰
下关玉龙水力发电厂	下关天生桥	水力发电	1942年2月	官商集资合办,资本11935万	
叠水河水力发电厂	腾冲叠水河	水力发电	1939年	官商合资,资本500万	
云南矿业公司开远水电厂	开远	水力发电	1943年	云南矿业公司投资,资本3838余万	
华昌电灯公司②	河口	火力发电	1921年	商人集股,最初股本1万	廖建南
中央无线电器材厂昆明分厂	昆明	制造无线电报话发送机	1940年春	资源委员会等	周维干、颜任光
中央电工器材厂	湘潭、昆明	制造电线、电话机、电动机等	1939年7月	资源委员会	恽震
机械制造业					
中央机器厂	昆明北郊茨坝	制造原动机械、精密工具、纺纱机、机床	1936年11月创办,1938年内迁入滇	资源委员会等	王守竞

① 耀龙电力公司由战前耀龙电灯股份有限公司石龙坝发电厂和昆明电厂合并改组而成。参阅《续云南通志长编》(下册),周钟岳、赵式铭等修撰,云南省志编纂委员会办公室整理,1986年内部发行,第339-340页。

② 原名汉光电灯公司。参见黄日雄《河口商办电灯旧话》,《河口文史资料选辑》第一辑,河口县政协文史资料委员会编,1990年内部发行,第172-177页。

续表

厂矿企业名称	创办地址	业务范围	起始时间	投资者及资本额	负责主办者
云南五金器具制造厂	昆明	制造新工木器、工具	1934年	经济委员会独资	
西南联合大学机械实习厂	昆明拓东路江西会馆	制造机器配件、车床、老虎钳等	1939年4月		
昆华工业学校实习工厂	昆明龙翔街	制造机械零件、配件			
裕云机器厂	昆明麻园村	制造纺织机	1943年夏	经济委员会、富滇新银行、裕滇纺织公司、云南纺织厂合资，资本15000万	连忠静
德和机器厂	昆明绥靖路	制造工具机	1939年冬	民营集资，资本1800万	吴仲亚
中大机电制造厂	昆明西郊普坪村	制造离心抽水机	1941年5月1日		
中南钢铁厂	昆明西站	制造机器及五金零件	1943年2月	资本100万	
兵器及飞机制造业					
第二十二兵工厂	昆明柳坝村	造军事光学器材	1938年1月	兵工署投资经营	周自新
第五十一兵工厂	昆阳县海口山冲	造机关枪	1939年4月1日	兵工署投资经营	毛毅可
第五十二兵工厂	宜良县木希村箐	生产手榴弹等军用品	1940年10月	兵工署投资经营	王仍之
第五十三兵工厂①	昆阳县海口	生产光学仪器与轻机枪等	1942年1月1日	兵工署投资经营	周自新
第二十一兵工厂安宁分厂	安宁长坡始甸村	制造迫击炮弹、黄磷燃烧弹、甲雷	1940年	兵工署投资经营	
第二十三兵工厂昆明分厂	昆明马街	生产黄磷	1945年1月	兵工署投资经营	顾敬心
中央垒允飞机制造厂	昆明、瑞丽垒允、保山	飞机制造	1938年10月内迁入滇	航空委员会投资经营	

① 由第二十二兵工厂与第五十一兵工厂合并而成。

续表

厂矿企业名称	创办地址	业务范围	起始时间	投资者及资本额	负责主办者
空军第一飞机制造厂	昆明昭宗村	飞机制造	1939年1月	航空委员会投资经营	周德鸿
加工业					
云南中国茶叶贸易公司	昆明威远街	在顺宁、佛海、宜良、昆明等地设立茶厂制茶，茶叶加工	1938年夏	由富滇新银行与中国茶叶公司集资，后由云南省经济委员会经营，资本1000万	
滇新企业公司	昆明黑林铺	生产飞马牌面粉	1944年5月	集资商办，资本2000万	施次鲁等
罐头食品工业合作社	昆明临江里	鲜奶加工和罐头食品生产	1939年	中国工业协会西南区昆明办事处投资	
冠生园食品公司		糖果、糕点			
思普企业局	佛海	茶叶加工	1942年4月	云南省企业局经营	
兴华锯木厂	曲靖、沾益	木料加工	1943年6月	私营	沈荣伯、胡奎
南华烟草公司	昆明太和街	生产明星、合群、百寿、仙鹤等牌纸烟	1930年5月	教育厅经营，资本7.5万	
云南烟草生产事业总管理处（云南纸烟厂）		生产重九、七七、双十等牌纸烟	1941年10月	云南企业局投资，至1945年6月共投资7579万	
大华企业公司	昆明岗头村	纺织、碾米等	1941年1月	个体私营	吴斌等
云南纺织厂	昆明玉皇阁旁	纺纱织布	1934年	云南省经济委员会独资，资本2000万	
裕滇纺织公司	昆明玉皇阁	纺纱织布	1940年	经济委员会与中国银行、交通银行合资，资本2000万	
中原纺纱厂	昆明岗头村	纺纱	1943年11月		
振昆实业公司	昆明	制造日用衣被和棉纺织染	1944年	商办，资本1000万	

续表

厂矿企业名称	创办地址	业务范围	起始时间	投资者及资本额	负责主办者
大道生(庸民)织染工厂	昆明	织染布	1932年冬	商办	周自镐、周作霖
太华纺织厂	昆明	棉织品			
云南蚕业新村公司	蒙自草坝	养蚕制丝	1942年1月1日	经济委员会与富滇新、中国、交通、中国农民四银行合资,资本2500万	
云南蚕丝公司	昆明干沟尾	缫丝、丝织	1938年2月	经济委员会与富滇新银行合资,资本1000万	
云南印刷局	昆明报国街	承印印刷品	1911年	官办,抗战时为云南省企业局独资,资本共1660万	
鼎新印刷厂	昆明西郊干沟尾、双龙桥	承印印刷品	1942年7月	经济委员会独资,资本3316万	
崇文印书局	昆明武成路	承印印刷品	1912年	私营独资40万余	祁崇安
开智印刷公司	昆明绥靖路	承印印刷品	1913年	商办合股10万	王囊臣
光华实业公司印刷厂	昆明南屏街	承印印刷品	1938年11月	资本600万	
昆明市自来水公司		自来水	1915年6月	官商合办,股本20万余	
化学工业					
大成实业公司	昆明及近郊夏窑	炼油、电石、面粉	1939年1月	官商合营,股本460万	董澄农、施嘉干
云南酒精厂	昆明大板桥	生产动力酒精	1940年4月	资源委员会与云南省经济委员会合资,资金500万元	
仪康酒精厂		生产动力酒精			
草坝酒精厂	开远	生产动力酒精	1943年	云南蚕业新村公司	
曲靖动力酒精厂	曲靖县南门外	生产动力酒精	1943年6月之前	康滇企业公司、浙赣铁路业务处	

续表

厂矿企业名称	创办地址	业务范围	起始时间	投资者及资本额	负责主办者
云南恒通化学工业公司	昆明西南郊刘家营等地	生产酒精、白糖等	1943年春	官商合资：企业局，资本5000万元	
香海化学工业社		生产李氏香皂、丕章药皂			
光华化学工业公司	昆明拓东路、平彝雷公湾等	生产液体燃料、化学药品等	1943年2月	官商合资：企业局，资本1000万	龚介民、王学海
利滇化工厂	宜良县凤鸣	生产液体燃料等	1942年1月	官商合资，资本4000万	
安达炼油厂	昆明小石坝	生产炼油，动力代用油等	1942年10月	云南省企业局独资，资本4086万	
昆明化工材料厂	昆明西郊普坪村	制造纯碱、烧碱等化工产品	1938年12月	资源委员会独资，资本1800万	徐珮璜、张克忠
大利实业公司造酸厂	昆明马街子杜家村	制造酸类等化工产品	1939年	官商合资，1943年资本700万	
昆明制酸厂		制造酸类等化工产品	1938年冬	资本200万	
均益洋碱公司		制造洗衣肥皂	1926年	商办，资本450万	陈德斋
振昆烧碱公司	昆明小坝	制造烧碱、漂白粉	1944年	商办，资本300万	
云丰造纸公司	昆明海口	造纸	1941年3月	官商合办，资本4500万	缪云台
昆明永生玻璃厂	昆明	制造玻璃仪器	1934年创办，1938年内迁	中央防疫处	
云南科学玻璃厂		化学仪器、玻璃用具等			
华新水泥公司昆明水泥厂	昆阳县海口	制造水泥	1939年5月	富滇新、交通、中国、新华四银行与资源委员会、华中水泥公司合资，资本4000万	缪云台、王涛
新华化学制药公司	昆明正义路、高峣	制造卫生材料、成药、针水等	1940年3月	官商合资，资本500万，其中企业局300万	张培光、王琨

续表

厂矿企业名称	创办地址	业务范围	起始时间	投资者及资本额	负责主办者
云南火柴厂总管理处	昆明	制造火柴	1941年9月	官商合资，资本967万	
昆明磷厂	昆阳县海口	生产磷	1944年冬	官商合资，企业局投资762万	
工光企业公司		制造代柏油	1938年8月	商营	王正恒
衡裕工程公司		制造化工产品及汽车零配件等	1942年春	商办	黄子衡等
元丰油漆厂	昆明跑马山	制造油漆	1939年	商办，资本400万	
矿冶业					
云南锡业公司①	个旧	炼锡等	1938年秋	由云南省政府、经济部、资源委员会、中国银行合资，资本1亿	缪云台
云南矿业公司	开远	开采个旧锡矿	1937年2月	云南省政府、云南省企业局，资本16277万	陶鸿焘
滇北矿务局②	东川	滇北东川铜铅锌矿之开采和冶炼	1942年	云南省政府与资源委员会合办，资本2100万	
电气制铜厂	昆明宝善街	炼制99.9%精铜	1936年	官办，资本9万	
个旧钨锑分公司	个旧卡房、白砂坡	钨矿开采	1936年8月	官商合办，1942年1月奉令改隶云南省企业局。资本610万	
平彝钨锑公司	平彝	锑矿开采	1938年10月	财政厅、云南省企业局，资本692万	
文山钨矿公司	文山县老君山	钨矿开采	1942年初	云南省企业局，资本215万	陶鸿焘
银铅锌矿厂管理处	鲁甸乐马	银铅锌矿开采	1942年6月	云南省企业局，资本2250万	

① 由抗战之前成立的个旧锡务公司、云南炼锡公司和抗战之初成立的云南锡矿工程处三者合并而成。

②1939年3月1日由经济部资源委员会与云南省政府合资组设滇北矿务公司，共谋开发滇北东川一带铜铅锌矿，云南省政府将成立于1913年的东川矿业公司全部矿区及资产作为投资之一部加入滇北矿务公司，于1942年改名为滇北矿务局。

续表

厂矿企业名称	创办地址	业务范围	起始时间	投资者及资本额	负责主办者
昆华煤铁特种股份有限公司	泸西、路南、弥勒、易门	煤、铁	1939年10月	官商合办,资本1500万	李西平、万国宾
昆明电冶厂(原名昆明炼铜厂)	南京、昆明马街	炼铜及锌铝	1939年3月	资源委员会独资	
中国电力制钢厂	重庆、昆明西郊安宁县桥头村	精炼高级钢	1939年1月31日	内迁工厂,官商合办:国民政府经济部、云南省政府、私人投资合股	董事长缪云台,总经理周仁
云南钢铁厂	安宁县东北郊	钢铁	1940年9月	云南省政府、资源委员会、兵工署	严治之
宣明煤矿公司	宣威、嵩明	煤矿	1940年1月	资源委员会与云南省企业局合资,资本700万	
明良煤矿公司	嵩明、宜良	煤矿	1939年9月	官商合办	王德滋
滇西企业局	一平浪	制盐,开发煤矿等	1941年5月	云南省企业局与兴文银行合资,资本2500万	陆崇仁、刘幼堂
光大瓷业公司曲靖分厂	曲靖南门外	电瓷、日用瓷器、红砖及耐火砖	1936年创办,1939年内迁	官商合办:云南省经济委员会投资,资本5000万元	李根源
长城窑业公司	昆明西山	耐火砖	1939年1月	民营	杨仲衡
西南矿业公司	蒙自、金平	金矿	1938年10月	官商合办	孙哲生
永胜瓷业公司	永胜	瓷器	1938年2月	民营	李余阶

资料来源:《续云南通志长编》(下册),周钟岳、赵式铭等修撰,云南省志编纂委员会办公室整理,1986年内部发行;《由陈列室看云南工业》,《正义报》1944年8月26日,第3版;《抗战时期内迁西南的工商企业》,云南人民出版社1988年;《昆明文史资料选辑》第13辑,中国人民政治协商会议云南省昆明市委员会文史资料研究委员会编,1989年内部发行。

表2 全面抗战时期云南戏剧社团演出情况统计表

演出社团等组织	剧目	剧目相关情况	演出时间	导演	演出相关情况
省立艺术师范学校戏剧电影科	《撤退赵家庄》	尤竞著，独幕剧	1937年8月21日至23日	马金良、龙显球	此为全面抗战以来云南第一次话剧演出
	《撤退赵家庄》	尤竞著，独幕剧	1937年12月下旬	马金良、韦述陶（即谢熙湘）、龙显球	这三部话剧合称为《抗敌三部曲》，此为欢送六十军抗日同时演出
	《血洒卢沟桥》	张季纯著，独幕剧			
	《全民抗战》				
	《战歌》	杨村彬著，四幕剧	1938年4月12日	陈豫源	
省立艺术师范学校戏剧电影科	《重逢》	丁玲著	1938年5月22口起	陈豫源	
	《后防》	熊佛西著，两幕剧			描写后方民众对敌斗争
	《雷雨》	曹禺著	1938年7月1日起	陈豫源	轰动全市，连演二十余场
	《前夜》	删去第四幕，由龙显球执笔改写	1938年9月中旬	陈豫源	
	《复活》	田汉改编自托尔斯泰原著，四幕剧	1939年6月中旬		连演十余场
金马剧社	《血洒卢沟桥》	张季纯著，独幕剧	1937年9月19日起		这三部话剧，为前线募捐而同时演出
	《避难者》	范启新著，独幕剧			
	《开演之前》	严恭著，独幕剧			
	《八百壮士》		1938年元旦		
	《生路》	范启新编导			
	《警号响了》	尤竞著			
	《九一八以来》	林志音编导	1938年2月		
	《谁之罪》	范启新编导			
	《我们的生路》	沙金编导			
	《搜查》		1938年4月6日		
	《卢老虎》				
	《飞将军》	洪深著	1938年6月8日至16日	王旦东、沙鸥、马金良	空军题材，歌颂抗战

续表

演出社团等组织	剧目	剧目相关情况	演出时间	导演	演出相关情况
金马剧社	《血钱》	独幕剧		龙显球	
	《夜光杯》		1938年8月14日起	王旦东	纪念“八·一三”一周年
	《黑地狱》	石凌鹤著	1938年12月	王旦东	茅盾给予好评
	《中国万岁》	唐纳编剧	1939年1月上旬	王旦东	主题表现中国人民不可征服
	《凤凰城》	吴祖光编剧	1939年4月20日起	王旦东	
	《钦差大臣》	李树棠改编	1939年8月1日至12日	李树棠	
云南学生抗敌后援会戏剧股，简称“学抗会戏剧股”	《无名小卒》	熊佛西著，独幕剧	1937年9月18日至20日		纪念“九一八”而演出
	《死亡线上》	章泯著，独幕剧			
	《放下你的鞭子》	崔嵬等集体创作，街头剧	1937年11月13日、14日		昆明市第一次街头剧演出
	《春风秋雨》	阿英著，四幕剧	1938年1月23日至29日		
云瑞中学剧团	《我们的故乡》	章泯著	1937年12月25日至29日	龙显球、马金良	
	《中华民族的子孙》	熊佛西著	1938年7月8日		
昆华农校剧团	《当兵去》	胡绍轩著，独幕剧	1937年12月下旬		
	《省下一粒子弹》				
	《保卫卢沟桥》				
云大剧团	《曙光》		1938年1月9日起	龙显球、杨其栋、马金良	
	《反正》	冼群著			
	《血火》	李朴园编导	1939年7月1日		
	《反间谍》	陶熊著	1944年元旦		
	《打回老家去》	章泯著	1939年7月		

续表

演出社团等组织	剧目	剧目相关情况	演出时间	导演	演出相关情况
南菁中学剧团	《烙痕》	宋之的著	1938年1月17日起	龙显球	
	《察东之夜》				
	《打倒日本帝国主义》				
	《北地狼烟》		1941年7月1日起		
	《这不过是春天》	李健吾著	1941年7月		
大鹏剧社	《雷雨》	曹禺著	1938年2月	陈豫源	
	《伪君子》	莫里哀原著	1941年1月		
	《凤还巢》	田汉、洪深、夏衍编剧	1942年7月7日	陈光	剧目又名《再会吧，香港》
	《花烛之夜》	夏衍著	1942年12月11日至15日	陈光	
	《愁城记》	夏衍著	1942年12月16日	陈光	
	《面子问题》	老舍著	1943年3月18日	陈光	演出两三天后遭禁演
	《金玉满堂》	沈浮著	1943年7月23日起	诸葛明、张忠诲	
	《杏花春雨江南》	于伶著	1943年12月	陈健	
	《孔雀胆》	郭沫若著	1944年11月25日起	章泯	云南话剧运动三大里程碑之一
省立昆华女子师范学校剧团，简称昆华女师剧团	《奴才》		1938年4月中旬	龙显球	
	《盲哑恨》				
	《咱们要反攻》				
求实中学剧团	《米》	洪深著，一幕四场	1938年6月18日起		

续表

演出社团等组织	剧目	剧目相关情况	演出时间	导演	演出相关情况
昆明市女子中学剧团	《高压下》		1938年7月8日		
	《血洒晴空》				
	《前夜》		1938年7月13日至22日	谢熙湘、龙显球、杨其栋	
	《晚会》	田汉著			
	《七十七号》	广东剧协编			
	《风波亭》		1943年元旦		
西南联大剧团	《春风秋雨》		1938年12月		剧团首次演出
	《祖国》		1939年2月18日至25日	孙毓棠	著名话剧演员凤子参加演出
	《雷雨》	曹禺著	1940年10月8日		
	《傀儡家庭》	易卜生原著	1941年8月3日	凤子、孙毓棠	
	《塞上风云》	阳翰笙编剧	1942年8月		描写各民族团结共同抗日
	《原野》				
山海云剧社	《雷雨》	曹禺著	1939年1月		
	《家》	曹禺改编	1943年10月2日起	范启新	
业余联谊剧社	《流寇队长》	王震之等集体创作	1939年3月4日至8日	徐庚敖	
	《顺民》		1939年9月16日	徐庚敖	
	《扬子江暴风雨》				
	《周年血祭》				
	《米》		1939年9月		
国防剧社	《凤凰城》	吴祖光编剧	1939年5月3日起	李朴园	据苗可秀烈士抗日事迹写成，艺专剧社参加演出
	《雾重庆》	宋之的著	1942年7月15日起	本社导师	
	《妙峰山》	丁西林著	1942年12月	孙毓棠	

续表

演出社团等组织	剧目	剧目相关情况	演出时间	导演	演出相关情况
国防剧社	《天国春秋》	阳翰笙著	1945年1月15日起	章泯	著名演员王人美参演
	《原野》	曹禺著	1939年8月14日至24日	曹禺	云南话剧运动三大里程碑之一
国立艺专剧社	《茶花女》	由小仲马著名小说改编	1940年	李朴园等	以“艺术剧院”名义组织演出
同济大学战时服务团话剧股	《放下你的鞭子》		1939年5月上旬		
	《烙痕》				
	《黄浦月》				
益世剧社	《黄莺儿》	独幕剧	1939年5月19日至21日	李朴园	
	《三江好》	独幕剧			
	《最后一计》	独幕剧			
	《伟大的女性》	李朴园编剧	1940年4月16日	沈西苓	
青年会联谊剧团	《我们的故乡》		1939年5月		
	《夜上海》	于伶著	1943年5月9日起	朱江	
昆明儿童剧团	《难童》	街头剧	1939年8月13日		首次到街头宣传演出
	《小间谍》	董林肯编，三幕剧	1939年10月	邱墨	参加第二届戏剧节演出，演出成功，深受好评
	《小主人》	董林肯、于同尘编，三幕剧	1940年10月中旬	邱玺	反映战时儿童的教养问题
	《表》	董林肯依据鲁迅译文改编，五幕六场	1942年8月24日起	劳元干	受好评，连演十余场，誉为“儿童教育名剧”
云南抗敌后援会抗敌剧团	《保卫领空》	董每戡编剧，三幕剧	1939年8月19日	曹孟浪	纪念“九一八”
中央电影制片厂剧团，简称“中电剧团”	《群魔乱舞》	陈白尘编剧	1939年12月12日	孙瑜	两剧持续演至1940年1月2日，深受观众欢迎
	《塞上风云》	阳翰笙编剧		沈西苓	

续表

演出社团等组织	剧目	剧目相关情况	演出时间	导演	演出相关情况
鲁迅剧艺社	《教师之家》			吴鲁	
青年剧社	《前夜》		1940年7月20日		
	《黄鹤楼》	陈铨编导	1941年4月26日		描写空军大队长英勇杀敌
	《野玫瑰》	陈铨编剧	1942年6月4日		深受争议
西南剧社	《我们的故乡》		1940年9月6日至8日	万流	
联大戏剧研究社	《阿Q正传》		1940年9月9日	郑婴	
教育部巡回教育第三戏剧队	《汉奸的儿女》		1940年10月上旬	王勉之	
叙昆剧社	《一年间》	夏衍著	1941年3月1日		
国民剧社	《野玫瑰》	陈铨著	1941年8月3日	孙毓棠	遭受舆论反对
社会剧团	《权与死》	姜桂侬根据易卜生《海姐》改编	1941年8月		
	《刑》	宋之的著	1942年12月	孙毓棠	在昆明戏院演出
	《寄生草》	洪深著	1943年1月3日		
	《民族女杰》	沈蔚德著	1944年6月17日起	潘藩	
	《反间谍》		1944年6月25日至31日	张正通	
八百剧团	《夜光杯》		1942年3月4日至11日	张冠、白沙	
励新剧社	《夜深沉》		1942年3月13日	侯鸣皋	
	《群魔乱舞》		1943年7月2日起	侯鸣皋	
	《戏剧春秋》	于伶、夏衍、宋之的合编，三幕剧	1944年1月3日	侯鸣皋	演至同年1月12日被勒令停演

续表

演出社团等组织	剧目	剧目相关情况	演出时间	导演	演出相关情况
西南旅行剧团	《北京人》		从1942年3月29日起，至同年9月8日结束，前后演出五个多月	曹藻	
	《大地回春》				
	《日出》			齐格夫	
	《名优之死》			张树藩	
	《结婚进行曲》				
	《夜奔》				
	《少奶奶的扇子》				
	《重庆二十四小时》				
青春服务社	《青春不再》		1942年8月		
国立剧专昆明校友会	《大地回春》	陈白尘编剧	1942年8月24日	侯鸣皋	
合作剧社	《以身作则》	李健吾编剧	1942年12月		
	《沉渊》	林柯著	1943年1月	沙龙、孟浪	
	《水乡吟》				
云南省教育厅戏剧教育训练班	《以身作则》	李健吾编剧	1943年2月	范启新	毕业演出
联大中文系	《风雪夜归人》	吴祖光著	1943年5月26日起	孙毓棠	
原野剧社	《长夜行》	于伶著	1943年6月3日	范启新	连演8天
	《天罗地网》		1945年5月10日至20日	吴枫	
华山剧社	《水乡吟》	夏衍著	1943年11月20日至26日	狄思（即杜宣）	
	《心防》	夏衍著	1944年2月15日起	王逸	
民众剧社	《人之初》		1943年12月	范启新	
洪荒剧社	《女子公寓》	于伶著	1944年1月26日	王逸	

续表

演出社团等组织	剧目	剧目相关情况	演出时间	导演	演出相关情况
教育厅剧教队	《北京人》	曹禺著	1944年11月起	范启新	
射日剧团	《清宫外史》	杨树彬著	1944年9月9日起	石凌鹤	演出出色，受赞扬，称为“云南话剧运动三大里程碑之一”，连演二十余场
邮务工会剧团	《夜光杯》		1944年10月2日		
缅华剧社	《缅华之夜》	四幕剧	1944年底		
联大联艺剧社	《草木皆兵》		1945年1月中旬		
第五军抗敌剧团	《林冲夜奔》		1945年2月1日至10日	朱家训	
军医二分校政治部	《棠棣之花》	郭沫若著，五幕剧	1945年2月14日起	石凌鹤	
华侨互助会	《离离草》	夏衍著	1945年3月14日至25日	张客	为援助湘桂撤退来昆剧人，募捐公演，昆明剧人参与演出
新中国剧社	《不是戏》	活报剧	1945年5月11日		
	《蜕变》		1945年7月9日至28日	严恭	
	《金玉满堂》			瞿白音	
美军剧团	《奥克拉哈玛》	美国古装歌舞剧	1945年5月24日		
旅昆剧人剧团	《草木皆兵》		1945年夏		
	《雷雨》				
	《人为财死》				
	《名优之死》				
浦花剧团	《秦淮曲》	四幕古装剧	1945年7月21日至25日	张雪峰	在侨声剧场演出

续表

演出社团等组织	剧目	剧目相关情况	演出时间	导演	演出相关情况
省立大理中学歌咏队话剧组，简称“大理省中歌咏队话剧组”	《米》	洪深		林志音	借债演出
	《八百壮士》				
	《三江好》	独幕剧			
	《自由的灵魂》				
	《一个游击队员》				
	《火》				
	《井》				
	《放下你的鞭子》				
	《古庙钟声》				
	《歼灭》				
	《志愿兵》				

资料来源：龙显球《抗战期间昆明话剧活动大事记》，《昆明文史资料选辑》第6辑，中国人民政治协商会议云南省昆明市委员会文史资料研究委员会编，1986年内部发行；张定华《昆明的联大剧团》，《云南文史资料选辑》第53辑，云南人民出版社1998年；李君众《回忆参加大理省中歌咏队的一段往事》、王立权等《大理抗日救亡运动与林志音先生》，《大理文史资料》第5辑，中国人民政治协商会议云南省大理市委员会文史资料委员会编，1994年内部发行；龙显球《关于〈抗战期间昆明话剧活动大事记〉之补充》，《昆明文史资料选辑》第8辑，中国人民政治协商会议云南省昆明市委员会文史资料研究委员会编，1986年内部发行，第297页。

表3　全面抗战时期云南各地报纸相关情况统计表

报纸名称	创刊时间或开办时间	基本情况
《义声报》	1916年1月	原为军都督府的机关报。社址：昆明市文庙东巷。负责人有陈禹平、罗养儒、邓质彬、李举才。1939年8月停刊
《复旦报》	1922年12月	负责人李培天。社址：昆明市民生街升平坡。1940年停刊
《社会新报》	1923年9月	社址：昆明市文明新街。云南省图书馆藏有1937年6月—12月、1938年1月—12月的该报报纸。1938年12月停刊

续表

报纸名称	创刊时间或开办时间	基本情况
《云南民国日报》	1930年4月	日报，八版或六版，国民党云南省党部机关报。抗战时期一度停刊，复刊后由国民党云南省党部宣传处长陈玉科任社长。抗战胜利后，于1946年4月改名为《民意日报》
《云南新商报》	1930年7月	日报，八版。主编王汉声，商办报纸，有“国难专刊”。社址在昆明市福照街市商会内。1938年11月停刊
《民众生活》	1933年7月	周报，四开小报。云南省立昆华民众教育馆编印发行。社址：昆明市文庙内。1945年8月底停刊
《云南日报》	1935年5月	日报，八版，云南省政府主管，创办人龚自知，辟有《南风》等副刊，日销量最高达16000份左右。社址：昆明市文庙横街东口。1947年10月改为《平民日报》
《抗日周报》	1938年7月	周报，四开小报。滇黔绥靖公署政治训练处的机关报
《朝报》	1938年10月	日报，四版。由南京迁入，民营日报，总经理王公弢。社址：昆明市华山南路口
《益世报》	1938年12月	日报，四版。由天津迁来，天主教背景。社址：昆明市园通街67号
《益世晚报》	1939年1月	日报，四版。《益世报》社主办，主办人吴秋尘。社址同《益世报》
《气象月报》	1939年4月	四开小报。云南省气象研究所主办，负责人为陈一得
《中央日报》	1939年5月	日报，四版。由桂林迁入，称之为《中央日报》昆明版，国民党中央宣传部主管。社址：昆明市华山南路
《文化周报》	1939年2月	周报。由重庆迁入，原为《时事新报》。社址：昆明市青云街水晶宫8号
《新民画报》	1939年2月	四开画报。云南省立昆华民众教育馆主办，负责人方树梅
《侨光报》	1939年12月	日报，四版。云南省侨务办主办，原名《暹华日报》。社长李慕逸等，主编陈国华，社址：昆明市华山南路309号
《曙光日报》	1940年3月	四开小报。苏莘农任董事长。社址：个旧土主庙国民党县党部内
《扫荡简报》	1940年5月	三日刊，油印小报。云南省军管区政治部编辑兼发行
《云南教育周报》	1940年5月	周报，四开小报。云南省教育厅秘书室编审处编辑发行，为云南省教育厅机关报。社址：昆明市武成路
《商友》	1940年6月	周报，四开小报。昆明市商会宣传科创办的商报。社址：昆明市福照街市商会内

续表

报纸名称	创刊时间或开办时间	基本情况
《戏友》	1940年7月	半月报，四开小报。戏友社编辑发行，发行人陈豫源。社址：昆明市华山南路96号
《昭通周报》	1940年秋	周报，石印小报。负责人李立昆。昭通地下党创办。社址：昭通县城北门小学校内
《泸江小报》	1941年8月	不定期油印小报。滇军中共地下党在建水创办，主编张子斋
《滇缅日报》	1941年8月	滇缅铁路督办公署主管，1942年5月停办。社长顾建平。社址：云南省弥渡县滇缅铁路督办公署内
《滇东日报》	1941年9月	日报，四版。原名《东声报》（三日刊），1941年9月改名《滇东日报》，为国民党昭通县党部主办的石印报纸。社址：昭通县城南文渊街
《丽江周报》	1942年元旦	周报，四开单面油印报。张星泽、和月池等创办，前身为《丽江大众壁报》。副刊有《地方文艺》，社址：丽江民众教育馆
《景东周报》	1942年7月	周报，石印两版。国民党景东县党部主办的机关报。社址：国民党景东县党部内
《西南周刊》	1942年8月	周报，四版。社址：昆明市青龙巷95号
《金碧旬报》	1942年冬	旬报，四开小报。中华文艺界抗敌协会云南分会主办
《滇西日报》	1942年8月	日报，四版铅印。董事长李根源，社长顾建平，总编辑程寒华，经理李绍林。社址：大理天主教堂旁的育成小学内
《昆明周报》	1942年8月	周报，四开小报。发行人孟立人，编辑龙显球。社址：昆明市景星街社会服务处内
《生活导报》	1942年11月	周报，四开小报。社长刘志寰。社址：昆明市青云街69号
《朝报晚刊》	1942年11月	晚报，十六开小报。《朝报》社主办。社址在《朝报》社内
《新闻快讯》	大约1943年	油印报。鹤庆县民众教育馆创办
《文林半月刊》	1943年元旦	半月报，四版。发行人李彤，主编董家禄、朱应庚。社址：昆明市绥靖路156号昆华中学内
《云南教育》	1943年1月	旬报，四版。云南省教育厅秘书室编审组编辑发行
《黎明》	1943年2月	半月报，四开铅印小报。社址：昆明市青龙巷105号
《大国民报》	1943年3月	三日报，四开小报。发行人陈仲山。社址：昆明市龙井街25号
《中南报》	1943年3月	三日报，四开小报。发行人张立民。社址：昆明市甘公祠街7号

续表

报纸名称	创刊时间或开办时间	基本情况
《医药常识》	1943年5月	不定期，医药卫生报，四版。社长秦光弘，发行人许瑞庆。社址：昆明市近日楼昆明大厦305号
《战斗月报》	1943年8月	月报，油印小报。中共云南省工委主编发行的机关报。社址：昆明市林家院峨岷小学分校内，后迁至昆明市临江里
《昆明晚报》	1943年9月	晚报，四开小报。社长禄堃。社址：昆明市龙井街36号
《正义报》	1943年10月	日报，六版。财政界人士创办，长于报道经济、商情，副刊有《舞台与银幕》《大千》，经常发行量达10000份。社址：昆明市报国街，后迁至正义路中段
《扫荡报》	1943年11月	日报，六版。国民党军方背景的报纸。社长李诚毅，总编辑高天。副刊有《南天门》。社址：昆明市左家巷内
《昆明市政周报》	1943年11月	周报，四开铅印。昆明市政府主办。社址：昆明市府东街
《云龙周报》	大约1944年	油印报。国民党云龙县党部所办，党部书记长孙树梅主编
《云南日报》（昭通版）	1944年3月	日报，四版。由昭通县党部书记长刘华昭兼主任，副主任马若璞负责具体业务
《社会周刊》	1944年3月	周报，四开小报。主编李伟中、范秋弘。社址：昆明市武成路489号，后迁至昆明市金碧路23号
《真报》	1944年6月	周报，四开小报。名誉社长顾映秋，发行人张静华。社址：昆明市庆云街58号
《云南晚报》	1944年7月	晚报，四开小报。《云南日报》社主办，发行人何少诚。社址在《云南日报》社内
《军民日报》	1944年7月	日报，四开单面小报。由镇南县民众教育馆和当地驻军联合开办。在《大众壁报》基础上创办
《评论报》	1944年8月	周报，四开小报。社长楼兆元。社址：昆明市如安街70号
《腾越日报》	1944年9月	实为周报，两版。发行人吴宝泉。社址：腾冲县城内
《新民报》	1944年11月	三日报，两版石印小报。发行人苏云鹏，社长高瑀。社址：富民县西北门街167号
《新真导报》	1944年11月	月报，四开小报。社长熊重行。社址：昆明市如安街70号
《观察报》	1944年12月	日报四版，副刊有《生活风》（后改为《新希望》），沈从文主编。社址：昆明市华山南路，后迁至昆明市龙井街
《民锋旬刊》	1944年12月	旬刊，油印两版小报。景东地方行政干部训练所训导股编辑发行

续表

报纸名称	创刊时间或开办时间	基本情况
《中国工商导报》	1945年1月	旬报，四开小报。发行人郑昌其，社长甘汝棠。社址：昆明市南屏街128号
《公论周刊》	1945年1月	周报，四开小报。发行人孙经熔、吴斌。社址：昆明市青云街128号
《中正日报》	1945年2月	日报。由柳州迁入。社址：昆明市护国路391号
《中央晚报》	1945年2月	原称午报，后改晚报，四版。《中央日报》社主办，发行人钱沧硕。社址：昆明市华山南路
《景东旬刊》	1945年3月	旬刊，两版石印报。发行人李熙若
《力行报》	1945年3月	半月报，四开小报。云南宪兵十三团的机关报，发行人彭景人，主编向吉甫。社址：昆明市园通街宪兵十三团内
《市民周刊》	1945年3月	周报，四开小报。发行人吴志乾。社址：昆明市来龙巷2号
《联大通讯》	1945年4月	不定期报。国立西南联合大学学生自治联合会编辑兼发行
《姚安简报》	1945年5月	三日报，四版油印。姚安县政府主办的机关报，社长徐士云。社址：姚安县政府内
《海鸥周刊》	1945年5月	周报，四开小报。名誉社长许世英、张治中，社长兼发行人戴扶青。社址：昆明市楚姚镇巷6号
《云南省教育会周报》	1945年6月	周报，四版。云南省教育会编辑发行。社址：昆明市长春坊劝业道旧署内
《保山日报》	1945年6月	日报，两版石印。国民党保山县党部的机关报，发行人孙树梅等。社址：国民党保山县党部内
《群意》	1945年8月	旬报，四开小报。发行人张服真，主编范钦尧。社址：昆明市华山东路38号

资料来源：主要在查阅云南省图书馆馆藏民国报纸的基础上辑录而成，另参考一民辑《清末至抗战前夕云南出版的报纸》，《云南出版史志资料》第4辑，云南省新闻出版局《出版志》编纂委员会编，1989年内部发行；黄茂槐《云南报纸题录(1927—1949)》(二)，《云南出版史志资料》第7辑，云南省新闻出版局《出版志》编纂委员会编，1991年内部发行；杨春茂《建国前楚雄州创办的报刊》，《云南出版史志资料》第9辑，云南省新闻出版局《出版志》编纂委员会编，1993年内部发行；万揆一《抗战中的昆明报业述略》、张星泽《边陲救亡小报——〈丽江周报〉》，《抗战时期西南的文化事业》，成都出版社1990年，第414—426页；董述文《顾建平与〈滇西

日报〉》、赵铨《大理地区昔日报刊发展概况》,《大理州文史资料》第8辑,中国人民政治协商会议大理白族自治州委员会文史资料委员会编印,1994年8月内部发行,第19—27页;钱思一《〈正义报〉始末》、李大水《〈正义报〉琐记》,《昆明文史资料选辑》第7辑,中国人民政治协商会议云南省昆明市委员会文史资料研究委员会编,1986年内部发行,第88—101页;饶继昌《旧〈云南日报〉史略》,《云南文史资料选辑》第35辑,云南人民出版社1989年,第96—142页;杨亚宁《昆明的笔垒》,《云南日报》1939年3月1日、2日,第4版。

后记

本书是重庆市社会科学规划办立项的重大课题“西部12省区抗战大后方历史系列研究”子课题“抗战大后方的云南”的最终研究成果。

2012年金秋，受西南大学抗战大后方研究中心委托，本人有幸得此机会承担此项目的研究。然而，真正从事抗战大后方的云南研究，其所涉及的问题包括政治、经济、交通、文化、教育等诸多方面，自然需查阅的史料众多，需要大量的时间。本人工作之余则在云南省图书馆查阅民国期刊与报纸，或在云南省档案馆陆陆续续查阅了部分档案资料，几度寒暑，数易文稿，最终撰写成这部数十万字的书稿。

值此书稿完成之际，首先我得感谢西南大学的潘洵先生，得潘兄之信任，力荐本人承担此项目的研究，实使本人得此学术成长道路上锻炼之机会。此外，本书初稿完成，得匿名评审人的细心审阅，惠赐众多宝贵意见，使书稿得到进一步完善，在此向这位尚未谋面的先生致以诚挚的谢意。

此书稿即将出版之际,感觉仍然有些问题没有完全论述清楚,难免不于心惶惶。如本书能有幸获得从事抗战史研究的国内外先生们的关注,在此恭候金玉良言。

肖　雄

2021年9月于春城